Wirtschafts- und Steuerrecht

Herausgegeben von

Prof. Dr. Christian Jahndorf, HLB Schumacher,
Universität Münster

Prof. Dr. Marc Desens, Universität Leipzig

Prof. Dr. Rolf Eckhoff, Universität Regensburg

RA u. StB Michael Wendt, VRiBFH a.D., Köln

Band 29

Max Jagolski

Materiellrechtliche und gleichheitsrechtliche Aspekte der steuerlichen Begünstigung von Sanierungserträgen gemäß § 3 a EStG

Nomos

HLB

Onlineversion
Nomos eLibrary

Die Deutsche Nationalbibliothek verzeichnet diese Publikation in der Deutschen Nationalbibliografie; detaillierte bibliografische Daten sind im Internet über http://dnb.d-nb.de abrufbar.

Zugl.: Münster (Westf.), Univ., Diss. der Rechtswissenschaftlichen Fakultät, 2023

ISBN 978-3-7560-0655-7 (Print)

ISBN 978-3-7489-3989-4 (ePDF)

D6

1. Auflage 2023

Vorwort

Die vorliegende Arbeit wurde im Sommersemester 2023 von der Rechtswissenschaftlichen Fakultät der Westfälischen Wilhelms-Universität Münster als Dissertation angenommen.

Vor allen anderen gebührt besonderer Dank meiner Familie, insbesondere meinen Eltern, Angelika und Helmut. Sie haben nicht nur meinen Ausbildungs-, sondern meinen gesamten Lebensweg immer liebevoll und unterstützend begleitet und mich stets in meinen Zielen bestärkt. Ebenso wertvoll waren für mich die Ratschläge und Anregungen meines Bruders Mika und meiner Großmutter Hanna. Ihnen allen widme ich diese Arbeit, die ohne Ihre Unterstützung nicht möglich gewesen wäre.

An dieser Stelle möchte ich aber auch den weiteren besonderen Menschen in meinem Leben, von denen mich nicht wenige seit Kindheitstagen begleiten, dafür danken, dass sie mich während des Schreibprozesses hin und wieder auch auf andere Gedanken gebracht und mir wertvolle gemeinsame Erlebnisse geschenkt haben.

Mein Dank gilt außerdem meinem Doktorvater, Prof. Dr. Marcel Krumm, der mir diese Dissertation an seinem Lehrstuhl für Öffentliches Recht und Steuerrecht erst ermöglicht hat, sowohl für die umfassende Betreuung als auch die Erstellung des Erstgutachtens. Für die zügige Zweitbegutachtung danke ich zudem Prof. Dr. Joachim Englisch.

Bei meiner Danksagung nicht unerwähnt lassen möchte ich Herr Dr. Christian Ruoff, dem ich meine ersten praktischen Einblicke in das Steuerrecht verdanke und der mir die erste Anregung für diese Untersuchung gegeben hat.

Für die Aufnahme in diese Schriftenreihe danke ich schließlich ihren Herausgebern, Prof. Dr. Christian Jahndorf, Prof. Dr. Rolf Eckhoff, Michael Wendt und Prof. Dr. Marc Desens.

Hamburg, März 2023 *Max Jagolski*

Inhaltsverzeichnis

Abkürzungsverzeichnis

a.A.	andere Ansicht
a.a.O.	am angegebenen Ort
Abs.	Absatz
AEUV	Vertrag über die Arbeitsweise der Europäischen Union
a.F.	alte Fassung
AfA	Absetzung für Abnutzung
AG	Aktiengesellschaft
AktG	Aktiengesetz
AO	Abgabenordnung
AöR	Archiv des öffentlichen Rechts
Art.	Artikel
Aufl.	Auflage
Az.	Aktenzeichen
BB	Betriebs-Berater
BBK	Buchführung, Bilanzierung, Kostenrechnung
Bd.	Band
BeckOK	Beck'scher Online-Kommentar
BeckRS	Beck-Rechtsprechung
Beih.	Beihefter
BFH	Bundesfinanzhof
BFH/NV	Nicht in der amtlichen Sammlung veröffentlichte Entscheidung
BGB	Bürgerliches Gesetzbuch
BGBl. I	Bundesgesetzblatt Teil I
BGBl. II	Bundesgesetzblatt Teil II
BGH	Bundesgerichtshof
BMF	Bundesministerium der Finanzen
BR-Drs.	Drucksache des Bundesrates
BStBl. I	Bundessteuerblatt Teil I
BStBl. II	Bundessteuerblatt Teil II

BT-Drs.	Drucksache des Bundestages
BVerfG	Bundesverfassungsgericht
BVerfGE	Entscheidungen des Bundesverfassungsgerichts
BVerwG	Bundesverwaltungsgericht
DAV	Deutscher AnwaltVerein
d.h.	das heißt
DB	Der Betrieb
Ders.	Derselbe
Dies.	Dieselbe
Diss.	Dissertation
DM	Deutsche Mark
Dr.	Doktor
DStJG	Deutsche Steuerjuristische Gesellschaft
DStR	Deutsches Steuerrecht
DStV	Deutscher Steuerberater-Verband
DStZ	Deutsche Steuer-Zeitung
DVBl.	Deutsches Verwaltungsblatt
EBITDA	Earnings Before Interest, Taxes, Depreciation and Amortization (Gewinn vor Zinsen, Steuern, Abschreibungen auf Sachanlagen und auf immaterielle Wirtschaftsgüter)
Einf.	Einführung
eKommentar	elektronischer Kommentar
EStB	Der Ertrag-Steuer-Berater
EStG	Einkommensteuergesetz
EStR	Einkommensteuer-Richtlinien
EU	Europäische Union
EuG	Gericht der Europäischen Union
EUR	Euro
EUV	Vertrag über die Europäische Union
EWiR	Entscheidungen zum Wirtschaftsrecht
ff.	Fortfolgend
FG	Finanzgericht
FGO	Finanzgerichtsordnung

F/K/S	Fuhrmann/Kraeusel/Schiffers
FM	Finanzministerium
Fn.	Fußnote
FR	Finanz-Rundschau
FS	Festschrift
Gem.	gemäß
GewStG	Gewerbesteuergesetz
GG	Grundgesetz
Ggf.	gegebenen Falls
GmbH	Gesellschaft mit beschränkter Haftung
GmbHG	Gesetz betreffend die Gesellschaften mit beschränkter Haftung
GmbHR	Die GmbH-Rundschau
GmbH-StB	GmbH-Steuerberater
GrEStG	Grunderwerbsteuergesetz
GrS	Großer Senat
GStB	Gestaltende Steuerberatung
GWR	Gesellschafts- und Wirtschaftsrecht
Habil.	Habilitation
H/H/R	Herrmann/Heuer/Raupach
H/H/S	Hübschmann/Hepp/Spitaler
Hrsg.	Herausgeber
HGB	Handelsgesetzbuch
Hs	Halbsatz
IDW	Institut der Wirtschaftsprüfer
i.E.	im Ergebnis
insb.	insbesondere
InsO	Insolvenzordnung
IRZ	Zeitschrift für internationale Rechnungslegung
ISR	Internationale SteuerRundschau
IStR	Internationales Steuerrecht
i.S.v.	im Sinne von
JbFStR	Jahrbuch der Fachanwälte für Steuerrecht
jM	juris – Die Monatszeitschrift

JöR	Jahrbuch des öffentlichen Rechts der Gegenwart
JuS	Juristische Schulung
JZ	JuristenZeitung
IRZ	Zeitschrift für internationale Rechnungslegung
Kap.	Kapitel
K/K/B	Kanzler/Kraft/Bäuml/Marx/Hechtner/Geserich
KÖSDI	Kölner Steuerdialog
krit.	Kritisch
KSI	Krisen-, Sanierungs- und Insolvenzberatung
K/S/M	Kirchhof/Söhn/Mellinghof
KStG	Körperschaftsteuergesetz
KStR	Körperschaftsteuer-Richtlinien
KWG	Kreditwesengesetz
L/B/P	Littmann/Bitz/Pust
m.E.	meines Erachtens
m.w.N.	Mit weiteren Nachweisen
MüKo	Münchener Kommentar
NJ	Neue Justiz
NJW	Neue Juristische Wochenschrift
Nr.	Nummer
NWB	Steuer- und Wirtschaftsrecht
NZG	Neue Zeitschrift für Gesellschaftsrecht
NZI	Neue Zeitschrift für Insolvenz- und Sanierungsrecht
OFD	Oberfinanzdirektion
o.g.	oben genannt/e
RFH	Reichsfinanzhof
RFHE	Entscheidungen des Reichsfinanzhofs
Rn.	Randnummer
RStBl.	Reichsteuerblatt
s.	siehe
S.	Satz / Seite
SanInsFoG	Gesetz zur Fortentwicklung des Sanierungs- und Insolvenzrechts
Sog.	So genannt

StaRUG	Unternehmensstabilisierungs- und -restrukturierungsgesetz
StAuskV	Steuer-Auskunftsverordnung
StB	Der Steuerberater
Stbg	Die Steuerberatung
StbJb	Steuerberater-Jahrbuch
SteuK	Steuerrecht kurzgefasst
StGB	Strafgesetzbuch
stRSpr.	ständige Rechtsprechung
StuB	Unternehmensteuern und Bilanzen
StuW	Steuer und Wirtschaft
Ubg	Die Unternehmensbesteuerung
v.	vom
Verf.	Verfasser
Vgl.	vergleiche
VID	Verband Insolvenzverwalter Deutschlands
WM	Zeitschrift für Wirtschafts- und Bankrecht
WPg	Die Wirtschaftsprüfung
WRV	Weimarer Reichsverfassung
z.B.	zum Beispiel
ZInsO	Zeitschrift für das gesamte Insolvenz- und Sanierungsrecht
ZIP	Zeitschrift für Wirtschaftsrecht

Einleitung

In jüngster Zeit hat die COVID-19-Pandemie (Corona-Krise) die deutsche Wirtschaft schwer getroffen.[1]. In vielen Branchen hat sie zu erheblichen Umsatzeinbrüchen und Verlusten geführt und Unternehmen innerhalb kurzer Zeit zu Sanierungsfällen gemacht.[2] Nicht nur in einer pandemiebedingten Unternehmenskrise stehen Steuerpflichtige vor der Herausforderung, ihr Unternehmen vor dem finanziellen Zusammenbruch zu bewahren, die drohende Zahlungsunfähigkeit zu vermeiden und die Ertragsfähigkeit der Gesellschaft wiederherzustellen.[3] Oftmals ist die drohende Zerschlagung des Unternehmens nicht zwingend, sondern kann durch geeignete Sanierungsmaßnahmen, sei es innerhalb oder außerhalb eines Insolvenzverfahrens, noch abgewendet werden. In dieser Situation ist es ein gängiges Mittel der Sanierungspraxis, dass Gläubiger auf ihre Forderungen teilweise oder komplett verzichten.[4] Hier beginnt nun ein juristisches Tauziehen zwischen Steuerrecht und Insolvenz- bzw. Restrukturierungsrecht. Denn der Wegfall der entsprechenden Verbindlichkeiten kann grundsätzlich steuerpflichtige Gewinne auslösen, die entstehende Steuerlast kann aber die Sanierung gefährden oder sogar unmöglich machen[5]. Da die Einforderung der Steuer erneut die Zahlungsunfähigkeit und Überschuldung des Unternehmens zur Folge hätte, geraten Schuldner so in einen Teufelskreis, aus dem sie ohne eine rechtliche Regelung nicht herauskommen.[6] Diesen Zielkonflikt zwischen Insolvenz- und Steuerrecht[7] hat der Gesetzgeber im Sinne der zu sanierenden Unternehmen entschieden. Nachdem der Große Senat des BFH im November 2016 für einen Paukenschlag gesorgt hatte, indem er den sog. Sanierungserlass der Finanzverwaltung[8] für

1 Vgl. Giese/Graßl/Holtmann/Krug, DStR 2020, 752.
2 Vgl. Kubik/Münch, BB 2021, 1387.
3 Vgl. Knebel, DB 2009, 1094.
4 Vgl. Crezelius, NZI 2017, 923.
5 Vgl. Sonnleitner/Strotkemper, BB 2017, 668; Kahlert, ZIP 2009, 643.
6 Vgl. Boochs/Dauernheim, Steuerecht in der Insolvenz, 3. Aufl. 2007, Rn. 224.
7 So BT-Drs. 18/12128, S. 31; Desens, FR 2017, 981; Förster/Hechtner, DB 2017, 1536.
8 BMF v. 27.03.2003 – IV A 6 – S 2140 – 8/03 ergänzt durch BMF v. 22.12.2009 – IV C 6-S 2140/07/10001-01.

rechtswidrig erklärt hatte[9], reagierte der Gesetzgeber ungewöhnlich schnell und schuf einen neuen § 3a EStG[10], der durch Schuldenerlasse entstehende Gewinne in der Sanierungssituation als sog. Sanierungserträge steuerfrei stellt. Mit dessen Inkraftsetzung durch das Jahressteuergesetz 2018[11] hat der Gesetzgeber das durch die Entscheidung des Großen BFH-Senats ausgelöste und inzwischen über Jahre andauernde Ping-Pong[12] zwischen dem BFH und der Finanzverwaltung um die steuerliche Behandlung von Sanierungserträgen beendet. Gemeinsam mit weiteren Änderungen im Einkommensteuergesetz, sowie im Körperschaftsteuergesetz und Gewebesteuergesetz wurde so die steuerliche Verschonung von Sanierungserträgen - erneut - auf eine (formell-) gesetzliche Grundlage gestellt.

Im Rahmen dieser Untersuchung wird die gesetzliche Neuregelung des § 3a EStG nun auf den Prüfstand gestellt. Um den Grundstein zu legen, gilt es sich zunächst mit der wirtschaftlichen Situation vertraut zu machen, in der sich ein sanierungsbedürftiges Unternehmen befindet. Nachdem die Erwartungen an steuerliche Vorschriften zur Unterstützung von Sanierungen formuliert wurden, wird genauer herausgearbeitet, wie ein Forderungserlass ohne eine Zuführung von Geldmitteln zu steuerpflichtigen Gewinnen führt. Anschließend an eine Aufarbeitung der Historie zur Besteuerung von Sanierungsgewinnen werden sowohl die Entscheidung des Großen Senats des BFH als auch Regelungsinhalt, Anwendungsbereich und Rechtsfolgen des § 3a EStG in Grundzügen herausgearbeitet. Teil 1 schließt mit einer Untersuchung, welche Alternativen zur Einführung einer vollständigen Steuerbefreiung für Sanierungsgewinne in Betracht kommen. Im Zweiten Teil der Untersuchung werden die noch bestehenden materiell-rechtlichen Problemfelder der Vorschrift identifiziert und Lösungsmöglichkeiten untersucht. Im dritten Teil widmet sich die Untersuchung der Frage, ob die Steuerfreiheit von Sanierungsgewinnen nach § 3a EStG und ihre konkrete Ausgestaltung mit dem allgemeinen Gleichheitssatz des Art. 3 Abs. 1 GG vereinbar ist. Denn da auch durch Forderungsverzichte ausgelöste Erträge

---

9 BFH v. 28.11.2016 – GrS 1/15, BStBl. II 2017, 393.

10 BT-Drs. 18/11233.

11 BT-Drs. 19/5595, BGBl. 2018 I, S. 2338. Im Verlauf des Gesetzgebungsverfahrens umbenannt von „Jahressteuergesetz 2018“ in „Gesetz zur Vermeidung von Umsatzsteuerausfällen beim Handel mit Waren im Internet und zur Änderung weiterer steuerlicher Vorschriften“, s.: https://www.bundesfinanzministerium.de/Content/DE/Gesetzestexte/Gesetze_Gesetzesvorhaben/Abteilungen/Abteilung_IV/19_Legislaturperiode/Gesetze_Verordnungen/2018-12-14-JStG-2018/0-Gesetz.html (zuletzt abgerufen am 10.8.2021)

12 Vgl. Sedlitz, DStR 2017, 2785.

grundsätzlich zu versteuern sind, geht ihre steuerliche Verschonung mit Ungleichbehandlungen gegenüber anderen Steuerpflichtigen einher.

Kapitel 1: Ziele und Regelungsgegenstand von § 3a EStG sowie Grundlagen und alternative Möglichkeiten der steuerlichen Begünstigung von Sanierungserträgen

§ 1 Ausgangssituation

I. Unternehmenskrise

Der heutige Begriff „Krise" hat seinen Ursprung im Altgriechischen und leitet sich von dem Wort „krisis" ab, mit dem sowohl die schwierige Entwicklungsphase einer Krankheit beschrieben wurde, als auch die Zuspitzung einer Handlungssituation im antiken Drama.[13] Das zugehörige Verb „krinein" kann übersetzt werden mit „sich entscheiden".[14] Der ursprüngliche Begriff der Krise beschrieb also sowohl den Entwicklungsverlauf einer bestimmten Situation als auch den Zeitpunkt und die entscheidende Wendung, die über den Ausgang der Entwicklung entscheidet.[15]

Auch heute wird der Begriff „Krise" im Allgemeinen verwendet, um eine problembehaftete, sich zuspitzende Situation zu beschreiben, die mit einem Wendepunkt verbunden ist.[16] Betriebswirtschaftlich ist unter einer Unternehmenskrise ein Zustand eines Schuldners (bzw. Unternehmens) zu verstehen, der seine wirtschaftliche Lebensfähigkeit infrage stellt und somit seine Existenz bedroht.[17] Je nach Ausmaß der Situation können verschiedene Stadien unterschieden werden, die von einer Strategiekrise[18] über eine

---

13 Vgl. Sinz, in: Schmidt/Uhlenbruck, Die GmbH in Krise, Sanierung und Insolvenz, Rn. 1.2.

14 Pohl, Krisen in Organisationen, (Diss.) 1977, S. 19.

15 Vgl. Pohl, Krisen in Organisationen, (Diss.) 1977, S. 19 ff.

16 IDW, Sanierung und Insolvenz, Kap. A, Rn. 1.

17 Vgl. Sinz, in: Schmidt/Uhlenbruck, Die GmbH in Krise, Sanierung und Insolvenz, Rn. 1.2; Beutel/Sistermann, in: Lüdicke/Sistermann, Unternehmenssteuerrecht, § 18, Rn. 3.

18 Die langfristigen Erfolgsfaktoren des Unternehmens sind nicht mehr gegeben (vgl. IDW, Sanierung und Insolvenz, Kap. A., Rn. 18).

Erfolgskrise[19] bis zur Liquiditätskrise[20] und schließlich zur Insolvenzreife reichen.[21] Eine allgemeingültige rechtliche Definition der Krise existiert nicht, sondern verschiedene Gesetze knüpfen bestimmte Rechtsfolgen an Tatbestände, in denen nur einzelne Krisenmerkmale eine Rolle spielen.[22] Dementsprechend ist die Bedeutung des Krisenbegriffs abhängig davon, in welchem Rechtsgebiet er Anwendung findet.[23] Für das Gesellschaftsrecht war die Krise bis zu dessen Außerkraftsetzung in § 32a Abs. 1 S. 1 GmbHG a.F.[24] definiert. Danach war eine Krise in dem Zeitpunkt erreicht, in dem die Gesellschafter ihr (der Gesellschaft) als ordentliche Kaufleute Eigenkapital zugeführt hätten.[25] Insolvenzrechtlich ergibt sich das Bestehen einer Krise aus dem Vorliegen der Insolvenztatbestände, der Überschuldung[26], der Zahlungsunfähigkeit[27] oder der drohenden[28] Zahlungsunfähigkeit.[29] Der strafrechtliche Krisenbegriff knüpft an die insolvenzrechtliche Definition an[30], sodass auch dort das Stadium der Überschuldung oder der drohenden bzw. schon eingetretenen Zahlungsunfähigkeit maßgeblich für

19 Das Unternehmen erwirtschaftet Verluste, die zum Verbrauch des Eigenkapitals führen (vgl. IDW, Sanierung und Insolvenz, Kap. A, Rn. 21).

20 Es entstehen bereits Liquiditätsengpässe, die verfügbare liquide Mittel aufzehren (IDW, Sanierung und Insolvenz, Kap. A, Rn. 22).

21 Vgl. ausführlich dazu: IDW, Sanierung und Insolvenz, Kap. A, Rn. 9 ff.

22 Vgl. Reuter, BB 2003, 1797 (ausführlich zu den Pflichten eines Unternehmens während einer Krise am Beispiel der börsennotierten AG).

23 Vgl. Fehst/Engels, in: Sonnleitner, Insolvenzsteuerrecht, Kap. 2, Rn. 2.

24 Aufgehoben durch das Gesetz zur Modernisierung des GmbH-Rechts und zur Vermeidung von Missbräuchen v. 23.10.2008, BT-Drs. 16/6140, BGBl. I 2008, S. 2026.

25 Teilweise wird davon ausgegangen, dass auch nach der Außerkraftsetzung von § 32a Abs. 1 S. 1 GmbHG noch auf dessen Krisenmerkmale zurückgegriffen werden kann (vgl. Schluck-Amend, in: Römermann, Münchner Anwaltshandbuch GmbH-Recht, § 23, Rn. 5.

26 Überschuldet ist der Schuldner (das Unternehmen), wenn das Vermögen des Schuldners die bestehenden Verbindlichkeiten nicht mehr deckt, es sei denn, die Fortführung des Unternehmens ist nach den Umständen überwiegend wahrscheinlich, § 19 Abs. 2 S. 1 InsO.

27 Zahlungsunfähig ist der Schuldner, wenn er nicht mehr in der Lage ist, die fälligen Zahlungsverpflichtungen zu erfüllen, § 17 Abs. 2 S. 1 InsO.

28 Drohende Zahlungsunfähigkeit liegt vor, wenn der Schuldner voraussichtlich nicht in der Lage sein wird, die bestehenden Zahlungspflichten im Zeitpunkt der Fälligkeit zu erfüllen, § 18 Abs. 2 S. 1 InsO.

29 Vgl. Schluck-Amend, in: Römermann, Anwaltshandbuch GmbH-Recht, § 23, Rn. 14.

30 Vgl. Schluck-Amend, in: Römermann, Anwaltshandbuch GmbH-Recht, § 23, Rn. 15 m.w.N.; ausführlich: Kindhäuser, in: Kindhäuser/Neumann/Paeffgen, StGB, vor §§ 283 ff., Rn. 91 ff.

das Vorliegen einer Krise sein soll.[31] Nach der höchstrichterlichen Rechtsprechung liegt eine Krise schon dann vor, wenn zwar noch keine Insolvenzreife gegeben ist, die Gesellschaft aber als Vorstufe der Insolvenzreife kreditunwürdig[32] bzw. überlassungsunwürdig ist.[33]

Unabhängig davon, ob von einer Existenzbedrohung, der Notwendigkeit der Zuführung von Eigenkapital durch die Gesellschafter, von Überschuldung oder Zahlungsunfähigkeit oder von dem Bedürfnis nach Sanierungsmaßnahmen gesprochen wird, so liegt den verschiedenen Begriffsannäherungen immer der gleiche Ausgangspunkt zugrunde: Es müssen Umstände vorliegen, die, wenn ihnen nicht begegnet wird, zum Zusammenbruch des Unternehmens führen werden, also zu dessen Überschuldung oder Zahlungsunfähigkeit.[34] Das heutige Verständnis der Krise vereinigt damit zunächst weiterhin beide ursprünglichen Bedeutungen des Begriffs. Aus der medizinischen Bedeutung wurde das Merkmal der Lebensbedrohung und aus der Dramatik sowohl das Merkmal der Verschärfung eines Konflikts als auch das der entscheidenden Wendung übernommen.[35]

Alle Begriffsannäherungen zeigen bereits, dass die Krise kein Zeitpunkt, sondern vielmehr ein bestimmter Zeitraum ist. Die verschiedenen Ansätze definieren lediglich einen unterschiedlichen Zeitpunkt, in dem ein Unternehmen in das Krisenstadium eintritt. Die Sanierungspraxis interpretiert den Krisenbegriff zwar zunächst als einen vor der Insolvenz liegenden Zeitraum, in welchem eine Insolvenz durch geeignete Sanierungsmaßnahmen noch abgewendet werden kann.[36] Dieses Verständnis ist aber nicht zwingend. Zwar bedeutet eine heutige Unternehmenskrise immer, dass sich die wirtschaftliche Situation des Unternehmens zuspitzt und es schließlich an einen richtungsweisenden Punkt gelangt. Die Abwendung der Insolvenz ist aber nur eine Möglichkeit zur Überwindung der Krise. Sanierungs- und Restrukturierungsmaßnahmen können aber ebenso innerhalb eines

---

31 Vgl. Fehst/Engels, in: Sonnleitner, Insolvenzsteuerrecht, Kap. 2, Rn. 2.

32 Kreditunwürdigkeit liegt vor, wenn die Gesellschaft von dritter Seite keinen Kredit zu marktüblichen Bedingungen erhält und ohne Kapitalzuführung liquidiert werden müsste, vgl. BGH v. 30.04.2013 - IX B 156/12; v. 24.09.13 - II ZR 39/12. Dies soll insbesondere dann gegeben sein, wenn die Gesellschaft den zur Fortführung ihres Geschäftsbetriebs erforderlichen Kreditbedarf nicht aus eigener Kraft decken kann, vgl. BGH v. 24.09.13 - II ZR 39/12.

33 BGH v. 03.04.2006 - II ZR 332/05, DStR 2006, 1144; v. 18.07.2013 - IX ZR 219/11, DStR 2013, 1900; BFH v. 30.04.2013 - IX B 156/12, BFH/NV 2013, 1402.

34 Vgl. Reuter, DStR 2003, 1797.

35 Vgl. Witte, in: Bratschitsch/Schnellinger, Unternehmenskrisen, S. 9.

36 Vgl. Fehst/Engels, in: Sonnleitner, Insolvenzsteuerrecht, Kap. 2, Rn. 3 m.w.N.

Insolvenzverfahrens ergriffen werden, das nicht zwingend mit der Einstellung der Unternehmenstätigkeit enden muss. Das Krisenstadium umfasst daher eher einen Zeitraum, der mit dem Eintritt von existenzbedrohenden Umständen beginnt und bis zu dem Punkt reicht, in dem das Unternehmen wieder zu geordneten wirtschaftlichen Verhältnissen zurückgeführt wurde. Dieser Zeitraum kann jedoch auch noch eine Restrukturierung innerhalb der Insolvenz umfassen. Eine Unternehmenskrise kann also auch noch bis in das Insolvenzverfahren hinein reichen und muss nicht unbedingt davor liegen. Entscheidend ist nur, dass es nicht zu einem ungeregelten Zusammenbruch kommt.

II. Interessen der Beteiligten in der Krise

In einer Unternehmenskrise stehen sich mehrere Beteiligte mit verschiedenen Interessen gegenüber. Für das betroffene Unternehmen selbst stellen sich im Wesentlichen zwei Fragen: Zum einen ist von Bedeutung, ob die in der Krise entstandenen Verluste in Zukunft (noch) im Rahmen des Verlustausgleichs steuerlich genutzt werden können und zum anderen, ob geplante Sanierungsmaßnahmen sogar zu einer Steuerlast führen können.[37] Letzteres könnte die Sanierung im schlimmsten Fall sogar gefährden. Die Gesellschafter des angeschlagenen Unternehmens werden hingegen darauf bedacht sein, ihr investiertes Kapital zu erhalten.[38] Die Interessen des Gesetzgebers sind vielfältig und decken sich mit den bisher Genannten nur teilweise. Einerseits besteht Interesse daran, sanierungsfähige Unternehmen zu retten, da dies zu späteren Steuereinnahmen führt, wenn das Unternehmen wieder wirtschaftlich leistungsfähig ist.[39] Auf der anderen Seite sind Gewinne die im Rahmen einer Sanierung entstehen, wie jeder andere Gewinn auch, grundsätzlich der Besteuerung zu unterwerfen. Die Legislative steckt also in einer Art „Zwickmühle“, da eine Besteuerung der Sanierungsgewinne zwar kurzfristig Steueraufkommen generiert, jedoch dazu führen kann, dass sie Sanierung langfristig erschwert wird oder Sanierungsmaßnahmen gar nicht erst durchgeführt werden. Wird auf den Steuerzugriff zugunsten der wirtschaftlichen Erholung des Unternehmens verzichtet, besteht die Gefahr, dass gar keine Einnahmen zu verzeichnen

37 Vgl. Kahlert/Rühland, Sanierungs- und Insolvenzsteuerrecht, S. V (Vorwort).
38 Vgl. Eilers/Bühring, Sanierungssteuerrecht, Rn. 2.2.
39 Vgl. Eilers/Bühring, Sanierungssteuerrecht, Rn. 2.2.

sind, sollte die Sanierung dennoch nicht von Erfolg gekrönt sein. § 3a EStG versucht offenbar, diese teils gegenläufigen Interessen in Ausgleich zu bringen. Grundsätzlich gibt der Gesetzgeber der Rettung des Unternehmens den Vorzug, indem Sanierungsgewinne steuerfrei gestellt werden, verlangt aber von Steuerpflichtigen, dass sie zunächst ihrerseits alle eigenen Möglichkeiten ausschöpfen, um den steuerfrei zu stellenden Sanierungsgewinn so gering wie möglich zu halten bzw. so weit wie möglich zu neutralisieren.

III. Begriff und Ziele der Sanierung

Eine Legaldefinition der Sanierung existiert weder im Handelsrecht noch im Steuerrecht[40], allerdings finden sich Annäherungsversuche in verschiedenen Disziplinen. Betriebswirtschaftlich ist die Sanierung ein Sammelbegriff für alle Maßnahmen in einer Unternehmenskrise zur Wiederherstellung existenzerhaltender Gewinne.[41] Im ertragsteuerlichen Sinne ist die Sanierung kein fest umgrenzter Begriff.[42] Mangels gesetzlicher Definition wurde die Aufgabe der Begriffsbestimmung von der höchstrichterlichen Rechtsprechung übernommen und eine erste Definition wurde bereits vom Reichsfinanzhof entwickelt. Demnach waren unter einer Sanierung alle Maßnahmen zusammenzufassen, die die finanzielle Gesundung eines notleidenden Unternehmens bezwecken, also Maßnahmen, die geeignet sind, ein Unternehmen vor dem Zusammenbruch zu bewahren und wieder ertragsfähig zu machen.[43] Diese, vom Reichsfinanzhof entwickelte Definition wurde schließlich vom Bundesfinanzhof fortgeführt.[44] Die Finanzverwaltung hat sich diesem Sanierungsbegriff der Rechtsprechung ebenfalls sinngemäß angeschlossen und definiert zumindest die unternehmensbezogene Sanierung als eine Maßnahme, die darauf gerichtet ist, ein Unternehmen oder einen Unternehmensträger (juristische oder natürliche Person) vor

---

40 Vgl. Winnefeld, Bilanzhandbuch, Kap. N, Rn. 595; BFH v. 26.11.80 – I R 52/77, BStBl. II 1981, 181.

41 Vgl. Kanzler, NWB 2021, 1235, 1239.

42 Vgl. Kanzler, NWB 2021, 1235, 1239.

43 RFH v. 02.03.1937 – I A 305/36, RStBl. 1937, 626; v. 20.07.37 – I A 257/36.

44 StRSpr., z.B. BFH v. 22.4.64 – I 62/61, BFHE 79, 382; v. 26.11.80 – I R 52/77, BStBl. II 1981, 181; v. 18.12.1990 – VIII R 39/87, BStBl. II 1991,784; v. 10. 4. 2003 – IV R 63/01, BStBl. II 2004, 9; v. 14. 7.2010 – X R 34/08, BStBl. II 2010, 916.

dem finanziellen Zusammenbruch zu bewahren und wieder ertragsfähig zu machen.[45]

Der eher weite betriebswirtschaftliche Sanierungsbegriff vereint also alle betriebswirtschaftlichen, rechtlichen und steuerlichen Maßnahmen der Problembewältigung, während der engere rechtliche Ansatz nur finanztechnische Rettungsmaßnahmen bezeichnet.[46] Dennoch lassen sich aus den genannten Definitionen zwei wesentliche Merkmale einer Sanierung ableiten. Erstens bezweckt eine Sanierung immer, das betroffene Unternehmen vor dem endgültigen Zusammenbruch zu bewahren. Zweitrangig ist an dieser Stelle, ob dies durch Zuführung von Kapital oder durch Entlastung von Verbindlichkeiten geschieht, da sich eine entsprechende Begrenzung aus keiner der Definitionen ableiten lässt. Zweitens ist eine Sanierung darauf gerichtet, die Ertragsfähigkeit bzw. Leistungsfähigkeit des Unternehmens langfristig zu sichern. Ihr muss also die Intention zugrunde liegen, das Unternehmen künftig auch fortführen zu wollen. Ist der erlassende Gläubiger an einer Erholung des Unternehmens nicht interessiert, sondern plant z.B. eine Übernahme des Schuldners, so kann nicht von einer Sanierung ausgegangen werden.[47]

IV. Erwartungen an effektive steuerliche Sanierungsvorschriften

Die steuerlichen Aspekte einer Sanierung und ihre Gestaltung sind entscheidend für ihren Erfolg, denn sollten im Rahmen von Sanierungsmaßnahmen steuerlich grundsätzlich wirksame Gewinne entstehen – was, wie sich noch zeigen wird regelmäßig der Fall ist – kann die anfallende Steuerlast die Sanierung nicht nur erschweren, sondern sogar gänzlich vereiteln.[48] Im Ergebnis wären die Sanierungsmaßnahmen wirkungslos, wenn durch sie zwar zu hohe Schulden abgebaut werden, die erfolgreiche Restrukturierung aber durch die Steuerschuld doch wieder verhindert würde. Hinzu kommt noch, dass den Gläubigern ein Anreiz gegeben werden muss, um auf ihre Forderungen zu verzichten. Führt ihr Verzicht nur dazu, dass

45 BMF v. 27.03.2003 – IV A 6 – S 2140 – 8/03, Rn. 1.
46 Vgl. Kanzler, NWB 2021, 1235, 1239.
47 In diesem Fall wurde vom BFH unter früherer Rechtslage die Sanierungsabsicht der erlassenden Gläubiger verneint, mit der Folge, dass der entsprechende Gewinn nicht steuerfrei war, BFH v. 28.02.1989 – VIII R 303/84, BStBl. II 1989, 711.
48 Vgl. Kahlert/Rühland, Sanierungs- und Insolvenzsteuerrecht, S. 1.

das Unternehmen sich letztlich doch nicht erholt, aber ihre Forderungen stattdessen dem Fiskus zufließen, werden die Gläubiger nicht bereit sein, sich etwa durch einen Verzicht an der Sanierung zu beteiligen.[49] Dem Sanierungs- oder Krisensteuerrecht[50] kommt damit in erster Linie die Aufgabe zu, entsprechende Anreize für Sanierungen zu schaffen und sinnvolle und notwendige Maßnahmen zu fördern, anstatt eine bestehende finanzielle Krise noch zu verschärfen.[51] Außerdem muss berücksichtigt werden, dass Sanierungen oft unter großem Zeitdruck durchgeführt werden, sodass Sanierungsmaßnahmen auf eine möglichst rechtssichere gesetzliche Grundlage zu stellen sind, die zügig handhabbar ist.[52] Ein funktionierendes Sanierungssteuerrecht muss also insgesamt sicherstellen, dass Unternehmen auch in Zeiten mangelnder Liquidität ihre Steuerschuld rechtssicher planen können.[53] Gerade die wirtschaftlichen und finanziellen Folgen der COVID19-Pandemie stellt das Sanierungssteuerrecht vor eine Bewährungsprobe.[54]

Für Gewinne, die in der Sanierung durch Forderungsverzichte anfallen, hat der Gesetzgeber guten Willen gezeigt und mit der Schaffung von § 3a EStG deren steuerliche Behandlung einer gesetzlichen Regelung zugeführt und sich dabei für eine sanierungsfreundliche Variante entschieden, indem Sanierungsgewinne von der Steuer befreit werden. Ein zentrales Anliegen effektiver Sanierungsvorschriften, nämlich die steuerliche Förderung von wirtschaftlich notwendigen Maßnahmen, die zur Erholung des Unternehmens beitragen, wird damit auf den ersten Blick erfüllt. Allerdings ist die Vorschrift um ein Vielfaches länger als bisherige gesetzliche Regelungen zu Sanierungserträgen. Zudem wird sie als komplex und schwer verständlich bezeichnet[55], sodass noch zu untersuchen bleibt, ob die Neuregelung tatsächlich in dem Maße zu mehr Rechtssicherheit führt, wie beabsichtigt,

49 Vgl. Schmidt/Mielke, Ubg 2009, 395, 401.

50 Bisher existiert keine systematische Begriffsbestimmung des Sanierungssteuerrechts (Eilers/Bühring, Sanierungssteuerrecht, Rn. 2.29; vgl. Seer, FR 2014, S. 721, 723). Jedoch können darunter diejenigen steuerrechtlichen Vorschriften verstanden werden, die Regeln für die Unternehmenskrise und ihre Bewältigung enthalten (vgl. Eilers/Bühring, Sanierungssteuerrecht, 1. Aufl. 2011, Rn. 2.29.)

51 Vgl. Eilers/Bühring, Sanierungssteuerrecht, Rn. 2.9.

52 Vgl. Eilers/Bühring, Sanierungssteuerrecht, Rn. 2.10.

53 Vgl. Eilers/Thiemann, Ubg 2020, 190.

54 Vgl. Eilers/Walter-Yadegardjam, FR 2020, 481.

55 Vgl. Weitzmann, DB 2017, M4.

oder ob z.B. die Wiedereinführung der vorigen Befreiungsvorschrift des § 3 Nr. 66 a.F. EStG vorzugswürdiger[56] gewesen wäre.

§ 2 Der Sanierungsertrag

Nachdem die Ausgangssituation verdeutlicht wurde, soll die Untersuchung nun aufzeigen, was begrifflich unter einem Sanierungsertrag zu verstehen ist und wie es genau zu dessen Entstehung kommt.

I. Begriffsbestimmung

Während die Gesetzesbegründung zu § 3a EStG von „Sanierungserträgen" spricht[57], wird im Schrifttum ebenso häufig der Begriff „Sanierungsgewinn" verwendet[58]. Die beiden Begriffe sind folglich gleichbedeutend und werden auch in dieser Untersuchung synonym verwendet. Blickt man auf die bisherigen Rechtsgrundlagen zurück, die für die steuerliche Behandlung von Sanierungserträgen einschlägig waren, so findet sich immer wieder eine sehr ähnliche Definition, die sich bis heute sowohl terminologisch als auch in ihrer Bedeutung nur unwesentlich verändert hat. Eine erste Definition lieferte § 11 Nr. 4 KStG aus dem Jahr 1934.[59] Dieser definierte Sanierungserträge als

> *„Vermögensmehrungen, die dadurch entstehen, dass Schulden zum Zweck der Sanierung ganz oder teilweise erlassen werden".*[60]

Die Vorschrift wurde später von § 3 Nr. 66 EStG a.F.[61] abgelöst, der die Definition aus § 11 Nr. 4 KStG nahezu wortgleich übernahm. Der einzige Unterschied bestand darin, dass § 3 Nr. 66 EStG a.F. anstatt von „Betriebsvermögensmehrungen" von „Erhöhungen des Betriebsvermögens" sprach.

---

56 Vor dem Hintergrund, dass sowohl zu § 3 Nr. 66 EStG a.F. als auch zum Sanierungserlass eine konkretisierende Rechtsprechung gegeben habe, wird eine Wiedereinführung der Vorschrift oder eine gesetzliche Verankerung des Sanierungserlasses teilweise für sinnvoller erachtet (s. Richter/Welling, Tagungs- und Diskussionsbericht zum 64. Berliner Steuergespräch, FR 2017, 998).

57 BT-Drs. 18/12128, S. 12.

58 Vgl. exemplarisch: Kanzler, NWB 2019, 626.

59 RStBl. 1935, S. 81.

60 RStBl. 1935, S. 81, 85.

61 BGBl. I 1976, 2597, 2617.

Inhaltliche Unterschiede ergaben sich daraus nicht. Nach der Aufhebung des § 3 Nr. 66 EStG a.F.[62] wurde dessen Definition später von der Finanzverwaltung ebenfalls nahezu wortgleich verwendet.[63] Schließlich war der Gesetzgeber bei der Einführung von § 3a EStG erneut gefordert, den Begriff des Sanierungsertrags zu bestimmen und behielt die althergebrachte Definition bei. Ergänzt wurde lediglich, dass es sich um eine *betrieblich veranlasste* Erhöhung des Betriebsvermögens handeln muss.[64] Nunmehr definiert § 3a Abs. 1 S. 1 EStG Sanierungserträge als

> *„Betriebsvermögensmehrungen oder Betriebseinnahmen aus einem Schuldenerlass zum Zwecke der unternehmensbezogenen Sanierung"*.

Den Sanierungsgewinn kennzeichnet daher schon seit der Geltung des § 11 Nr. 4 KStG a.F., dass er nicht durch die aktive Zuführung von Kapital entstehen kann, sondern nur dadurch, dass eine Verbindlichkeit entfällt.

War das Begriffsverständnis des Sanierungsertrags über lange Zeit unverändert geblieben, so bringt § 3a EStG nun aber doch eine Neuerung mit sich. Die vorigen Definitionen gingen immer lediglich von einer *Betriebsvermögensmehrung* aus, was gleichzeitig bedeutete, dass ein steuerlich begünstigter Sanierungsertrag nur dann anfallen konnte, wenn der steuerliche Gewinn durch Betriebsvermögensvergleich gemäß § 4 Abs. 1 S. 1 EStG ermittelt wurde. Indem § 3a EStG aber auch Bezug nimmt auf *Betriebseinnahmen,* wird deutlich, dass nun auch Steuerpflichtige, die ihren Gewinn durch Einnahmen-Überschuss-Rechnung nach § 4 Abs. 3 S. 1 EStG berechnen, die Steuerbefreiung für Sanierungsgewinne beanspruchen können, auch wenn die praktische Relevanz hier geringer sein dürfte.[65]

II. Entstehung des Sanierungsertrags

1. Dualismus der Einkünfteermittlung und Gewinnbegriff des § 4 Abs. 1 S. 1 EStG

Auf den ersten Blick erscheint es merkwürdig, dass der Erlass einer Forderung beim betroffenen Unternehmen zu steuerpflichtigen Einkünften

62 BT-Drs. 13/7480, S. 192.

63 BMF v. 27.03.2003 – IV A 6 – S 2140 – 8/03.

64 BT-Drs. 18/12128, S. 31.

65 Vgl. Krumm, in: Blümich, Blümich, § 3a EStG, Rn. 13 (Stand: März 2020).

führt. Dass durch den Wegfall einer Verbindlichkeit und damit ohne realen Zuwachs an Geldmitteln ein steuerlich wirksamer Gewinn entstehen kann, ist jedoch systembedingt und dem in § 2 Abs. 2 S. 1 EStG angelegten Dualismus der Einkünfteermittlung[66] und vor allem dem Gewinnbegriff des § 4 Abs. 1 EStG geschuldet. Das EStG unterscheidet in § 2 Abs. 1 S. 1 sieben verschiedene Einkunftsarten, die durch § 2 Abs. 2 EStG in sog. „Gewinneinkünfte" und „Überschusseinkünfte"[67] eingeteilt werden. Die Zuordnung einer Einkommensquelle zu einer dieser Einkunftsarten und damit zu einer der beiden Kategorien hat grundlegende Auswirkungen auf die Art, wie die einkommensteuerlich relevanten Einkünfte zu ermitteln sind und damit auch, welche Vorgänge sich steuerlich auswirken und welche nicht.

Die Überschusseinkünfte gemäß § 2 Abs. 2 S. 1 Nr. 2 EStG, bei denen sich das Einkommen aus dem Überschuss der Einnahmen (§ 8 EStG) über die Werbungskosten (§ 9 EStG) ergibt, folgen konzeptionell der sog. Quellentheorie, nach der nur dann etwas als Einkommen i.S.v. § 2 EStG qualifiziert werden kann, wenn es einen regelmäßigen Ertrag einer ständig fließenden Einkommensquelle darstellt.[68] Vermögens- bzw. Wertveränderungen im sog. Stammvermögen zählen hingegen nicht zum Einkommen[69], ebenso wie einmalige Vermögenszugänge[70]. Einnahmen können hier schon nach dem Wortlaut des § 8 Abs. 1 EStG nur Güter sein, die in Geld oder Geldeswert bestehen. Die Überschussrechnung folgt dem sog. Zu- und Abflussprinzip aus § 11 Abs. 1 S. 1 und Abs. 2 S. 1 EStG, was bedeutet, dass Einnahmen erst dann berücksichtigt werden, wenn Steuerpflichtige wirtschaftlich über sie verfügen können, was wiederum der Fall ist, wenn die Einnahme ihr Vermögen übergegangen und der Leistungserfolg eingetreten ist.[71] Im Fall einer Geldforderung etwa folgt daraus, dass erst der Zahlungseingang zu einer steuerlich relevanten Einnahme führen kann, während der bloße Zugang der Forderung noch unbeachtlich ist.[72] Spiegelbildlich verhält es

66 Dazu etwa: Hey, in: Tipke/Lang, Steuerrecht, Rn. 8.181 ff.

67 Vgl. Kirchhof, in: K/S/M, § 2, Rn. C 5 (Stand: September 1992).

68 Vgl. Hey, in: Tipke/Lang, Steuerrecht, Rn. 8.182.

69 Vgl. Fuisting, Die Preußischen direkten Steuern Bd. 4, S. 147; Kirchhof, in: K/S/M, § 2, Rn. A 317 (Stand: Januar 1987); Hey, in: H/H/R, Einf. EStG, Rn. 11 (Stand: April 2020).

70 Vgl. Kirchhof, in: K/S/M, § 2, Rn. A 318 (Stand: Januar 1987).

71 Vgl. Krüger, in: Schmidt, EStG, § 11, Rn. 15; stRSpr., z.B. BFH v. 30.11.2010 – VIII R 40/08, BFH/NV 2011, 592; v. 15.5.2013 VI R 24/12, BStBl. II 2014, 495; v. 15.6.2016, VI R 6/13, BStBl. II 2016, 903.

72 Vgl. Hey, in: Tipke/Lang, Steuerrecht, Rn. 8.192.

sich mit den Werbungskosten. Diese werden in dem Kalenderjahr berücksichtigt, in dem sie tatsächlich geleistet wurden, also abgeflossen[73] sind und entfalten erst dann steuerliche Auswirkungen. Dass Steuerpflichtige eine Verbindlichkeit eingehen, hat steuerlich also noch keine Auswirkungen, sondern die Verbindlichkeit wirkt sich steuerlich erst dann aus, wenn die geschuldete Leistung erbracht wird.[74]

Dieses Zu- und Abflussprinzip nach § 11 EStG bewirkt nun, dass im Rahmen der Überschusseinkünfte nur tatsächliche Vermögensmehrungen im Sinne einer von außen zufließenden objektiven Bereicherung zu steuerlich relevanten Einnahmen führen können.[75] Das Vermögen des Steuerpflichtigen muss sich also tatsächlich in Form von Geld- oder Sachleistungen mehren. Verzichtet nach diesen Grundsätzen ein Gläubiger, in der Absicht eine Sanierung des Schuldnerunternehmens zu ermöglichen auf seine Forderung, so kann dieser Forderungsverzicht daher regelmäßig nicht zu steuerpflichtigem Einkommen führen, da der Verlust einer Verbindlichkeit nicht zu einem „Mehr" im Vermögen führt. Es sind zwar Ausnahmefälle denkbar in denen ein Forderungsverzicht den Zufluss einer Einnahme beim Schuldner auslösen kann[76], jedoch liegt der Grund für die Besteuerung des Forderungswertes dann nicht in dem Wegfall der Forderung per se, sondern begründet sich damit, dass der Verzicht durch eine der Einkunftsarten des § 2 Abs. 1 S. 1 Nr. 4–7 EStG veranlasst[77] war und so eine

73 Abgeflossen sind Ausgaben dann, wenn der Steuerpflichtige seine Leistungshandlung vornimmt und die wirtschaftliche Verfügungsmacht über den geleisteten Gegenstand verliert, BFH v. 16.2.2011, X R 46/09, BStBl. II 2011, 685; Krüger, in: Schmidt, EStG, § 11, Rn. 35.

74 Im Fall einer Geldschuld also, wenn das entsprechende Bargeld tatsächlich übergeben wurde bzw. der Empfänger die wirtschaftliche Verfügungsmacht über den geleisteten Geldbetrag erlangt hat (vgl. Martini, in: Blümich, § 11 EStG, Rn. 81 (Stand: November 2020); gleiches gilt im Fall eines Schecks, vgl. BFH v. 8.11.1968 - VI R 81/67, BStBl. II 1969, 76) oder bei einer Zahlung durch Banküberweisung (BFH v. 14.01.86 - IX R 51/80, BStBl. II 1986, 453), wenn der Überweisungsauftrag der Bank zugegangen ist mit dessen Ausführung zu rechnen ist und der Betrag dem Empfänger auch tatsächlich zugeht.

75 Vgl. Ettlich, in: Blümich, § 8 EStG, Rn. 19 (Stand: Mai 2019).

76 Z.B. Verzicht eines Arbeitgebers auf eine Schadenersatzforderung gegen den Arbeitnehmer wegen Beschädigung eines Firmenwagens, BFH v. 27.3.1992 - VI R 145/89, BStBl. II 1992, 837 und v. 24.5.2007 - VI R 73/05, BStBl. II 2007, 766; Verzicht des Arbeitgebers auf eine Forderung aus der Überlassung von Werkzeug, BFH v. 25.1.1985 - VI R 173/80, BStBl. II 1985, 437.

77 Die Veranlassung einer Einnahme durch eine Tätigkeit, die unter eine der Einkunftsarten des § 2 Abs. 1 S. 1 Nr. 4–7 EStG subsumierbar ist, ist stets Voraussetzung, um steuerlich relevante Einnahmen von Gütern abzugrenzen, die dem Steuerpflichtigen

Gegenleistung im weitesten Sinne[78] für eine Tätigkeit des Steuerpflichtigen darstellt. Diese Situation stellt aber die Ausnahme dar.

Im Gegensatz dazu ist das steuerlich relevante Einkommen bei den Gewinneinkünften nach § 2 Abs. 2 S. 1 Nr. 1 EStG kein reiner Geldüberschuss, sondern der Gewinn gemäß § 4 Abs. 1 S. 1 EStG. Steuertheoretisch liegt den Gewinneinkünften eher die sog. Reinvermögenszugangstheorie zugrunde, nach der unter dem Einkommen der Zugang von Reinvermögen in einer Wirtschaft während einer gegebenen Periode[79] zu verstehen ist. Aus dieser weiten Ausdehnung des Einkommenstatbestandes[80] folgt, dass der Ursprung einer Vermögensveränderung kein Kriterium dafür ist, ob steuerlich relevante Einkünfte vorliegen. Als zentraler Unterschied zu den Quelleneinkünften ergibt sich daher, dass eine Wertveränderung im Stammvermögen, also der Einkommensquelle selbst, ebenfalls zu steuerlichem Einkommen oder auch Verlusten führt.[81] Die Gewinnermittlung erfolgt hier nicht durch einfache Geldüberschussrechnung, sondern durch Betriebsvermögensvergleich gemäß § 4 Abs. 1 S. 1, der über § 5 Abs. 1 S 1 EStG auch für buchführungspflichtige Gewerbetreibende gilt. Dazu wird der Wert des Betriebsvermögens am Ende des Wirtschaftsjahres mit dem Wert des Betriebsvermögens am Ende des vorangegangenen Wirtschaftsjahres verglichen und um den Wert der Entnahmen vermehrt und um den Wert der Einlagen vermindert.[82] Der Gewinnermittlung durch Betriebsvermögensvergleich liegt der Gedanke zugrunde, dass sich das Ergebnis der unternehmerischen Betätigung nur schlecht in einer reinen Geldrechnung abbilden lässt, wie bei den Überschusseinkünften, sondern vielmehr in der umfassenden Wert-

---

außerhalb seines Erwerbsverhältnisses zugewendet werden (Veranlassungsprinzip), s. dazu BFH v. 7. 12. 2004 – VIII R 70/02, BStBl. II 2005, 468; Kister, in: H/H/R, § 8 EStG, Rn. 42 ff. (Stand: Februar 2021); Hey, in: Tipke/Lang, Steuerrecht, Rn. 8.353; Ettlich, in: Blümich, § 8 EStG, Rn. 39 (Stand: Mai 2019).

78 Zum Erfordernis der Gegenleistung für eine Tätigkeit des Steuerpflichtigen exemplarisch: BFH v. 30. 6. 2011 – VI R 80/10, BStBl. II 2011, 948; v. 20. 5. 2010 – VI R 12/08, BStBl. II 2010, 1069 (jeweils zu § 19 EStG); Ettlich, in: Blümich, § 8 EStG, Rn. 39 (Stand: Mai 2019).

79 Vgl. Hey, in: Tipke/Lang, Steuerrecht, Rn. 7.30.

80 So Kirchhof, in: K/S/M, § 2, Rn. A 326 (Stand: Januar 1987).

81 Vgl. Hey, in: H/H/R, Einf. EStG, Rn. 12 (Stand: April 2020)

82 Die Definition des § 4 Abs. 1 S. 1 EStG gibt damit eine zweistufige Gewinnermittlung vor: Auf erster Stufe erfolgt die Gegenüberstellung zweier Betriebsvermögensgrößen und auf zweiter Stufe wird der Unterschiedsbetrag um den Wert der Entnahmen und Einlagen korrigiert, vgl. Musil, in: H/H/R, § 4 EStG, Rn. 30 (Stand: Dezember 2019).

entwicklung des Betriebsvermögens zum Ausdruck kommt.[83] Der Begriff des Betriebsvermögens[84] i.S.v. § 4 Abs. 1 S. 1 EStG meint dabei nur das Eigenkapital des Unternehmens[85], sodass der Betriebsvermögensvergleich im Grunde einer Gegenüberstellung des Eigenkapitals zum Ende von zwei aufeinander folgenden Wirtschaftsjahren (§ 4a EStG) entspricht. Der Wert des Eigenkapitals ermittelt sich nicht, wie bei den Überschusseinkünften, allein durch eine Gegenüberstellung von Einnahmen und Ausgaben, sondern durch Bilanzierung nach den §§ 242 ff. HGB. Die Bilanz stellt gemäß § 246 Abs. 1 S. 1 HGB sämtliche Vermögensgegenstände auf der Aktivseite und Schulden[86] des Unternehmens auf der Passivseite dar, wobei steuerrechtlich lediglich von Wirtschaftsgütern[87] gesprochen wird. Die Differenz zwischen der Summe aller aktiven Wirtschaftsgüter (Vermögensgegenstände) und der Summe aller passiven Wirtschaftsgüter (Schulden) des Betriebs ergibt dann den Wert des Eigenkapitals.[88]

Während die Eingehung einer Verbindlichkeit im Rahmen der Überschusseinkünfte steuerlich grundsätzlich irrelevant bleibt, bis die Verbindlichkeit tatsächlich beglichen wird, verhält es sich bei der Gewinnermittlung durch Betriebsvermögensvergleich anders. Gehen Steuerpflichtige eine Verbindlichkeit ein, muss diese nach dem Vollständigkeitsgrundsatz des § 246 Abs. 1 S. 1 HGB regelmäßig bereits in der Bilanz passiviert wer-

83 Vgl. Kirchhof, in: K/S/M, § 2, Rn. C 1 (Stand: September 1992).

84 Das EStG verwendet den Begriff des Betriebsvermögens an mehreren Stellen, ohne ihn zu definieren. Zum einen ist die Summe aller aktiven und passiven Wirtschaftsgüter (= Eigenkapital) gemeint und zum anderen beschreibt er eine Eigenschaft, die ein Wirtschaftsgut aufweisen muss, um zum Betrieb zu gehören und damit in den Betriebsvermögensvergleich einbezogen werden zu können, s. Kirchhof, in: Kirchhof, EStG, 20. Aufl. 2021 (alle weiteren Zitierungen des Werkes beziehen sich auf diese Auflage, sofern nicht anders vermerkt), § 4, Rn. 32.

85 Vgl. exemplarisch: Kirchhof, in: Kirchhof, EStG, § 4 Rn. 29; Hennrichs, in: Tipke/Lang, Steuerrecht, Rn. 9.12.

86 Der Begriff „Schulden" im bilanzrechtlichen Sinne meint Verbindlichkeiten, Rückstellungen sowohl für ungewisse Verbindlichkeiten als auch für drohende Verluste aus schwebenden Geschäften, vgl. Schmidt/Ries, in: Beck BilKom, § 246 HGB, Rn. 50.

87 Der Begriff des Wirtschaftsgutes im steuerrechtlichen Sinne ist weiter als der handelsrechtliche Begriff des Vermögensgegenstandes und umfasst sowohl aktive als auch passive Bilanzpositionen, vgl. Winnefeld, Bilanzhandbuch, Kap. D, Rn. 427. Aktive Wirtschaftsgüter entsprechen dabei den Vermögensgegenständen (BFH v. 2.3.1970 – GrS 1/69, BStBl. II 1970, 382; v. 7.8.2000 – GrS 2/99, BStBl. II 2000, 632) und Schulden den passiven Wirtschaftsgütern (vgl. Freidank/Velte/Weber, in: Die Bilanz nach Handels- und Steuerrecht, Kap. A III 1.2.1.1.)

88 Vgl. Loschelder, in: Schmidt, EStG, § 4, Rn. 22, 24.

den[89], sofern es sich nicht um ein schwebendes Geschäft handelt, bei dem der Steuerpflichtige bzw. eine verpflichtete Partei noch nicht erfüllt hat.[90] In diesem Fall muss eine Verbindlichkeit erst passiviert werden, wenn der Verpflichtete in Erfüllungsrückstand gerät, sich also mit seinen Leistungen gegenüber dem Vertragspartner im Rückstand befindet.[91] Droht bei schwebenden Geschäften ein Verpflichtungsüberschuss oder leistet der Steuerpflichtige eine Vorauszahlung, ist eine Verlustrückstellung bzw. ein Rechnungsabgrenzungsposten zu bilden.[92] Einseitige Verbindlichkeiten müssen zumindest rechtlich entstanden sein.[93] Da sich durch die Passivierung die Summe aller Passivposten erhöht, vermindert sich als Kehrseite das Eigenkapital, sofern der Betrag der Verbindlichkeit nicht gleichzeitig durch die Erhöhung eines anderen Aktivpostens oder die Verminderung eines weiteren Passivpostens neutralisiert wird.[94] Spiegelbildlich verhält es sich mit dem Abgang einer Verbindlichkeit. Wird diese beglichen und aus der Passivseite der Bilanz ausgebucht, bleibt dieser Vorgang ohne Auswirkungen auf das Eigenkapital, solange gleichzeitig ein anderer Aktiv- oder Passivposten berührt wird.[95] Ist dies nicht der Fall, etwa weil der Gläubiger auf die Forderung verzichtet, verringert sich nur die Summe aller Passivposten und die Differenz von Aktiva und Passiva steigt an, was nichts anderes bedeutet,

---

89 Eine Verbindlichkeit ist zu passivieren, wenn (1) die Pflicht zur Leistung an einen Dritten besteht, (2) die Leistungspflicht dem Grunde und der Höhe nach gewiss ist und die Verbindlichkeit (3) eine wirtschaftliche Belastung darstellt, vgl. Hennrichs, in: MüKo BilR, § 246, Rn. 89.

90 Vgl. Krumm, in: Blümich, § 5 EStG, Rn. 763 (Stand: März 2020); Ballwieser, in: MüKo HGB, § 246, Rn. 30.

91 Vgl. Hennrichs, in: MüKo BilR, § 246 HGB, Rn. 113.

92 Vgl. Hennrichs, in: MüKo BilR, § 246 HGB, Rn. 113.

93 Vgl. Hennrichs, in: MüKo BilR, § 246 HGB, Rn. 114.

94 Nicht jede Passivierung eines Wirtschaftsgutes berührt das Eigenkapital. Bei sog. erfolgsneutralen Vorgängen wird zwar ein Passivposten gebildet aber ein anderer in gleicher Höhe fällt dafür weg oder es wird ein entsprechender Aktivposten gebildet. Beispiel: Werde Produktionsmaschinen angeschafft und durch einen Kredit finanziert, dann wird zwar die Kreditverbindlichkeit passiviert aber in gleicher Höhe erhöht sich die Aktivseite, indem die Maschinen zu Anschaffungskosten aktiviert werden (§ 253 Abs. 1 S. 1 HGB, § 6 Abs. 1 Nr. 1, 2 EStG). Nur bei erfolgswirksamen Vorgängen wird das Eigenkapital berührt, also wenn neben einem Bestandskonto auch ein Erfolgskonto angesprochen wird. Ausführlich dazu z.B. Falterbaum/Bolk/Reiß/Kirchner, Buchführung und Bilanz, S. 97 ff.

95 Beispiel: Der Unternehmer bezahlt eine Rechnung seines Lieferanten durch Banküberweisung. In diesem Fall wird die Verbindlichkeit auf Passivseite ausgebucht und in gleicher Höhe mindert sich der Aktivposten Bankguthaben. Da Aktiv- und Passivseite in gleicher Höhe verändert werden, bleibt der Unterschiedsbetrag gleich.

als dass sich das Eigenkapital vermehrt und sich so das Betriebsvermögen erhöht. Im Rahmen des Betriebsvermögensvergleichs ist also kein realer Zuwachs an Geldmitteln erforderlich, um steuerwirksames Einkommen zu generieren, denn das Zuflussprinzip gilt bei den Gewinneinkünften nicht (§ 11 Abs. 1 S. 5 EStG). Vielmehr genügt eine Verringerung der Passivseite ohne entsprechenden Ausgleich, wie es bei einem Forderungsverzicht der Fall ist.

2. Bilanzielle Behandlung eines Forderungsverzichts

Im Folgenden wird aufgezeigt, welche bilanziellen Vorgänge sich im Fall eines Forderungsverzichts vollziehen und welche Auswirkungen diese auf das zu sanierende Unternehmen haben. Anders als es die gängige Bezeichnung „Forderungsverzicht" nahelegt, vollzieht sich der Erlass nicht durch eine einseitige Verzichtserklärung des Gläubigers, da diese dem Gesetz fremd ist.[96] Stattdessen schließen die Parteien in der Regel einen gegenseitigen Vertrag, regelmäßig einen Erlassvertrag gemäß § 397 Abs. 1 BGB der nur unter Mitwirkung beider Parteien zustande kommen kann. Dieser führt dazu, dass das Schuldverhältnis insgesamt und damit sowohl die Forderung im Vermögen des Gläubigers als auch die Verbindlichkeit im Vermögen des Unternehmens zivilrechtlich erlöschen. Wird der Gewinn durch Betriebsvermögensvergleich ermittelt, muss das Erlöschen der Verbindlichkeit ab diesem Zeitpunkt bilanziell abgebildet werden.

a) Grundsatz: Ausbuchung der Verbindlichkeit

Das zu sanierende Unternehmen hat die Verbindlichkeit, die später erlassen wird, bei ihrer Entstehung zunächst gemäß § 246 Abs. 1 HGB in der Handels- und Steuerbilanz zu passivieren, sofern diese passivierungsfähig ist.[97] Wird die Forderung im Zuge der Sanierung später erlassen und erlischt sie damit gemäß § 397 Abs. 1 BGB, so muss sie aus der Handels- und

96 Vgl. Pöschke, NZG 2017, 1408; Hüttche, in: Die Bilanz nach Handels- und Steuerrecht, Kap. G, VIII 3.3.2.

97 Vgl. Nagengast, in: Beck´sches Steuerberater-Handbuch 2019/20, Kap. B, Rn. 1658. Zu den Voraussetzungen der Passivierung einer Verbindlichkeit, s. etwa Hennrichs, in: MüKo BilR, § 246 HGB, Rn. 89 ff.

Steuerbilanz ausgebucht werden.[98] Da die Verbindlichkeit auf einem passiven Bestandskonto erfasst wird, ist das Erlöschen der Verbindlichkeit als Abgang im Soll zu buchen.[99] Die vorzunehmende Gegenbuchung[100], hängt maßgeblich davon ab, in welcher Stellung sich der erlassende Gläubiger befindet.

aa) Verzicht eines Drittgläubigers

Handelt es sich um einen Verzicht eines externen Gläubigers (z.B. Bank, Lieferanten), der nicht Gesellschafter des zu sanierenden Unternehmens ist, wird kein anderes Bestandskonto angesprochen, sodass die entsprechende Bilanzposition beim Schuldner erfolgswirksam auszubuchen ist.[101] In diesem Fall erfolgt die Gegenbuchung im sonstigen betrieblichen Ertrag gemäß § 275 Abs. 2 Nr. 4 HGB[102], sodass in der Handelsbilanz ein Ertrag in Höhe der ausgebuchten Forderung ausgewiesen werden muss. Dieser Ertrag fließt zwecks Erstellung der Schlussbilanz in die Gewinn- und Verlustrechnung ein (§ 242 Abs. 3 HGB) und führt so zu einer Erhöhung des Betriebsvermögens. Gemäß § 5 Abs. 1 S. 1 EStG gilt dies auch für die Steuerbilanz des sanierungsbedürftigen Unternehmens, sodass in Höhe der erlassenen Verbindlichkeit ein steuerpflichtiger Gewinn entsteht. Dabei ist es gleichgültig, ob es sich um eine Kapital- oder Personengesellschaft handelt.[103]

bb) Verzicht eines Gesellschafters

Komplizierter kann sich der Sachverhalt darstellen, wenn der verzichtende Gläubiger zugleich Gesellschafter des sanierungsbedürftigen Unterneh-

98 Vgl. Kubik/Münch, BB 2021, 1387, 1388; Baschnagel, Ubg 2014, 769; Hennrichs, in: MüKo BilR, § 246 HGB, Rn. 91, 107; ders. in: Tipke/Lang, Steuerrecht, Rn. 9.166.

99 Vgl. exemplarisch: Skauradszun, ZIP 2018, 1901.

100 Nach dem sog. Grundsatz der doppelten Buchführung spricht ein Geschäftsvorfall immer mindestens zwei Konten an und es muss dabei immer ein Konto auf der Soll- und eines auf der Habenseite angesprochen werden, um die Ausgeglichenheit der Bilanz sicherzustellen, vgl. exemplarisch: Hennrichts, in: Tipke/Lang, Steuerrecht, Rn. 9.28.

101 Vgl. Häuselmann, BB 2010, 944.

102 Vgl. Schmidt/Peun, in: Beck BilKom, § 275, Rn. 91; Pöschke, NZG 2017, 1408;.

103 Vgl. Beutel/Sistermann, in: Lüdicke/Sistermann, Unternehmenssteuerrecht, § 18, Rn. 47.

mens ist. In diesem Fall muss nämlich in mehrfacher Hinsicht nach der Motivation des Gesellschafters differenziert werden. Ferner kann relevant werden, ob der Verzicht gegenüber einer Kapital- oder Personengesellschaft erfolgt.

(1) Verzicht gegenüber einer Kapitalgesellschaft

Zunächst kommt es auf den Willen des Gesellschafters an, ob der Gegenwert des Forderungsverzichts im Eigenkapital verbleiben soll oder ob eine sofort erfolgswirksame Sanierungsmaßnahme bewirkt werden soll, die als Ertrag zu erfassen ist.[104] Steht hinter dem Verzicht die Absicht, der Gesellschaft Eigenkapital zur Verfügung zu stellen und geschieht dies anstatt durch eine Zuführung von Barmitteln durch die Befreiung von einer Verbindlichkeit, darf eine Gegenbuchung in der Kapitalrücklage nach § 272 Abs. 2 Nr. 4 HGB erfolgen.[105] Wird der Forderungsverzicht als Zuzahlung gemäß § 272 Abs. 2 Nr. 4 HGB behandelt, ist zumindest handelsbilanziell unabhängig von der Werthaltigkeit der Forderung der volle Nominalbetrag der weggefallenen Verbindlichkeit in die Kapitalrücklage einzustellen.[106].

Bedeutsamer ist der Fall, dass ein Gesellschafter zur Entschuldung der Gesellschaft beitragen möchte und den Verzicht daher zum Zweck der Sanierung erklärt. Es muss dann weiterhin danach differenziert werden, ob der Verzicht betrieblich oder gesellschaftsrechtlich veranlasst war.[107] Sollte der Verzicht betrieblich motiviert gewesen sein, was angenommen werden kann, wenn auch weitere unbeteiligte Drittgläubiger auf ihre Forderungen gegen die Gesellschaft verzichten oder andere Sanierungsbeiträge leisten (sog. Gläubigerakkord)[108], ist der Verzicht dem eines Drittgläubigers gleichzusetzen und es kommt ebenso zu einem Gewinn in Höhe der passivierten

104 Vgl. Förschle/Heinz, in: Deubert/Förschle/Störk, Sonderbilanzen, Kap. Q, Rn. 62.
105 Vgl. Förschle/Hoffmann, in: Beck BilKom, § 272 Rn. 195; Pöschke, NZG 2017, 1408. Näher dazu: Zwirner/Boecker, IRZ 2018, 417.
106 Vgl. Förschle/Heinz, in: Deubert/Förschle/Störk, Sonderbilanzen, Kap. Q, Rn. 62 m.w.N.
107 Vgl. Knebel, DB 2009, 1094.
108 Vgl. FM Schleswig-Holstein v. 25.01.2013 – VI 3011 – S 2741 – 108.

Verbindlichkeit.[109] In diesem Fall löst die Gesellschafterstellung also keine gesonderten Rechtsfolgen aus.[110]

War der Verzicht eines Gesellschaftes allerdings durch das Gesellschaftsverhältnis veranlasst, dann ist dieser als verdeckte Einlage zu qualifizieren, die seit einer Grundsatzentscheidung des Großen Senats des BFH gemäß § 6 Abs. 1 Nr. 5 EStG mit dem Teilwert der Verbindlichkeit im Verzichtszeitpunkt zu bewerten ist[111] und nicht mit dem Nennwert, zu dem die Verbindlichkeit in der Bilanz passiviert ist. Gemäß § 6 Abs. 1 Nr. 1 S. 3 EStG ist dies der Betrag, den ein Erwerber des ganzen Betriebs im Rahmen des Gesamtkaufpreises für das einzelne Wirtschaftsgut (also die Forderung) ansetzen würde. Da der Teilwert für gewöhnlich nicht exakt dem Nennwert entspricht, sondern gerade in der Unternehmenskrise deutlich darunter liegen wird, kommt es im Verzichtsfall zu einer „Aufteilung" der Verbindlichkeit in einen werthaltigen und einen nicht werthaltigen Teil. In Höhe des werthaltigen Teils liegt eine erfolgsneutrale verdeckte Einlage vor und in Höhe des nicht werthaltigen Teils kommt es zu einer erfolgswirksamen Erhöhung des Betriebsvermögens.[112] Die verdeckte Einlage ist in Höhe des Teilwerts gemäß § 27 KStG auf dem steuerlichen Einlagenkonto auszuweisen. In Höhe des nicht werthaltigen Teils der Forderung entsteht ebenso wie bei einem Verzicht durch Drittgläubiger ein außerordentlicher betrieblicher Ertrag gemäß § 275 Abs. 2 Nr. 4, Abs. 3 Nr. 6 HGB.[113] Bezüglich des werthaltigen Teils wird die infolge der Ausbuchung eintretende Betriebsvermögenserhöhung also nicht durch eine außerbilanzielle Kürzung neutralisiert. Ist der Teilwert der Forderung null, unterscheiden sich die Verzichtsfolgen bei Gesellschaftern daher im Ergebnis nicht von den Folgen bei Drittgläubigern.

---

109 Vgl. Kellersmann/Pannewig, Ubg 2009, 848; Eilers/Bühring, Sanierungssteuerrecht, Rn. 3.11; Knebel, DB 2009, 1094; Ziegenhagen/Thieme, Besteuerung in Krise und Insolvenz, § 5, Rn. 19.

110 Vgl. Krumm, in: Blümich, § 5 EStG, Rn. 1122 (Stand: März 2020).

111 Vgl. BFH v. 9. 6. 1997 – GrS 1/94, BStBl. II 1998, 307; krit.: Pöschke, NZG 2017, 1408.

112 Vgl. Schulze-Osterloh, NZG 2017, 641; Beutel/Sistermann, in: Lüdicke/Sistermann, Unternehmenssteuerrecht, § 18, Rn. 13; Knebel, DB 2009, 1094.

113 Vgl. Roser, in: Gosch, KStG, § 8, Rn. 118; Pöschke, NZG 2017, 1408.

(2) Verzicht gegenüber einer Personengesellschaft

Der Verzicht eines Drittgläubigers gegenüber einer Personengesellschaft unterscheidet sich bilanziell nicht von dem gegenüber einer Kapitalgesellschaft.[114] Unterschiede können sich aber bei einem Gesellschafterverzicht gegenüber einer Personengesellschaft ergeben. Dies resultiert zum einen daraus, dass sich das Betriebsvermögen einer Personengesellschaft aus dem Gesamthandsvermögen der Gesellschaft und dem Sonderbetriebsvermögen der Gesellschafter zusammensetzt,[115] und zum anderen daraus, dass Forderungen, die ein Gesellschafter gegen seine Gesellschaft hat, in der Gesamtbilanz der Personengesellschaft grundsätzlich als Eigenkapital auszuweisen[116] sind.

Da zu Gesellschafterverzichten gegenüber Personengesellschaften noch keine höchstrichterliche Rechtsprechung ergangen ist[117], gehen die Meinungen im Schrifttum bezüglich der bilanziellen Behandlung auseinander. Teilweise wird auf eine Unterscheidung nach betrieblicher oder gesellschaftsrechtlicher Veranlassung wie bei Kapitalgesellschaften verzichtet und eine einheitliche Handhabung befürwortet.[118] Häufiger wird aber auch im Bereich von Personengesellschaften nach betrieblicher und gesellschaftsrechtlicher Veranlassung unterschieden. Weitgehende Einigkeit besteht dabei zumindest im Ergebnis bei einer gesellschaftsrechtlichen Veranlassung. Daraus, dass eine Gesellschafterforderung steuerrechtlich bei der Gesellschaft Eigenkapital darstellt, folgt für viele Autoren, dass es nicht wie bei Kapitalgesellschaften zu einer Aufteilung in einen werthaltigen und einen nicht werthaltigen Teil der Forderung kommen soll, sondern dass der Verzicht lediglich eine „Verschiebung“ der Forderung zwischen den einzelnen Bestandteilen der Gesamtbilanz darstellt, die insgesamt steuerneutral bleibe[119], wobei dieses Ergebnis teilweise mit der Anwendung des § 6 Abs. 5 S. 3

114 Vgl. Beutel/Sistermann, in: Lüdicke/Sistermann, Unternehmenssteuerrecht, § 18, Rn. 47.

115 Vgl. Wacker, in: Schmidt, EStG, § 15, Rn. 480. Dies gilt allerdings nicht bei solchen Gesellschaften, die kein Gesamthandsvermögen aufweisen.

116 Exemplarisch: BFH v. 19.5.1993 – I R 60/92, BStBl. II 1993, 714.

117 Vgl. Prinz, in: Prinz/Kahle, Handbuch der Personengesellschaften, § 9, Rn. 127.

118 Erhardt/Zeller, DStR 2012, 1636 schlagen vor, dass ein Verzicht immer erfolgsneutral gehalten werden soll, indem § 6 Abs. 5 S. 3 Nr. 2 EStG zur Anwendung kommt.

119 Vgl. Pyszka, BB 1998, 1557; Eberhard, in: Prinz/Kahle, Handbuch der Personengesellschaften, § 12, Rn. 70.

Nr. 2 EStG begründet wird[120]. Die Werthaltigkeit der Forderung spiele dabei keine Rolle[121], da eine Teilwertabschreibung wegen einer Wertminderung auf eine Forderung eines Gesellschafters im Sonderbetriebsvermögen unzulässig ist[122].

Für den Fall, dass Gesellschafter aus betrieblichen Gründen verzichten, sind die Meinungen hingegen geteilt. Häufig stößt man auf den Vorschlag, die Grundsätze aus dem Urteil des Großen Senats zu Forderungsverzichten gegenüber Kapitalgesellschaften analog anzuwenden.[123] Dieser Vorschlag würde darauf hinauslaufen, in dem Forderungsverzicht eine Einlage in das Gesamthandsvermögen der Gesellschaft zu sehen.[124] Bei deren Bewertung zum Teilwert entsprechend den Grundsätzen der genannten BFH-Entscheidung wäre die weitere Folge, dass ebenfalls eine Aufteilung der Forderung erforderlich wäre und es in Höhe des nicht werthaltigen Teils zu einem Ertrag bei der Personengesellschaft und einem korrespondierenden Aufwand im Sonderbereich käme.[125] Dieser Weg wird von anderen Teilen des Schrifttums indes abgelehnt. Stattdessen wird von der wohl herrschenden Meinung im Schrifttum dafür plädiert, auch einen betrieblich veranlassten Verzicht stets in vollem Umfang als steuerneutral zu behandeln, wofür teilweise auch für diesen Fall § 6 Abs. 5 S. 3 Nr. 2 EStG herangezogen wird.[126]

---

120 Vgl. Prinz, in: Prinz/Kahle, Handbuch der Personengesellschaften, § 9, Rn. 129; Schneider, in: H/H/R, § 15 EStG, Rn. 730 (Stand: August 2017); Beutel/Sistermann, in: Lüdicke/Sistermann, Unternehmenssteuerrecht, § 18, Rn. 48; wohl auch Kölbl/Neumann, Ubg 2018, 273; nach Erhardt/Zeller soll § 6 Abs. 5 S. 3 Nr. 2 EStG unabhängig von der Veranlassung immer für den Verzicht gegenüber einer Personengesellschaft gelten (vgl. Erhardt/Zeller, DStR 2012, 1636).

121 Vgl. Eberhard, in: Prinz/Kahle, Handbuch der Personengesellschaften, § 12, Rn. 70; Wacker, in: Schmidt, EStG, § 15, Rn. 550; Pyszka, BB 1998, 1557.

122 BFH v. 19.5.1993 – I R 60/92, BStBl. II 1993, 714; v. 26.9.1996 – IV R 105/94, BStBl. II 1997, 277.

123 Vgl. Förschle/Scheel, in: Deubert/Förschle/Störk, Sonderbilanzen, Kap. Q, Rn. 325; Wacker, in: Schmidt, EStG, § 15, Rn. 550; wohl auch Pyszka, BB 1998, 1557 und Kanzler, NWB 2019, 626; Prinz, in: Prinz/Kahle, Handbuch der Personengesellschaften, § 9, Rn. 128.

124 Vgl. Förschle/Scheel, in: Deubert/Förschle/Störk, Sonderbilanzen, Kap. Q, Rn. 325.

125 Vgl. Schwahn/Vogel, in: Lüdicke/Sistermann, Unternehmenssteuerrecht, § 5, Rn. 28.

126 Vgl. Erhardt/Zeller, DStR 2012, 1636; Schneider, in: H/H/R, § 15 EStG, Rn. 730 (Stand: August 2017); Ley, in: KÖSDI 2002, 13459; Epler/Petersen, Stbg 2019, 114; Herbst/Stegemann, DStR 2013, 176; Eberhard, in: Prinz/Kahle, Handbuch der Personengesellschaften, § 12, Rn. 70.

b) Auswirkungen einer Besserungsvereinbarung

Häufig werden Gläubiger – seien es externe Dritte oder ein Gesellschafter – ihren Verzicht nicht unbedingt erklären, da dies regelmäßig nicht in ihrem Interesse liegen dürfte.[127] sondern werden daran interessiert sein im Fall einer wirtschaftlichen Erholung des Unternehmens noch aus ihrer Forderung befriedigt zu werden. Das Instrument der Besserungsvereinbarung (auch Besserungsabrede oder Besserungsschein[128]) gibt Gläubigern die Möglichkeit, in der Krise durch einen Verzicht einen Sanierungsbeitrag zu leisten, nach deren Überwindung aber wieder am Erfolg der Gesellschaft teilzunehmen.[129] Zivilrechtlich ist eine solche Vereinbarung so ausgestaltet, dass der Verzicht entweder auflösend bedingt erklärt wird oder zwar endgültig erfolgt, jedoch gleichzeitig eine aufschiebend bedingte Verbindlichkeit vereinbart wird.[130] Im Fall des Bedingungseintritts – meist die Erwirtschaftung von Gewinnen – lebt die Verbindlichkeit im ersten Fall gemäß § 158 Abs. 2 BGB wieder auf, im zweiten Fall entsteht sie erst gemäß § 158 Abs. 1 BGB.

Wird der Verzicht unter einer solchen Besserungsvereinbarung erklärt, ändert dies nichts an den Verzichtsfolgen, sodass der Fall ebenso zu behandeln ist wie ein endgültiger Verzicht.[131] Sowohl handels- als auch steuerbilanziell ist die Forderung auszubuchen und im Besserungsfall wieder einzubuchen.[132] Weder von der überwiegenden Mehrheit in der Literatur[133], noch vom BFH[134] oder der Finanzverwaltung[135] wird dabei nach

127 Vgl. Knebel, DB 2009, 1094.

128 Die drei Begriffe Besserungsschein, Besserungsvereinbarung und Besserungsabrede werden etwa synonym verwendet von Krumm, in: Blümich, § 5 EStG, Rn. 957 (Stand: März 2020); Beutel/Sistermann, in: Lüdicke/Sistermann, Unternehmenssteuerrecht, § 18, Rn. 38.

129 Vgl. Beutel/Sistermann, in: Lüdicke/Sistermann, Unternehmenssteuerrecht, § 18, Rn. 38.

130 Vgl. Briese, DStR 2017, 799; Knebel, DB 2009, 1094.

131 Vgl. Beutel/Sistermann, in: Lüdicke/Sistermann, Unternehmenssteuerrecht, § 18, Rn. 38; Häuselmann, BB 2010, 944, 948; Eberhard, in: Prinz/Kahle, Handbuch der Personengesellschaften, § 12, Rn. 71.

132 Vgl. Krumm, in: Blümich, § 5 EStG, Rn. 957 (Stand: März 2020) m.w.N.

133 Vgl. Häuselmann, BB 2010, 944; Baschnagel, Ubg 2014, 769; Becker/Pape/Wobbe, DStR 2010, 506, 508; Krumm, in: Blümich, § 5 EStG, Rn. 957 (Stand: März 2020); Beutel/Sistermann, in: Lüdicke/Sistermann, Unternehmenssteuerrecht, § 18, Rn. 38; Benzel/Linzbach, DStR 2009, 1599, 1601.

134 Vgl. BFH v. 30.05.1990 I R 41/87, BStBl. II 1991,588.

135 BMF v. 2.12.2003 – IV A 2-S 2743–5/03.

den Bedingungen für das Wiederaufleben der Verbindlichkeit differenziert, sondern bei einem Verzicht unter Besserungsvereinbarung stets eine Ausbuchung der Verbindlichkeit angenommen.[136] Folglich führt auch ein Verzicht unter einer Besserungsvereinbarung regelmäßig zur Ausbuchung der Verbindlichkeit und damit, abhängig von der Stellung des Gläubigers zu einem Verzichtsgewinn.

3. Zwischenergebnis

Verzichtet ein Gläubiger auf eine Forderung, so ist diese aus der Handels- und Steuerbilanz des Schuldnerunternehmens auszubuchen. Im Fall eines Drittgläubigers entsteht ein außerordentlicher Ertrag gemäß § 275 Abs. 2 Nr. 4 HGB, der zu einer Betriebsvermögensmehrung führt. Verzichtet ein Gesellschafter gegenüber einer Kapitalgesellschaft auf seine Forderung, entsteht bei betrieblicher Veranlassung ebenso ein Ertrag. Bei gesellschaftsrechtlicher Veranlassung liegt eine steuerneutrale Einlage in Höhe des werthaltigen Teils der Forderung vor. Zu einem außerordentlichen Ertrag kommt es dann nur in Höhe des nicht werthaltigen Teils. Bei Personengesellschaften ergeben sich bei Drittverzichten keine Unterschiede im Vergleich zu Kapitalgesellschaften. Die Behandlung von Gesellschafterverzichten ist hingegen nicht abschließend geklärt. Nach überwiegender Ansicht vollzieht sich dieser steuerlich neutral, sofern er durch das Gesellschaftsverhältnis veranlasst ist. Bei betrieblicher Veranlassung wird teilweise in Höhe des nicht werthaltigen Teils ein Ertrag wie bei einem Gesellschafterverzicht gegenüber einer Kapitalgesellschaft angenommen. Eine Besserungsvereinbarung verändert die bilanzielle Behandlung eines Forderungsverzichts nicht.

Die so entstehenden Erträge bei dem Schuldnerunternehmen stellen Betriebsvermögensmehrungen i.S.v. § 3a Abs. 1 S. 1 EStG dar und sind, sofern dessen Voraussetzungen vorliegen, als Sanierungsgewinne steuerfrei.

---

136 Vereinzelt finden sich jedoch auch Stimmen, die zwischen gewinnabhängigen und nicht gewinnabhängigen Besserungsvereinbarungen differenzieren. Bei nicht gewinnabhängigen Besserungsvereinbarungen wird angeregt, statt einer gewinnwirksamen Ausbuchung der Verbindlichkeit eine entsprechende Verbindlichkeitsrückstellung zu bilden (vgl. Briese, DStR 2017, S. 799, 800) oder die Forderung im Hinblick auf eine weiterhin bestehende Belastung des gegenwärtigen Vermögens gar nicht auszubuchen (vgl. Pöschke, NZG 2017, 1408, 1411 ff.). Diese Differenzierung müsse dann auch für die steuerbilanzielle Behandlung gelten (vgl. Briese, DStR 2017, S. 799, 802; Pöschke, NZG 2017, 1408, 1414 ff.).

§ 3 Entstehung von § 3a EStG

I. Die Besteuerung von Sanierungserträgen vor Einführung von § 3a EStG

Die Besteuerung von Sanierungserträgen kann auf eine bald hundertjährige Geschichte zurückblicken[137] und die Idee, diese Gewinne steuerfrei zu stellen, ist fast so alt wie das EStG selbst.[138] Immer wieder war sie Gegenstand von Diskussionen und sowohl Gerichte als auch die Finanzverwaltung und nicht zuletzt der Gesetzgeber mussten sich mehrmals mit der Thematik auseinandersetzen. Die seit über 90 Jahren bekannte Problemlage[139] der Besteuerung von Sanierungsgewinnen wurde über die Jahre mehr als einmal auf verschiedene rechtliche Grundlagen gestellt.

1. Rechtsprechung des Reichsfinanzhofs

Den Grundstein legte schon der Reichsfinanzhof mit seinen Urteilen aus den Jahren 1927[140] und 1928[141]. Der für das Einkommensteuerrecht zuständige VI. Senat vertrat schon damals den Standpunkt, dass eine Betriebsvermögensmehrung aufgrund eines Forderungsverzichts, der zum Zweck der Rettung eines Betriebs erklärt wird, einen Vorgang darstellt, der außerhalb des Geschäftsbetriebs liege und daher nicht der Einkommensteuer unterworfen werden könne.[142] Als Begründung führt der Senat an, dass der Forderungserlass im Grunde eine Vereinbarung zwischen den beteiligten Gläubigern sei, an der der Schuldner gar nicht beteiligt ist. Die Gläubiger hofften darauf, dass ihr – im gegebenen Fall nur teilweiser – Verzicht zu einer Werterhöhung des Restbetrags ihrer Forderung führt und betrachteten den Erlass der übrigen Gläubiger als Gegenleistung für den eigenen Verzicht.[143] Nur die Ausführung dieser Vereinbarung geschehe mit dem Schuldner, der dadurch zwangsläufig eine bloß „formelle Vermögensmehrung“ erhalte.[144]

---

137 Vgl. Möhlenbrock/Gragert, FR 2017, 994.
138 Vgl. Böing, in: L/B/P, § 3a, Rn. 1 (Stand: Februar 2019).
139 Vgl. Weitzmann, DB 2017, M4.
140 RFH v. 30.06.1927 – VI A 297/27, RFHE 21, 263.
141 RFH v. 12.12.1928 – VI A 1499/28.
142 Vgl. RFH v. 30.06.1927 – VI A 297/27, RFHE 21, 263, 265.
143 Vgl. RFH v. 30.06.1927 – VI A 297/27, RFHE 21, 263, 265.
144 Vgl. RFH v. 30.06.1927 – VI A 297/27, RFHE 21, 263, 265.

Diese Ansicht wurde vom Reichsfinanzhof allerdings nicht einheitlich vertreten. Während der VI. Senat Sanierungsgewinne nicht als steuerpflichtiges Einkommen ansah, vertrat der für die Körperschaftsteuer zuständige I. Senat zumindest für Körperschaftsteuersubjekte eine gegensätzliche Auffassung. Da die Körperschaft selbst Steuersubjekt ist und insofern keine weitere Person des Geschäftsinhabers existiere, könne es kein außerbetriebliches Vermögen geben, sodass jeder Geschäftsvorgang als einer „des Betriebs" qualifiziert werden müsse.[145] Trotzdem erkannte auch der I. Senat an, dass die Besteuerung des Sanierungsgewinns in Einzelfällen zu unbilligen Ergebnissen führen konnte und verwies deswegen auf die Möglichkeit eines Steuererlasses aus Billigkeitsgründen auf der Grundlage des damaligen § 108 AO 1919.[146]

Auch in der Rechtsprechung des Reichsfinanzhofs entwickelte sich schon der heute in § 3a Abs. 3 EStG verankerte Gedanke, dass die Steuerfreiheit des Sanierungsertrages nicht „gegenleistungslos" gewährt werden soll, sondern dass sie Auswirkungen auf die Abzugsfähigkeit von erlittenen Verlusten haben soll. Der für die Einkommensteuer zuständige VI. Senat versagte deshalb den Verlustabzug des Steuerpflichtigen bis zur Höhe des steuerfrei gestellten Sanierungsertrages, indem er feststellte, dass ein solcher Gewinn zwar „der Steuer nicht zu unterwerfen ist, dass aber andererseits ein ohne die Sanierung in dem betreffenden Steuerabschnitt entstandener Verlust, soweit die Sanierung reicht, als beseitigt anzusehen ist".[147] Außerdem stellte er klar, dass nicht nur ein im Sanierungsjahr, sondern auch in den Vorjahren entstandener Verlust bis zur Höhe des Sanierungsertrags beseitigt wird.[148]

2. Bisherige gesetzliche Regelungen

Erstmals gesetzlich geregelt wurde die steuerliche Behandlung von Sanierungserträgen allerdings erst mit der Einführung von § 11 Nr. 4 KStG[149] a.F. von 1934. Die gesetzliche Konzeption dieser Regelung sah vor, dass Ver-

145 Vgl. Kühneck, Die steuerliche Behandlung der Sanierungsgewinne gem. § 3 Nr. 66 EStG, 1998 (Diss.), S. 39, mit Verweis auf RFH v. 5.2.1929, I A 394/27, RStBl. 1929, S. 228, 229.

146 Vgl. Kühneck, (Fn. 145), S. 40 m.w.N.

147 RFH v. 21.10.1931 – VI A 968/31, RStBl. 1932, S. 160, 161.

148 RFH v. 21.10.1931 – VI A 968/31, RStBl. 1932, S. 160, 161.

149 RStBl. 1935, S. 81.

mögensmehrungen, die durch einen Schuldenerlass zum Zwecke der Sanierung entstehen, als abzugsfähige Ausgaben gewertet wurden und daher bei der Ermittlung des Einkommens nicht zu berücksichtigen waren. Anstatt einen betriebsfremden Vorgang anzunehmen, wie es der RFH tat, entschied man sich also für einen Abzug des Betrags vom Einkommen. Anlass für die Einführung von § 11 Nr. 4 KStG a.F. war die vorherrschende Ungleichbehandlung zwischen Einzelpersonen und Körperschaften, die durch die auseinandergehende Rechtsprechung der Einkommen- und Körperschaftsteuersenate des RFH bedingt war.[150] Während zum Zweck der Einkommensermittlung für die Einkommensteuer nach der Rechtsprechung davon auszugehen war, dass Sanierungserträge kein steuerpflichtiges Einkommen darstellten, war für die Körperschaftsteuer höchstens eine Begünstigung durch Billigkeitserlass möglich.[151] Zuletzt fand sich § 11 Nr. 4 im KStG v. 13. Oktober 1969 und war bis dahin im Wortlaut unverändert geblieben.[152] Da § 11 Nr. 4 KStG a.F. auch im Einkommensteuerrecht Anwendung fand um eine Gleichbehandlung von Einzelpersonen und Körperschaften zu erreichen, wurde mit der Regelung im Ergebnis die Steuerfreiheit des Sanierungsgewinns eingeführt.[153]

1977 wurde das KStG gänzlich neu gefasst und der Gesetzgeber verabschiedete das KStG 1977[154], welches auch § 11 KStG neu fasste und eine Steuerbefreiung von Sanierungsgewinnen nicht mehr vorsah. Ein Vakuum entstand dadurch hingegen nicht, da zeitgleich mit Wirkung zum Veranlagungszeitraum 1977 § 3 Nr. 66 EStG a.F.[155] eingeführt wurde, der die Begünstigung von Sanierungserträgen inhaltlich unverändert weiterführte. Eine gesonderte Regelung im Körperschaftsteuerrecht war nicht mehr erforderlich, da das KStG von 1977 in § 8 Abs. 1 nun zur Ermittlung des Einkommens auf das EStG verwies. Somit war § 3 Nr. 66 EStG a.F. die erste einheitliche Regelung für die beiden Steuerarten. Mit dem Steuerreformgesetz 1990[156] wurde dann der bis zu diesem Zeitpunkt auf 5 Jahre begrenzte Verlustvortrag dahingehend erweitert, dass Verluste nun unbegrenzt in die Zukunft vorgetragen und von positiven Einkünften in Abzug gebracht

150 Vgl. Begründung zum KStG v. 16.10.1934, RStBl. 1935, S. 85.
151 Vgl. Begründung zum KStG v. 16.10.1934, RStBl. 1935, S. 85
152 BGBl. 1969 I, S. 1869.
153 Vgl. Stahlschmidt, BB 2021, 1367.
154 BGBl. I 1976, 2597.
155 BGBl. 1976 I, 2597, 2617.
156 BGBl. 1988 I, 1093.

werden konnten.[157] Die dadurch verstärkte Doppelbegünstigung aus Steuerfreiheit des Sanierungsertrages und zeitlich unbegrenzter Verlustvortragsmöglichkeit war zumindest einer der Beweggründe für die Streichung des § 3 Nr. 66 EStG[158] zum Veranlagungszeitraum 1998. Seitdem existierte bis zur Verabschiedung von § 3a EStG keine gesetzliche Regelung mehr.

3. Rechtsprechung des Bundesfinanzhofs

Der BFH führte die Rechtsprechung des RFH zunächst fort[159] und behandelte Sanierungsgewinne ebenso als steuerfrei.[160] Auch an der Auffassung, dass ein steuerfreier Sanierungsgewinn zunächst die laufenden Verluste aufzehrt, hielt der BFH zunächst fest.[161] Diese Auffassung änderte sich allerdings, als der Große Senat des BFH für das Körperschaftsteuerrecht entschied, dass die Aufzehrung sowohl von laufenden Verlustvorträgen als auch von Solchen aus vorangegangenen Veranlagungszeiträumen durch den Sanierungsgewinn mit dem Wortlaut des damaligen § 11 Nr. 4 KStG nicht vereinbar sei und die Verlustvorträge daher künftig unangetastet bleiben sollten.[162] Für das Einkommensteuerrecht wurde diese Rechtsprechung vom VI. Senat im selben Jahr adaptiert.[163]

Auch der später eingeführte § 3 Nr. 66 EStG a.F. wurde durch die Rechtsprechung des BFH konkretisiert. Auch unter Geltung der neuen Vorschrift behielt der BFH die Auffassung bei, der steuerfreie Sanierungsgewinn könne nicht mit laufenden oder vorhandenen Verlusten verrechnet werden, sodass Steuerpflichtige sowohl die Steuerfreiheit in Anspruch nehmen als auch vorhandene Verlustvorträge weiterhin nutzen konnten.[164]

Unter der Geltung von § 3 Nr. 66 EStG a.F. hat der BFH bereits konkrete Voraussetzungen für die Steuerfreiheit des Sanierungsgewinns herausgearbeitet, die sich in ihrem Grundgedanken auch heute in § 3a EStG wiederfinden. Im Einzelnen forderte der BFH für die Steuerfreiheit nach § 3a Nr. 66 EStG a.F. die Sanierungsbedürftigkeit des Unternehmens, einen vol-

157 Vgl. Krumm, in: Blümich, § 3a EStG, Rn. 2 (Stand: März 2020).
158 BT-Drs. 13/7480, S. 192.
159 Vgl. Stahlschmidt, BB 2021, 1367.
160 Vgl. BFH v. 25.10.1963 – I 359/60, BStBl. III 1964, 122; v. 27.09.1968 – VI R 41/66, BStBl. II 1969, 102.
161 BFH v. 04.08.1961 – VI 35/61, BStBl. III 1961, 516.
162 BFH v. 15.07.1968 – GrS 2/67, BStBl. II 1968, 666.
163 BFH v. 27.09.1968 – VI R 41/66, BStBl. II 1969, 102.
164 Vgl. Möhlenbrock/Gragert, FR 2017, 994.

len oder teilweisen Erlass der Schulden, die bestehende Sanierungsabsicht der Gläubiger, sowie die Sanierungseignung des Schuldenerlasses.[165]

4. Zuletzt: „Sanierungserlass" der Finanzverwaltung

Mit der Streichung von § 3 Nr. 66 EStG a.F. fiel die letzte gesetzliche Grundlage für die Behandlung von Sanierungserträgen weg. Um weiterhin Rechtssicherheit zu gewährleisten, schuf die Finanzverwaltung Abhilfe durch den sog. Sanierungserlass[166]. Unter dessen Geltung war es bis zuletzt gängige Praxis, die auf Gewinne durch (mit dem Ziel der Sanierung erklärte) Forderungsverzichte entfallende Steuer im Steuerverwaltungsverfahren gemäß § 163 AO abweichend festzusetzen, gemäß § 222 AO zu stunden und schließlich gemäß § 227 AO aus Billigkeitsgründen zu erlassen. Dabei ging das BMF davon aus, dass die Erhebung der Steuer auf Sanierungsgewinne für den betroffenen stets eine unbillige Härte darstelle, sodass die Steuer bei Vorliegen der Voraussetzungen des Sanierungserlasses immer zu erlassen war. Bei den Voraussetzungen, unter denen nach dem Sanierungserlass ein Erlass aus Billigkeitsgründen zu gewähren war, knüpfte das BMF an die vom BFH entwickelten Tatbestandsmerkmale zu § 3 Nr. 66 EStG a.F. an.[167] Hinzu kam lediglich die Voraussetzung der Sanierungsfähigkeit des Unternehmens. Die Rechtmäßigkeit dieser Verwaltungspraxis war dabei zu keinem Zeitpunkt unbestritten. Sowohl in der Rechtsprechung der Finanzgerichte[168] als auch in der Literatur[169] fanden sich von Anfang an Stimmen, welche die Rechtmäßigkeit des Sanierungserlasses in Zweifel gezogen haben. Selbst unter den verschiedenen Senaten des BFH war man sich hinsichtlich der Rechtmäßigkeit des Sanierungserlasses nicht einig.[170] Schon

165 Vgl. BFH v. 19.03.1991 – VIII R 214/85, BStBl. II 1991, 633; v. 22.01.1985 – VIII R 37/84, BStBl. II 1985, 501; v. 20.02.1986 – IV R 172/84, BFH/NV 1987, 493.

166 BMF v. 27.03.2003 – IV A 6 – S 2140 – 8/03.

167 Vgl. Kahlert/Rühland, Sanierungs- und Insolvenzsteuerrecht, Rn. 135.

168 Die Rechtmäßigkeit des Sanierungserlasses anzweifelnd: FG München v. 12.12.07 – 1 K 4487/06; Sächsisches FG v. 14.03.2003 – 5 K 1113/12; FG Berlin-Brandenburg v. 30.07.14 – 3 K 3354/10.

169 Vgl. Bareis/Kaiser, DB 2004, 1841.

170 Bereits an der Rechtmäßigkeit zweifelnd: BFH v. 28.02.2012 – VIII R 2/08, BFH/NV 2012, 1135; dagegen sich für die Rechtmäßigkeit aussprechend: BFH v. 14.07.2010 – X R 34/08, BStBl. II 2010, 916, nochmals bestätigt in BFH v.25.03.2015 – X R 23/13, BStBl. II 2015, 696.

früh wurde in diesem Zusammenhang auf eine mögliche Kompetenzüberschreitung des BMF im Hinblick auf Art. 20 Abs. 3 GG hingewiesen.[171]

II. Einführung des § 3a EStG

1. Erneuter Regelungsbedarf durch die Grundsatzentscheidung des Großen BFH-Senats zum Sanierungserlass

Der Ausgangspunkt für die Schaffung des neuen § 3a EStG war ein doch überraschendes Urteil des Großen Senats des BFH aus Ende 2016[172], mit dem dieser die Verwaltungspraxis, die Steuer auf Sanierungsgewinne unter den Voraussetzungen des Sanierungserlasses grundsätzlich zu erlassen, für rechtswidrig erklärt hatte. Das hieß nicht, dass gar keine Billigkeitsentscheidungen mehr möglich waren, jedoch konnten Sanierungsgewinne fortan nicht mehr unter den Voraussetzungen des Sanierungserlasses steuerfrei gestellt werden. Nachfolgend werden die Entscheidungsgründe, sowie die Reaktionen auf die Entscheidung angesichts der weitreichenden Konsequenzen und der Bedeutung für die Schaffung von § 3a EStG skizziert und einer eigenen Würdigung zugeführt.

a) Inhalt und Entscheidungsgründe

Der Entscheidung lag ein Vorlagebeschluss des X. Senats[173] zugrunde, der dem Großen Senat wegen der „Vielzahl der divergierenden erstinstanzlichen Entscheidungen" und der „Vielzahl der Literaturbeiträge"[174] zu dem Komplex die Frage vorlegte, ob der Sanierungserlass gegen den Grundsatz der Gesetzmäßigkeit der Verwaltung verstößt. Entgegen der Ansicht des vorlegenden X. Senats, der die Verwaltungspraxis als zulässig eingestuft hat-

171 Vgl. Bareis/Kaiser, DB 2004, 1841.

172 BFH v. 28.11.2016 – GrS 1/15, BStBl. II 2017, 393. Im Ausgangsverfahren ging es zunächst um die Frage, ob die Voraussetzungen des Sanierungserlasses vorlagen. Das FG Sachsen (v. 24.04.2013 – 1 K 759/12) ließ dies aber offen, sondern urteilte stattdessen, dass der Sanierungserlass gegen den Grundsatz der Gesetzmäßigkeit der Verwaltung verstoße und die streitigen Erträge daher nicht steuerfrei seien.

173 BFH v. 25.03.2015 – X R 23/13, BStBl. II 2015, 696.

174 BFH v. 25.03.2015 – X R 23/13, BStBl. II 2015, 696.

te[175], bejahte der Große Senat die Vorlagefrage und somit eine rechtswidrige Verwaltungspraxis durch den Sanierungserlass. Dazu legt der Große Senat zunächst dar, dass der Grundsatz der Gesetzmäßigkeit der Verwaltung aus Art. 20 Abs. 3 GG, der in einfachgesetzlicher Form in § 85 S. 1 AO Eingang in das Steuerrecht gefunden hat, die Finanzbehörden dazu verpflichtet, die Steuern gleichmäßig festzusetzen und zu erheben.[176] Daraus folge, dass auch ein Verzicht auf einen Steuereingriff einer gesetzlichen Grundlage bedarf und ein Erlass ohne eine solche Grundlage damit ein Verstoß gegen § 85 S. 1 AO und letztlich gegen Art. 20 Abs. 3 GG darstelle.[177]

Zunächst gilt es sich dafür zu sensibilisieren, welche Rechtsfrage der BFH in seiner Entscheidung zum Sanierungserlass genau zu beantworten hatte. Zwar suggeriert der Leitsatz der Entscheidung, dass der BFH lediglich einen Verstoß gegen den Grundsatz der Gesetzmäßigkeit der Verwaltung festgestellt hat, jedoch weist schon Desens[178] zutreffend darauf hin, dass die eigentliche Rechtsfrage lautet, ob die von der Finanzverwaltung im Sanierungserlass aufgestellten Voraussetzungen, den Tatbestand der sachlichen Unbilligkeit gemäß §§ 163, 227 AO erfüllen. Wenn der BFH den Sanierungserlass also als rechtswidrige Verwaltungspraxis identifiziert, bedeutet das nicht, dass er den Sanierungserlass allgemeingültig aufgehoben[179] oder gar für verfassungswidrig[180] erklärt hat, sondern nur, dass die Voraussetzungen des Sanierungserlasses keinen Fall sachlicher Unbilligkeit darstellen. Nachdem außerdem dargelegt wurde, dass das Merkmal der „Unbilligkeit“ in §§ 163 und 227 AO ohne die Grenzen des § 102 AO uneingeschränkt gerichtlich überprüfbar ist[181] und es daher nur darauf ankommt, ob unter den Voraussetzungen des Sanierungserlasses die Besteuerung ei-

175 BFH v. 25.03.2015 – X R 23/13, BStBl. II 2015, 696; sowie bereits BFH v. 14.07.2010 – X R 34/08, BStBl. II 2010, 916.

176 BFH v. 28.11.2016 – GrS 1/15, BStBl. II 2017, 393, Rn. 91.

177 BFH v. 28.11.2016 – GrS 1/15, BStBl. II 2017, 393, Rn. 93.

178 Vgl. Desens, NZG 2017, 360; Ders., ZIP 2017, 645.

179 So Willemsen, NZI 2017, 163, 172.

180 So etwa De Weerth, ZInsO 2017, 924; Epler/Petersen, Stbg 2019, 114; Kahlert/Schmidt, DStR 2017, 1897; Schmittmann, BB 2019, Heft 29, I.

181 Die Folge dessen, dass ein behördlicher Ermessensspielraum hinsichtlich des Merkmals nicht existiert ist, dass der Sanierungserlass nur als norminterpretierende Verwaltungsvorschrift anzusehen ist, die keinerlei Außenwirkung oder Bindungswirkung im gerichtlichen Verfahren entfalten kann (so BFH v. 28.11.2016 – GrS 1/15, BStBl. II 2017, 393, Rn. 107).

nes Sanierungsgewinns sachlich unbillig ist[182], stützt der Senat seine ablehnende Entscheidung auf mehrere Gründe.

Zum einen moniert er den fehlenden Einzelfallbezug bei der Praxis, unter den Voraussetzungen des Sanierungserlasses stets eine sachliche Unbilligkeit gemäß §§ 163, 227 AO anzunehmen. Typisierende Billigkeitsregelungen in Gestalt subsumierbarer Tatbestände seien unzulässig und könnten nur Gegenstand einer gesetzlichen Regelung sein; eine Billigkeitsentscheidung durch die Finanzverwaltung aber müsse sich „nach Lage des einzelnen Falls" richten.[183] Eine weitere unzulässige Typisierung zeige sich darin, dass der Sanierungserlass keine Prüfung im Einzelfall vorsehe, ob unter Berücksichtigung der Höhe des Sanierungsgewinns und der Steuer ohne den Erlass eine Gefährdung des Unternehmens zu erwarten wäre, denn gerade nach der vorrangigen Verlustverrechnung sei durch den Sanierungsgewinn und seine Besteuerung keine Gefährdung der Unternehmenssanierung zu erwarten.[184] In gleicher Weise unzulässig sei daher das Unterstellen aller Erlassvoraussetzungen bei Vorliegen eines Sanierungsplans.[185]

Zweitens stellt er sich der Annahme entgegen, dass durch einen Sanierungsgewinn die Leistungsfähigkeit des zu sanierenden Unternehmens nicht erhöht werde[186], wie es im Schrifttum vielfach vertreten wird[187]. Die Erhöhung des Betriebsvermögens ohne tatsächlichen Liquiditätszuwachs stelle grade keine atypische und vom Gesetzgeber nicht gewollte Folge dar, sondern sei vielmehr „notwendige Folge" der Gewinnermittlungsart des Betriebsvermögensvergleichs gemäß § 4 Abs. 1 S. 1 EStG.[188]

Die dritte Argumentationssäule des BFH stellt der in der Aufhebung von § 3 Nr. 66 EStG a.F. zum Ausdruck kommende Wille des Gesetzgebers dar, Sanierungsgewinne nicht weiterhin steuerlich privilegieren zu wollen.[189] Indem die Finanzverwaltung nun aber unter im Vergleich § 3 Nr. 66 EStG a.F. nur leicht modifizierten Voraussetzungen Sanierungsgewinne im Wege von Billigkeitserlassen steuerlich begünstigt, werde sie damit in gesetzesver-

182 BFH v. 28.11.2016 – GrS 1/15, BStBl. II 2017, 393, Rn. 99 ff., Rn. 110.
183 BFH v. 28.11.2016 – GrS 1/15, BStBl. II 2017, 393, Rn. 112.
184 BFH v. 28.11.2016 – GrS 1/15, BStBl. II 2017, 393, Rn. 120, 121.
185 BFH v. 28.11.2016 – GrS 1/15, BStBl. II 2017, 393, Rn. 122.
186 BFH v. 28.11.2016 – GrS 1/15, BStBl. II 2017, 393, Rn. 114 ff.
187 Vgl. beispielhaft: Buschendorf/Vogel, DB 2016, 676; Seer, FR 2010, 306; Krumm, DB 2015, 2714.
188 BFH v. 28.11.2016 – GrS 1/15, BStBl. II 2017, 393, Rn. 115.
189 BFH v. 28.11.2016 – GrS 1/15, BStBl. II 2017, 393, Rn. 124.

tretender Weise tätig.[190] Dass der Sanierungserlass zusätzliche Bedingungen im Vergleich zu § 3 Nr. 66 EStG a.F. aufstellt (vorrangige Verlustverrechnung und Beschränkung der Steuerbefreiung auf unternehmensbezogene Sanierungen), ändere daran nichts.[191] Die vorrangige Verlustverrechnung sei insbesondere deswegen nicht geeignet, eine sachliche Unbilligkeit zu rechtfertigen, weil die Beseitigung der Doppelbegünstigung aus Steuerfreiheit des Sanierungsertrags und unbegrenzt möglichem Verlustvortrag nicht das einzige Motiv für die Aufhebung des § 3 Nr. 66 EStG a.F. gewesen sei; dass der zur Zeit der Aufhebung der Vorschrift unbegrenzt mögliche Verlustvortrag mittlerweile durch § 10d Abs. 2 EStG eingeschränkt wurde, bedeute daher nicht, dass die Besteuerung eines nach Verlustverrechnung verbleibenden Sanierungsertrags stets sachlich unbillig ist.[192] Letztlich habe die Finanzverwaltung durch die Einführung des Sanierungserlasses im Ergebnis den aufgehobenen § 3 Nr. 66 EStG a.F. durch Verwaltungsvorschrift wieder eingeführt, was einen Verstoß gegen den Grundsatz der Gesetzmäßigkeit der Verwaltung darstelle.[193] Des Weiteren führt der BFH aus, eine sachliche Unbilligkeit ergebe sich auch nicht aus einem möglichen Konflikt mit den Zielen des Insolvenzrechts.[194] Dem Gesetzgeber seien die Ziele der Insolvenzordnung bei Aufhebung des § 3 Nr. 66 EStG a.F. bekannt gewesen und selbst, wenn man einen solchen Konflikt annähme, dann könne dieser nur durch den Gesetzgeber gelöst werden, nicht hingegen durch Billigkeitsmaßnahmen der Finanzverwaltung.[195] Schließlich stellt sich der Senat der Auffassung entgegen, ein Billigkeitserlass im Fall von Sanierungsgewinnen entspreche dem mutmaßlichen Willen des Gesetzgebers, weil in verschiedenen Gesetzesbegründungen der Sanierungserlass erwähnt werde.[196] Hinweise in Gesetzesmaterialien auf die stillschweigende Billigung des Sanierungserlasses durch den Gesetzgeber seien nicht geeignet eine erforderliche gesetzliche Grundlage für die Steuerfreistellung zu ersetzen.[197]

Da diese Entscheidung gemäß § 11 Abs. 7 FGO keine rechtliche Bindungswirkung über den Einzelfall hinaus erzeugt, sondern nur den vorlegenden Senat bindet, kann nicht davon gesprochen werden, dass der BFH

190 BFH v. 28.11.2016 – GrS 1/15, BStBl. II 2017, 393, Rn. 147.
191 BFH v. 28.11.2016 – GrS 1/15, BStBl. II 2017, 393, Rn. 126 ff.
192 BFH v. 28.11.2016 – GrS 1/15, BStBl. II 2017, 393, Rn. 127.
193 BFH v. 28.11.2016 – GrS 1/15, BStBl. II 2017, 393, Rn. 137.
194 BFH v. 28.11.2016 – GrS 1/15, BStBl. II 2017, 393, Rn. 138 ff.
195 BFH v. 28.11.2016 – GrS 1/15, BStBl. II 2017, 393, Rn. 139, 140.
196 BFH v. 28.11.2016 – GrS 1/15, BStBl. II 2017, 393, Rn. 141.
197 BFH v. 28.11.2016 – GrS 1/15, BStBl. II 2017, 393, Rn. 143.

mit dieser Entscheidung den Sanierungserlass in seiner Allgemeinheit für nichtig oder nicht mehr anwendbar erklärt hat. Gleichwohl hat sie große präjudizielle Wirkung, da Finanzgerichte der Auffassung des Großen Senats mit hoher Wahrscheinlichkeit folgen werden, sodass faktisch doch eine deutlich weitergehende Bindungswirkung entsteht.[198] Auch wenn der BFH den Sanierungserlass also nicht allgemeingültig für rechtswidrig erklärt hat (§ 11 Abs. 7 S. 3 FGO), stellt die Entscheidung aber trotz der geringen Bindungswirkung ein mächtiges Präjudiz[199] dar und hat den Sanierungserlass zumindest praktisch außer Kraft gesetzt.[200]

b) Reaktionen und eigene Würdigung der Entscheidung

Die Entscheidung des Großen Senats ist „ein herber Rückschlag für die Sanierungskultur in Deutschland".[201] Durch solche und ähnliche Stimmen im einschlägigen Schrifttum wurden schnell gravierende Konsequenzen für die Sanierungspraxis prognostiziert. Die Rechtsfolgen der Entscheidung werden als „desaströs"[202], die vom BFH hinterlassene Situation als steuerlicher und insolvenzrechtlicher Scherbenhaufen[203] bezeichnet und gar von einem drohenden Stillstand der Sanierungspraxis und damit einem volkswirtschaftlichen Schaden für die Bundesrepublik Deutschland ist die Rede[204]. Auch wenn Konsens darüber besteht, dass das in der Praxis sehr wahrscheinliche Wegfallen des Sanierungserlasses künftige Sanierungen erschweren wird[205], so wird die Entscheidung des Großen Senats inhaltlich aber dennoch nicht nur kritisiert. Vereinzelt finden sich Stimmen, die zwar ebenfalls auf die einschneidenden Konsequenzen für sanierungsbedürftige Unternehmen hinweisen, die aber im Ergebnis die Ansicht des Großen Senats teilen. Rätke[206] etwa bezeichnet die Entscheidung als „Gewinn für

198 Vgl. Kahlert/Schmidt, ZIP 2017, 503.

199 Vgl. Lenger, NZI 2017, 290; Desens, NZG 2017, 360; Ders., ZIP 2017, 645.

200 Vgl. Schüppen, ZIP 2017, 752.

201 VID, Pressemitteilung v. 07.02.2017, https://www.vid.de/wp-content/uploads/2017/02/pm-vid-BFH-entscheidung-zum-sanierungserlass.pdf (zuletzt abgerufen am 10.8.2021).

202 Vgl. Willemsen, NZI 2017, 163, 172.

203 Vgl. DAV, NZG 2017, 336.

204 Vgl. Kahlert/Schmidt, ZIP 2017, 503.

205 Vgl. Rätke, BBK 2017, 411; Sistermann, DStR 2017, 689; Commandeur/Brocker, NZG 2017, 333; Harder, NJW-Spezial 2017, 277.

206 Vgl. Rätke, BBK 2017, 411.

die Gewaltenteilung" und andere Stimmen sprechen sich dafür aus, dass die Entscheidung zumindest „aus rechtsstaatlicher Sicht gleich doppelt zu begrüßen"[207], zumindest aber „in der Sache richtig"[208] oder „in ihrer umfassenden und systematischen Begründung konsequent"[209] sei. Auch Schüppen[210] schließt sich der Ansicht des Großen Senats in großen Teilen an und zeigt detailliert auf, wieso der BFH der verbreiteten These, ein Sanierungsgewinn führe nicht zu einem Zuwachs an wirtschaftlicher Leistungsfähigkeit, seiner Ansicht nach zu Recht[211] entgegengetreten sei. Für ihn stellt es eine „pure Selbstverständlichkeit" dar, dass die Vermögensposition des notleidenden Unternehmens sich durch den Wegfall von Verbindlichkeiten verbessert.[212]

Auf der anderen Seite wird allerdings auch deutliche Kritik an der Entscheidung geübt.[213] Eine detailliertere Auseinandersetzung mit der Entscheidung findet sich etwa bei Sistermann[214], der sich darauf konzentriert, die These des BFH zu widerlegen, ein Sanierungsgewinn erhöhe die wirtschaftliche Leistungsfähigkeit. Dies sei nämlich grade nicht der Fall[215], sondern die Entschuldung eines notleidenden Unternehmens könne nur die Grundlage für eine künftige Steigerung der Leistungsfähigkeit schaffen[216]. Im Zeitpunkt des Schuldenerlasses sei die Ausgangslage aber unverändert, daher bezeichnet er die Besteuerung eines Sanierungsgewinns als „Paradebeispiel" eines atypischen Ausnahmefalls der einen Erlass wegen sachlicher

207 Vgl. Daowd/Liedtke, DB 2017, 3013.

208 Vgl. Harder, NJW-Spezial 2017, 277.

209 Vgl. Levedag, jM 2017, 254.

210 Vgl. Schüppen, ZIP 2017, 752.

211 Ebenso wohl: Siebenhüter, EStB 2017, 91. Er bezeichnet die Versteuerung des Sanierungsgewinns als systemgerecht, da das Argument, ein Schulderlass führe zu keinem Liquiditätszufluss unbeachtlich sei.

212 Vgl. Schüppen, ZIP 2017, 752, 756.

213 Vgl. Naumann, BB 2017, Heft 12, I („Auch wenn die Finanzverwaltung ihre Kompetenzen manchmal zu weit auslegt, ist doch bedauerlich, dass der BFH ausgerechnet an einer gesamtwirtschaftlich gewünschten und sinnvollen Regelung ein Exempel statuiert hat"); kritisch wohl auch Willemsen, NZI 2017, 163, 172.

214 Vgl. Sistermann, DStR 2017, 689.

215 So auch schon vor der Entscheidung des Großen Senats: Buschendorf/Vogel, DB 2016, 676; Seer, FR 2010, 306; Krumm, DB 2015, 2714; Winnefeld, DB 1991, 2208; zumindest kritisch auch: Levedag, jM 2017, 254 („Die [...] Wertung, beim Steuerpflichtigen erhöhe sich die Leistungsfähigkeit „bereits" durch den Forderungsverzicht, hätte auch anders ausfallen können").

216 Vgl. Sistermann, DStR 2017, 689.

Unbilligkeit rechtfertigt.[217] Dieser Argumentation folgen auch Beutel und Eilers[218].

Da der Entscheidung die Frage zugrunde lag, ob die Voraussetzungen des Sanierungserlasses einen Fall sachlicher Unbilligkeit gemäß §§ 163, 227 darstellen, muss das Merkmal der Unbilligkeit der Ausgangspunkt für die Beurteilung der Entscheidung sein. Die Festsetzung einer Steuer ist aus sachlichen Gründen unbillig, wenn sie zwar dem Wortlaut des Gesetzes entspricht, aber den Wertungen des Gesetzes zuwiderläuft, was wiederum voraussetzt, dass der Gesetzgeber die Grundlagen für die Steuerfestsetzung anders als tatsächlich geregelt hätte, wenn er die zu beurteilende Frage als regelungsbedürftig erkannt hätte.[219] Nach seinem erklärten oder mutmaßlichen Willen muss also angenommen werden können, dass er die im Billigkeitswege zu entscheidende Frage – hätte er sie geregelt – i.S.d. beabsichtigten Billigkeitsmaßnahme entschieden hätte.[220] Im Fall von Sanierungsgewinnen muss also erkennbar sein, dass der Gesetzgeber sie im Ergebnis von der Steuer hätte befreien wollen, wenn er entsprechenden Regelungsbedarf gesehen hätte. Die Unbilligkeit muss sich dabei unmittelbar aus dem Gesetz – aus der Tatsache der Besteuerung als solcher – und seiner Anwendung ergeben.[221] Es geht vorliegend nicht generell um die Frage, ob die Besteuerung von Sanierungsgewinnen überhaupt sachlich unbillig sein kann oder nicht. Dass dies der Fall sein kann, erkennt auch der Große Senat, indem er betont, dass für künftige Sanierungsgewinne weiterhin „insbesondere" persönliche Billigkeitsgründe in Betracht[222] kommen können, was auch Erlasse aus sachlichen Billigkeitsgründen nicht ausschließt. Vorliegend geht es nur darum, ob die im Sanierungserlass abgebildete Situation einen Fall sachlicher Unbilligkeit beschreibt.

Soweit der Große Senat eine Steigerung der Leistungsfähigkeit durch Sanierungserträge bejaht und deshalb eine sachliche Unbilligkeit ablehnt, muss dem im Ergebnis zugestimmt und der entsprechenden Kritik im Schrifttum entgegengetreten werden. In seiner Entscheidung verweist der BFH auf die Gewinnermittlungsart des Betriebsvermögensvergleichs ge-

217 Vgl. Sistermann, DStR 2017, 689.
218 Vgl. Beutel/Eilers, FR 2017, 266.
219 Vgl. BVerwG v. 05.03.2021 – 9 B 8.20, BFH/NV 2021, 927.
220 BFH v. 4.2.2010 – II R 25/08, BStBl. II 2010, 663; Loose in: Tipke/Kruse, AO/FGO, § 227 AO, Rn. 40 (Stand: Juli 2017).
221 Vgl. V. Groll in: H/H/S, § 227 AO Rn. 126 (Stand: Januar 2016).
222 BFH v. 28.11.2016 – GrS 1/15, BStBl. II 2017, 393, Rn. 145.

mäß § 4 Abs. 1 S. 1 EStG, nach der eben auch der Wegfall einer Verbindlichkeit zu einem Gewinn führen kann.[223]

Betrachtet man die Sachverhaltskonstellation bei Sanierungsgewinnen, mag es auf den ersten Blick zu kurz gegriffen erscheinen, Gewinn bzw. Betriebsvermögensmehrung endgültig mit Leistungsfähigkeit gleichzusetzen.[224] Die Verbesserung der Vermögensposition tritt im Fall eines Sanierungsgewinns nämlich nur rein rechnerisch ein, denn auch wenn die Vermögenslage sich bilanziell geändert hat, ändert das nichts daran, dass dem notleidenden Unternehmen tatsächlich immer noch nicht mehr Mittel zur Verfügung stehen als vorher. Soweit der BFH deshalb darauf abstellt, dass sich die Leistungsfähigkeit dadurch erhöht, dass erwirtschaftete Erträge nun aufgrund des Verzichts wieder für notwendige Investitionen verwendet werden können,[225] geht dieser Hinweis fehl, denn der Sanierungsgewinn entsteht allein durch den Wegfall der Verbindlichkeit und dieser Vorgang führt nicht dazu, dass wieder Mittel zur Verfügung stehen, um Investitionen zu tätigen. Deswegen fehlt es aber noch nicht zwingend an einer Sanierungseignung des Schuldenerlasses, wie es nach Ansicht des Großen Senats der Fall wäre, verneinte man eine Leistungsfähigkeitssteigerung.[226] Voraussetzung für die Sanierungseignung ist nämlich nur, dass der Verzicht ein unverzichtbarer Teilbeitrag zur Verhinderung des Zusammenbruchs des Unternehmens und zur Wiederherstellung seiner (dauerhaften) Ertragsfähigkeit ist.[227] Erforderlich ist aber weder, dass der Verzicht die einzige Maßnahme zur Wiederherstellung der Ertragsfähigkeit ist, noch dass der Verzicht die Ertragsfähigkeit unmittelbar wieder herbeiführt. Vielmehr genügt es, wenn er eine – ggf. unter mehreren – Maßnahmen ist, um den gegenwärtigen Zusammenbruch des Unternehmens abzuwenden. Unmittelbar verhindert der Schuldenerlass also nur den Zusammenbruch des Unternehmens. Daher erscheint die Annahme, der Schuldenerlass könne nur die Grundlage für eine künftige Leistungssteigerung sein[228] und die Leistungsfähigkeit daher durch den Schuldenerlass höchstens mittelbar erhöht werden, zunächst schlüssig.

---

223 BFH v. 28.11.2016 – GrS 1/15, BStBl. II 2017, 393, Rn. 115.
224 Vgl. auch Beutel/Eilers, FR 2017, 266.
225 BFH v. 28.11.2016 – GrS 1/15, BStBl. II 2017, 393, Rn. 117.
226 BFH v. 28.11.2016 – GrS 1/15, BStBl. II 2017, 393, Rn. 117.
227 Vgl. Krumm, in: Blümich, § 3a EStG, Rn. 25 (Stand: März 2020).
228 Vgl. Krumm, DB 2015, 2714; Sistermann, DStR 2017, 689.

Die Schlussfolgerung, dass Sanierungsgewinne deshalb keine Erhöhung der steuerlichen Leistungsfähigkeit zum Ausdruck bringen können, ist indes verfehlt,[229] denn die Kritik an der Entscheidung des Großen Senats setzt steuerliche Leistungsfähigkeit mit Zahlungsfähigkeit gleich. Im Rahmen der Gewinneinkünfte konkretisiert § 4 Abs. 1 S. 1 EStG das Leistungsfähigkeitsprinzip dahingehend, dass eben nicht der Geldüberschuss, sondern der Gewinn der Maßstab der steuerlichen Leistungsfähigkeit sein soll. Dieser drückt sich aber grade nicht ein einem faktischen Mittelüberschuss aus, sondern im Ergebnis der gesamten unternehmerischen Betätigung. Daher ist eine Besteuerung des Sanierungsgewinns keineswegs systemwidrig, sondern tatsächlich ist es eine „pure Selbstverständlichkeit“[230], dass sich durch den Wegfall einer Verbindlichkeit die Vermögensposition verbessert, denn die dadurch eingetretene Erhöhung des Betriebsvermögens liegt nun einmal in der Natur des Betriebsvermögensvergleichs. Leistungsfähigkeit ist somit als eine rechtliche Größe zu verstehen, während es sich bei der Zahlungsfähigkeit um einen faktischen Wert handelt. Leistungs- und Zahlungsfähigkeit sind voneinander unabhängig, sodass eine Vermögensmehrung eine Leistungsfähigkeitssteigerung nicht deswegen ausschließt, weil nicht gleichzeitig die Zahlungsfähigkeit erhöht wird. Leistungsfähigkeit ist damit ein rechtlicher Begriff, während Zahlungsfähigkeit als eine faktische Größe zu verstehen ist. Deswegen schließt es sich nicht aus, dass die steuerliche Leistungsfähigkeit erhöht sein kann, ohne dass sich auch die Zahlungsfähigkeit gesteigert hat. Vor diesem Hintergrund kann eine fehlende Leistungsfähigkeitssteigerung durch Sanierungsgewinne nicht mit dem Argument begründet werden, dass dieser nur rein rechnerisch eintritt und dem zu sanierenden Unternehmen nach wie vor keine Mittel zur Verfügung stehen.

Nicht zugestimmt werden kann allerdings der Argumentation des Großen Senats mit dem Willen des Gesetzgebers,[231] Sanierungsgewinne nicht mehr steuerlich privilegieren zu wollen. Diesen Willen leitet der Große Senat ebenso wie schon das FG München[232] daraus ab, dass die bisherige Steuerbefreiung für Sanierungsgewinne in § 3 Nr. 66 EStG a.F. ersatzlos

229 Siehe eingehender zur Vermittlung steuerlicher Leistungsfähigkeit durch Sanierungsgewinne in § 12, II., 2., a), cc).

230 Vgl. Schüppen, ZIP 2017, 752.

231 Vgl. BFH v. 28.11.2016 – GrS 1/15, BStBl. II 2017, 393, Rn. 124.

232 FG München v. 12. 12. 2007 – 1 K 4487/06.

gestrichen wurde[233]. Gleichzeitig tritt der Senat aber einer mehr als vereinzelt vertretenen These entgegen[234], nämlich dass mit der Abschaffung von § 3 Nr. 66 EStG a.F. lediglich ungerechtfertigte Doppelbegünstigungen vermieden werden sollten[235]. Nach der Rechtslage vor Aufhebung der Vorschrift waren nämlich sowohl Sanierungsgewinne in voller Höhe steuerfrei, als auch vorhandene Verluste des Unternehmens weiterhin nutzbar. Ausweislich der Gesetzesbegründung waren hingegen mehrere Gründe für dessen Aufhebung maßgeblich. Insbesondere ging es dem Gesetzgeber darum, die Bemessungsgrundlage zu verbreitern und Steuervergünstigungen abzuschaffen.[236] Anlass dafür waren die Empfehlungen der sog. Bareis-Kommission[237], auf deren Vorschlag die Streichung von § 3 Nr. 66 EStG a.F. zurückgeht[238]. Auch wenn die Aufhebung der vorherrschenden Doppelbegünstigung nicht das einzige Motiv für die Streichung der alten Befreiung war, wird durch die Formulierung, die Befreiung sei „spätestens" seit Einführung des unbegrenzten Verlustvortrags nicht mehr gerechtfertigt[239], aber dennoch deutlich, dass dies zumindest ein zentrales Anliegen war. Erkenntnisbringend ist an dieser Stelle ein genauerer Blick auf die Thesen der Einkommensteuer-Kommission[240]. Auch wenn die Aufhebung von § 3 Nr. 66 EStG a.F. nur ein Teil eines umfangreichen Reformwerks war[241], gibt die Begründung für dessen Streichung dennoch Aufschluss. Die Thesen standen zwar unter dem Gesamtziel der Verbreiterung der Bemessungsgrundlage, allerdings wurde die Streichung von § 3 Nr. 66 EStG a.F. EStG explizit mit dem Hinweis empfohlen, dass dessen Einführung auf einer Rechtsprechung in einer Zeit beruhe, als der Verlustabzug zeit-

233 Gesetz zur Fortsetzung der Unternehmenssteuerreform v. 29.10.1997, BGBl. 1997 I, 2590.

234 BFH v. 28.11.2016 - GrS 1/15, BStBl. II 2017, 393, Rn. 128.

235 Vgl. z.B. Gondert/Büttner, DStR 2008, 1676; Jungbluth/Lohmann, EWiR 2008, 231; Braun/Geist, BB 2009, 2508; FG München v. 12. 12. 2007 – 1 K 4487/06; wohl auch Knebel, DB 2009, 1094.

236 BT-Drs. 13/7480, S. 192.

237 Das BVerfG erklärte 1992 das damalige steuerfreie Existenzminimum für zu gering und damit für verfassungswidrig (Beschluss v. 25. 9. 1992 – 2 BvL 5/91, 8/91) und verlangte eine Nachbesserung bis zum Beginn des Jahres 1996. Um die Vorgaben des BVerfG umzusetzen, wurde die Einkommensteuer-Kommission unter dem Vorsitz von Peter Bareis eingesetzt, um Lösungen zu erarbeiten (s. Bareis, DStR 1995, 157).

238 Vgl. Maus, ZIP 2002, 589; Fritsche, DStR 2000, 2171.

239 BT-Drs. 13/7480, S. 192.

240 Thesen der Einkommensteuer-Kommission zur Steuerfreistellung des Existenzminimums ab 1996 und zur Reform der Einkommensteuer, BB 1994, 1.

241 Vgl. Fritsche, DStR 2000, 2171.

lich beschränkt war und noch kein Verlustrücktrag vorgenommen werden konnte.[242] Nunmehr sei aber eine korrekte Totalbesteuerung über einen Verlustausgleich und Verlustabzug möglich.[243] Die Kommission wollte mit der Streichung also eine Anpassung an die gegenwärtige Rechtslage bezwecken und hatte bei der Empfehlung zur Aufhebung von § 3 Nr. 66 EStG a.F. daher ebenfalls den zu dem betreffenden Zeitpunkt unbegrenzt möglichen Verlustabzug bei gleichzeitiger Steuerfreiheit des Sanierungsgewinns im Auge. Hat sich der Gesetzgeber bei der Aufhebung von § 3 Nr. 66 EStG a.F. also von den Vorschlägen der Bareis-Kommission leiten lassen, so kommt dem Motiv der Aufhebung der Doppelbegünstigung doch eine erhebliche Bedeutung zu, sodass es durchaus als handlungsleitend bezeichnet werden kann.

Sodann erkennt der Große Senat an, dass die Aufhebung des § 3 Nr. 66 EStG a.F. keineswegs eine ausnahmslose Besteuerung von Sanierungsgewinnen zur Folge haben sollte.[244] In der entsprechenden Gesetzesbegründung wird darauf hingewiesen, dass „einzelnen persönlichen oder sachlichen Härtefällen [...] im Stundungs- oder Erlasswege begegnet werden" kann.[245] Dies dürfe aber nicht so verstanden werden, dass das BMF unter den gleichen Voraussetzungen wie noch unter Geltung der aufgehobenen Befreiung, Billigkeitserlasse gewähren darf. Auch wenn der Gesetzgeber mit seinem Hinweis den Weg für weitere Billigkeitsmaßnahmen geebnet hat, folgt aus der Aufhebung von § 3 Nr. 66 EStG dennoch, dass zumindest unter dessen Voraussetzungen keine Billigkeitserlasse mehr gewünscht sind.[246] Sowohl hinsichtlich der nunmehr existierenden Mindestbesteuerung des § 10d Abs. 2 EStG, als auch der durch den Sanierungserlass vorgesehenen vorrangigen Verlustverrechnung ergeben sich aber bedeutende Unterschiede zur Rechtslage unter Geltung des § 3 Nr. 66 EStG a.F., sodass keineswegs davon gesprochen werden kann, dass der Sanierungserlass die Rechtslage vor Streichung von § 3 Nr. 66 EStG fortführt und deswegen dem Willen des Gesetzgebers widerspricht[247].

---

242 Thesen der Einkommensteuer-Kommission zur Steuerfreistellung des Existenzminimums ab 1996 und zur Reform der Einkommensteuer, BB 1994, 1, 7.

243 A.a.O.

244 BFH v. 28.11.2016 – GrS 1/15, BStBl. II 2017, 393, Rn. 124.

245 BT-Drs. 13/7480, S. 192.

246 BFH v. 28.11.2016 – GrS 1/15, BStBl. II 2017, 393, Rn. 125.

247 So auch schon der vorlegende X. Senat des BFH in seinem Vorlagebeschluss v. 25.03.2015 – X R 23/13, BStBl. II 2015, 696, Rn. 59; vgl. auch Strüber/v. Donat, BB 2003, 2036, 2039.

Im Gegensatz zu § 3 Nr. 66 EStG a.F. wurde unter Geltung des Sanierungserlasses nicht der Sanierungsgewinn in voller Höhe zugrunde gelegt, sondern er wurde zunächst mit vorhandenen Verlusten des Unternehmens verrechnet.[248] Nur die Steuer auf den verbleibenden Betrag nach Aufzehrung aller Verluste wurde dann erlassen. Nach Ansicht des Großen Senats ist diese Verlustverrechnung aber nicht ausreichend, um den Sanierungserlass mit dem Willen des Gesetzgebers in Einklang zu bringen, da es auch unter Geltung des § 3 Nr. 66 EStG eine langjährige BFH-Rechtsprechung[249] gegeben habe, nach der ein Sanierungsgewinn ebenso nur dann steuerfrei gestellt werden konnte, wenn vorher eine Verlustverrechnung stattgefunden hatte.[250] Ob dem Gesetzgeber diese Rechtsprechung bei Aufhebung des § 3 Nr. 66 EStG a.F. bekannt war – was anzunehmen ist – oder nicht, spielt aber für die Ermittlung des gesetzgeberischen Willens keine Rolle, denn maßgeblich kann nur die Rechtslage im Zeitpunkt der Aufhebung sein. Die Rechtsprechung des BFH zur Verlustverrechnung endete, wie der Große Senat selbst anmerkt, mit einem weiteren Urteil des Großen Senats aus 1968, mit dem er die Verlustverrechnung mit dem Wortlaut des damaligen § 11 Nr. 4 KStG für unvereinbar erklärte. Im Einkommensteuerrecht wurden Verluste ab diesem Zeitpunkt ebenso nicht mehr durch den Sanierungsgewinn verbraucht.[251] Damit war im Zeitpunkt der Aufhebung des § 3 Nr. 66 EStG a.F. die Doppelbegünstigung aus Steuerfreiheit des Sanierungsgewinns bei gleichzeitiger Aufrechterhaltung der Verluste gängige Praxis. Nur diese Rechtslage kann für den Gesetzgeber bei der Entscheidung für die Aufhebung des § 3 Nr. 66 EStG maßgeblich gewesen sein. Dass nach früherer Rechtsprechung schon einmal eine Verlustverrechnung stattfand, ist hingegen irrelevant und aus der Aufhebung von § 3 Nr. 66 EStG a.F. kann nicht abgeleitet werden, dass auch diese frühere Handhabung von Sanierungsgewinnen (zu der der Sanierungserlass praktisch zurückkehrt) nicht im Sinne des Gesetzgebers ist. Indem nun der Sanierungserlass aber eine vorrangige Verlustverrechnung fordert und nur subsidiär die Steuerbefreiung für den verbleibenden Sanierungsertrag vorsieht, geht er deutlich über die Rechtslage zum Zeitpunkt der Aufhebung der alten Befreiung hinaus. Selbst wenn man das „vorrangige" Ziel der Aufhebung von § 3

248 BMF v. 27.03.2003 – IV A 6 – S 2140 – 8/03, Rn. 8.

249 BFH v. 16.01.1951 – I 46/50 U, BStBl. III 1951, 63; v. 10.12.1957 – I 24/57 U, BStBl. III 1958, 83; v. 04.08.1961 – VI 35/61, BStBl. III 1961, 516; v. 22.11.1963 – VI 117/62 U, BStBl. III 1964, 128.

250 BFH v. 28.11.2016 – GrS 1/15, BStBl. II 2017, 393, Rn. 130.

251 BFH v. 27.09.1968 – VI R 41/66, BStBl. II 1969, 102.

Nr. 66 EStG a.F. im Blick behält – eine Verbreiterung der Bemessungsgrundlage –, dann steht der Sanierungserlass auch dem nicht im Wege. Natürlich führt die Praxis unter dem Sanierungserlass im Vergleich zu einer Besteuerung von Sanierungsgewinnen zu geringeren Steuereinnahmen. Zu vergleichen ist aber die Situation vor Aufhebung von § 3 Nr. 66 EStG a.F. mit der Situation unter Geltung des Sanierungserlasses. Existierte früher noch die angesprochene Doppelbegünstigung, forderte der Sanierungserlass zumindest die Aufzehrung aller Verluste des Steuerpflichtigen. Da diese fortan nicht mehr in künftigen Veranlagungszeiträumen verrechnet werden konnten, führt auch dies zu Mehreinnahmen im Vergleich zu früher.

Auch die Aufnahme der Mindestbesteuerunggemäß § 10d Abs. 2 EStG zum Ende des Jahres 2003 stellt einen wesentlichen Unterschied zur Rechtslage bei Aufhebung des § 3 Nr. 66 EStG a.F. dar. Konnten Verluste bis zu diesem Zeitpunkt noch unbegrenzt in die Zukunft vorgetragen werden, war dies nunmehr nur noch begrenzt möglich. Auch dies stellt im Vergleich zur Rechtslage bei Aufhebung des § 3 Nr. 66 EStG a.F. eine gewichtige Neuerung dar. Auch wenn der Sanierungserlass zeitlich einige Monate vor Verabschiedung von § 10d Abs. 2 EStG erlassen wurde, ändert das nichts daran, dass faktisch nicht die gleichen Rechtsfolgen bewirkt werden, wie zur Zeit der früheren Doppelbegünstigung.[252]

Als Argument gegen den Sanierungserlass führt der Große Senat sodann ins Feld, dass bei Verabschiedung des § 10d Abs. 2 EStG keine Sonderregelung für Sanierungsgewinne geschaffen wurde.[253] Daraus abzuleiten, der Gesetzgeber habe damit der Privilegierung von Sanierungsgewinnen im Erlasswege einen Riegel vorschieben wollen, geht m.E. zu weit. Zwar mag auf eine Spezialregelung bewusst verzichtet worden sein, jedoch nicht aus der Motivation heraus, eine ausnahmslose Besteuerung des Sanierungsgewinns zu erreichen. Vielmehr wurde wohl eher deswegen auf eine solche Regelung verzichtet, weil der Gesetzgeber keinen Anlass für eine gesetzliche Regelung sah. § 10d Abs. 2 EStG trat zum Ende des Jahres 2003 in Kraft, während der Sanierungserlass schon zu Beginn des Jahres 2003 erlassen wurde. Der Sanierungserlass kann dem Gesetzgeber daher bei der Schaffung der Mindestbesteuerung als bekannt unterstellt werden. Aus den Erwähnungen des Sanierungserlasses in späteren Gesetzesvorhaben ist daher zu folgern, dass im Rahmen der Einführung der Mindestbesteuerung deswegen keine Spezialregelung getroffen wurde, weil von der Rechtmäßigkeit der Verwal-

252 Vgl. Bauschatz, GmbHR 2008, 1204.
253 BFH v. 28.11.2016 – GrS 1/15, BStBl. II 2017, 393, Rn. 131.

tungspraxis ausgegangen wurde. Mithin kann nicht davon gesprochen werden, dass der Sanierungserlass deswegen dem gesetzgeberischen Willen widerspricht, weil er die frühere Rechtslage wiederherstellt. Im Gegenteil entspricht er diesem vielmehr, da weder die frühere Doppelbegünstigung wieder eingeführt wird noch eine Verbreiterung der Bemessungsgrundlage verhindert wird.

Nach alledem ist die Besteuerung des Sanierungsgewinns zwar nicht systemwidrig, da ebenso ein Buchgewinn entsteht, wie bei jeder anderen Betriebsvermögensmehrung und nur diese Grundlage der Besteuerung ist. Allerdings bedeutet das nicht, dass die Situation einer Sanierung kein atypischer Sonderfall und die Besteuerung nicht unbillig sein kann, denn Systemwidrigkeit ist keine Voraussetzung einer Billigkeitsmaßnahme aus sachlichen Gründen. Die Unbilligkeit ergibt sich grade daraus, dass ein Ergebnis zwar dem Gesetz entspricht, aber den Wertungen des Gesetzgebers im konkreten Fall derart zuwiderläuft, dass die Erhebung der Steuer als unbillig erscheint.[254] Dennoch ergibt sich – wie der BFH zutreffend erkennt[255] – eine sachliche Unbilligkeit nicht allein daraus, dass der Steuerzugriff für das Unternehmen eine erhebliche wirtschaftliche Beeinträchtigung darstellen würde, denn die sachliche Unbilligkeit ist unabhängig von den wirtschaftlichen Verhältnissen des Steuerpflichtigen zu bestimmen[256]. Dies kann höchstens im Rahmen der persönlichen Unbilligkeit berücksichtigt werden. Die Annahme einer sachlichen Unbilligkeit rechtfertigt sich aber aus der Gesamtschau aller Umstände, namentlich dem fehlenden Liquiditätszuwachs, keiner zwingenden tatsächlichen Verbesserung der Handlungsmöglichkeiten des Unternehmens und der Gefährdung des Fortbestands des Unternehmens.[257]

2. Gesetzgebungsverfahren von § 3a EStG

Nach der Veröffentlichung der Senatsentscheidung des BFH am 08.02.2017[258] reagiert der Gesetzgeber mehr als zügig. Bereits am 10.03.2017 legte der Bundesrat einen ersten Entwurf zu § 3a EStG vor und unterbrei-

254 Vgl. Rüsken, in: Klein, AO, § 163, Rn. 35.

255 BFH v. 28.11.2016 – GrS 1/15, BStBl. II 2017, 393, Rn. 119.

256 Vgl. Loose, in: Tipke/Kruse, AO/FGO, § 227 AO, Rn. 40 (Stand: Juli 2017); v. Groll, in: H/H/S, § 227 AO, Rn. 126 (Stand: Januar 2016).

257 So auch Beutel/Eilers, FR 2017, 266.

258 BStBl. II 2017, 393.

tete im Rahmen einer Prüfbitte an den Bundestag den Vorschlag, dessen Einführung in ein laufendes Gesetzgebungsverfahren zu integrieren.[259] Die Reaktion des Bundestages ließ ebenfalls nicht lange auf sich warten und so verabschiedete dieser am 27.04.2017 eine veränderte Fassung von § 3a EStG[260]. Die erforderliche Zustimmung des Bundesrates folgte umgehend.[261] Schon am 4. Juli 2017 und damit nicht einmal 5 Monate nach der Veröffentlichung des BFH-Beschlusses konnte so der neue § 3a EStG inklusive seiner ergänzenden Regelungen im KStG und GewStG verkündet[262] werden.

3. Beihilferechtlicher Genehmigungsvorbehalt

Offenbar befürchtete der Gesetzgeber allerdings, dass die Neuregelungen im Hinblick auf das EU-Beihilfenrecht gemäß Art. 107 Abs. 1 AEUV bedenklich sein könnten. Aus Gründen der Rechtssicherheit[263] war es daher angezeigt, das Inkrafttreten des § 3a EStG und der weiteren Regelungen zu Sanierungserträgen unter den Vorbehalt zu stellen[264], dass die Europäische Kommission im Rahmen des notwendigen Notifizierungsverfahrens durch Beschluss feststellt, dass es sich bei der Begünstigung von Sanierungserträgen entweder nicht um eine Beihilfe im Sinne des Art. 107 Abs. 1 AEUV oder eine mit dem Binnenmarkt vereinbare Beihilfe handelt. Anderenfalls hätte nämlich die Gefahr bestanden, dass die Steuern, die aufgrund der Befreiung in § 3a EStG nicht erhoben wurden, im Fall einer negativen Entscheidung der Kommission von den betroffenen Unternehmen hätten nachgefordert werden müssen.[265] Der Beschluss der Kommission ist zwar bis heute nicht ergangen, jedoch hat die Europäische Kommission der Bundesregierung im Juli 2018 in einem informellen Brief, einem sog. „letter

---

259 BR-Drs. 59/1/17, S. 10 ff.

260 BT-Drs. 18/12128.

261 BR-Drs. 366/17.

262 BGBl. I 2017, 2074.

263 BT-Drs. 18/12128, S. 36.

264 Art. 6 des Entwurfs eines Gesetzes gegen schädliche Steuerpraktiken im Zusammenhang mit Rechteüberlassungen, BT-Drs. 18/12128, S. 22.

265 Art. 16 der Verordnung (EU) 2015/1589 des Rates vom 13. Juli 2015 über besondere Vorschriften für die Anwendung von Artikel 108 des Vertrags über die Arbeitsweise der Europäischen Union.

of comfort“[266] praktisch die Freigabe für die Verabschiedung von § 3a EStG erteilt, indem sie mitgeteilt hat, keine Bedenken gegen die geplante Steuerbefreiung zu haben.[267] Die Neuregelungen wurden dabei als europarechtskonforme Altbeihilfe eingestuft[268], mit der Folge, dass § 3a EStG – sollte er tatsächlich eine Beihilfe darstellen – dennoch als eine bereits vor Inkrafttreten der AEUV bestehende Maßnahme angesehen wird, was wiederum dazu führt, dass eine Notifizierungspflicht gemäß Art. 108 AEUV nicht besteht[269] und sie Bestandsschutz genießt.[270] Wörtlich führt die Kommission dazu aus, „dass die Maßnahme (§ 3a EStG), falls sie als staatliche Beihilfe eingestuft würde, eine bestehende Beihilfe im Sinne des Artikels 1 Buchstabe b Ziffer i der Verfahrensordnung für staatliche Beihilfen[271] darstellen dürfte.“[272] Dies wird im Folgenden damit begründet, dass zumindest seit dem Erlass von § 11 Nr. 4 KStG im Jahr 1934 die Anwendung und Wirkungen der Maßnahme (Nichtbesteuerung von Sanierungserträgen) in der Praxis „trotz bestimmter formaler und administrativer Änderungen“ gleich geblieben seien. Dies ist zwar grundsätzlich erfreulich, jedoch konnten die Neuregelungen damit nicht, wie geplant sofort in Kraft treten, sondern der Gesetzgeber wurde gezwungen, erneut tätig zu werden. Mit dem Jahressteuergesetz 2018[273] wurde der bisherige Inkrafttretensvorbehalt aufgehoben

---

266 Ein comfort letter enthält die informelle Einschätzung der Kommission zu einer Maßnahme eines Mitgliedstaates und nennt ohne Bindungswirkung die Voraussetzungen, Rahmenbedingungen und Alternativen, unter denen geplante Maßnahmen ohne Verstoß gegen Art. 107 AEUV umgesetzt werden kann, vgl. Brandau/Neckenich/Reich/Reimer, BB 2017, 1175, 1179.

267 Vgl. Kanzler, FR 2018, 794; VID, Pressemitteilung v. 13.08.2018, https://www.vid.de/pressemitteilung/eu-kommission-versagt-foermliche-zustimmung/ (zuletzt abgerufen am 10.8.2021); Bericht der Frankfurter Allgemeinen Zeitung, abrufbar unter: http://edition.faz.net/faz-edition/wirtschaft/2018-08-13/54616949f15579ef785509d333fcfd47/?GEPC=s9 (zuletzt abgerufen am 10.8.2021).

268 Vgl. Crezelius, NZI 2019, 270.

269 Vgl. Hechtner, NWB 2018, 2536; Förster/Hechtner, DB 2019, 10.

270 Vgl. Kanzler, FR 2018, 794.

271 Verordnung (EU) 2015/1589 des Rates vom 13. Juli 2015 über besondere Vorschriften für die Anwendung von Artikel 108 des Vertrags über die Arbeitsweise der Europäischen Union.

272 Europäische Kommission, SA.48515 (2017/N) – Steuerbefreiung für Sanierungserträge.

273 BT-Drs. 19/5595 (Bezeichnung während des Verfahrens geändert in „Entwurf eines Gesetzes zur Vermeidung von Umsatzsteuerausfällen beim Handel mit Waren im Internet und zur Änderung weiterer steuerlicher Vorschriften“). Auch hier wurde ausdrücklich davon ausgegangen, dass eine Notifizierungspflicht nicht besteht (S. 85).

und den neuen Sanierungsvorschriften damit rückwirkend zum 5. Juli 2017 (Tag nach der Verkündung) endgültig Geltung verschafft.

Auch wenn dadurch nun wieder mehr Rechtssicherheit für sanierungsbedürftige Unternehmen besteht[274], verbleibt dennoch ein geringes Restrisiko. Durch den letter of comfort hat die EU-Kommission zwar zum Ausdruck gebracht, dass § 3a EStG ihrer Einschätzung nach nicht gegen das europäische Beihilfenrecht verstößt, jedoch kommt dieser Mitteilung keinerlei Bindungswirkung[275] zu, da er anders als ein Beschluss gemäß Art. 288 Abs. 4 AEUV nicht in Bestandskraft erwächst[276]. Die Folge ist, dass Angriffe gegen die Regelung insb. vor nationalen Gerichten jederzeit möglich bleiben.[277] Insbesondere sind nationale Gerichte weiterhin befugt eine gerichtliche Klärung auf europäischer Ebene im Wege eines Vorabentscheidungsverfahrens herbeizuführen.[278] Ebenso ist die Europäische Kommission nicht daran gehindert, den Fall erneut aufzugreifen.[279] Letztlich ist aber die Gefahr, dass § 3a EStG doch noch am europäischen Beihilferecht scheitert und betroffene Unternehmen daraus einen Nachteil erleiden, gering. Der Große Senat hatte zwar in seiner Entscheidung zum Sanierungserlass die Frage der Vereinbarkeit des Sanierungserlasses mit dem Unionsrecht bewusst offen gelassen[280], der vorlegende X. Senat hat jedoch schon überzeugend dargelegt[281], dass der Sanierungserlass keine verbotene Beihilfe i.S.v. Art. 107 Abs. 1 AEUV darstellt. Die dort angestellten Überlegungen können auf § 3a EStG übertragen werden.[282] Auch im Schrifttum hat sich bereits ein weitgehender Konsens gebildet, dass § 3a EStG keine verbotene Beihilfe gemäß Art. 107 Abs. 1 AEUV darstellt.[283] Sollte § 3a EStG dennoch

274 Vgl. Epler/Petersen, Stbg 2019, 114.

275 Vgl. Brandau/Neckenich/Reich/Reimer, BB 2017, 1175.

276 Vgl. Kühling/Rüchardt, in: Streinz, EUV/AEUV, Art. 108 AEUV, Rn. 15.

277 Vgl. Völkel, DB 2018, 2018; vgl. Rüberg, NJW-Spezial 2019, 207.

278 Vgl. Crezelius, NZI 2019, 270; VID, Pressemitteilung v. 13.08.2018, https://www.vid.de/pressemitteilung/eu-kommission-versagt-foermliche-zustimmung/ (zuletzt abgerufen am 10.8.2021); Kanzler, FR 2017, 794; ders., NWB 2019, 626.

279 Vgl. Krumm, in: Blümich, § 3a EStG, Rn. 10 (Stand: März 2020).

280 BFH v. 28.11.2016 – GrS 1/15, BStBl. II 2017, 393, Rn. 150.

281 BFH v. 25.03.2015 – X R 23/13, BStBl. II 2015, 696 Rn. 75 ff.

282 Vgl. Kanzler, NWB 2018, 794; für die Übertragbarkeit der Argumentation zum Sanierungserlass auch Hey, FR 2017, 453.

283 Vgl. Krumm, in: Blümich, § 3a EStG, Rn. 10 (Stand: März 2020); Förster/Hechtner, DB 2019, 10; Kanzler, NWB 2018, 794; Ders. NWB 2017, 2260; Desens, FR 2017, 981; Hey, FR 2017, 453; Kölbl/Neumann, Ubg 2018, 324; zweifelnd: Möhlenkamp, ZIP 2018, 1907; Kußmaul/Licht, DB 2017, 1797; Hallerbach, in: H/H/R, § 3a EStG, Rn. 6 (Stand: August 2019).

vor dem EuGH keinen Bestand haben und damit den betroffenen Unternehmen mögliche Steuerrückforderungen[284] drohen, kann der letter of comfort dagegen immerhin einen Vertrauensschutz begründen[285], zumindest wenn die entscheidende Disposition – vor allem der Abschluss des Erlassvertrags – nach Erteilung des Comfort Letters erfolgte.[286] Auf einen solchen Vertrauensschutz können sich Steuerpflichtige grundsätzlich berufen, wenn (1) die Verwaltung präzise, nicht an Bedingungen geknüpfte und übereinstimmende Zusicherungen von zuständiger und zuverlässiger Seite macht, (2) diese Zusicherungen geeignet sind, beim Adressaten begründete Erwartungen zu wecken und (3) die gegebenen Zusicherungen den geltenden Vorschriften entsprechen.[287] Dabei ist die Form, in der die Zusicherung kommuniziert wird unerheblich.[288] Auch müssen die Betroffenen nicht formal Adressat der Zusicherung sein, sondern es genügt, wenn sie von ihr betroffen und darüber informiert sind.[289] Eine Äußerung gegenüber einem Mitgliedsstaat, wie etwa durch die Erteilung eines Comfort Letter, genügt daher den Vertrauensschutzanforderungen.[290] Denn im Fall des § 3a EStG erfüllt die Äußerung der Kommission in Form des Comfort Letter die genannten Voraussetzungen.

284 Für den Fall, dass eine nationale Maßnahme als rechtswidrige Beihilfe eingestuft wird, sieht Art. 16 der „Verordnung 2015/1589 des Rates vom 13. Juli 2015 über besondere Vorschriften für die Anwendung von Artikel 108 des Vertrags über die Arbeitsweise der Europäischen Union" vor, dass die Beihilfe vom Empfänger zurückzufordern ist.

285 Vgl. Micker, ISR 2019, 105, 107 (Anmerkung zu EuG v. 15.11.2018 – T-207/10); Förster/Hechtner, DB 2019, 10.

286 Vgl. Krumm, in: Blümich, § 3a EStG, Rn. 10 (Stand: März 2020).

287 Vgl. EuG v. 15.11.2018 – T-207/10, BeckRS 2018, 28552, Rn. 46.

288 Vgl. EuG v. 15.11.2018 – T-207/10, BeckRS 2018, 28552, Rn. 55.

289 Vgl. EuG v. 15.11.2018 – T-207/10, BeckRS 2018, 28552, Rn. 58.

290 Vgl. Krumm, in: Blümich, § 3a EStG, Rn. 10 (Stand: März 2020) mit

§ 4 Regelungsgegenstand, Anwendungsbereich und Rechtsfolgen des § 3a EStG

I. Struktur und Regelungsgegenstand

1. Steuerfreiheit des Sanierungsertrags (§ 3a Abs. 1 S. 1 EStG)

§ 3a Abs. 1 S. 1 EStG erfüllt eine doppelte Funktion. Zum einen wird durch ihn die wichtigste Rechtsfolge direkt zu Beginn festgelegt. Entgegen § 4 Abs. 1 S. 1 und Abs. 3 EStG sind Betriebsvermögensmehrungen oder Betriebseinnahmen aus einem Schuldenerlass zum Zwecke der unternehmensbezogenen Sanierung i.S.v. § 3a Abs. 2 EStG steuerfrei. Diese Rechtsfolge ist allerdings zunächst nur ein „Programmsatz", denn letztlich wird erst ein durch verschiedene Positionen gekürzter Betrag tatsächlich steuerfrei gestellt[291]. Technisch wählt die Neuregelung einen anderen Weg als noch der Sanierungserlass. Im Vergleich zur vorherigen Rechtslage findet ein Systemwechsel dahingehend statt, dass die Steuerbegünstigung nicht mehr durch eine Billigkeitsmaßnahme, sondern durch eine Steuerbefreiung im Festsetzungsverfahren gewährt wird, sodass die Steuer auf den Sanierungsertrag gar nicht erst zur Entstehung kommt.[292] Mit der Entscheidung, § 3a EStG wieder als echte Steuerbefreiung auszugestalten, anstatt die Steuer im Billigkeitswege gemäß §§ 163, 227 AO zu erlassen, kehrt der Gesetzgeber zur Regelungstechnik der alten Befreiungsvorschrift des § 3 Nr. 66 EStG a.F. zurück.[293] Ferner hat der Gesetzgeber sich offenbar bewusst dagegen entschieden, die Steuerfreiheit von einem Antrag des Steuerpflichtigen abhängig zu machen („sind steuerfrei"), denn der erste Entwurf des Bundesrates[294] sah genau dies noch vor. Eine weitere zu begrüßende Neuerung im Vergleich zum Sanierungserlass liegt darin, dass die Formulierung „sind steuerfrei" daneben auch ein Ermessen der Finanzbehörden ausschließt.[295] Damit ist die Befreiung nun zwingend und von Amts wegen zu gewähren.

291 Vgl. Kanzler, NWB 2019, 626; ders., NWB 2021, 1311, 1313.

292 BVerwG v. 05.03.2021 – 9 B 8.20, BFH/NV 2021, 927, Rn. 2.

293 Vgl. Pflüger, GStB 2017, 420, 421; Kahlert/Schmidt, DStR 2017, 1897.

294 BR-Drs. 59/1/17, S. 10 „sind auf Antrag steuerfrei". Rätke (vgl. BBK 2017, 411) weist außerdem darauf hin, dass bei einer Antragslösung auch das Haftungsrisiko für Berater erhöht wäre, denn durch den Untergang von Verlustpositionen nach § 3a Abs. 3 EStG entstehen auch Nachteile.

295 Nachweislich der Gesetzesbegründung sollte so die Rechtssicherheit für Unternehmen in Sanierungsprozessen erhöht werden, BT-Drs. 18/12128, S. 30.

Zum anderen enthält Abs. 1 S. 1 aber auch bereits die Legaldefinition des Sanierungsertrages und legt dessen Tatbestandsmerkmale fest. Einkünfte können demnach nur dann als Sanierungsertrag steuerfrei sein, wenn es sich (1) um *Betriebsvermögensmehrungen oder Betriebseinnahmen* handelt, die (2) *aus einem Schuldenerlass* resultieren und (3) der *Zweck* dieses Schuldenerlasses eine *unternehmensbezogene Sanierung* i.S.v. § 3a Abs. 2 EStG war.

Der Gesetzgeber gibt damit in dem zwischen Besteuerungsverfahren und Insolvenzverfahren bestehenden Zielkonflikt[296] der erfolgreichen Unternehmenssanierung den Vorzug vor dem unmittelbaren Steuerzugriff auf die Verzichtsgewinne.

2. Gewinnmindernde Ausübung steuerlicher Wahlrechte im Sanierungsjahr und im Folgejahr (§ 3a Abs. 1 S. 2 und 3 EStG)

§ 3a Abs. 1 S. 2 EStG enthält die zweite Rechtsfolge, welche die Steuerbefreiung mit sich bringt und ordnet an, dass steuerliche Wahlrechte im Sanierungsjahr und um Folgejahr gewinnmindernd auszuüben sind. Durch diesen Wahlrechtszwang werden die Wahlrechte für diese beiden Jahre praktisch aufgehoben[297] und in obligatorische Befolgungsanordnungen[298] umgemünzt. Die Steuerfreiheit des Sanierungsgewinns nach § 3a Abs. 1 S. 1 EStG wird bereits vorausgesetzt. Dadurch wird deutlich, dass § 3a EStG ein abgestuftes System an Rechtsfolgen beinhaltet. Der Hintergrund für die Entscheidung, Steuerpflichtige zur gewinnmindernden Wahlrechtsausübung zu verpflichten, ist durchaus nachvollziehbar. Ausweislich der Gesetzesbegründung muss die Steuerbefreiung auf das erforderliche Maß begrenzt werden und daher ein „größtmögliches Verlustausgleichsvolumen" zur Verfügung stehen, mit dem der Sanierungsertrag verrechnet werden kann.[299] § 3a EStG implementiert in Abs. 1 S. 2, sowie Abs. 3 ein solches System zur Schaffung von Verlustausgleichsvolumen, in welchem der Zwang zur gewinnmindernden Ausübung von steuerlichen Wahlrechten die erste Stufe darstellt. Satz 3 nennt beispielhaft die von der Vorschrift erfasste Teilwertabschreibung gemäß § 6 Abs. 1 Nr. 1 S. 2 und Nr. 2 S. 2 EStG. Dass die Teilwertabschreibung an dieser Stelle ausdrücklich genannt ist, kann

296 BT-Drs. 18/12128, S. 31.
297 Vgl. Kanzler, NWB 2019, 626.
298 Vgl. Seer, in: Kirchhof, EStG, § 3a, Rn. 15.
299 BT-Drs. 18/12128, S. 31.

möglicherweise auf die hohe Relevanz dieses Wahlrechts für die Anwendung der Vorschrift zurückgeführt werden, denn diese Klarstellung ist rein deklaratorisch.[300] Die gewinnmindernde Ausübung von steuerlichen Wahlrechten führt dazu, dass im Ergebnis ein niedrigerer Sanierungsgewinn steuerfrei gestellt werden muss, denn bei steigenden Verlusten fällt dieser logischerweise geringer aus. Die Vorschrift entfaltet daher das Ultima-ratio-Prinzip, nach dem die Steuerbefreiung des Sanierungsgewinns erst das letzte Mittel sein darf.[301]

Der Gesetzgeber bezweckt mit dieser Regelung die Vermeidung einer Doppelbegünstigung, wie sie noch vor Aufhebung des § 3 Nr. 66 EStG a.F. bestand.[302] Durch die Wahlrechtsbindung, sowie die Verlustverrechnung nach Absatz 3 wird verhindert, dass Steuerpflichtigen die Steuerfreiheit bei gleichzeitiger Möglichkeit der weiteren Nutzung von Verlustpositionen in der Zukunft gewährt wird.

3. Unternehmensbezogene Sanierung (§ 3a Abs. 2 EStG)

§ 3a Abs. 2 EStG ist keine Rechtsfolgennorm, sondern enthält die Legaldefinition der unternehmensbezogenen Sanierung. Die Steuerbefreiung unterscheidet zwischen der unternehmensbezogenen Sanierung und der sog. unternehmerbezogenen Sanierung, wobei sowohl die Vorschrift selbst in Abs. 1 S. 1 als auch die Gesetzesbegründung[303] davon ausgehen, dass im Grundsatz nur Gewinne, die im Rahmen einer unternehmensbezogenen Sanierung nach Abs. 2 entstehen, begünstigungsfähig sein sollen. Durch den Verweis in Abs. 1 S. 1 („im Sinne des Absatz 2") wird deutlich, dass § 3a Abs. 2 EStG als Legaldefinition der unternehmensbezogenen Sanierung zu verstehen ist. Für die Annahme einer begünstigungsfähigen unternehmensbezogenen Sanierung stellt Abs. 2 fünf kumulativ erforderliche Voraussetzungen auf. Sanierungserträge können danach nur steuerfrei sein, wenn das Unternehmen im Zeitpunkt des Schuldenerlasses (1) *sanierungsbedürftig* und (2) *sanierungsfähig* ist, der Schuldenerlass (3) *betrieblich begründet* und (4) *sanierungsgeeignet* ist und die Gläubiger auf ihre Forderung (5) in *Sanierungsabsicht* verzichten. Auch wenn die Vorgängerregelung des § 3

300 Vgl. Krumm, in: Blümich, § 3a EStG, Rn. 34 (Stand: März 2020).

301 Vgl. Seer, in: Kirchhof, EStG, § 3a, Rn. 15, 3; Krumm, in: Blümich, § 3a EStG, Rn. 1, 9 (Stand: März 2020).

302 BT-Drs. 18/12128, S. 31.

303 BT-Drs. 18/12128, S. 31.

Nr. 66 EStG a.F. eine solche Definition nicht enthielt, ist dieses Verständnis der unternehmensbezogenen Sanierung nicht neu. Schon früh hatte der BFH sowohl die Sanierungsbedürftigkeit, als auch die Sanierungseignung des Schuldenerlasses und die Sanierungsabsicht der Gläubiger als Voraussetzungen der Steuerfreiheit herausgearbeitet[304] und auch der spätere Sanierungserlass verlangte diese Voraussetzungen für die Annahme eines begünstigten Sanierungsgewinns.[305] Die Finanzverwaltung ergänzte im Sanierungserlass erstmals auch das Kriterium der Sanierungsfähigkeit des Unternehmens, dem aber neben der Sanierungseignung wenig eigenständige Bedeutung[306] zukam. Zusätzlich schreibt § 3a Abs. 2 EStG nun ausdrücklich vor, dass der Schuldenerlass „betrieblich" veranlasst sein muss. Eine solche Einschränkung enthielt weder der Sanierungserlass noch § 3 Nr. 66 EStG a.F. Darüber hinaus trifft Steuerpflichtige nun die Nachweispflicht für das Vorliegen dieser Voraussetzungen.

Trotzdem kodifiziert § 3a Abs. 2 EStG praktisch die schon zuvor in Rechtsprechung und Verwaltung angewendete Definition.[307] Für die Frage, wann eine unternehmensbezogene Sanierung gegeben ist, sind daher keine gravierenden Änderungen gegenüber der bisherigen Verwaltungspraxis unter dem Sanierungserlass zu erwarten.[308]

4. Minderung des Sanierungsertrags um Aufwendungen und Verrechnung von Steuerminderungspotential (§ 3a Abs. 3 S. 1, 2, 4 und 5 EStG)

§ 3a Abs. 3 EStG enthält eine weitere essenzielle Rechtsfolge der Befreiung und komplettiert das in § 3a EStG angelegte System zur Schaffung eines größtmöglichen Verlustausgleichsvolumens. Steuerpflichtige müssen danach zunächst alle eigenen Möglichkeiten nutzen, um den entstehenden Sanierungsgewinn möglichst gering zu halten. Das Verlustverrechnungssystem des Abs. 3 ist seinerseits mehrstufig ausgestaltet. Im ersten Schritt sieht Abs. 3 S. 1 vor, dass der Sanierungsertrag zunächst um nicht abziehbare

304 Vgl. BFH v. 25.02.72 – VIII R 30/66, BStBl. II 1972, 531; v. 26.11.80 – I R 52/77, BStBl. II 1981, 181; v. 22.11.83 – VIII R 14/81, BStBl. II 1984, 472; v. 07.02.85 – IV R 177/83, BStBl. II 1985, 504; v. 16.5.02 – IV R 11/01, BStBl. II 2002, 854; v. 10.04.03 – IV R 63/01, BStBl. II 2004, 9; v. 12.10.05 – X R 20/03, BFH/NV 2006, 713.

305 BMF v. 27.03.2003 – IV A 6 – S 2140 – 8/03, Rn. 4.

306 Vgl. Kahlert, ZIP 2016, 2107.

307 In der Gesetzesbegründung wird ausdrücklich darauf hingewiesen, dass die Voraussetzungen denen des Sanierungserlasses entsprechen, BT-Drs. 18/12128, S. 31.

308 Vgl. De Weerth, ZInsO 2017, 924, 925; Möhlenbrock/Gragert, FR 2017, 994, 996.

Beträge gemäß § 3c Abs. 4 EStG aus dem Sanierungsjahr und den Vorjahren gemindert wird. Den danach noch verbleibenden Betrag bezeichnet das Gesetz als „geminderten Sanierungsertrag" (§ 3a Abs. 3 S. 3 EStG), welcher dann die Ausgangsgröße für die Verlustverrechnung darstellt.

Im zweiten Schritt enthält Abs. 3 S. 2 dann mit den Nummern 1–13 einen Katalog an einzelnen Verlustpositionen die in der vorgegebenen Reihenfolge bis zur Höhe des geminderten Sanierungsertrages untergehen. § 3a Abs. 3 EStG spricht zwar nicht ausdrücklich davon, dass die Verlustverrechnungsvolumina untergehen, nichts anderes ist aber mit der Formulierung „bleiben endgültig außer Ansatz" in Abs. 3 S. 5 gemeint.[309] Dabei bedient sich § 3a Abs. 3 EStG einer umgekehrten Technik, denn die Verlustverrechnungspotentiale werden nicht von der Bemessungsgrundlage „Sanierungsertrag" abgezogen, sondern der steuerfreie Sanierungsertrag mindert seinerseits die Verrechnungspotentiale.[310] Durch die Anknüpfung in Satz 2 an den geminderten Sanierungsertrag („dieser Betrag") wird sichergestellt, dass durch ihn zugleich die Höchstgrenze für den Untergang der Verlustverrechnungsvolumina bestimmt wird. Der Verlustuntergang kann demzufolge maximal den gewährten „Netto"-Steuervorteil[311] – also Sanierungsertrag abzüglich nicht abziehbarer Sanierungskosten gemäß § 3c Abs. 4 EStG – neutralisieren. Ohne diese Begrenzung könnte sich die Steuerbefreiung durch die Kumulation von Abzugsverbot aus § 3c Abs. 4 EStG und einer entsprechend höheren Verlustverrechnung sogar nachteilig für die Steuerpflichtigen auswirken.[312] Der Katalog der § 3a Abs. 3 S. 2 Nr. 1–13 EStG ist zwar recht umfangreich und komplex[313], jedoch schafft er auch Klarheit über die erfassten Verlustverrechnungspositionen und die Reihenfolge des Untergangs.[314] Die Nummern 1–13 können dabei in zwei Verrechnungskreise unterteilt werden. Der Gesetzgeber war bei der Schaffung der einzelnen Positionen darauf bedacht, dass zuerst die direkt dem Unternehmen

309 Vgl. Krumm, in: Blümich, § 3a EStG, Rn. 35 (Stand: März 2020).

310 Vgl. Hasbach/Oesterwinter, DB 2020, 1249; Kanzler, in: K/K/B, EStG, 6. Aufl. 2021 (alle weiteren Zitierungen des Werkes beziehen sich auf diese Auflage, sofern nicht anders vermerkt), § 3a, Rn. 144; ders., NWB 2019, 626, 644.

311 Vgl. Desens, FR 2017, 981.

312 Vgl. Seer, in: Kirchhof, EStG, § 3a, Rn. 31; Desens, FR 2017, 981.

313 Vgl. Möhlenbrock/Gragert, FR 2017, 994.

314 Unter Geltung des Sanierungserlasses bestand erhebliche Unsicherheit hinsichtlich der in objektiver und subjektiver Hinsicht erfassten Verlustpositionen und außerdem gab dieser keine Reihenfolge vor, in der die vorhandenen Verlustpositionen mit dem Sanierungsertrag zu verrechnen waren (vgl. Sistermann/Beutel, DStR 2017, 1065).

zuzurechnenden Verlustverrechnungsvolumina aufgezehrt werden (Nr. 1–8) und erst im Anschluss der Verrechnungskreis des Unternehmers bzw. Mitunternehmers angetastet wird (Nr. 9–13).[315] Im dritten Schritt wird der Sanierungsgewinn ggf. nach S. 3 darüber hinaus noch mit Verlustverrechnungsvolumina bei Dritten verrechnet. Den danach noch verbleibenden Betrag definiert Abs. 3 S. 4 als den „verbleibenden Sanierungsertrag". Trotz der umgekehrten Technik, dass der zunächst steuerfreie Sanierungsgewinn die Verlustverrechnungsvolumina mindert, wird faktisch nur dieser verbleibende Sanierungsertrag steuerlich verschont.

Der Kerngedanke hinter diesem System ist es, eine Doppelbegünstigung wie unter § 3 Nr. 66 EStG zu verhindern[316], indem sowohl negative Einkünfte als auch vorhandene Verlustvorträge i.S.v. § 10d Abs. 2 EStG mit dem Sanierungsgewinn verrechnet werden. Damit befindet sich § 3a Abs. 3 EStG auf einer Linie mit dem Sanierungserlass, der ebenfalls das Ausschöpfen aller Verlustverrechnungsmöglichkeiten verlangte, bevor die Steuer auf den verbleibenden Betrag erlassen wurde.[317]

5. Erweiterung der Verrechnung auf nahestehende Personen (§ 3a Abs. 3 S. 3 EStG)

Sollte der geminderte Sanierungsertrag nach der Verrechnung mit den Verlustverrechnungsvolumina des Unternehmens und des Unternehmers noch nicht „aufgebraucht"[318] sein, greift auf der dritten Stufe der Verlustverrechnung Absatz 3 S. 3 ein. Dieser erweitert den Anwendungsbereich der Verlustverrechnung und ordnet an, dass auch Verlustverrechnungspotentiale bei den Steuerpflichtigen nahestehenden Personen durch den verbleibenden Betrag gemindert werden, sofern sie (1) die erlassenen Schulden innerhalb eines Zeitraums von fünf Jahren vor dem Schuldenerlass auf das zu sanierende Unternehmen übertragen haben und (2) soweit die entsprechenden Positionen zum Ablauf des Wirtschaftsjahrs der Übertragung bereits entstanden waren. Begrenzt ist diese Verrechnung auf den nach der Anwendung des Absatz 3 S. 2 noch verbleibenden Sanierungsertrag („insoweit"). Da sich die Verlustpositionen „nach Maßgabe des S. 2" mindern, sind bei den nahestehenden Personen sämtliche dort genannte Verlustposi-

315 BT-Drs. 18/12128, S. 32.
316 BT-Drs. 18/12128, S. 31.
317 BMF v. 27.03.2003 - IV A 6 - S 2140 - 8/03, Rn. 8.
318 Zur Formulierung vgl. Förster/Hechtner, DB 2017, 1536.

tionen in derselben Reihenfolge betroffen. Was unter einer nahestehenden Person zu verstehen ist, wird zwar nicht definiert, jedoch legt die Gesetzesbegründung nahe, dass zur Begriffsbestimmung auf die entsprechenden Grundsätze zu nahestehenden Personen bei verdeckten Gewinnausschüttungen zurückgegriffen werden soll.[319]

Diese Erweiterung dient in erster Linie der Verhinderung missbräuchlicher Steuergestaltungen[320] und stellt damit eine typisierte Missbrauchsabwehr[321] dar. Der Gesetzgeber hatte dabei vor allem die Fälle im Auge, bei denen Verlustpotential dadurch gesichert werden könnte, dass das zu sanierende Unternehmen vor dem Schuldenerlass auf einen anderen Rechtsträger, etwa nach dem UmwG, übertragen wird.[322] Da in diesem Fall die Verlustverrechnungspotentiale erhalten blieben, identifiziert § 3a Abs. 3 S. 3 EStG diesen Fall als Missbrauch[323], der durch die Ausweitung der Verlustverrechnung auch auf Dritte verhindert wird.

6. Verfahrensrecht (§ 3a Abs. 4 EStG)

§ 3a Abs. 4 enthält verschiedene zugehörige Vorschriften verfahrensrechtlicher Natur. Zunächst wird durch S. 1 angeordnet, dass immer dann, wenn Einkünfte aus Land- und Forstwirtschaft, Gewerbebetrieb oder selbständiger Arbeit nach § 180 Abs. 1 S. 1 Nr. 2 Buchstabe a) oder b) AO gesondert festzustellen sind, dasselbe Finanzamt (S. 2), das auch für die Feststellung nach § 180 AO zuständig ist, auch die Höhe des Sanierungsgewinn, sowie die Höhe der untergehenden Steuerminderungspotentiale nach Absatz 3 Satz 2 Nummer 1 bis 6 und Nr. 13 gesondert festzustellen hat. Abs. 4 S. 2 stellt dabei lediglich eine Zuständigkeitsnorm dar. Zur Anwendung kommen diese Vorschriften, wenn § 3a Abs. 1 EStG von einer Mitunternehmerschaft in Anspruch genommen wird (§ 180 Abs. 1 S. 1 Nr. 1 a) AO), oder wenn das Wohnsitzfinanzamt (§ 19 AO) des Einzelunternehmers von dem für den Betrieb zuständigen Finanzamt (§ 18 Abs. 1 Nr. 1–3 AO) abweicht.

319 BT-Drs. 18/12128, S. 32. Zitiert wird hier lediglich ein Urteil des BFH, welches sich auf einen Fall einer mittelbaren verdeckten Gewinnausschüttung an eine nahestehende Person bezog. So auch Suchanek/Schaaf/Hannweber, WPg 2017, 909.

320 BT-Drs. 18/12128, S. 32.

321 Vgl. Krumm, in: Blümich, § 3a EStG, Rn. 50 (Stand: März 2020); Seer, in: Kirchhof, EStG, § 3a, Rn. 33.

322 BT-Drs. 18/12128, S. 32.

323 Vgl. Desens, FR 2017, 981.

Dass nur die Positionen des Abs. 3 S. 2 Nr. 1–6, sowie Nr. 13 gesondert festgestellt werden müssen, hat seinen Ursprung darin, dass nur die Verlustverrechnungspotentiale des sanierungsbedürftigen Unternehmens erfasst sein sollen.[324] Tritt nun der praktisch durchaus denkbare Fall ein, dass verrechenbare Verluste und Verlustvorträge des Unternehmens schon ohne die Berücksichtigung der Verlustverrechnung von § 3a Abs. 3 S. 2 EStG festgestellt wurden, schafft Abs. 4 S. 3 mit einer eigenständigen Korrekturvorschrift Abhilfe, die es dem Finanzamt erlaubt, solche Feststellungsbescheide unter Einbeziehung der Verlustverrechnung abzuändern. Ebenso ist eine Änderung zulässig, wenn die Verlustverrechnung zwar berücksichtigt wurde, sich die gemäß Absatz 3 S. 2 mindernden Beträge aber ändern. Um auch Fälle erfassen zu können, bei denen die Verlustfeststellung schon länger zurückliegt, hemmt Absatz 4 S. 4 die Feststellungsfrist und betont gleichzeitig, dass auch bereits bestandskräftige Feststellungsbescheide nach Satz 3 geändert werden können. Zumindest bis zum Ablauf der Festsetzungsfrist des Einkommensteuerbescheids oder Körperschaftsteuerbescheids für das Sanierungsjahr bleibt eine Änderung der Feststellungsbescheide möglich.

Dieser Entscheidung, das Feststellungsfinanzamt auch für die gesonderte Feststellung des Sanierungsertrages und der Verrechnungspotentiale für zuständig zu erklären, liegt wohl die Annahme zugrunde, dass das Feststellungsfinanzamt schlicht sachnäher mit den für § 3a EStG relevanten Umständen befasst ist.[325]

7. Begünstigung unternehmerbezogener Sanierungen (§ 3a Abs. 5 EStG)

Während § 3a Abs. 2 EStG im Grundsatz davon ausgeht, dass nur unternehmensbezogene Sanierungen in den Anwendungsbereich der Vorschrift fallen sollen, erweitert Abs. 5 die Möglichkeit der Steuerfreiheit auch auf bestimmte Fälle der sog. unternehmerbezogenen Sanierung. Steuerfrei gestellt werden gemäß Abs. 5 S. 1 EStG Betriebsvermögensmehrungen oder Betriebseinnahmen, die anfallen (1) bei einer Restschuldbefreiung nach den §§ 286 ff. InsO, (2) auf Grund eines außergerichtlichen Schuldenberei-

324 Vgl. Seer, in: Kirchhof, EStG, § 3a, Rn. 55. Seer weist allerdings darauf hin, dass auch die Positionen in Nr. 7 und 8 noch zum sanierungsbedürftigen Unternehmen gehören und zeigt aber auf, dass eine gesonderte Erwähnung von Nr. 8 nicht erforderlich ist. Wieso hingegen Nr. 7 auch ausgeklammert wird, bleibe unklar.

325 So auch Seer, in: Kirchhof, EStG, § 3a, Rn. 54; Krumm, in: Blümich, § 3a EStG, Rn. 52 (Stand: März 2020).

nigungsplans zur Vermeidung eines Verbraucherinsolvenzverfahrens nach §§ 304 ff. InsO und (3) auf Grund eines Schuldenbereinigungsplans, dem in einem Verbraucherinsolvenzverfahren zugestimmt wurde oder wenn die Zustimmung durch das Gericht ersetzt wurde. Die Aufzählung dieser Fallkonstellationen ist abschließend.[326] Die Begünstigung gilt unabhängig von den Voraussetzungen des Abs. 2, sodass die Steuerpflichtigen an dieser Stelle keine Nachweispflichten treffen. Absatz 5 S. 2 stellt hingegen klar, dass auch in diesen Fällen gemäß Absatz 3 die Verrechnungspotentiale durch den Sanierungsertrag gemindert werden. Insofern wird der Anwendungsbereich der Verlustverrechnung nach § 3a Abs. 3 EStG auch für die unternehmerbezogene Sanierung nach § 3a Abs. 5 EStG eröffnet.

Auch unter Geltung der Vorgängerregelung § 3 Nr. 66 EStG a.F. waren unternehmerbezogene Maßnahmen begünstigungsfähig, da der Tatbestand der Regelung eine Beschränkung auf unternehmensbezogene Sanierungen im Vergleich zu § 3a EStG nicht enthielt.[327] Zu dieser Linie kehrt der Gesetzgeber mit der Schaffung des § 3a Abs. 5 EStG nun teilweise zurück. Unter Geltung des Sanierungserlasses waren unternehmerbezogene Sanierungen nur zum Teil begünstigt.[328] Zwar lag eine begünstigungsfähige Sanierung nicht vor, wenn die Schulden erlassen wurden, um dem Steuerpflichtigen oder einem Beteiligten einen schuldenfreien Übergang in sein Privatleben oder den Aufbau einer anderen Existenzgrundlage zu ermöglichen, die Finanzverwaltung hat aber später erkannt, dass insolvenzrechtliche Maßnahmen zu steuerpflichtigen Gewinnen führen können und daher im Jahr 2009 die Anwendung des Sanierungserlasses auf die im Rahmen von Restschuldbefreiungen, Verbraucherinsolvenzverfahren und Planinsolvenzverfahren anfallenden Betriebsvermögensmehrungen ausgeweitet.[329] Außerhalb dessen kommt aber aufgrund der abschließenden Aufzählung begünstigter Fälle weiterhin wie unter Geltung des Sanierungserlasses, aber anders als noch unter § 3 Nr. 66 a.F. EStG, eine begünstigte Sanierung nicht in Betracht, wenn der Erlass dem Steuerpflichtigen nur einen schuldenfreien Übergang in sein Privatleben oder in den Aufbau einer neuen

---

326 Vgl. Kanzler, in: K/K/B, § 3a, Rn. 173; Kobor, in: K/S/M, § 3a, Rn. F 5 (Stand: Mai 2020).

327 Vgl. BFH v. 14.03.1990 I R 106/85, BStBl. II 1990, 813.

328 Vgl. Levedag, in: Schmidt, EStG, § 3a, Rn. 45. Der Sanierungserlass sah diese Möglichkeit zunächst nicht vor, wurde aber durch BMF v. 22.12.2009, BStBl. 2010 I, S. 18 für bestimmte Fälle um diese Möglichkeit ergänzt (vgl. Seer, in: Kirchhof, EStG, § 3a, Rn. 61.

329 BMF v. 22. 12. 2009 IV C 6 – S 2140/07/10001-01.

Existenzgrundlage ermöglichen soll.[330] Auch insofern kodifiziert § 3a EStG nur die bisherige Rechtslage. Möglich bleibt im letztgenannten Fall aber ein Erlass nach §§ 163, 227 AO aus persönlichen Billigkeitsgründen.[331]

II. Betriebsausgabenabzugsverbot des § 3c Abs. 4 EStG

Spiegelbildlich zur Steuerfreiheit des Sanierungsgewinns stellt der neu geschaffene § 3c Abs. 4 EStG nunmehr klar, dass Betriebsausgaben oder Betriebsvermögensminderungen, die mit dem Sanierungsertrag in einem unmittelbaren wirtschaftlichen Zusammenhang stehen, nicht als Betriebsausgaben abgezogen werden dürfen. Die Vorschrift fügt sich damit nahtlos in das Regelungskonzept des § 3c EStG ein, dem der Gedanke zugrunde liegt, dass Steuerpflichtigen kein Doppelvorteil[332] in Gestalt von Steuerfreiheit bei gleichzeitigem Betriebsausgabenabzug gewährt werden soll. Im Verhältnis zu § 3c Abs. 1 und 2 stellt der neue Absatz 4 eine Sonderregelung für die Situation dar, dass sich die Steuerfreiheit einer Betriebsvermögensmehrung aus § 3a EStG ergibt.[333] Welche Ausgaben darunter neben den in § 3c Abs. 4 S. 3 EStG ausdrücklich genannten Zahlungen auf Besserungsscheine zu verstehen sind, ergibt sich in erster Linie aus der Gesetzesbegründung. Demnach hatte der Gesetzgeber sämtliche Sanierungskosten im Auge, womit alle Aufwendungen gemeint sind, „die unmittelbar der Erlangung von Sanierungsbeiträgen der Gläubiger dienen", was etwa Kosten für einen Sanierungsplan und Beratungskosten umfasst.[334]

Dem Grunde nach hätte es der Ergänzung des § 3c EStG um den speziellen Absatz nicht zwingend bedurft. Da Sanierungsgewinne nun wieder wie unter der alten Regelung des § 3 Nr. 66 EStG a.F. steuerfrei gestellt sind, wären Betriebsausgaben im Zusammenhang mit Sanierungsgewinnen schon nach § 3c Abs. 1 EStG nicht abziehbar gewesen, sodass Abs. 4 nur klarstellende Bedeutung hat.[335] Anders war dies noch unter Geltung des Sanierungserlasses. Da hier die Steuer lediglich im Wege einer sachlichen

330 BT-Drs. 18/12128, S. 31.

331 Vgl. Kanzler, in: K/K/B, § 3a, Rn. 12; ders. NWB 2019, 626, 650; Hallerbach in: H/H/R, § 3a EStG, Rn. 11 (Stand: August 2019); Seer, Kirchhof, EStG, Rn. 61 in Fn. 4; Kobor, in: K/S/M, § 3a, F 5 (Stand: Mai 2020).

332 Vgl. Levedag, in: Schmidt, EStG, § 3c, Rn. 1.

333 Vgl. Valta, in: Blümich, § 3c EStG, Rn. 91 (Stand: August 2019).

334 BT-Drs. 18/12128, S. 33.

335 Vgl. Levedag, in: Schmidt, EStG, § 3c, Rn. 24; Sistermann, StbJb 2017/18, S. 281.

Billigkeitsentscheidung gemäß § 163, 227 AO erlassen wurde, lagen keine „steuerfreien Einnahmen“ i.S.v. § 3c Abs. 1 EStG vor, mit der Folge, dass § 3c Abs. 1 EStG nicht direkt zur Anwendung gelangen konnte.[336] Dennoch war es gängige Verwaltungspraxis, dass Sanierungskosten den Sanierungsgewinn minderten und zwar unabhängig davon, ob sie im selben Veranlagungszeitraum entstanden waren wie der Sanierungsgewinn oder nicht.[337] Indem § 3c Abs. 4 S. 1 EStG nun klarstellt, dass Sanierungskosten unabhängig davon, in welchem Veranlagungszeitraum der Sanierungsertrag entsteht, nicht abgezogen werden dürfen, sollte also wohl die bisherige Verwaltungsauffassung gesetzlich verankert werden.[338]

Dem Abzugsverbot werden allerdings mehrere Grenzen gesetzt. Die erste wird durch § 3c Abs. 4 S. 2 EStG definiert. Danach gilt das Abzugsverbot nicht, wenn die fraglichen Aufwendungen Verlustvorträge erhöht haben, die nach § 3a Abs. 3 EStG untergehen. Den Steuerpflichtigen bringt dies aber keinen wirklichen Vorteil. Die Ausnahme dient nur der Verwaltungsvereinfachung[339], denn wären auch diese Kosten nicht abzugsfähig, müssten Bescheide aus dem Vorjahr, in denen entsprechende Kosten bereits zum Abzug zugelassen wurden, geändert werden. Zweitens begrenzt § 3c Abs. 4 S. 4 EStG das Abzugsverbot für Sanierungsaufwendungen, die nach dem Sanierungsjahr entstehen, auf die Höhe eines ggf. verbliebenen Sanierungsertrages i.S.v. § 3a Abs. 3 S. 4 EStG. Wurde der gesamte Sanierungsertrag schon aufgezehrt, sind entsprechende Aufwendungen ab dem Jahr nach dem Sanierungsjahr also wieder voll abzugsfähig. Die Sätze 5 und 6 enthalten schließlich noch spezielle Vorschriften zur Korrektur eines Steuer- oder Feststellungsbescheids für den Fall, dass eine Ausgabe bereits in vorangegangenen Veranlagungszeiträumen gewinnmindernd berücksichtigt wurde. Tritt diese Situation ein, muss der entsprechende Bescheid gemäß Satz 5 geändert werden, gemäß Satz 6 sogar dann, wenn er bereits bestandskräftig geworden ist. Freilich kann die Änderungsvorschrift nur dann zum Zug kommen, wenn die entsprechende Ausgabe nicht zu einer Erhöhung von gemäß § 3a Abs. 3 EStG untergehenden Verlustvorträgen geführt hat, da dann gemäß § 3c Abs. 4 S. 2 das Abzugsverbot nicht greift.

---

336 Vgl. Schwahn, DStR 2015, 453 (ausführlich zur Behandlung von Sanierungskosten unter dem Sanierungserlass); OFD Frankfurt am Main v. 25.8.2014 – S 2140 A-4-St 213; ausführlich außerdem Mertzbach, DStR 2014, 172.

337 OFD Frankfurt am Main v. 25.8.2014 – S 2140 A-4-St 213; OFD Niedersachsen v. 19.6.2013 – S 2140-8-St 248.

338 Vgl. Desens, FR 2017, 981; Möhlenbrock/Gragert, FR 2017, 994.

339 Vgl. Möhlenbrock/Gragert, FR 2017, 994.

Aus dem Wortlaut von § 3c Abs. 4 S. 1 EStG ergibt sich noch eine dritte Begrenzung des Abzugsverbots. Da die Vorschrift einen Zusammenhang mit einem *steuerfreien Sanierungsertrag* fordert, ist für das Abzugsverbot kein Raum, wenn entsprechende Ausgaben getätigt werden, am Ende aber die Steuerbefreiung nicht gewährt wird, etwa weil die Voraussetzungen nicht vorliegen.[340] Der Gesetzgeber scheint das hingegen anders zu sehen. Ausweislich der Gesetzesbegründung gilt das Abzugsverbot nämlich „unabhängig davon, ob die Aufwendungen tatsächlich zu einer entsprechenden Betriebsvermögensmehrung führen".[341] Würde man dieser aus der Gesetzesbegründung zu entnehmenden Auffassung folgen, liefe es darauf hinaus, entgegen dem Wortlaut des § 3c Abs. 4, die bloße Absicht, einen Sanierungsgewinn i.S.v. § 3a EStG zu erzielen, als Voraussetzung für das Abzugsverbot ausreichen zu lassen. Zutreffend wird aber darauf hingewiesen, dass mit § 3c Abs. 2 S. 7 EStG bereits eine Spezialregelung geschaffen wurde, welche für die Anwendung des Abzugsverbots des § 3c Abs. 2 S. 1 EStG die Absicht, bestimmte Einnahmen erzielen zu wollen ausreichen lässt, eine solche Ausnahme für Sanierungsgewinne aber nicht existiert.[342] Folglich muss es entgegen der Gesetzesbegründung dabei bleiben, dass ohne das Vorliegen eines steuerfreien Sanierungsertrags auch das Abzugsverbot des § 3c Abs. 4 S. 1 EStG nicht eingreift.[343]

Durch die konsequente Begrenzung des Abzugsverbots in Satz 4 drängt sich außerdem eine weitere Problematik auf. Daraus, dass das Abzugsverbot nur für Sanierungsaufwendungen, die nach dem Sanierungsjahr entstehen, begrenzt wird, muss gefolgert werden, dass eine solche Beschränkung des Abzugsverbots auf die Höhe des Sanierungsertrags im Sanierungsjahr grade nicht gilt.[344] Im – allerdings eher unwahrscheinlichen[345] – Fall, dass die Sanierungskosten den Sanierungsertrag übersteigen, kann daher sogar ein Verlust entstehen. Die Regelung bewirkt also eine steuerliche Benachteiligung, wenn die tatsächlich angefallene belastende Betriebsausgabe höher ist

---

340 Vgl. Kanzler, NWB 2017, 2260; ders., NWB 2021, 1311, 1316.

341 BT-Drs. 18/12128, S. 33.

342 Vgl. Desens, FR 2017, 981; Eilers/Thiemann, Ubg 2020, 190, 193.

343 Ebenso Levedag, in: Schmidt, EStG, § 3c, Rn. 26, der ebenfalls zutreffend darauf hinweist, dass § 3c Abs. 2 S. 7 im Rahmen von Abs. 4 keine Anwendung finden kann; Kanzler, NWB 2017, 2260; ders., NWB 2021, 1311, 1316; Förster/Hechtner, DB 2017, 1536; Desens, FR 2017, 981; Eilers/Thiemann, Ubg 2020, 190, 193.

344 Vgl. Förster/Hechtner, DB 2017, 1536; Desens, FR 2017, 981; Möhlenbrock/Gragert, FR 2017, 994; Kanzler, NWB 2021, 1311, 1316.

345 Vgl. Sistermann/Beutel, DStR 2017, 1065.

als der rechnerisch entstandene Sanierungsertrag.[346] Dieses Ergebnis ergibt sich außerdem daraus, dass in § 3c Abs. 1 durch die Einschränkung „soweit" ausdrücklich eine Beschränkung des Abzugsverbots auf die Höhe der steuerfreien Einnahmen anordnet.[347] Angesichts dieses teilweise als untragbar bezeichneten[348] Ergebnisses ergeben sich im Hinblick auf das objektive Nettoprinzip an dieser Stelle zumindest verfassungsrechtliche Bedenken.[349]

III. Anwendungsbereich von § 3a EStG

1. Persönlicher Anwendungsbereich

Zunächst unterscheidet § 3a EStG nicht zwischen beschränkter und unbeschränkter Steuerpflicht. Folglich gilt die Vorschrift für alle unbeschränkt oder beschränkt steuerpflichtigen Personen, die Gewinneinkünfte i.S.v. § 2 Abs. 2 Nr. 1 oder § 49 Abs. 1 Nr. 1–3 EStG verwirklichen.[350] Über den Verweis in § 8 Abs. 1 S. 1 KStG findet § 3a EStG auch auf Körperschaftsteuersubjekte Anwendung.[351]

Hinsichtlich der Frage, nach welcher Art die Einkünfte für die Anwendung des § 3a EStG zu ermitteln sind, schafft der Wortlaut des Abs. 1 S. 1 Klarheit. Durch die Bezugnahme auf „Betriebsvermögensmehrungen" und „Betriebseinnahmen" knüpft § 3a EStG an die Begriffe des § 4 Abs. 1 und Abs. 3 EStG an und bringt so zum Ausdruck, dass Sanierungserträge nur bei Steuerpflichtigen entstehen können, die als Einkommen den Gewinn gemäß § 4 EStG anzusetzen haben. Gemäß § 2 Abs. 2 S. 1 Nr. 1 EStG betrifft dies steuerpflichtige Personen die entweder Einkünfte aus Gewerbebetrieb (§ 15 EStG), aus selbstständiger Arbeit (§ 18 EStG) oder aus Land- und Forstwirtschaft (§ 13 EStG) erzielen. Jedoch können Sanierungsgewinne nun sowohl aus Betriebsvermögensmehrungen als auch aus Betriebseinnahmen resultieren. Auch wenn nur wenige Anwendungsfälle denkbar sind, macht die Bezugnahme auf „Betriebseinnahmen" trotzdem deutlich, dass § 3a EStG auch für Steuerpflichtige gilt, die ihre Einkünfte durch

346 Vgl. Skauradszun/Kwauka, DStR 2020, 953, 955.

347 Vgl. Förster/Hechtner, DB 2017, 1536; Desens, FR 2017, 981.

348 Vgl. Skauradszun/Kwauka, DStR 2020, 953, 955.

349 Vgl. Kanzler, NWB 2017, 2260 („rechtfertigungsbedürftige Rechtsfolge"); ders., NWB 2021, 1311, 1316.

350 Vgl. Seer, in: Kirchhof, EStG, § 3a, Rn. 5.

351 Vgl. Levedag, in: Schmidt, EStG, § 3a, Rn. 7.

Einnahmen-Überschuss-Rechnung nach § 4 Abs. 3 EStG ermitteln.[352] Für steuerpflichtige Personen, die Überschusseinkünfte gemäß § 2 Abs. 2 S. 1 Nr. 2 EStG erzielen, gilt § 3a EStG grundsätzlich nicht. Jedoch ist hier eine Ausnahme zu machen: Zwar können bei Steuerpflichtigen, die Überschusseinkünfte erzielen, weder Betriebsvermögensmehrungen noch Betriebseinnahmen anfallen, welche durch § 3a Abs. 1 S. 1 EStG steuerfrei gestellt werden können. Die Rechtsfolge der Verlustverrechnung gemäß § 3a Abs. 3 EStG geht allerdings über die Gewinneinkünfte hinaus und kann auch Verluste aus anderen Einkunftsarten betreffen[353] – auch aus Überschusseinkunftsarten.

Da die Einnahmen-Überschussrechnung gemäß § 4 Abs. 3 EStG dem Zu- und Abflussprinzip gemäß § 11 EStG folgt[354], ist für die Annahme einer Betriebseinnahme grundsätzlich ein durch den Betrieb veranlasster Zugang an Wirtschaftsgütern in Form von Geld oder Geldeswert[355] erforderlich. Verbindlichkeiten entstehen zwar bei betrieblicher Veranlassung auch bei § 4 Abs. 3 EStG als Betriebsvermögen[356], beeinflussen hier den Gewinn aber grundsätzlich nicht, sodass durch einen Erlass keine steuerlich wirksame Betriebsvermögenserhöhung eintritt.[357] Insofern dürfte die praktische Relevanz des § 3a EStG für Steuerpflichtige, die ihren Gewinn nach § 4 Abs. 3 EStG ermitteln gering sein und die Anwendung sich auf wenige Ausnahmefälle beschränken. Solche Ausnahmefälle können sich ergeben, wenn die erlassene Verbindlichkeit durch die Anschaffung oder Herstellung entweder von Anlagevermögen einschließlich geringwertiger Wirtschaftsgüter oder von Umlaufvermögen, welches unter § 4 Abs. 3 S. 4 EStG fällt, veranlasst war, denn in diesen Fällen führt der Wegfall der Verbindlichkeit zu Betriebseinnahmen[358] und zwar in Höhe des Nennbetrags der Verbindlichkeit[359]. Darüber hinaus kann § 3a EStG in diesem Zusammenhang für Land- und Forstwirte relevant werden, wenn sie ihren Gewinn nach Durchschnittssätzen gemäß § 13a EStG ermitteln, denn dann sind Sonder-

352 Vgl. Krumm, in: Blümich, § 3a EStG, Rn. 13 (Stand: März 2020).
353 Vgl. Krumm, in: Blümich, § 3a EStG, Rn. 13 (Stand: März 2020).
354 Vgl. Kanzler, in: H/H/R, § 4 EStG, Rn. 530 (Stand: Dezember 2019).
355 Vgl. Bode, in: Kirchhof, EStG, § 4, Rn. 138.
356 Vgl. Drüen, in: Blümich, § 4 EStG, Rn. 183 (Stand: November 2020).
357 Vgl. Förster/Hechtner, DB 2017, 1536.
358 Vgl. Desens, FR 2017, 981; Förster/Hechtner, DB 2017, 1536; Drüen, in: Blümich, § 4 EStG, Rn. 184 (Stand: November 2020).
359 Vgl. Drüen, in: Blümich, § 4 EStG, Rn. 184 (Stand: November 2020); Förster/Hechtner, DB 2017, 1536.

gewinne gemäß § 13a Abs. 7 zwingend nach § 4 Abs. 3 EStG zu ermitteln und können insoweit auch Betriebseinnahmen auslösen.[360]

2. Sachlicher Anwendungsbereich

a) Subjekt der Sanierung

In sachlicher Hinsicht ist die Steuerfreiheit des Sanierungsgewinns zunächst auf unternehmensbezogene Sanierungen i.S.v. § 3a Abs. 2 EStG beschränkt, während nur in den abschließend in Abs. 5 aufgezählten Ausnahmefällen auch unternehmerbezogene Sanierungen begünstigt sind.[361]

b) Steuerarten

Aufgrund der systematischen Stellung in § 3a EStG gilt die Steuerbefreiung zunächst für das Einkommensteuerrecht. Für die Gewerbesteuer wurde mit § 7b GewStG eine ergänzende Vorschrift geschaffen, welche die steuerliche Behandlung des Sanierungsgewinns im Gewerbesteuerrecht regelt. Die vermeintlich wichtigste Errungenschaft dieser Regelung ist, dass sie in § 7b Abs. 1 die §§ 3a und 3c Abs. 4 EStG auch für die Gewerbesteuer für anwendbar erklärt, mit der Folge, dass Sanierungserträge nun auch für die Zwecke der Gewerbesteuer zwingend steuerfrei sind. Recht schnell wird mit einem Blick auf § 7 S. 1 GewStG aber deutlich, dass die Vorschriften des EStG auch ohne den ausdrücklichen Verweis in § 7b GewStG ohnehin anwendbar gewesen wären, da der Gewerbeertrag dem nach den Vorschriften des EStG oder des KStG ermittelten Gewinn aus Gewerbebetrieb entspricht. Der Verweis in § 7b Abs. 1 GewStG ist vor diesem Hintergrund rein deklaratorischer Natur.[362] Der gewerbesteuerlichen Regelung kommt allein Funktion für Verbrauch und Feststellung von Verlustpotential zu.[363] Denn in Abs. 2 installiert § 7b GewStG ein dem § 3a Abs. 3 S. 2, 3 EStG entsprechendes Verlustverrechnungssystem, was wohl dem Gedanken geschuldet sein dürfte, dass auch im Gewerbesteuerrecht die Steuerbefreiung auf das erforderli-

360 Vgl. Hallerbach, in: H/H/R, § 3a EStG, Rn. 7 (Stand: August 2019); Kanzler, NWB 2017, 2260; ders., NWB 2019, 626; Desens, FR 2017, 981.

361 Vgl. Seer, in: Kirchhof, EStG, 18. Aufl. 2019, § 3a, Rn. 3.

362 BT-Drs. 18/12128, S. 35.

363 Vgl. Roser, in: Lenski/Steinberg, GewStG, § 7b, Rn. 29 (Stand: Februar 2019).

che Mindestmaß zu beschränken ist.[364] Ein gewichtiger Vorteil durch die Ergänzung des § 7b GewStG liegt allerdings, darin, dass die Finanzämter nun auch für die gewerbesteuerliche Freistellung des Sanierungsertrags im Messbescheid zuständig sind, während nach alter Rechtslage noch eine Entscheidung jeder für das zu sanierende Unternehmen hebeberechtigten Gemeinde ohne Bindung an den Sanierungserlass und ggf. unter Beteiligung des Gemeinderates erforderlich war.[365]

Auch im Körperschaftsteuerecht gilt die Steuerbefreiung des § 3a EStG dank der dynamischen Blankettverweisung[366] des § 8 Abs. 1 KStG, sodass Sanierungsgewinne unter den Voraussetzungen von § 3a EStG auch für die Zwecke der Körperschaftsteuer befreit sind. Hier wurden gleichzeitig mit der Einführung von § 3a EStG allerdings einige Sonderregelungen geschaffen.[367] Für Betriebe gewerblicher Art bestimmt § 8 Abs. 8 S. 6 KStG, dass die Verlustverrechnung nach § 3a Abs. 3 S. 3 EStG sich im Fall einer Zusammenfassung solcher Betriebe auch auf vor der Zusammenfassung entstandene Verlustvorträge erstreckt, wenn innerhalb von 5 Jahren nach der Zusammenfassung ein Sanierungsgewinn entsteht. § 8 Abs. 9 S. 9 KStG erklärt außerdem §§ 3a und 3c Abs. 4 EStG auch für einzelne Sparten von Kapitalgesellschaften für entsprechend anwendbar. Zudem wurden in § 15 KStG Sonderregelungen für Organschaftsfälle getroffen.[368] § 15 S. 1 Nr. 1 S. 2 KStG bestimmt, dass § 3a EStG auf die Organgesellschaft anwendbar ist, auch wenn nach Satz 1 der Verlustausgleich nach § 10d EStG ausgeschlossen ist. Nach § 15 S. 1 Nr. 1a S. 1 KStG kommt es beim Organträger zu einer Verlustverrechnung gemäß § 3a Abs. 3 S. 2, 3 und 5 EStG, wenn sich bei der Organgesellschaft nach Untergang ihrer Steuerminderungspotentiale ein verbleibender Sanierungsertrag ergibt. Bei gesonderter Feststellung beim Organträger gilt außerdem § 3c Abs. 4 EStG (§ 15 S. 1 Nr. 1a S. 2 KStG). Nach § 15 S. 1 Nr. 1a S. 3 KStG findet eine Verlustverrechnung beim Organträger hinsichtlich des verbleibenden bei der Organgesellschaft entstehenden Sanierungsgewinns auch dann statt, wenn zwar im Sanierungsjahr keine Organschaft mehr bestand, das Einkommen der Organgesellschaft dem Organträger aber in einem innerhalb von 5 Jahren vor dem

---

364 Vgl. Roser, in: Lenski/Steinberg, GewStG, § 7b, Rn. 14 (Stand: Februar 2019); BT-Drs. 18/12128, S. 31.

365 Vgl. exemplarisch: Sistermann, StbJb 2017/18, S. 281, 286.

366 Vgl. Seer, in: Kirchhof, EStG, § 3a, Rn. 9 m.w.N.

367 BT-Drs. 18/12128, S. 17 ff.

368 Ausführlich dazu Hasbach/Oesterwinter, DB 2020, 1249.

Sanierungsjahr liegenden Veranlagungszeitraum nach § 14 Abs. 1 S. 1 KStG zugerechnet wurde. Darüber hinaus wird durch §§ 8c Abs. 2 und 8d Abs. 1 S. 9 KStG sichergestellt, dass der Verlustabzug nach § 8c KStG und der Abzug des fortführungsgebundenen Verlustvortrags nach § 8d KStG der Verlustverrechnung nach § 3a Abs. 3 EStG vorgeht.[369]

c) Gläubigerposition

Neben dem Bezugssubjekt der Sanierung wird der sachliche Anwendungsbereich durch die Stellung des erlassenden Gläubigers eingegrenzt. Wie bereits aufgezeigt, beeinflusst die Stellung des Gläubigers die Auswirkungen des Erlasses auf das Betriebsvermögen des zu sanierenden Unternehmens. Von der Stellung des Gläubigers hängt es also auch ab, ob es zu einer Steuerbelastung kommt.[370] Der Anwendungsbereich von § 3a EStG ist dabei nur eröffnet, wenn der Verzicht zu einer ertragswirksamen Ausbuchung der Verbindlichkeit führt.

aa) Verzicht eines Drittgläubigers

Verzichtet ein externer Dritter zu Sanierungszwecken auf seine Forderung gegen das Unternehmen, wird die Ausbuchung der Verbindlichkeit mit der Ausweisung eines sonstigen betrieblichen Ertrags gemäß § 275 Abs. 2 Nr. 4 HGB kompensiert. Da dieser Ertrag stets in voller Höhe erfolgswirksam ist, kann § 3a EStG zur Anwendung kommen. Da ein Verzicht eines externen Dritten bei Kapital- und Personengesellschaften gleich zu behandeln ist (s.o.), spielt die Rechtsform an dieser Stelle keine Rolle.

bb) Verzicht eines Gesellschafters

Handelt es sich bei dem verzichtenden Gläubiger allerdings um einen Gesellschafter des notleidenden Unternehmens, kommt § 3a EStG hingegen nicht immer zur Anwendung.

---

369 Vgl. Seer, in: Kirchhof, EStG, § 3a, Rn. 9.
370 Vgl. Kubik/Münch, BB 2021, 1387, 1388.

(1) Verzicht gegenüber einer Kapitalgesellschaft

Die Differenzierung zwischen betrieblicher und gesellschaftsrechtlicher Veranlassung des Verzichts, hat auch für die Frage des Anwendungsbereichs des § 3a EStG Relevanz. Verzichtet ein Gesellschafter aus betrieblichen Gründen auf seine Forderung gegen die Gesellschaft, wird der Verzicht mit dem eines Drittgläubigers gleich behandelt, sodass sich auch in der Anwendung des § 3a EStG keine Unterschiede ergeben. Es entsteht ebenso ein sonstiger betrieblicher Ertrag gemäß § 275 Abs. 2 Nr. 4, Abs. 3 Nr. 6 HGB sowohl in der Handels- als auch der Steuerbilanz, der in gleicher Weise durch § 3a EStG begünstigt werden kann.

Bei einem gesellschaftsrechtlich veranlassten Verzicht ist der noch werthaltige Teil der Forderung im Wege der verdeckten Einlage zum Teilwert[371] außerbilanziell zu korrigieren und damit zu neutralisieren[372] Damit entsteht lediglich in Höhe des nicht werthaltigen Teils erfolgswirksam ein sonstiger betrieblicher Ertrag gemäß § 275 Abs. 2 Nr. 4, Abs. 3 Nr. 6 HGB. Auf den ersten Blick erscheint in dieser Situation eine Anwendung des § 3a EStG für den Ertrag in Höhe der Differenz zwischen dem Nennwert der Forderung und dem werthaltigen Teil ebenso denkbar[373] wie für den Ertrag der durch Drittverzichte generiert wird. Dem schiebt § 3a Abs. 2 EStG allerdings einen Riegel vor, da nach seinem Wortlaut eine begünstigungsfähige Sanierung nur bei einem „betrieblich begründeten Schuldenerlass“ vorliegt. Erfolgt der Verzicht aber aus gesellschaftsrechtlichen Gründen, greift die Privilegierung des § 3a Abs. 1 EStG nicht ein. Dies wirkt nicht stringent, trägt der Gesellschafter doch mit seinem Verzicht ebenso zur Sanierung des Unternehmens bei wie jeder andere Gläubiger auch. Bei Gesellschafterverzichten gegenüber einer Kapitalgesellschaft kommt § 3a EStG folglich nur im Fall einer eigenbetrieblichen Veranlassung des Verzichts zur Anwendung.

(2) Verzicht gegenüber einer Personengesellschaft

Bei Gesellschafterverzichten besteht, Uneinigkeit darüber, wie ein solcher gegenüber Personengesellschaften zu behandeln ist (s.o.). Im Fall eines

371 Vgl. BFH v. 9. 6. 1997 – GrS 1/94, BStBl. II 1998, 307.
372 Vgl. Kölbl/Naumann, Ubg 2018, 273.
373 Vgl. Kahlert/Schmidt, DStR 2017, 1897.

Verzichts aus gesellschaftsrechtlichen Gründen wird, soweit ersichtlich, in keiner Konstellation eine erfolgswirksame Ausbuchung der Verbindlichkeit angenommen, sodass § 3a EStG in diesen Fällen nicht zur Anwendung gelangen kann. Im Fall von betrieblich veranlassten Verzichten wird zumindest teilweise befürwortet, diese nach den Grundsätzen des BFH-Urteils zu Verzichten gegenüber Kapitalgesellschaften zu behandeln. In diesem Fall entstünde in Höhe des nicht werthaltigen Teils der Forderung ein steuerpflichtiger Ertrag bei der Mitunternehmerschaft, auf den § 3a EStG Anwendung finden kann.[374] Der Wortlaut von § 3a Abs. 2 EStG steht nicht entgegen, da sich die Frage der Behandlung des Verzichts ja bei Personengesellschaften gerade nur stellt, wenn Letzterer betrieblich veranlasst war. Wendet man hingegen mit der Gegenauffassung § 6 Abs. 5 S. 3 Nr. 2 EStG an, können bei Gesellschafterverzichten gegenüber Personengesellschaften keine Betriebsvermögensmehrungen i.S.v. § 3a EStG entstehen.[375]

3. Zeitlicher Anwendungsbereich

a) Grundsatz

Gleichzeitig mit der Verabschiedung der neuen Sanierungsvorschriften im Juni 2017 wurde auch § 52 EStG in Abs. 4a um eine entsprechende Anwendungsregelung erweitert.[376] Diese sieht in Satz 1 zunächst vor, § 3a EStG rückwirkend auf alle Sanierungsfälle anzuwenden, bei denen die Schulden ganz oder teilweise nach dem 8.2.2017 erlassen wurden, was dem Tag der Veröffentlichung der Entscheidung des Großen Senats[377] entspricht. Dies soll hingegen gemäß § 52 EStG in Abs. 4a S. 2 EStG auf Antrag des Steuerpflichtigen nicht gelten, wenn dem sanierungsbedürftigen Unternehmen „Billigkeitsmaßnahmen aus Gründen des Vertrauensschutzes für einen Sanierungsertrag auf Grundlage von § 163 Absatz 1 Satz 2 und den §§ 222, 227 der Abgabenordnung zu gewähren sind". Auf Antrag von Steuerpflichtigen

---

374 Vgl. Prinz, in: Prinz/Kahle, Beck´sches Handbuch der Personengesellschaften, § 9, Rn. 128 (hält einen Sanierungsverzicht eines Mitunternehmers aber für einen Sonderfall).

375 S. dazu der Beispielsfall bei Epler/Petersen, Stbg 2019, 114. Die Autoren sprechen sich dafür aus, dass bei Personengesellschaften ein Gesellschafterverzicht grundsätzlich für die Steuerfreiheit des Sanierungsertrages irrelevant ist.

376 BT-Drs. 18/12128, S. 17.

377 BStBl. II 2017, 393.

soll der Sanierungserlass danach also auch noch für Schuldenerlasse, die erst nach dem 8.2.2017 vollzogen werden anwendbar bleiben. Der notwendige Vertrauensschutz besteht allerdings nur, wenn bereits vor dem 8.2.2017 eine entsprechende verbindliche Auskunft nach § 89 Abs. 2 AO erteilt und nicht bereits wieder aufgehoben wurde.[378]

b) Laufende Verfahren

Anders als noch der großzügigere Entwurf des Bundesrates[379], schwieg die Anwendungsregelung zunächst zu Sanierungsfällen, in denen der Schuldenerlass bis einschließlich diesem Stichtag, dem 8.2.2017, ausgesprochen wurde. Allerdings zeigte der Gesetzgeber auch dazu eine Lösung auf: Ausweislich der Gesetzesbegründung zu § 3a EStG sollte der Sanierungserlass „aus Vertrauensschutzgründen" hier weiterhin anwendbar sein.[380] Dieses Modell wurde sogleich durch ein entsprechendes BMF-Schreiben[381] aufgegriffen. Zunächst blieb danach der Sanierungserlass auf Fälle, in denen der Schuldenerlass bis zum 8.2.2017 bereits endgültig vollzogen wurde (sog. Altfälle[382]), uneingeschränkt anwendbar[383], was einem teilweise Nichtanwendungserlass hinsichtlich des Urteils des Großen Senats des BFH (v. 18.11.2016 – GrS 1/15) gleichkam[384]. Für die Gewerbesteuer galt dies allerdings nur, sofern die für Billigkeitsmaßnahmen selbst zuständige Gemeinde ihrerseits im Rahmen einer verbindlichen Auskunft oder Zusage die Anwendung des Sanierungserlasses auch für gewerbesteuerliche Zwecke zugesichert hat, da ebenso wie schon an den Sanierungserlass keine Bindung an die Vertrauensschutzregelung besteht.[385] Für Schuldenerlasse, die nicht bis zum 8.2.2017 vollzogen waren, knüpfte die Übergangsregelung an die gesetzliche Vertrauensschutzregelung in § 52 Abs. 4a S. 2 EStG an und enthielt die Anweisung an die Finanzbehörden, an bis zum 8.2.2017 erteilten verbindlichen Auskünften nach § 89 Abs. 2 AO und verbindlichen

378 Vgl. Desens, FR 2017, 981, 993 m.w.N.; BT-Drs. 18/12128, S. 33.
379 BR-Drs. 59/1/17, S. 12. Diese Fassung sah noch vor, § 3a EStG „in allen offenen Fällen" anzuwenden.
380 BT-Drs. 18/12128, S. 33.
381 BMF v. 27.04.17 – IV C 6 -S 2140/13/10003.
382 BMF v. 29.03.18 – IV C 6 – S 2140/13/10003.
383 BMF v. 27.04.17 – IV C 6 -S 2140/13/10003, unter 1..
384 Desens, FR 2017, 981, 992.
385 Vgl. Sistermann, StbJb 2017/18, S. 281, 297 ff..

Zusagen nach §§ 204 ff. AO zur Anwendung des Sanierungserlasses festzuhalten und diese nicht nach § 2 Abs. 3 StAuskV zurückzunehmen oder nach § 130 Abs. 2 Nr. 4 AO aufzuheben.[386] Voraussetzung war aber, dass der Forderungsverzicht bis zur Entscheidung über die Aufhebung oder Rücknahme der verbindlichen Auskunft oder verbindlichen Zusage ganz oder im Wesentlichen vollzogen wurde oder im Einzelfall anderweitige Vertrauensschutzgründe vorliegen, z.B. der Vollzug des in Umsetzung befindlichen Sanierungsplans oder die mangelnde Beeinflussbarkeit des Forderungsverzichts der an der Sanierung beteiligten Gläubiger durch die Steuerpflichtigen.[387] War der Forderungsverzicht bis zur Entscheidung über die Rücknahme der verbindlichen Auskunft oder Zusage über die Anwendung des Sanierungserlasses vollzogen, sollten diese selbst dann nicht nach § 130 Absatz 2 Nummer 4 AO zurückgenommen werden, wenn sie nach dem 8.2.2017 erteilt wurden.[388] Die Finanzverwaltung setzte so die vom Gesetzgeber beabsichtigte[389] Wahlmöglichkeit zwischen der Anwendung des Sanierungserlasses und § 3a EStG für Fälle, in denen der Schuldenerlass nach dem 8.2.2017 vollzogen wurde, um. Praktisch führte die Übergangslösung so zu einem „Wettlauf" zwischen der Finanzverwaltung und den Steuerpflichtigen, welche den Schuldenerlass möglichst schnell vollziehen mussten, bevor der Vertrauensschutz durch die Aufhebung der verbindlichen Auskunft oder Zusage verloren ging.[390]

Die sodann folgenden Ereignisse gleichen einem juristischen Tauziehen zwischen dem BFH und der Finanzverwaltung, in dem der Gesetzgeber schließlich ein Machtwort sprechen musste. Schon früh wurde auf die Gefahr hingewiesen, dass der BFH auch die Vertrauensschutzregelung des BMF für Altfälle als rechtswidrig einstufen könnte.[391] Diese Befürchtung bestätigte sich wenig später. Mit zwei Urteilen vom 23.8.2017[392] kassierte der BFH auch die Übergangsregelung für Altfälle – erneut mit der Begründung, dass die Vertrauensschutzregelung gegen den Grundsatz der Gesetzmäßigkeit der Verwaltung verstoße – und versetzte dem Sanierungserlass

---

386 BMF v. 27.04.17 – IV C 6 -S 2140/13/10003, unter 2..
387 BMF v. 27.04.17 – IV C 6 -S 2140/13/10003, unter 2..
388 BMF v. 27.04.17 – IV C 6 -S 2140/13/10003, unter 2..
389 BT-Drs. 18/12128, S. 33.
390 Vgl. Desens, FR 2017, 981, 993.
391 Vgl. Desens, FR 2017, 981.
392 BFH v. 23.08.1017 – I R 52/14 (die dagegen eingelegte Verfassungsbeschwerde unter dem Az. 2 BvR 2637/17 wurde durch Beschluss des BVerfG v. 17.07.2019 nicht zur Entscheidung angenommen); v. 23.08.2017 – X R 38/15.

damit endgültig den Todesstoß[393]. Übergangsregelungen seien zwar zulässig, jedoch habe im Fall des Sanierungserlasses keine Vertrauensgrundlage bestanden, da die Rechtmäßigkeit des Sanierungserlasses schon frühzeitig infrage gestellt wurde.[394] Zudem folge der Verstoß gegen das Legalitätsprinzip daraus, dass das die Vertrauensschutzregelung des BMF parallel zu dem Gesetzgebungsverfahren des § 3a EStG ergangen ist.[395] Die Entscheidung über die Schaffung einer Übergangsregelung für Altfälle obliege dem Gesetzgeber und da der Vorschlag des Bundesrates, § 3a EStG in allen offenen Fällen anzuwenden, nicht übernommen wurde, stehe es der Finanzverwaltung nicht zu, die bisherige Verwaltungspraxis unter Berufung auf Vertrauensschutzgesichtspunkte im Billigkeitsweg fortzusetzen.[396] Die Reaktion der Finanzverwaltung ließ nicht lange auf sich warten. Unter Verweis auf die explizite Bezugnahme des Gesetzgebers auf die Vertrauensschutzregelung entschied sich das BMF, die Urteile vom 23.8.2017 nicht über die entschiedenen Fälle hinaus anzuwenden und erließ einen entsprechenden Nichtanwendungserlass.[397] Auf Sachverhalte, in denen der Schulderlass bis einschließlich des 8.2.2017 ausgesprochen wurde, sollte der Sanierungserlass also trotzdem weiterhin anwendbar bleiben.[398] Betroffene Steuerpflichtige konnten aber nur kurz aufatmen, denn der BFH wiederholte seine Auffassung in zwei Beschlüssen nur wenig später noch einmal.[399] Schon der I. Senat hatte in der ablehnenden Entscheidung zur Übergangsregelung des BMF deutlich gemacht, dass nur der Gesetzgeber eine solche Regelung treffen könne.[400] In der Folge wurden auch in der Literatur immer mehr Stimmen laut, die eine Lösung des Altfälle-Problems durch den Gesetzgeber selbst forderten oder zumindest befürworteten.[401] Im Zuge des

393 Vgl. Roth, ZInsO 2017, 2417.
394 BFH v. 23.08.2017 - I R 52/14, BStBl. II 2018, 232, Rn. 18 ff.
395 Vgl. BFH v. 23.08.1017 - I R 52/14, BStBl. II 2018, 232, Rn. 25.
396 Vgl. BFH v. 23.08.1017 - I R 52/14, BStBl. II 2018, 232, Rn. 27, 28.
397 BMF v. 29.03.2018 - IV C 6 - S 2140/13/10003. Teilweise wird kritisiert, es handele sich um einen „rechtsstaatlich in allerhöchstem Maße bedenklichen Willkürakt“ (Schüppen, JbFStR 2018/19, S. 303, 307).
398 BMF v. 29.03.2018 - IV C 6 - S 2140/13/10003.
399 BFH v. 16.04.2018 - X B 13/18, BFH/NV 2018, 817; v. 08.05.2018 - VIII B 124/17, BFH/NV 2018, 822.
400 BFH v. 23.08.2017 - I R 52/14, BStBl. II 2018, 232.
401 Vgl. Skulesch, StB 2018, I; Kanzler, FR 2018, 794; Hechtner, NWB 2018, 2841; Plewka, NJW 2018, 595; Sedlitz, DStR 2017, 2785; wohl auch Hechtner, NWB 2018, 2536.

Jahressteuergesetzes 2018[402] kam der Gesetzgeber diesem Ruf nach und ergänzte zeitgleich mit der Aufhebung des Inkrafttretensvorbehalt auch die Anwendungsvorschrift in § 52 Abs. 4a EStG. Grundsätzlich bleibt es gemäß § 52 Abs. 4a S. 1 dabei, dass § 3a EStG erstmals anzuwenden ist, wenn die Schulden nach dem 8.2.2017 erlassen wurden. Nach § 52 Abs. 4a S. 4 EStG gilt dies auch für den nachträglich eingefügten[403] § 3a Abs. 3a EStG. Die finale Lösung für Altfälle findet sich nun aber in Satz 3. Auf Antrag des Steuerpflichtigen kann § 3a EStG nun auch in den Fällen angewendet werden, „in denen die Schulden vor dem 9. Februar 2017 erlassen wurden".[404]

c) Anwendung des § 3a EStG auf bestandskräftige Altfälle

Die Behandlung von Altfällen ist damit allerdings nicht vollständig geklärt. Einigkeit besteht in der steuerrechtlichen Literatur wohl darin, dass eine rückwirkende Anwendung von § 3a EStG auf Altfälle – auch wenn § 52 Abs. 4a S. 3 EStG keine Frist für den Antrag vorsieht[405] – zumindest nach § 52 Abs. 4a EStG nur so lange möglich ist, wie die Steuerfestsetzung noch nicht bestandskräftig geworden ist.[406] Freilich enthält § 52 Abs. 4a EStG keine verfahrensrechtliche Korrekturvorschrift[407], jedoch wird vereinzelt versucht, auch für bestandskräftige Fälle einen alternativen Lösungsweg über die Korrekturvorschriften der Abgabenordnung aufzuzeigen[408] und so auch für diese Fälle eine Anwendung des § 3a EStG zu erreichen. Während dies von anderen Teilen der Literatur ausdrücklich abgelehnt wird[409], schlägt Hasbach[410] vor, eine Änderung des früheren Steuerbescheids unter

402 BT-Drs. 19/5595.

403 Gesetz zur weiteren steuerlichen Förderung der Elektromobilität und zur Änderung weiterer steuerlicher Vorschriften, BGBl. 2019 I, S. 2451.

404 Kanzler äußert verfassungsrechtliche Bedenken an dieser Antragslösung, da diese für Altfälle darauf hinauslaufe, dass Steuerpflichtige zwischen der Anwendung oder Nichtanwendung des § 3a EStG wählen können (NWB 2019, 626). Die damit einhergehenden unterschiedlichen Rechtsfolgen verstoßen seiner Ansicht nach gegen das Gebot der Folgerichtigkeit und damit gegen Art. 3 Abs. 1 GG.

405 Vgl. Levedag, in: Schmidt, EStG, § 3a, Rn. 4.

406 Vgl. Förster/Hechtner, DB 2019, 10; Levedag, in: Schmidt, EStG, § 3a, Rn. 4; Rüberg, NJW-Spezial 2019, 207.

407 Vgl. Levedag, in: Schmidt, EStG, § 3a, Rn. 4.

408 Vgl. Hasbach, DB 2019, 871.

409 Vgl. Förster/Hechtner, DB 2019, 10.

410 Vgl. Hasbach, DB 2019, 871.

Berücksichtigung von § 3a EStG über § 175 Abs. 1 S. 1 Nr. 2 AO zuzulassen. Dieser erlaubt die Änderung eines Steuerbescheids in Durchbrechung der Bestandskraft, soweit ein Ereignis eintritt, das steuerliche Wirkung für die Vergangenheit hat. Unter einem Ereignis nach § 175 Abs. 1 Satz 1 Nr. 2 AO ist jede Begebenheit zu verstehen, die den Sachverhalt oder einen Teil des Sachverhaltes ausfüllt, der den gesetzlichen Tatbestand verwirklicht[411], mithin also jeder rechtlich relevante Vorgang[412]. Dazu gehören sowohl Tatsachen des Lebenssachverhalts, als auch rechtliche Vorgänge.[413] Da dem Ereignisbegriff nur „sachverhaltsändernde" Geschehnisse unterfallen[414], begründet die steuerliche Rückwirkung von Gesetzen – wie die durch § 52 Abs. 4a S. 3 EStG geschaffene Möglichkeit, den Anwendungsbereichs von § 3a EStG auf Altfälle auszuweiten – kein rückwirkendes Ereignis i.S.v. § 175 Abs. 1 S. 1 Nr. 2 EStG[415], da diese keinen Einfluss auf den zu Grunde gelegten Sachverhalt hat, sondern nur die rechtliche Beurteilung verändert[416].

Statt der rückwirkenden Einführung von § 3a EStG sieht Hasbach den Änderungsgrund bzw. das erforderliche rückwirkende Ereignis aber nicht in der Gesetzesänderung selbst, sondern in dem gemäß § 52 Abs. 4a S. 3 EStG erforderlichen Antrag der Steuerpflichtigen. Grundsätzlich stellt ein erstmaliger, erneuter oder geänderter Antrag eine Verfahrenshandlung bzw. eine rein formelle Voraussetzung für die Berücksichtigung eines steuerlich relevanten Sachverhalts dar und hat dementsprechend keine materielle Rückwirkung.[417] Anders beurteilt sich die Situation aber dann, wenn ein nicht fristgebundener Antrag bzw. die Ausübung eines Wahlrechts nicht nur reine Verfahrenshandlung, sondern Merkmal des gesetzlichen Tatbestands ist.[418] In der Vergangenheit stufte die Rechtsprechung bereits mehrmals steuerliche Anträge bzw. die Ausübung von Wahlrechten als Tatbestandsmerkmale ein und bejahte dementsprechend ein rückwirkendes Ereignis i.S.v. § 175 Abs. 1 S. 1 Nr. 2 AO, sodass die Steuerbescheide

411 Vgl. Witt/Kersten, in: AO eKommentar, § 175, Rn. 16 (Stand: Januar 2017).

412 Vgl. Loose, in: Tipke/Kruse, AO/FGO, § 175 AO, Rn. 25 (Stand: Januar 2017); Witt/Kersten, a.a.O.; Bruschke, SteuK 2011, 209.

413 Vgl. Loose, in: Tipke/Kruse, AO/FGO, § 175 AO, Rn. 25 (Stand: Januar 2017).

414 Vgl. Loose, in: Tipke/Kruse, AO/FGO, § 175 AO, Rn. 25 (Stand: Januar 2017).

415 Vgl. Koenig, in: Koenig, AO, § 175, Rn. 38.

416 Vgl. Rüsken, in: Klein, AO, § 175, Rn. 80; Loose, in: Tipke/Kruse, AO/FGO, § 175 AO, Rn. 25 (Stand: Januar 2017).

417 Vgl. Koenig, in: Koenig, AO, § 175, Rn. 46.

418 Vgl. Witt/Kersten, in: AO eKommentar, § 175, Rn. 18 (Stand: Januar 2017); Vgl. Koenig, in: Koenig, AO, § 175, Rn. 46; BFH v. 12.07.1989 – X R 8/84.

noch geändert werden konnten. Bejaht wurde die Anwendung von § 175 Abs. 1 S. 1 Nr. 2 AO etwa bei einem Antrag auf Übertragung des Kinderfreibetrags gemäß § 32 Abs. 5 S. 6 EStG[419], dem Antrag auf Anwendung des Realsplittings gemäß § 10 Abs. 1a Nr. 1 EStG[420], sowie bei der nachträglichen Wahl getrennter Veranlagung gemäß § 26 EStG, in diesem Fall allerdings nur bis zur Bestandskraft des Steuerbescheids gegenüber dem antragstellenden Ehegatten[421]. Einen weiteren interessanten Präzedenzfall bildet die Entscheidung des BFH, dass auch ein Antrag nach § 23 Abs. 1 S. 2 GrEStG ein rückwirkendes Ereignis gemäß § 175 Abs. 1 S. 1 Nr. 2 AO darstellt[422], weist dieser Sachverhalt doch deutliche Parallelen zu § 52 Abs. 4a S. 3 EStG auf. Nach dieser Vorschrift ist es Steuerpflichtigen möglich, die Anwendung des GrEStG auch auf Erwerbsvorgänge zu erreichen, die vor dem eigentlichen Geltungstag des GrEStG, dem 31.12.1982 (23 Abs. 1 S. 1 GrEStG) liegen.

Dass der Antrag nach § 52 Abs. 4a S. 3 EStG (sowie auch das Pendant im Gewerbesteuerrecht nach § 36 Abs. 2c S. 3 GewStG) ebenso als Tatbestandsmerkmal zu qualifizieren und damit als rückwirkendes Ereignis i.S.v. § 175 Abs. 1 S. 1 Nr. 2 AO einzuordnen sein soll, wird im Wesentlichen an zwei Argumenten festgemacht. Erstens seien die Anträge schon deswegen keine bloßen Verfahrenshandlungen, weil sie die ertragsteuerliche Qualifikation der Sanierungserträge vollumfänglich ändern, sie nämlich von steuerpflichtigen in steuerfreie Erträge umqualifizieren und insofern rechtsgestaltende Wirkung entfalten.[423] Außerdem habe der Gesetzgeber mit der Kodifizierung von § 3a EStG einen Systemwechsel vollzogen, weg von einem Erlass der Steuer auf Sanierungserträge im Billigkeitswege hin zu einer bereits im Festsetzungsverfahren zu berücksichtigenden Steuerbefreiung.[424] Mit dem Antrag nach § 52 Abs. 4a S. 3 EStG sei es Steuerpflichtigen möglich, diesen

---

419 Vgl. BFH v. 10.10.1996 – III R 94/93, BStBl. II 1997, 325; Koenig, in: Koenig, § 175 Rn. 47; Rüsken, in: Klein, AO, § 175, Rn. 73a; Hasbach, DB 2019, 871. Als die Entscheidung des BFH erging, fand sich die Regelung noch mit leicht abweichendem Wortlaut in § 32 Abs. 6 S. 4 EStG. Der III. Senat betonte in seinem Leitsatz zu dem Urteil sogar ausdrücklich, dass § 175 Abs. 1 S. 1 Nr. 2 AO auch dann Anwendung findet, wenn der Antrag erst nach Eintritt der Bestandskraft gestellt wird.

420 Vgl. BFH v. 12.07.1989 – X R 8/84, BStBl. II 1989, 957; Koenig, in: Koenig, AO, § 175, Rn. 47; Rüsken, in: Klein, AO, § 175, Rn. 73; Hasbach, DB 2019, 871.

421 Vgl. BFH v. 3. 3. 2005 – III R 22/02, BStBl. II 2005, 690; Rüsken, in: Klein, AO, § 175, Rn. 70; Koenig, in: Koenig, AO, § 175, Rn. 47.

422 Vgl. BFH v. 12.01.1994 – II R 72/91, BStBl. II 1994, 302; Hasbach, DB 2019, 871; Koenig, in: Koenig, AO, § 175, Rn. 47.

423 Vgl. Hasbach, DB 2019, 871; zustimmend: Eilers/Thiemann, Ubg 2020, 190, 195.

424 Vgl. Hasbach, a.a.O.

Systemwechsel auch auf Altfälle zu erstrecken.[425] Zweitens spreche auch der Wille des Gesetzgebers für eine Qualifizierung des Antrags als Ereignis gemäß § 175 Abs. 1 S. 1 Nr. 2 AO, denn der Zweck der Erstreckung von § 3a EStG auch auf Altfälle sei gewesen, die Möglichkeit des Rechtswegs zu eröffnen, wenn die Finanzbehörden eine Einstufung von Erträgen als begünstigte Sanierungserträge ablehnten.[426] Ohne eine Anwendung des § 3a EStG auch auf bestandskräftige Fälle fiele eine Vielzahl von Altfällen aus dem Anwendungsbereich von § 52 Abs. 4a S. 3 EStG heraus und es bliebe insofern bei der guten Absicht des Gesetzgebers.[427]

Dieser Ansicht ist im Ergebnis zuzustimmen. Der Zweck von § 175 Abs. 1 S. 1 Nr. 2 AO ist es, eine Anpassung eines Steuerbescheides zu erreichen, wenn sich der einmal richtig ermittelte und steuerrechtlich beurteilte Sachverhalt durch eine später eingetretene tatsächliche Entwicklung verändert und dieser Entwicklung nach den einschlägigen steuerrechtlichen Vorschriften Rechtserheblichkeit für den bereits erlassenen Steuerbescheid zuzumessen ist.[428] Sowohl § 3a als auch § 52 Abs. 4a S. 3 EStG selbst wirken zwar nicht auf den dem Steuerbescheid zugrunde liegenden Sachverhalt ein, allerdings schafft § 52 Abs. 4a S. 3 EStG mit der Antragslösung für Altfälle die Möglichkeit für betroffene Steuerpflichtige, in tatsächlicher Hinsicht auf den vergangenen Sachverhalt einzuwirken. Wie bereits ausgeführt, fällt der Antrag nach § 52 Abs. 4a S. 3 EStG nur dann unter den Ereignisbegriff des § 175 Abs. 1 S. 1 Nr. 2 AO, wenn er Tatbestandsmerkmal ist. In den bisherigen Entscheidungen, in denen Anträge als Tatbestandsmerkmale qualifiziert wurden, stellte der BFH regelmäßig auf deren rechtsgestaltende Wirkung[429] bzw. Umgestaltung des Steuerrechtsverhältnisses[430] ab. Das Urteil zur Anwendung des Realsplittings formuliert sogar ausdrücklich, dass der entsprechende Antrag „die einkommensteuerrechtliche Qualifikation der Unterhaltsleistungen [...] verändert"; ohne den Antrag seien die Unterhaltsleistungen ertragsteuerlich grundsätzlich unbeachtlich, durch die Antragstellung würden sie zu abzugsfähigen Sonderausgaben.[431] Nichts anderes vollzieht sich im Fall einer Antragstellung nach § 52 Abs. 4a

425 Vgl. Hasbach, a.a.O.
426 Vgl. Hasbach, DB 2019, 871.
427 Vgl. Hasbach, DB 2019, 875.
428 Vgl. Rüsken, in: Klein, AO, § 175, Rn. 50.
429 BFH v. 12.07.1989 – X R 8/84, BStBl. II 1989, 957; v. 10.10.1996 – III R 94/93, BStBl. II 1997, 325; v. 3.3.2005 – III R 22/02, BStBl. II 2005, 690.
430 BFH v. 12.01.1994 – II R 72/91, BStBl. II 1994, 302.
431 BFH v. 12.07.1989 – X R 8/84, BStBl. II 1989, 957.

S. 3 EStG, wenn Steuerpflichtige Personen die Anwendung von § 3a EStG auf bestandskräftige Fälle beantragen. Ohne den Antrag stellen die Sanierungserträge im Rahmen des Betriebsvermögensvergleichs gemäß § 4 Abs. 1 S. 1 EStG zu berücksichtigende Gewinne dar, durch den Antrag nach § 52 Abs. 4a S. 3 EStG werden sie zu steuerlich irrelevanten steuerfreien Einnahmen.[432] Noch deutlicher jedoch sind die Parallelen zum BFH-Urteil zu § 23 Abs. 1 S. 2 GrEStG. Hier nahm der Senat eine rechtsgestaltende Wirkung des Antrags deswegen an, weil die Anwendung des GrEStG auf einen früheren Erwerbsvorgang, der zuvor schon nach einem landesrechtlichen GrEStG beurteilt wurde, eine gänzliche Umgestaltung des bestehenden Steuerschuldverhältnisses mit sich bringe.[433] Auch wenn es im Fall von § 3a EStG nicht um die Anwendung eines gänzlich neuen Normensystems auf einen abgeschlossenen Sanierungsfall geht, besteht doch die Gemeinsamkeit, dass ein abgeschlossener Sanierungsfall durch den Antrag nach § 52 Abs. 4a S. 3 EStG aufgrund einer völlig neuen Rechtsgrundlage, nämlich § 3a EStG, zu beurteilen ist. Folglich wird auch hier das bestehende Steuerschuldverhältnis umgestaltet.

Dennoch lassen sich auch Aspekte nennen, die gegen eine Anwendung von § 3a EStG auf bestandskräftige Altfälle sprechen. Zunächst muss der Wille des Gesetzgebers zumindest genauer betrachtet werden. Ausweislich der Gesetzesbegründung zu § 52a Abs. 4a S. 3 EStG stimmt es zwar, dass mit der Erstreckung auf Altfälle die Möglichkeit des Rechtswegs für Fälle eröffnet werden sollte, in denen das Finanzamt eine Qualifizierung der Erträge als begünstigte Sanierungserträge abgelehnt hat[434], jedoch bringt die Begründung zumindest nicht eindeutig zum Ausdruck, dass dies auch für bereits bestandskräftige Fälle beabsichtigt war. Vielmehr kann die Begründung sowohl dahingehend verstanden werden, dass nur Fälle gemeint sein sollen, die nach der Ablehnung des Finanzamts „offengehalten" wurden als auch dahingehend, dass die Ablehnung des Finanzamtes schon bestandskräftig sein kann. Zumindest ein Indiz kann hier der ursprüngliche Anwendungsvorschlag des Bundesrates für § 3a EStG liefern. In seinem ersten Entwurf für die Schaffung von § 3a EStG, beabsichtigte der Bundesrat, § 52 Abs. 4a EStG dahingehend zu fassen, dass § 3a EStG „in allen offenen Fällen anzuwenden" ist.[435] Die Beschränkung auf noch offene Fälle schließt

432 Vgl. zu dieser Argumentation schon Hasbach, DB 2019, 871.
433 BFH v. 12.01.1994 – II R 72/91, BStBl. II 1994, 302.
434 BT-Drs. 19/5595, S. 73.
435 BR-Drs. 59/1/17, S. 12.

die Anwendung auf bestandskräftige Fälle offensichtlich aus. Dass dieser Vorschlag nicht übernommen wurde, lässt die Schlussfolgerung zu, dass eine Beschränkung auf „offene" Fälle nicht beabsichtigt war. Untermauert wird dies durch die Begründung zu § 52 Abs. 4a S. 3 EStG, wo es heißt, dass „Steuerpflichtigen auch in Altfällen ausreichende Rechtssicherheit" geboten werden sollte, nachdem als Altfälle zuvor solche Fälle definiert wurden, „in denen der Schuldenerlass vor dem 9. Februar 2017 stattgefunden hat".[436] Da dieses Verständnis nur auf den Zeitpunkt des Schuldenerlasses abstellt, umfasst der vom Gesetzgeber verwendete Begriff der Altfälle auch bereits bestandskräftige Fälle. Der gesetzgeberische Wille spricht daher für die Anwendung von § 3a EStG auf bestandskräftige Altfälle.

Gegen eine Anwendung von § 3a EStG auf bestandskräftige Altfälle spricht aber der Vergleich mit § 3a Abs. 4 S. 3 und 4 EStG. In S. 3 hat der Gesetzgeber eine ausdrückliche Korrekturermächtigung geschaffen für den Fall, dass verrechenbare Verluste und Verlustvorträge ohne Berücksichtigung des § 3a Abs. 3 S. 2 Nr. 1–6 und Nr. 13 EStG bereits gesondert festgestellt wurden und diese nunmehr im Zuge der Anwendung von § 3a Abs. 1 EStG unter Berücksichtigung von Abs. 3 S. 2 Nr. 1–6 und Nr. 13 EStG erneut gesondert festzustellen sind (Abs. 4 S. 2). Für diesen Fall hat der Gesetzgeber in Absatz 4 S. 4 ausdrücklich kodifiziert, dass eine Änderung in diesem Fall auch über die Bestandskraft des ursprünglichen Feststellungsbescheids hinaus möglich ist. Für die Anwendung der Steuerfreiheit nach § 3a Abs. 1 S. 1 EStG auf Altfälle existiert eine solche Klarstellung nicht.

Trotzdem überwiegen die Gründe dafür, den Antrag gemäß § 52 Abs. 4a EStG als tatbestandsmäßig und damit als Ereignis i.S.v. § 175 Abs. 1 S. 1 Nr. 2 EStG einzustufen. Dass der Antrag zur Anwendung von § 3a EStG nicht – wie bei der Übertragung des Kinderfreibetrags gemäß § 32 Abs. 5 S. 6 EStG oder der Anwendung des Realsplittings gemäß § 10 Abs. 1a Nr. 1 EStG – unmittelbar in § 3a EStG selbst verankert ist, sondern sich nur in der Anwendungsvorschrift des § 52 Abs. 4a EStG wiederfindet, kann dem nicht entgegenstehen. Dies zeigt schon die Entscheidung des BFH zum Antrag nach § 23 Abs. 1 S. 2 GrEStG.

Ferner streitet der bereits von Hasbach angesprochene Aspekt der Steuergerechtigkeit[437] für eine Anwendung des § 175 Abs. 1 S. 1 Nr. 2 auf bestandskräftige Altfälle. Eine Korrekturmöglichkeit nach § 175 AO abzuleh-

436 BT-Drs. 19/5595, S. 73.
437 Vgl. Hasbach, DB 2019, 871.

nen, würde dazu führen, dass nur diejenigen Steuerpflichtigen noch einen Antrag nach § 52 Abs. 4a S. 3 EStG stellen und die Vorzüge des § 3a EStG in Anspruch nehmen könnten, die ihre Fälle, in denen der Schuldenerlass vor dem 8.02.2017 vollzogen wurde, durch die Einlegung von Rechtsbehelfen „offengehalten haben". Im Umkehrschluss würde das bedeuteten, dass es sich für alle anderen Steuerpflichtigen nachteilig auswirken würde, ihren damaligen Steuerbescheid nicht angefochten zu haben. Da zu jenem Zeitpunkt aber noch keine gesetzliche Regelung zu Sanierungserträgen absehbar war, erscheint es eher zufällig, ob Steuerfälle durch Rechtsbehelfe offengehalten wurden oder nicht. In diesem Zusammenhang kann ein Gedanke aus dem Urteil des BFH zur Tatbestandsmäßigkeit des Antrages auf Anwendung des Realsplittings auf den Fall des § 3a EStG übertragen werden. Hier sah es der BFH nämlich ausdrücklich als Fehler des FG und des Finanzamtes an, dass eine Änderung nach § 175 Abs. 1 S. 1 Nr. 2 AO deshalb verneint wurde, weil der erforderliche Antrag nach Eintritt der Bestandskraft gestellt wurde.[438] Wörtlich führt das Gericht aus, dass ein Antrag nach § 10 Abs. 1 Nr. 1 S. 1 EStG (jetzt § 10 Abs. 1a Nr. 1 EStG) dann Tatbestandsmerkmal sein kann, „wenn er deshalb nach Eintritt der Bestandskraft des Einkommensteuerbescheides gestellt wurde, weil auch die erforderliche Zustimmung des Leistungsempfängers erst nach diesem Zeitpunkt erteilt wurde."[439] Auch wenn im Fall von § 3a EStG keine Zustimmung von Dritten erforderlich ist, lässt sich daraus der Rechtsgedanke ableiten, dass die Bestandskraft eines vorigen Bescheids der Antragstellung nicht entgegenstehen darf, wenn es den betroffenen steuerpflichtigen Personen nicht möglich war, den Antrag vor Bestandskraft zu stellen, etwa weil noch andere Voraussetzungen, wie im entschiedenen Fall die Zustimmung eines Dritten, erforderlich waren.[440] Auf den Fall des Antrags nach § 52 Abs. 4a S. 3 EStG bei bestandskräftigen Fällen ist dieser Gedanke insofern übertragbar, als dass der Antrag notwendigerweise erst ab dem Zeitpunkt gestellt werden kann, ab dem § 52 Abs. 4a S. 3 EStG in Kraft getreten ist. Viele Fälle wurden in der Vergangenheit also bestandskräftig, lange bevor für die betroffenen Steuerpflichtigen die Möglichkeit einer rückwirkenden Anwendung von § 3a EStG auf Altfälle geschaffen wurde. Da die Einführung einer Anwendungsmöglichkeit auf Altfälle zum damaligen Zeitpunkt aber noch nicht absehbar war, bestand für Steuerpflichtige auch keine Notwendigkeit

---

438 BFH v. 12.07.1989 X R 8/84, BStBl. II 1989, 957.

439 BFH v. 12.07.1989 X R 8/84, BStBl. II 1989, 957.

440 Vgl. im Ansatz: Hasbach, DB 2019, 871.

die Fälle offenzuhalten. Insofern trifft diejenigen Steuerpflichtigen, deren Fälle bei Inkrafttreten des § 52 Abs. 4a S. 3 EStG bereits bestandskräftig waren, keinerlei Verschulden. Es erscheint daher geboten, ihnen nunmehr die Möglichkeit einer Änderung im Wege von § 175 Abs. 1 S. 1 Nr. 2 AO zu ermöglichen. Wie bereits richtig aufgezeigt wurde, kann lediglich der Eintritt der Festsetzungsverjährung eine zeitliche Grenze für die Antragstellung bilden.[441]

Über § 175 Abs. 1 S. 1 Nr. 2 AO ist § 3a ESt also in den Grenzen der Festsetzungsverjährung auch auf bestandskräftige Altfälle, in denen die Schulden vor dem 8.2.2017 erlassen wurden anwendbar.

4. Zwischenergebnis

In persönlicher Hinsicht erfasst der Anwendungsbereich von § 3a EStG nunmehr sowohl Steuerpflichtige, die ihren Gewinn durch Betriebsvermögensvergleich gemäß § 4 Abs. 1 S. 1 EStG ermitteln, als auch Steuerpflichtige, die eine Einnahmen-Überschuss-Rechnung nach § 4 Abs. 3 EStG anstellen. Für Letztere beschränkt sich die Anwendung voraussichtlich aber auf wenige Sonderfälle.

Der sachliche Anwendungsbereich erfasst regelmäßig nur die unternehmensbezogene, in Ausnahmefällen die unternehmerbezogene Sanierung. Bei Verzichten durch Drittgläubiger kann § 3a EStG unabhängig davon, ob eine Kapital- oder Personengesellschaft vorliegt, stets zur Anwendung kommen. Bei Gesellschafterverzichten liegt ein Sanierungsertrag i.S.v. § 3a EStG bei Verzichten gegenüber Kapitalgesellschaften nur dann vor, wenn der Verzicht betrieblich motiviert war. Bei gesellschaftsrechtlicher Veranlassung kommt ein Sanierungsertrag von vornherein nur in Höhe des nicht mehr werthaltigen Teils der Forderung in Betracht, jedoch steht hier das Merkmal des „betrieblich begründeten" Schuldenerlasses einer Anwendung von § 3a Abs. 1 S. 1 EStG entgegen. Verzichtet der Gesellschafter gegenüber einer Personengesellschaft, entsteht kein Sanierungsertrag, sofern aus gesellschaftsrechtlichen Gründen verzichtet wird. Bei einem Verzicht aus eigenbetrieblichem Interesse ist ein Sanierungsgewinn nur denkbar, sofern solche Verzichte analog zu gesellschaftsrechtlich veranlassten Verzichten bei Kapitalgesellschaften beurteilt werden. Nach überwiegender Ansicht aber ist auch ein eigenbetrieblich veranlasster Gesellschafterverzicht steuerneu-

441 Vgl. Hasbach, DB 2019, 871.

tral, sodass § 3a EStG bei Gesellschafterverzichten gegenüber Personengesellschaften keine Anwendung findet.

In zeitlicher Hinsicht gilt § 3a EStG gemäß § 52 Abs. 4a S. 1 EStG für Schuldenerlasse, die ab dem 9. Februar 2017 vollzogen wurden. Für Sachverhalte, in denen der Schuldenerlass vor diesem Tag ausgesprochen wurde, ist § 3a EStG gemäß § 52 Abs. 4a S. 3 EStG nur auf Antrag von Steuerpflichtigen anwendbar. Ist der jeweilige Fall bereits bestandskräftig entschieden, kann eine Anwendung von § 3a EStG und die damit verbundene Änderung des früheren Bescheids nur gemäß § 175 Abs. 1 S. 1 Nr. 2 AO erreicht werden.

§ 5 Alternative Möglichkeiten zum steuerlichen Umgang mit Sanierungserträgen

I. Vorüberlegungen

Spätestens mit dem Urteil des Großen Senats des BFH zum Sanierungserlass konnte bei Unternehmenssanierungen nicht mehr mit einem Erlass der Steuer auf Sanierungsgewinne nach dem Sanierungserlass gerechnet werden. Tatsächlich machte sich in der steuerrechtlichen Literatur diesbezüglich aber schon weitaus früher eine gewisse Unsicherheit[442] breit, nämlich mit einer Entscheidung des FG München[443], das den Streit um die Rechtmäßigkeit des Sanierungserlasses eingeleitet hatte[444] und so erhebliche Rechtsunsicherheit bzgl. der Behandlung von Sanierungsgewinnen auslöste[445]. Schon mit diesem Urteil konnte sich die Beratungspraxis nämlich nicht mehr vollumfänglich auf die Anwendung des Sanierungserlasses verlassen und war dementsprechend gezwungen, Alternativen für die steuerliche Gestaltung von Unternehmenssanierungen zu entwickeln. Dieses Bedürfnis wurde umso dringlicher, nachdem sich der BFH in seinem Grundsatzurteil[446] schließlich ebenfalls für die Rechtswidrigkeit des Sanierungserlasses aussprach.

---

442 Vgl. Braun/Geist, BB 2013, 351.

443 FG München v. 12.12.2007 – 1 K 4487/06.

444 Vgl. Lenger/Gohlke, NZI 2014, 9.

445 So etwa Fox/Scheidle, GWR 2009, 51; Claußen, Die Ertragsbesteuerung von Unternehmen in der Krise (Diss.), 2015, S. 255.

446 BFH v. 28.11.2016 – GrS 1/15, BStBl. II 2017, 393.

Auch wenn der Bundesrat früh nach dem Urteil des Großen Senats eine gesetzliche Neuregelung in Aussicht stellte[447], kam es dennoch zumindest in der Übergangszeit bis zur Geltung von § 3a EStG zu erheblicher Rechtsunsicherheit[448], der die Beratungspraxis mit alternativen Lösungsmöglichkeiten für sanierungsbedürftige Unternehmen begegnen musste, da die Bewältigung einer Unternehmenskrise schnelle und rechtssichere Entscheidungen erforderlich macht.[449] Das Resultat waren allerdings nicht nur Vorschläge für alternative steuerliche Gestaltungsmöglichkeiten. Während sich eine Vielzahl von Autoren – zum Teil schon vor dem Urteil des Großen Senats aber vor allem in Reaktion auf die Entscheidung – für die gesetzliche (Neu-)Regelung der Steuerfreiheit von Sanierungsgewinnen aussprach[450], nutzten andere die Gelegenheit, um ihrem Zuspruch für andere Lösungen Ausdruck zu verleihen, die zwar grundsätzlich die Besteuerung der Sanierungsgewinne, dafür aber gesetzliche Anpassungen abseits einer vollständigen Steuerfreiheit, vorsehen.[451] Im Zentrum jeglicher Gestaltungs- sowie Reformüberlegungen musste das Ziel stehen, einen Buchgewinn bei dem sanierungsbedürftigen Unternehmen zu vermeiden, da dieser die prekäre Lage der Unternehmen herbeiführt oder zumindest wieder aufleben lässt, nachdem zuvor ein Verzicht durch die Gläubiger erreicht wurde. Zumindest aber galt es zu vermeiden, dass der gesamte Sanierungsgewinn unmittelbar nach dem Forderungsverzicht der Besteuerung unterworfen wird, würde doch genau die dadurch ausgelöste Steuerlast regelmäßig die Sanierung gefährden. Im folgenden Teil werden die vorgeschlagenen Alternativen näher erläutert und einer Würdigung hinsichtlich ihrer Ef-

447 BR-Drs. 59/1/17, S. 10 ff.

448 Vgl. Desens, ZIP 2017, 645; Sistermann, DStR 2017, 689.

449 Vgl. Braun/Geist, BB 2009, 2508.

450 Vgl. Herzig/Liekenbrock, Ubg 2011, 313, 318; Westpfahl/Janjuah, ZIP 2008, S001, S020; Knebel, DB 2009, 1094; Kahlert, ZIP 2009, 643; Eilers/Bühring, DStR 2009, 137, 139; Khan/Adam, ZInsO 2008, 899, 907; Schäfer-Elmayer/Müller, StB 2009, 190, 195; Fox/Scheidle, GWR 2009, 51, 54; Schmidt/Mielke, Ubg 2009, 395, 401; Claußen (Fn. 445), S. 257; Mohr, BB 2017, 673; Lautenbach/Roll/Völkner, BB 2017, 643; Kahlert, DStR 2012, 943; Krumm, EWiR 2012, 335; Braun/Geist, BB 2009, 2508; dieselben, BB 2013, 351; Sistermann, DStR 2017, 689; Lautenbach/Roll/Völkner, BB 2017, 643; DAV, NZG 2017, 336; Bolik, NWB 2017, 552; Stadler, NZI 2018, 49; Harder, NJW-Spezial 2017, 277 (den Vorstoß des Bundesrates begrüßend); wohl auch Hechtner, NWB 2017, 1275.

451 Vgl. Schüppen, ZIP 2017, 752; Vgl. auch schon im Zusammenhang mit der Abschaffung der Vorgängerregelung des § 3 Nr. 66 EStG a.F.: Groh, DB 1996, 1890; Trompeter, BB 2000, 433.

fektivität unterzogen. Dabei müssen sie daran gemessen werden, ob die Sanierung von Unternehmen ebenso rechtssicher und effektiv gewährleistet werden kann, wie durch die Steuerbefreiung von Sanierungsgewinnen nach § 3a EStG. Sollte sich herausstellen, dass ein Sanierungsgewinn bzw. die unzeitige steuerliche Belastung[452] des Unternehmens durch diesen Gewinn auch durch mildere Mittel als seine vollständige Steuerbefreiung vermieden werden kann, würde sich die (verfassungsrechtlich notwendige) Frage nach der Erforderlichkeit der vollständigen Verschonung nach § 3a EStG stellen. Nachdem zuerst auf steuerliche Gestaltungsmöglichkeiten ohne staatliche Beteiligung zur Vermeidung eines Sanierungsgewinns eingegangen wird, werden anschließend die Vorschläge für gesetzliche Anpassungen unter Mitwirkung des Gesetzgebers, sowie für Maßnahmen unter Mitwirkung der Verwaltung diskutiert. Abschließend wird darauf eingegangen, ob und inwiefern der jüngst eingeführte sog. präventive Restrukturierungsrahmen Einfluss auf die Notwendigkeit einer gesetzlichen Steuerfreistellung von Sanierungserträgen nehmen kann.

II. Steuerliche Gestaltungsmöglichkeiten ohne staatliche Mitwirkung

Sanierungsbemühungen haben stets das Primärziel, die bilanzielle Situation des Unternehmens zu verbessern.[453] Sowohl bei der Entlastung von zu hohen Verbindlichkeiten innerhalb des Insolvenzverfahrens als auch im Vorfeld zu dessen Vermeidung, gehören Schuldenerlasse zu den gängigsten Sanierungsinstrumenten, insbesondere weil sie schnell und einfach umzusetzen sind.[454] Der Verzicht vollzieht dabei rechtlich nach, was ohnehin schon Tatsache ist, nämlich das die Forderung nicht mehr realisiert werden kann.[455] Sein Nachteil für die Sanierung besteht bekanntlich aber darin, dass es – soweit keine verdeckte Einlage vorliegt – unmittelbar zu einem steuerpflichtigen Gewinn kommt, der beträchtliche Höhen erreichen kann und nicht immer durch entsprechende Verlustpositionen aufgefangen werden kann. Die Entschuldung kann allerdings auch durch andere zivilrechtliche Mittel außer einem Erlassvertrag nach § 397 Abs. 1 BGB erfolgen, die ebenfalls dazu führen, dass die Verbindlichkeit – zumindest gegenwärtig – nicht mehr besteht, im Vergleich zum Forderungsverzicht aber nicht

---

452 Vgl. Krumm, DB 2015, 2714.
453 Vgl. Braun/Geist, BB 2009, 2508.
454 Vgl. Harder, NJW-Spezial 2017, 277.
455 Vgl. Geerling/Hartmann, DStR 2017, 752.

zwingend einen steuerpflichtigen Gewinn auslösen. Nachfolgend wird untersucht, ob dadurch ebenso effektiv ein Sanierungsgewinn vermieden werden kann.

1. Rangrücktritt der Gläubiger

Anstatt, dass mitwirkungswillige Gläubiger auf ihre Forderungen mit der Folge der zwingenden Ausbuchung der Verbindlichkeit beim Schuldnerunternehmen gänzlich verzichten, besteht die Möglichkeit, mit ihnen stattdessen eine Rangrücktrittsvereinbarung zu schließen.[456] In erster Linie dienen Rangrücktritte, die als Vertrag zugunsten Dritter einzuordnen sind[457], in der Restrukturierungspraxis dazu, die insolvenzrechtliche Überschuldung einer Kapitalgesellschaft zu vermeiden oder zu beseitigen.[458] Denn gemäß § 19 Abs. 2 S. 2 InsO, der entgegen seinem Wortlaut nicht nur auf Gesellschafterforderungen, sondern auch auf Rangrücktritte außenstehender Dritter anwendbar ist[459], sind Forderungen für die ein solcher Rangrücktritt erklärt wurde, nicht im Überschuldungsstatus der Gesellschaft zu berücksichtigen.[460] Gleichzeitig gilt es aber, nicht das Passivierungsverbot des § 5 Abs. 2a EStG und somit möglicherweise einen steuerpflichtigen Ertrag aufgrund der Ausbuchung der betreffenden Verbindlichkeit auszulösen[461], denn im Fall einer Ausbuchung, käme der Rangrücktritt in seinen Rechtsfolgen letztlich einem Verzicht gleich und es entstünde ebenso ein Buchgewinn. Der Vorteil einer Rangrücktrittsvereinbarung gegenüber einem Forderungsverzicht besteht darin, dass die damit belastete Forderung in ihrem Bestand zivilrechtlich bestehen bleibt und der Gläubiger nur hinter anderen Gläubigern für die Dauer der Krise zurücktritt.[462] Sie bewirkt damit lediglich eine sog. Durchsetzungssperre[463] für die Forderung.

Die Behandlung der Verbindlichkeit im Überschuldungstatus der Gesellschaft sagt allerdings nichts darüber aus, ob die Verbindlichkeit in der

---

456 Vorschlag von: Willemsen, NZI 2017, 163; Sistermann, DStR 2017, 689; Kahlert/Schmidt, ZIP 2017, 503.

457 BGH v. 5.3.2015 – IX ZR 133/14, DStR 2015, 767.

458 Vgl. Wehning, DStR 2017, 615.

459 BGH v. 5.3.2015 – IX ZR 133/14, DStR 2015, 767.

460 Zu den Anforderungen an eine entsprechende Vereinbarung grundlegend: BGH v. 5.3.2015 – IX ZR 133/14, DStR 2015, 767.

461 Vgl. Helios/Kröger, DStR 2015, 2478; Schmidt, DB 2015, 600.

462 Vgl. Winnefeld, Bilanzhandbuch, Kap. D, Rn. 1535.

463 BGH v. 5.3.2015 – IX ZR 133/14, DStR 2015, 767.

Handels- und Steuerbilanz auszuweisen ist[464] und inwiefern daher ein steuerlicher Gewinn aufgrund einer Ausbuchung vermieden werden kann. Entscheidende Bedeutung kommt dabei der genauen Formulierung der Rangrücktrittserklärung zu.[465] Da die Parteien insbesondere daran interessiert sein werden, eine Passivierung der betreffenden Verbindlichkeit in der Überschuldungsbilanz nach § 19 Abs. 2 S. 2 InsO zu vermeiden[466], werden sie bestrebt sein, die entsprechende Vereinbarung in erster Linie dahingehend zu formulieren, dass sie den insolvenzrechtlichen Anforderungen genügt. Die dafür erforderlichen Voraussetzungen, die der BGH in einem Grundsatzurteil[467] im Jahr 2015 aufgestellt hat, sollen hier allerdings nicht näher beleuchtet werden. Erforderlich ist jedenfalls, dass der Gläubiger erklärt, er wolle wegen der Forderung erst nach der Befriedigung sämtlicher Gesellschaftsgläubiger und – bis zur Abwendung der Krise – auch nicht vor, sondern nur zugleich mit den Einlagerückgewähransprüchen der Gesellschafter berücksichtigt werden (sog. qualifizierter Rangrücktritt).[468] Eine gegenständliche Beschränkung der Forderung etwa auf künftige Gewinne oder einen Liquidationsüberschuss verlangt der BGH hingegen nicht.[469] Ob eine den Voraussetzungen dieses Urteils entsprechende Rangrücktrittsvereinbarung dazu führt, dass die betroffene Forderung handelsbilanziell weiterhin zu passivieren oder auszubuchen ist, hängt hingegen nur davon ab, ob die Forderung noch eine gegenwärtige Vermögensbelastung darstellt.[470] An dieser Stelle beginnt die Kontroverse, welche für die hier zu untersuchende Frage der Tauglichkeit eines Rangrücktritts als Alternative zu einer Steuerbefreiung als Dilemma bezeichnet werden muss. Mehrere Autoren votieren nämlich generell für eine Ausbuchung der Verbindlichkeit aus der Handelsbilanz, wenn auch mit unterschiedlichen Begründungen.[471]

---

464 Vgl. Lüdicke/Sistermann, Unternehmenssteuerrecht, § 18, Rn. 58.

465 Vgl. Kubik/Münch, BB 2021, 1387.

466 Vgl. Helios/Kröger, DStR 2015, 2478.

467 BGH v. 5.3.2015 – IX ZR 133/14, DStR 2015, 767.

468 BGH v. 5.3.2015 – IX ZR 133/14, DStR 2015, 767, Rn. 17.

469 Vgl. Pöschke, NZG 2017, 1408.

470 Vgl. Frystatzki, DStR 2016, 2479; Oser, DStR 2017, 1889.

471 Müller BB 2016, 491 vertritt die Ansicht, dass die Realisierung der betroffenen Forderung unter mindestens einer aufschiebenden Bedingung stehe, nämlich der Erwirtschaftung eines Jahresüberschusses/Bilanzgewinns oder des Vorhandenseins sonstigen freien Vermögens, aufschiebend bedingte Verbindlichkeiten aber erst mit Bedingungseintritt zu passivieren seien. Eine allenfalls mögliche Rückstellung für den Fall, dass zum Bilanzstichtag eine Inanspruchnahme wahrscheinlich ist, komme aber im Krisenfall nicht in Betracht; Oser, DStR 2017, 1889 hingegen sieht

Würde man diesem Ergebnis folgen, bliebe für einen Ansatz der Verbindlichkeit in der Steuerbilanz ebenfalls kaum noch Raum[472], was wiederum dazu führen würde, dass durch die Ausbuchung ein steuerlich wirksamer Gewinn entstünde. Dieser Auffassung wird von anderen Teilen des Schrifttums deutlich widersprochen.[473] Die Überhand haben hier wohl diejenigen, die eine Ausbuchung nur im Fall einer gewinnabhängigen Besserungsvereinbarung, also unter ausschließlicher Anknüpfung an künftige Bilanzgewinne oder Liquidationsüberschüsse annehmen, sich im Übrigen aber für eine weitere Passivierung der betroffenen Verbindlichkeit aussprechen.[474] Über die bilanzielle Behandlung eines qualifizierten Rangrücktritts besteht also keineswegs Klarheit.[475]

Wegen dem Maßgeblichkeitsgrundsatz aus § 5 Abs. 1 S. 1 EStG hat diese Kontroverse auch Ausstrahlungswirkung auf die steuerbilanzielle Behandlung. Ist eine Forderung handelsbilanziell auszubuchen, ist dem für das Steuerrecht gemäß § 5 Abs. 1 S. 1 EStG grundsätzlich zu folgen. § 5 Abs. 2a EStG ändert daran nichts, sondern erweitert den Kreis der Fälle, in denen eine Forderung auszubuchen ist sogar noch gegenüber dem Handelsrecht. Unter der bisher vorherrschenden BFH-Rechtsprechung schien es möglich, eine Ausbuchung der Verbindlichkeit – insbesondere unter Vermeidung von § 5 Abs. 2a EStG – zumindest steuerlich rechtssicher zu verhindern, indem die gegenwärtige wirtschaftliche Belastung durch eine Zugriffsmöglichkeit des Gläubigers auf das „sonstige freie Vermögen" her-

den Grund für die Ausbuchung eher in der Rechtsnatur des Rangrücktritts. Nach der neuen BGH-Rechtsprechung des BGH begründe dieser nicht mehr bloß ein Leistungsverweigerungsrecht des Schuldners, sondern ein Zahlungsverbot, sodass die betroffene Schuld zum Bilanzstichtag gar nicht erfüllbar ist, da eine Zahlung nunmehr kondiziert werden könnte. Eine zum Bilanzstichtag nicht erfüllbare Verpflichtung könne das Schuldnervermögen nicht belasten und dürfe daher auch nicht in der Bilanz ausgewiesen werden; Frystatzki, DStR 2016, 2479 sieht die fehlende wirtschaftliche Belastung ebenfalls darin, dass die Erfüllung der Forderung an ein zukünftiges Ereignis gebunden ist, nämlich den Eintritt des Besserungsfalls. Vorher könne und dürfe der Schuldner die Forderung nicht erfüllen; Hoffmann, StuB 2016, 285.

472 Vgl. Oser, DStR 2017, 1889.

473 Vgl. Kahlert, BB 2016, 878.

474 Vgl. Briese, DStR 2017, 799; wohl auch Schulze-Osterloh, BB 2017, 427; Pöschke, NZG 2017, 1408;

475 Vgl. Schulze-Osterloh, BB 2017, 427, der ausdrücklich davon spricht, dass die Frage der Passivierung einer mit einem Rangrücktritt versehenen Verbindlichkeit teilweise bejaht und teilweise verneint wird.

gestellt wurde.[476] Soll die Forderung hingegen nur aus einem künftigen Bilanzgewinn oder Liquidationsüberschuss getilgt werden, so unterliegt sie dem Passivierungsverbot des § 5 Abs. 2a EStG und muss steuerbilanziell ausgebucht werden, wie der BFH im Jahr 2015 klargestellte.[477] Dieses Urteil wird man dahingehend verstehen müssen, dass die betroffene Verbindlichkeit in der Steuerbilanz so lange nicht angesetzt werden darf, wie keine Rückzahlung aus „sonstigem Vermögen" möglich ist.[478] Ein an sonstiges freies Vermögen anknüpfender und damit eine gegenwärtige wirtschaftliche Belastung auslösender Rangrücktritt ist daher weiterhin geeignet, die Rechtsfolgen des § 5 Abs. 2a EStG zu vermeiden[479], wie auch der BFH[480] kürzlich noch einmal bestätigt hat. Diese Möglichkeit wird durch diejenigen, die bei einem qualifizierten Rangrücktritt getreu den Anforderungen des BGH-Grundsatzurteils stets zu einer Ausbuchung der Forderung kommen, indes in Zweifel gezogen. Denn wenn handelsrechtlich eine Passivierung nicht möglich ist, dann dürfe auch in der Steuerbilanz kein Passivposten angesetzt werden.[481] Würde man mit dieser Auffassung bei einem den insolvenzrechtlichen Anforderungen entsprechenden Rangrücktritt eine Ausbuchung der Verbindlichkeit bejahen, könnte dies ein erhebliches Sanierungshindernis bedeuten, zumindest sofern die Ausbuchung das Eigenkapital berührt. Für das Ziel der Vermeidung eines steuerlichen Gewinns käme es also darauf an, ob die Ausbuchung auch ertragswirksam wäre. An dieser Stelle hilft zumindest scheinbar der BFH weiter. In seinem bereits angesprochenen Urteil aus dem Jahr 2015[482] äußerte sich der I. Senat auch zur Behandlung des durch das Passivierungsverbots aus § 5 Abs. 2a EStG ausgelösten Wegfallgewinns. In Abkehr zu seiner früheren

---

476 Vgl. Oser, DStR 2017, 1889; Hoffmann, StuB 2016, 285.

477 BFH v. 15.4.2015 – I R 44/14, BStBl. II 2015, 769.

478 Vgl. Hoffmann, StuB 2016, 285; vgl. auch: Müller, BB 2016, 491, der trotz Zugriffsmöglichkeit auf sonstiges freies Vermögen eine Passivierung versagen will, „wenn zum Bilanzstichtag mangels ausreichender Ertragslage ein solches „freies Vermögen" auch durch Auflösung einer Kapitalrücklage nicht dargestellt werden kann".

479 Vgl. Sonnleitner, in: Sonnleitner, Insolvenzsteuerrecht, Kap. 9, Rn. 73; Helios/Kröger, DStR 2015, 2478; Pöschke, NZG 2017, 1408 (jedoch davon ausgehend, dass eine Bezugnahme auf das sonstige freie Vermögen nicht zwingend erforderlich ist, wenn sich die Rangrücktrittsvereinbarung streng an den von BGH v. 5.3.2015 – IX ZR 133/14, DStR 2015, 767, aufgestellten Kriterien orientiert, da dann schon keine gegenständliche Beschränkung der Forderung auf künftige Gewinne vorliege).

480 BFH v. 19.8.2020 – XI R 32/18, BStBl. II 2021, 279.

481 Vgl. Müller, BB 2016, 491.

482 BFH v. 15.4.2015 – I R 44/14, BStBl. II 2015, 769.

Rechtsprechung darf ein solcher Gewinn im Fall einer gesellschaftsrechtlichen Veranlassung in Höhe des werthaltigen Teils durch eine Einlage neutralisiert werden.[483] Dies hilft im Sanierungsfall aber nur bedingt weiter. Zum einen spricht der zweite Leitsatz des Urteils ausdrücklich von auf dem Gesellschaftsverhältnis beruhenden Wegfallgewinnen und zum anderen hat die Bewertung der Einlage zum Teilwert[484] zu erfolgen. Daraus ergeben sich zwei unbefriedigende Konsequenzen: Zunächst kommt eine Einlage demnach wohl nicht in Betracht, wenn es sich entweder um einen von einem Gesellschafter aus betrieblichen Gründen oder von einem Dritten erklärten Rangrücktritt handelt. In diesen Fällen bleibt offenbar nur eine ertragswirksame Ausbuchung mit der Folge eines steuerlichen Gewinns. Der zweite Haken ist, dass eine Einlage bei einem gesellschaftsrechtlich motivierten Gesellschafterrangrücktritt nur in Höhe des noch werthaltigen Teils der Forderung in Frage kommt.[485] Im Krisenfall ist von einem niedrigen Teilwert der betroffenen Forderung auszugehen, sodass auch der Anteil am Buchwert, der durch eine Einlage neutralisiert werden kann, gering sein dürfte. Der nicht werthaltige Teil hingegen wird sich wohl im betrieblichen Ergebnis niederschlagen[486] und ertragswirksam ausgebucht werden müssen.[487]

Auch wenn man der Empfehlung folgt, weiterhin eine Tilgung aus sonstigem freiem Vermögen ausdrücklich zu regeln[488], bleibt also dennoch zumindest ein Restrisiko, dass es zu einer Ausbuchung der Forderung und damit einem steuerlichen Gewinn kommt. Die Folge ist, dass der Rangrücktritt für Sanierungen, die mit der Vermeidung eines durch Sanierungsmaßnahmen ausgelösten Buchgewinns stehen und fallen können, deutlich weniger rechtssicher ist als eine Steuerbefreiung, wie sie § 3a EStG vorsieht. Schon aus diesem Grund kann er keine dauerhafte Alternative bieten. Hinzu kommt, dass ein Rangrücktritt nur temporäre Entlastung für das Unternehmen bedeutet,[489] denn bei einem Rangrücktritt bleibt die

483 BFH v. 15.4.2015 – I R 44/14, BStBl. II 2015, 769.

484 Wacker, DB 2017, 26; Schänzle/Birker, StB 2015, 431; Kahlert, NWB 2015, 3018; krit. Pöschke, NZG 2017, 1408, zumindest für den Fall, dass es sich um einen durch das Gesellschaftsverhältnis motivierten Gesellschafterverzicht handelt.

485 BFH v. 15.4.2015 – I R 44/14, BStBl. II 2015, 769.

486 Vgl. Müller, BB 2016, 491.

487 Vgl. Helios/Kröger, DStR 2015, 2478.

488 Vgl. Sonnleitner, in: Sonnleitner, Insolvenzsteuerrecht, Kap. 9, Rn. 74; Helios/Kröger, DStR 2015, 2478.

489 Darauf hinweisend: Sistermann, DStR 2017, 689.

Verbindlichkeit ja gerade bestehen.[490] Bei einem Verzicht in Kombination mit einer Steuerbefreiung des Verzichtsgewinns kann das Unternehmen hingegen nachhaltiger entschuldet werden, da die Verbindlichkeiten in diesem Fall endgültig wegfallen. Zuletzt muss auch beachtet werden, dass die Sanierung oft erst durch den Einstieg von Investoren ermöglicht wird. Ein solcher Einstieg erscheint jedoch wesentlich weniger attraktiv, wenn die Gläubiger nur im Rang zurücktreten, die Forderungen gegen das Unternehmen aber letztlich weiterhin bestehen. Ein Rangrücktritt ist daher nicht geeignet, Sanierungsgewinne, bzw. die daraus folgende Steuerbelastung ebenso rechtssicher zu verhindern wie eine gesetzliche Befreiungsvorschrift.

2. Partielle Schuldenerlasse

Die als steuerrechtlicher Systembruch bezeichnete[491] Regelung der sog. Mindestbesteuerung in § 10d Abs. 2 EStG wird besonders dann zum Sanierungshindernis, wenn das sanierungsbedürftige Unternehmen grundsätzlich über genügend Verlustvortragsvolumen verfügen würde, um den Sanierungsgewinn zu neutralisieren. In diesem Fall könnte der Verzichtsgewinn zwar nicht dem Grunde nach verhindert, die steuerliche Belastung aber im Ergebnis auch ohne eine Steuerbefreiung vermieden werden, indem der Verzichtsgewinn mit vorhandenen Verlustvorträgen verrechnet wird. § 10d Abs. 2 EStG schiebt dem jedoch einen Riegel vor, denn die Regelung erlaubt einen Verlustvortrag nur bis zu einem Gesamtbetrag der Einkünfte von einer Million Euro unbegrenzt, für den darüberhinausgehenden Teil nur zu 60%. Auch wenn ein Unternehmen also über ausreichendes Verlustvortragspotential verfügt, kann dieses nicht sofort und in voller Höhe zur Abschmelzung des Sanierungsgewinns verwendet werden.[492]

Um dem zu entgehen, wird vorgeschlagen einen über mehrere Jahre gestaffelten[493] Schuldenerlass zu vereinbaren, auf die Forderungen also nur „häppchenweise“[494] zu verzichten. Es dürfte dann jedes Jahr nur auf einen

---

490 Vgl. Kahlert/Schmidt, ZIP 2017, 503.
491 Vgl. Schüppen, ZIP 2017, 752.
492 Vgl. Braun/Geist, BB 2009, 2508.
493 Vgl. Stadler, NZI 2018, 49, 54; Sistermann, DStR 2017, 689, 694; vgl. auch Braun/Geist, BB 2009, 2508, 2512.
494 Vgl. Willemsen, NZI 2017, 163, 172.

Betrag von einer Million Euro verzichtet werden, um nicht die Mindestbesteuerung des § 10d Abs. 2 EStG auszulösen.[495]

Das größte Problem dieser Lösung liegt auf der Hand: Eine ratierliche Abschmelzung des Sanierungsgewinns setzt voraus, dass überhaupt genügend Verlustvortragsvolumen vorhanden ist.[496] Da ohne ausreichende Verlustverrechnungsvolumina der Sanierungsgewinn auch bei teilweisen Schuldenerlassen nicht neutralisiert werden kann, kann diese Lösung nur bei Unternehmen, die über Solche Volumina verfügen, ein Buchgewinn vermieden werden. Ein gestaffelter Forderungsverzicht ist daher unpraktikabel, wenn ein Unternehmen entweder keine Verlustvorträge vorweisen kann oder diese im Verhältnis zur Höhe des Sanierungsgewinns zu gering sind. Folglich kann dieser Lösungsweg keine Allgemeingültigkeit für sich beanspruchen und ist schon aus diesem Grund weniger effektiv als eine Steuerbefreiung. § 3a EStG unterstützt eine Sanierung hingegen unabhängig davon, ob das Unternehmen über Verlustvorträge verfügt. Im Übrigen bildet § 3a EStG aber auch bereits den Grundgedanken hinter der Lösung über ratierliche Forderungsverzichte ab. Denn durch Abs. 3, der eine Aufzehrung aller Verlustpositionen des Unternehmens (und sogar teilweise die des Mitunternehmers) vorsieht, wird zunächst versucht, den Sanierungsgewinn möglichst gering zu halten, indem eine sofortige Verlustverrechnung ohne Beachtung der Mindestbesteuerung zugelassen wird. Die Norm geht nur insofern darüber hinaus, als dass ein danach noch verbleibender Gewinn schließlich nicht mehr besteuert wird. Der Vorteil von § 3a EStG gegenüber einem gestaffelten Erlass besteht allerdings darin, dass die Verlustverrechnung mit dem Sanierungsgewinn in einem Wirtschaftsjahr stattfinden kann und die Sanierung so zügiger abgeschlossen werden kann. Wären Unternehmen darauf angewiesen, die Gesellschaft schrittweise durch ratierliche Verzichte zu entschulden, könnte sich die Sanierung über viele Jahre ziehen, je nachdem wie hoch die entsprechenden Verbindlichkeiten sind. Dies kann weder im Interesse der Gläubiger noch des Fiskus sein.

3. Regresslose Schuldübernahme

Gerade in Konzernkonstellationen mit mehreren beteiligten Gesellschaften kann die Situation auftreten, dass auf der Ebene des zu sanierendes

495 Vgl. Stadler, NZI 2018, 49.

496 Vgl. Sistermann, DStR 2017, 689, 694; Braun/Geist, BB 2009, 2508, 2512.

Unternehmens steuerpflichtige Erträge entstehen, weil nicht ausreichend Verlustvorträge vorhanden sind um den Verzichtsgewinn zu neutralisieren, während die Muttergesellschaft ausreichend Verlustvortrag ausweisen kann, aber nicht genügend Verbindlichkeiten bestehen, die erlassen werden könnten.[497] Hier muss das Ziel also darin bestehen, Bilanzgewinne, die durch Gläubigerverzichte bei dem zu sanierenden Unternehmen entstehen, durch bestehende Verlustvorträge auch anderer Konzerngesellschaften abzuschmelzen.[498] Auf diese Weise wird ein Verzichtsgewinn zwar ebenfalls nicht zwingend verhindert, jedoch kann dieser durch die Nutzung von Verlusten anderer Gesellschaften so abgeschmolzen werden, dass es zu keiner oder nur einer geringen Steuerbelastung auf Ebene des zu sanierenden Unternehmens kommt. Da eine Verlustübertragung, zumindest wenn keine steuerliche Organschaft besteht,[499] allerdings nicht möglich ist, bleibt nur der Ausweg, die zu erlassenden Forderungen schon vor dem Verzicht auf einen anderen Rechtsträger mit entsprechendem Verlustpotential zu übertragen.[500] Ein geeignetes Mittel könnte hier die befreiende Schuldübernahme gemäß § 414 Abs. 1 BGB sein[501], ggf. auch durch einen Investor[502]. Denn zumindest nach einem Beschluss des BFH aus dem Jahr 2001[503] kann ein solcher Vorgang unter Umständen steuerneutral gehalten werden. Danach liege zwar ein nach den Grundsätzen der verdeckten Einlage zu behandelnder Gesellschafterverzicht vor, wenn ein Gesellschafter auf eine Rückgriffsforderung verzichtet, nachdem er für eine Forderung gegen die Gesellschaft aus einer Bürgschaft in Anspruch genommen wurde. Um einen solchen Verzicht auf eine Rückgriffsforderung mit der Folge einer verdeckten Einlage handele es sich jedoch nicht, wenn die Verbindlichkeit der Gesellschaft unter Verzicht auf Rückgriffsansprüche stattdessen durch den Gesellschafter im Wege der Schuldübernahme übernommen wird. Grundsätzlich ist die Konstellation der Schuldübernahme im Rahmen der Sanierung dahin-

497 Vgl. Kahle/Willner, in: Schüppen/Schaub, Anwaltshandbuch Aktienrecht, § 4, Rn. 336.

498 Vgl. Braun/Geist, BB 2009, 2508.

499 Vgl. Kahle/Willner, in: Schüppen/Schaub, Anwaltshandbuch Aktienrecht, § 4, Rn. 336.

500 Vgl. Braun/Geist, BB 2009, 2508.

501 Vgl.: Kroninger/Korb, BB 2008, 2656; Sistermann, DStR 2017, 689; Braun/Geist, BB 2009, 2508; Geerling/Hartmann, DStR 2017, 752; Kahle/Willner, in: Schüppen/Schaub, Anwaltshandbuch Aktienrecht, § 4, Rn. 336.

502 Vgl. Stadler, NZI 2018, 49.

503 BFH v. 20.12.2001 – I B 74/01, BFH/NV 2002, 678.

gehend ausgestaltet, dass der Gesellschafter sich zu einer Einlage verpflichtet und diese dadurch erfüllt, dass er sich zur Freistellung des notleidenden Unternehmens von Drittverbindlichkeiten bereit erklärt und diese auch mit schuldbefreiender Wirkung durchführt.[504] Im genannten Fall entschied der I. Senat, dass die Verbindlichkeit bei der sanierungsbedürftigen Gesellschaft zunächst mit einem zu aktivierenden Freistellungsanspruch gegen den Gesellschafter (§ 415 Abs. 3 S. 1 BGB) aufzurechnen ist.[505] Wird die Schuldübernahme wirksam, nämlich dann, wenn der Gläubiger nach § 415 Abs. 1 BGB zustimmt, fallen sowohl die übernommene Verbindlichkeit, als auch der zuvor aktivierte Freistellungsanspruch weg und es kommt zu einer erfolgsneutralen Bilanzverkürzung.[506] Der aktivierte Freistellungsanspruch ist also zugleich als verdeckte Einlage in Höhe des Nennwerts der Verbindlichkeit außerbilanziell wieder zu kürzen, solange der Gesellschafter noch nicht aus der Sicherheit in Anspruch genommen wurde und im Fall der Ablösung der Forderung gemeinsam mit der Verbindlichkeit ergebnisneutral auszubuchen.[507]

Im Hinblick auf die Allgemeintauglichkeit von Schuldübernahmen als Sanierungsalternative ergeben sich allerdings eine Reihe von Bedenken. Diese stehen teils im Zusammenhang mit dem genannten BFH-Beschluss, teils sind sie aber auch grundsätzlicher Natur.

Um der entschiedenen Sachverhaltskonstellation zu entsprechen, ist zunächst erforderlich, dass der Übernehmer der Schuld vor Wirksamwerden der Schuldübernahme Gesellschafter des sanierungsbedürftigen Unternehmens wird, da nur dann eine Einlage möglich ist.[508] Dies gilt sowohl, wenn anschließend ein Verzicht durch die Gläubiger angestrebt wird, als auch wenn die Forderung nur auf einen anderen Schuldner ausgelagert werden soll, um eine bilanzielle Überschuldung des sanierungsbedürftigen Unternehmens zu verhindern. Als weiterer zentraler, jedoch eher zu vernachlässigender Punkt muss hinzukommen, dass die Schuldübernahme regressfrei, also unter Ausschluss jeglicher Rückgriffsansprüche gegen das zu sanierende Unternehmen vereinbart wird[509], denn wenn ein Regressanspruch gegen das sanierungsbedürftige Unternehmen erst einmal entstanden ist, kommt

504 Vgl. Geerling/Hartmann, DStR 2017, 752.
505 BFH v. 20.12.2001 – I B 74/01, BFH/NV 2002, 678.
506 Vgl. Hierstetter, DStR 2010, 882; vgl. Hiller/Baschnagel, DStZ 2017, 353.
507 Vgl. Krumm, in: Blümich, § 5 EStG, Rn. 1124 (Stand: März 2020).
508 Vgl. Stadler, NZI 2018, 49.
509 Vgl. Stadler, NZI 2018, 49; Bogenschütz, Ubg 2010, 407; Sistermann, DStR 2017, 689.

mit der Nichtgeltendmachung nur noch ein Verzicht auf eine nicht mehr werthaltige Forderung und damit eine Einlage nur in Höhe des werthaltigen Teils in Betracht.[510] Um dem zu entgehen, muss schon die Entstehung eines Regressanspruchs von vorn herein verhindert werden. Nur so weit die Schuldübernahme von vornherein unbedingt und unter Ausschluss jeglicher Rückgriffsansprüche erklärt worden ist, liegt kein Verzicht des Gesellschafters auf eine wertlose Regressforderung vor.[511] Drittens müssen die speziellen tatsächlichen Umstände des entschiedenen Falles beachtet werden. Zum einen hatte der übernehmende Gesellschafter die Forderung vollständig beglichen. Wird im Anschluss an die Schuldübernahme ein Verzicht angestrebt, müssen daher zusätzlich noch dessen Rechtsfolgen im Blick behalten werden. Auf der Ebene des zu sanierenden Unternehmens bleibt ein Verzicht stets steuerlich erfolgsneutral, unabhängig davon, ob der Verzicht schon vor oder erst nach der Zustimmung des Gläubigers – und damit vor oder nach Wirksamwerden der Schuldübernahme (§ 415 Abs. 1 S. 1 BGB) – erklärt wird.[512] Beim Übernehmer hingegen kann es zu einem steuerlichen Gewinn kommen.[513] Damit aber das Problem des Verzichtsgewinns nicht nur auf eine andere Ebene, nämlich die des Übernehmers bzw. Investors verlagert wird, muss darauf geachtet werden, dass der Übernehmer tatsächlich ausreichend mit dem Verzichtsgewinn verrechenbare Verluste ausweisen kann.[514] Schließlich kommt erschwerend hinzu, dass es sich nur um eine vereinzelte Entscheidung im Beschlusswege handelt, die immerhin bereits aus dem Jahr 2001 stammt und zudem im Schrifttum nicht unbestritten ist.[515] Von einer gefestigten Rechtsprechung kann daher nicht gesprochen werden.

Abseits der Einwände gegen die genannte Rechtsprechung, bestehen gegen die Allgemeintauglichkeit von Schuldübernahmen als Sanierungsinstrument aber auch schon grundsätzliche Einwände. Hier ist zunächst anzuführen, dass die Gläubiger einer Schuldübernahme, die zwischen dem zu sanierenden Unternehmen und dem Übernehmer vereinbart wird, zustimmen müssen, § 415 Abs. 1 S. 1 BGB. Zumindest dann, wenn kein anschließender Forderungserlass angestrebt wird, besteht die Gefahr, dass die

510 Vgl. Stadler, NZI 2018, 49.

511 Vgl. Hierstetter, DStR 2010, 882.

512 Vgl, dazu: Schmidt/Hageböke, DStR 2002, 2150 (ausführlich zur handels-, sowie steuerbilanziellen Behandlung der beiden Sachverhaltskonstellationen).

513 Vgl. Schmidt/Hageböke, DStR 2002, 2150.

514 Vgl. Kroninger/Korb, BB 2008, 2656.

515 Vgl. Krumm, in: Blümich, § 5 EStG, Rn. 1124 (Stand: März 2020).

Gläubiger eine Verschlechterung ihrer Sicherungsposition befürchten und ihre Zustimmung versagen,[516] mit der Folge, dass die Schuldübernahme gemäß § 415 Abs. 2 S. 1 BGB als nicht erfolgt gilt. Zudem dürfte die Gestaltungsvariante der Schuldübernahme nicht in Betracht kommen, wenn weder andere Konzerngesellschaften mit hinreichendem Verlustvolumen noch andere hinreichend solvente Gesellschafter vorhanden sind, deren Eintritt in die Schuldnerstellung die Gläubiger zustimmen werden. Schwierigkeiten wird außerdem der nicht selten anzutreffende Fall bereiten, dass die Gesellschaft nicht von Drittverbindlichkeiten entlastet werden muss, sondern von Gesellschafterforderungen. Sind mehrere Gesellschafter vorhanden, können die Verbindlichkeiten theoretisch vom jeweils anderen übernommen werden, doch sind weitere Gesellschafter nicht vorhanden, fehlt es auch schlicht an einem möglichen Übernehmer für die Verbindlichkeiten. In diesem Fall wären Steuerpflichtige darauf angewiesen, dass sich ein Investor an der Sanierung beteiligt, der sich zu einer Schuldübernahme bereit erklären müsste. Gelingt dies nicht, ist eine Schuldübernahme für das betreffende Unternehmen als Sanierungsinstrument von vornherein ausgeschlossen. Selbst wenn es gelingt, einen potenziellen Übernehmer der Schuld mit ausreichend verrechenbaren Verlusten zu finden, bleibt erneut das Problem der Mindestbesteuerung gemäß § 10d Abs. 2 EStG bestehen. Auch der Übernehmer müsste also den durch den Verzicht entstehenden Sanierungsgewinn teilweise versteuern, obwohl genügend Verlustpotential zur Verrechnung vorhanden wäre.

Die Eignung befreiender Schuldübernahmen als Alternative zu einer Steuerfreiheit des Sanierungsgewinns scheitert folglich ebenfalls an ihrer mangelnden Allgemeintauglichkeit. Die Variante eignet sich höchstens im Konzernverbund, wenn andere Konzerngesellschaften als Übernehmer auftreten können. Selbst wenn weitere Gesellschaften vorhanden sind, stellt sich aber das Hauptproblem von ratierlichen Forderungserlassen auch im Rahmen der Gestaltungsvariante der Schuldübernahme, nämlich das Erfordernis von vorhandenem Verlustpotential. Bestehen keine verrechenbaren Verluste, wird die Entstehung des Sanierungsgewinns nur auf die Ebene des Übernehmers verlagert[517] und die Notwendigkeit der Steuerbefreiung muss dann auf dieser Ebene diskutiert werden. Ferner besteht bei nicht konzernangehörigen Krisenunternehmen keine Garantie dafür, dass sich ein mit einer Schuldübernahme einverstandener Investor findet. Im Gegenteil wird

516 Vgl. Kroninger/Korb, BB 2008, 2656.
517 Vgl. Stadler, NZI 2018, 49, 54.

die Bereitschaft eines Investors zu einer Beteiligung an der Sanierung eher abnehmen, je größer das Volumen an Verbindlichkeiten ist, von denen das Unternehmen befreit werden muss. Schließlich ist eine Schuldübernahme insbesondere deswegen keine allgemeintaugliche Alternative zu einer gesetzlichen Steuerbefreiung, weil ihre Steuerneutralität ausgehend von der Rechtsprechung voraussetzt, dass der Übernehmer Gesellschafter des zu sanierenden Unternehmens ist, da nur dann eine steuerfreie Einlage und eine Gegenbuchung mit einem Freistellungsanspruch möglich ist. Handelt es sich bei Steuerpflichtigen aber um Einzelkaufleute oder Selbstständige, ist eine gesellschaftsrechtliche Beteiligung nicht möglich. In diesen Fällen bliebe nur eine befreiende Schuldüberahme durch externe Dritte. Hier ist die anschließende Ausbuchung der Verbindlichkeit aber erfolgswirksam, sodass ein steuerpflichtiger Ertrag nicht verhindert wird.

4. Debt-Equity-Swap

Auch die Umwandlung von Verbindlichkeiten in Eigenkapital (Debt-Equity-Swap) gehört zu den im Rahmen der modernen Restrukturierungspraxis regelmäßig in Erwägung gezogenen Sanierungsinstrumenten, bzw. ist ein wesentliches Element der Sanierungspraxis.[518] Diese Gestaltungsvariante wurde schon früher in Reaktion auf das nunmehr über 10 Jahre alte und den Sanierungserlass erstmals in Frage stellende Urteil des FG München[519] als Alternative zum Sanierungserlass ins Spiel gebracht[520] und muss auch nach der Entscheidung des Großen Senats zum Sanierungserlass daraufhin überprüft werden, ob darin eine vergleichbar effektive Alternative zu einer Steuerbefreiung liegt.

Zivilrechtlich erfolgt bei einem Debt-Equity-Swap ein Wechsel von der Gläubiger- in die Gesellschafterstellung. Aus Gläubigern werden also Anteilseigner.[521] Im ersten Schritt wird meist eine Kapitalherabsetzung bei dem Schuldnerunternehmen – häufig im Wege der vereinfachten Kapitalherabsetzung gemäß §§ 229 ff. AktG oder § 58a GmbHG[522] – vorgenommen[523]. Im zweiten Schritt erfolgt sodann eine Kapitalerhöhung, wobei in

518 Vgl. Mückl, FR 2009, 497; Eidenmüller/Engert, ZIP 2009, 541, 542.
519 FG München v. 12.12.2007 – 1 K 4487/06, EFG 2008, 615.
520 Vgl. Braun/Geist, BB 2009, 2508.
521 Vgl. Beisel, in: Beisel/Klumpp, Der Unternehmenskauf, § 5, Rn. 11.
522 Vgl. Mückl, FR 2009, 497.
523 Exemplarisch: Beisel, in: Beisel/Klumpp in: Der Unternehmenskauf, § 5, Rn. 11.

dem entsprechenden Beschluss die Möglichkeit der Erbringung einer Sacheinlage getroffen wird.[524] Dabei ist es sinnvoll, die Bezugsrechte der Alt-Aktionäre[525] gemäß § 186 Abs. 3 AktG auszuschließen, um sicherzustellen, dass die Gläubigerforderungen als Eigenkapital eingebracht werden können[526] und bei einer GmbH Dritte zur Übernahme neuer Anteile zuzulassen.[527] Gesellschaftsrechtlich ist ein Debt-Equity-Swap folglich eine Kapitalerhöhung gegen Sacheinlage.[528] Die Sacheinlage wird dann dergestalt erbracht, dass die Gläubiger ihre Forderung gemäß § 398 BGB an die Gesellschaft abtreten und diese somit durch Konfusion erlischt oder die Gläubiger mit der Gesellschaft einen Erlassvertrag abschließen mit der Folge, dass die Forderung nach § 397 Abs. 1 BGB erlischt.[529] Keineswegs steht ein Debt-Equity-Swap nur bestehenden Altgläubigern offen. Vielmehr ist es gängig, dass nicht nur Altgläubiger ihre Forderungen in Eigenkapital umwandeln, sondern dass entsprechende Forderungen zuvor mit hohen Abschlägen auf den Nennwert von Investoren aufgekauft werden, die sie dann wiederum in eine Beteiligung an der Krisengesellschaft umwandeln[530] (sog. distressed debt purchase[531]).

Aus steuerlicher Sicht ist der Debt-Equity-Swap als tauschähnlicher Vorgang einzuordnen[532] Da die Forderung entweder durch Verzicht oder durch Konfusion erlischt, ist die entsprechende Verbindlichkeit bei dem Schuld-

---

524 Vgl. Beisel, in: Beisel/Klumpp in: Der Unternehmenskauf, § 5, Rn. 11.

525 Während das Aktienrecht ein solches Bezugsrecht in § 186 Abs. 1 S. 1 AktG ausdrücklich vorsieht, fehlt eine entsprechende Regelung im GmbHG. Jedoch kann im Fall einer GmbH hingegen ein ungeschriebenes Bezugsrecht abgeleitet werden (z.B. Beyer, in: Lutter/Hommelhoff, GmbHG, § 55, Rn. 19; Lieder, in: MüKo GmbHG, § 55, Rn. 70; grundlegend: Priester, DB 1980, 1925).

526 Vgl. etwa Knecht/Haghani, in: Buth/Hermanns, Restrukturierung, Sanierung, Insolvenz, § 18, Rn. 51.

527 Vgl. Eidenmüller/Engert, ZIP 2009, 541, 542.

528 Mückl, FR 2009, 497, 498; Knecht/Haghani, in: Buth/Hermanns, Restrukturierung, Sanierung, Insolvenz, § 18, Rn. 49; krit. Zur Sacheinlage und stattdessen eine Einbringung der Forderung in die Kapitalrücklage vorschlagend: Fromm, ZInsO 2012, 1253.

529 Vgl. Lieder, in: MüKo GmbHG, § 56, Rn. 19b; Scheunemann/Hoffmann, DB 2009, 983.

530 Vgl. Mückl, FR 2009, 497.

531 Vgl. Himmelsbach/Achsnick, NZI 2006, 561, 562.

532 Vgl. Herzig/Liekenbrock, Ubg 2013, 313, 322; Mückl, FR 2009, 497; Eilers/Bühring, Sanierungssteuerrecht, Rn. 3.214; Schwenker/Fischer, DStR 2010, 1117, 1120; Frey/Mückl, FR 2010, 1193.

ner auszubuchen.[533] In Höhe des im Verzichtszeitpunkt noch werthaltigen Teils der Forderung liegt eine verdeckte Einlage vor.[534] In Höhe des Differenzbetrags zwischen dem Buchwert und dem Teilwert der Forderung kommt es auf Ebene der zu sanierenden Gesellschaft zu einem steuerpflichtigen Gewinn.[535] Ob die Einbringung der Forderung steuerneutral erfolgen kann oder nicht, bestimmt sich daher nach dem Verhältnis des Buchwerts der Forderung zu ihrem gemeinen Wert.[536] Nur wenn die Forderung noch voll werthaltig ist, stellt der Debt-Equity-Swap einen erfolgsneutralen Passivtausch dar, denn dem Erlöschen der Verbindlichkeit steht dann eine entsprechende Erhöhung des Eigenkapitals gegenüber.[537]

Daraus ergibt sich unmittelbar das größte Problem des Debt-Equity-Swaps als echte Alternative zu einer Steuerbefreiung. Wird diese Gestaltung als Alternative zu einem klassischen Forderungsverzicht gewählt, wird ein Buchgewinn nur dann vermieden, wenn die eingebrachte Forderung noch voll werthaltig ist. Wenn aber die Werthaltigkeit noch voll gegeben ist, dann entsteht – zumindest bei gesellschaftsrechtlicher Veranlassung – auch durch einen Gesellschafterverzicht schon kein steuerpflichtiger Gewinn. Ist die Werthaltigkeit hingegen nicht gegeben, dann entsteht durch den Wegfall der Verbindlichkeit bei der Schuldnergesellschaft stets ein steuerpflichtiger Gewinn in Höhe der Differenz zwischen Buchwert und Teilwert der Forderung, unabhängig davon, welche rechtliche Konstruktion dem Erlöschen der Forderung zugrunde liegt. Da die einzubringende Forderung in der Krise bzw. in der Sanierung jedoch ohnehin nicht mehr voll werthaltig sein und der Teilwert nicht dem Buchwert entsprechen wird, hilft die Debt-Equity-Swap Konstellation gegenüber dem Forderungsverzicht nicht weiter. Insofern bringt der Debt-Equity-Swap gegenüber einem „schlichten" Forderungsverzicht keinen Vorteil.

Darüber hinaus ist ein Debt-Equity-Swap im Vergleich zu einer Steuerbefreiung deutlich komplizierter umzusetzen. Insbesondere das gesellschaftsrechtliche Zustimmungserfordernis der Altgesellschafter für die Kapitalerhöhung gemäß § 182 Abs. 1 S. 1 AktG und § 53 Abs. 2 S. 1, 55 GmbHG kann ein Hindernis für deren Realisierung sein und den Ablauf verzögern

533 Vgl. Eilers/Bühring, Sanierungssteuerrecht, Rn. 3.215; Schwenker/Fischer, DStR 2010, 1117, 1121; Fox/Scheidle, GWR 2009, 51, 54.

534 Vgl. Schwenker/Fischer, DStR 2010, 1117, 1121.

535 Vgl. Förster, Ubg 2010, 758, 763; Schwenker/Fischer, DStR 2010, 1117, 1121; Eilers/Bühring, Sanierungssteuerrecht, Rn. 3.215; Braun/Geist, BB 2009, S. 2508, 2513.

536 Vgl. Mückl, FR 2009, 497; Frey/Mückl, FR 2010, 1193, 1194.

537 Vgl. Mückl, FR 2009, 497.

und verkomplizieren, denn die Altgesellschafter müssen der Kapitalerhöhung danach sowohl bei einer AG als auch einer GmbH mit einer qualifizierten Mehrheit von 75% zustimmen. Seitens der Altgesellschafter besteht also ein strategisches Blockadepotential.[538] Da ein Debt-Equity-Swap folglich auch im Fall von Unternehmensrestrukturierungen- und Sanierungen nicht gegen den Willen der Altgesellschafter möglich ist[539], kann die Kapitalerhöhung schlimmstenfalls sogar gänzlich an den Zustimmungserfordernissen scheitern. Ebenso bedarf auch der Ausschluss des Bezugsrechts der Altgesellschafter einer qualifizierten Mehrheit von 75% der Stimmen, § 186 Abs. 3 S. 2 AktG. Zudem ist gemäß § 186 Abs. 4 S. 2 AktG für den Bezugsrechtsausschluss ein schriftlicher Bericht des Vorstands mit Angabe des Grundes für den vollständigen oder teilwesen Ausschluss erforderlich.

Letztlich stellt ein Debt-Equity-Swap kein praktikables Instrument zur Vermeidung eines Sanierungsgewinns dar. Eine große Hürde stellt schon das Erfordernis der Zustimmung durch die bisherigen Anteilsinhaber dar, die nicht immer bereit sein werden, ihr Einverständnis mit der Kapitalerhöhung zu erklären.[540] Nicht vernachlässigt werden darf außerdem, dass ein Debt-Equity-Swap nur dann in Betracht kommt, wenn die Gläubiger überhaupt ein Interesse an der Umwandlung ihrer Forderungen in Eigenkapital haben. Vor allem folgt die Untauglichkeit als Alternative zu einer Steuerfreiheit aber daraus, dass sich grundsätzlich dieselben Rechtsfolgen wie bei einem Forderungsverzicht ergeben. In Höhe des werthaltigen Teils der Forderung kommt es zu einer steuerneutralen Einlage, während in Höhe des nicht werthaltigen Teils der Forderung ein steuerpflichtiger Ertrag entsteht. Im Krisenfall wird die einzubringende Forderung regelmäßig nicht mehr voll werthaltig sein, sodass ein bilanzieller Gewinn selten zu vermeiden sein wird. Die Folge ist, dass der Wechsel von der Gläubiger- in die Gesellschafterstellung nicht nur keine taugliche Gestaltungsvariante gegenüber einer steuerlichen Privilegierung des Verzichtsgewinns ist, sondern im Gegenteil auch bei dieser Entschuldungsvariante in gleicher Weise wie bei einem Forderungsverzicht ein Bedürfnis nach einer gesetzlichen Privilegierung des dadurch entstehenden Bilanzgewinns besteht.

538 Vgl. Eidenmüller/Engert, ZIP 2009, 541.
539 Vgl. Scheunemann/Hoffmann, DB 2009, 983.
540 Vgl. Drouven, ZIP 2009, 1052.

5. Wiederherstellung der Werthaltigkeit der Forderung

Sowohl bei „klassischen" Forderungsverzichten als auch bei einer Entschuldung mittels eines Debt-Equity-Swaps resultiert der entsprechende Verzichtsgewinn, wie gezeigt, aus der mangelnden Werthaltigkeit der Forderung gegenüber einer sanierungsbedürftigen Gesellschaft. Um diesem gemeinsamen Problem zu begegnen, wird in der Literatur diskutiert, die Werthaltigkeit der Forderung vor der Einbringung oder dem Verzicht wiederherzustellen, mit der Folge, dass der durch die Ausbuchung entstehende Ertrag im Wege der verdeckten Einlage korrigiert werden kann. Auch der BFH scheint einer solchen Wiederherstellung der Werthaltigkeit nicht generell ablehnend gegenüberzustehen, denn in einem Beschluss von 2001[541] zum verdeckten Einlagecharakter einer Schuldübernahme durch den Gesellschafter unter Regressverzicht hatte er ausdrücklich auf entsprechende Literaturbeiträge verwiesen.

Die vorgebrachten Gestaltungsmaßnahmen sind dabei vielfältig. Zunächst ist es denkbar, die Werthaltigkeit dadurch wiederaufleben zu lassen, dass die Gesellschafter Barzuschüsse in die Kapitalrücklage leisten – was der Gesellschaft ermöglichen würde, ihren Verpflichtungen wieder nachzukommen[542] – oder in Konzernkonstellationen ausreichend solvente Gesellschaften auf die Schuldner-Gesellschaft zu verschmelzen oder zumindest Teile davon abzuspalten.[543] Des Weiteren kommt eine Übernahme der Verluste der Gesellschaft durch die Gesellschafter in Betracht.[544] Dadurch erhält die Krisengesellschaft eine Verlustübernahmeforderung gegen den oder die übernehmenden Gesellschafter, mit der dann gegen die Forderung des Gesellschafters gegen die Gesellschaft aufgerechnet werden kann, was zu keinem steuerlichen Ertrag führt.[545] Schließlich kann die Werthaltigkeit auch durch die Bestellung von Sicherheiten erreicht werden. Zu nennen sind an dieser Stelle etwa eine Bankbürgschaft gegenüber der Gesellschaft für die Gesellschafterforderung oder die Abgabe einer harten Patronatserklärung.[546] Bei Letzterer gibt etwa eine Muttergesellschaft eine verbindliche Erklärung gegenüber den Gläubigern einer Tochtergesellschaft ab, deren

541 BFH v. 20.12.2001 – I B 74/01, BFH/NV 2002, 678.

542 Vgl. Hoffmann, DB 1998, 1983; Mückl, FR 2009, 497, 504.

543 Vgl. Mückl, FR 2009, 497, 504.

544 Vgl. Neu, GmbH-StB 1998, 131, 136; Hoffmann, DB 1998, 1983.

545 Vgl. Hoffmann, DB 1998, 1983 mit Verweis auf: Neu, GmbH-StB 1998, 131, 136.

546 Hoffmann, DB 1998, 1983; Mückl, FR 2009, 497, 504; vgl. auch Hierstädter, DStR 2010, 882, 884.

wirtschaftliche Position zu stärken oder deren Überlebensfähigkeit für einen gewissen Zeitraum sicherzustellen.[547]

Jede der Gestaltungsvarianten ist für sich betrachtet zwar geeignet, die Werthaltigkeit einer Forderung wiederaufleben zu lassen, jedoch können sie nicht in gleichem Maße wie die steuerliche Privilegierung des § 3a EStG für Rechtssicherheit sorgen. Während die Befreiung des § 3a EStG von gesetzlich vorgegebenen Voraussetzungen abhängt, kann durch die genannten Maßnahmen ein Buchgewinn und eine dadurch ausgelöste Steuerlast nur unter den „passenden" Rahmenbedingungen vermieden werden. Zuschüsse in die Kapitalrücklage etwa helfen der Gesellschaft nur dann weiter, wenn hinreichend solvente Gesellschafter vorhanden sind und diese auch zur Leistung von Zuschüssen bereit sind. Die Verschmelzung von anderen Konzerngesellschaften auf das Krisenunternehmen ist denklogisch nur möglich, wenn es sich überhaupt um eine konzernangehörige Gesellschaft handelt, sodass dieser Weg nichtkonzernangehörigen Unternehmen von vornherein verwehrt ist. Eine Bankbürgschaft ist zwar grundsätzlich für jedes Unternehmen und für jede Art von Forderung denkbar, jedoch muss auch hier zunächst ein Bürge gefunden werden, der bereit ist, sich für die Verbindlichkeit der Gesellschaft zu verbürgen. Gerade in der Krise eines Unternehmens dürfte dies schwierig zu bewerkstelligen sein. Gleiches gilt auch für eine harte Patronatserklärung.

Selbst wenn man unterstellt, dass die Werthaltigkeit einer Forderung stets wiederhergestellt und anschließend mittels einer verdeckten Einlage ein Buchgewinn vermieden werden könnte, hat dieser Lösungsweg einen entscheidenden Haken. Die Kompensation des Verzichtsgewinns durch eine Einlage kann nur erfolgen, wenn der Gläubiger des Krisenunternehmens ein Gesellschafter ist, da nur ein Gesellschafter eine Einlage erbringen kann. Handelt es sich hingegen um einen außerhalb des Unternehmens stehenden Gläubiger, bleibt es dabei, dass durch einen Forderungsverzicht ein steuerpflichtiger Ertrag entsteht. Letztlich könnten steuerpflichtige Sanierungserträge also bei Gesellschafterverzichten vermieden werden, bei externen Gläubigern hingegen nicht. Da die Wiederherstellung der Werthaltigkeit also nur bei einer bestimmten Gläubigergruppe weiterhilft (Gesellschafter), eignet sich diese Variante insgesamt nicht als Alternative zu einer steuerlichen Privilegierung des Sanierungsertrages, da Sanierungsmaßnahmen, an denen externe Drittgläubiger beteiligt sind, nicht effektiv gefördert werden können.

547 Vgl. Maier-Reimer/Etzbach, NJW 2011, 1110.

6. Wegzug ins Ausland

Schließlich könnte noch ein Umzug des Krisenunternehmens ins Ausland erwogen werden, etwa durch eine Sitzverlegung oder auch eine grenzüberschreitende Verschmelzung auf eine ausländische Gesellschaft, um dort die Sanierung des Unternehmens zu ermöglichen.[548] Ist die betroffene Verbindlichkeit nach dem Wegzug dem ausländischen Stammhaus zuzuordnen, hätte der Verzicht darauf in Deutschland keine steuerlichen Auswirkungen mehr.[549] Sofern die gewählte ausländische Rechtsordnung sanierungsfreundliche steuerliche Bedingungen schafft, kann so freilich ein in Deutschland zu versteuernder Verzichtsgewinn vermieden werden, jedoch ist diese Möglichkeit auf entsprechend gelagerte Einzelfälle begrenzt.[550] Außerdem ist diese Alternative höchst komplex, da sie den Voraussetzungen und Anforderungen der Steuerrechtsordnungen von mindestens zwei Staaten genügen muss.[551] Eine allgemeintaugliche Alternative zu einer Steuerbefreiung kann ein Umzug der Krisengesellschaft ins Ausland daher nicht sein.

7. Zwischenergebnis

Durch steuerliche Gestaltungsmöglichkeiten, die von Steuerpflichtigen ohne staatliche Beteiligung umsetzbar sind, können Sanierungsgewinne teilweise vermieden oder zumindest die darauf entfallende Steuerlast abgemildert werden. Jedoch kann durch keine der Maßnahmen eine Sanierung ebenso rechtssicher ermöglicht werden, wie durch eine gesetzliche Freistellung des Sanierungsgewinns nach § 3a EStG. Während bei einem Debt-Equity-Swap oder einem zur Ausbuchung der Forderung führenden Rangrücktritt ebenso wie bei einem Verzicht ein Buchgewinn entsteht, scheitert die Allgemeintauglichkeit an anderer Stelle an umfangreichen Mitwirkungsbedürfnissen Dritter und damit an der verlässlichen Umsetzungsbarkeit. Wieder andere Maßnahmen wirken nur temporär oder sind sehr zeitaufwendig, was einer effektiven Sanierung entgegensteht. Schließlich können die Gestaltungsalternativen zwar im Einzelfall wirkungsvoll sein, erfordern aber oft spezielle Rahmenbedingungen, die nicht von jedem zu

548 Vgl. Sistermann, DStR 2017, 689.
549 Vgl. Fox/Scheidle, GWR 2009, 51, 53.
550 Vgl. Sistermann., DStR 2017, 689.
551 Vgl. Fox/Scheidle, GWR 2009, 51, 53.

sanierenden Unternehmen erfüllt werden können, z.B. ausreichend Verlustvortrag oder bleiben auf bestimmte Anwendungsfälle beschränkt, sodass sie nicht allgemeintauglich sind. Die Untersuchung hat daher im Gegenteil gezeigt, dass steuerlich wirksame Gewinne, die zum Sanierungshindernis werden, nicht nur durch Forderungserlasse, sondern auch durch andere Sanierungsmaßnahmen entstehen und deshalb ein umfassendes Bedürfnis nach einer gesetzlichen Freistellung dieser Erträge als Sanierungsgewinne besteht, auch wenn zur Entschuldung des zu sanierenden Unternehmens andere Gestaltungen abseits von Forderungsverzichten gewählt werden.

III. Maßnahmen durch die Verwaltung

Statt einen Sanierungsgewinn durch steuerliche Gestaltungsmodelle zu vermeiden oder zumindest die wirtschaftliche Belastung durch die Steuer in der Sanierungsphase zu mindern, besteht auch die Möglichkeit, dass die Finanzverwaltung Sanierungen ihrerseits durch verschiedene Maßnahmen unterstützt. In Betracht kommt weiterhin ein Erlass oder eine Stundung der Steuer auf den Sanierungsgewinn.

1. Weiterhin Steuererlass gemäß §§ 163, 227 AO wegen sachlicher oder persönlicher Unbilligkeit

Die Entscheidung des Großen BFH-Senats zum Sanierungserlass bedeutet keineswegs, dass ein Sanierungsgewinn nicht weiterhin im Einzelfall erlassen werden kann, denn der Große Senat hat nur entschieden, dass die im Sanierungserlass aufgestellten Voraussetzungen keinen Fall sachlicher Unbilligkeit i.S.v. §§ 163, 227 AO beschreiben.[552] Gleichzeitig hat er aber selbst ausdrücklich darauf hingewiesen, dass auf außerhalb des Sanierungserlasses liegende, insbesondere auf persönliche Billigkeitsgründe gestützte Billigkeitsmaßnahmen unberührt bleiben und daher weiterhin möglich sind.[553] Auch der Gesetzgeber hatte schon im Zuge der Aufhebung von § 3 Nr. 66 EStG a.F. in der entsprechenden Gesetzesbegründung ausdrücklich auf die Möglichkeit einer Stundung oder eines Erlasses der auf den Sanierungsgewinn entfallenden Steuer verwiesen.[554] Billigkeitsmaßnahmen nach

552 BFH v. 28.11.2016, GrS 1/15, BStBl. II 2017, 393, Rn. 88.
553 BFH v. 28.11.2016, GrS 1/15, BStBl. II 2017, 393, Rn. 145.
554 BT-Drs. 13/7480, S. 192.

§§ 163, 227 AO können daher weiterhin gewährt werden, soweit sachliche Billigkeitsgründe außerhalb des Sanierungserlasses oder persönliche Billigkeitsgründe vorliegen[555], sodass sich die Frage stellt, ob der Belastung mit durch Sanierungsgewinnen ausgelösten Steuern alternativ zu einer gesetzlichen Befreiung auch ohne den Sanierungserlass ebenso effektiv weiterhin mit Billigkeitsmaßnahmen begegnet werden kann.

a) Erlass wegen sachlicher Unbilligkeit

Zunächst steht die Möglichkeit, im Einzelfall das Vorliegen ausreichender sachlicher Billigkeitsgründe zu prüfen, sodass ein Erlass der auf den durch den Forderungsverzicht ausgelösten Steuer gerechtfertigt wäre, weiterhin offen.[556] Allerdings dürfte es sich als schwierig gestalten, im Fall von Sanierungsgewinnen noch sachliche Billigkeitsgründe zu finden, nachdem die durch den Sanierungserlass aufgestellte Gleichung „Sanierungsbedürftigkeit + Sanierungsfähigkeit = Abweichende Steuerfestsetzung/Erlass"[557] nach Ansicht des BFH zumindest nicht grundsätzlich eine sachliche Unbilligkeit begründet.[558] Unter dem Hinweis, dass der BFH sich insbesondere an einer fehlenden Einzelfallprüfung hinsichtlich der Höhe des Sanierungsgewinns und einer befürchteten Gefährdung des Unternehmens im Sanierungserlass gestört hat, wird teilweise vorgeschlagen, einen Erlass aus sachlichen Billigkeitsgründen zumindest dann anzustreben, wenn vorgetragen werden kann, dass eine Einzelfallprüfung tatsächlich stattgefunden hat.[559] Ein Erlass könne so im Einzelfall erreicht werden, wenn neben der konkreten Höhe des Sanierungsgewinns und der potenziell gegenzurechnenden Verluste, Tatsachen vorgetragen werden, aus denen sich ergibt, dass trotz der Verslustverrechnungsmöglichkeiten im Fall einer Steuererhebung dennoch eine Gefährdung der Unternehmenssanierung besteht.[560]

Teilweise werden in der Literatur sogar Fallgruppen statuiert, in denen auch unter Berücksichtigung der Rechtsansicht des Großen Senats zum Sanierungserlass noch Billigkeitserlasse aus sachlichen Gründen möglich

555 Vgl. Mohr, BB 2017, 673, 677.
556 Vgl. Sistermann, DStR 2017, 689, 694; vgl. Harder, NJW-Spezial 2017, 277.
557 Vgl. Roth, ZInsO 2017, 2417, 2418.
558 Vgl. Mohr, BB 2017, 673, 677; Levedag, GmbHR 2017, R70.
559 Vgl. Lenger, NZI 2017, 290, 293.
560 Vgl. Lenger, NZI 2017, 290, 293.

sein sollen. Auch wenn der BFH betont, dass Billigkeitsmaßnahmen immer auf den Einzelfall abstellen, hält er an diesem Grundsatz nicht im Sinne eines unumstößlichen Prinzips fest, sondern erkennt an, dass Solche auch „in durch besondere Ausnahmevoraussetzungen gekennzeichneten Fallgruppen gewährt werden" können, wenn auch trotzdem in jedem Einzelfall die Voraussetzungen der sachlichen Unbilligkeit vorliegen müssten.[561] Der BFH hat sich also keineswegs dagegen gesperrt, dass weiterhin Fallgruppen bestehen können, in denen ein Billigkeitserlass zu gewähren ist. Allerdings betont er gleichzeitig, dass Billigkeitsmaßnahmen lediglich dazu dienen, Rechtsfolgen auszugleichen, die das Ziel der typisierenden gesetzlichen Vorschrift verfehlen und daher im Einzelfall der steuerrechtlichen Wertentscheidung des Gesetzgebers widersprechen und so zu einem vom Gesetzgeber nicht gewollten Ergebnis führen.[562] Gründe außerhalb des Steuerrechts wie z.B. wirtschafts-, arbeits-, sozial- oder kulturpolitische Gründe seien jedoch nicht geeignet, eine Billigkeitsentscheidung zu rechtfertigen.[563]

Gelingt es also, Gründe für eine sachliche Unbilligkeit darzulegen, die nicht allein denen des Sanierungserlasses entsprechen, wäre ein Erlass aus sachlichen Billigkeitsgründen weiterhin eine Alternative zu einer Steuerbefreiung. Davon ausgehend wird teilweise der Versuch unternommen, unter Berücksichtigung der Senatsauffassung Kriterien herauszuarbeiten, die in Sanierungsfällen zu einem Erlass der auf den Sanierungsgewinn entfallenden Steuer führen. Stadler etwa erkennt eine potentielle Fallgruppe im Fall einer Sanierung durch einen (investiven) Insolvenzplan.[564] Anders als in dem der Entscheidung des Großen Senats zugrunde liegenden Fall (Verzicht gegenüber einem Einzelkaufmann), geht es in Insolvenzplanverfahren zwangsläufig nicht nur um Verzichte von Einzelgläubigern, sondern es liegen regelmäßig großvolumigere „Gruppenverzichte" vor.[565] Wenn in solchen Fällen die Insolvenzmasse nicht ausreichend ist, um die Steuer auf den Sanierungsgewinn zu bedienen, würde das bedeuten, dass schon die Aufhebung des Insolvenzverfahrens scheitert, da fällige Masseverbindlichkeiten bedient (§ 258 Abs. 2 S. 1 InsO) und für erst später fällige Masseverbindlichkeiten entweder Sicherheit geleistet (§ 258 Abs. 2 S. 1 Var. 2 InsO) oder die

561 BFH v. 28.11.2016, GrS 1/15, BStBl. II 2017, 393, Rn. 112.
562 BFH v. 28.11.2016, GrS 1/15, BStBl. II 2017, 393, Rn. 113.
563 BFH v. 28.11.2016, GrS 1/15, BStBl. II 2017, 393, Rn. 113.
564 Vgl. Stadler, NZI 2018, 49, 52.
565 Vgl. Lenger, NZI 2017, 290, 293; Stadler, NZI 2018, 49, 52.

Erfüllung durch einen Finanzplan belegt werden muss, der die Bedienung der Steuer beinhaltet (§ 258 Abs. 2 S. 2 InsO).[566] Handelt es sich nun um einen investiven Insolvenzplan, wird diese Voraussetzung nur schwer zu erfüllen sein, da ein Investor nicht bereit sein wird, in einen Insolvenzplan zu investieren, bei dem zukünftige Erlöse erst zur Bedienung von Steuerverbindlichkeiten aus einem Forderungsverzicht eingesetzt werden müssen.[567] Wenn in solchen Konstellationen dargelegt werden kann, dass es ohne den Insolvenzplan nicht zu einer Sanierung kommt und ein potentieller Investor seinen Beitrag zwingend von einem Billigkeitserlass der Finanzverwaltung abhängig macht, solle darin eine Gruppe von Ausnahmefällen zu sehen sein, in denen ein Erlass aus sachlichen Billigkeitsgründen in Betracht kommt.[568]

Einen weiteren Fall sachlicher Unbilligkeit erkennt Sistermann[569] in Konstellationen, in denen im Anschluss an den Schuldenerlass neue Investoren an dem zu sanierenden Unternehmen beteiligt werden sollen, etwa im Wege eines Debt-Equity-Swaps. Ist der Sanierungsgewinn so hoch, dass er nicht gänzlich mit vorhandenen Verlustverrechnungspotentialen abgeschmolzen werden kann, dann könne sich die sachliche Unbilligkeit daraus ergeben, dass die verbleibenden Verlust- und Zinsvorträge anschließend aufgrund der Beteiligung neuer Investoren nach § 8c KStG untergehen.[570]

Der Große Senat des BFH hebt hervor, dass Billigkeitsmaßnahmen Rechtsfolgen ausgleichen sollen, die das Ziel einer gesetzlichen Vorschrift verfehlen und deshalb ungerecht erscheinen.[571] In seinem Beschluss zum Sanierungserlass hat er jedoch nur entschieden, dass eine sachliche Unbilligkeit nicht bei Vorliegen zumindest allein der Voraussetzungen des Sanierungserlasses vorliegt und eine solche Verfehlung des Gesetzeszwecks deswegen noch nicht gegeben ist.[572]

Davon ausgehend legt Desens[573] dar, dass im Einzelfall ein Anspruch auf einen Billigkeitserlass bestehen kann, wenn neben den Voraussetzungen des Sanierungserlasses zumindest ein zusätzliches Kriterium gefunden

566 Vgl. Stadler, NZI 2018, 49, 52.
567 Vgl. Stadler, NZI 2018, 49, 52.
568 Vgl. Stadler, a.a.O.
569 Vgl. Sistermann, DStR 2017, 689.
570 Vgl. Sistermann, DStR 2017, 689, 694 m.w.N.
571 BFH v. 28.11.2016, GrS 1/15, BStBl. II 2017, 393, Rn. 113.
572 BFH v. 28.11.2016, GrS 1/15, BStBl. II 2017, 393, Rn. 88.
573 Vgl. Desens, NZG 2017, 360; ders. ZIP 2017, 645.

wird, das die besondere Härte des jeweiligen Einzelfalls begründet.[574] Dazu müsse zunächst das gesetzgeberische Ziel bzw. die Wertentscheidung des Gesetzgebers hinter der gegenwärtigen Besteuerung von Sanierungserträgen herausgearbeitet werden.[575] Der BFH zieht dazu maßgeblich die Gesetzesbegründung zur Aufhebung der alten Befreiungsvorschrift des § 3 Nr. 66 EStG a.F. heran.[576] Demnach entfiel § 3 Nr. 66 EStG a.F. „im Rahmen einer Verbreiterung der Bemessungsgrundlage und der Abschaffung von Steuervergünstigungen".[577] Diese deutliche Begründung zeigt, dass die Abschaffung von § 3 Nr. 66 EStG a.F. auch fiskalisch motiviert war und damit die gegenwärtige Besteuerung von Sanierungserträgen zumindest auch der Erzielung von Mehreinnahmen dienen soll.[578] Folglich müsse, um einen Widerspruch zum gesetzgeberischen Zweck zu begründen, einen Widerspruch zur Entscheidung des Großen BFH-Senats zum Sanierungserlass aber zu vermeiden, dargelegt werden, dass in der Besteuerung des Sanierungsgewinns gerade eine Verfehlung des Fiskalzwecks liegt, den die grundsätzliche Besteuerung von Sanierungserträgen verfolgt.[579] Dies sei immer dann der Fall, wenn die Besteuerung des Sanierungsertrags im Vergleich zu seiner Nichtbesteuerung zu staatlichen Mindereinnahmen führt, was immer dann der Fall sei, wenn es ohne die Steuerfreiheit des Sanierungsgewinns schon gar nicht zu einem Forderungsverzicht kommen würde und der Fiskus ohne den Forderungsverzicht schlechter stünde als bei Erhalt der Quote oder bei allen übrigen Sanierungsmaßnahmen.[580] In beiden Fällen würde die Versagung von Billigkeitsmaßnahmen dem eigentlichen Fiskalzweck widersprechen. Auch als „Totalbesteuerungsprognose" bezeichnet, müsse davon ausgegangen werden, dass es trotz notwendiger Typisierungen dem Willen des Gesetzgebers entspreche, dass im Einzelfall von den gesetzlichen Rechtsfolgen abgewichen werden soll, wenn die Abweichung notwendig ist um das zukünftige Steueraufkommen zu erhöhen, weil die Durchsetzung des Gesetzes dazu führen würde, dass dem Staat

574 Vgl. Desens, ZIP 2017, 645, 648.
575 Vgl. Desens, ZIP 2017, 645, 650.
576 BFH v. 28.11.2016 – GrS 1/15, BStBl. II 2017, 393, Rn. 128.
577 BT-Drs. 13/7340, S. 192.
578 Vgl. auch BFH v. 28.11.2016 – GrS 1/15, BStBl. II 2017, 393, Rn. 128, der darin wohl den Hauptgrund für die Aufhebung sieht; Desens, NZG 2017, 360.
579 Vgl. Desens, ZIP 2017, 645, 650.
580 Vgl. Desens, A.a.O.; ebenfalls eine sachliche Unbilligkeit befürwortend, wenn die Besteuerung des Sanierungsgewinns zu Mindereinnahmen führt: Roth, ZInsO 2017, 2417, 2419.

ein potenter Steuerzahler verloren geht.[581] Da das Merkmal der Unbilligkeit gerichtlich voll überprüfbar ist[582], bestünde in diesen Konstellationen sogar ein durchsetzbarer Anspruch auf einen Billigkeitserlass.[583]

Mithin bestehen Fallgruppen, in denen auch nach der BFH-Entscheidung zum Sanierungserlass ein Erlass aus sachlichen Billigkeitsgründen gewährt werden kann.

b) Erlass wegen persönlicher Unbilligkeit

Daneben besteht außerdem die Möglichkeit, in Sanierungsfällen einen Erlass aus persönlichen Billigkeitsgründen anzustreben.[584] Dies setzt kumulativ die Erlassbedürftigkeit und die Erlasswürdigkeit voraus.[585] Erlassbedürftigkeit erfordert, dass die Steuererhebung die wirtschaftliche Existenz des Steuerpflichtigen vernichten oder ernsthaft gefährden würde, was der Fall ist, wenn ohne die Billigkeitsmaßnahme der notwendige Lebensunterhalt nicht mehr bestritten werden kann oder die berufliche Existenz ernsthaft gefährdet wäre[586] Allein vorübergehende Zahlungsschwierigkeiten sind nicht ausreichend.[587] Bei juristischen Personen ist anstatt auf die persönliche Existenzgefährdung auf eine Existenzgefährdung der juristischen Person selbst oder ihres Betriebs oder Unternehmens abzustellen.[588]

Auf den ersten Blick scheinen diese Voraussetzungen auf Sanierungsfälle zu passen. Regelmäßig würde die Besteuerung von Sanierungsgewinnen eine erfolgreiche Sanierung des Unternehmens verhindern und daher dessen wirtschaftliche Existenz dadurch mindestens gefährden. Scheitert die Sanierung an der Verzichtsgewinnbesteuerung, so löst die Steuer auch nicht bloß eine vorübergehende Zahlungsunfähigkeit aus. Zumindest, wenn ein

---

581 Vgl. Roth, ZInsO 2017, 2417, 2419.

582 BFH v. 28.11.2016 – GrS 1/15, BStBl. II 2017, 393, Rn. 106.

583 Vgl. Desens, ZIP 2017, 645, 648.

584 Z.B. Lautenbach/Roll/Völkner, BB 2017, 643, 648; Schüppen, ZIP 2017, 752, 758; BFH v. 28.11.2016 – GrS 1/15, BStBl. II 2017, 393, Rn. 145 („insbesondere" auf persönliche Billigkeitsgründe gestützte Billigkeitsmaßnahmen sollen unberührt bleiben); krit. Kahlert/Schmidt, ZIP 2017, 503, 509.

585 Vgl. Loose, in: Tipke/Kruse, AO/FGO, § 227 AO, Rn. 86 (Stand: Juli 2017).

586 BFH v. 26.2.1987 – IV R 298/84, BStBl. II 1987, 612; v. 7.7.1999 – X R 87/96, BFH/NV 2000, 161; v. 31.1.2002 – VII B 312/00, BFH/NV 2002, 889.

587 Vgl. Loose, in: Tipke/Kruse, AO/FGO, § 227 AO, Rn. 91 (Stand: Juli 2017) mit Verweis auf BFH v. 14.1.2002 – XI B 146/00; Rüsken, in: Klein, AO, § 227, Rn. 33.

588 Vgl. Desens, ZIP 2017, 645, 648 mit Verweis auf z.B. BVerwG v. 29.9.1982 – 8 C 48.82.

schlüssiges Sanierungskonzept besteht, in dem der Beteiligung des Fiskus an der Sanierung durch den Erlass der Steuer auf einen entstehenden Verzichtsgewinn eine erhebliche Bedeutung zukommt, würde durch das Unterlassen der Billigkeitsmaßnahme die Existenz des Unternehmens vernichtet oder zumindest ernstlich gefährdet, sodass insofern eine Erlasswürdigkeit in Betracht kommt.[589]

Auf den zweiten Blick ist jedoch problematisch, dass die Erlassbedürftigkeit erfordert, dass die Existenzgefährdung gerade durch die Steuerfestsetzung oder Steuererhebung verursacht,[590] oder zumindest entscheidend mitverursacht sein muss.[591] Schon dieses Erfordernis wird in vielen Sanierungsfällen erhebliche Barrieren für einen Erlass aus persönlichen Billigkeitsgründen aufbauen. Denn de facto kommt ein Billigkeitserlass aus persönlichen Gründen demnach nie in Betracht, wenn der Fortbestand des Unternehmens schon allein durch dessen gegenwärtige Lage gefährdet ist, da dann die Steuerforderung zumindest nicht erheblich mitverantwortlich für die Gefährdung ist. Ein Erlass bleibt demnach allen Unternehmen verwehrt, die nicht nachweisen können, dass ihre wirtschaftliche Existenz im Verzichtszeitpunkt ohne die Berücksichtigung der Steuerforderung auf den Verzichtsgewinn noch nicht erheblich gefährdet ist. In Sanierungsfällen, bei denen es zu Forderungsverzichten kommt, wird dieser Nachweis nur schwer zu erbringen sein.

Erschwerend kommt hinzu, dass sich der Billigkeitserlass auf die wirtschaftliche Situation des Steuerpflichtigen konkret auswirken können muss.[592] In diesem Zusammenhang weist Desens zutreffend darauf hin, dass sich daraus für Steuerpflichtige die Notwendigkeit ergibt, darzulegen, dass der Erlass der Steuer auf den Sanierungsgewinn für eine erfolgreiche Sanierung ursächlich sein wird und die Sanierung ohne die Freistellung nicht erfolgsversprechend wäre.[593] Auch dieser Nachweis dürfte schwer zu erbringen sein. Selbst wenn belegt werden kann, dass gerade die Steuerforderung auf den Verzichtsgewinn den Zusammenbruch des Unternehmens bewirken wird und dementsprechend dessen Steuerfreistellung die

589 Vgl. Mohr, BB 2017, 673, 678.

590 Z.B. BFH v. 24.11.1988 – V R 186/83, BFH/NV 1989, 419; v. 27.4.2001 – XI S 8/01, BFH/NV 2001, 1362; Desens, ZIP 2017, 645, 648 m.w.N. aus der Rechtsprechung.

591 Vgl. Desens, ZIP 2017, 645, 648 mit Verweis auf BVerwG v. 29.9.1982 – 8 C 48.82; ablehnend: Loose, in: Tipke/Kruse, AO/FGO, § 227 AO, Rn. 91 (Stand: Juli 2017).

592 Desens, ZIP 2017, 645, 649 mit Verweis auf BFH v. 24.10.1988 – X B 54/88, BFH/NV 1989, S. 285, 286; v. 7.7.1999 – X R 87/96, BFH/NV 2000, S. 161, 163.

593 Vgl. Desens, ZIP 2017, 645, 649.

erfolgreichen Sanierungsaussichten verbessern wird, kann die Sanierung dennoch aus anderen Gründen scheitern.

Darüber hinaus muss für einen Erlass aufgrund persönlicher Unbilligkeit die Hürde der Erlasswürdigkeit genommen werden. Diese setzt voraus, dass die mangelnde wirtschaftliche Leistungsfähigkeit nicht durch den Steuerpflichtigen selbst herbeigeführt wurde und durch sein Verhalten nicht in eindeutiger Weise gegen die Interessen der Allgemeinheit verstoßen wurde.[594] Dabei ist eine Gesamtwürdigung des Einzelfalls vorzunehmen.[595] An dieser Stelle wäre für Sanierungsfälle darzulegen, dass der Steuerpflichtige unverschuldet, entschuldbar oder zumindest nur leicht fahrlässig in die in die Sanierungsbedürftigkeit des Unternehmens geraten ist.[596]

c) Zwischenergebnis

Das Hauptproblem von weiteren Billigkeitserlassen gemäß § 227 AO als Alternative zu einer gesetzlichen Steuerfreistellung des Sanierungsgewinns liegt im Charakter von Billigkeitsentscheidungen begründet, denn diese dienen nur dazu, unbillige Härten im Einzelfall auszugleichen. In Sanierungsfällen besteht hingegen ein Bedürfnis nach allgemeinen und rechtssicheren Kriterien, anhand derer schon während der Sanierungsplanung beurteilt werden kann, ob mit einer Steuerbelastung durch Sanierungsmaßnahmen zu rechnen ist. Selbst wenn in den in der Literatur herausgearbeiteten Fallgruppen im Einzelfall ein Billigkeitserlass gewährt würde, könnte das erforderliche Maß an Rechtssicherheit dadurch nicht gewährleistet werden. Es bliebe dabei, dass Steuerpflichtige gezwungen wären, die Umstände des Einzelfalles vorzutragen und darauf zu vertrauen, dass die vorgetragenen Umstände eine Unbilligkeit i.S.v. § 227 AO begründen. Auch wenn bei Vorliegen der sachlichen Unbilligkeit ein gerichtlich durchsetzbarer Anspruch auf einen Erlass der Steuer im Einzelfall besteht, da das Merkmal der Unbilligkeit voll gerichtlich überprüfbar ist[597], können Steuerpflichtige sich ohne gesetzlich normierte Kriterien nie darauf verlassen, dass die im Einzelfall vorgetragenen Umstände einen Erlass aus Billig-

594 BFH v. 29.4.1981 – IV R 23/78, BStBl. II 1981, 726; Loose, in: Tipke/Kruse, AO/FGO, § 227 AO, Rn. 103 (Stand: Juli 2017).

595 Vgl. Rüsken, in: Klein, AO, § 227, Rn. 45.

596 Vgl. Desens, ZIP 2017, 645, 649.

597 Vgl. BFH v. 28.11.2016 – GrS 1/15, BStBl. II 2017, 393, Rn. 106.

keitsgründen rechtfertigen. Mit der Schaffung des Sanierungserlasses hatte die Finanzverwaltung bereits versucht dieses Problem zu beheben, indem vermeintlich allgemeingültige Kriterien aufgestellt wurden, deren Erfüllung zu einem Erlass der Steuer auf Sanierungsgewinne führte. Nachdem der BFH dieser Praxis aber einen Riegel vorgeschoben hat, könnte ein gewisses Maß an Planbarkeit dadurch wiederhergestellt werden, dass ein erneutes BMF-Schreiben die herausgearbeiteten Kriterien und Fallgruppen aufgreift und danach Billigkeitserlasse gewährt werden, wenn es tatsächlich ohne die Steuerfreiheit des Sanierungsgewinns schon nicht zu einem Forderungsverzicht kommen würde und der Fiskus ohne den Erlass schlechter stünde als bei Erhalt der Quote oder bei allen übrigen Sanierungsmaßnahmen. Dadurch wäre jedoch aus Sicht der zu sanierenden Unternehmen wenig gewonnen. Bei einem solchen neuen BMF-Schreiben würde es sich letztlich ebenso wieder um eine typisierende Regelung mit subsumierbaren Tatbeständen handeln, was der BFH ja aber gerade für unzulässig erklärt hatte.[598] Dass nach Ansicht des Großen Senats eine Zusammenfassung von durch besondere Ausnahmevoraussetzungen gekennzeichneten Fällen zulässig ist[599] hilft hier nicht weiter, da die Abgrenzung zu einer unzulässigen typisierenden Regelung praktisch kaum möglich ist.[600] Das Beispiel des Sanierungserlasses hat gezeigt, dass eine Lösung im Wege einer Verwaltungsanweisung keine verlässliche Grundlage für die Planung von Unternehmenssanierungen darstellt, denn es besteht zu jeder Zeit die Gefahr, dass die Gerichte der Auffassung der Finanzverwaltung nicht folgen.

Ein weiterer Haken besteht darin, dass den herausgearbeiteten Fällen gemein ist, dass von dem sanierungsbedürftigen Unternehmen nachgewiesen werden muss, dass es ohne den Billigkeitserlass schon nicht zu einem Forderungsverzicht der Gläubiger kommen würde. Unterstellt, in diesen Fällen käme es tatsächlich stets zu einem Erlass der Steuer auf den Sanierungsgewinn, würde dies nur denjenigen Unternehmen nutzen, deren Sanierung mit der Finanzverwaltung vor der Durchführung von Sanierungsmaßnahmen abgestimmt wird. In vielen Fällen wird es aber bereits zu Forderungsverzichten gekommen sein und sich im Nachhinein die Frage der steuerlichen Begünstigung der Verzichtsgewinne stellen. Wenn nun bei einem Unternehmen, deren Gläubiger bereits verzichtet haben, schon ein Sanierungsgewinn entstanden ist, der Erfolg der Sanierung davon abhängt,

598 BFH v. 28.11.2016 – GrS 1/15, BStBl. II 2017, 393, Rn. 112.
599 BFH v. 28.11.2016 – GrS 1/15, BStBl. II 2017, 393, Rn. 112.
600 Vgl. Stadler, NZI 2018, 49, 52.

dass die Steuer auf den Verzichtsgewinn erlassen wird, besteht im Ergebnis kein Unterschied zu anderen Unternehmen, die vor der Durchführung der Sanierungsmaßnahmen nachweisen, dass es ohne den Erlass nicht zum Verzicht gekommen wäre und der Erlass für den Erfolg der Sanierung entscheidend ist. In beiden Fällen hinge der Erfolg der Sanierung davon ab, dass sich die Finanzverwaltung durch einen Erlass der Steuer auf den Verzichtsgewinn an der Sanierung beteiligt, jedoch würde der Erlass nur den Unternehmen gewährt, die den Erforderlichkeitsnachweis vor dem Verzicht erbracht haben. Somit würde nicht mehr nur die wirtschaftliche Situation des Unternehmens und dessen Sanierungsaussichten zum Kriterium für die Steuerfreiheit des Sanierungsgewinns, sondern zumindest auch der Zeitpunkt der Abstimmung der Sanierung mit der Finanzverwaltung.

Es bleibt festzuhalten, dass Billigkeitserlasse auf Sanierungsgewinne keine effektive und rechtssichere Grundlage für Unternehmenssanierungen darstellen. Auch wenn im Einzelfall ein Anspruch auf den Erlass der Steuer bestehen kann, so vermittelt diese Lösung nicht annähernd das gleiche Maß an Rechtssicherheit wie eine gesetzliche Regelung und ermöglicht daher auch keine rechtssichere Planung von Unternehmenssanierungen.

2. Stundung

Neben einem vollständigen Erlass der Steuer liegt es nahe, den durch den Sanierungsgewinn entstehenden Steueranspruch nur zeitweilig zurückzustellen. Auch dieser Weg einer Stundung der auf den Sanierungsgewinn entfallenden Steuer ist in der Literatur schon häufiger als Alternative zu einer gesetzlichen Freistellung diskutiert worden[601] und insofern nicht neu. Jüngst wurde diese Alternative nach der Entscheidung des Großen Senats des BFH zum Sanierungserlass wieder aufgegriffen. Vor dem Hintergrund, dass die auf den Sanierungsgewinn entfallende Steuer vor allem ein Liquiditätsproblem sei, wird daher für eine Regelung des BMF plädiert, nach der diese Steuer in Sanierungsfällen gestundet werden kann, gewissermaßen einen „Sanierungserlass light".[602] Eine solche Regelung könne etwa so ausgestaltet sein, dass unter den Voraussetzungen des Sanierungserlasses eine zehnjährige Stundung der Steuer gewährt wird und diese mit einem

601 Vgl. Bareis/Kaiser, DB 2004, 1841, 1844 (von einer zinslosen Stundung ausgehend); Kroschel, DStR 1999, 1383, 1387.

602 Vgl. Schüppen, ZIP 2017, 752, 758.

Erlass der Stundungszinsen kombiniert wird, sofern eine Zahlung innerhalb eines Zeitraums von 5 Jahren erfolgt.[603] Der Vorteil einer Stundung durch Einzelfallentscheidung wäre, dass sämtliche Umstände des Einzelfalls berücksichtigt und damit auf unternehmensspezifische Besonderheiten flexibel reagiert werden könnte.[604]

Als gleich effektive und rechtssichere Alternative zu einer gesetzlichen Befreiung des Sanierungsgewinns kommt eine bloße Stundung der Steuer allerdings aufgrund mehrerer Probleme nicht in Betracht. Die Steuerstundung nach § 222 AO ist ebenso wie der Steuererlass nach § 227 AO eine Billigkeitsmaßnahme, die der Einzelfallgerechtigkeit dient.[605] Auch wenn sich daraus der Vorteil ergibt, die Situation des einzelnen sanierungsbedürftigen Unternehmens besser berücksichtigen zu können, wäre eine Unternehmenssanierung auf der anderen Seite ebenso wie bei einem Erlass wesentlich schlechter planbar, da sich die Steuerpflichtigen nicht auf eine positive Entscheidung im Einzelfall verlassen können. Der Rückgriff auf Ermessensentscheidungen seitens der Finanzverwaltung ist folglich mit größerer Unsicherheit behaftet als die Anwendung materiell-rechtlicher Vorschriften.[606] Um eine rechtssichere Lösung für sanierungsbedürftige Unternehmen zu schaffen, müssten folglich wieder allgemeine Kriterien formuliert werden, unter denen eine Stundung seitens der Finanzverwaltung gewährt wird.[607] Eine solche Verwaltungsregelung wäre aber mit denselben Ablehnungsgründen konfrontiert, aus denen der Große Senat des BFH den Sanierungserlass als rechtswidrige Verwaltungspraxis einstufte. Der BFH stellte klar, dass typisierende Billigkeitsregelungen in Gestalt subsumierbarer Tatbestände nur Bestandteil einer gesetzlichen Regelung sein können und daher dem Gesetzgeber vorbehalten sind.[608] Dieses Problem erkennt auch Schüppen bei seinem Vorschlag, statt einer gesetzlichen Befreiung auf eine Stundungsregelung zurückzugreifen und regt deshalb an, die Stundungslösung von einer „Bedürfnisprüfung" im Einzelfall abhängig zu machen, bei der die betroffenen Unternehmen etwa nachweisen, dass die Bezahlung der Steuer dazu führen würde, dass andere für die Aufrechterhaltung des Geschäftsbetriebs notwendige Zahlungen in den kommenden

603 Vgl. Schüppen, a.a.O.
604 Vgl. Kroschel, DStR 1999, 1383, 1388.
605 Vgl. Fritsch, in: Koenig, AO, § 222, Rn. 2.
606 Vgl. Dziadkowski/Treisch, FR 1995, 330; Dziadkowski, DB 1997, 447.
607 Vgl. Kroschel, DStR 1999, 1383, 1388.
608 BFH v. 28.11.2016 - GrS 1/15, BStBl. II 2017, 393, Rn. 112.

beiden Jahren mit hoher Wahrscheinlichkeit nicht fristgerecht geleistet werden können.[609] Die Ergänzung einer solchen Bedürfnisprüfung würde zwar auf den ersten Blick die wohl größte Schwachstelle des Sanierungserlasses beseitigen, jedoch würde auch dadurch keine rechtssichere Lösung für Unternehmen geschaffen. Denn eine solche Regelung der Finanzverwaltung wäre wohl trotzdem ebenso wie der Sanierungserlass[610] als norminterpretierende Verwaltungsvorschrift anzusehen, sodass ihr keine Bindungswirkung[611] für gerichtliche Verfahren zukäme. Sie hätte keine Rechtsnormqualität[612] und stünde daher immer unter dem Vorbehalt einer abweichenden Auslegung durch die Rechtsprechung.[613] Auch wenn durch die Bedürfnisprüfung also ein größerer Einzelfallbezug hergestellt wird, besteht dennoch die Gefahr, dass eine Stundungsregelung der Finanzverwaltung mit allgemeinen Kriterien vor den Gerichten keinen Bestand haben könnte. Die Gründe dafür können vielfältig sein, etwa können die gewählten Kriterien der Bedürfnisprüfung bemängelt werden oder die Stundungsregelung kann von der Rechtsprechung trotz der Einzelfallprüfung als gesetzeswidrige Verwaltungspraxis eingestuft werden.

Ein weiteres Problem ergibt sich daraus, dass eine Stundung des Steueranspruchs gemäß § 222 S. 1 AO nur dann zulässig ist, wenn der Anspruch nicht gefährdet erscheint. In der Situation des sanierungsbedürftigen Unternehmens wird man den Steueranspruch allerdings regelmäßig als gefährdet ansehen müssen[614], sodass eine Steuerstundung nur in wenigen Ausnahmefällen in Betracht kommen wird[615]. Kurzfristig mag zwar die Stundung erfolgsversprechender für die Sanierung sein, wenn das Unternehmen unmittelbar nach der Entstehung des Sanierungsgewinns nicht in der Lage wäre, die Steuer zu zahlen, jedoch besteht bei jeder Unternehmenssanierung die Gefahr, dass diese scheitert. Da der Steueranspruch in diesem Szenario nicht mehr realisiert werden kann, wird man eine Gefährdung des Anspruchs im Sanierungsfall regelmäßig annehmen müssen.

---

609 Vgl. Schüppen, ZIP 2017, 752, 758 (eine „Bedürfnisprüfung" sei erforderlich, um nicht erneut in eine Kollisionslage mit dem Vorbehalt des Gesetzes zu kommen).

610 BFH v. 28.11.2016 – GrS 1/15, BStBl. II 2017, 393, Rn. 107.

611 BFH v. 28.11.2016 – GrS 1/15, BStBl. II 2017, 393, Rn. 107.

612 BFH v. 11.05.2007 – IV B 28/06.

613 BFH v. 23.10.2003 – V R 48/01, BStBl. II 2004, 196; v. 16.09.2015 – XI R 27/13, BFH/NV 2015, 252; v. 28.11.2016 – GrS 1/15, BStBl. II 2017, 393, Rn. 107.

614 Vgl. Ströfer, StuW 1982, 231, 251.

615 So schon zutreffend der Hinweis von Kroschel, DStR 1999, 1383, 1387.

Darüber hinaus krankt die Stundungslösung auch daran, dass sie ebenso wie beispielsweise ein Rangrücktritt nur eine temporäre Entlastung für das sanierungsbedürftige Unternehmen darstellt.[616] Die Sanierung würde dadurch – je nachdem für welchen Zeitraum die Steuer gestundet würde – erheblich verzögert. Zudem besteht die Gefahr, dass die Verlagerung der Entscheidung über die Steuerstreckung aus dem Festsetzungs- in das Erhebungsverfahren dazu führt, dass sie zeitlich hinausgeschoben und für das Sanierungsverfahren verspätet getroffen wird und Gläubiger so aufgrund der Unsicherheit von rechtzeitigen Maßnahmen abgehalten werden.[617] Denn das Erhebungsverfahren für Veranlagungszeiträume der Sanierungsphase findet regelmäßig erst zwei bis drei Jahre später statt, sodass in der Sanierungsphase noch nicht absehbar ist, ob es tatsächlich zu einer Stundung kommt.[618] Es bleibt zumindest fraglich, ob die Gläubiger zur Eingehung eines solchen Risikos bereit sind.[619]

Schließlich müssten die Gläubiger – da der Steueranspruch zu einem späteren Zeitpunkt nach der Gesundung des Unternehmens ja noch realisiert werden soll – zu einem Verzicht bewegt werden, ohne dass mit ihrem Sanierungsbeitrag auch ein „Verzicht" des Staates auf die Steuerforderung einhergeht. Da die Gläubiger im Ergebnis ihren Verzicht zugunsten des Fiskus erklären würden, werden sie nur schwer davon zu überzeugen sein, sich an der Sanierung zu beteiligen. Im schlimmsten Fall kann die Sanierung sogar daran scheitern, dass die Gläubiger unter diesen Umständen nicht zu einem Verzicht bereit sind. Dem könnte zwar entgegengehalten werden, dass für die Gläubiger noch die Möglichkeit besteht, ihren Verzicht nur unter einer Besserungsvereinbarung zu erklären, sodass ihr Anspruch bei einer wirtschaftlichen Gesundung des Unternehmens wiederauflebt und sich ihre Position insofern nicht verschlechtert. Diese Lösung kann zwar über etwaige Bedenken der Gläubiger hinweghelfen, jedoch bleibt dabei das Problem, dass im Ergebnis auf eine Entschuldung des Unternehmens verzichtet wird und künftige Erträge nicht oder nur in geringem Umfang für Investitionen genutzt werden können.[620] Die Erholung des Unternehmens würde folglich erheblich weniger effektiv unterstützt als durch die gesetzliche Steuerbefreiung von Sanierungsgewinnen.

---

616 So auch Dziadkowski, DB 1997, 447.

617 Vgl. Kroschel, DStR 1999, 1383, 1387; Dziadkowski, DB 1997, 447.

618 Vgl. Trompeter, BB 2000, 433, 434.

619 Vgl. Trompeter, BB 2000, 433, 434.

620 Vgl. Take/Schmid-Sperber, ZInsO 2000, 374, 376.

Insgesamt ist folglich auch die Stundung der Steuer auf den Sanierungsgewinn keine gleich effektive und rechtssichere Alternative zu einer gesetzlichen Steuerbefreiung.

3. Zwischenergebnis

Der Erlass oder die Stundung der Steuer auf den Sanierungsgewinn im Billigkeitswege sind nicht in gleicher Weise wie eine gesetzliche Steuerbefreiung von Sanierungsgewinnen geeignet, den Erfolg von Unternehmenssanierungen effektiv zu gewährleisten. Steuerpflichtige können sich nicht darauf verlassen, dass Billigkeitsmaßnahmen tatsächlich gewährt werden, da es sich immer um eine Entscheidung im Einzelfall handelt. Die notwendige Rechtssicherheit und Planbarkeit könnte nur erreicht werden, indem seitens der Finanzverwaltung unter Berücksichtigung der Rechtsauffassung des Großen BFH-Senats zum Sanierungserlass allgemeine Kriterien aufgestellt würden. Eine solche Regelung wäre aber erneut der Gefahr ausgesetzt, ebenso wie der Sanierungserlass durch die Rechtsprechung für unzulässig erklärt zu werden. Die Stundung der Steuer stellt nur eine temporäre Entlastung dar, führt aber nicht zu einer nachhaltigen Entschuldung des zu sanierenden Unternehmens. Die Belastung mit der Steuer auf den Sanierungsgewinn wird nur zeitlich hinausgeschoben, was die Sanierung erheblich verzögert. Schließlich würden die Gläubiger dabei im Ergebnis zugunsten des Fiskus auf ihre Forderungen verzichten, was die Bereitschaft zu ihrer Mitwirkung schwächt. Ohne eine gesetzliche Grundlage können folglich in Sanierungsfällen faktisch kaum noch Billigkeitsmaßnahmen erfolgen.[621]

IV. Gesetzliche Anpassungen

Statt auf steuerliche Gestaltungsmodelle zurückzugreifen, oder sich auf die Mitwirkung der Finanzverwaltung – insbesondere durch Billigkeitsmaßnahmen zu verlassen, werden in der steuerrechtlichen Literatur auch einige Vorschläge für gesetzliche Anpassungen außerhalb einer vollständigen Steuerbefreiung gemacht. Viele der Überlegungen sind keineswegs neu, sondern wurden zumindest partiell schon in Verbindung mit der Schaffung der alten Befreiungsvorschrift des § 3 Nr. 66 EStG vorgebracht und reichen

621 Vgl. Levedag, GmbHR 2017, R70, R72.

von der Ausklammerung des Sanierungsgewinns vom Gewinnbegriff des EStG über die Schaffung einer Sanierungsrücklage- oder Beihilfe bis zu einer Streichung der Mindestbesteuerung des § 10d EStG.

1. Wiederinkraftsetzung von § 3 Nr. 66 EstG a.F.

Soll das Problem der steuerlichen Behandlung von Sanierungserträgen mit gesetzgeberischen Mitteln gelöst werden, so liegt es auf der Hand, zunächst ein Wiederaufleben der zwischenzeitlich aufgehobenen Befreiungsvorschrift des § 3 Nr. 66 EStG a.F. in Erwägung zu ziehen.[622] Der Vorteil einer solchen Lösung bestünde darin, dass es zu dieser Vorschrift bereits flankierende und konkretisierende Rechtsprechung gibt,[623] was eine zügige und vergleichsweise rechtssichere Handhabung erlauben würde.

Mit einem Blick auf die Erwägungen, die zur Aufhebung des § 3 Nr. 66 EStG a.F. geführt haben, wird die Schwäche einer solchen Lösung, zumindest in unveränderter Form, aber schnell deutlich. Die Abschaffung der damaligen Befreiung war neben der Verbreiterung der Bemessungsgrundlage auch dadurch motiviert, die vorherrschende Doppelbegünstigung, bestehend aus Steuerfreiheit des Sanierungsertrages und Aufrechterhaltung sämtlicher Verlustvorträge zu beseitigen. Zwischenzeitlich wurde zwar der Verlustvortrag mit der Einführung des § 10d Abs. 2 EStG zu einem gewissen Grad begrenzt, jedoch kann auch diese Vorschrift nicht verhindern, dass bei einer unveränderten Wiedereinführung von § 3 Nr. 66 EStG die vorhandenen Verluste aufrecht erhalten blieben. Der frühere Doppelvorteil würde also erneut entstehen. Dahingehende Bedenken wurden bereits von Mellinghoff geäußert, der deshalb den Vorschlag einer Wiedereinführung der alten Befreiungsvorschrift dahingehend ergänzte, dass eine Doppelbegünstigung ausgeschlossen werden solle.[624] Die Reanimation von § 3 Nr. 66 EStG a.F., ergänzt um einen dem § 3a Abs. 3 EStG vergleichbaren Zusatz wäre so tatsächlich eine gangbare Alternative gewesen. Durch die Schaffung einer neuen Vorschrift war es dem Gesetzgeber jedoch möglich, auf alte Streitfragen sowohl unter § 3 Nr. 66 a.F. EStG, als auch unter dem Sanierungserlass zu reagieren und diese in § 3a EStG einer gesetzlichen

---

622 Vgl. Hierstädter, DStR 2010, 882, 887; zumindest in Betracht ziehend: Mohr, BB 2017, 673; im Anschluss an die Entscheidung BFH - GrS 1/15 auch gefordert vom DAV in: NZG 2017, 336.

623 Vgl. Richter/Welling, FR 2017, 998

624 Vgl. Richter/Welling, FR 2017, 998, 1000.

Lösung zuzuführen.[625] Dabei ist der Rückgriff auf die Rechtsprechung zu § 3 Nr. 66 a.F. EStG auch bei der Anwendung und Auslegung von § 3a EStG möglich. Etwa die früher schon vom BFH aufgestellten Voraussetzungen für die Steuerfreiheit[626] – Sanierungsbedürftigkeit, Sanierungsabsicht der Gläubiger, Sanierungseignung des Schuldenerlasses – wurden nun durch § 3a Abs. 2 EStG in den Gesetzesrang erhoben. Für die Auslegung dieser Merkmale kann die frühere Rechtsprechung also ebenso herangezogen werden.[627] Hinsichtlich des wirtschaftlichen Ergebnisses, nämlich der Verschonung des Sanierungsgewinn, ist die Wiedereinsetzung von § 3 Nr. 66 EStG a.F. zumindest mit einer entsprechenden Ergänzung bzgl. der Verlustverrechnung ebenso geeignet die Steuerbelastung für die zu sanierenden Unternehmen zu verhindern wie § 3a EStG und unterscheidet sich nur in der technischen Umsetzung. Da aber mit der Neuregelung auf alte Streitfragen reagiert werden konnte, bietet die Einführung von § 3a EStG mehr Rechtssicherheit und ist insofern die vorzugswürdige Lösung.

2. Ausklammerung von Sanierungsgewinnen vom Gewinnbegriff

Ganz ähnlich verhält es sich mit dem Vorschlag, Sanierungserträge aus dem steuerlichen Gewinnbegriff auszuklammern.[628] Eine solche Lösung könnte beispielsweise durch einen entsprechenden Zusatz in § 4 EStG verwirklicht werden, durch den der Unterschiedsbetrag nach § 4 Abs. 1 S. 1 EStG neben Einlagen auch noch um Sanierungserträge vermindert würde. Unabhängig von der technischen Umsetzung würde auch diese Lösung wirtschaftlich zum gleichen Ergebnis führen wie die Steuerfreiheit nach § 3a EStG, nämlich der steuerlichen Verschonung des Sanierungsertrages. In dieser Konstellation würde aber erneut das Problem der Doppelbegünstigung entstehen, denn eine Ausklammerung vom Gewinnbegriff hätte freilich nicht die Aufzehrung der vorhandenen Verlustminderungspotentiale zur Folge. Die reine Ausklammerung vom Gewinnbegriff würde also eher eine Rückkehr zur Rechtslage unter § 3 Nr. 66 EStG bedeuten. Um dem zu begegnen, müssten mit einem entsprechenden Zusatz in § 4 EStG weitere Anpassungen einhergehen, um sicherzustellen, dass Verlustverrechnungspotentiale

625 Vgl. Richter/Welling, FR 2017, 998, 1000.

626 BFH v. 19.03.1991 – VIII R 214/85, BStBl. II 1991, 633; v. 22.01.1985 – VIII R 37/84, BStBl. II 1985, 501; v. 20.02.1986 – IV R 172/84, BFH/NV 1987, 493.

627 Vgl. Exemplarisch: Kahlert/Schmidt, DStR 2017, 1897.

628 Angeregt von: Hiller/Baschnagel, DStZ 2017, 353, 363; dieselben, DStZ 2018, 17.

mit dem Sanierungsgewinn gegengerechnet werden. Das Ergebnis wäre allerdings eine erhebliche Verkomplizierung des Gewinnbegriffs[629], zeigt doch die beträchtliche Länge von § 3a EStG, insbesondere von Absatz 3, dass ein ausführliches Regelungsbedürfnis gesehen wurde und die steuerliche Behandlung von Sanierungserträgen offenbar nicht mit wenigen Sätzen rechtssicher gesetzlich geregelt werden konnte. Da ein Sanierungsgewinn mit seiner Ausklammerung aus dem Gewinnbegriff verhindert werden könnte, stellt diese Lösung zumindest in dogmatischer Hinsicht eine Alternative dar. Allerdings wäre ebenso wie bei der Wiedereinsetzung des § 3 Nr. 66 EStG a.F. ein dem § 3a Abs. 3 EStG vergleichbarer Zusatz zur Verlustverrechnung erforderlich. Gegenüber der Neuregelung in § 3a EStG würde das den Nachteil mit sich bringen, dass der Gewinnbegriff erheblich verkompliziert wird. Auch wenn das wirtschaftliche Ergebnis erneut vergleichbar wäre, ist deswegen die Neuregelung des § 3a EStG vorzugswürdig.

3. Sanierungsrücklage[630]

Eine gesetzliche Alternative, die eine Versteuerung des Sanierungsgewinns erreichen, aber dennoch die durch den Sanierungsgewinn ausgelöste Belastung für das zu sanierende Unternehmen abmildern würde, böte die Möglichkeit, den Sanierungsertrag nach Wahl der Steuerpflichtigen in eine steuerfreie Rücklage einzustellen, die dann über einen Zeitraum von z.B. 15 Jahren gewinnerhöhend aufzulösen ist.[631] Allerdings soll der Sanierungsgewinn dabei nicht ungekürzt in die Rücklage einfließen, sondern zuvor mit dem laufenden Verlust, sowie eventuellen Verlustvorträgen verrechnet werden.[632] In letzterem Punkt entspricht der Vorschlag folglich sowohl

629 Eine Verkomplizierung des Gewinnbegriffs würde der Grundidee des Vorschlags wohl zuwiderlaufen, da die Ausklammerung der Sanierungserträgen vom Gewinnbegriff alternativ zu der „verhältnismäßig kompliziert geplanten Neuregelung" des § 3a EStG vorgeschlagen wurde, Hiller/Baschnagel, DStZ 2017, 353, 363.

630 Begriff von Seeger/Kanzler, DB 1983, 517; in Reaktion auf die Einführung von § 3a EStG auch Hiller/Baschnagel, DStZ 2017, 353, 363.

631 Schon als Reformvorschlag zu § 3 Nr. 66 EStG a.F.: Kanzler, in: H/H/R, § 3 Nr. 66 EStG, Rn. 2 (Stand: Mai 1995); noch vor Geltung des Sanierungserlasses: Kroschel, DStR 1999, 1383; zumindest für den Fall zustimmend, dass Liquiditätsprobleme entstehen, weil eine sofortige und vollständige Verlustverrechnung nicht ausreichend ist, Bareis/Kaiser, DB 2004, 1841; im Nachgang zu dem Grundsatzurteil des BFH zum Sanierungserlass (GrS 1/15) wieder aufgegriffen von Hiller/Baschnagel, DStZ 2017, 353; dieselben, DStZ 2018, 17.

632 Vgl. Kroschel, DStR 1999, 1383.

dem Sanierungserlass, als auch der aktuellen Lösung des § 3a EStG. Die entscheidende Weichenstellung dafür, wie mit dem danach noch verbleibenden Sanierungsertrag umgegangen werden soll, erfolgt erst nach der Verlustverrechnung. Anders als bei § 3a EStG würde der Sanierungsgewinn bei dessen Einstellung in eine Rücklage nicht von der Steuer befreit. Die Idee, einer sog. Sanierungsrücklage ist nicht gänzlich neu. Schon bevor die Finanzverwaltung den Sanierungserlass erließ, erlaubte im Zeitraum zwischen dem 30.09.1982 und dem 1.01.1987 die befristete Regelung des § 6d EStG[633] die Schaffung einer solchen Rücklage, wenn bestimmte Kapitalanlagen im Zusammenhang mit stilllegungsbedrohten Unternehmen erworben wurden. Freilich unterschied sich dessen Zielrichtung insofern von der des § 3a EstG, dass durch § 6d EStG dem Erwerber des Betriebs bzw. Teilbetriebs oder Anteils durch die Rücklage lediglich ein Anreiz zur Übernahme eines bedrohten Betriebs gegeben werden sollte, obwohl damit besondere Risiken einhergingen.[634] Die Regelung verfolgte hingegen nicht den Zweck, steuerpflichtige Sanierungsgewinne zu vermeiden.[635] Im Fall von Sanierungsgewinnen ist die Situation eine völlig andere, denn hier besteht die Notwendigkeit, das zu sanierende Unternehmen selbst vor einer Steuerbelastung zu bewahren, um die Sanierung nicht zu gefährden. Auch wenn der frühere § 6d EStG eine andere Zielrichtung hatte, entfaltet er dennoch einen auch im Bereich von Sanierungsgewinnen wünschenswerten Effekt – einen zeitlichen Aufschub der Steuerbelastung. Da Sanierungen ggf. nur deshalb scheitern, weil die Steuer auf den Sanierungsgewinn das sanierungsbedürftige Unternehmen zu einer Zeit trifft, in der es sich wirtschaftlich noch nicht erholt hat, kann auch ein durch die Rücklage bewirkter Aufschub schon zeitweise weiterhelfen.

Praktisch handelt es sich bei diesem Lösungsmodell allerdings um nichts anderes als eine Steuerstundung, bei der die Verschiebung der Besteuerung allerdings deutlich standardisierter und einzelfallunabhängiger ausgestaltet wäre, als bei einer Stundung im Billigkeitswege.[636] Betrachtet man die Rücklagenlösung allein von dem Standpunkt aus, dass eine Steuerbefreiung des Sanierungsgewinns vermieden werden soll, so kann an ihr schnell folgende Kritik aufkommen: In der Literatur wurde angemerkt, dass es – sofern die Rücklage nicht verzinst wird – zu Zinsvorteilen kommen

---

633 BGBl. I 1982, S. 1857.

634 Vgl. BT-Drs. 9/2074, 62, 63.

635 Vgl. Kroschel, DStR 1999, 1383, 1388.

636 Vgl. Maus, ZIP 2002, 589.

würde, die faktisch einem Teilerlass gleichzusetzen wären.[637] Hinzu kommt noch, dass eine Verteilung des Gewinns auf 15 Jahre zwar im Vergleich zur sofortigen vollen Versteuerung des Sanierungsgewinns eine erhebliche Entlastung bringt, die Steuer auf den jährlich gewinnwirksam aufzulösenden Teil der Gewinnrücklage ein Unternehmen in der Sanierung aber dennoch überfordern kann.[638] Dies gilt umso mehr, je höher der Sanierungsgewinn ausgefallen ist und je höher demzufolge auch die jährlichen Auflösungsbeträge sind. Eine Liquiditätsbelastung wird also durch die Rücklagenlösung nur im Jahr des Forderungsverzichts vermieden.[639] Soll aber eine Verschonung während der gesamten Sanierungsphase ermöglicht werden, dürfte mit der Auflösung der Rücklage erst nach Abschluss der Sanierung begonnen werden.[640] Dies wiederum würde den Erholungsprozess des Unternehmens erheblich verzögern, da das Unternehmen dann nach Abschluss der Sanierung noch über viele Jahre mit der Steuerbelastung aus dem Sanierungserlass konfrontiert wäre. Damit geht unmittelbar ein weiterer Nachteil einher: Sanierungen und insbesondere steuerliche Vorschriften für Unternehmenssanierungen müssen auch zum Ziel haben, den Einstieg von Investoren in ein Krisenunternehmen zu fördern. Dies gilt umso mehr, wenn ein Unternehmen für eine erfolgreiche Sanierung auf den Einstieg eines Investors angewiesen ist. Aus Investorensicht erscheint die Unterstützung mittels der Schaffung einer Sanierungsrücklage jedoch eher unattraktiv. Bei einem Einstieg in das sanierungsbedürftige Unternehmen ist absehbar, dass künftige Gewinne noch über viele – dem Vorschlag von Kroschel folgend sogar 15 – Jahre zur „Abzahlung" der Rücklage eingesetzt werden müssen. Und selbst das gilt nur bei der optimistischen Annahme, dass das Unternehmen schon im Jahr nach der Entstehung des Sanierungsgewinns über ausreichend finanziellen Spielraum verfügt, um mit der Auflösung der Rücklage zu beginnen. Wird mit der Auflösung zugunsten einer vollständigen Liquiditätsschonung erst nach dem Abschluss der Sanierung begonnen, verzögert sich die vollständige Gesundung des Unternehmens um weitere Jahre. Eine solche fortdauernde Belastung noch über viele Jahre nach der Sanierung ist für einen Investor ein erhebliches Investitionshindernis und wird so die Sanierung erschweren. Ähnlich wie bei einer Stundung oder der Gewährung einer Sanierungsbeihilfe gewährleistet eine Sanierungsrücklage

637 Vgl. Trompeter, BB 2000, 433; Maus, ZIP 2002, 589.
638 Vgl. Trompeter, BB 2000, 433, 435; Maus, ZIP 2002, 589, 595.
639 Vgl. Trompeter, BB 2000, 433, 435.
640 Vgl. Trompeter, BB 2000, 433, 435.

folglich keine vollständige Entschuldung der Gesellschaft, sondern zögert die Steuerbelastung aus dem Sanierungsgewinn nur um einige Jahre hinaus.

Schließlich würde die Schaffung einer Sanierungsrücklage im Vergleich zu § 3a EStG, der seinerseits teilweise schon als komplizierte Neuregelung bezeichnet wurde[641], eher eine weitere Verkomplizierung des Steuerrechts und insbesondere der Behandlung von Sanierungsgewinnen mit sich bringen. Da Sanierungsgewinne nicht unmittelbar nach ihrer Entstehung in die Sanierungsrücklage einfließen sollen, sondern zuvor eine Verrechnung mit laufenden und vorhandenen Verlusten vorgesehen ist, müsste gleichzeitig eine dem § 3a Abs. 3 EStG vergleichbare Regelung geschaffen werden. Es bestünde ebenso das Bedürfnis, den Kreis der betroffenen Verlustpositionen, sowie deren Verrechnungsreihenfolge genau festzulegen. Im Anschluss wären, ebenso wie für eine steuerliche Begünstigung, gesetzliche Voraussetzungen für die Einstellung von Gewinnen als Sanierungsgewinne in die Sanierungsrücklage zu normieren. Der Regelungsumfang wäre also dem des § 3a EStG vergleichbar. Das Ergebnis jedoch wäre kein endgültiger Schuldenschnitt für das Unternehmen. Ebenso wie bei vorherigen Lösungen handelt es sich bei der Sanierungsrücklage nur um eine temporäre Entlastung für das zu sanierende Unternehmen. Statt der einmaligen Steuerbelastung im Sanierungsjahr würde sich die stückweise Auflösung der Rücklage auf die Sanierung auswirken. Zwar wiegt die einzelne Teilbelastung in jedem Jahr wegen der nur stückweisen Auflösung der Rücklage weniger schwer, allerdings zieht sich die wirtschaftliche Belastung für das zu sanierende Unternehmen über mehrere Jahre und wirkt sich so noch für einen langen Zeitraum auf die Sanierung aus. Außerdem bleibt es im Ergebnis bei der Versteuerung des Sanierungsgewinns. Folglich müssten die erlassenden Gläubiger auch hier davon überzeugt werden, zugunsten des Fiskus auf ihre Forderungen zu verzichten. Damit ist auch die Sanierungsrücklage in ihrer Effektivität nicht mit einer Steuerbefreiung vergleichbar.

4. Sanierungsbeihilfe

Teilweise wird anstelle einer gesetzlichen Steuerfreistellung des Sanierungsgewinns eine vollständige und sofortige Verlustverrechnung in Sanierungsfällen für ausreichend erachtet und für den Fall, dass Liquiditätsprobleme bestehen, neben anderen Möglichkeiten für die Schaffung einer verzinslich

641 Vgl. Hiller/Baschnagel, DStZ 2017, 353, 363.

zurückzuzahlenden Sanierungsbeihilfe geworben.[642] Bei diesem erstmals von Trompeter zwecks Erreichung einer „Einmalbesteuerung“ bei gleichzeitiger „Nichtbehinderung von Sanierungen“ vorgetragenen Vorschlag[643] soll dem sanierungsbedürftigen Unternehmen eine Sanierungsbeihilfe in Form einer Liquiditätsbeihilfe gewährt werden. Deren Gesamtsumme soll sich an den Steuern orientieren, die im Sanierungsjahr aus der Steuerpflicht des Sanierungsertrages und in den Folgejahren nach einer Verrechnung des Sanierungsgewinns mit Verlustvorträgen ergeben.[644] Dabei wird die Sanierungsbeihilfe nicht ausgezahlt, sondern direkt mit dem Sanierungsertrag verrechnet.[645] Letztlich wird die Steuerschuld berechnet, als gäbe es keine steuerliche Sonderbehandlung der Sanierungsgewinne, es würde faktisch lediglich der Zahlungszeitpunkt hinausgezögert.[646] Nach erfolgreicher Sanierung ist die Liquiditätsbeihilfe dann aus in den späteren Jahren entstandenen Gewinnen verzinslich zurückzuzahlen, wobei wegen der Verzinslichkeit eine jederzeitige Ablösung gestattet werden soll.[647] Die Rückzahlung beginnt mit erfolgreichem Abschluss der Sanierung.[648]

Durch die Gewährung einer solchen Liquiditätsbeihilfe kann der Zusammenbruch eines Unternehmens kurzfristig verhindert werden, da der entstehende Sanierungsgewinn erst zu einem späteren Zeitpunkt der Besteuerung unterworfen wird. Da die Rückzahlung erst nach dem erfolgreichen Abschluss der Sanierung beginnen soll, bietet dieser Weg scheinbar eine plausible Möglichkeit, Sanierungen ohne eine steuerliche Verschonung des Sanierungsertrags zu fördern. Während jedoch eine Steuerfreistellung schon einen Schritt früher ansetzt und die Entstehung des Sanierungsgewinns verhindert, ändert die Gewährung einer Liquiditätsbeihilfe daran nichts. Schon aus diesem Grund ist sie nicht in gleicher Weise effektiv wie die Regelung des § 3a EStG. Außerdem setzt das Modell der Sanierungsbeihilfe voraus, dass es zu einem Sanierungsgewinn gekommen ist, was wiederum voraussetzt, dass sich Gläubiger durch Forderungsverzichte an der Sanierung beteiligen. An dieser Stelle kann allerdings erneut die fehlende Endgültigkeit der Sanierungsbeihilfe entgegenstehen. Aus Sicht der

642 Vgl. Bareis/Kaiser, DB 2004, 1841, 1844, die allerdings darauf hinweisen, dass dazu eine gesetzliche Grundlage erforderlich wäre.

643 Vgl. Trompeter, BB 2000, 433.

644 Vgl. Trompeter, BB 2000, 433, 436.

645 Vgl. Maus, ZIP 2002, 589, 595; Trompeter, BB 2000, 433, 436.

646 Vgl. Trompeter, BB 2000, 433, 436.

647 Vgl. Trompeter, BB 2000, 433, 436; Maus, ZIP 2002, 589, 595.

648 Vgl. Maus, ZIP 2002, 589, 595.

Gläubiger und auch des sanierungsbedürftigen Unternehmens bewirkt die Gewährung einer Liquiditätsbeihilfe kein anderes Ergebnis als eine Stundung des Steueranspruchs. Wirtschaftlich betrachtet wird in beiden Fällen weder die Entstehung eines Sanierungsgewinns noch der darauf entfallende Steuer verhindert. Die Zahlungspflicht wird lediglich um einige Jahre nach hinten verlagert, die Steuerbelastung aber im Ergebnis aufrechterhalten. Daher kann die Gewährung einer Sanierungsbeihilfe aus denselben Gründen keine effektive Alternative darstellen, aus denen eine Stundung kein veritabler Ersatz für eine Steuerbefreiung ist. Auch hier müssten die Gläubiger auf ihre Forderungen zugunsten des Steueranspruchs verzichten. Außerdem werden durch die Sanierungsbeihilfe zwar die Aussichten auf eine erfolgreiche Sanierung kurzfristig erhöht, da das Unternehmen nicht durch die sofortige Besteuerung des Sanierungsgewinns in Zahlungsschwierigkeiten gebracht wird, allerdings bleibt die wirtschaftliche Belastung durch die Steuer auf den Verzichtsgewinn weiterhin bestehen. Eine erfolgreiche Sanierung kann dann auch in den Jahren nach der eigentlichen Sanierungsphase noch an dieser wirtschaftlichen Belastung scheitern. Durch eine sofortige Steuerfreistellung kann dies deutlich effektiver verhindert werden.

5. Verrechnung des Sanierungsgewinns mit den Buchwerten der Aktiva

Einen anderen möglichen Lösungsweg bietet ein Vergleich mit dem amerikanischen Steuerrecht. Dort werden Gewinne aus Forderungsverzichten unter anderem in der Sanierungssituation nach § 108 (b) des Internal Revenue Code vorrangig mit einem eventuell vorhandenen Verlustvortrag verrechnet und in Höhe des den Verlustvortrag übersteigenden Betrages mit dem steuerlichen Buchwert der Aktiva des zu sanierenden Unternehmens verrechnet.[649] Die einschlägige Vorschrift dazu lautet auszugsweise:

„***26 U.S. Code – § 108 – Income from discharge of indebtedness***

(a) Exclusion from gross income

(1) In general

Gross income does not include any amount which (but for this subsection) would be includible in gross income by reason of the discharge (in whole or in part) of indebtedness of the taxpayer if—

649 Vgl. Maus, ZIP 2002, 589, 595; Kroschel, DStR 1999, 1383, 1388.

(A) the discharge occurs in a title 11 case,
(B) the discharge occurs when the taxpayer is insolvent,
(C) the indebtedness discharged is qualified farm indebtedness,
(b) Reduction of tax attributes
(1) In general
The amount excluded from gross income under subparagraph (A), (B), or (C) of subsection (a)(1) shall be applied to reduce the tax attributes of the taxpayer as provided in paragraph (2)."[650]

Dadurch wird dem Unternehmen Aufwandspotential entzogen[651], da sich das Abschreibungspotential reduziert[652]. Die Folge ist, dass in Höhe der Minderung der Buchwerte durch den Sanierungsgewinn stille Reserven entstehen, die bei einer späteren Aufdeckung zu einer Nachversteuerung des Sanierungsgewinns führen.[653] Teilweise wird diese Lösung auch für die Behandlung von Sanierungsgewinnen im deutschen Steuerrecht in Betracht gezogen.[654]

Verfolgt man das Ziel, eine Versteuerung des Sanierungsgewinns bei gleichzeitiger Vermeidung einer unmittelbaren wirtschaftlichen Belastung durch die Steuer im Anschluss an den Verzicht zu erreichen[655], stellt die Verrechnung mit den Buchwerten der Aktiva des Unternehmens eine plausible Lösung zur Behandlung von Sanierungsgewinnen dar, da eine Versteuerung durch die spätere Aufdeckung der stillen Reserven sichergestellt ist. Gleichzeitig wird aber verhindert, dass noch im Verzichtsjahr der volle Sanierungsgewinn versteuert werden muss. Auch greift der gegen die Schaffung einer Sanierungsbeihilfe- oder Rücklage vorgebrachte Einwand, dass das Unternehmen in der Zeit nach der Sanierung weiterhin mit den jährlichen Rückzahlungs- bzw. Auflösungsbeträgen belastet ist, hier nur bedingt ein. Denn während die Beihilfen- und Rücklagenlösungen wohl zu festen jährlichen Zahlungsverpflichtungen führen würden, haben die Unternehmen es bei der Verrechnungslösung selbst in der Hand, wann und in welcher Höhe es zu einer Aufdeckung der stillen Reserven und damit zur

650 Abrufbar unter https://www.law.cornell.edu/uscode/text/26/108 (zuletzt abgerufen am 15.11.2021).
651 Vgl. Kroschel, DStR 1999, 1383, 1388.
652 Vgl. Maus, ZIP 2002, 589, 595.
653 Vgl. Kroschel, DStR 1999, 1383, 1388.
654 Vgl. Willenbrink, StuW 1934, 1014, 1028 ff.; Kanzler, in: H/H/R, § 3 Nr. 66 EStG, Rn. 2 (Stand: Mai 1995).
655 Vgl. Trompeter, BB 2000, 433, 436.

Nachversteuerung des Sanierungsgewinns kommt. Der Sanierungsgewinn würde also erst dann zur Besteuerung herangezogen, wenn er „sichtbar und flüssig" und die Steuerlast daher tragbar wird.[656]

Dafür sieht sich die Verrechnungslösung mit anderen, ebenso gravierenden Problemen konfrontiert. Der Zweck hinter der Befreiungsvorschrift des § 3a EStG ist es, die Sanierung von Unternehmen zu fördern und eine möglichst schnelle Gesundung zu ermöglichen. Daran gemessen kann die Verrechnungslösung als Alternative nicht überzeugen. Die Idee dahinter ist es, die Belastung des Unternehmens mit dem Sanierungsgewinn dadurch zu verhindern, dass der Sanierungsgewinn praktisch in stille Reserven „umgewandelt" wird. Denklogisch setzt dies aber voraus, dass das sanierungsbedürftige Unternehmen überhaupt über genügend Aktiva mit entsprechenden Buchwerten verfügt, mit denen der Sanierungsgewinn gegengerechnet werden kann.[657] Ist dies nicht der Fall, kommt es lediglich zu einer Verlustverrechnung und in Höhe des die vorhandenen Verluste übersteigenden Betrags muss der Sanierungsgewinn schon im Jahr des Forderungsverzichts voll versteuert werden, was nicht selten das Ende der Sanierungsbemühungen bedeuten dürfte. Unternehmen ohne Wirtschaftsgüter mit ausreichenden Buchwerten ist also wenig geholfen. Daneben hängt der Zeitpunkt der Nachversteuerung des Sanierungsgewinns davon ab, wann die stillen Reserven aufgedeckt werden, was zu einer erheblichen Ungleichbehandlung der betroffenen Unternehmen führt.[658] Schon aus diesen Gründen ist dieser Lösungsweg als zu einzelfallabhängig abzulehnen.[659] Regelmäßig dürfte im Sanierungsjahr noch nicht absehbar sein, wann es zur Aufdeckung der Reserven und zur Nachversteuerung kommt. Im Hinblick auf die Unklarheit über den zum späteren Aufdeckungszeitpunkt geltenden Steuersatz ist die durch die Aufdeckung der stillen Reserven ausgelöste Steuerbelastung für das Unternehmen schlecht kalkulierbar. Nicht zuletzt wird auch durch diese Lösung eine erhebliche Verkomplizierung des Steuerrechts angeprangert.[660] Schließlich hat die Verrechnungslösung ebenso den Haken, dass die bewirkte Entlastung – sofern sie überhaupt eintritt – nur temporär ist und die Steuerbelastung bestehen bleibt und bei einer zwischenzeitlichen Anhebung des Steuersatzes sogar größer ausfallen kann,

656 Vgl. Willenbrink, StuW 1934, 1014, 1030.

657 Vgl. Trompeter, BB 2000, 433, 435; Kroschel, DStR 99, 1383, 1388.

658 Vgl. Kroschel, DStR 99, 1383, 1388.

659 So auch Trompeter, BB 2000, 433, 435; Maus, ZIP 2002, 589, 595; ablehnend auch schon van der Velde, StbJb 1950, 259, 277.

660 Vgl. Maus, ZIP 2002, 589, 595; Kroschel, DStR 99, 1383, 1388.

als sie im Sanierungsjahr ausgefallen wäre. Insbesondere weil auch durch diese Lösung das zu sanierende Unternehmen nicht vollständig entschuldet wird und daher sowohl Investoren schwerer zu einem Einstieg als auch Gläubiger schwerer zu einem Verzicht zu bewegen sein werden, bietet sie keine vergleichbar effektive Alternative wie eine Steuerbefreiung.

6. Abschaffung der Mindestbesteuerung des § 10d Abs. 2 EStG

Wie bereits gezeigt, liegt bei Unternehmenssanierungen oftmals das Problem nicht per se in der Entstehung eines Sanierungsgewinns, sondern darin, dass vorhandenes Verlustverrechnungspotential nicht gänzlich zu dessen Neutralisierung eingesetzt werden darf. Grund dafür ist die als steuerrechtlicher Systembruch bezeichnete[661] Mindestbesteuerung gemäß § 10d Abs. 2 EStG, nach der ein Verlustvortrag nur bis zu einem Gesamtbetrag der Einkünfte von einer Million Euro unbegrenzt, für den darüberhinausgehenden Teil nur zu 60% zulässig ist. Diese Regelung kann dazu führen, dass obwohl ein zur Neutralisierung des Sanierungsgewinns ausreichender Verlustvortrag vorhanden wäre, ein Großteil des Ertrags noch im Sanierungsjahr versteuert werden muss, was die Sanierungsbedürftigkeit eines Unternehmens ggf. erst herbeiführt.[662]

Ausgehend davon, dass sich ein Bedürfnis für eine Lösung im Umgang mit einem Sanierungsertrag in bestimmten Sanierungsfällen also aus der fehlenden Möglichkeit ergibt, vorhandene Verluste mit dem Sanierungsertrag gegenrechnen zu können, finden sich in der Literatur Vorschläge, die in verschiedenen Varianten, alternativ zu einer vollständigen Befreiung an dieser Stelle ansetzen. Schon in Reaktion auf die Einführung des Sanierungserlasses wurde etwa die Möglichkeit einer vollständigen Verlustverrechnung für ausreichend erachtet.[663] Jüngere Beiträge wählen ebenfalls die Mindestbesteuerung nach § 10d Abs. 2 EStG als Ausgangspunkt für die Lösung der Sanierungsgewinn-Problematik und schlagen dessen ersatzlose

661 Vgl. Schüppen, ZIP 2017, 752, 759.
662 Vgl. Schüppen, ZIP 2017, 752, 759.
663 Vgl. Bareis/Kaiser, DB 2004, 1841, 1843.

Streichung[664] oder zumindest dessen partielle Abschaffung im Bereich von Sanierungsgewinnen[665] vor.

Die Abschaffung des § 10d Abs. 2 EStG oder eine gesetzliche Bestimmung von dessen Nichtanwendung in Sanierungsfällen könnte zwar in der Theorie eine Belastung von Unternehmen mit der durch den Sanierungsgewinn entstehenden Steuer vermeiden, würde aber nicht denselben Effekt entfalten wie eine gesetzliche Befreiung von Sanierungsgewinnen. Auch wenn den betroffenen Unternehmen die Möglichkeit gegeben würde, den Sanierungsgewinn aus eigener Kraft zu neutralisieren und so eine Steuerbelastung im Sanierungsjahr zu vermeiden, würden ähnliche Probleme bestehen bleiben, wie bei den Modellen, in denen die Steuerbelastung durch partielle Schuldenerlasse oder die Verrechnung des Sanierungsgewinns mit vorhandenen Aktiva vermieden wird. Die Möglichkeit einer vollständigen Verlustverrechnung hilft dem betroffenen Unternehmen nämlich nur dann weiter, wenn ausreichend Verlustverrechnungspotential auch tatsächlich vorhanden ist.[666] Mithin ist auch diese Lösung nur im Einzelfall geeignet, einen Sanierungsgewinn bzw. zumindest die Steuerbelastung im Sanierungsjahr zu verhindern. Denn können Steuerpflichtige entsprechendes Verlustpotential nicht vorweisen, müssen sie weiterhin der gesamten Sanierungsgewinn im Verzichtsjahr versteuern und können höchstens auf Billigkeitsmaßnahmen zurückgreifen. Die Höhe des Verlustverrechnungspotentials würde folglich zum maßgeblichen Kriterium für eine erfolgreiche Sanierung Die Vermeidung einer Sanierungsgewinnbesteuerung im Sanierungsjahr nach diesem Modell wäre praktisch für alle Unternehmen ausgeschlossen, die nicht wegen Überschuldung, sondern wegen Zahlungsunfähigkeit gemäß § 17 InsO sanierungsbedürftig sind, da die Zahlungsunfähigkeit unabhängig von angesammelten Verlusten schon eintritt, wenn das Unternehmen nicht mehr in der Lage ist, die fälligen Zahlungsverpflichtungen zu erfüllen, § 17 Abs. 1 S. 2 InsO.

Zu beachten ist außerdem, dass der Gesetzgeber die Problematik durchaus erkannt und sich ihrer angenommen hat. Indem der neu geschaffe-

---

664 Vgl. Schüppen, ZIP 2017, 752, 759, der den Fall von Sanierungsgewinnen nur zum Anlass für den Vorschlag der Streichung des § 10d Abs. 2 EStG nimmt, dies aber auch aus steuersystematischen Gründen befürwortet.

665 Vgl. Mohr, BB 2017, 673, 679.

666 Zu diesem Problem im Rahmen von partiellen Schuldenerlassen: Vgl. Sistermann, DStR 2017, 689, 694; Braun/Geist, BB 2009, 2508, 2512; dazu im Rahmen der Verrechnung des Sanierungsgewinns mit vorhandenen Aktiva: Vgl. Trompeter, BB 2000, 433, 435; Kroschel, DStR 99, 1383, 1388.

ne § 3a Abs. 3 EStG nämlich die vorherige Verrechnung des Sanierungsgewinns mit sämtlichen Verlustverrechnungspotentialen des Unternehmens vorsieht, bewirkt er bereits eine partielle Nichtanwendung von § 10d Abs. 2 EStG in Sanierungsfällen. Dass der darüberhinausgehende Sanierungsgewinn anschließend von der Steuer befreit wird, zeigt, dass die Möglichkeit einer vollständigen Verlustverrechnung als nicht effektiv genug eingeschätzt wurde.

7. Zwischenergebnis

Auch durch alternative gesetzliche Anpassungen kann der Problematik des Sanierungsgewinns nicht ebenso effektiv begegnet werden, wie durch eine gesetzliche Steuerfreistellung. Während die Wiedereinführung der früheren Befreiungsvorschrift und die Ausklammerung des Sanierungsgewinns vom Gewinnbegriff des § 4 EStG schon keine milderen Mittel darstellen würden, sind die Lösungsvorschläge einer Verrechnung des Sanierungsgewinns mit vorhandenen Aktiva und die Abschaffung der Mindestbesteuerung des § 10d Abs. 2 EStG zu sehr einzelfallabhängig und würden einer Vielzahl von Steuerpflichtigen nicht helfen, da sie genügend Aktiva bzw. Verlustpotential voraussetzen. Die Vermeidung der Steuerbelastung durch eine Sanierungsrücklage oder eine rückzahlbare Sanierungsbeihilfe würde – ebenso wie die beiden zuvor genannten Lösungen – nur eine temporäre Entlastung bieten und keine endgültige Entschuldung des zu sanierenden Unternehmens bewirken. Dadurch sind Gläubiger schwerer zu ihrer Mitwirkung zu bewegen, weil sie ihren Verzicht zugunsten des Fiskus erklären müssten und langfristig macht es den Einstieg für Investoren unattraktiv. Schließlich würde anstatt einer effektiven Sanierungsförderung eher eine Verkomplizierung des Steuerrechts bewirkt.

V. Präventiver Restrukturierungsrahmen als hinreichende Alterative?

Teilweise wurde auf die vom EU-Parlament verabschiedete und seit Ende Juni 2019 geltende Restrukturierungsrichtlinie[667] verwiesen und vorge-

667 Richtlinie (EU) 2019/1023 des europäischen Parlaments und des Rates vom 20. Juni 2019 über präventive Restrukturierungsrahmen, über Entschuldung und über Tätigkeitsverbote sowie über Maßnahmen zur Steigerung der Effizienz von Restrukturierungs-, Insolvenz- und Entschuldungsverfahren und zur Änderung der Richtlinie

schlagen, sich als Alternative zu § 3a EStG mit deren Umsetzung in nationales Recht zu begnügen und sie ggf. durch eine zusätzliche Maßnahme speziell für den Wegfall von Verbindlichkeiten durch Forderungsverzichte zu begleiten.[668]

1. Grundzüge des präventiven Restrukturierungsrahmens und Umsetzung in nationales Recht

Die Restrukturierungsrichtlinie verpflichtet die Mitgliedstaaten, bis zum 17. Juli 2021[669] Vorschriften für einen „präventiven Restrukturierungsrahmen", ein außerinsolvenzliches Sanierungsverfahren[670] zu schaffen. Bisher existierte in Deutschland kein gesetzlich reglementiertes Verfahren für sanierungsbedürftige aber nicht insolvente Unternehmen, da auch das Insolvenzplanverfahren nach §§ 217 ff. InsO immer Bestandteil eines geregelten (gerichtlichen) Insolvenzverfahrens ist und damit an die Insolvenzreife des zu sanierenden Unternehmens anknüpft.[671] Durch den präventiven Restrukturierungsrahmen sollte nun eine Harmonisierung des Restrukturierungsrechts im europäischen Binnenmarkt und die Wiederherstellung der Bestandsfähigkeit von Unternehmen mit finanziellen Schwierigkeiten zur Vermeidung der Insolvenz erreicht werden.[672] Mit dem Verfahren wird also die bisherige Lücke zwischen der gänzlich freien und konsensgebundenen außergerichtlichen Sanierung und der streng verfahrensgebundenen Sanierung im gerichtlichen Insolvenzverfahren geschlossen.[673] Der Zweck ist dabei die Einleitung von stützenden Maßnahmen, bevor ein Unternehmen in ernsthafte Schwierigkeiten gerät.[674] Dazu sieht die Richtlinie die Etablierung einer Reihe von Mechanismen vor, die von Frühwarnsystemen zur frühzeitigen Identifizierung von Unternehmenskrisen (Art. 3)

(EU) 2017/1132 (Richtlinie über Restrukturierung und Insolvenz) (nachfolgend nur noch „Richtlinie" oder „Restrukturierungsrichtlinie" (Bezeichnung etwa bei Friedemann/Scholtis, BB 2019, 2051; Roth, NZI-Beilage 2019, 51; Kölbl/Neumann, Ubg 2018, 324, 326)). Abrufbar unter https://eur-lex.europa.eu/legal-content/DE/TXT/PDF/?uri=CELEX:32019L1023&from=DE (zuletzt abgerufen am 11.8.2021).

668 Vgl. Kölbl/Neumann, Ubg 2018, 324, 328.

669 Art. 34 Abs. 1 der Richtlinie.

670 Vgl. Brömmekamp, KSI 2019, 149.

671 Vgl. Kölbl/Neumann, Ubg 2018, 324, 327.

672 Vgl. Flöther, ZInsO 2019, 1582 mit Verweis auf die Erwägungsgründe 1 und 2 der Richtlinie.

673 Vgl. Kanzler, NWB 2021, 1235, 1239 ff.

674 Vgl. Kölbl/Neumann, Ubg 2018, 324, 326.

über die Möglichkeit der Einsetzung eines Restrukturierungsbeauftragten (Art. 5 Abs. 2), die Aussetzung von Vollstreckungsmaßnahmen (Moratorium, Art. 6, 7), die Möglichkeit der gerichtlichen oder behördlichen Bestätigung Restrukturierungsplans (Art. 8 und 11) bis hin zu Schutzmechanismen für neue Finanzierungen und Zwischenfinanzierungen, sowie sonstige Transaktionen im Zusammenhang mit der Restrukturierung (Art. 17, 18) reichen.[675] Kern dieses neuen Restrukturierungsverfahrens sollte der sog. Restrukturierungsplan (Art. 8 ff.) werden[676], welcher neben der Identität des Schuldners und einer Aufstellung seiner Vermögenswerte und Verbindlichkeiten im Zeitpunkt der Einreichung des Plans insbesondere eine Übersicht der vorgeschlagenen Restrukturierungsmaßnahmen und ggf. deren Laufzeit zu enthalten hat.[677] Während die Vorgehensweise bei Unternehmenssanierungen außerhalb eines Insolvenzverfahrens also bisher allein zwischen den Beteiligten geregelt wurde, müssten künftige Sanierungskonzepte stets durch das neue Instrument des Restrukturierungsplans umgesetzt werden.[678]

Da die Restrukturierungsrichtlinie den Mitgliedstaaten mit über 70 Öffnungsklauseln einen weiten Spielraum überlässt,[679] waren zahlreiche Umsetzungsfragen[680] lange unklar und entsprechend unterschiedlich wurde sie in den Mitgliedsstaaten im Detail umgesetzt[681]. An vielen Stellen wurden Umsetzungsempfehlungen[682] ausgesprochen, wobei auch darauf hingewiesen wird, dass das Steuerrecht keine negativen Folgen auf die Sanierung haben dürfe und deswegen besonders Sanierungsgewinne bei der Umsetzung im Blick behalten werden müssten.[683] Mittlerweile hat der deutsche Gesetzgeber die Restrukturierungsrichtlinie im Zuge des Sanierungs- und

675 Für einen Überblick über den Inhalt der Richtlinie s. z.B. Albrecht, ZInsO 2019, 1813; Brömmekamp, KSI 2019, 149; ders., KSI 2019, 197.

676 Vgl. Hofmann, NZI-Beilage 2019, 22.

677 S. Art. 8 der Richtlinie.

678 Vgl. Kölbl/Neumann, Ubg 2018, 324, 327 ff..

679 Vgl. Dahl/Linnenbrink, NZI-Beilage 2019, 45.

680 Ausführlich: Fritz/Scholtis, BB 2019, 2051; Brömmekamp, KSI 2019, 149; ders, KSI 2019, 197.

681 Vgl. Jacobi/Bischoff, NJ 2021, 212 m.w.N.

682 Z.B. Flöther, ZInsO 2019, 1585; Dahl/Linnenbrink, NZI-Beilage 2019, 45; Hoegen/Kranz, NZI-Beilage 2019, 53; Fitz/Scholtis, BB 2019, 2051; Roth, NZI-Beilage 2019, 51.

683 Vgl. Thole, NZI-Beilage 2019, 61, 64.

Insolvenzrechtsfortentwicklungsgesetz (SanInsFoG)[684] größtenteils[685] mit Wirkung zum 1.1.2021[686] in nationales Recht transferiert[687] und damit einen Rechtsrahmen zur Ermöglichung insolvenzabwendender Sanierungen geschaffen, der es Unternehmen ermöglicht, sich auf Grundlage eines von den Gläubigern mehrheitlich angenommenen Restrukturierungsplans zu sanieren[688]. Das Herzstück des SanInsFoG ist das neue „Gesetz über den Stabilisierungs- und Restrukturierungsrahmen für Unternehmen (StaRUG)[689], das durch Anpassungen in zahlreichen weiteren Gesetzen, insbesondere der InsO begleitet wird[690] und mit dem der Gesetzgeber ein „Baukastensystem" zur Bewältigung von Unternehmenskrisen[691] bereitstellt. Zunächst schafft § 1 StaRUG bei haftungsbeschränkten Unternehmensträgern neue Regeln zur Krisenfrüherkennung und zum Krisenmanagement. Geschäftsleiter[692] werden danach verpflichtet, über Entwicklungen, die den Fortbestand des Unternehmens gefährden fortlaufend zu wachen und bei Erkennen geeignete Gegenmaßnahmen zu ergreifen, vgl. § 1 Abs. 1 S. 1, 2 StaRUG. So soll eine rechtzeitige Restrukturierung durch notwendige Sanierungsmaßnahmen massearme Insolvenzen und unbefriedigende Insolvenzquoten verhindern.[693] Wie genau ein solches Krisenfrüherkennungssyetem auszusehen hat, regelt § 1 StaRUG hingegen nicht.[694] Stattdessen wird in § 101 StaRUG lediglich auf durch das Bundesministerium für Justiz und Verbraucherschutz bereitgestellte Informationen verwiesen.

Zudem bietet das StaRUG nun die Möglichkeit einer Sanierung auch außerhalb des Insolvenzverfahrens.[695] Die wichtigsten Elemente des

684 BT-Drs. 19/24181, BGBl. I 2020, S. 3256.

685 Die §§ 84–88 StaRUG über Öffentliche Restrukturierungssachen treten erst zum 17.7.2022 in Kraft, vgl. Art. 25 Abs. 3 Nr. 1 SanInsFoG, BGBl. I 2020, 3256, 3298.

686 Art. 25 Abs. 1 des SanInsFoG, BGBl. I 2020, 3256, 3298.

687 Für einen Überblick über den Inhalt, insb. die Regelungen des StaRUG siehe: Gehrlein, BB 2021, 66; Schülke, DStR 2021, 621; Schelo, WM 2021, 513; Taras/Suchan, NJW-Spezial 2021, 21.

688 BT-Drs. 19/24181, S. 1.

689 Art. 1 des SanInsFoG, BGBl. I 2020, 3256.

690 Vgl. Taras/Suchan, NJW-Spezial 2021, 21.

691 Vgl. Schülke, DStR 2021, 621.

692 Bei juristischen Personen umfasst dies die Mitglieder des zur Geschäftsführung berufenen Organs (§ 1 Abs. 1 S. 1 StaRUG, bei Gesellschaften ohne Rechtspersönlichkeit nach § 15a Abs. 1 S. 3 und Abs. 2 InsO die Geschäftsleiter der zur Geschäftsführung berufenen Gesellschafter (§ 1 Abs. 3 StaRUG).

693 Vgl. Schülke, DStR 2021, 621, 622.

694 Vgl. Schülke, DStR 2021, 621, 622.

695 Vgl. Jacobi/Bischoff, NJ 2021, 212.

StaRUG[696] sind die „Instrumente" des Stabilisierungs- und Restrukturierungsrahmens i.S.v. § 29 StaRUG. Das Kernelement des neuen Sanierungsrechts bildet dabei das neue modulare System eines Restrukturierungsplanverfahrens, in dem der Schuldner sich einzelner Module bedienen und die Restrukturierung dadurch flexibel gestalten kann.[697] Die Eintrittsschwelle[698] für die Instrumente des StaRUG ist gemäß § 29 Abs. 1 StaRUG die drohende Zahlungsunfähigkeit nach § 18 Abs. 2 InsO. Zu deren „nachhaltigen Beseitigung" (§ 29 Abs. 1 StaRUG) kann die Geschäftsleitung ab diesem Zeitpunkt ein Restrukturierungsplanverfahren einleiten[699]. Erforderlich ist zwar gemäß § 30 StaRUG zusätzlich die Restrukturierungsfähigkeit, diese ist aber bei jedem Schuldner gegeben, der auch insolvenzfähig ist, § 30 Abs. 1 S. 1 StaRUG. Liegt hingegen bereits ein Pflichtantragsgrund nach der InsO vor, ist der Zugang zum präventiven Restrukturierungsrahmen verschlossen.[700]

Im Zentrum des StaRUG steht als eines der Instrumente des neuen Verfahrens der Restrukturierungsplan i.S.v. § 2 ff. StaRUG.[701] Er ist am Insolvenzplan orientiert und bildet die Grundlage für Eingriffe in die Forderungen und Rechte von Gläubigern und Anteilsinhabern.[702] Dementsprechend ist er auch wie ein solcher aufgebaut und gliedert sich in einen darstellenden (§ 6 StaRUG) und einen gestaltenden Teil (§ 7 StaRUG), in dem die Auswirkungen auf die einzelnen Rechtsverhältnisse geregelt werden.[703] Gestaltbar sind zunächst alle Forderungen die gegen einen restrukturie-

---

696 Vgl. Jacobi/Bischoff, NJ 2021, 212, 213.
697 Vgl. Taras/Suchan, NJW-Spezial 2021, 21.
698 Vgl. Jacobi/Bischoff, NJ 2021, 212, 213.
699 Vgl. Taras/Suchan, NJW-Spezial 2021, 21.
700 Vgl. Schülke, DStR 2021, 621; der Autor thematisiert in diesem Zusammenhang auch die Problematik, dass das Feststellen einer drohenden Zahlungsunfähigkeit regelmäßig die rechnerische Überschuldung bedeutet und Unternehmen daher schon bei festgestellter drohender Zahlungsunfähigkeit praktisch regelmäßig wegen Überschuldung insolvenzreif waren. Der Anwendungsbereich des StaRUG würde so faktisch auf ein Minimum geschrumpft. Der Gesetzgeber habe das Problem aber dadurch gelöst, dass die Prognosezeiträume zur Feststellung der drohenden Zahlungsunfähigkeit und zur Ermittlung der positiven Fortführungsprognose im Rahmen des Überschuldungstatbestandes variieren: Für die Feststellung der drohenden Zahlungsunfähigkeit gilt gemäß § 18 Abs. 2 S. 2 InsO ein Prognosezeitraum von 24 Monaten, für die Überschuldung gemäß § 19 Abs. 2 S. 1 InsO hingegen nur ein Zeitraum von 12 Monaten.
701 Vgl. Rath, BB 2021, Heft 2, I.
702 Vgl. Gehrlein, BB 2021, 66, 67; Jacobi/Bischoff, NJ 2021, 212, 213.
703 Vgl. Schelo, WM 2021, 513, 514.

rungsfähigen Schuldner begründet sind (Restrukturierungsforderungen, § 2 Abs. 1 Nr. 1 StaRUG) und an Gegenständen des schuldnerischen Vermögens bestehende Rechte, die im Fall der Insolvenz zur Absonderung berechtigen würden mit Ausnahme von Sicherheiten im Sinne des § 1 Abs. 16 und 17 KWG (Absonderungsanwartschaften, § 2 Abs. 1 Nr. 2 StaRUG). Unter Absonderungsanwartschaften fallen insbesondere Grundpfandrechte, die Sicherungsübereignung, die Globalzession, sowie ein verlängerter und erweiterter Eigentumsvorbehalt.[704] Ist der Schuldner eine juristische Person oder Gesellschaft ohne Rechtspersönlichkeit, können auch Anteils- oder Mitgliedschaftsrechte der beteiligten Personen gestaltet werden, § 2 Abs. 3 StaRUG. Damit wird ausdrücklich die Umsetzung gesellschaftsrechtlicher Maßnahmen, z.B. eines Debt-Equity-Swaps auch im Restrukturierungsplan zugelassen.[705] Nach § 2 Abs. 4 StaRUG kann sich der Restrukturierungsplan zur leichteren Ermöglichung von Konzernrestrukturierungen[706] sogar auf Restrukturierungsforderungen aus sog. gruppeninternen Drittsicherheiten erstrecken. Gemeint sind Forderungen, bei denen der Forderungsinhaber seine Rechte aus einer Bürgschaft, Mitschuldnerschaft oder anderweitig übernommener Haftung eines verbundenen Unternehmens i.S.v. § 15 AktG oder deren Vermögensgegenständen ableitet, § 2 Abs. 4 S. 1 StaRUG. Wegen der weiten Definition fallen darunter alle Personal- und Sachsicherheiten[707], die den Gläubigern des zu restrukturierenden Unternehmens von Tochtergesellschaften oder verbundenen Unternehmen gewährt wurden[708].

Häufigster Inhalt des Restrukturierungsplans ist wohl der Teilverzicht von Forderungen der Gläubiger gegen das schuldnerische Unternehmen.[709] Bei den gruppeninternen Drittsicherheiten sind alle Arten von Eingriffen zulässig, etwa Erlasse, Stundungen oder Freigaben.[710] Der Plan bedarf einer Abstimmung mit den beteiligten Gläubigern, welche entweder eigenverantwortlich (§§ 17 ff. StaRUG) oder in einem gerichtlichen Verfahren (§ 23 StaRUG) erfolgen kann.[711] Der Schuldner kann also zunächst

704 Vgl. Schülke, DStR 2021, 621, 624.
705 Vgl. Schelo, WM 2021, 513, 514; Schülke, DStR 2021, 621, 624 ff.
706 Vgl. Schülke, DStR 2021, 621, 624; ausführlich zu den Möglichkeiten der Konzernsanierung durch die Instrumente des StaRUG vgl. Hoegen/Kranz, NZI 2021, 105.
707 Vgl. Hoegen/Kranz, NZI 2021, 105, 107.
708 Vgl. Schelo, WM 2021, 513, 514.
709 Vgl. Jacobi/Bischoff, NJ 2021, 212, 214.
710 Vgl. Hoegen/Kranz, NZI 2021, 105, 107.
711 Vgl. Gehrlein, BB 2021, 66, 70.

selbst wählen, wessen Forderungen restrukturiert werden sollen (vgl. § 8 StaRUG) und nur diese Gläubiger müssen als Planbetroffene über ihn abstimmen.[712] Die Restrukturierung kann also auf einzelne Gläubigergruppen (z.B. nur Mietforderungen) beschränkt bleiben.[713] Soweit Planbetroffene mit unterschiedlicher Rechtstellung betroffen sind, hat der Schuldner die Betroffenen nach § 9 Abs. 1 StaRUG in Gruppen einzuteilen, die nach § 9 Abs. 2 S. 1 StaRUG nach Maßgabe wirtschaftlicher Interessen in weitere Gruppen eingeteilt werden können. Zur Annahme des Restrukturierungsplans ist gemäß § 25 Abs. 1 StaRUG erforderlich, dass innerhalb jeder Gruppe ein Quorum von 75% der Stimmrechte erreicht wird. Während ein Insolvenzplan gemäß § 244 Abs. 1 InsO eine Kopf- und Summenmehrheit in den einzelnen Gruppen erfordert, ist beim Restrukturierungsplan nach § 24 Abs. 1 StaRUG nicht die Anzahl der abgegebenen Stimmen, sondern nur der Nominalwert der Restrukturierungsforderung oder der Wert des zu strukturierenden Rechts maßgeblich.[714] Wird das erforderliche Quorum innerhalb einer Gläubigergruppe nicht erreicht, ist gemäß § 26 Abs. 1 StaRUG eine gruppenübergreifende Mehrheitsentscheidung möglich. Danach gilt die Zustimmung zzgl. weiterer Voraussetzungen[715] als erteilt, wenn die Mehrheit der abstimmenden Gruppen dem Plan jeweils mit der erforderlichen Dreiviertelmehrheit zugestimmt hat, wobei die Zustimmung einer Gruppe genügt, wenn nur zwei Gläubigergruppen vorhanden sind, § 26 Abs. 1 Nr. 3 StaRUG (sog. „Cross-Class-Cram-Down"[716]). Erstmals nach deutschem Recht können so Akkordstörer (Gläubiger, die einen sinnvollen Vergleich verhindern wollen) überstimmt werden.[717]

Die Erarbeitung eines Restrukturierungsplans kann es erfordern, die Situation des Schuldners zunächst zu stabilisieren, um Zeit für die Planerstellung zu gewinnen.[718] Zugleich muss in dieser Phase gesichert sein, dass einzelne Gläubiger die Planerarbeitung nicht dadurch gefährden, dass sie sich

712 Vgl. Schülke, DStR 2021, 621, 625.

713 Vgl. Taras/Suchan, NJW-Spezial 2021, 21, 22.

714 Vgl. Gehrlein, BB 2021, 66, 70; Schülke, DStR 2021, 621, 625 mit Verweis auf Thole, ZIP 2020, 1985, 1990; Taras/Suchan, NJW-Spezial 2021, 21, 22.

715 Die Gruppenmitglieder dürfen durch den Restrukturierungsplan voraussichtlich nicht schlechter gestellt werden als sie ohne den Plan stünden (§ 26 Abs. 1 Nr. 1 StaRUG) und sie müssen angemessen an dem wirtschaftlichen Wert beteiligt werden, der auf der Grundlage des Plans den Planbetroffenen zufließen soll (§ 26 Abs. 1 Nr. 2 StaRUG).

716 Exemplarisch: Gehrlein, BB 2021, 66, 70.

717 Vgl. Schülke, DStR 2021, 621.

718 Vgl. Schülke, DStR 2021, 621, 624.

Vorteile zu verschaffen versuchen, indem sie in Vermögen des Schuldners vollstrecken, es verwerten, bestehende Verträge wegen eines Rückstands beenden oder die Leistung aus einem bestehenden Vertrag verweigern.[719] Zu diesem Zweck ist in den §§ 49 ff. StaRUG als weiteres Instrument die Möglichkeit einer Stabilisierungsanordnung vorgesehen. Sie bewirkt, dass Maßnahmen der Zwangsvollstreckung gegen den Schuldner untersagt oder eingestellt werden (Vollstreckungssperre, § 49 Abs. 1 Nr. 1 StaRUG) und die Durchsetzung von Ab- und Aussonderungsrechten untersagt wird (Verwertungssperre, § 49 Abs. 1 Nr. 2 StaRUG), wenn dies zur „Wahrung der Aussichten auf die Verwirklichung des Restrukturierungsziels erforderlich ist". Eine solche Anordnung kann nach § 53 Abs. 1 StaRUG zunächst für eine Dauer von bis zu 3 Monaten ergehen, wobei eine Verlängerung unter den Voraussetzungen der § 53 Abs. 2 und 3 StaRUG möglich ist. Gläubigeranträge auf Eröffnung des Insolvenzverfahrens beim Schuldner bleiben für die Dauer der Anordnung ausgesetzt, § 58 StaRUG.

Die Restrukturierung kann zudem durch einen Restrukturierungsbeauftragten nach §§ 73 ff. StaRUG oder eine Sanierungsmoderation nach §§ 94 ff. StaRUG begleitet werden. Der Sanierungsmoderator vermittelt nach § 96 Abs. 1 StaRUG zwischen dem Schuldner und seinen Gläubigern bei der Herbeiführung einer Lösung zur Überwindung der wirtschaftlichen oder finanziellen Schwierigkeiten. Die Sanierungsmoderation dient dazu, mit den Gläubigern zunächst einen einvernehmlichen Schuldenbereinigungsvergleich zu schließen, der nach § 97 Abs. 1 S. 1 StaRUG auf Antrag des Schuldners gerichtlich bestätigt werden kann.[720] Die Bestellung eines Sanierungsmoderators ist bereits vor der drohenden Überschuldung[721] und nach § 95 Abs. 1 S. 1 StaRUG für die Dauer von bis zu 3 Monaten möglich. Eine Verlängerung um weitere 3 Monate ist nach § 95 Abs. 1 S. 2 StaRUG ebenfalls zulässig. Der entscheidende Vorteil eines solchen einvernehmlichen Schuldenbereinigungsvergleichs liegt darin, dass er gemäß § 97 Abs. 3 StaRUG der insolvenzrechtlichen Anfechtung weitgehend entzogen ist.[722] Der Sanierungsbeauftragte hingegen unterstützt die Koordination des Restrukturierungsverfahrens vergleichbar einem Sachwalter im Insolvenzverfahren und erfüllt weiterreichende Aufgaben als der Sanie-

719 Vgl. Schülke, a.a.O.

720 Vgl. Jacobi/Bischoff, NJ 2021, 212, 213.

721 Vgl. Schülke, DStR 2021, 621, 624.

722 Vgl. Jacobi/Bischoff, NJ 2021, 212, 213; Schülke, DStR 2021, 621, 624.

rungsmoderator.[723] Die Bestellung erfolgt entweder von Amts Wegen z.B. wenn eine Stabilisierungsanordnung beantragt wird, die sich im Wesentlichen gegen alle beteiligten Gläubiger richtet, wenn die Rechte von Verbrauchern oder mittleren, kleinen oder Kleinstunternehmen berührt werden oder das Restrukturierungsziel nur gegen den Willen von Inhabern von Restrukturierungsforderungen oder Absonderungsanwartschaften erreichbar ist (vgl. § 73 Abs. 1 und 2 StaRUG) oder gemäß § 77 Abs. 1 StaRUG auf Antrag des Schuldners oder mehr als 25% der Stimmberechtigten innerhalb einer Gläubigergruppe.

2. Auswirkungen auf die Erforderlichkeit von § 3a EStG

Insgesamt wird dem SanInsFoG und damit auch dem präventiven Restrukturierungsrahmen nach dem StaRUG enorme Bedeutung für Sanierungspraxis und das Potential, die Sanierungskultur in Deutschland nachhaltig positiv zu gestalten, zugesprochen.[724] Restrukturierungen werden dadurch abseits der Öffentlichkeit und damit ohne den „Makel“ der Insolvenz möglich.[725] Fraglich bleibt aber, ob der präventive Restrukturierungsrahmen auch eine Alternative zu § 3a EStG bietet. Schon die Restrukturierungsrichtlinie enthält keine Bestimmungen dazu, wie mit Steuern zu verfahren ist, die gerade wegen des Untergangs von Gläubigerforderungen entstehen.[726] Schon vor diesem Hintergrund kann eine Umsetzung allein aufgrund ihrer Vorgaben das Problem der Besteuerung von Sanierungsgewinnen nicht lösen. Dementsprechend wurde schon vor der Umsetzung der Restrukturierungsrichtlinie im Schrifttum explizit angemahnt, darauf zu achten, dass das Steuerrecht keine negativen Folgen auf den Sanierungserfolg hat und deswegen ein sorgfältiges Vorgehen im Hinblick auf Sanierungsgewinne angezeigt sei.[727] Dies haben auch die Stimmen im Schrifttum erkannt, die die Umsetzung der Richtlinie als Alternative zu § 3a EStG ins Spiel gebracht haben. Damit die Umsetzung als Alternative zu § 3a EStG in Frage kommt, bedürfe es einer ergänzenden nationalen Regelung zu den steuerlichen Folgen des Untergangs von Verbindlichkeiten des Schuld-

723 Vgl. Jacobi/Bischoff, NJ 2021, 212, 214.
724 Vgl. Rath, BB 2021, Heft 2, I.
725 Vgl. Schülke, DStR 2021, 621.
726 Vgl. Kölbl/Neumann, Ubg 2018, 324, 327
727 Vgl. Thole, NZI-Beilage 2019, 61, 64.

ners.[728] Als weitere zusätzliche Alternative wurde gleichzeitig angeregt, neben den die Restrukturierungsrichtlinie umsetzenden Vorschriften, eine zusätzliche nationale „Sanierungshilfe" in Form einer „abgespeckten Version des § 3a EStG" zu schaffen.[729] Eine solche Regelung solle jedoch nicht, wie § 3a Abs. 2 EStG an das erklärte Ziel der Unternehmenssanierung, sondern allein an das Phänomen des Forderungsverzichts im betrieblichen Bereich unabhängig von den Motiven des Verzichtenden anknüpfen, da die steuerliche Förderung von Unternehmenssanierungen durch die Privilegierung von Sanierungsgewinnen dem EU-Restrukturierungsrecht vorbehalten sei.[730] Die sanierungsfördernde Rechtsfolge solle vor allem darin bestehen, eine vollständige Verrechnung mit Verlustausgleichspotential nach dem Modell des § 3a Abs. 3 EStG zuzulassen, um die insoweit „außergewöhnlichen Erträge" durch Forderungsverzichte so weit wie möglich zu neutralisieren, jedoch solle eine Steuerbefreiung für nach der Verlustverrechnung noch verbleibende Verzichtsgewinne ausscheiden.[731]

Im Zuge der Umsetzung durch das SanInsFoG wurden keine speziellen Regelungen für im Rahmen der Restrukturierung nach dem StaRUG anfallende Sanierungsgewinne geschaffen. Im Gegenteil wird auch nach der Umsetzung in der insolvenzrechtlichen Literatur sogar auf die Problematik hingewiesen, dass ein Schuldenverzicht im Restrukturierungsplanverfahren zu steuerlichen Belastungen führen könne und dabei auf die Befreiung des § 3a EStG rekurriert.[732] Darin zeigt sich, dass entsprechend dem Vorschlag von Kölbl und Neumann weiterhin eine begleitende nationale Maßnahme notwendig bleibt, um der verzichtsbedingten Steuerbelastung zu begegnen. Ihr Vorschlag einer „Sanierungshilfe" in Form einer lediglich an den Forderungsverzicht anknüpfenden nationalen Regelung sieht vor, das Problem durch eine weitreichende Verrechnungsmöglichkeit mit Verlustausgleichspotential zu lösen, verzichtet hingegen auf die Rechtsfolge der Steuerfreiheit verbleibender Verzichtsgewinne. Der Vorschlag liegt damit auf einer Linie mit dem Vorschlag, die Mindestbesteuerung abzuschaffen oder im Bereich von Sanierungsgewinnen auf die Anwendung von § 10d Abs. 2 EStG zu verzichten. Steuerpflichtige sollen also den Verzichtsgewinn durch eigenes Steuerminderungspotential neutralisieren und so eine Steu-

728 Vgl. Kölbl/Neumann, Ubg 2018, 324, 328.
729 Vgl. Kölbl/Neumann, Ubg 2018, 324, 328.
730 Vgl. Kölbl/Neumann, Ubg 2018, 324, 328.
731 Vgl. Kölbl/Neumann, Ubg 2018, 324, 328.
732 Vgl. Schelo, WM 2021, 513, 515; Skauradszun/Kwauka, DStR 2020, 953, 954.

erbelastung weitgehend verhindern. Damit sieht sich der Vorschlag allerdings mit denselben Bedenken hinsichtlich der Effektivität konfrontiert. Die Steuerbelastung kann nämlich nur dann vermieden werden, wenn ausreichend Verlustverrechnungspotential zur Verfügung steht, während weiterhin ein großer Teil oder ggf. der gesamte Verzichtsgewinn im Sanierungsjahr versteuert werden muss, wenn nicht genügend Verrechnungspotential vorhanden ist. Damit wird auch hier die Höhe der Verrechnungspotentiale zum maßgeblichen Kriterium für eine erfolgreiche Sanierung. Diese Lösung ist damit in gleicher Weise wie die Abschaffung von § 10d Abs. 2 EStG nicht hinreichend allgemeintauglich, um eine Alternative zu einer gesetzlichen Steuerbefreiung des Sanierungsgewinns zu bieten. Im Vergleich zu § 3a EStG würde der Erfolg von Unternehmenssanierungen deutlich weniger effektiv gewährleistet. Vielmehr hat der Gesetzgeber zutreffend erkannt, dass die Bemühungen der EU-Kommission zur Schaffung eines präventiven Restrukturierungsrahmens nur durch § 3a EStG effektiv begleitet werden können.[733] Zwar ist es zutreffend, dass neben den die Restrukturierungsrichtlinie umsetzenden Vorschriften eine zusätzliche nationale Regelung für Verzichtsgewinne notwendig ist, diese ist aber gerade in § 3a EStG zu sehen. Da sich die Voraussetzungen des § 3a Abs. 2 EStG mit den Zielen der Richtlinie decken, hat der Gesetzgeber mit § 3a EStG eine effektive Verzahnung mit ihr hergestellt.[734]

VI. Ergebnis

Die Untersuchung hat gezeigt, dass weder durch steuerliche Gestaltungsmöglichkeiten noch durch eine Mitwirkung seitens der Finanzverwaltung oder alternative gesetzliche Anpassungen die Steuerbelastung durch den Sanierungsgewinn nachhaltig effektiv beseitigt werden kann. Teilweise wird durch die vorgeschlagenen Maßnahmen schon ein Buchgewinn nicht vermieden, teilweise liegt gegenüber § 3a EStG aufgrund desselben Ergebnisses (Steuerfreiheit bei gleichzeitiger Verlustverrechnung) kein milderes Mittel vor. Einige der genannten Vorschläge können zwar punktuell die Belastung von Unternehmen mit der Steuer auf den Sanierungsgewinn verhindern, wirken aber nur temporär oder sind mit erheblichem Zeitaufwand verbunden. Andere Maßnahmen sind etwa aufgrund des Erfordernisses

733 Vgl. BT-Drs. 18/12128, S. 31.
734 Vgl. Skauradszun/Kwauka, DStR 2020, 953, 954.

von ausreichend Abschreibungs- oder Verlustverrechnungspotential oder im Fall von Billigkeitsmaßnahmen schon per Definition zu einzelfallabhängig und können damit nur in wenigen Sanierungsfällen eine effektive Wirkung entfalten. Billigkeitsmaßnahmen dürften ohne eine gesetzliche Steuerfreistellung in Sanierungsfällen sogar faktisch kaum noch möglich sein.[735] Der präventive Restrukturierungsrahmen nach dem StaRUG stellt zwar ein wirksames Instrument für Unternehmenssanierungen dar, enthält allerdings keine Regelungen zum Umgang mit verzichtsbedingten Steuerbelastungen. Die alternativ zu § 3a EStG vorgeschlagene Begleitmaßnahme bringt hinsichtlich ihrer Effektivität dieselben Probleme mit sich wie der Vorschlag, bei der Mindestbesteuerung des § 10d Abs. 2 EStG anzusetzen.

Durch § 3a EStG werden alle aufgezeigten Probleme für eine erfolgreiche Sanierung vermieden. Die Belastung mit dem Sanierungsgewinn wird bei allen sanierungsbedürftigen Unternehmen in gleicher Weise und nicht nur im Sanierungsjahr verhindert und Verlustverrechnungspotentiale werden vollständig genutzt. Beachtet man außerdem, dass Gläubiger oftmals nur schwer zu einer Mitwirkung zu bewegen sein werden, da sie anderenfalls auf ihre Forderungen zugunsten des Fiskus verzichten müssten, kann eine nachhaltige Entschuldung effektiv also nur durch eine gesetzliche Steuerfreistellung von Sanierungsgewinnen bewirkt werden. Nur konsequent ist es, dass sich auch die Mehrheit in der Literatur für eine gesetzliche Steuerfreistellung des Sanierungsgewinns ausspricht.[736]

---

735 Vgl. Levedag, GmbHR 2017, R70, R 72.

736 Vgl. DAV, NZG 2017, 336; DStV, Pressemittelung v. 09.02.2017, abrufbar unter https://www.stbverband-koeln.de/download/presse/presse_09_02_2017.pdf (zuletzt abgerufen am 11.8.2021); Kahlert/Schmidt, ZIP 2017, S. 503; Willemsen, NZI 2017, S. 163 (Anmerkung ab S. 172); Sistermann, DStR 2017, 689; Lautenbach/Roll/Völkner, BB 2017, 643; Möhlenkamp, ZIP 2018, 1907, 1915.

Zusammenfassung der Ergebnisse zu Kapitel 1

Die Unternehmenskrise beschreibt einen Zeitpunkt, in dem sich die finanzielle Situation eines zu sanierenden Unternehmens so weit zugespitzt hat, dass es bei ungehinderter Entwicklung zu dessen Zusammenbruch kommt, mittels Sanierungsmaßnahmen aber noch entscheidend eingegriffen werden kann. Darunter sind Maßnahmen zu verstehen, die geeignet sind, das Unternehmen vor dem Zusammenbruch bewahren und die Ertragsfähigkeit nachhaltig zu sichern. In der Krisensituation verfolgen die beteiligten Parteien verschiedene Interessen und dem Sanierungssteuerrecht kommt einerseits die Aufgabe zu, diese Interessen in einen Ausgleich zu bringen und andererseits, Anreize für Gläubiger zu schaffen, sich an der Sanierung des Unternehmens zu beteiligen, wirtschaftlich sinnvolle Sanierungsmaßnahmen steuerlich zu fördern und so Rechts- und Planungssicherheit für Sanierungen zu schaffen.

Ein gängiges Sanierungsinstrument sind Forderungsverzichte seitens der Gläubiger, welche jedoch aufgrund des Konzepts der Gewinnermittlung durch Betriebsvermögensvergleich gemäß § 4 Abs. 1 S. 1 EStG – abhängig von der Stellung des verzichtenden Gläubigers – regelmäßig zu steuerlich wirksamen Gewinnen führen. Da die anfallende Steuerlast ein erhebliches Hindernis für eine erfolgreiche Sanierung bildet, wurden die verzichtsbedingten Gewinne als sog. Sanierungsgewinne bereits seit der Rechtsprechung des Reichsfinanzhofs technisch auf unterschiedlichen Wegen steuerlich begünstigt. Nach mehreren gesetzlichen Lösungen erfolgte die Freistellung zuletzt über den Weg von Billigkeitserlassen nach §§ 163, 227 AO aufgrund des sog. Sanierungserlasses der Finanzverwaltung aus dem Jahr 2003.

Nachdem der Große Senat des BFH in einem Grundsatzurteil entschieden hatte, dass die im Sanierungserlass beschriebene Konstellation keinen Fall sachlicher Unbilligkeit darstellt, wurde mit § 3a EStG und ergänzenden Regelungen im KStG und GewStG erneut eine gesetzliche Grundlage für die steuerliche Freistellung von Sanierungsgewinnen geschaffen. § 3a EStG stellt nach § 4 Abs. 1 S. 1 EStG ermittelte Betriebsvermögensmehrungen und neuerdings auch nach § 4 Abs. 3 EStG anfallende Betriebseinnahmen steuerfrei, die in erster Linie aus einem Schuldenerlass zum Zweck einer unternehmensbezogenen Sanierung stammen. Die unternehmerbezogene

Sanierung ist nur noch in Einzelfällen begünstigt, wenn im Rahmen insolvenzrechtlicher Instrumente Schuldenerlasse ausgesprochen werden und zu einem steuerpflichtigen Gewinn führen. Um die Befreiung auf das erforderliche Maß zu begrenzen, sieht die Vorschrift als weitere Rechtsfolgen vor, dass steuerliche Wahlrechte im Sanierungsjahr und dem Folgejahr gewinnmindern auszuüben sind und dass Verlustverrechnungspotentiale der Steuerpflichtigen und ggf. auch ihnen nahestehenden Personen durch den Sanierungsertrag gemindert werden. Flankiert wird die Steuerfreiheit durch ein deklaratorisches Abzugsverbot in § 3c Abs. 4 EStG für Betriebsausgaben, die im Zusammenhang mit dem Sanierungsgewinn stehen. Entgegen der Gesetzesbegründung ist die reine Absicht, einen Sanierungsgewinn zu erzielen, für dessen Anwendung nicht ausreichend. Durch § 3c Abs. 4 EStG kann im Sanierungsjahr aber ein Verlust entstehen, wenn die danach nicht abziehbaren Ausgaben den Sanierungsgewinn übersteigen, denn eine Begrenzung des Abzugsverbots auf die Höhe des Sanierungsertrags ist nur in den Folgejahren anfallende Aufwendungen vorgesehen.

§ 3a EStG gilt für beschränkt und unbeschränkt Steuerpflichtige und außerdem steuerübergreifend jeweils mit ergänzenden Regelungen auch im Körperschaft- und Gewerbesteuerrecht. Zudem gilt § 3a EStG neben gemäß § 4 Abs. 1 S. 1 EStG bilanzierenden Steuerpflichtigen auch für Steuerpflichtige, die ihren Gewinn nach § 4 Abs. 3 EStG durch Einnahmen-Überschuss-Rechnung ermitteln. In zeitlicher Hinsicht ist § 3a EStG auf alle Fälle anzuwenden, in denen die Schulden nach dem Verkündungstag der Entscheidung des Großen Senats zum Sanierungserlass (8.2.2017) erlassen wurde. Für Altfälle, in denen der Schuldenerlass vor diesem Stichtag ausgesprochen wurde, sah eine zwischenzeitlich geschaffene Übergangsregelung der Finanzverwaltung vor, den Sanierungserlass aus Vertrauensschutzgründen weiterhin anzuwenden. Nachdem der BFH diese aber ebenfalls für mit dem Grundsatz der Gesetzmäßigkeit der Verwaltung unvereinbar erklärt hatte, ergänze der Gesetzgeber die Anwendungsregelung des § 52 Abs. 4a EStG dahingehend, dass § 3a EStG nunmehr auf Antrag von Steuerpflichtigen auch auf Schuldenerlasse vor dem 8.2.2017 anwendbar ist. Auf bestandskräftige Altfälle ist § 3a EStG zwar nicht über § 52 Abs. 4a S. 3 EStG, allerdings über eine nachträgliche Korrektur aufgrund eines rückwirkenden Ereignisses gemäß § 175 Abs. 1 S. 1 Nr. 2 AO möglich.

Neben einer gesetzlichen Steuerfreistellung bestehen zahlreiche weitere Möglichkeiten, Sanierungsgewinne oder zumindest die daraus folgende Steuerbelastung für das zu sanierende Unternehmen zu verhindern. Im Raum stehen neben steuerlichen Gestaltungsmöglichkeiten für Steuerpflichtige sowohl Maßnahmen seitens der Verwaltung, namentlich weiterhin Billigkeitserlasse oder Steuerstundungen im Einzelfall, als auch Vorschläge für alternative gesetzliche Anpassungen. Hier sind etwa die Schaffung einer Sanierungsrücklage- oder Beihilfe, die Ausklammerung des Sanierungsgewinns vom Gewinnbegriff oder Ausnahmen bei der Mindestbesteuerung des § 10d EStG zu nennen. Daneben wird auch in der Umsetzung der Restrukturierungsrichtlinie unter Schaffung einer zusätzlichen nationalen Regelung für Verzichtsgewinne eine Alternative gesehen. Keine der aufgezeigten Alternativen erreicht jedoch dasselbe Maß an Rechtssicherheit, Verlässlichkeit und Planbarkeit wie eine gesetzliche Befreiung und kann daher Sanierungen ebenso effektiv unterstützen. Teilweise wirken die Maßnahmen lediglich temporär und verschieben so die Belastung für das zu sanierende Unternehmen zeitlich, großteilig sind die Alternativen jedoch nicht allgemeintauglich, entweder weil sie aufgrund von Mitwirkungsbedürfnissen Dritter schwer oder nur mit erheblichem Zeitaufwand umsetzbar sind oder bestimmte Sachverhaltsumstände voraussetzen und deswegen nicht allen Steuerpflichtigen zur Verfügung stehen.

Kapitel 2: Materiellrechtliche Auslegungsprobleme von § 3a EStG

Auch wenn die gesetzliche Verankerung der Steuerfreiheit von Sanierungsgewinnen in § 3a EStG den zuvor vorherrschenden Schwebezustand für sanierungsbedürftige Unternehmen beseitigt hat, bestehen weiterhin offene Fragen im Umgang mit der Neuregelung. So ist etwa noch nicht abschließend geklärt, welche Sanierungsmaßnahmen von der Neuregelung begünstigt werden, welche Reichweite der Zwang zur gewinnmindernden Wahlrechtsausübung gemäß § 3a Abs. 1 S. 2 EStG hat oder in welchem Umfang Gesellschafterverzichte der Begünstigung unterfallen. Auch innerhalb des Verlustverrechnungssystems des § 3a Abs. 3 EStG stellen sich noch verschiedene Detailfragen. Im zweiten Teil der Untersuchung werden die noch offenen Fragen der Neuregelung aufgezeigt und einer näheren Untersuchung unterzogen.

§ 6: Der Schuldenerlass i.S.v. § 3a Abs. 1 S. 1 EStG

§ 3a Abs. 1 S. 1 EStG gibt die zentrale Rechtsfolge der neuen Befreiungsvorschrift vor: Betriebsvermögensmehrungen oder Betriebseinnahmen sind dann steuerfrei, wenn sie „aus einem Schuldenerlass“ zum Zwecke einer unternehmensbezogenen Sanierung im Sinne des Abs. 2 resultieren.

I. Problemstellung

Der Gesetzeswortlaut erlaubt eine Begünstigung nur, wenn die Betriebsvermögensmehrung oder Betriebseinnahme „aus einem Schuldenerlass“ resultiert. Was darunter aber genau zu verstehen ist, geht aus der gesetzlichen Regelung nicht hervor.[737] Insbesondere regelt das Gesetz nicht abschließend, in welchen zivilrechtlichen Formen der Schuldenerlass erfolgen kann.[738]

737 Vgl. Kölbl/Neumann, Ubg 2018, 273, 284.
738 Vgl. Böing, in: L/B/P, § 3a, Rn. 13 (Stand: Februar 2019).

Die Gesetzesbegründung zu § 3a EStG geht davon aus, dass die Schulden zum Zwecke der Sanierung buchstäblich „erlassen" werden müssen.[739] Der Gesetzgeber versteht unter einem begünstigten Schuldenerlass nämlich in erster Linie Erlassverträge nach § 397 Abs. 1 BGB und negative Schuldanerkenntnisse nach § 397 Abs. 2 BGB.[740] Daneben soll auch dann ein Schuldenerlass i.S.v. § 3a Abs. S. 1 EStG vorliegen, wenn eine Betriebsvermögensmehrung ihren Ursprung in einem Forderungsverzicht im Rahmen eines Insolvenzplanverfahrens nach § 217 ff. InsO hat, das nicht auf die Zerschlagung des Unternehmens gerichtet ist.[741] Letzteres ist deswegen gesondert erwähnenswert, weil eine im Insolvenzplan erlassene Verbindlichkeit nicht erlischt, sondern als natürliche Verbindlichkeit fortbesteht, deren Erfüllung zwar weiterhin möglich aber nicht erzwingbar ist.[742]

Neben einem Erlassvertrag oder negativen Schuldanerkenntnis sind jedoch vielfältige weitere zivilrechtliche Vorgänge möglich, die ebenfalls eine Betriebsvermögensmehrung oder Betriebseinnahme bei dem Krisenunternehmen auslösen können. So kann ein Ertrag auch etwa darauf beruhen, dass die Forderung an das Krisenunternehmen abgetreten wird und infolgedessen durch Konfusion erlischt. Ferner kann es auch ohne das zivilrechtliche Erlöschen der Forderung zu einer Ausbuchung und damit einem Ertrag kommen, beispielsweise bei einem Rangrücktritt oder einer Schuldübernahme. Inwiefern auch so entstehende Betriebsvermögensmehrungen und Betriebseinnahmen durch § 3a Abs. 1 S. 1 EStG begünstigt sind, ist angesichts der Voraussetzung „Schuldenerlass" noch klärungsbedürftig. Für sanierungsbedürftige Unternehmen resultiert das Bedürfnis nach der Steuerfreiheit allein aus der Belastung mit dem durch die Ausbuchung der Verbindlichkeit generierten Buchgewinn, unabhängig vom zivilrechtlichen Fortbestand der Forderung oder dem Rechtsgrund des Buchgewinns. Um den Erfolg von Sanierungen zu gewährleisten, muss folglich auch im Fall von alternativen Sanierungsmaßnahmen bereits vor der Entstehung des Buchgewinns rechtssicher abgeschätzt werden können, ob dieser der Begünstigung des § 3a Abs. 1 S. 1 EStG unterfällt. Allein die bisherige Auslegung des Begriffs des Schuldenerlasses durch den Gesetzgeber kann vor

739 BT-Drs. 18/12128, S. 31.

740 BT-Drs. 18/12128, S. 31.

741 BT-Drs. 18/12128, S. 31.

742 Vgl. Kahlert/Schmidt, DStR 2017, 1897, 1899 mit Verweis auf BGH v. 19.5.2011 – IX ZR 222/08.

diesem Hintergrund nicht als ausreichend bezeichnet werden[743] und macht so eine nähere Untersuchung erforderlich.

II. Auslegung des Merkmals

1. Zivilrechtliches versus bilanzsteuerrechtliches Verständnis

Welche Sanierungsmaßnahmen im Einzelnen noch von der Begünstigung erfasst werden, hängt entscheidend davon ab, wie der Begriff des Schuldenerlasses in § 3a Abs. 1 S. 1 EStG interpretiert wird. Schon als der Bundesrat den ersten Vorschlag für die Schaffung des § 3a EStG unterbreitete, wurde die Definition des Sanierungsgewinns von verschiedenen Seiten als zu eng gefasst kritisiert.[744] Es bestehe die Gefahr, dass einem Schuldenerlass (im Sinne eines Forderungsverzichts) vergleichbare Maßnahmen unter Umständen nicht begünstigt sein könnten.[745] Während der Bundesrat in seinem erstmaligen Vorstoß sogar ausdrücklich die Ansicht vertrat, dass speziell konfusionsbedingte Erträge nicht der Befreiung des § 3a EStG unterliegen sollen[746], wurde in der Literatur dagegen schon früh auch die gegenteilige Auffassung vertreten, dass einem Forderungsverzicht wirtschaftlich vergleichbare Sachverhalte aus Gründen der Rechtssicherheit ebenfalls steuerbefreit werden müssten.[747]

Ausgangspunkt für die Bestimmung der Reichweite von § 3a Abs. 1 S. 1 EStG ist die Frage, welches Verständnis des Schuldenerlasses der Vorschrift zugrunde liegt. Einerseits wäre eine Orientierung am rein zivilrechtlichen Verständnis des Begriffs möglich, was aber Vorgänge jenseits von Erlassverträgen und negativen Schuldanerkenntnissen ausschließen würde. In der steuerlichen Literatur wird daher dafür plädiert, ein erweitertes bilanzsteuerrechtliches Verständnis des Schuldenerlasses anzulegen.[748] Als

743 Vgl. Kölbl/Neumann, Ubg 2018, 273, 284, die auf einige Diskussionspunkte hinweisen.

744 Vgl. Naumann, BB 12/2017, I; VID, Stellungnahme Dr. Christoph Niering zum Reformvorschlag Sanierungserlass, https://www.vid.de/wp-content/uploads/2017/03/stellungnahme-dr-christoph-niering-zum-reformvorschlag-sanierungserlass.pdf (zuletzt abgerufen am 11.8.2021); Hiller/Baschnagel, DStZ 2017, 353, 361.

745 Vgl. Hiller/Baschnagel, DStZ 2017, 353, 361.

746 BR-Drs. 59/17, S. 15.

747 Vgl. Naumann, BB 2017 (Heft 12), I; VID, Fn. 744.

748 Vgl. Krumm, in: Blümich, § 3a EStG, Rn. 20 (Stand: März 2020); Seer, in: Kirchhof, EStG, § 3a, Rn. 29.

maßgebliches Kriterium für eine Begünstigung gemäß § 3a Abs. 1 S. 1 EStG wird darauf abgestellt, dass sich die Sanierungsmaßnahme dergestalt auf die Passivseite des Unternehmens auswirkt, dass es zu einer ertragswirksamen Ausbuchung der Verbindlichkeit bei dem Unternehmen kommt.[749] Auf die technische Umsetzung der Entlastung der Passivseite könne es hingegen nicht ankommen.[750]

Der bilanzsteuerrechtlichen Auslegung ist zuzustimmen. Zunächst steht ein solches erweitertes Verständnis mit dem gesetzgeberischen Willen im Einklang. Die Gesetzesbegründung geht nämlich nur grundsätzlich von einem zivilrechtlichen Verständnis des Schuldenerlasses aus, indem dort ausdrücklich nur der Erlassvertrag nach § 397 Abs. 1 BGB, das negative Schuldanerkenntnis nach § 397 Abs. 2 BGB und der Forderungsverzicht im Insolvenzplanverfahren als begünstigte Sanierungsmaßnahmen genannt werden. Allerdings kann ein begünstigter Schuldenerlass nur „unter anderem" durch die genannten Maßnahmen vorgenommen werden.[751] Durch diese Formulierung wird deutlich, dass die Aufzählung nicht abschließend ist und die aufgezählten Varianten nur als Beispiele zu verstehen sind. Keineswegs zeigt der Gesetzgeber also die Absicht, andere Sanierungsmaßnahmen von der Begünstigung ausschließen zu wollen.

Eine Beschränkung auf ein rein zivilrechtliches Verständnis stünde weiterhin nicht mit den Zielen, die der Gesetzgeber mit der Schaffung von § 3a EStG erreichen wollte, sowie dem Sinn und Zweck der Regelung im Einklang. Mit der gesetzlichen Normierung der Steuerbefreiung war beabsichtigt, die Rechts- und Planungssicherheit für Unternehmen in Sanierungsprozessen zu erhöhen und den wirtschaftlichen Interessen der Gläubiger am Fortbestand des Unternehmens Rechnung zu tragen.[752] Die nötige Rechtssicherheit für Sanierungsprozesse kann aber nicht erreicht werden, wenn nur vereinzelte Sanierungsmaßnahmen – namentlich der Erlass und das negative Schuldanerkenntnis nach § 397 BGB – begünstigt wären. Die Notwendigkeit der Steuerbefreiung ergibt sich nämlich nicht aus dem formalen Abschluss eines Erlassvertrags oder negativen Schuldanerkenntnisses mit dem Gläubiger, sondern daraus, dass es im Ergebnis

749 Vgl. Krumm, in: Blümich, § 3a EStG, Rn. 20 (Stand: März 2020); Seer, in: Kirchhof, EStG, § 3a, Rn. 29; Hallerbach, in: H/H/R, § 3a EStG, Rn. 13 (Stand: August 2019); Hölzle, ZIP 2020, 301, 307.

750 Vgl. Seer, in: Kirchhof, EStG, § 3a, Rn. 29; Levedag, in: Schmidt, EStG, § 3a, Rn. 16; Kahlert/Schmidt, DStR 2017, 1897, 1899.

751 BT-Drs. 18/12128, S. 31; ebenso schon BR-Drs. 59/17, S. 15.

752 BT-Drs. 18/12128, S. 30, 31.

zu einer Ausbuchung der Verbindlichkeit und damit einem steuerpflichtigen Ertrag kommt, ohne dass dem sanierungsbedürftigen Unternehmen finanzielle Mittel zufließen, aus denen die Steuer gezahlt werden kann. Aus welchem Grund es aber zur Ausbuchung kommt, ist unerheblich. Ein „Typenzwang" im Sinne einer Beschränkung des Schuldenerlasses nach § 3a Abs. 1 S. 1 EStG auf Verträge i.S.v. § 397 BGB würde dem Ziel, Sanierungsmaßnahmen effektiv zu unterstützen und Rechtssicherheit in Sanierungsprozessen zu schaffen, daher zuwiderlaufen. Zudem müssen die generellen Ziele jeder Sanierung im Blick behalten werden. Jede Sanierung soll stets das Unternehmen vor dem Zusammenbruch bewahren und seine Ertragsfähigkeit wiederherstellen. Daran müssen sich auch Vorschriften im Zusammenhang mit Sanierungen orientieren. Eine enge Begrenzung der Steuerbefreiung auf Verträge i.S.v. § 397 entspräche dem jedoch keineswegs. Die Anwendung von § 3a EStG ist daher nicht auf die in der Gesetzesbegründung ausdrücklich genannten Maßnahmen beschränkt..

2. Wirtschaftliche Vergleichbarkeit als Maßstab

Für die Frage, unter welchen weiteren Voraussetzungen eine Sanierungsmaßnahme als Schuldenerlass i.S.v. § 3a Abs. 1 S. 1 EStG qualifiziert, bietet sich zunächst eine Orientierung an den unstreitig erfassten Konstellationen an, welche sich wiederum aus der Gesetzesbegründung ergeben. Da dort vorrangig auf einen Erlass bzw. ein negatives Schuldanerkenntnis gemäß § 397 Abs. 1 und 2 BGB abgestellt wird[753], ist es nur konsequent, dass für die Einbeziehung einer Sanierungsmaßnahme in den Anwendungsbereich von § 3a EStG an mehreren Stellen deren wirtschaftliche Vergleichbarkeit mit einem zivilrechtlichen Erlass gefordert wird.[754] Sanierungsmaßnahmen können also nur dann von § 3a EStG begünstigt werden, wenn sie nicht nur die Bereinigung der Passivseite des zu sanierenden Unternehmens bewirken, sondern darüber hinaus auch die charakteristischen Merkmale eines zivilrechtlichen Erlasses aufweisen.

---

753 BT-Drs. 18/12128, S. 31.

754 Vgl. Levedag, in: Schmidt, EStG, § 3a Rn. 15 (speziell für die Einbeziehung von Rangrücktritten); Naumann, BB 12/2017, I; Sistermann/Beutel, DStR 2017, 1065, 1066 (speziell für die Einbeziehung von Konfusionsgewinnen); VID, Fn. 744; wohl auch Hiller/Baschnagel, DStZ 2017, 353, 361.

Der Erlass gemäß § 397 Abs. 1 BGB ist ein abstraktes Verfügungsgeschäft[755], das ebenso wie das negative Schuldanerkenntnis nach § 397 Abs. 2 BGB das Erlöschen der zugrunde liegenden Forderung zur Folge hat. Gegenstand des Erlassvertrags und des negativen Schuldanerkenntnisses ist dabei stets nur die einzelne Forderung, mithin ein Schuldverhältnis im engeren Sinne.[756] Ferner hat der Erlass einen Vertrag zwischen Gläubiger und Schuldner darüber zum Gegenstand, dass die Forderung aufgehoben werden soll.[757] Zwar beruht der Erlass regelmäßig auf einem kausalen Grundgeschäft[758], infolge dessen für den Erlass auch eine Gegenleistung vereinbart werden kann[759], jedoch beruht diese Gegenleistung dann nicht auf dem Erlassvertrag an sich, sondern einem weiteren schuldrechtlichen Vertrag zwischen Gläubiger und Schuldner. Der Erlassvertrag gemäß § 397 Abs. 1 BGB isoliert hat ebenso wie das negative Schuldanerkenntnis gemäß § 397 Abs. 2 BGB nur das Erlöschen der Forderung zum Gegenstand. Kennzeichnend für einen zivilrechtlichen Erlass ist folglich, dass der Gläubiger seine Forderung verliert oder wenigstens im Ergebnis nicht mehr durchsetzen kann und zumindest unmittelbar durch den Erlass keine Gegenleistung erhält. Spiegelbildlich führt der zivilrechtliche Erlass auf Schuldnerseite dazu, dass dieser durch die Verbindlichkeit nicht mehr belastet ist. Aus bilanzieller Sicht führt dies dazu, dass der Schuldner die Verbindlichkeit aus seiner Bilanz auszubuchen hat.

Die Vergleichbarkeit einer Sanierungsmaßnahme mit den ausdrücklich in der Gesetzesbegründung genannten Maßnahmen erfordert daher (1), dass die Forderung seitens des Gläubigers nicht mehr durchgesetzt werden kann, (2) der Gläubiger für den Sanierungsbeitrag keine gleichwertige Gegenleistung erhält, zumindest nicht unmittelbar durch den zum Buchgewinn führenden Sanierungsbeitrag und (3), dass der Schuldner infolge der Maßnahmen wirtschaftlich durch die Forderung nicht mehr belastet ist und sie aus seiner Bilanz auszubuchen hat.[760]

---

755 Vgl. Stürner, in: Jauernig, BGB, § 397, Rn. 1; Grüneberg, in: Palandt, § 397, Rn. 2.
756 Vgl. Schulze, in: Handkommentar BGB, § 397, Rn. 2.
757 Vgl. Schulze, in: Handkommentar BGB, § 397, Rn. 2.
758 Vgl. Dennhardt, in: Bamberger/Roth/Hau/Poseck, BGB, § 397, vor Rn. 1.
759 Vgl. Schlüter, in: MüKo BGB, § 397, Rn. 6 m.w.N.
760 Siehe zum Verständnis des steuerrechtlichen Schuldenerlasses unter § 3 Nr. 66 a.F. EStG ergänzend: Knief, DB 1986, 441, 446.

III. Konkrete Reichweite der Begünstigung

1. Nicht begünstigte Vorgänge

Sanierungsmaßnahmen, die keine Entlastung der Passivseite und somit auch keine Betriebsvermögensmehrung infolge einer Ausbuchung der Verbindlichkeit bewirken, können von vornherein nicht dem Anwendungsbereich unterfallen.[761] Keinen Schuldenerlass i.S.v. § 3a Abs. 1 S. 1 EStG stellt deshalb der Erlass einer künftigen Forderung dar, denn Gegenstand des Erlasses i.S.v. § 3a Abs. 1 S. 1 EStG sind nur bestehende Verbindlichkeiten.[762] Zwar kann sich ein Erlass grundsätzlich auch auf künftige Forderungen beziehen, jedoch entsteht in diesem Fall keine Verbindlichkeit, die passiviert und dann unter Realisierung eines Sanierungsertrages ausgebucht werden könnte.[763] Ein ausbuchungsbedingter Ertrag entsteht nur ausnahmsweise, wenn für die erlassene künftige Verbindlichkeit bereits eine Rückstellung gebildet wurde und diese infolge des Erlasses wegfällt; der so entstehende Ertrag kann dann durch § 3a EStG begünstigt werden.[764] Ebenfalls nicht von § 3a Abs. 1 S. 1 EStG begünstigt sind alle Maßnahmen, die nicht auf das Erlöschen oder Teilerlöschen des Schuldverhältnisses zwischen Gläubiger und Schuldnerunternehmen gerichtet sind[765], bzw. Betriebsvermögensmehrungen oder Betriebseinnahmen, die nicht auf einem Schuldenerlass beruhen.[766] Dazu zählen die Aufrechnung, Stundung oder die Forderungsumwandlung in eine Einlage[767] ebenso wie Barzuschüsse[768], Preiserhöhungen gegenüber Abnehmern[769], Preisminderungen gegenüber Lieferanten,

761 Vgl. Hallerbach, in: H/H/R, § 3a EStG, Rn. 13 (Stand: August 2019).

762 Vgl. Kanzler, NWB 2017, 2260, 2264; ders., NWB 2019, 626, 634.

763 Vgl. Kanzler, NWB 2017, 2260, 2264; ders., NWB 2019, 626, 634 mit Verweis auf BFH v. 8.6.2011 – X B 209/10; BFH v. 28.2.1989 – VIII R 303/84, BStBl. II 1989, 711; v. 24.2.1994 – IV R 71/92, jeweils klarstellend, dass ein Sanierungsgewinn nur durch den Erlass bereits bestehender Ansprüche entstehen kann.

764 Vgl. Kanzler, in: K/K/B, § 3a, Rn. 79 m.w.N.; Förster/Hechtner, DB 2017, 1536, 1538.

765 Exemplarisch: Kanzler, NWB 2021, 1235, 1247 ff. mit einer ausführlichen Übersicht der aus diesem Grund nicht begünstigten Maßnahmen.

766 Vgl. Förster/Hechtner, DB 2017, 1536, 1538 m.w.N.

767 Vgl. Böing, in: L/B/P, § 3a, Rn. 15 (Stand: Februar 2019); Kanzler, NWB 2017, 2260, 2265; ders., NWB 2019, 626, 635; ders., in: K/K/B, § 3a Rn. 84 mit ausführlicher Auflistung weiterer nicht begünstigter Einzelfälle.

768 Vgl. Kanzler, NWB 2017, 2260, 2265; ders., NWB 2019, 626, 635 jeweils mit Verweis auf BFH v. 24.2.1994 – IV R 71/92.

769 Vgl. Kanzler, NWB 2017, 2260, 2265; ders., NWB 2019, 626, 635 jeweils mit Verweis auf BFH v. 31.1.1985 – IV R 149/82.

unentgeltliche Warenlieferungen oder auch die Vertragsänderung- oder Aufhebung im Zusammenhang mit nachteiligen Lieferverträgen.[770] Zu den aus diesem Grund nicht begünstigten Maßnahmen gehört auch die befreiende Schuldübernahme zugunsten des zu sanierenden Unternehmens, da auch hier die Entlastung der Passivseite nicht auf einer Vereinbarung zwischen Gläubiger und Schuldner beruht, die auf das Erlöschen der Verbindlichkeit gerichtet ist. Ungeachtet dessen, dass eine Schuldübernahme gemäß § 414 BGB auch gänzlich ohne die Beteiligung des Schuldners allein zwischen dem Gläubiger und dem Übernehmer möglich ist, wird durch die Schuldübernahme lediglich ein Austausch der Person des Schuldners bewirkt. Aus Gläubigersicht bleibt die Forderung hingegen unverändert bestehen, sodass sie weiterhin, wenn auch gegen einen anderen Schuldner, durchgesetzt werden kann. In der Literatur wird daher – soweit ersichtlich einhellig – die Anwendung des § 3a EStG verneint, wenn die Ausbuchung der Verbindlichkeit ihren Ursprung in einer befreienden Schuldübernahme zugunsten des sanierungsbedürftigen Unternehmens hat.[771]

2. Begünstigte Vorgänge

Ausgehend von der Gesetzesbegründung sind unstreitig erfasst zunächst Erlassverträge nach § 397 Abs. 1 BGB, negative Schuldanerkenntnisse nach § 397 Abs. 2 BGB und Forderungsverzichte im Rahmen eines Insolvenzplanverfahrens nach § 217 ff. InsO, das nicht auf die Zerschlagung des Unternehmens gerichtet ist.[772] Aufgrund dessen ausdrücklicher Erwähnung in § 3c Abs. 4 S. 3 StG ist auch ein Forderungsverzicht unter einer Besserungsvereinbarung vom Begriff des Schuldenerlasses i.S.v. § 3a Abs. 1 S. 1 EStG umfasst.[773] Ebenfalls als von § 3a Abs. 1 S. 1 EStG begünstigter Schuldenerlass zu werten ist eine Betriebsvermögenserhöhung durch den Wegfall einer

770 Vgl. Feldgen, in: F/K/S, § 3a, Rn. 11 (Stand: Dezember 2017); Levedag, in: Levedag, in: Schmidt, EStG, § 3a, Rn. 14; Förster/Hechtner, DB 2017, 1536, 1538; Hallerbach, in: H/H/R, § 3a EStG, Rn. 13 (Stand: August 2019); Böing, in: L/B/P, § 3a, Rn. 15 (Stand: Februar 2019).

771 Levedag, in: Schmidt, EStG, § 3a, Rn. 14; Feldgen, in: F/K/S, § 3a, Rn. 11 (Stand: Dezember 2017); Kanzler, NWB 2018, 2260, 2265; wohl ders., NWB 2019, 626, 635; ders., in: K/K/B, § 3a, Rn. 84; Förster/Hechtner, DB 2017, 1536, 1538; Böing, in: L/B/P, § 3a, Rn. 15 (Stand: Februar 2019).

772 BT-Drs. 18/12128, S. 31.

773 Vgl. Levedag, in: Schmidt, EStG, § 3a Rn. 13; Förster/Hechtner, DB 2017, 1536, 1537; Desens, FR 2017, 981, 983.

Versorgungsverpflichung, ausgelöst durch den Verzicht des Pensions-Sicherungs-Vereins.[774] Gleichsam sind auch Erträge aus dem Erlass öffentlich-rechtlicher Forderungen, also auch Steuerschulden, durch Verwaltungsakt oder im Wege eines öffentlich-rechtlichen Vertrags nach § 54 VwVfG als Sanierungsgewinne begünstigungsfähig.[775]

3. Problematische Sanierungsmaßnahmen

Als problematisch erweisen sich Erträge, die durch Konfusion, Debt-Equity-Swap oder Rangrücktritt entstehen. Nachfolgend wird daher genauer untersucht, ob auch diese Vorgänge ausgehend von der vom Zivilrecht gelösten steuerrechtlichen Auslegung einen Schuldenerlass i.S.v. § 3a Abs. 1 S. 1 EStG darstellen.

a) Konfusion

Von großer praktischer Relevanz sind neben zivilrechtlichen Erlassverträgen oder negativen Schuldanerkenntnissen mit der Folge des Erlöschens der Verbindlichkeit gemäß § 397 BGB in der Sanierungspraxis solche Fälle, in denen sich Schuldner und Gläubiger des Anspruchs in der Person des sanierungsbedürftigen Unternehmens vereinigen und die Forderung daher durch Konfusion erlischt. Dieser Vereinigung können unterschiedliche Vorgänge zugrunde liegen, sei es, dass die Forderung von dem Krisenunternehmen unter Nennwert zurückgekauft wird (Debt-Buy-Back[776]) oder der Gläubiger die Forderung in das Unternehmen einlegt. Die Verbindlichkeit ist dann ebenfalls auszubuchen, sodass auch in diesen Fällen eine Betriebsvermögensmehrung eintritt, die zunächst der Besteuerung unterliegt. Da es im Fall des Erlöschens der Verbindlichkeit durch Konfusion meist an einem Vertrag i.S.v. § 397 BGB fehlt, erscheint fraglich, ob eine Betriebsvermögensmehrung auch dann „aus einem Schuldenerlass" i.S.v. § 3a Abs. 1 S. 1 EStG resultiert, wenn sie durch die Abtretung einer Forderung von dem Gläubiger an das sanierungsbedürftige Unternehmen und dem

774 Feldgen, in: F/K/S, § 3a, Rn. 10 (Stand: Januar 2018); Lampe/Breuer/Hotze, DStR 2018, 173, 174 (von praktischen Erfahrungen mit § 3a EStG aus der Einholung einer verbindlichen Auskunft berichtend).

775 Vgl. Kanzler, NWB 2021, 1235, 1246 ff.

776 So auch definiert etwa von Fox/Scheidle, GWR 2009, 51, 52.

anschließenden Erlöschen durch Konfusion auf der Ebene des Schuldners entsteht.[777]

Der Bundesrat vertrat ausweislich der Gesetzesbegründung zu seinem ersten Entwurf des § 3a EStG den klaren Standpunkt, dass ein Konfusionsgewinn keinen Sanierungsgewinn begründet.[778] Gestützt wird diese Ansicht dabei auf ein Urteil des BFH[779] aus dem Jahr 1987. Hier hatte der I. Senat entschieden, dass ein begünstigter Sanierungsgewinn nicht vorliegt, wenn die Konfusion infolge einer Übertragung des gesamten Betriebs auf den Gläubiger herbeigeführt wird. Mit seinem Standpunkt bewegt sich der Bundesrat ganz auf der bisherigen Linie der Finanzverwaltung unter dem Sanierungserlass, die dort noch die Ansicht vertrat, ein Sanierungsgewinn könne nicht durch Konfusion begründet werden.[780] In der Folge wurden die Definition des Sanierungsertrags in § 3a EStG schnell als zu eng[781] und das Urteil des BFH, welches die Ausklammerung von Konfusionsgewinnen belegen soll als formalistisch argumentierend[782] kritisiert.

Während die Geltung der Vorgängervorschrift des § 3 Nr. 66 EStG in der Literatur auch für Konfusionsgewinne teilweise verneint wurde[783], wird die Auffassung des Bundesrates nunmehr unter Geltung des § 3a EStG in der Literatur nahezu einhellig abgelehnt. Teilweise mit unterschiedlichen Begründungsansätzen und in unterschiedlichen Ausprägungen werden Konfusionsgewinne von der überwiegenden Ansicht ebenfalls unter den Begriff des Schuldenerlasses subsumiert: Für eine Vielzahl der Stimmen beruht ein Konfusionsgewinn zumindest dann auf einem Schuldenerlass i.S.v. § 3a Abs. 1 S. 1 EStG, wenn die Vereinigung von Schuldner und Gläubiger in der Person des sanierungsbedürftigen Unternehmens dadurch hervorgerufen wird, dass die Forderung von dem Unternehmen unter dem Nennwert zurückgekauft wird (Debt-Buy-Back) und so in Höhe der Differenz zwischen Kaufpreis und Nennwert ein Ertrag entsteht.[784] Dieser Ertrag beruhe

777 Vgl. Kahlert/Schmidt, DStR 2017, 1897, 1899.

778 BR-Drs. 59/17, S. 15.

779 BFH v. 14.10.1987 – I R 381/83, BFH/NV 1989, 141.

780 OFD Niedersachsen v. 25.4.2016 – S 2140 – 8 – St 244, Ziffer 2.2.

781 Vgl. Naumann, BB 12/2017, I; VID, 744.

782 Vgl. Geerling/Hartmann, DStR 2017, 752, 755.

783 Vgl. Kanzler, in: H/H/R, § 3 Nr. 66 EStG a.F., Rn. 41 (Stand: Mai 1995).

784 Vgl. Hölzle, ZIP 2020, 301, 308; Eilers/Thiemann, Ubg 2020, 190, 191; Kanzler, in: K/K/B, EStG, § 3a Rn. 82; ders., NWB 2017, 2260, 2264; ders., NWB 2019, 626, 635; ders., NWB 2021, 1235, 1247; Levedag, in: Schmidt, EStG, § 3a, Rn. 13; Krumm, in: Blümich, § 3a EStG Rn. 20 (Stand: März 2020); Böing, in: L/B/P, § 3a Rn. 14 (Stand: Februar 2019); Desens, FR 2017, 981, 983; Sistermann/Beutel, DStR 2017, 1065, 1066

nämlich auf einem teilweisen Verzicht des Gläubigers auf die Forderung.[785] Andere differenzieren hingegen nicht nach dem rechtlichen Grund der Konfusion und sprechen sich immer, wenn eine Forderung an das Schuldnerunternehmen abgetreten wird, für die Anwendung des § 3a EStG aus, auch wenn der Abtretung etwa eine Einbringungsvereinbarung beruht.[786] Es wird nur darauf abgestellt, dass sich die Maßnahme dergestalt auf die Passivseite des Unternehmens auswirkt, dass es zu einer ertragswirksamen Ausbuchung der Verbindlichkeit bei dem Unternehmen kommt.[787] Auf die technische Umsetzung der Entlastung der Passivseite könne es hingegen nicht ankommen.[788] Nur vereinzelt wird zumindest in dem Fall, dass der Konfusion kein Forderungsrückkauf unter dem Nennwert zugrunde liegt, die Begründung eines Sanierungsgewinns durch das Erlöschen der Forderung abgelehnt.[789]

Ausgehend von den herausgearbeiteten Kriterien der wirtschaftlichen Vergleichbarkeit einer Sanierungsmaßnahme mit den in der Gesetzesbegründung beschriebenen zivilrechtlichen Vorgängen, ist der ganz überwiegenden Auffassung in der Literatur zuzustimmen, dass auch Konfusionsgewinne als auf einem Schuldenerlass i.S.v. § 3a Abs. 1 S. 1 EStG beruhende Betriebsvermögensmehrungen zu qualifizieren sind. Denn der Gläubiger verliert auch bei dieser Konstruktion im Ergebnis seine Forderung ohne bzw. im Fall des Forderungsrückkaufs unter dem Nennwert zumindest ohne gleichwertige Gegenleistung.[790] Unabhängig davon, ob die Forderung von dem Krisenunternehmen unter Nennwert zurückgekauft wird oder der Gläubiger die Forderung in das Unternehmen einbringt, führt die eintretende Konfusion dazu, dass die Forderung zivilrechtlich erlischt und somit

---

und dieselben, in: Lüdicke/Sistermann, Unternehmenssteuerrecht, § 18, Rn. 84 mit der Einschränkung, dass kein weiteres Vermögen übertragen wird.

785 Vgl. Eilers/Thiemann, Ubg 2020, 190, 191; Kanzler, NWB 2017, 2260, 2264; ders., NWB 2019, 626, 635; ders., NWB 2021, 1235, 1247; ders. in: K/K/B, § 3a, Rn. 82; Hallerbach, in: H/H/R, § 3a EStG, Rn. 13 (Stand: August 2019).

786 Vgl. Kahlert/Schmidt, DStR 2017, 1897, 1900; Seer, in: Kirchhof, EStG, § 3a Rn. 29; Hallerbach, in: H/H/R, § 3a EStG, Rn. 13 (Stand: August 2019); Sistermann, StbJb 2017/18, S. 281, 283 ff. (sofern die Forderungsübertragung ohne die Übertragung weiteren Vermögens wirtschaftlich identisch zum Forderungserlass eingesetzt wird).

787 Vgl. Krumm, in: Blümich, § 3a EStG, Rn. 20 (Stand: März 2020); Hallerbach, in: H/H/R, § 3a EStG, Rn. 13 (Stand: August 2019).

788 Vgl. Seer, in: Kirchhof, EStG, § 3a, Rn. 29; Levedag, in: Schmidt, EStG, § 3a Rn. 16; Kahlert/Schmidt, DStR 2017, 1897, 1899.

789 Vgl. Kanzler, NWB 2019, 626, 635 (im Fall des Forderungsrückkaufs aber einen Schuldenerlass i.S.v. § 3a Abs. 1 S. 1 EStG annehmend).

790 Vgl. Kahlert/Schmidt, DStR 2017, 1897, 1899.

nicht mehr gegen den Schuldner durchgesetzt werden kann. Gleichzeitig ist das Unternehmen dadurch nicht mehr mit der korrespondierenden Verbindlichkeit belastet und hat diese aus der Bilanz auszubuchen.

Einer näheren Betrachtung bedarf hingegen das Kriterium der Gegenleistung für den Sanierungsbeitrag, da Gläubiger im Fall des Forderungsrückkaufs zumindest teilweise für den Forderungsverlust entschädigt werden und der Einbringung einer Forderung in das Krisenunternehmen ggf. die Gewährung von Gesellschaftsrechten (Debt-Equity-Swap) gegenüberstehen kann. Im Gegensatz dazu steht dem Sanierungsbeitrag bei einem reinen Forderungsverzicht gemäß § 397 Abs. 1 BGB keine solche Gegenleistung gegenüber. Allerdings ist für die Zwecke des § 3a EStG eine isolierte Betrachtung des einzelnen Rechtsgeschäfts anzustellen. Das Erlöschen der Forderung resultiert allein aus der Einbringung der Forderung bzw. ihrer Abtretung gemäß § 398 BGB. Der Forderungsrückkauf bildet lediglich das Kausalgeschäft. Eine etwaige Gegenleistung in Form von Gesellschaftsrechten oder des Kaufpreises für die Forderung beruht in beiden Fällen auf einem weiteren Rechtsgeschäft und ist daher von dem gewinnauslösenden Abtretungsvorgang losgelöst. Allein die Tatsache, dass der Gläubiger seine Forderung nicht gegenleistungslos verliert, sondern eine Kompensation aufgrund einer neben der Erlasshandlung bestehenden Vereinbarung erhält, kann der Steuerfreiheit aber nicht entgegenstehen. Denn auch der Erlass und das negative Schuldanerkenntnis gemäß § 397 BGB sind abstrakt und der Gläubiger könnte sich in einem daneben bestehenden Kausalgeschäft eine Gegenleistung für seinen Verzicht versprechen lassen. Weder dem Zweck von § 3a EStG noch der Gesetzesbegründung ist aber zu entnehmen, dass dies der Steuerfreiheit entgegenstehen sollte. Abgestellt wird dort allein auf das Vorliegen eines Vertrags i.S.v. § 397 BGB. Im Fall des Forderungsrückkaufs ist die Gegenleistung im Übrigen auch nicht gleichwertig, da der Kaufpreis unter dem Nennwert der Forderung liegt. Da ein Konfusionsgewinn hier nur in Höhe des nicht werthaltigen Teils der Forderung entsteht, käme es im Fall der Gewährung einer gleichwertigen Gegenleistung schon gar nicht zu einem Buchgewinn. Die Einräumung von Gesellschaftsrechten oder die Zahlung eines unter dem Nennwert liegenden Kaufpreises für die Forderung ist daher nicht schädlich[791] für

791 So im Ergebnis zur Rechtslage vor § 3a EStG auch: Diffring, Umwandlung von Forderungen zur Sanierung von Kapitalgesellschaftern (Diss.), 2012, S. 184, 185; Schmidt/Mielke, Ubg 2009, 395, 401.

die Begünstigung des § 3a Abs. 1 S. 1 EStG, da diese jeweils von dem eigentlichen Sanierungsbeitrag losgelöst ist.

Darüber hinaus spricht auch der in der Gesetzesbegründung des § 3a EStG zum Ausdruck kommende Wille des Gesetzgebers dafür, Konfusionsgewinne unter den Begriff des Schuldenerlasses gemäß § 3a Abs. 1 S. 1 EStG zu subsumieren. In der Gesetzesbegründung des Bundesrates wurden Konfusionsgewinne noch unter Verweis auf die Rechtsprechung des BFH ausdrücklich von der Begünstigung ausgeschlossen.[792] Weder diese Klarstellung noch der Verweis auf das durch den Bundesrat herangezogene Urteil des BFH werden in der finalen Gesetzesbegründung des Bundestages aufgegriffen. Dies lässt den Schluss zu, dass der Bundestag die Auffassung des Bundesrates nicht teilt und sich daher bewusst von der Ausklammerung von Konfusionsgewinnen abgewandt hat.[793]

b) Debt-Equity-Swap

Zu den im Rahmen der modernen Restrukturierungspraxis regelmäßig in Erwägung gezogenen Sanierungsinstrumenten gehört weiterhin die Umwandlung von Verbindlichkeiten in Eigenkapital.[794] Der Wechsel von der Gläubiger- in die Gesellschafterstellung vollzieht sich gesellschaftsrechtlich durch eine Kapitalerhöhung gegen Sacheinlage, wobei die Sacheinlageverpflichtung dadurch erfüllt wird, dass die Verbindlichkeit dem Schuldnerunternehmen gemäß § 397 Abs. 1 BGB erlassen wird oder die Gläubiger die Forderung gemäß § 398 Abs. 1 BGB an die Gesellschaft abtreten.[795] In Höhe des werthaltigen Teils der Forderung erfolgt eine Neutralisierung durch eine verdeckte Einlage, in Höhe der Differenz zwischen dem Buchwert und dem Teilwert der Forderung kommt es hingegen zu einem steuerpflichtigen Ertrag[796]. Soweit also die Forderung des Gläubigers noch werthaltig ist, bedarf es der Steuerbefreiung des § 3a EStG von vornherein nicht.[797]

Fraglich bleibt aber, ob der in Höhe des nicht werthaltigen Teils entstehende Ertrag als Sanierungsgewinn qualifiziert werden kann, was nur

---

792 BR-Drs. 59/17, S. 15.

793 Vgl. auch Kahlert/Schmidt, DStR 2019, 1897, 1900.

794 Vgl. Mückl, FR 2009, 497; ausführlich zu der Thematik s. Diffring (Fn. 791).

795 § 5 II. 4. m.w.N.

796 § 5 II. 4. m.w.N.

797 Vgl. Sistermann/Beutel, DStR 2017, 1065, 1066; dieselben, in: Lüdicke/Sistermann, Unternehmenssteuerrecht, § 17, Rn. 90.

der Fall wäre, wenn auch der Debt-Equity-Swap als Schuldenerlasses i.S.v. § 3a Abs. 1 S. 1 EStG anzusehen ist. Soweit die Sacheinlageverpflichtung dadurch erbracht wird, dass die Forderung gemäß § 397 Abs. 1 BGB erlassen wird, liegt unproblematisch ein Schuldenerlass im Sinne des § 3a Abs. 1 S. 1 EStG vor, sodass der entsprechende Ertrag als Sanierungsgewinn einzustufen ist.[798] Dass dem Erlass wirtschaftlich gesehen die Gewährung von Gesellschaftsrechten gegenübersteht, ist wie gezeigt unschädlich.[799] Erfolgt hingegen eine Einlage der Forderung in die Schuldnergesellschaft, so entsteht der Buchgewinn in Höhe des nicht werthaltigen Teils der eingelegten Forderung durch Konfusion.[800] Ob auch Entschuldungen einer Krisengesellschaft durch einen Debt-Equity-Swap von § 3a EStG begünstigt werden können, hängt daher eng mit der oben unter II., 2. untersuchten Frage zusammen, ob ein Erlöschen der Forderung durch Konfusion generell einen Schuldenerlass i.S.v. § 3a Abs. 1 S. 1 EStG begründet. Da Konfusionsgewinne grundsätzlich dem Anwendungsbereich des § 3a EStG unterfallen, kann für die Steuerfreiheit nichts anders gelten, wenn das Erlöschen der Forderung durch Konfusion auf einem Debt-Equity-Swap beruht.

Von der großen Mehrzahl der Autoren in der Literatur werden daher konsequent auch die aus Debt-Equity-Swap-Gestaltungen resultierenden Erträge im Einklang mit der überwiegend vertretenen Linie generell zu Konfusionsgewinnen als Sanierungsgewinne eingestuft, sodass in solchen Gestaltungen ebenfalls ein Schuldenerlass nach § 3a Abs. 1 S. 1 EStG gesehen werden könne.[801] Zumindest für den Fall, dass die Gläubiger ihre Forderung in die Gesellschaft einbringen und so die Konfusion auslösen,

---

798 Vgl. BT-Drs. 18/12128, S. 31; Levedag, in: Schmidt, EStG, § 3a Rn. 16.

799 So im Ergebnis auch Diffring (Fn. 791), S. 184, 185; Schmidt/Mielke, Ubg 2009, 395, 401.

800 Vgl. Kahlert/Schmidt, DStR 2017, 1897, 1900.

801 Vgl. Eilers/Walter-Yadegardjam, FR 2020, 481, 483; Hölzle, ZIP 2020, 301, 308; Eilers/Thiemann, Ubg 2020, 190, 191; Sistermann, StbJb 2017/18, S. 281, 283; Sistermann/Beutel, DStR 2017, 1065, 1066; dieselben, in: Lüdicke/Sistermann, Unternehmenssteuerrecht, § 17, Rn. 90; Förster/Hechtner, DB 2017, 1536, 1538; Kahlert/Schmidt, DStR 2017, 1897, 1900; Desens, FR 2017, 981, 983; Seer, in: Kirchhof, EStG, § 3a, Rn. 29; Krumm, in: Blümich, § 3a EStG Rn. 20 (Stand: März 2020); Böing, in: L/B/P, § 3a Rn. 14 (Stand: Februar 2019); Levedag, in: Schmidt, EStG, § 3a, Rn. 16; Hallerbach, in: H/H/R, § 3a EStG, Rn. 13 (Stand: August 2019); schon früher für eine Begünstigung solcher Erträge durch den Sanierungserlass: Fox/Scheidle, GWR 2009, 51, 54; Schmidt/Mielke, Ubg 2009, 395, 401; wohl auch Skauradszun/Kwauka, DStR 2020, 953, 954 ff. („verursacht der Buchungssatz ‚Verbindlichkeiten an sonstige Erträge" Sanierungserträge i.S.v. § 3a EStG").

wird zwar teilweise auf die Gefahr hingewiesen, dass die Finanzverwaltung sich auf ihre bisher ablehnende Haltung zu Konfusionsgewinnen beruft und insofern auch eine Begünstigung verneinen könnte.[802] An dieser Stelle ist jedoch auf die bisherige Haltung der Finanzverwaltung speziell zu Debt-Equity-Swap Gestaltungen hinzuweisen. Sowohl innerhalb, als auch außerhalb eines Insolvenzplanverfahrens war danach nämlich von einem begünstigten Sanierungsgewinn auszugehen.[803] Die überwiegende Auffassung nimmt daher zutreffend an, dass die Einbeziehung in den Anwendungsbereich von § 3a Abs. 1 S. 1 EStG auch im Fall der Einbringung der Forderung in die Gesellschaft, durch diese Auffassung gestützt werden kann.[804] Nur vereinzelt wird im Fall der Einbringung der Forderung in die Gesellschaft ein begünstigter Schuldenerlass gemäß § 3a Abs. 1 S. 1 EStG verneint, da die Vereinbarung zwischen Gläubiger und Schuldner nicht das Erlöschen oder Teilerlöschen des Schuldverhältnisses zum Gegenstand habe.[805]

Der überwiegenden Ansicht ist an dieser Stelle ebenfalls dahingehend zuzustimmen, dass Debt-Equity-Swap-Gestaltungen als Schuldenerlass i.S.v. § 3a Abs. 1 S. 1 EStG anzusehen sind, unabhängig davon, ob die Forderung dem Unternehmen letztlich erlassen, oder in die Gesellschaft eingebracht wird. Der Schluss, auch Einbringungen von Forderungen im Rahmen eines Debt-Equity-Swaps als Schuldenerlass i.S.v. § 3a Abs. 1 S. 1 EStG anzusehen, folgt bereits aus den zu Konfusionsgewinnen angestellten Erwägungen, da es sich in Einbringungsfällen ebenfalls um Konfusionsgewinne handelt. Lediglich der Rechtsgrund für die Konfusion besteht hier stets in der Einbringung der Forderung in das Krisenunternehmen. Die Erwägungen zur Vergleichbarkeit von Konfusionsgewinnen mit einem zivilrechtlichen Erlass sind daher auf Gewinne aus Debt-Equity-Swap Gestaltungen übertragbar. Zwar erhält der Gläubiger wirtschaftlich gesehen

802 Vgl. Levedag, in: Schmidt, EStG, § 3a, Rn. 16.

803 OFD Frankfurt v. 22.2.2017 – S2140 A-4-St 213 „Gewinne aus Dept-to-Equity-Swap-Gestaltungen".

804 Vgl. Sistermann/Beutel, DStR 2017, 1065, 1066; Kahlert/Schmidt, DStR 2017, 1897, 1900, jeweils mit Verweis auf OFD Frankfurt v. 22.2.2017 – S2140 A-4-St 213; Desens, FR 2017, 981, 983 Levedag, in: Schmidt, EStG, § 3a, Rn. 16, jeweils mit Verweis auf OFD Frankfurt v. 10.5.2017 – S2140 A-4-St 213.

805 Vgl. Kanzler, NWB 2019, 626, 635 ff.; ders., NWB 2021, 1235, 1247; ders., in: K/K/B, § 3a, Rn. 84, 85 (einen Sanierungsertrag aber annehmend, wenn die Forderung zuvor unter Nennwert zurückgekauft wird); ders., in: H/H/R, § 3 Nr. 66 EStG a.F., Rn. 41 (Stand: Mai 1995) unter Geltung der Vorgängervorschrift des § 3 Nr. 66 EStG a.F.

als Gegenleistung für seinen Sanierungsbeitrag Gesellschaftsrechte. Dies ist aber, wie gezeigt nicht schädlich für die Begünstigung des § 3a EStG. Solange die Voraussetzungen der unternehmensbezogenen Sanierung gemäß § 3a Abs. 2 EStG vorliegen, kann es keinen Unterschied machen, ob der Konfusion eine Abtretung gemäß § 398 Abs. 1 BGB oder eine Einbringung im Rahmen eines Debt-Equity-Swaps zugrunde liegt. Entscheidend kann nur sein, dass die Passivseite des Unternehmens durch einen Gläubigerbeitrag entlastet wird und es infolge dieser Maßnahme zur Ausbuchung der Verbindlichkeit und dadurch zu einem Ertrag kommt. Wie im Fall von Konfusionsgewinnen allgemein würde es dem Hintergrund und Zweck des § 3a EStG – Rechts- und Planungssicherheit für Sanierungsprozesse zu schaffen[806] – widersprechen, Debt-Equity-Swap-Konstellationen nicht als Schuldenerlass i.S.v. § 3a Abs. 1 S. 1 EStG einzuordnen.

Auch hier streitet außerdem der Wille des Gesetzgebers für eine Einbeziehung in den Anwendungsbereich von § 3a EStG. Unter dem Sanierungserlass konnten durch einen Debt-Equity-Swap ausgelöste Erträge noch unter dessen Voraussetzungen begünstigt sein.[807] Die Schaffung von § 3a EStG geht ausweislich der Gesetzesbegründung auf das Urteil des Großen BFH-Senats zurück, infolge dessen der Sanierungserlass praktisch nicht mehr zur Anwendung kommt und infolge dessen der Gesetzgeber nunmehr die Erforderlichkeit einer gesetzlichen Normierung der Steuerbefreiung gesehen hat.[808] Daraus lässt sich ableiten, dass inhaltlich gegenüber dem Sanierungserlass keine Einschränkung beabsichtigt war, sodass kein Bedürfnis besteht, Debt-Equity-Swap-Gestaltungen entgegen der bisherigen Finanzverwaltungsauffassung unter dem Sanierungserlass aus dem Anwendungsbereich von § 3a EStG auszuklammern.

c) Rangrücktritt

Problematisch – da eine Zwischenstellung zwischen Erlass und Stundung einnehmend – ist die Begünstigung von durch einen Rangrücktritt ausgelösten Betriebsvermögensmehrungen und Betriebseinnahmen. Ein

---

806 Vgl. BT-Drs. 18/12128, S. 30, 31.

807 Vgl. Eilers/Bühring, Sanierungssteuerrecht, Rn. 3.215; Buth/Hermanns, in: Buth/Hermanns, Restrukturierung, Sanierung, Insolvenz, § 35, Rn. 129; Mückl, FR 2009, 497, 500.

808 Vgl. BT-Drs. 18/12128, S. 30.

Rangrücktritt verhindert zunächst die insolvenzrechtliche Überschuldung der Gesellschaft, da entsprechende Verbindlichkeiten gemäß § 19 Abs. 2 S. 2 InsO nicht im Überschuldungsstatus der Gesellschaft zu berücksichtigen sind.[809] Im Unterschied zum Forderungsverzicht bleibt die Forderung jedoch zivilrechtlich bestehen und die Gläubiger treten lediglich hinter andere Gläubiger zurück, sodass für die Dauer der Krise eine sog. Durchsetzungssperre für die Forderung besteht.[810] Ob ein solcher Rangrücktritt eines Gläubigers die Ausbuchung der Verbindlichkeit und einen Ertrag bewirkt und so überhaupt das Bedürfnis nach der Anwendung des § 3a EStG entstehen lässt, hängt von der konkreten Formulierung der Rangrücktrittsvereinbarung ab. Für die Frage der Ausbuchung kommt es darauf an, ob die Forderung noch eine gegenwärtige Vermögensbelastung darstellt.[811] Infolge des § 5 Abs. 2a EStG kommt es jedenfalls dann zur Ausbuchung der Verbindlichkeit, wenn die Rangrücktrittsvereinbarung so formuliert ist, dass die Forderung nur aus künftigen Gewinnen getilgt werden muss, da es dann an einer Belastung des gegenwärtigen Vermögens fehlt.[812]

aa) Vergleichbarkeit mit zivilrechtlichem Erlass

Es liegt auf der Hand, dass in den übrigen Fällen, in denen keine gegenständliche Beschränkung der Forderung auf künftige Gewinne gegeben ist und damit die Forderung nicht auszubuchen ist, kein Ertrag bei dem sanierungsbedürftigen Unternehmen entsteht und es daher auch keiner Anwendung des § 3a Abs. 1 S. 1 EStG bedarf. Dementsprechend fällt ein solcher „einfacher" Rangrücktritt nicht in den Anwendungsbereich der Steuerbefreiung.[813] Nach der überwiegenden Auffassung im Schrifttum ist hingegen ein zur Ausbuchung der Verbindlichkeit führender Rangrücktritt

809 Siehe § 5, II., 1.

810 Siehe § 5, II., 1.

811 Vgl. Frystatzki, DStR 2016, 2479; Oser, DStR 2017, 1889.

812 BFH v. 30.11.2011 – I R 100/10, BStBl. 2012 II, S. 332; s. näher dazu § 5, II., 1.

813 Vgl. Förster/Hechtner, DB 2017, 1536, 1538; Hallerbach, in: H/H/R, § 3a EStG, Rn. 13 (Stand: August 2019); Seer, in: Kirchhof, EStG, § 3a, Rn. 30;

als Schuldenerlass i.S.v. § 3a Abs. 1 S. 1 EStG anzusehen.[814] Der Schuldner werde bilanzrechtlich von seiner Schuld befreit, sodass die Betriebsvermögensmehrung zumindest auf einem bilanzrechtlichen Schuldenerlass beruhe.[815] Auch wenn der Bestand der Forderung durch den Rangrücktritt nicht berührt wird, stellen andere Stimmen darauf ab, dass die Ausbuchung infolge eines Rangrücktritts einem Schuldenerlass i.S.v. Abs. S. 1 – insbesondere einem Erlass unter Besserungsvorbehalt – wertungsmäßig vergleichbar sei.[816]

Auch beim zur Ausbuchung führenden Rangrücktritt muss sich die Vergleichbarkeit mit einem zivilrechtlichen Erlass an den bereits herausgearbeiteten Kriterien orientieren. Bei einer Rangrücktrittsvereinbarung handelt es sich um einen verfügenden Schuldänderungsvertrag i.S.v. § 311 Abs. 1 BGB.[817] Der Bestand der Forderung wird zwar nicht geändert, jedoch die Rangfolge dahingehend, dass für die Zeit des Rangrücktritts eine Durchsetzungssperre für die Forderung besteht und dem Schuldner im Fall einer trotzdem auf die Forderung geleisteten Zahlung ein Rückforderungsanspruch aus § 812 Abs. 1 S. 1 Var. 1 BGB zusteht.[818] Infolgedessen ist der Gläubiger also zumindest temporär ebenso an der Durchsetzung seiner Forderung gegen den Schuldner gehindert, wie bei einem Erlass. Eine Gegenleistung wäre ebenfalls allein Gegenstand einer gesonderten Vereinbarung und beruhte nicht unmittelbar auf der Rangrücktrittsvereinbarung. Auch hinsichtlich des Wegfalls der wirtschaftlichen Belastung beim Schuldner ist die Vergleichbarkeit mit einem Schuldenerlass i.S.v. § 397 Abs. 1 BGB gegeben. Denn auch wenn nur die Durchsetzbarkeit der Forderung gehemmt wird, stellt sich die Frage einer Begünstigung nach § 3a EStG nur, wenn es an einer gegenwärtigen Vermögensbelastung fehlt und es deshalb zur Ausbuchung der Verbindlichkeit kommt. Die Passivseite des Unterneh-

---

814 Eilers/Walter-Yadegardjam, FR 2020, 481, 483; Eilers/Thiemann, Ubg 2020, 190, 191; Seer, in: Kirchhof, EStG, § 3a, Rn. 30; Levedag, in: Schmidt, EStG, § 3a, Rn. 15; Förster/Hechtner, DB 2017, 1536, 1538; Desens, FR 2017, 981, 983; Krumm, in: Blümich, § 3a EStG, Rn. 20 (Stand: März 2020); Hallerbach, in: H/H/R, § 3a EStG, Rn. 13 (Stand: August 2019); Böing, in: L/B/P, § 3a Rn. 15 (Stand: Februar 2019); wohl auch Kanzler, NWB 2019, 626, 636; ders, NWB 2021, 1235, 1249; ders., in: K/K/B, § 3a Rn. 85; a.A. Sistermann, StbJb 2017/18, S. 281, 284.

815 Vgl. Förster/Hechtner, DB 2017, 1536, 1538.

816 Vgl. Eilers/Thiemann, Ubg 2020, 190, 191; Seer, in: Kirchhof, EStG, § 3a, Rn. 30; Levedag, in: Schmidt, EStG, § 3a, Rn. 15.

817 BGH v. 5.3.2015 – IX ZR 133/14, DStR 2015, 767, Rn. 32.

818 Vgl. BGH v. 5.3.2015 – IX ZR 133/14, DStR 2015, 767, Rn. 32, 34.

mens wird beim spezifizierten Rangrücktritt also ebenso entlastet wie bei einem Forderungserlass.

bb) Endgültiges Vermögensopfer des Gläubigers als ungeschriebene Voraussetzung?

Problematisch ist die Vergleichbarkeit mit einem Schuldenerlass allerdings deswegen, weil der Gläubiger an der Durchsetzung der Forderung gegen den Schuldner nur temporär gehindert wird. Zwar bewirkt der Rangrücktritt zunächst eine Durchsetzungssperre für die Forderung, jedoch lebt diese unter Umständen zu einem späteren Zeitpunkt wieder auf und kann wieder geltend gemacht werden. Bei einem Rangrücktritt beabsichtigen die Gläubiger also gerade nicht, ihre Forderung unwiederbringlich zur Unterstützung der Sanierung hinzugeben, sondern bringen im Gegenteil zum Ausdruck, dass sie an ihrer Forderung festhalten möchten und keine endgültige Bereinigung der Passivseite des Schuldners anstreben.[819] Stattdessen bewirkt der Rangrücktritt für die Dauer der Durchsetzungssperre nur ein „Opfer auf Zeit". Es stellt sich daher die grundlegende Auslegungsfrage, ob die Vergleichbarkeit einer Sanierungsmaßnahme mit einem Erlass oder einem negativen Schuldanerkenntnis i.S.v. § 397 BGB und damit der Begriff des Schuldenerlasses i.S.v. § 3a Abs. 1 S. 1 EStG ein endgültiges Vermögensopfer seitens des Gläubigers erfordert, oder ob auch die bloß temporäre Nichtdurchsetzbarkeit der Forderung ausreichend ist. Betrachtet man den endgültigen Verlust einer Vermögensposition des Gläubigers als essenzielles Merkmal eines Schuldenerlasses und legt dieses Verständnis auch dem § 3a Abs. 1 S. 1 EStG zugrunde, würden Betriebsvermögensmehrungen im Rahmen von erfolgswirksamen Rangrücktritten keine privilegierten Sanierungsgewinne darstellen.

Teilweise wird ein solches Erfordernis eines Vermögensopfers des Gläubigers ausdrücklich abgelehnt[820]; entscheidend sei nur, dass durch die Sanierungsmaßnahme keine Liquiditätsverbesserung eintritt.[821] Basierend auf dieser Linie fallen auch Rangrücktritte unter den Begriff des Schuldenerlasses, da dem Unternehmen auch im Fall der Ausbuchung der Verbindlichkeit durch den Rangrücktritt keine liquiden Mittel zufließen. Ebenso

819 Vgl. Krumm, in: Blümich, § 3a EStG, Rn. 20 (Stand: März 2020).
820 Vgl. Hölzle, ZIP 2020, 301, 307.
821 Vgl. Hallerbach, in: H/H/R, § 3a EStG, Rn. 13 (Stand: August 2019).

vertreten wird jedoch auch eine Gegenauffassung, nach der es zwar auf die Rechtstechnik, nach der die Verbindlichkeit durch den Schuldner nicht zu tilgen ist, nicht ankommen kann, jedoch entscheidend sei, dass der Gläubiger unentgeltlich einen Wert aufopfert und die Verbindlichkeit den Schuldner deshalb wirtschaftlich nicht mehr belastet.[822]

Die besseren Gründe sprechen dafür, ein zumindest endgültiges Vermögensopfer des Gläubigers nicht als notwendige Voraussetzung für die Einbeziehung einer Sanierungsmaßahme in den Anwendungsbereich des § 3a EStG anzusehen und daher auch einen Rangrücktritt trotz der nur temporär bestehenden Durchsetzungssperre als Schuldenerlass i.S.v. § 3a Abs. 1 S. 1 EStG zu qualifizieren.

Dies ergibt sich primär aus einem systematischen Vergleich mit § 3c Abs. 4 S. 3 EStG. Ebenso wie bei einem Rangrücktritt wird auch bei einem Forderungsverzicht unter Besserungsvereinbarung die Forderung nicht endgültig zum Erlöschen gebracht, sondern die Belastung des Schuldners entfällt nur für die Dauer der Krise. Da ein Forderungsverzicht unter Besserungsvereinbarung aber – wie § 3c Abs. 4 S. 3 EStG zeigt – einen Schuldenerlass gemäß § 3a Abs. 1 S. 1 EStG darstellt, kann allein die Tatsache, dass die Forderung nicht endgültig, sondern nur „vorläufig" wegfällt, der Begünstigung des § 3a EStG nicht per se entgegenstehen.[823] Ebenfalls gegen das Erfordernis eines Vermögensopfers seitens des Gläubigers sprechen der Zweck des § 3a EStG, sowie der Wille des Gesetzgebers. Die Steuerfreistellung soll erneute finanzielle Schwierigkeiten des Unternehmens durch die Besteuerung des Sanierungsgewinns nach einem Schuldenerlass verhindern und stattdessen die Planungssicherheit in Sanierungsverfahren erhöhen, da die Wirkungen des Schuldenerlasses ansonsten weitgehend verloren gehen würden.[824] Die Begründung der Steuerfreiheit mit der Erhaltung der Wirkungen des Schuldenerlasses bei dem sanierungsbedürftigen Unternehmen zeigt, dass es dem Gesetzgeber nicht auf die Rechtsfolgen der Sanierungsmaßnahme auf der Ebene des Gläubigers ankam. Dass die Wirkungen des Schuldenerlasses beim Schuldner hingegen nur dann aufrechterhalten werden sollten, wenn mit ihm auch eine dauerhafte Vermögenseinbuße des Gläubigers einhergeht, lässt sich der Gesetzesbegründung nicht entnehmen. Vielmehr würde eine solche ungeschriebene Voraussetzung dem Zweck, die Rechts- und Planungssicherheit für Unternehmen in Sanie-

---

822 Vgl. Kahlert/Schmidt, DStR 2017, 1897, 1899 f.

823 Vgl. ebenso Krumm, in: Blümich, § 3a EStG, Rn. 20 (Stand: März 2020).

824 BT-Drs. 18/12128, S. 31.

rungsprozessen zu erhöhen entgegenstehen, denn eine Rangrücktrittsvereinbarung ist gerade dann eine Alternative zu einem zivilrechtlichen Erlass, wenn die Gläubiger zwar einen Sanierungsbeitrag leisten, auf ihre Forderung aber nicht endgültig verzichten wollen. Wäre der endgültige Verlust der Forderung jedoch Voraussetzung der Steuerbefreiung, würden die Wirkungen der Sanierungsmaßnahme in solchen Fällen wieder aufgehoben. Im Übrigen kann auch in der zeitweisen Zurückstellung der Anspruchsdurchsetzung ein Vermögensopfer des Gläubigers gesehen werden. Schließlich ist es nicht selbstverständlich, dass die Krise überwunden wird und die im Rang geminderte Forderung nach der Befriedigung sämtlicher anderer Gläubiger noch bedient werden kann. Deshalb steht dieses Verständnis auch nicht im Widerspruch zu einer Entscheidung des BFH[825], nach welcher für die Annahme eines steuerfreien Sanierungsgewinns grundsätzlich erforderlich ist, dass der Verzichtende unentgeltlich einen Wert aufopfert. Wie genau dieser Wert beschaffen sein muss, wird nämlich nicht näher spezifiziert. Folglich kann in der Übernahme des mit dem Rangrücktritt verbundenen Risikos des endgültigen Ausfalls der Forderung ebenso die unentgeltliche Aufopferung eines Vermögenswerts gesehen werden. Darin liegt gerade der Unterschied zu einer befreienden Schuldübernahme, bei der zwar die Person des Schuldners wechselt, der Gläubiger die Forderung jedoch unverändert und nicht zeitlich aufgeschoben weiterhin geltend machen kann. Ferner spricht auch der BFH nicht davon, dass die Aufopferung des Vermögenswerts endgültiger Natur sein muss.

IV. Ergebnis

Die Begünstigung des § 3a EStG greift nicht ein, sofern durch die Sanierungsmaßnahme keine Entlastung der Passivseite des Unternehmens bewirkt wird, da hier schon kein Ertrag entsteht und grundsätzlich auch dann nicht, wenn die Vereinbarung zwischen Gläubiger und Schuldner nicht auf das Erlöschen oder Teilerlöschen des Schuldverhältnisses gerichtet ist. Nicht von § 3a EStG begünstigte Maßnahmen sind daher die Aufrechnung, die Stundung, die Forderungsumwandlung in eine Einlage, sowie die befreiende Schuldübernahme nach § 414 BGB.

Für die Auslegung des Begriffs des Schuldenerlasses in § 3a Abs. 1 S. 1 EStG ist nicht streng am zivilrechtlichen Verständnis festzuhalten, da

825 BFH v. 31.7.1991 – VIII R 23/89, BStBl. 1992 II, S. 375 unter 4.

dies dem Zweck des § 3a EStG, sowie der Intention des Gesetzgebers widersprechen würde. Eine Begrenzung der Begünstigung auf Erlassverträge und negative Schuldanerkenntnisse i.S.v. § 397 BGB würde eine unangemessene Einschränkung des Anwendungsbereichs bedeuten und letztlich darauf hinauslaufen, eine weder im Wortlaut noch im Zweck des § 3a EStG angelegte Verknüpfung mit § 397 BGB herzustellen und als ungeschriebenes Tatbestandsmerkmal zu fordern, dass es sich um einen „zivilrechtlichen" Schuldenerlass handeln muss. Stattdessen ist der Vorschrift ein bilanzsteuerrechtliches Verständnis des Schuldenerlasses zugrunde zu legen. Der Maßstab dafür, wann eine Sanierungsmaßnahme als Schuldenerlass im Sinne der Vorschrift qualifiziert, ist die wirtschaftliche Vergleichbarkeit mit einem zivilrechtlichen Erlass. Die zivilrechtliche Umsetzung ist hingegen zweitrangig. Davon ausgehend stellen auch Erträge infolge einer Ausbuchung der Verbindlichkeit aufgrund von Konfusion, Debt-Equity-Swap-Gestaltungen oder ausschließlich an künftiges Vermögen anknüpfenden Rangrücktritten unter den weiteren Voraussetzungen des § 3a EStG begünstigte Sanierungsgewinne dar. Dabei erfordert die Vergleichbarkeit nicht, dass der Gläubiger ein endgültiges Vermögensopfer erbringt, da der Gesetzgeber sich bei der Schaffung der Steuerbefreiung vordergründig darauf fokussiert hat, die Wirkungen der Sanierungsmaßnahme auf der Ebene des sanierungsbedürftigen Unternehmens zu erhalten.

§ 7: Zwang zur gewinnmindernden Ausübung steuerlicher Wahlrechte gemäß § 3a Abs. 1 S. 2 EStG

Mit der Verpflichtung, steuerliche Wahlrechte im Sanierungsjahr und im Folgejahr gewinnmindernd auszuüben, schreibt § 3a Abs. 1 S. 2 EStG die zweite wichtige Rechtsfolge vor. Nur rein deklaratorisch wird in Satz 3 ausdrücklich die Teilwertabschreibung als eines der erfassten Wahlrechte genannt.[826] Hintergrund der Verpflichtung zur gewinnmindernden Wahlrechtsausübung ist ausweislich der Gesetzesbegründung, die Steuerbefreiung auf das erforderliche Maß zu begrenzen und daher ein größtmögliches Verlustausgleichsvolumen zu gewährleisten, mit dem der Sanierungsertrag verrechnet werden kann.[827] In dem durch § 3a Abs. 1 S. 2, sowie Absatz 3 zu diese Zweck implementierten Verlustverrechnungssystem stellt der Zwang

826 Vgl. Krumm, in: Blümich, § 3a EStG, Rn. 34 (Stand: März 2020).
827 BT-Drs. 18/12128, S. 31.

zur gewinnmindernden Ausübung von steuerlichen Wahlrechten die erste Stufe dar. Diese Pflicht führt letztlich dazu, dass im Ergebnis ein niedrigerer Sanierungsgewinn steuerfrei gestellt werden muss, sodass die Vorschrift das Ultima-ratio-Prinzip entfaltet, nach dem die Steuerbefreiung des Sanierungsgewinns erst das letzte Mittel sein darf.[828] So wird einer Doppelbegünstigung aus der Steuerfreiheit des Sanierungsgewinns bei gleichzeitiger Aufrechterhaltung von Verlustverrechnungspotential für die Zukunft, wie noch unter § 3 Nr. 66 EStG a.F., entgegengewirkt.[829] Hinsichtlich der Regelung des § 3a Abs. 1 S. 2 EStG besteht Uneinigkeit über den genauen Charakter der Vorschrift ebenso wie über die konkrete Reichweite der Wahlrechtsbindung.[830] Beide Aspekte werden nachfolgend untersucht.

I. Charakter der Norm

Die Anwendung des Sanierungserlasses und damit die steuerliche Privilegierung des Sanierungsertrages bedurfte unter seiner Geltung stets eines Antrags des Steuerpflichtigen.[831] Daran anknüpfend sah auch die erste Fassung des Bundesrates von § 3a EStG noch vor, die Steuerbefreiung nur auf Antrag zu gewähren, was darauf zurückzuführen war, dass die Entwurfsfassung des Bundesrates auch noch eine vollständige Aufzehrung aller Verlustverrechnungspotentiale des Unternehmens vorsah, welche die Höhe des Sanierungsertrags übersteigen konnten, sodass das Bedürfnis gesehen wurde, den Steuerpflichtigen selbst die Entscheidung zu überlassen, ob der Antrag auf die Steuerbefreiung vorteilhaft ist.[832] Die nun verabschiedete Fassung des § 3a EStG sieht ein solches Antragserfordernis hingegen nicht mehr vor, sodass seine Rechtsfolgen unabhängig vom Willen des Steuerpflichtigen eintreten. Da sich die Steuerbefreiung auch nachteilig auswirken kann (die Sanierungsaufwendungen können den Sanierungsertrag übersteigen; steuerliche Wahlrechte sind gewinnmindernd auszuüben), ist die zwingende Rechtsfolge nicht unproblematisch.[833] Dies gibt Anlass, die Frage nach dem genauen Rechtscharakter des § 3a Abs. 1 S. 2 EStG aufzuwerfen. Da

828 Vgl. Seer, in: Kirchhof, EStG, § 3a, Rn. 15, 3; Krumm, in: Blümich, § 3a EStG, Rn. 1, 9 (Stand: März 2020).

829 BT-Drs. 18/12128, S. 31.

830 Zu entsprechenden Hinweisen vgl. z.B. Hechtner, NWB 2017, 1275, 1276; Kölbl/Neumann, Ubg 2018, 273, 284; Epler/Petersen, Stbg 2019, 114.

831 BMF v. 27.3.2019 – IV A 6 – S 2140 – 8/03 Rn. 8.

832 BR-Drs. 59/17, S. 10, 16.

833 Vgl. Desens, FR 2017, 981, 984.

durch die Regelung die weiteren Rechtsfolgen der gewinnmindernden Wahlrechtsausübung nicht unmittelbar herbeigeführt werden, sondern dazu deren tatsächliche Ausübung durch die Steuerpflichtigen erforderlich ist, stellt sich die Frage, ob die Anwendung von § 3a Abs. 1 S. 1 EStG durch die Nichtausübung der Wahlrechte vermieden werden kann. Dies würde auf ein faktisches Wahlrecht für oder gegen die Steuerbefreiung des § 3a Abs. 1 S. 1 EStG hinauslaufen.

Einerseits könnte die Wahlrechtsausübung als Voraussetzung für die Gewährung der Steuerfreiheit angesehen werden.[834] Eine solche Auslegung ließe sich auch durch die Gesetzesbegründung des Bundestages stützten, da die Befreiung danach nur gewährt werden kann, „wenn der Unternehmer/Mitunternehmer im Sanierungsjahr und im Folgejahr bestehende steuerliche Wahlrechte [...] steuermindernd ausübt".[835] Es wird also eine Verknüpfung hergestellt zwischen der Ausübung der Wahlrechte durch den Steuerpflichtigen und der Steuerfreiheit, was auch so gedeutet werden könnte, dass letztere eine aktive Handlung des Steuerpflichtigen voraussetzt. Von der überwiegenden Mehrheit in der Literatur wird ein solches faktisches Wahlrecht hingegen abgelehnt und die steuermindernde Wahlrechtsausübung als zwingende Rechtsfolge der Steuerfreiheit verstanden.[836]

Ausgangspunkt ist in erster Linie der Gesetzeswortlaut des § 3a Abs. 1 S. 2 EStG. Während die Gesetzesbegründung noch den Schluss zulässt, die Wahlrechtsausübung solle als Voraussetzung der Steuerbefreiung verstanden werden, lässt sich aus dem Gesetzeswortlaut ein eindeutigeres Ergebnis ableiten. Zum einen „sind" danach steuerliche Wahlrechte gewinnmindernd auszuüben, sofern Sanierungserträge steuerfrei gestellt werden, was allein schon den verpflichtenden Charakter verdeutlicht. Der entscheidende Punkt gegen ein Verständnis der Wahlrechtsausübung als Voraussetzung der Steuerbefreiung ist aber die Formulierung des ersten Halbsatzes von § 3a Abs. 1 S. 2 EStG. Demnach ist die Rechtsfolge der gewinnmindernden

834 Vgl. Kahlert/Schmidt, DStR 2017, 1897, 1902 (die sich aber letztlich für einen zwingenden Charakter der Vorschrift aussprechen).

835 So auch Kahlert/Schmidt, DStR 2017, 1897, 1902.

836 Vgl. Kölbl/Neumann, Ubg 2018, 273, 284; Förster/Hechtner, DB 2017, 1536, 1542; Vgl. Kahlert/Schmidt, DStR 2017, 1897, 1902; Kanzler, NWB 2017, 2260, 2265; ders., NWB 2019, 626, 641; ders., NWB 2021, 1311, 1313; ders., in: K/K/B, § 3a, Rn. 89; Möhlenbrock/Gragert, FR 2017, 994, 996; Hallerbach, in: H/H/R, § 3a EStG, Rn. 21 (Stand: August 2019); Böing, in: L/B/P, § 3a, Rn. 38 (Stand: Februar 2019); Levedag, in: Schmidt, EStG, § 3a, Rn. 32; Krumm, in: Blümich, § 3a EStG, Rn. 34 (Stand: März 2020); Hölzle, ZIP 2020, 301, 308.

Wahlrechtsausübung daran geknüpft, dass Betriebsvermögensmehrungen oder Betriebseinnahmen „nach Satz 1 steuerfrei" sind. Die Pflicht setzt also die Steuerfreiheit des Sanierungsertrages gerade schon voraus und ist nicht selbst Voraussetzung dafür.[837] Außerdem zeigt die ausdrückliche Bezugnahme auf Satz 1, dass sich die Voraussetzungen der Steuerfreiheit auch allein aus Satz 1 ergeben sollen. Dort wird aber nur verlangt, dass es sich bei den Erträgen um Betriebsvermögensmehrungen oder Betriebseinnahmen aus einem Schuldenerlass zum Zwecke einer unternehmensbezogenen Sanierung im Sinne des Absatzes 2 handeln muss, nicht aber, dass Steuerpflichtige auch steuerliche Wahlrechte gewinnmindernd ausüben müssen, um die Steuerbefreiung zu erhalten.

Daneben lässt sich der Gesetzeshistorie des § 3a EStG die Absicht des Gesetzgebers entnehmen, die Gewährung der Steuerfreiheit nicht von einer möglichen Mitwirkung des Steuerpflichtigen abhängig machen zu wollen, mithin die Wahlrechtsausübung nicht als deren Voraussetzung zu behandeln. Ein Verständnis der Wahlrechtsausübung als Voraussetzung der Steuerfreiheit käme nämlich einer Antragslösung für die Steuerfreiheit gleich.[838] Dies sah die Erstfassung von § 3a EStG des Bundesrates noch vor, jedoch hat sich Bundestagsfassung im Vergleich zum Erstentwurf des Bundesrates von einer solchen Formulierung gerade distanziert.[839] Dies erlaubt die Ableitung, dass eine Ausgestaltung der gewinnmindernden Wahlrechtsausübung als zwingende Rechtsfolge beabsichtigt war. Mithin ist die Rechtsfolge des § 3a Abs. 1 S. 2 EStG nicht als faktisches Wahlrecht, sondern vielmehr als obligatorische Befolgungsanordnung[840] zu verstehen. Für den Fall, dass die Steuerbefreiung in Anspruch genommen werden soll, entsprechende Wahlrechte aber nicht gewinnmindernd ausgeübt wurden, wird eine Pflicht des Steuerpflichtigen zur Bilanzberichtigung nach § 4 Abs. 2 S. 1 EStG angenommen.[841] Kommen Steuerpflichtige der Pflicht zur gewinnmindernden Wahlrechtsausübung hingegen nicht nach, ist das Finanzamt berechtigt bzw. sogar verpflichtet[842], die Steuer abweichend so festzusetzen, wie wenn

837 So auch Kahlert/Schmidt, DStR 2017, 1897, 1902.
838 Vgl. auch Kahlert/Schmidt, DStR 2017, 1897, 1902.
839 BR-Drs. 59/17, S. 10, 16 (Steuerbefreiung sollte nur auf Antrag gewährt werden); BT-Drs. 18/12128, S. 12 ff. (ein Antragserfordernis ist nicht mehr vorgesehen).
840 Vgl. Seer, in: Kirchhof, EStG, § 3a, Rn. 15.
841 Vgl. Kanzler, NWB 2019, 626, 642; ders., in: K/K/B, § 3a, Rn. 93.
842 Vgl. Kanzler, NWB 2019, 626, 642; ders., in: K/K/B, § 3a, Rn. 93.

Steuerpflichtige die Wahlrechte entsprechend der Pflicht des § 3a Abs. 1 S. 2 ausgeübt hätten.[843]

II. Reichweite

Hinsichtlich der Reichweite des Wahlrechtsausübungszwangs bestehen Unsicherheiten sowohl bzgl. des Kreises der in sachlicher Hinsicht erfassten Wahlrechte als auch bzgl. einer möglichen Begrenzung des Umfangs auf den Sanierungsertrag.

1. Grundsätzlicher Anwendungsbereich

Der Wortlaut des § 3a Abs. 1 S. 2 EStG spricht nur von „steuerlichen Wahlrechten", regelt hingegen nicht, um welche Wahlrechte es sich dabei handelt.[844] Ausdrücklich nennt § 3a Abs. 1 S. 3 EStG nämlich nur die Teilwertabschreibung gemäß § 6 Abs. 1 Nr. 1 S. 2 und Nr. 2 S. 2 EStG, was jedoch als rein deklaratorisch zu verstehen ist.[845] Zu erwarten ist, dass die Finanzverwaltung sich im Rahmen eines Anwendungsschreibens dazu äußern wird, welche Wahlrechte ihrer Auffassung nach von der Regelung umfasst sein sollen.[846] Ein solches Schreiben wurde bisher jedoch nicht veröffentlicht. Der Gesetzeswortlaut gibt insofern Aufschluss, dass Wahlrechte „im zu sanierenden Unternehmen" betroffen sind, woraus folgt, dass es sich zumindest um Gewinnermittlungswahlrechte handeln muss.[847] Einigkeit besteht daher wohl insofern, dass neben bilanziellen grundsätzlich auch außerbilanzielle Wahlrechte zwingend gewinnmindernd auszuüben und sowohl Ansatz- als auch Bewertungswahlrechte erfasst sind.[848] Ebenfalls unstreitig ist, dass das Gewinnermittlungswahlrecht selbst nicht dem Aus-

843 Vgl. Levedag, in: Schmidt, EStG, § 3a, Rn. 32; Kahlert/Schmidt, DStR 2017, 1897, 1902.

844 Vgl. Kanzler, in/ K/K/B, § 3a, Rn. 87.

845 Vgl. Krumm, in: Blümich, § 3a EStG Rn. 34 (Stand: März 2020).

846 Vgl. Möhlenbrock/Gragert, FR 2017, 994, 996.

847 Vgl. Kanzler, NWB 2019, 626, 641; ders., NWB 2021, 1311, 1314; Desens, FR 2017, 981, 988 f.

848 Vgl. Kölbl/Neumann, Ubg 2018, 273, 284; Förster/Hechtner, DB 2017, 1536, 1542; Kanzler, NWB 2017, 2260, 2265; ders., NWB 2019, 626, 641; ders., in: K/K/B, § 3a, Rn. 90; Levedag, in: Schmidt, EStG, § 3a, Rn. 34; Seer, in: Kirchhof, EStG, § 3a, Rn. 17; Krumm, in: Blümich, § 3a EStG Rn. 34 (Stand: März 2020).

übungszwang unterliegt, da dies schon Voraussetzung für die Entstehung einer Betriebsvermögensmehrung oder Betriebseinnahme i.S.v. § 3a Abs. 1 S. 1 EStG ist.[849] Teilweise wird zutreffend klargestellt, dass handelsbilanzielle Wahlrechte, die nur über den Maßgeblichkeitsgrundsatz des § 5 Abs. 1 S. 1 EStG in der Steuerbilanz wirken, nicht von § 3a Abs. 1 S. 2 EStG umfasst sind, wenn für das Steuerrecht keine eigenständige Wahlmöglichkeit besteht.[850] Soweit ersichtlich, wird dem nicht widersprochen. Lediglich vereinzelt wurde vertreten auch das Veranlagungswahlrecht in den Anwendungsbereich des § 3a Abs. 1 S. 2 EStG einzubeziehen.[851]

Der Kreis der von § 3a Abs. 1 S. 2 EStG erfassten Maßnahmen umfasst neben der ausdrücklich genannten Teilwertabschreibung gemäß § 6 Abs. 1 Nr. 1 S. 2 und Nr. 2 S. 2 EStG folglich zunächst die Wahl der Afa-Methode gemäß § 7 EStG, die Sofortabschreibung gemäß § 6 Abs. 2 EStG für geringwertige Wirtschaftsgüter, die Poolabschreibung gemäß § 6 Abs. 2a EStG, die Ertragsverteilung nach § 5 Abs. 7 EStG[852], sowie die Wahl der Lifo-Methode[853] gemäß § 6 Abs. 1 Nr. 2a EStG.[854]

Zu den außerbilanziellen steuerlichen Wahlrechten zählt hingegen die Inanspruchnahme des Investitionsabzugsbetrag nach § 7g Abs. 1 EStG, von

849 Vgl. Kanzler, NWB 2017, 2260, 2265; ders., NWB 2019, 626, 641; ders., in: K/K/B, § 3a, Rn. 93. Gegenansichten werden, soweit ersichtlich, nicht geäußert.

850 Vgl. Bodden, in: Korn, EStG, § 3a, Rn. 68 (Stand: März 2020); Feldgen, in: F/K/S, § 3a, Rn. 13 (Stand: Dezember 2017); Förster/Hechtner, DB 2017, 1536, 1542; Hallerbach, in: H/H/R, § 3a EStG, Rn. 17 (Stand: August 2019).

851 Vgl. Kanzler, NWB 2017, 2260, 2265 (in einem späteren Beitrag in NWB 2019, 626 jedoch davon ausgehend, dass das Veranlagungswahlrecht nicht dem Ausübungszwang des § 3a Abs. 1 S. 2 EStG unterfallen soll); dem allein widersprechend: Desens, FR 2017, 981, 989 in Fn. 83.

852 Als erfasstes Wahlrecht genannt von: Hallerbach, in: H/H/R, § 3a EStG, Rn. 17 (Stand: August 2019).

853 Abkürzung für „Last in – First out", es wird unterstellt, dass die zuletzt angeschafften oder hergestellten Wirtschaftsgüter zuerst verbraucht oder veräußert werden, sodass nur die ältesten Wirtschaftsgüter in der Bilanz verbleiben und deren Anschaffungs-/Herstellungskosten im Ergebnis der Bewertung anderer, später angeschaffter oder hergestellter Wirtschaftsgüter zugrunde gelegt werden, vgl. Kulosa, in: Schmidt, EStG, § 6 Rn. 418.

854 Vgl. für eine ausführliche Aufzählung z.B. Förster/Hechtner, DB 2017, 1536, 1542; Seer, in: Kirchhof, EStG, § 3a, Rn. 17; Kanzler, NWB 2019, 626, 642. Teilweise werden dabei auch Wahlrechte genannt, über deren Einbeziehung in den Anwendungsbereich von § 3a Abs. 1 S. 2 EStG unterschiedliche Ansichten vertreten werden.

Sonderabschreibungen[855] nach § 7a ff. EStG und der auf die Gewinnermittlung durch Einnahmen-Überschuss-Rechnung gemäß § 4 Abs. 3 EStG beschränkten Gewinnübertragung nach § 6c EStG, sowie des Abzugsbetrags gemäß § 7g Abs. 1 S. 2 c) EStG[856]. Die Einbeziehung dieser Wahlrechte in den Anwendungsbereich von § 3a Abs. 1 S. 2 EStG wird jedoch aus verschiedenen Gründen kontrovers diskutiert.

Geht man der Diskussion um den sachlichen Umfang der erfassten Wahlrechte nach, so kristallisieren sich im Wesentlichen noch drei ungeklärte Fragen heraus. Betroffen ist zum einen die Thematik, ob auch Wahlrechte mit Subventionscharakter von der Pflicht zur gewinnmindernden Ausübung betroffen sind, zum anderen, ob eine tatsächliche Gewinnauswirkung durch die Wahlrechtsausübung erforderlich ist, und schließlich wird über die notwendige Stellung der Rechtsquelle der Wahlrechte in der Normenhierarchie gestritten. Daneben wird eine Begrenzung der Wahlrechtsausübung der Höhe nach diskutiert.

2. Einbeziehung der Wahlrechte mit Subventionscharakter

Streitig ist zum einen, wie es sich mit solchen Wahlrechten verhält, die nach Meinung vieler Autoren einen Subventionscharakter aufweisen.[857] Mehrheitlich wird in der Literatur dafür votiert, solche Subventionswahlrechte – genannt werden §§ 6b, 6c, und 7g EStG – nicht als steuerliche Wahlrechte i.S.v. § 3a Abs. 1 S. 2 EStG anzusehen[858], sodass die Vorschrift in dieser Hinsicht teleologisch reduziert werden müsse[859]. Dahinter steht teilweise die Überlegung, dass § 3a Abs. 1 S. 2 und 3 EStG nur die Hebung stiller Las-

855 Für die Einbeziehung in den Anwendungsbereich von § 3a Abs. 1 S. 2 EStG exemplarisch: Kanzler, in: K/K/B, EStG, § 3a Rn. 92; krit. Krumm, in: Blümich, § 3a EStG, Rn. 34 (Stand: März 2020).

856 Vgl. Bodden, in: Korn, EStG, § 3a, Rn. 69 (Stand: März 2020).

857 Auf die Diskussion hinweisend: Kölbl/Neumann, Ubg 2018, 273, 285.

858 Vgl. Möhlenbrock/Gragert, FR 2017, 994, 996 (für §§ 6b und 7g EStG); Sistermann, StbJb 2017/18, S. 281, 287 (für § 6b, 6c und 7g EStG); Sistermann/Beutel, DStR 2017, 1065, 1067 (für § 6b EStG); Kahlert/Schmidt, DStR 2017, 1897, 1902 (für §§ 6b und 7g EStG); Krumm, in: Blümich, § 3a EStG Rn. 34 (für § 6b EStG; Stand: März 2020); Hallerbach, in: H/H/R, § 3a EStG, Rn. 17 (für §§ 4g, 6b und 7g EStG; Stand: August 2019); wohl auch Epler/Petersen, Stbg 2019, 114 (für § 6b EStG); Seer, in: Kirchhof, EStG, § 3a, Rn. 18 (jedoch eine Differenzierung nach dem Subventionscharakter von Wahlrechten ablehnend (Rn. 16, Fn. 10).

859 Vgl. Förster/Hechtner, DB 2017, 1536, 1542; Levedag, in: Schmidt, EStG, § 3a, Rn. 34 (jeweils für §§ 6b, 6c, 7g EStG); Sistermann, StbJb 2017/18, S. 281, 288.

ten verlange, nicht aber auch die Realisierung stiller Reserven verhindern solle.[860] Auch ohne, dass die Regelung explizit als Subventionswahlrecht bezeichnet wird, soll auch das Wahlrecht zur Bildung eines Ausgleichspostens nach § 4g Abs. 1 S. 1 EStG nicht von § 3a Abs. 1 S. 2 EStG erfasst sein.[861]

Auf der anderen Seite wird eine solche teleologische Reduktion hingegen abgelehnt, da jeglicher gesetzliche Anhaltspunkt fehle und letztlich den meisten steuerlichen Wahlrechten ein Subventionszweck zugrunde liege.[862] Insofern würde der Regelungszweck des § 3a Abs. 1 S. 2 EStG unterlaufen.[863]

Für die weitere Untersuchung werden zur Gewährleistung eines einheitlichen Begriffsverständnisses unter dem Begriff der Subventionswahlrechte die steuerlichen Wahlrechte der §§ 4g, 6b, 6c und 7g EStG zusammengefasst.

a) Regelungsgehalt der Subventionswahlrechte

Um den Hintergrund der Diskussion nachzuvollziehen, wird zunächst der Regelungsgehalt der §§ 4g, 6b, 6c, und 7g EStG dargestellt. Außerdem soll aufgezeigt werden, inwiefern sich dieser von den nach einheitlicher Meinung erfassten Wahlrechten unterscheidet.

aa) § 6b EStG

§ 6b EStG gestattet Steuerpflichtigen, stille Reserven die bei der Veräußerung bestimmter in § 6b Abs. 1 S. 1 EStG genannter Anlagegüter aufgedeckt werden, steuerfrei auf andere Wirtschaftsgüter i.S.v. § 6b Abs. 1 S. 2 Nr. 1–4 EStG zu übertragen um dem Unternehmen Anpassungen an strukturelle Veränderungen zu erleichtern.[864] Voraussetzung ist, dass die Wirtschaftsgüter, auf die die stillen Reserven übertragen werden sollen im Wirtschaftsjahr der Veräußerung oder im vorangegangenen Wirtschaftsjahr angeschafft oder hergestellt wurden. Diese Übertragung vollzieht sich in

860 Vgl. Bodden, in: Korn, EStG, § 3a, Rn. 67 (Stand: März 2020).

861 Vgl. Hallerbach, in: H/H/R, § 3a EStG, Rn. 17 (Stand: August 2019).

862 Vgl. Kanzler, NWB 2017, 2260, 2265; ders., NWB 2019, 626, 641; ders., in: K/K/B, § 3a, Rn. 88; Desens, FR 2017, 981, 989 (für §§ 6b, 6c, 7g EStG); Feldgen, in: F/K/S, § 3a, Rn. 13 (für §§ 6b und 7g EStG) (Stand: Dezember 2017).

863 Vgl. Kanzler, NWB 2017, 2260, 2265; ders., in: K/K/B, § 3a, Rn. 88.

864 Vgl. Loschelder, in: Schmidt, EStG, § 6b, Rn. 1.

erster Linie dadurch, dass der Veräußerungsgewinn i.S.v. § 6b Abs. 2 EStG gemäß § 6b Abs. 1 S. 1 EStG von den Anschaffungs- bzw. Herstellungskosten der begünstigten Wirtschaftsgüter, die im Veräußerungsjahr oder im vorherigen Wirtschaftsjahr angeschafft oder hergestellt wurden, abgezogen wird. So wird verhindert, dass es im Veräußerungsjahr zu einer Besteuerung der stillen Reserven kommt. Im Fall der Übertragung auf im vorherigen Wirtschaftsjahr angeschaffte Wirtschaftsgüter sind die Anschaffungs-/Herstellungskosten des Wirtschaftsguts gemäß § 6b Abs. 5 EStG nachträglich anzupassen.[865] Wird ein solcher Abzug gemäß § 6b Abs. 1 EStG im Veräußerungsjahr nicht vorgenommen, besteht alternativ die Möglichkeit, die stillen Reserven gemäß § 6b Abs. 3 S. 1 EStG in eine gewinnmindernde Rücklage einzustellen. Bis zu deren Höhe dürfen dann nach § 6b Abs. 3 S. 2 EStG die Anschaffungs-/Herstellungskosten von begünstigten Wirtschaftsgütern, die in den dem Veräußerungsjahr nachfolgenden 4 Wirtschaftsjahren (gemäß § 6b Abs. 3 S. 3 EStG ausnahmsweise 6 Jahren) angeschafft oder hergestellt werden, gemindert und so die stillen Reserven auf diese Wirtschaftsgüter übertragen werden. Spätestens nach Ablauf der 4 bzw. 6-Jahresfrist ist die Rücklage gewinnerhöhend aufzulösen (§ 6b Abs. 3 S. 4, 5 EStG). Gemäß § 6b Abs. 7 EStG erhöht sich der Gewinn des Wirtschaftsjahrs der gewinnerhöhenden Auflösung für jedes Jahr in dem die Rücklage bestand um 6% des aufgelösten Rücklagenbetrags, wenn die Auflösung aufgrund unterbliebener Übertragung der stillen Reserven erfolgt. Sowohl für den Abzug nach § 6b Abs. 1, als auch die Rücklagenbildung gemäß § 6b Abs. 3 EStG sind außerdem die weiteren Voraussetzungen des § 6b Abs. 4 EStG zu beachten.

bb) § 6c EStG

§ 6c EStG enthält demgegenüber kein eigenes steuerliches Wahlrecht, sondern eröffnet gemäß § 6c Abs. 1 S. 1 EStG die Möglichkeit des Abzugs bzw. der Rücklagenbildung nach § 6b EStG auch für Steuerpflichtige, die ihren Gewinn durch Einnahmen-Überschuss-Rechnung nach § 4 Abs. 3 EStG oder im Fall von Land- und Forstwirtschaft nach Durchschnittssätzen gemäß § 13a EStG ermitteln. Diese Erweiterung ist deswegen bedeutsam, weil das Wahlrecht des § 6b EStG gemäß § 6b Abs. 4 S. 1 Nr. 1 grundsätzlich auf die Gewinnermittlung nach § 4 Abs. 1, § 5 EStG begrenzt ist. Die Bildung der Rücklage gemäß § 6b Abs. 3 EStG ist dann gemäß § 6c Abs. 1 S. 2 EStG

865 Vgl. Loschelder, in: Schmidt, EStG, § 6b, Rn. 1.

als Betriebsausgabe, die Auflösung als Betriebseinnahme zu behandeln. Voraussetzung ist, dass die Wirtschaftsgüter, bei denen schließlich ein entsprechender Abzug von den Anschaffungs-/Herstellungskosten vorgenommen wird, gemäß § 6c Abs. 2 S. 1 EStG in besondere, laufend zu führende Verzeichnisse aufgenommen werden.

cc) § 7g EStG

Der Investitionsabzugsbetrag nach § 7g EStG dient hingegen der Erhöhung der Liquidität, sowie der Investitions- und Innovationskraft kleinerer Betriebe (s. die Grenzen in § 7g Abs. 1 S. 2) durch eine zeitliche Vorverlagerung eines großen Teils der AfA späterer Investitionen.[866] Dazu können gemäß § 7g Abs. 1 S. 1 EStG für die künftige Anschaffung oder Herstellung von abnutzbaren Anlagegütern bis zu 50% der voraussichtlichen Anschaffungs- oder Herstellungskosten bereits in einem vorgelagerten Wirtschaftsjahr gewinnmindernd abgezogen werden. Voraussetzung ist, dass diese Anlagegüter mindestens bis zum Ende des der Anschaffung oder Herstellung folgenden Wirtschaftsjahres in einer inländischen Betriebsstätte zumindest fast ausschließlich betrieblich genutzt werden. Eine tatsächliche Investition oder eine Investitionsabsicht ist dafür nicht erforderlich.[867] Kommt es später zur Anschaffung oder Herstellung eines begünstigten Wirtschaftsguts, können Steuerpflichtige gemäß § 7g Abs. 2 S. 1 EStG bis zu 50% der Anschaffungs-/Herstellungskosten des Wirtschaftsguts, höchstens jedoch einen Betrag in Höhe des verbleibenden Investitionsabzugsbetrags dem Gewinn hinzurechnen und falls sie dies tun, gemäß § 7g Abs. 2 S. 3 EStG die Anschaffungs-/Herstellungskosten des angeschafften oder hergestellten Wirtschaftsguts ebenfalls um bis zu 50% mindern, höchstens jedoch im Umfang der Hinzurechnung zum Gewinn nach § 7g Abs. 2 S. 1 EStG. Sofern es nicht bis zum Ende des dritten auf die Vornahme des jeweiligen Abzugs von den Anschaffungs-/Herstellungskosten folgenden Wirtschaftsjahrs zu einer Hinzurechnung nach § 7g Abs. 2 EStG infolge einer Investition kommt, muss der Abzug gemäß § 7g Abs. 3 S. 1 EStG rückgängig gemacht werden. Neben dem Investitionsabzugsbetrag nach § 7g Abs. 1 EStG sind unter den Voraussetzungen der § 7g Abs. 5 und 6 zusätzliche Sonderabschreibungen möglich.

866 Vgl. Kulosa, in: Schmidt, EStG, § 7g, Rn. 1.
867 Vgl. Kulosa, in: Schmidt, EStG, § 7g, Rn. 1.

dd) § 4g EStG

§ 4g Abs. 1 EStG erlaubt Steuerpflichtigen eine zeitliche Streckung des Entnahmegewinns, der bei der Verlagerung eines einzelnen Wirtschaftsguts aus dem Inland in eine ausländische Betriebsstätte innerhalb der EU entsteht, auf 5 Jahre.[868] Gemäß § 4 Abs. 1 S. 3 EStG wird in diesem Fall nämlich eine Entnahme des Wirtschaftsguts fingiert, mit der Folge, dass gemäß § 6 Abs. 1 Nr. 4 S. 1 Hs. 2 EStG der gemeine Wert des Wirtschaftsgutes anzusetzen ist und stille Reserven daher aufgedeckt werden müssen. Nach § 4g Abs. 1 S. 1 EStG darf dann ein Ausgleichsposten in Höhe des Unterschiedsbetrags zwischen Buchwert und gemeinem Wert gebildet werden, der die in dem Wirtschaftsgut enthaltenen stillen Reserven verkörpert.[869] Im Wirtschaftsjahr der Bildung und den folgenden 4 Wirtschaftsjahren muss der Ausgleichsposten anschließend gewinnerhöhend aufgelöst werden, § 4g Abs. 2 S. 1 EStG. Gemäß § 4g Abs. 4 S. 1 EStG ist die Bildung des Ausgleichspostens auch bei der Gewinnermittlung nach § 4 Abs. 3 EStG zulässig

b) Einbeziehung der Subventionswahlrechte in den Anwendungsbereich von § 3a Abs. 1 S. 2 EStG

Angesichts des Wortlauts von § 3a Abs. 1 S. 2 und 3 EStG, die keinen Anhaltspunkt für eine abweichende Behandlung einer bestimmten Gruppe von steuerlichen Wahlrechten liefern, könnte die Ausklammerung der Subventionswahlrechte aus dem Anwendungsbereich des Wahlrechtsausübungszwangs lediglich im Wege einer teleologischen Reduktion des § 3a Abs. 1 S. 2 EStG erreicht werden. Eine solche würde voraussetzen, dass dessen Wortlaut zu weit gefasst ist und daher ein bestimmter Sachverhalt unter den Anwendungsbereich der Norm subsumiert werden kann, obwohl er nicht vom Regelungszweck gedeckt ist.[870] Die Beantwortung der Frage, ob dies bei § 3a Abs. 1 S. 2 EStG auf die Einbeziehung von Subventionswahlrechten in dessen Anwendungsbereich zutrifft, muss sich folglich am Zweck des § 3a Abs. 1 S. 2 EStG orientieren. Demnach zielt die Pflicht zur steuermindernden Wahlrechtsausübung darauf ab, ein größtmögliches

868 Vgl. Heinicke, in: Schmidt, EStG, § 4g, Rn. 1.
869 Vgl. Heinicke, in: Schmidt, EStG, § 4g, Rn. 7.
870 Vgl. Möllers, Juristische Methodenlehre, § 6, Rn. 118.

Verlustausgleichsvolumen zu gewährleisten, mit dem der Sanierungsertrag zur Vermeidung einer Doppelbegünstigung verrechnet werden kann.[871]

aa) Subventionscharakter als Abgrenzungskriterium

Teilweise wird gegen eine teleologische Reduktion für Subventionswahlrechte der Einwand vorgebracht, dass der Regelungszweck des § 3a Abs. 1 S. 2 EStG dadurch unterlaufen würde, weil den meisten steuerlichen Wahlrechten ein Subventionszweck zugrunde liege.[872] Dies muss wohl so verstanden werden, dass eine hinreichend klare Abgrenzung zwischen Subventionswahlrechten auf der einen Seite und „anderen" Wahrechten auf der anderen Seite nicht möglich sein soll. Diese Kritik darf nicht gänzlich außer Acht gelassen werden, denn die Folge wäre, dass es sich bei der Unterscheidung auch nicht um ein taugliches Differenzierungskriterium handeln würde, anhand dessen der Anwendungsbereich des § 3a Abs. 1 S. 2 EStG beschränkt werden könnte. Zunächst muss daher untersucht werden, ob eine dahingehende Unterscheidung möglich ist.

Eindeutig als Subventionszwecke können die Ziele der §§ 4g, 6b, 6c, und 7g EStG bezeichnet werden: § 4g EStG dient der zeitlichen Streckung der Besteuerung stiller Reserven ohne Verzinsung oder Sicherheitsleistung.[873] § 6b EStG schafft eine Erleichterung für die Veräußerung nicht mehr benötigter Wirtschaftsgüter, und erlaubt so ökonomisch sinnvolle Anpassungen der Wirtschaft an strukturelle Veränderungen produktionstechnischer, verteilungswirtschaftlicher und regionaler Art und wirkt so schließlich einer Substanzbesteuerung von Anlagevermögen entgegen.[874] § 7g EStG hingegen zielt auf die Verbesserung und Unterstützung der Wettbewerbssituation, der Liquidität und Eigenkapitalbildung, sowie der Investitions- und Innovationskraft kleinerer und mittlerer Betriebe ab.[875] Die Förderung von Unternehmen steht also jeweils im Vordergrund der Regelungen.

---

871 BT-Drs. 18/12128, S. 31.

872 Vgl. Kanzler, NWB 2017, 2260, 2265; ders., in: K/K/B, § 3a, Rn. 88.

873 Vgl. Heinicke, in: Schmidt, EStG, § 4g, Rn. 1.

874 Vgl. BT-Drs. IV/2400, 46, 62; vgl. außerdem: Loschelder, in: Schmidt, EStG, § 6b, Rn. 1.

875 Vgl. BT-Drs. 16/4841, S. 51; BT-Drs. 18/4902, S. 42.

Zumindest bei einzelnen unstreitig von § 3a Abs. 1 S. 2 EStG erfassten Wahlrechte lassen sich in Bezug auf die Zielrichtung der Vorschriften gewisse Parallelen zu den Subventionswahlrechten erkennen. Etwa die Möglichkeit der Sofortabschreibung gemäß § 6 Abs. 2 EStG für geringwertige Wirtschaftsgüter – die systematisch ebenso wie die Poolabschreibung gemäß § 6 Abs. 2a EStG nicht zu den Bewertungsvorschriften in § 6 EStG sondern zu den Regelungen zur Aufwandsverteilung nach § 7 EStG gehört[876] – dient zum einen der Vereinfachung durch Arbeitserleichterung, da Buchführung und Bilanz nicht mit einer großen Masse an geringwertigen Wirtschaftsgütern belastet werden und zum anderen der Verbesserung der Selbstfinanzierung von Unternehmen durch die sofortige Absetzung.[877] Die Schaffung der Poolabschreibung gemäß § 6 Abs. 2a EStG wurde mit der Reduktion der Bürokratiekosten für Steuerpflichtige begründet.[878] In beiden Fällen sind folglich Komponenten enthalten, die für die Steuerpflichtigen voreilhaft sind, sodass auch diesen Regelungen im weitesten Sinne ein Subventionscharakter beigemessen werden könnte. Gerade § 6 Abs. 2 EStG ist jedoch keine Subventionsregelung, da die Vorschrift die Arbeitserleichterung als Hauptzweck hat, und zwar sowohl für Steuerpflichtige, als auch für die Finanzverwaltung.[879]

Ein ähnliches Bild ergibt sich für das Wahlrecht für Steuerpflichtige, die Lifo-Bewertung gemäß § 6 Abs. 1 Nr. 2a EStG anzuwenden. Dieses Wahlrecht beruht auf der Absicht, durch Preissteigerungen bedingte Scheingewinne zu verhindern, sowie die bereits im Handelsrecht anerkannte Bewertungsvereinfachung auch für das Steuerrecht allgemein zuzulassen.[880] Sowohl die Verhinderung der Besteuerung von Scheingewinnen als auch die Zulassung einer handelsrechtlich bereits anerkannten Bewertungsvereinfachung auch für das Steuerrecht sind zwar letztlich für den Steuerpflichtigen vorteilhaft, jedoch kann darin keine gezielte Förderung von Unternehmen gesehen werden. Vielmehr muss die Verhinderung von tatsächlich nicht angefallenen steuerrechtlichen Gewinnen allgemeines Ziel des Bilanzsteu-

876 Vgl. Werndl, in: K/S/M, § 6, Rn. I 3 (Stand: April 2019); Ehmcke, in: Blümich, § 6 EStG, Rn. 1100d (Stand: März 2021) m.w.N.

877 Vgl. Kulosa, in: Schmidt, EStG, § 6, Rn. 652; Werndl, in: K/S/M, § 6, Rn. I 12, I 13 (Stand: April 2019).

878 BT-Drs. 16/4841, S. 51.

879 Vgl. Ehmcke, in: Blümich, § 6 EStG, Rn. 1100e (Stand: März 2021); gegen einen Subventionscharakter auch: Werndl, in: K/S/M, § 6, Rn. I 13 (Stand: April 2019) m.w.N.

880 Vgl. Werndl, in: K/S/M, § 6, Rn. C 2 (Stand: Oktober 2010) mit Verweis auf BT-Drs. 11/2257, S. 140 und BT-Drs. 11/2536, S. 47.

errechts sein. Die Möglichkeit von Bewertungsvereinfachungen kommt der Finanzverwaltung ebenso zugute wie den Steuerpflichtigen.

Auch wenn die genannten unstreitig erfassten Wahlrechte damit zumindest auch Interessen der Steuerpflichtigen bedienen, sind sie m.E. den Wahlrechten aus §§ 4g, 6b, 6c, und 7g von ihrer Zielrichtung her nicht in einer Weise vergleichbar, die geeignet ist, eine telelogische Reduktion des § 3a Abs. 1 S. 2 EStG mit dem Argument abzulehnen, allen steuerlichen Wahlrechten sei ein Subventionscharakter immanent. Bei den Wahlrechten der §§ 4g, 6b, 6v, und 7g werden spezifische Anreize für Unternehmen gegeben und unternehmerische Maßnahmen gezielt steuerlich unterstützt. Hier ist eine Subvention also gerade vom Gesetzgeber bezweckt und die Förderung unternehmerischer Betätigung steht im Vordergrund. Bei den übrigen Wahlrechten ist der Vorteil für den einzelnen Steuerpflichtigen eher als Reflex der Vorschrift zu sehen, die in erster Linie jedoch nicht auf die Förderung des Steuerpflichtigen abzielt, sondern vordergründig andere Zwecke verfolgt. Es ist daher gerechtfertigt, die §§ 4g, 6b, 6c, und 7g abweichend von den übrigen steuerlichen Wahlrechten als Subventionswahlrechte zu bezeichnen, da sie in ihrer Förderwirkung über andere gewinnmindernde Wahlrechte hinausgehen und diese Wirkung auch gerade bezweckt ist. Es ist daher auch möglich den Subventionscharakter dieser Vorschriften als Differenzierungskriterium für die Einbeziehung in den Anwendungsbereich von § 3a EStG Abs. 1 S. 2 EStG zu wählen.

bb) Teleologische Reduktion des § 3a Abs. 1 S. 2 EStG?

Die Einschränkung des § 3a Abs. 1 S. 2 EStG im Wege einer teleologischen Reduktion würde nunmehr voraussetzen, dass die Einbeziehung der Subventionswahlrechte vom Wortlaut her möglich wäre, jedoch über den Regelungszweck der Norm hinausgeht. Ausgehend allein von dessen Wortlaut ist die Erfassung der Subventionswahlrechte durch § 3a Abs. 1 S. 2 EStG möglich. Da die Norm nur von „steuerlichen Wahlrechten" spricht, enthält sie keinerlei Begrenzung im Hinblick auf den Hintergrund oder Regelungszweck des jeweiligen Wahlrechts und lässt isoliert betrachtet keinen Anhaltspunkt erkennen, dass bestimmte Wahlrechtsgruppen nicht erfasst werden sollten. Der Zusatz, dass die Wahlrechte „im zu sanierenden Unternehmen" auszuüben sind, erlaubt immerhin die Ableitung, dass es sich zumindest um Gewinnermittlungswahlrechte handeln muss.[881] Im Übrigen ist der Wortlaut aber offen und bezieht auch die Subventionswahlrechte mit ein.

Erforderlich für deren Ausklammerung ist nun, dass ihre Einbeziehung nicht vom Regelungszweck des § 3a Abs. 1 S. 2 EStG gedeckt ist. Ihre gewinnmindernde Ausübung dürfte also nicht zur Schaffung eines größtmöglichen Verlustausgleichsvolumens und der Vermeidung einer Doppelbegünstigung beitragen. Allein gemessen daran, ob durch die Ausübung eines Wahlrechts im Sanierungsjahr oder im Folgejahr Verluste geschaffen werden, die mit dem Sanierungsertrag zur Verrechnung gebracht werden können, müssten aufgrund der Regelung des § 3a Abs. 1 S. 2 EStG auch die Subventionswahlrechte der §§ 4g, 6b, 6c und § 7g Abs. 1 EStG in Anspruch genommen werden.[882] Sowohl der Abzug von den Anschaffungs-/Herstellungskosten gemäß § 6b Abs. 1, als auch die Bildung einer entsprechenden Rücklage gemäß § 6b Abs. 3 EStG wirken sich nämlich steuermindernd aus.[883] Gleiches gilt auch für die Inanspruchnahme des Abzugsbetrags nach § 7g Abs. 1 EStG und die Bildung des Ausgleichspostens gemäß § 4g Abs. 1 S. 1 EStG. Da also auch bei den Subventionswahlrechten eine steuermindernde Wirkung eintritt, wird durch ihre Ausübung entsprechend dem Zweck des § 3a Abs. 1 S. 2 EStG jeweils Verlustausgleichsvolumen geschaffen, welches mit dem Sanierungsgewinn gegengerechnet werden kann. Insofern steht die Einbeziehung der Subventionswahlrechte also noch im Einklang mit den Zielen des § 3a Abs. 1 S. 2, sodass der Wortlaut nicht zu weitgehend ist.

Allerdings muss auch der weitergehende Zweck der Schaffung eines größtmöglichen Verlustausgleichsvolumens berücksichtigt werden. Denn letztlich ist die Anhäufung von Verlustausgleichsvolumen im Sanierungsjahr und im Folgejahr nur das vom Gesetzgeber gewählte Mittel zur Erreichung des eigentlichen Ziels, nämlich der Vermeidung einer Doppelbegünstigung aus Steuerfreiheit des Sanierungsgewinns und der gleichzeitigen Nutzung von Steuerminderungspotential in den der Sanierung nachfolgenden Veranlagungszeiträumen. Würde eine Doppelbegünstigung durch die Nichtausübung der Subventionswahlrechte aber gar nicht entstehen oder könnte diese durch den Ausübungszwang nicht verhindert werden, würde

881 Vgl. Kanzler, NWB 2019, 626, 641; Desens, FR 2017, 981, 988 f.

882 Vgl. so auch Hallerbach, H/H/R, § 3a EStG, Rn. 17 (Stand: August 2019) (für § 6b und § 7g EStG).

883 Vgl. Kahlert/Schmidt, DStR 2017, 1897, 1902.

ihre Einbeziehung in den Anwendungsbereich des § 3a Abs. 1 S. 2 EStG über dessen Zweck hinausgehen. Ob dies der Fall ist, wird nun für §§ 6b, 6c, 7g und 4g EStG jeweils gesondert betrachtet.

(1) §§ 6b, 6c EStG

Während es bei vielen Wahlrechten darum geht, bereits entstandenen Aufwand dergestalt zu verteilen, dass er in größtmöglichem Umfang im Sanierungsjahr anfällt,[884] verfolgen die Subventionswahlrechte eine andere Zielrichtung. Sowohl die Rücklagenbildung nach § 6b EStG als auch die Inanspruchnahme des Investitionsabzugsbetrags nach § 7g EStG bewirken nämlich nicht eine andere Verteilung von schon vorhandenem Aufwand, sondern die Verlagerung von potenziell erst entstehendem Aufwand für die Anschaffung von begünstigten Wirtschaftsgütern in vorherige Veranlagungszeiträume.[885]

Daran wird deutlich, dass §§ 6b, 6c EStG nicht den charakteristischen Sachverhalt betreffen, der dem Zweck des § 3a Abs. 1 S. 2 EStG zugrunde liegt. Mit dem Wahlrechtsausübungszwang soll nämlich z.B. im Fall der Teilwertabschreibung erreicht werden, dass im Unternehmen angelegte, in einem Wirtschaftsgut ruhende stille Lasten gehoben werden, die sonst in zukünftigen Veranlagungszeiträumen nach der Sanierung zur Steuerminderung eingesetzt werden könnten. Bei §§ 6b und 6c EStG geht es aber um den gegenteiligen Fall, dass es infolge der Veräußerung eines Wirtschaftsguts zur Realisierung stiller Reserven kommt. Der aus der Aufdeckung der stillen Reserven des veräußerten Wirtschaftsgutes stammende und durch § 6b EStG begünstigte Veräußerungsgewinn stellt nämlich keine solche, bereits im Unternehmen angelegte, stille Last dar, die vom Steuerpflichtigen wahlweise im Sanierungsjahr, im Folgejahr oder in späteren Veranlagungszeiträumen steuermindernd genutzt werden könnte. Das Wahlrecht des § 6b Abs. 1 EStG hat gerade zum Ziel, die direkte Besteuerung der realisierten stillen Reserven zu verhindern, indem die Möglichkeit eröffnet wird, diese durch Übertragung auf ein begünstigtes Wirtschaftsgut in einen späteren Veranlagungszeitraum zu verlagern. Würden Steuerpflichtige diese Möglichkeit aber nicht in Anspruch nehmen, würde dies nicht dazu führen, dass die Steuerfreiheit des Sanierungsertrags im Sanierungsjahr in

884 Vgl. Hallerbach, in: H/H/R, § 3a EStG, Rn. 17 (Stand: August 2019).
885 Vgl. Hallerbach, in: H/H/R, § 3a EStG, Rn. 17 (Stand: August 2019).

Anspruch genommen und gleichzeitig ein weiterer Steuervorteil in späteren Sanierungsjahren genutzt werden kann. Sowohl der Abzug nach § 6b Abs. 1 EStG, als auch die Bildung der Rücklage nach § 6b Abs. 3 EStG bewirken nämlich nur, dass die Besteuerung der stillen Reserven des veräußerten Wirtschaftsguts in einen späteren Veranlagungszeitraum verschoben wird, in dem es zu einer Veräußerung ohne entsprechende Anschaffung eines Ersatzwirtschaftsguts kommt.[886] Es bleibt jedoch in jedem Fall sichergestellt, dass die stillen Reserven irgendwann der Besteuerung zugeführt werden, jedoch erst, wenn keine Ersatzbeschaffung getätigt wird.

Durch den Abzug oder die Rücklagenbildung gemäß §§ 6b, 6c EStG wird zwar zunächst eine Gewinnminderung im Sanierungsjahr bzw. dem Folgejahr bewirkt, diese ist aber aufgrund der Wirkungen des § 6b EStG nicht endgültig.[887] Dass sich im Jahr der Inanspruchnahme des Abzugs gemäß § 6b Abs. 1 EStG der Gewinn mindert und so eine Verrechnung mit einem Sanierungsertrag stattfinden könnte, ist aber nur ein Reflex der Regelung. Gleiches gilt für die Bildung einer Rücklage nach § 6b Abs. 3 EStG. Auch diese bewirkt im Veräußerungsjahr zunächst eine Gewinnminderung, dient aber letztlich ebenso wie der Abzug nach § 6b Abs. 1 EStG nur der Verlagerung der Besteuerung der stillen Reserven in einen Veranlagungszeitraum, in dem ein Wirtschaftsgut ohne Ersatzbeschaffung veräußert wird. Der Unterschied zum Abzug nach § 6b Abs. 1 EStG ist dabei rein technischer Natur, die Steuerminderung ist aber ebenso nicht endgültig, sondern nur ein Reflex der Verschiebung der Steuerlast. Kommt es nicht zu einer Ersatzbeschaffung, muss die Rücklage nach Ablauf der Frist von 4 Jahren gemäß § 6b Abs. 3 S. 5 EStG ohnehin wieder gewinnerhöhend aufgelöst werden. Steuerpflichtige hätten also weder bei einem unterlassenen Abzug nach § 6b Abs. 1 EStG, noch bei unterlassener Rücklagenbildung nach § 6b Abs. 3 EStG neben der Steuerfreiheit des Sanierungsertrags einen darüberhinausgehenden Steuervorteil. Wird der Abzug nicht in Anspruch genommen bzw. die Rücklage nicht gebildet, würde das nur bedeuten, dass die stillen Reserven aus der Veräußerung bereits im Sanierungsjahr versteuert werden müssten. Nehmen Steuerpflichtige die Wahlrechte der §§ 6b, 6c EStG nicht in Anspruch, entsteht folglich keine zu verhindernde Doppelbegünstigung. Eine Pflicht, diese Wahlrechte in Anspruch zu nehmen, stünde also mit dem Zweck des § 3a Abs. 1 S. 2 EStG nicht im Einklang. Ihre Ausklammerung aus dessen Anwendungsbereich ist daher geboten.

886 Vgl. Kahlert/Schmidt, DStR 2017, 1897, 1902

887 Vgl. Kahlert/Schmidt, DStR 2017, 1897, 1902.

Darüber hinaus sprechen auch der Zweck, sowie weitere Rechtsfolgen der §§ 6b, 6c dafür, die Wahlrechte nicht in den Wahlrechtsausübungszwang einzubeziehen. Zunächst kann es durch die Bildung der Rücklage nach § 6b Abs. 3 EStG im Sanierungsjahr oder Folgejahr sogar zu einem steuerlichen Nachteil kommen. § 6b hat nämlich den Zweck, die Steuerbelastung aus einem in § 6b Abs. 1 Satz 1 genannten Gewinn abzumildern, wenn vergleichbare Wirtschaftsgüter angeschafft werden sollen und will so die Reinvestition erleichtern.[888] Die Bildung der Rücklage würde zwar den Sanierungsgewinn mindern, im Ergebnis würde dies aber dazu führen, dass der Gewinn aus der Veräußerung des gemäß § 6b EStG begünstigten Wirtschaftsguts entgegen seinem Zweck faktisch direkt zu versteuern wäre.[889] Der Verzicht auf die gegenwärtige Besteuerung der durch den Veräußerungsvorgang gemäß § 6b EStG realisierten stillen Reserven würde gleichsam gegen die Minderung des Sanierungsertrags „eingetauscht" werden. Zu einem späteren Zeitpunkt müsste die Rücklage dann in voller Höhe gemäß § 6b Abs. 3 S. 4 EStG gewinnerhöhend aufgelöst werden, und die Steuerfreiheit des Sanierungsertrags würde konterkariert.[890] Hinzu kommt noch, dass Steuerpflichtige mit höheren Zahlungen belastet werden, wenn die Rücklage des § 6b Abs. 3 EStG aufgrund unterbliebener Reinvestition aufgelöst werden muss. In diesem Fall erhöht sich nämlich gemäß § 6b Abs. 7 EStG der Gewinn im Wirtschaftsjahr der Auflösung um 6% des Rücklagenbetrags. Wird also kein Ersatzwirtschaftsgut angeschafft, wird das sanierungsbedürftige Unternehmen mit weiteren Zahlungen belastet, was die erfolgreiche Sanierung wiederum beeinträchtigen kann.[891] Dies steht zum einen nicht im Einklang mit dem erklärten Ziel des § 3a EStG, die Rechts- und Planungssicherheit in Sanierungsprozessen zu erhöhen. Zum anderen würde so durch den Wahlrechtsausübungszwang dem. § 3a Abs. 1 S. 2 EStG indirekt eine Pflicht zur Reinvestition begründet.

(2) § 4g EStG

Auch durch die Bildung des Ausgleichspostens gemäß § 4g Abs. 1 S. 1 EStG wird im Jahr der Bildung zunächst Aufwand generiert, der im Sanierungs-

888 Vgl. Hallerbach, in: H/H/R, § 3a EStG, Rn. 17 (Stand: August 2019).
889 Vgl. Hallerbach, in: H/H/R, § 3a EStG, Rn. 17 (Stand: August 2019).
890 Vgl. Hallerbach, in: H/H/R, § 3a EStG, Rn. 17 (Stand: August 2019).
891 Vgl. Förster/Hechtner, DB 2017, 1536, 1542; Levedag, in: Schmidt, EStG, § 3a, Rn. 34 („mögliche Nachteile im Fall der Nichtinvestition").

jahr bzw. Folgejahr mit dem Sanierungsgewinn verrechnet werden kann. Auch wenn die Bildung folglich zur Schaffung von Verlustausgleichsvolumen beitragen würde, betrifft die Vorschrift bei genauerer Betrachtung in ihren Wirkungen dieselbe Sachverhaltskonstellation wie §§ 6b, 6c EStG. Infolge der Entnahmefiktion des § 4 Abs. 1 S. 3 EStG werden die in dem betreffenden Wirtschaftsgut ruhenden stillen Reserven aufgedeckt und müssten grundsätzlich im gleichen Jahr versteuert werden. Diese Belastung will § 4g EStG abfedern, indem Steuerpflichtigen gestattet wird, den Entnahmegewinn zeitlich zu strecken. Die stillen Reserven werden dabei nicht, wie bei § 6b EStG auf ein anderes Wirtschaftsgut übertragen, sondern ruhen zunächst in dem Ausgleichsposten. Es handelt sich dabei aber ebenso nicht um eine bereits im zu sanierenden Unternehmen angelegte stille Last, bei welcher die Gefahr besteht, dass nach der Sanierungsphase und nach der Inanspruchnahme der Steuerfreiheit ein Steuervorteil in Form einer späteren Gewinnminderung besteht. Die Besteuerung der aufgedeckten Reserven ist auch im Fall von § 4g EStG sichergestellt, Steuerpflichtige haben lediglich die Wahl, ob die Versteuerung vollumfänglich im Jahr der Überführung des Wirtschaftsguts oder verteilt auf das Überführungsjahr und die folgenden 4 Wirtschaftsjahre gestreckt wird. Ein Doppelvorteil, wie er durch § 3a Abs. 1 S. 2 EStG verhindert werden soll, droht also auch hier nicht.

Hinzu kommt im Gegenteil auch bei § 4g EStG, dass der begünstigende Zweck des Wahlrechts – Abmilderung der entstehenden Steuerbelastung – faktisch aufgehoben würde. Die Rücklagenbildung würde die sofortige Versteuerung der infolge der Entnahmefiktion des § 4 Abs. 1 S. 3 EStG aufgedeckten stillen Reserven zwar zunächst verhindern. Da in entsprechender Höhe aber der Sanierungsertrag gemindert würde, käme es faktisch doch wieder zu einer Besteuerung und die Minderung des Sanierungsertrags müsste später gemäß § 4g Abs. 2 EStG gewinnerhöhend ausgeglichen werden.[892]

Folglich entspräche auch die Einbeziehung von § 4g EStG in den Anwendungsbereich des § 3a Abs. 1 S. 2 EStG nicht dessen Zweck. Die Vorschrift muss daher auch für § 4g EStG telelogisch reduziert werden.

892 Vgl. Hallerbach, in: H/H/R, § 3a EStG, Rn. 17 (Stand: August 2019).

(3) § 7g EStG

Auch der von § 7g EStG erfasste Sachverhalt unterscheidet sich grundlegend von denjenigen Wahlrechten, die nach dem Zweck des § 3a Abs. 1 S. 2 EStG von dem Wahlrechtsausübungszwang umfasst sein sollen. Denn auch bei § 7g EStG geht es nicht um eine andere Verteilung von schon vorhandenem Aufwand, sondern die Verlagerung von potenziell erst entstehendem Aufwand in vorherige Veranlagungszeiträume.[893]

Die Überlegung, dass durch die Wahlrechtsausübung keine endgültige Steuerminderung bewirkt wird, lässt sich auf diese Vorschrift übertragen. Zunächst führt der vorgezogene Abzug zu Aufwand, der eine Steuerminderung zur Folge hat und mit dem Sanierungsertrag verrechnet werden kann. Dem Zweck, Verlustausgleichsvolumen zu schaffen, würde durch die Ausübung dieses Wahlrechts also noch entsprochen. In jedem Fall ist die gewinnmindernde Wirkung jedoch später rückgängig zu machen, sei es durch eine Hinzurechnung gemäß § 7g Abs. 2 S. 1 EStG im Jahr der Anschaffung eines begünstigten Wirtschaftsguts oder aufgrund fehlender Hinzurechnung infolge einer Investition innerhalb von 3 Jahren gemäß § 7g Abs. 3 S. 1 EStG. Folglich stellt auch der vorverlagerte Abzugsbetrag keine im Unternehmen angelegte stille Last dar, die wahlweise in der Sanierungsphase zur Minderung des Sanierungsgewinns oder in späteren Wirtschaftsjahren steuermindernd genutzt werden kann. Die gewinnmindernde Wirkung im Abzugsjahr ist auch im Fall des § 7g EStG nur ein Reflex der Regelung. Ein über die Steuerfreiheit des Sanierungsgewinns hinausgehender Steuervorteil stellt sich aber auch hier bei unterlassener Ausübung nicht ein. Der Zwang zur Inanspruchnahme des Wahlrechts aus § 7g EStG würde also ebenfalls nicht dem Zweck des § 3a Abs. 1 S. 2 EStG entsprechen, eine Doppelbegünstigung für Steuerpflichtige zu verhindern. Folglich ist auch hinsichtlich § 7g EStG eine teleologische Reduktion des § 3a Abs. 1 S. 2 EStG geboten.

Auch hier spricht außerdem eine weitergehende Rechtsfolge gegen die Einbeziehung. Denn gemäß § 233a AO ist die sich aus der Rückgängigmachung des Investitionsabzugsbetrags wegen unterbliebener Reinvestition nach § 7g Abs. 3 S. 1 EStG ergebende Steuernachzahlung mit 6% jährlich zu verzinsen.[894] Ebenso wie bei § 6b EStG werden sanierungsbedürftige Unter-

893 Vgl. Hallerbach, in: H/H/R, § 3a EStG, Rn. 17 (Stand: August 2019).

894 Vgl. Kulosa, in: Schmidt, EStG, § 7g, Rn. 66.

nehmen also ggf. mit weiteren Zahlungen belastet, was die erfolgreiche Sanierung wiederum beeinträchtigen kann.[895]

c) Zwischenergebnis

Die Einbeziehung der Subventionswahlrechte in den Wahlrechtsausübungszwang entspricht zunächst dem Zweck des § 3a Abs. 1 S. 2 EStG, Verlustausgleichsvolumen zur Verrechnung mit dem Sanierungsertrag zu generieren. Allerdings bewirken weder §§ 6b, 6c noch § 7g oder § 4g EStG eine endgültige Steuerminderung. § 3a Abs. 1 S. 2 EStG ist nur darauf ausgelegt, eine Mitwirkung des Steuerpflichtigen durch den Einsatz bereits im Unternehmen angelegter stiller Lasten zu erwirken, die ansonsten nach der Sanierungsphase zur weiteren Gewinnminderung eingesetzt werden könnten. Das Ziel ist aber nur die Vermeidung einer solchen Doppelbegünstigung und nicht die „Verlustgenerierung um jeden Preis", wenn dadurch keine weitergehenden Steuervorteile des Steuerpflichtigen verhindert werden. Da die gewinnmindernde Wirkung bei den Subventionswahlrechten in späteren Jahren vollständig wieder rückgängig gemacht wird, droht bei der Unterlassung von deren Ausübung ein solcher Doppelvorteil nicht. Da die Verhinderung einer Doppelbegünstigung aber der eigentliche Zweck des Wahlrechtsausübungszwangs des § 3a Abs. 1 S. 2 EStG ist, würde die Erfassung der Subventionswahlrechte über dessen Zweck hinausgehen.

In den Fällen der §§ 6b, 6c, 4g EStG würde die Verrechnung des entstehenden Aufwands mit dem Sanierungsgewinn den durch die Wahlrechte bezweckten Vorteil sogar konterkarieren. Außerdem kann es bei §§ 6b, 6c, 7g EStG sogar zu zusätzlichen finanziellen Belastungen für das Unternehmen kommen, was ein Hindernis für die Sanierung darstellen kann und nicht der Intention entspricht, die Rechts- und Planungssicherheit in Sanierungsprozessen zu erhöhen. Der Wortlaut des § 3a Abs. 1 S. 2 EStG geht daher zu weit und ist für die Subventionswahlrechte ausgehend seinem Zweck einzuschränken.

895 Vgl. Förster/Hechtner, DB 2017, 1536, 1542.

3. Erforderlichkeit einer tatsächlichen Gewinnauswirkung?

Eine weitere Einschränkung des Wahlrechtszwangs wird für den Fall diskutiert, dass es sich bei dem sanierungsbedürftigen Unternehmen um eine Kapitalgesellschaft handelt und zu dessen Betriebsvermögen auch Beteiligungen an Tochterkapitalgesellschaften gehören.[896] Grundsätzlich sind auch auf diese Beteiligungen nach § 3a Abs. 1 S. 3 EStG Teilwertabschreibungen gemäß § 6 Abs. 1 Nr. 2 S. 2 EStG vorzunehmen.[897] Handelt es sich bei dem sanierungsbedürftigen Unternehmen nun aber um eine Kapitalgesellschaft, so kommt § 8b Abs. 3 S. 3 KStG zur Anwendung und eine Teilwertabschreibung wirkt sich nicht auf den Gewinn des zu sanierenden Unternehmens aus.

An diesem Fall zeigt sich exemplarisch eine für § 3a Abs. 1 S. 2, 3 EStG maßgebliche Auslegungsfrage: Ist es ausreichend, dass die Ausübung eines Wahlrechts grundsätzlich gewinnmindernde Ausübung hat, oder ist im konkreten Fall auch eine tatsächliche Gewinnminderung erforderlich? An vielen Stellen wird diskutiert, § 3a Abs. 1 S. 3 EStG für solche Fälle, in denen sich steuerliche Wahlrechte aufgrund spezialgesetzlicher Vorschriften tatsächlich nicht auf den steuerlichen Gewinn auswirken, ebenfalls teleologisch zu reduzieren.[898] Nur vereinzelt wird andererseits auf das Erfordernis der Gewinnauswirkung verzichtet und damit auch die Ausübung der Teilwertabschreibung gefordert, selbst wenn § 8b Abs. 3 S. 3 zur Anwendung kommt, bzw. generell wenn aus der Wahlrechtsausübung keine tatsächliche Gewinnauswirkung folgt.[899] Eine teleologische Reduktion für Fälle, in denen sich eine bestimmte Ausübung eines Wahlrechts im Einzelfall nicht gewinnmindernd auswirkt, würde auch hier erfordern, dass diese Fälle zwar vom Wortlaut des § 3a Abs. 1 S. 3 EStG, nicht aber vom Zweck der Vorschrift gedeckt sind.

Allein der Wortlaut des § 3a Abs. 1 S. 3 EStG differenziert nicht danach, welche weiteren Folgen mit der Teilwertabschreibung bewirkt werden und enthält auch keine weiteren begrenzenden Tatbestandsmerkmale. Insbesondere ergibt sich ein etwaiges Erfordernis einer tatsächlichen Gewinnauswir-

---

896 Auf die Diskussion hinweisend: Kölbl/Neumann, Ubg 2018, 273, 284.

897 Vgl. Kahlert/Schmidt, DStR 2017, 1897, 1902.

898 Vgl. Epler/Petersen, Stbg 2019, 114; Bodden, in: Korn, EStG, § 3a, Rn. 67 (Stand: März 2020); Förster/Hechtner, DB 2017, 1536, 1543; Hallerbach, in: H/H/R, § 3a EStG, Rn. 17 (Stand: August 2019); Feldgen, in: F/K/S, § 3a, Rn. 13 (Stand: Dezember 2017); jeweils zumindest für den Fall des § 8b Abs. 3 S. 3 KStG: Kahlert/Schmidt, DStR 2017, 1897, 1902; Levedag, in: Schmidt, EStG, § 3a, Rn. 34.

899 Vgl. Krumm, in: Blümich, § 3a EStG, Rn. 34 (Stand: März 2020).

kung nicht aus der Vorschrift. Die Ausklammerung von solchen Fällen, in denen die Teilwertabschreibung nicht zu einer Gewinnminderung führt, aus dem Anwendungsbereich von § 3a Abs. 1 S. 3 EStG könnte sich höchstens aus einer Zusammenschau mit Satz 2 ergeben. Dieser beschränkt den Anwendungsbereich des Wahlrechtsausübungszwangs zwar ebenfalls nicht für bestimmte Gruppen von Wahlrechten oder Sachverhaltskonstellationen, erfordert aber immerhin, dass die Wahlrechte im Sanierungsjahr und im Folgejahr „gewinnmindernd" auszuüben sind. Damit lässt sich Satz 2 so verstehen, dass der Wahlrechtszwang nur greifen soll, wenn sich der Gewinn des Unternehmens in den betreffenden Jahren auch tatsächlich mindert. Vor dem Hintergrund, dass durch die Regelung Verlustausgleichspotential geschaffen werden soll, wäre dieses Verständnis auch folgerichtig. Ohne den bisher rein deklaratorisch verstandenen Zusatz in Satz 3 könnten die Fälle, in denen sich die Teilwertabschreibung im Ergebnis nicht auf den Gewinn auswirkt daher schon aufgrund des Wortlauts des § 3a Abs. 1 EStG aus dem Anwendungsbereich des Wahlrechtszwangs ausgeklammert werden. Einer teleologischen Reduktion bedürfte es insofern nicht. In diesen speziellen Fällen kommt § 3a Abs. 1 S. 3 EStG jedoch eine über die bloße Klarstellung hinausgehende Funktion zu: Demnach „ist" der niedrigere Teilwert im Sanierungsjahr und im Folgejahr anzusetzen. Satz 3 verlangt im Vergleich zu Satz 2 also grade nicht, dass der niedrigere Teilwert „gewinnmindernd" anzusetzen ist. Dies kann so interpretiert werden, dass S. 2 grundsätzlich eine tatsächliche Gewinnminderung verlangt, im Fall der Teilwertabschreibung aber auf dieses Erfordernis verzichtet wird. Vom Wortlaut des § 3a Abs. 1 S. 3 EStG sind also auch die genannten Fälle erfasst.

Diese aus dem Anwendungsbereich des § 3a Abs. 1 S. 3 EStG auszunehmen ist also nur möglich, wenn sie nicht mehr vom Gesetzeszweck der Norm gedeckt sind. Wie gezeigt, dienen § 3a Abs. 1 S. 2 und 3 EStG der Schaffung eines größtmöglichen Verlustausgleichsvolumens, mit dem der Sanierungsgewinn zur Vermeidung einer Doppelbegünstigung verrechnet werden kann, um so eine Doppelbegünstigung zu vermeiden.[900] Dieses Ziel muss daher als Maßstab dafür dienen, welche Wahlrechte von § 3a Abs. 1 S. 2 EStG erfasst sind. Im Hinblick auf die gesetzgeberische Intention müssen Wahlrechte nur insoweit steuermindernd ausgeübt werden, wie dies zur Verrechnung mit dem geminderten Sanierungsertrag im Sinne des

900 BT-Drs. 18/12128, S. 31.

§ 3a Abs. 3 S. 2 EStG erforderlich ist.[901] Wirkt sich jedoch die Ausübung des Wahlrechts nicht auf den Gewinn aus, scheitert die Erreichung des Gesetzeszwecks schon auf der „Vorstufe", nämlich der Generierung von Verlustausgleichspotential. Es droht dann weder die Gefahr einer Doppelbegünstigung, da im Ergebnis kein Verlustverrechnungspotential gesichert wird[902], noch ist die Wahlrechtsausübung dann geeignet, eine Verrechnung von Verlusten mit dem Sanierungsertrag zu ermöglichen. Eine trotzdem vorzunehmende Teilwertabschreibung stünde folglich nicht im Einklang mit dem Gesetzeszweck der § 3a Abs. 1 S. 2 und 3 EStG, sodass der Wortlaut hier zu weit reicht. M.E. ist daher als ungeschriebenes Merkmal des § 3a Abs. 1 S. 2 EStG eine tatsächliche Gewinnauswirkung im Sanierungsjahr bzw. im Folgejahr durch die gewinnmindernde Wahlrechtsausübung zu fordern. Dass ein Wahlrecht nur potenziell geeignet ist, sich gewinnmindernd auszuwirken, ist angesichts des mit § 3a Abs. 1 S. 3 EStG verfolgten Ziels nicht ausreichend. Ist eine tatsächliche Gewinnminderung durch die Teilwertabschreibung nicht gewährleistet, ist § 3a Abs. 1 S. 3 EStG mithin teleologisch zu reduzieren.

4. Rechtsquelle der Wahlrechte

Auch zu der Frage, welchen Rechtscharakter eine wahlrechtsauslösende Vorschrift haben muss, um in den Anwendungsbereich von § 3a Abs. 1 S. 2 EStG zu fallen, werden in der Literatur unterschiedliche Auffassungen vertreten. Namentlich wird darüber diskutiert, ob auch Wahlrechte erfasst sind, die sich aus Verwaltungsvorschriften ergeben.[903] Auf der einen Seite finden sich große Befürworter eines in dieser Richtung extensiven Verständnisses von § 3a Abs. 1 S. 2 ESG, die sämtliche Wahlrechte in dessen Anwendungsbereich einbeziehen wollen, unabhängig davon ob diese sich aus Gesetz, Rechtsprechung oder Verwaltungsvorschrift ergeben.[904] Von der wohl überwiegenden Mehrheit im Schrifttum wird ein so weites

901 Vgl. Förster/Hechtner, DB 2017, 1536, 1543.

902 Vgl. Kahlert/Schmidt, DStR 2017, 1897, 1902.

903 Lediglich auf die Diskussion hinweisend: Kölbl/Neumann, Ubg 2018, 273, 284.

904 Vgl. Förster/Hechtner, DB 2017, 1536, 1542; Kanzler, NWB 2017, 2260, 2265 (sich aber für eine Beschränkung auf gesetzliche Wahlrechte aussprechend in: NWB 2019, 626, 641; K/K/B, § 3a, Rn. 90); wohl auch Seer, in: Kirchhof, EStG, 18. Aufl. 2019, § 3a, Rn. 17 (Wahlrecht für den Abzug von Zuschüssen bei Anschaffungs- oder Herstellungskosten nach R 6.5 Abs. 2 EStR soll erfasst sein; zurückhaltender allerdings Seer, in Kirchhof, EStG, 20. Aufl. 2021, § 3a, Rn. 17).

Verständnis hingegen abgelehnt und vor dem Hintergrund des Gesetzesvorbehalts aus Art. 20 Abs. 3 GG der Kreis der erfassten Wahlrechte auf Solche beschränkt, die sich aus materiell-gesetzlichen Vorschriften im Sinne einer Außenrechtsnorm ergeben.[905] Begründet wird diese Einschränkung damit, dass die Verwaltung ansonsten ohne materiell-gesetzliche Grundlage allein durch Verwaltungsvorschrift steuerliche Wahlrechte schaffen könnte, die für den Steuerpflichtigen eine belastende Wirkung auslösen würden, was dem Vorbehalt des Gesetzes aus Art. 20 Abs. 3 GG widersprechen würde.[906] Praktische Auswirkungen entfaltet der Streitstand für die Frage der Einbeziehung des Wahlrechts zum Abzug von Zuschüssen von den Anschaffungs- oder Herstellungskosten gemäß R 6.5 Abs. 2 EStR und das Wahlrecht zur Bildung einer Rücklage für Ersatzbeschaffung gemäß R 6.6 Abs. 4 S. 1 EStR.[907]

Die Einbeziehung von Wahlrechten in den Anwendungsbereich von § 3a Abs. 1 S. 2 EStG, die sich lediglich aus Verwaltungsvorschriften ergeben, wird von der überwiegenden Meinung zutreffend und mit guten Argumenten abgelehnt. Zwar lässt der Wortlaut der Vorschrift keine Differenzierung erkennen, und auch dem Ziel des Wahlrechtsausübungszwangs, ein größtmögliches Verlustausgleichsvolumen zur Vermeidung einer Doppelbegünstigung zu schaffen[908] würde eher ein großzügiges Verständnis des Anwendungsbereichs entsprechen. Für eine Beschränkung auf gesetzliche Wahlrechte spricht jedoch bereits die Schaffung des beispielhaften Zusatzes in § 3a Abs. 1 S. 3 EStG. Offenbar als einen der Hauptanwendungsfälle des Wahlrechtszwangs hatte der Gesetzgeber die Teilwertabschreibung gemäß § 6 Abs. 1 Nr. 1 S. 2 und Nr. 2 S. 2 EStG vor Augen und hat diesen Fall daher ausdrücklich in Satz 3 erfasst. Dieser Zusatz lässt den Schluss zu, dass § 3a Abs. 1 S. 2 EStG nur solche Wahlrechte erfassen soll, die der ausdrücklich genannten Teilwertabschreibung vergleichbar sind. Wäre auch die Einbeziehung von Wahlrechten aus Verwaltungsvorschriften beabsich-

905 Vgl. Desens, FR 2017, 981, 989; Levedag, in: Schmidt, EStG, § 3a, Rn. 34; Hallerbach, in: H/H/R, § 3a EStG, Rn. 17 (Stand: August 2019); Feldgen, in: F/K/S, § 3a, Rn. 13 (Stand: Dezember 2017); Kanzler, NWB 2019, 626, 641; ders., NWB 2021, 1311, 1314; ders., in: K/K/B, § 3a, Rn. 90.

906 Vgl. Kanzler, NWB 2019, 626, 641; ders., NWB 2021, 1311, 1314; ders., in: K/K/B, § 3a, Rn. 90; Desens, FR 2017, 981, 989.

907 Vgl. Exemplarisch: Desens, FR 2017, 981, 989; Kanzler, in: K/K/B, § 3a, Rn. 90.

908 BT-Drs. 18/12128, S. 31.

tigt gewesen, hätte es dem Gesetzgeber freigestanden, § 3a Abs. 1 S. 2 EStG entsprechend zu formulieren.[909]

Ferner wird einem weiten Verständnis richtigerweise der Vorbehalt des Gesetzes aus Art. 20 Abs. 3 GG entgegengehalten. Danach erfordert jeder Verwaltungseingriff in die Rechtssphäre des Einzelnen eine hinreichend bestimmte gesetzliche Grundlage.[910] Die Ausdehnung des Anwendungsbereichs auf nichtgesetzliche Wahlrechte hätte jedoch zur Folge, dass die Belastungswirkung allein auf einer Verwaltungsvorschrift beruht, die keinen Außenrechtscharakter hat und diese so in den Rang eines Gesetzes erhoben wird. Die Auffassung der Verwaltung, die sich in Verwaltungsvorschriften ausdrückt, würde gleichsam durch § 3a Abs. 1 S. 2 EStG „legalisiert" und die dort verankerten Wahlrechte in gesetzliche Wahlrechte umgemünzt.[911] In der Folge käme es zu einer Belastung der Steuerpflichtigen ohne eine einfachgesetzliche Grundlage. Der Wahlrechtsausübungszwang umfasst daher nur solche Wahlrechte, die sich aus einer Außenrechtsnorm ergeben.

5. Begrenzung der Höhe nach

Unklarheit besteht neben dem Kreis der von dem Wahlrechtsausübungszwang erfassten Wahlrechte auch darüber, ob die Ausübungspflicht einer höhenmäßigen Begrenzung unterliegt. Die Wurzel der Diskussion um eine Höhenbegrenzung liegt darin, dass die Regelung des § 3a Abs. 1 S. 2 EStG Steuerpflichtige dazu zwingt, Verluste zu generieren, was zunächst eine nachteilige Rechtsfolge darstellt. Die durch die gewinnmindernde Ausübung steuerlicher Wahlrechte im Sanierungsjahr generierten Verluste zählen schließlich zum Verlust des Sanierungsjahrs des zu sanierenden Unternehmens gemäß § 3a Abs. 3 S. 2 Nr. 8 EStG und werden daher auch mit dem Sanierungsertrag verrechnet. Nun können sich aber durchaus Fälle ergeben, in denen der bereits gemäß § 3a Abs. 3 S. 1 EStG um Sanierungskosten geminderte Sanierungsertrag schon vollständig durch die Steuerminderungspositionen des § 3a Abs. 3 S. 2 Nr. 1–7 EStG aufgezehrt worden ist, noch bevor es zu einer Verrechnung mit dem Verlust des Sanierungsjahrs des sanierungsbedürftigen Unternehmens kommt. Bei einer unbeschränkten Pflicht zur gewinnmindernden Wahlrechtsausübung würden die Steu-

909 Vgl. Feldgen, in: F/K/S, § 3a, Rn. 13 (Stand: Dezember 2017).

910 Vgl. Antoni, in: Hömig/Wolf, GG, Art. 20, Rn. 15.

911 Vgl. Hallerbach, in: H/H/R, § 3a EStG, Rn. 17 (Stand: August 2019); Feldgen, in: F/K/S, § 3a, Rn. 13 (Stand: Dezember 2017).

erpflichtigen dann zur Generierung von Verlusten gezwungen, die über die Verluste hinausgehen, die überhaupt nach § 3a Abs. 3 S. 2 EStG mit dem Sanierungsertrag verrechnet werden können.[912] Vor dem Hintergrund, dass der Wahlrechtsausübungszwang dazu dient, die Steuerbefreiung auf das erforderliche Maß zu begrenzen[913] wäre die Generierung dieser darüberhinausgehenden Verluste keineswegs mehr notwendig. Insofern ist der Gesetzeswortlaut, der ausdrücklich keine Begrenzung enthält, als überschießend anzusehen.[914] Teilweise wird daher befürwortet, § 3a Abs. 1 S. 2 EStG dahingehend teleologisch zu reduzieren, dass steuerliche Wahlrechte nur in dem Umfang gewinnmindernd auszuüben sind, wie dies zur Verrechnung mit dem geminderten Sanierungsertrag erforderlich ist, sodass die Höhe des geminderten Sanierungsertrags i.S.v. § 3a Abs. 3 S. 1 EStG zugleich die Grenze für die gewinnmindernde Wahlrechtsausübung darstellt.[915] Von anderen Teilen des Schrifttums wird dies jedoch angesichts des eindeutigen Wortlauts der Vorschrift abgelehnt.[916]

Der Wortlaut der § 3a Abs. 1 S. 2, 3 EStG gibt auch hier wenig Anhaltspunkte, verlangt Satz 2 doch nur, dass „steuerliche Wahlrechte [...] gewinnmindernd auszuüben“ sind. Würde man streng daran festhalten, so wäre der überschießende Charakter der Vorschrift hinzunehmen und die steuerlichen Wahlrechte vollständig gewinnmindernd auszuüben, ungeachtet dessen, ob dies zur Schaffung von mit dem Sanierungsertrag zu verrechnendem Verlustpotential führen würde. Zwar kann aus der Formulierung auch geschlossen werden, dass der Gesetzgeber sich bewusst gegen eine Begrenzung auf die Höhe des geminderten Sanierungsertrages gemäß § 3a Abs. 3 S. 1 EStG entschieden hat und die Generierung von Verlusten auch darüber hinaus gerade beabsichtigt war. Ein zu bedenkendes Folgeproblem im Fall einer Begrenzung auf den geminderten Sanierungsertrag wäre außerdem die weitere Unklarheit darüber, ob dann alle Wahlrechte gleichmäßig ausgeübt werden müssen, oder ob Steuerpflichtige wählen dürften,

912 Vgl. Desens, FR 2017, 981, 989; Seer, in: Kirchhof, EStG, § 3a, Rn. 16.

913 BT-Drs. 18/12128, S. 31.

914 Vgl. Seer, in: Kirchhof, EStG, § 3a, Rn. 16.; Desens, FR 2017, 981, 989.

915 Vgl. Förster/Hechtner, DB 2017, 1536, 1543; Krumm, in: Blümich, § 3a EStG Rn. 34 (Stand: März 2020); Seer, in: Kirchhof, EStG, § 3a, Rn. 16; Möhlenbrock/Gragert, FR 2017, 994, 996.

916 Vgl. Desens, FR 2017, 981, 989; Levedag, in: Schmidt, EStG, § 3a, Rn. 32; Hallerbach, in: H/H/R, § 3a EStG, Rn. 17 (Stand: August 2019); Bleschick in: BeckOK EStG, § 3a, Rn. 251 (Stand: Februar 2020); Kanzler, NWB 2021, 1311, 1314.

welche Wahlrechte in welchem Umfang ausgeübt werden.[917] Hinzu kommt, dass die Entstehung von weitergehenden, nicht zu verrechnenden Verlusten nicht dazu führt, dass diese Verluste gemäß § 3a EStG untergehen, sondern vielmehr können diese in späteren Veranlagungszeiträumen verwendet werden.[918]

Fraglich bleibt aber, ob dies noch vom Telos der Norm gedeckt wäre. Dieser spricht nämlich eher für eine höhenmäßige Begrenzung auf den geminderten Sanierungsertrag.[919] Soweit die entstehenden Verluste zur Neutralisierung des Sanierungsgewinns führen ist die Pflicht zur Aufdeckung der stillen Lasten sachgerecht, da verhindert wird, dass diese stillen Lasten über die Sanierungsphase hinweg gerettet und dann mit später entstehenden Gewinnen verrechnet werden.[920] Werden Steuerpflichtige aber zur Generierung von Verlusten gezwungen, ohne dass diese mit dem geminderten Sanierungsertrag verrechnet werden, steht dem keine Steuerfreistellung mehr gegenüber und die Pflicht zur Aufdeckung der stillen Lasten entfaltet nicht mehr den Zweck, die Steuerfreiheit auf das erforderliche Maß zu begrenzen. Eine Doppelbegünstigung aus Steuerfreiheit und Aufrechterhaltung von Verlustpotential droht dann nicht mehr. Es ist zwar sachgerecht, den Steuerpflichtigen durch die Schaffung von Verlustausgleichspotential dazu zu verpflichten, die Steuerbefreiung so gering wie möglich zu halten. Wurde der Sanierungsertrag aber bereits vollständig mit Verlustminderungspotentialen verrechnet, hat der Steuerpflichtige bereits einen hinreichenden Beitrag zur Minimierung der Steuerfreiheit auf das erforderliche Maß geleistet. In der Folge muss es ihm dann auch freistehen, ob durch die Ausübung steuerlicher Wahlrechte weitere Verluste aufgebaut werden sollen oder nicht. Der Wortlaut von § 3a Abs. 1 S. 2 EStG geht mithin zu weit und ist auch dahingehend teleologisch zu reduzieren, dass steuerliche Wahlrechte nur insoweit gewinnmindernd auszuüben sind, wie dies zur Verrechnung mit dem Sanierungsertrag erforderlich ist.

III. Ergebnisse

Der Gesetzgeber hat sich entgegen der ersten Entwurfsfassung des Bundesrates von § 3a EStG dagegen entschieden, die Steuerfreiheit des Sanie-

917 Hinweis bei Hallerbach, in: H/H/R, § 3a EStG, Rn. 17 (Stand: August 2019).
918 Vgl. Hallerbach, in: H/H/R, § 3a EStG, Rn. 17 (Stand: August 2019).
919 Vgl. Krumm, in: Blümich, § 3a EStG, Rn. 34 (Stand: März 2020).
920 Vgl. Seer, in: Kirchhof, EStG, § 3a, Rn. 15.

rungsertrages von einem Antrag der Steuerpflichtigen abhängig zu machen. Vor diesem Hintergrund ist die gewinnmindernde Ausübung steuerlicher Wahlrechte gemäß § 3a Abs. 1 S. 2, 3 EStG nicht als Voraussetzung der Steuerfreiheit anzusehen, sondern als zwingende Rechtsfolge. Ein faktisches Wahlrecht zur Anwendung des § 3a Abs. 1 S. 1 EStG resultiert daraus nicht.

§ 3a Abs. 1 S. 2 und 3 sind in mehrfacher Hinsicht teleologisch zu reduzieren.

Zunächst sind sog. Subventionswahlrechte – §§ 4g, 6b, 6c, 7g EStG – nicht von deren Anwendungsbereich erfasst, da durch ihre gewinnmindernde Ausübung zwar Verlustausgleichsvolumen geschaffen wird, jedoch keine endgültige Steuerminderung verbleibt. Durch deren unterlassene gewinnmindernde Ausübung erlangen Steuerpflichtige keinen über die Steuerfreiheit des Sanierungsgewinns hinausgehenden Vorteil, sodass eine zu verhindernde Doppelbegünstigung nicht droht. Vielmehr würde ihre Einbeziehung teilweise die Wirkung der Subventionswahlrechte konterkarieren oder Steuerpflichtige ggf. mit zusätzlichen Zahlungen belasten, was die Sanierung behindern würde.

Ferner umfasst der Anwendungsbereich von § 3a Abs. 1 S. 2 EStG nur solche Wahlrechte, die sich aus gesetzlichen Vorschriften ergeben. Einem Zwang zur steuermindernden Ausübung von sich nur aus Verwaltungsvorschriften ergebenden Wahlrechten steht der Vorbehalt des Gesetzes aus Art. 20 Abs. 3 GG entgegen.

Auch kann der Zweck der Generierung von Verlustverrechnungspotential zur Verrechnung mit dem Sanierungsgewinn und der Vermeidung einer Doppelbegünstigung nur erreicht werden, wenn die gewinnmindernde Wahlrechtsausübung auch tatsächlich eine Gewinnminderung nach sich zieht. Folglich ist § 3a Abs. 1 S. 3 EStG auch dann teleologisch zu reduzieren, wenn ein Wahlrecht zwar potenziell den Gewinn mindert, eine Gewinnauswirkung aufgrund spezialgesetzlicher Vorschriften aber im Ergebnis ausbleibt. Teilwertabschreibungen i.S.v. § 8b Abs. 3 S. 3 KStG sind daher nicht vorzunehmen.

Schließlich ist eine gewinnmindernde Ausübung der Wahlrechte auch nur in einem solchen Umfang geboten, wie es zur Verrechnung mit dem Sanierungsertrag erforderlich ist. Der Ausübungszwang reicht daher nur so weit, wie eine Verrechnung möglich ist und ist mithin der Höhe nach auf den Sanierungsertrag begrenzt.

§ 8: Unternehmensbezogene Sanierung gemäß § 3a Abs. 2 EStG und unternehmerbezogene Sanierung gemäß § 3a Abs. 5 EStG

Als zweite Voraussetzung setzt die Steuerfreiheit nach § 3a Abs. 1 S. 1 EStG voraus, dass der Schuldenerlass zum Zwecke einer unternehmensbezogenen Sanierung erfolgt, die wiederum durch § 3a Abs. 2 EStG legaldefiniert wird.

I. Legaldefinition der unternehmensbezogenen Sanierung in § 3a Abs. 2 EStG

Für eine begünstigungsfähige unternehmensbezogene Sanierung verlangt § 3a Abs. 2 EStG fünf kumulative Voraussetzungen: Im Zeitpunkt des Schuldenerlasses muss das Unternehmen (1) *sanierungsbedürftig* und (2) *sanierungsfähig* sein, der Schuldenerlass muss (3) *betrieblich begründet* und (4) *sanierungsgeeignet* sein und die Gläubiger müssen auf ihre Forderung (5) in *Sanierungsabsicht* verzichten. Zwar definierte die Altregelung für Sanierungsgewinne in § 3 Nr. 66 EStG a.F. die unternehmensbezogene Sanierung nicht, dennoch ist das Verständnis des Schuldenerlasses in § 3a Abs. 2 EStG nicht neu. Die Merkmale der Sanierungsbedürftigkeit, der Sanierungseignung des Schuldenerlasses und der Sanierungsabsicht der Gläubiger als Voraussetzungen der Steuerfreiheit wurden schon früh im Wege einer langjährigen BFH-Rechtsprechungslinie herausgearbeitet.[921] Auch der spätere Sanierungserlass, in dem die Finanzverwaltung das Kriterium der Sanierungsfähigkeit des Unternehmens ergänzte – dem aber neben der Sanierungseignung wenig eigenständige Bedeutung zukam[922] – enthielt die genannten Merkmale als Voraussetzungen für die Annahme eines begünstigten Sanierungsgewinns.[923] Lediglich die ausdrückliche gesetzliche Verankerung des Erfordernisses eines „betrieblich begründeten" Schuldenerlasses ist gegenüber der Altregelung und dem Sanierungserlass ein Novum.

Mit der Definition der unternehmensbezogenen Sanierung in § 3a Abs. 2 EStG sollte nun die bisherige Verwaltungsauffassung gesetzlich kodi-

921 BFH v. 25.02.72 – VIII R 30/66, BStBl. II 1972, 531; v. 26.11.80 – I R 52/77, BStBl. II 1981, 181; v. 22.11.83 – VIII R 14/81, BStBl. II 1984, 472; v. 07.02.85 – IV R 177/83, BStBl. II 1985, 504; v. 16.5.02 – IV R 11/01, BStBl. II 2002, 854; v. 10.04.03 – IV R 63/01, BStBl. II 2004, 9; v. 12.10.05 – X R 20/03, BFH/NV 2006, 713.

922 Vgl. Kahlert, ZIP 2016, 2107.

923 BMF v. 27.3.2003 – IV A 6 – S 2140 – 8/03, Rn. II. 4. S. 1.

fiziert werden.[924] Dementsprechend kann für die Auslegung dieser Voraussetzungen auf die bereits bestehende Rechtsprechung des BFH insbesondere zu § 3 Nr. 66 EStG a.F. zurückgegriffen werden.[925] Dies wurde jüngst auch durch die Rechtsprechung bestätigt.[926] Bei allen Voraussetzungen ist zu berücksichtigen, dass sie im Zeitpunkt des Schuldenerlasses vorliegen müssen, was zwangsläufig eine Prognoseentscheidung erfordert, sodass Steuerpflichtigen gewisse Spielräume belassen werden müssen und lediglich von vornherein objektiv untaugliche Sanierungsversuche aus dem Anwendungsbereich von § 3a EStG herauszunehmen sind.[927] Da hinsichtlich der bereits unter § 3a Nr. 66 EStG a.F. entwickelten und im Sanierungserlass enthaltenen Voraussetzungen der Sanierungsbedürftigkeit, Sanierungsfähigkeit, Sanierungseignung des Schuldenerlasses und der Sanierungsabsicht wenig Auslegungsunsicherheiten bestehen, wird auf diese Merkmale nur im Überblick eingegangen. Näher zu untersuchen ist jedoch das neue Merkmal der betrieblichen Begründung im Hinblick auf die Behandlung von Gesellschafterverzichten.

1. Sanierungsbedürftigkeit

Bei einem Einzelunternehmen, sowie einer Kapitalgesellschaft liegt die Sanierungsbedürftigkeit vor, wenn die Existenz des Unternehmens infolge der Überschuldung derart bedroht ist, dass es ohne den Schuldenerlass nicht Ertrag bringend weitergeführt[928] bzw. wenn das Unternehmen ohne die Sanierung nicht fortgeführt werden kann[929]. Beurteilungskriterien sind die Ertragslage des Unternehmens, die Höhe des Betriebsvermögens vor und nach der Sanierung, die Kapitalverzinsung durch die Erträge des Unterneh-

924 BT-Drs. 18/12128, S. 31.

925 Vgl. Möhlenbrock/Gragert, FR 2017, 994, 996; Förster, FR 2017, 1002, 1004; Kanzler, NWB 2019, 626, 637; ders., NWB 2021, 1235, 1250; Kahlert/Schmidt, DStR 2017, 1897.

926 FG Hamburg v. 12.6.2020 – 5 K 160/17, DStRE 2021, 897; BFH v. 27.11.2020 – X B 63/20, BeckRS 2020, 43623.

927 Vgl. Krumm, in: Blümich, § 3a EStG Rn. 23 (Stand: März 2020); vgl. auch BFH v. 19.03.1993 – III R 79/91, BFH/NV 1993, 536 (bei Maßnahmen, die von vornherein erkennbar nicht ausreichen, das wirtschaftliche Überleben des Schuldners sicherzustellen die Sanierungseignung des Schuldenerlasses verneinend).

928 Vgl. Kanzler, NWB 2019, 626, 637 mit Verweis auf BFH v. 12.12.2013 – X R 39/10, BStBl. 2014 II, S. 572.

929 Vgl. Bodden, in: Korn, EStG, § 3a, Rn. 47 (Stand: März 2020); Seer, in: Kirchhof, EStG, § 3a, Rn. 20; Krumm, in: Blümich, § 3a EStG, Rn. 24 (Stand: März 2020).

mens, die Möglichkeit zur Zahlung von Steuern und sonstigen Schulden, mithin die Gesamtleistungsfähigkeit des Unternehmens.[930] Bei Einzelunternehmern ist neben den Verhältnissen der Gesellschaft auch die Höhe des Privatvermögens zu berücksichtigen.[931] Gleiches gilt bei Personengesellschaften für das Privatvermögens des/der persönlich haftenden Gesellschafter(s).[932] Unterhalten Steuerpflichtige mehrere getrennte Betriebe, von denen sich isoliert betrachtet nur einer oder einzelne in wirtschaftlichen Schwierigkeiten befinden, muss für die Frage der Sanierungsbedürftigkeit von der Gesamtheit der Betriebe ausgegangen werden.[933] Dies ist aber nicht dahingehend zu verstehen, dass sämtliche Betriebe sanierungsbedürftig sein müssen, sondern nur, dass berücksichtigt werden muss, ob die Leistungsfähigkeit der übrigen Betriebe einen Sanierungsbeitrag derart zulässt, dass eine Bedrohung der wirtschaftlichen Existenz des Betriebs, in dem der Sanierungsgewinn anfällt, gar nicht besteht.[934] Gleichzeitig folgt daraus aber auch, dass die Schließung einzelner, unprofitabler Geschäftsbereiche, auch wenn diese mit Verzichten einhergeht, nicht privilegiert ist, solange die unprofitablen Bereiche nicht die Existenz des Gesamtunternehmens bedrohen.[935]

Das Merkmal der Sanierungsbedürftigkeit ist stets erfüllt, wenn der Insolvenzantragsgrund der drohenden Zahlungsunfähigkeit gemäß § 18 InsO vorliegt.[936] Allein die Überschuldung des Unternehmens begründet jedoch ohne das Hinzutreten weiterer Umstände noch nicht die Sanierungsbedürf-

---

930 BFH v. 28.11.2016 – GrS 1/15, BStBl. II 2017, 393, Rn. 62 mit Verweis auf BFH v. 14.3.1990 – I R 64/85, BStBl. 1990 II, S. 810; BFH v. 25.10.1963 – I 359/60; v. 22.11.1983 – VIII R 14/81, BStBl. 1984 II, S. 472; v. 19.03.1993 – III R 79/91, BFH/NV 1993, 536; v. 27.1.1998 – VIII R 64/96, BStBl. 1998 II, S. 537; vgl. auch OFD Niedersachsen v. 25.04.2016 – S 2140 – 8 – St 244 Rn. 2.3.1.

931 BFH v. 22.11.1983 – VIII R 14/81, BStBl. 1984 II, S. 472; v. 12.12.2013 – X R 39/10, BStBl. 2014 II, S. 572.

932 Vgl. Krumm, in: Blümich, § 3a EStG, Rn. 24 (Stand: März 2020) mit Verweis auf BFH v. 27.1.1998 – VIII R 64/96, BStBl. 1998 II, S. 537; v. 10.4.2003 – IV R 63/01, BStBl. 2004 II, S. 9.

933 BFH v. 25.10.1963 – I 359/60, BStBl. 1964 III, S. 122; v. 22.1.1985 – VIII R 37/84, BStBl. 1985 II, S. 501.

934 Vgl. Böing, in: L/B/P, § 3a, Rn. 20 (Stand: Februar 2019); Kanzler, NWB 2019, 626, 637; ders. In: K/K/B, § 3a, Rn. 111.

935 Vgl. Hölzle, ZIP 2020, 301, 306.

936 Vgl. Seer, in: Kirchhof, EStG, § 3a, Rn. 20; Krumm, in: Blümich, § 3a EStG, Rn. 24 (Stand: März 2020); Bodden, in: Korn, EStG, § 3a, Rn. 47 (Stand: März 2020).

tigkeit.[937] Vorwiegend wird zwar auf das Vorliegen eines Insolvenzantragsgrundes abgestellt, jedoch wird mehrheitlich anerkannt, dass die Sanierungsbedürftigkeit auch bereits zu einem früheren Zeitpunkt, nämlich dem Eintritt einer Unternehmenskrise gegeben sein kann, wenn das Unternehmen kreditunwürdig ist bzw. zu marktüblichen Konditionen keinen Kredit mehr erhalten kann, da schon ab diesem Zeitpunkt fremde Dritte nicht mehr bereit sind, das Risiko einer Kreditgewährung einzugehen und sich so die Unternehmenskrise nach außen hin sichtbar manifestiert.[938] Da in diesem Stadium eine Einschränkung der Leistungsfähigkeit erkennbar sei, liege bereits eine privilegierungswürdige Sanierungssituation vor.[939] Dem ist zuzustimmen, denn für eine Begünstigung nach § 3a Abs. 1 S. 1 EStG sind zusätzlich die Sanierungsfähigkeit und die Sanierungseignung des Schuldenerlasses erforderlich, die zumindest die Möglichkeit voraussetzen, dass die Ertragsfähigkeit wiederhergestellt werden kann. Je weiter die Unternehmenskrise fortgeschritten ist, desto unwahrscheinlicher wird die vollständige Gesundung des Unternehmens, sodass ein Spannungsverhältnis zu dem weiteren Merkmal der Sanierungsfähigkeit aufgebaut würde, wenn für die Sanierungsbedürftigkeit das Stadium der drohenden Überschuldung erreicht werden müsste.[940]

2. Sanierungsfähigkeit

Das Merkmal der Sanierungsfähigkeit hat neben der Sanierungseignung des Schuldenerlasses wohl nur wenig Bedeutung, denn wenn ein Schuldenerlass zur Sanierung geeignet ist, setzt dies notwendigerweise voraus, dass das Unternehmen sanierungsfähig ist.[941] Die Merkmale wählen also ledig-

937 Vgl. Seer, in: Kirchhof, § 3a, Rn. 20; Feldgen, in: F/K/S, § 3a, Rn. 20 (Stand: Dezember 2017); Hallerbach, in: H/H/R, § 3a EStG, Rn. 27 (Stand: August 2019) jeweils mit Verweis auf BFH v. 14.3.1990 – I R 129/85, BStBl. 1990 II, 955.

938 Vgl. Eilers/Walter-Yadegardjam, FR 2020, 481, 483; Eilers/Thiemann, Ubg 2020, 190, 192; Feldgen, in: F/K/S, § 3a, Rn. 20 (Stand: Dezember 2017); Bodden, in: Korn, EStG, § 3a, Rn. 47 (Stand: März 2020) und Förster/Hechtner, DB 2017, 1536, 1538 jeweils explizit nicht auf den Eintritt von Insolvenzgründen abstellend; krit. angesichts der erheblichen Vorverlagerung der Insolvenzantragspflicht durch die drohende Zahlungsunfähigkeit: Krumm, in Blümich, § 3a EStG, Rn. 24 (Stand: März 2020).

939 Vgl. Eilers/Thiemann, Ubg 2020, 190, 192.

940 Vgl. so auch Eilers/Thiemann, Ubg 2020, 190, 192.

941 Vgl. Krumm, in: Blümich, § 3a EStG, Rn. 25 (Stand: März 2020); Hallerbach, in: H/H/R, § 3a EStG, Rn. 28 (Stand: August 2019)

lich einen anderen Bezugspunkt.[942] Die Sanierungsfähigkeit ist gegeben, wenn durch den Schuldenerlass der Fortbestand des Unternehmens gesichert und seine Ertragsfähigkeit wiederhergestellt werden kann.[943] Nach der Sanierung muss ein nachhaltiger Überschuss der Einnahmen über die Ausgaben zu erwarten sein.[944] Das Merkmal dient hauptsächlich der Klarstellung, dass es bei § 3a EStG vorrangig um die Sanierung des Unternehmens und nicht des Unternehmers geht.[945] Ein eigener Prüfungsgehalt kommt ihm somit nicht zu, sondern es dient nur dazu sicherzustellen, dass tatsächlich ein Unternehmen besteht, welches durch den Forderungsverzicht saniert wird.[946]

3. Sanierungseignung des Schuldenerlasses

Nachdem die Sanierungsfähigkeit des Unternehmens als rein systematische Vorfrage[947] bejaht wurde, muss in einem nächsten Schritt die konkrete Sanierungseignung des Schuldenerlasses hinzukommen.[948] Erforderlich ist, dass der Schuldenerlass, allein oder erst in Kombination mit weiteren – auch nicht steuerbefreiten – Sanierungsmaßnahmen zur Verhinderung des Zusammenbruchs des Unternehmens und zur Wiederherstellung seiner dauerhaften Ertragsfähigkeit beitragen kann.[949] Dabei muss der Schuldenerlass ein unverzichtbarer Teilbeitrag sein.[950] Es dürfen also keine weiteren, durch das Unternehmen nicht beeinflussbare Entwicklungen für die

942 Vgl. Krumm, in: Blümich, § 3a EStG, Rn. 25 (Stand: März 2020).

943 Vgl. Böing, in: L/B/P, § 3a, Rn. 22 (Stand: Februar 2019); Förster/Hechtner, DB 2ß17, 1536, 1538; Kanzler, NWB 2019, 626, 638; Bodden, in: Korn, EStG, § 3a, Rn. 52 (Stand: März 2020) teilweise mit Verweis auf BFH v. 25.2.1972 – VIII R 30/66, BStBl. II 1972, 531;.

944 Vgl. Sistermann, StbJb 2017/18, S. 281, 285.

945 Vgl. Seer, in: Kirchhof, EStG, § 3a, Rn. 21; Krumm, in: Blümich, § 3a EStG, Rn. 25 (Stand: März 2020).

946 Vgl. Hölzle, ZIP 2020, 301, 306.

947 Vgl. Hallerbach, in: H/H/R, § 3a EStG, Rn. 28 (Stand: August 2019); Bodden, in: Korn, EStG, § 3a, Rn. 54 (Stand: März 2020).

948 Vgl. Bodden, in: Korn, EStG, § 3a, Rn. 54 (Stand: März 2020).

949 Vgl. Levedag, in: Schmidt, EStG, § 3a, Rn. 23; Kanzler, in: K/K/B, § 3a, Rn. 114; Förster/Hechtner, DB 2017, 1536, 1538; BFH v. 28.11.2016 – GrS 1/15, BStBl. II 2017, 393, Rn. 63 m.w.N.; v. 12.12.2013 – X R 39/10, BStBl. 2014 II, S. 572.

950 Vgl. Krumm, in: Blümich, § 3a EStG, Rn. 25 (Stand: März 2020); Seer, in: Kirchhof, EStG, § 3a, Rn. 22; Bodden, in: Korn, EStG, § 3a, Rn. 54 (Stand: März 2020) jeweils m.w.N. aus der Rechtsprechung.

Sanierung erforderlich sein.[951] Entscheidend für die anzustellende Prognose ist, ob die Sanierung im Zeitpunkt des Schuldenerlasses möglich ist, während nachträgliche Umstände, welche einer erfolgreichen Sanierung entgegen stehen können, unbeachtlich sind.[952] Die zur Beurteilung heranzuziehenden Indizien sind die Höhe der Verschuldung und des Erlasses, die Gründe, die zu der Notlage geführt haben, sowie die allgemeinen Ertragsaussichten des Unternehmens.[953] Zu berücksichtigen sind auch die im Zeitpunkt des Schuldenerlasses bestehenden Zahlungsverpflichtungen des Unternehmens, in wie weit diese Verpflichtungen aus dem laufenden Geschäft erfüllt werden können und ob nach Fortfall der erlassenen Schulden die Zahlungsfähigkeit als gesichert angesehen werden kann.[954]

4. Sanierungsabsicht der Gläubiger

Schließlich erfordert die Steuerfreiheit des Sanierungsgewinns gemäß § 3a Abs. 2, dass die Gläubiger in Sanierungsabsicht handeln. Das Merkmal ergibt sich bereits aus der Formulierung des § 3a Abs. 1 S. 1 EStG, wonach der Schuldenerlass „zum Zwecke einer unternehmensbezogenen Sanierung" erklärt werden muss[955] und setzt voraus, dass die Schuld in der Absicht erlassen wird, den Zusammenbruch des Unternehmens zu verhindern und seine finanzielle Gesundung herbeizuführen.[956] Auch erlassende Gläubiger müssen also nach ihrer Vorstellung die dauerhafte Gesundung des Unternehmens beabsichtigen, was im Erlasszeitpunkt ein maßgeblich mitentscheidender Grund für die Beteiligung sein muss.[957] Die Voraussetzung dient außerdem der Klarstellung, dass der Sanierungsbeitrag nicht im Zusammenhang mit Gegenleistungen des Unternehmens erbracht werden darf,

---

951 Vgl. Pflüger, GStB 2017, 420, 424.

952 Vgl. Kanzler, NWB 2021, 1235, 1251 m.w.N..

953 Vgl. OFD Niedersachsen v. 25.04.2016 – S 2140 – 8 – St 244 Rn. 2.3.2; Levedag, in: Schmidt, EStG, § 3a, Rn. 23; Feldgen, in: F/K/S, § 3a, Rn. 21 (Stand: Dezember 2017).

954 Vgl. Kanzler, NWB 2021, 1235, 1251.

955 Vgl. Kanzler, NWB 2021, 1235, 1252.

956 Exemplarisch: Bodden, in: Korn, EStG, § 3a, Rn. 56 (Stand: Januar 2019); Levedag, in: Schmidt, EStG, § 3a, Rn. 24; unter Geltung von § 3a EStG: FG Hamburg v. 12.6.2020 – 5 K 160/17, DStRE 2021, 897, Rn. 89.

957 Vgl. Levedag, in: Schmidt, EStG, § 3a, Rn. 24.

die zueinander in einem Äquivalenzverhältnis stehen.[958] An die Sanierungsabsicht werden sowohl in der Rechtsprechung[959] als auch im Schrifttum keine hohen Anforderungen gestellt.[960] Beteiligen sich mehrere Gläubiger an dem Schuldenerlass, kann die Sanierungsabsicht unterstellt werden.[961] Beteiligen sich nur einzelne Gläubiger an der Sanierung, muss sie allerdings gesondert dargelegt werden.[962] Aus zahlreichen Einzelentscheidungen ergeben sich verschiedene Indizien, die nach Ansicht des BFH in diesen Fällen für oder gegen die Sanierungsabsicht sprechen. Gegen ein Handeln in Sanierungsabsicht hat es die Rechtsprechung gewertet, wenn der verzichtende Gläubiger für seinen Verzicht eine Gegenleistung erwarten konnte, der seinen Verzicht auf lange Sicht wirtschaftlich kompensiert[963], der Erlass seinem Umfang nach keine Gesundung des Unternehmens herbeiführen konnte[964] oder sich daneben alle anderen Gläubiger nicht an der Sanierungsmaßnahme beteiligen.[965] Ausdrücklich nicht gegen das Vorliegen der Sanierungsabsicht soll es sprechen, wenn der Gläubiger sich auf einen Teilverzicht einlässt, damit der Schuldner sein Unternehmen verkaufen kann und der Gläubiger sich aus dem Erlös seine Befriedigung versprechen

958 Vgl. Winnefeld, DB 1991, 2208 im Kontext der unter § 3 Nr. 66 EStG a.F. geltenden Voraussetzung, dass die Schulden „zum Zwecke der Sanierung" erlassen werden mussten.

959 Vgl. RFH v. 7.4.1943 – VI 300 und 308/42, RStBl. 1943, S. 450, 451; BFH v. 25.10.1963 – I 359/60 S, BStBl. 1964 III, S. 122; v. 26.11.1980 – I R 52/77, BStBl. II 1981, 181; v. 26.2.1988 – III R 257, 84, BFH/NV 1989, 436; v. 27.1.1998 – VIII R 64/96, BStBl. 1998 II, S. 537; v. 24.2.1994 – IV R 71/92, BFH/NV 1995, 15; v. 12.10.2005 – X R 20/03, BFH/NV 2006, 713.

960 Vgl. Bodden, in: Korn, EStG, § 3a, Rn. 56 (Stand: Januar 2019); Seer, in: Kirchhof, EStG, § 3a, Rn. 27; Kanzler, NWB 2019, 626, 639; ders. in: K/K/B, § 3a, Rn. 115; Böing, in: L/B/P, § 3a, Rn. 24 (Stand: Februar 2019).

961 Vgl. RFH v. 2.3.1937 – I A 305/36, RStBl. 1937, 626; BFH v. 14.3.1990 – I R 64/85, BStBl. 1990 II, S. 810; v. 19.3.1993 – III R 79/91, BFH/NV 1993, 536; v. 17.11.2004 – I R 11/04, BFH/NV 2005, 1027; Geist, BB 2008, 2658, 2663; OFD Niedersachsen v. 25.04.2016 – S 2140 – 8 – St 244 Rn. 2.3.3.; Förster/Hechtner, DB 2017, 1536, 1539; Feldgen, in: F/K/S, § 3a, Rn. 22 (Stand: Juni 2021).

962 Vgl. RFH v. 2.3.1937 – I A 305/36, RStBl. 1937, 626; BFH v. 26.11.1980 – I R 52/77, BStBl. II 1981, S. 181; v. 28.02.1989 – VIII R 303/84, BStBl. II 1989, 711; v. 19.10.1993 – VIII R 61/92, BFH/NV 1994, 790; v. 27.1.1998 – VIII R 64/96, BStBl. 1998 II, S. 537; v. 16.5.2002 – IV R 11/01, BStBl. 2002 II, S. 854; OFD Niedersachsen v. 25.4.2016 – S2140 – 8 – St 244, Rn. I.2.3.3.

963 Vgl. Geist, BB 2008, 2658, 2663 mit Verweis auf BFH v. 26.11.1980 – I R 52/77, BStBl. II 1981, 181.

964 Vgl. Geist, BB 2008, 2658, 2663 mit Verweis auf BFH v. 20.2.1986 – IV R 172/84, BFH/NV 1987, 493.

965 Vgl. Geist, BB 2008, 2658, 2663 m.w.N.

lässt[966], oder den Willen erkennen lässt, seine Geschäftsbeziehung zum Schuldner insgesamt zu beenden[967]. Verneint wird die Sanierungsabsicht lediglich, wenn die Gläubiger erkennbar ausschließlich ihre Restforderung oder die Geschäftsbeziehung sichern wollen,[968] oder allein deshalb zustimmen, um den Restbetrag oder zumindest einen beträchtlichen Teil schneller zu erhalten[969]. Werden eigennützige Motive, wie die Rettung eines Teils der Forderung oder der Erhalt der Geschäftsbeziehung insgesamt für die Zukunft zusätzlich neben der Rettung des Unternehmens verfolgt, stehen sie der Sanierungsabsicht nicht entgegen, sofern letztere zumindest mitentscheidend ist.[970] Erst, wenn die Gläubiger kein Interesse mehr am weiteren Schicksal des Unternehmens haben und es ihnen primär darum geht, das bestmögliche Ergebnis für sich zu erzielen, fehlt es an der Sanierungsabsicht.[971]

II. Die betriebliche Begründung des Schuldenerlasses

Im Vergleich zu der Altregelung des § 3 Nr. 66 EStG a.F., und dem Sanierungserlass fordert die Legaldefinition des § 3a Abs. 2 EStG für eine begünstigte unternehmensbezogene Sanierung ausdrücklich einen „betrieb-

966 Vgl. Geist, BB 2008, 2658, 2663 mit Verweis auf BFH v. 19.3.1993 – III R 79/91, BFH/NV 1993, 536.

967 Geist, BB 2008, 2658, 2663 mit Verweis auf BFH v. 16.5.2002 – IV R 11/01, BStBl. II 2002, 854.

968 BFH v. 28.11.2016 – GrS 1/15, BStBl. II 2017, 393, Rn. 64 mit Verweis auf BFH v. 19.10.1993 – VIII R 61/92, BFH/NV 1994, 790 (hier wurde nicht die Sanierungsabsicht verneint, sondern die Sache an das FG zurückverwiesen und dabei nur aus prozessökonomischen Gründen und ohne eine Bindung des FG Hinweise auf frühere BFH-Rechtsprechung gegeben, welche die Sanierungsabsicht aus genannten Gründen abgelehnt hatte); v. 26.11.1980 – I R 52/77, BStBl. 1981 II S. 181; 22.11.1983 – VIII R 14/81, BStBl. 1984 II S. 472; 28.2.1989 – VIII R 303/84, BStBl. II 1989, 711; vgl. auch Böing, in: L/B/P, § 3a, Rn. 24 (Stand: Februar 2019).

969 Vgl. Krumm, in: Blümich, § 3a EStG, Rn. 26 (Stand: März 2020) m.w.N.

970 Vgl. Krumm, in: Blümich, § 3a EStG, Rn. 26 (Stand: März 2020); Bodden, in: Korn, EStG, § 3a, Rn. 56 (Stand: März 2020); Pflüger, GStB 2017, 420, 425; Kanzler, in: K/K/B, § 3a, Rn. 115; Seer, in: Kirchhof, EStG, § 3a, Rn. 27; stRSpr. RFH v. 7.4.1943 – VI 300 und 308/42, RStBl 1943, S. 450; BFH v. 25.10.1963 – I 359/60 S, BStBl 1964 III, S. 122; v. 26.11.1980 – I R 52/77, BStBl. 1981 II, S. 181; v. 24.4.1986 – IV R 282/84, BStBl 1986 II, S. 672; v. 26.2.1988 – III R 257, 84, BFH/NV 1989, 436; v. 27.1.1998 – VIII R 64/96, BStBl. 1998 II, S. 537; v. 24.2.1994 – IV R 71/92, BFH/NV 1995, 15; v. 12.10.2005 – X R 20/03, BFH/NV 2006, 713; unter Geltung von § 3a EStG: FG Hamburg v. 12.6.2020 – 5 K 160/17, DStRE 2021, 897, Rn. 89.

971 FG Hamburg v. 12.6.2020 – 5 K 160/17, DStRE 2021, 897, Rn. 89.

lich begründeten" Schuldenerlass. Nachfolgend werden zunächst Hintergrund und Bedeutung und darauf aufbauend die Auslegung des Merkmals für die Anwendung von § 3a EStG untersucht. Der wichtigste Aspekt ist dabei die Behandlung von Gesellschafterverzichten im Rahmen der Neuregelung.

1. Bedeutung und Zweck des Merkmals

Vor dem Hintergrund, dass die betriebliche Begründung des Schuldenerlasses bisher weder in § 3 Nr. 66 EStG a.F. noch im Sanierungserlass verankert war, stellt sich zunächst die Frage, welches Ziel der Gesetzgeber mit der Schaffung dieses Merkmals verfolgt. Die Gesetzesbegründung zu § 3a EStG enthält keine klarstellende Erläuterung. Dort heißt es nur, die Voraussetzungen der unternehmensbezogenen Sanierung entsprächen der bisher im Sanierungserlass enthaltenen Verwaltungsauffassung.[972] Die Bedeutung des Merkmals kann daher nur anhand der bisherigen Verwaltungspraxis vor dem Inkrafttreten des § 3a EStG erschlossen werden. Der Sanierungserlass definierte zwar den Sanierungsgewinn als Erhöhung des Betriebsvermögens, die dadurch entsteht, dass Schulden zum Zweck der Sanierung ganz oder teilweise erlassen werden.[973] Für eine Begünstigung wurde außerdem die Sanierungsbedürftigkeit und Sanierungsfähigkeit des Unternehmens, die Sanierungseignung des Schulderlasses und die Sanierungsabsicht der Gläubiger verlangt.[974] Eine betriebliche Begründung des Schuldenerlasses setzte der Sanierungserlass aber grade nicht voraus. Da der Gesetzgeber mit dem Hinweis, die Merkmale der unternehmensbezogenen Sanierung entsprächen der im Sanierungserlass enthaltenen Verwaltungsauffassung, zeigt, dass er sich bei der Schaffung des § 3a Abs. 2 EStG auf die Kodifizierung der bisherigen Verwaltungsauffassung beschränken wollte, erscheint die Ergänzung des Merkmals eher verwunderlich. Daher ist diese Äußerung wohl dahingehend zu verstehen, dass nicht nur die ausdrücklich im Sanierungserlass enthaltenen Regelungen und Merkmale übernommen, sondern insgesamt die unter dem Sanierungserlass geübte Verwaltungspraxis fortgeführt werden sollte.[975] Zum einen umfasst dies natürlich das im

972 BT-Drs. 18/12128, S. 31.

973 BMF v. 27.3.2003 – IV A 6 – S 2140 – 8/03, Rn. 3 S. 1.

974 BMF v. 27.3.2003 – IV A 6 – S 2140 – 8/03, Rn. 4 S. 1.

975 A.A. Pöschke, NZG 2017, 1408, 1416, der gerade keine Bezugnahme auf die auf Grundlage des Erlasses „fortentwickelte Verwaltungspraxis" sieht.

Sanierungserlass niedergelegte Verständnis des Sanierungsgewinns, dessen Merkmale in § 3a Abs. 2 EStG übernommen wurden. Darüber hinaus kann dem Verweis auf die bisherige Verwaltungsmeinung aber auch entnommen werden, dass hinsichtlich schon unter dem Sanierungserlass bestehender Einzelfragen die bisherige Auffassung der Verwaltung auch für die Anwendung von § 3a EStG maßgeblich sein soll. Davon ausgehend wird schnell deutlich, worauf der Gesetzgeber bei der Verankerung des Merkmals der betrieblichen Begründung des Schuldenerlasses abzielte. Eine betriebliche Begründung des Schuldenerlasses wurde von der Finanzverwaltung zwar nicht im Sanierungserlass selbst verlangt, spielte aber eine bedeutende Rolle, wenn es um Forderungsverzichte von Gesellschaftern des zu sanierenden Unternehmens ging. Zwar konnten nach früherer Rechtslage auch Gesellschafter Sanierungsbeiträge erbringen, handelte es sich aber um Forderungsverzichte gegenüber einer Kapitalgesellschaft, war eine Begünstigung der entstehenden Betriebsvermögensmehrung nicht allein von den im Sanierungserlass verlangten Voraussetzungen abhängig. Zusätzlich kam es auf die Motivation des Gesellschafters hinter dem Verzicht an. Die Finanzverwaltung differenzierte zwischen einem eigenbetrieblich und einem gesellschaftsrechtlich motivierten Verzicht des Gesellschafters und nahm einen begünstigten Sanierungsgewinn nur dann an, wenn der Verzicht eigenbetrieblich veranlasst war.[976] Konnte eine betriebliche Veranlassung des Verzichts nicht nachgewiesen werden, wurde eine Begünstigung im Erlasswege verweigert.[977] Den dogmatischen Anknüpfungspunkt dazu bildete unter dem Sanierungserlass das von der Finanzverwaltung geforderte Merkmal der Sanierungsabsicht der Gläubiger.[978] Diese Voraussetzung wurde aus der Vorschrift des § 3 Nr. 66 EStG a.F. übernommen, welche die Sanierungsabsicht als einziges gesetzlich normiertes Merkmal enthielt.[979] Im Fall eines gesellschaftsrechtlich veranlassten Forderungsverzichts wurde diese Absicht verneint[980], sodass eine Begünstigung des Sanierungsgewinns auch bei Gesellschaftern nur bei eigenbetrieblicher Veranlassung in Betracht kam. War der Verzicht demgegenüber gesellschaftsrechtlich veranlasst, wa-

976 OFD Frankfurt v. 10.5.2017, S 2140 A-4-St 213, „Forderungsverzicht durch GmbH-Gesellschafter"; FM Schleswig-Holstein v. 25.1.2013, VI 3011 – S 2741 – 108.

977 Vgl. Blaas/Schwahn, DB 2013, 2350, 2355.

978 BMF v. 27.3.2003 – IV A 6 – S 2140 – 8/03, Rn. 4 S. 1; vgl. auch Desens, FR 2017, 981, 983 mit Verweis auf OFD Frankfurt v. 10.5.2017, S 2140 A-4-St 212.

979 Vgl. Kanzler, in: H/H/R, § 3 Nr. 66 EStG a.F., Rn. 56 (Stand: Mai 1995).

980 OFD Frankfurt v. 10.5.2017, S 2140 A-4-St 213, „Forderungsverzicht durch GmbH-Gesellschafter".; FM Schleswig-Holstein v. 25.1.2013, VI 3011 – S 2741 – 108.

ren nach der Verwaltungsauffassung die Grundsätze des Urteils des Großen Senats des BFH zu Forderungsverzichten gegenüber Kapitalgesellschaften anzuwenden, mit der Folge dass bei der Gesellschaft ein Ertrag entstand, welcher nur in Höhe des werthaltigen Teils der Forderung durch eine verdeckte Einlage neutralisiert werden konnte.[981] Eine eigenbetriebliche Veranlassung nahm die Finanzverwaltung jedoch nur ausnahmsweise an, wenn der Verzicht im Rahmen eines Gläubigerakkords erfolgte, neben dem Gesellschafter also auch fremde Dritte Sanierungsbeiträge erbrachten, da sich dann der Gesellschafter wie ein fremder Dritter verhalten habe.[982] In diesem Fall wurde die betriebliche Veranlassung des Verzichts unterstellt.[983]

Die Finanzverwaltung bewegte sich mit dieser Handhabung auf der bisherigen Linie der Rechtsprechung. Schon unter Geltung von § 3 Nr. 66 EStG a.F. wurde bei Verzichten gegenüber Kapitalgesellschaften zwischen einer „echten Sanierung“ aus eigenbetrieblichen Interessen und einer „unechten Sanierung“ aus gesellschaftsrechtlichen Erwägungen unterschieden.[984] Nur bei einer eigenbetrieblichen Veranlassung führte der Verzicht zu einem begünstigten Sanierungsgewinn, bei gesellschaftsrechtlicher Motivation nahm auch die Rechtsprechung eine verdeckte Einlage in die Gesellschaft an.[985] Auch die Unterstellung einer betrieblichen Veranlassung, wenn neben dem Gesellschafter auch unbeteiligte Dritte auf ihre Forderungen verzichteten, stand im Ergebnis im Einklang mit der bisherigen Rechtsprechung. Sowohl unter § 3 Nr. 66 EStG, als auch bereits vor dessen Geltung wurde bei einem Gläubigerakkord die stets erforderliche Sanierungsabsicht vermutet.[986] Der Erlass nur einzelner Gläubiger führte hingegen dazu, dass die Sanierungsabsicht gesondert darzulegen war.[987]

981 FM Schleswig-Holstein v. 25.1.2013, VI 3011 – S 2741 – 108.

982 OFD Frankfurt v. 10.5.2017, S 2140 A-4-St 213, „Forderungsverzicht durch GmbH-Gesellschafter“.; FM Schleswig-Holstein v. 25.1.2013, VI 3011 – S 2741 – 108; Förster/Hechtner, DB 2017, 1536, 1539.

983 FM Schleswig-Holstein v. 25.1.2013, VI 3011 – S 2741 – 108.

984 Vgl. Kanzler, in: H/H/R, § 3 Nr. 66 EStG a.F., Rn. 11 (Stand: Mai 1995).

985 Vgl. Kanzler, in: H/H/R, § 3 Nr. 66 EStG a.F., Rn. 15 (Stand: Mai 1995) m.w.N.

986 Vgl. RFH v. 2.3.1937 – I A 305/36, RStBl. 1937, 626; BFH v. 14.3.1990 – I R 64/85, BStBl. 1990 II, S. 810.

987 Vgl. RFH v. 2.3.1937 – I A 305/36, RStBl. 1937, 626; BFH v. 26.11.1980 – I R 52/77, BStBl. 1981 II, S. 181; v. 28.02.1989 – VIII R 303/84, BStBl. II 1989, 711; v. 19.10.1993 – VIII R 61/92, BFH/NV 1994, 790; v. 27.1.1998 – VIII R 64/96, BStBl. 1998 II, S. 537; v. 16.5.2002 – IV R 11/01, BStBl. 2002 II, S. 854; OFD Niedersachsen v. 25.4.2016 – S2140 – 8 – St 244, Rn. I.2.3.3.

Diese Differenzierung zwischen eigenbetrieblicher und gesellschaftsrechtlicher Veranlassung bei Gesellschafterverzichten wollte der Gesetzgeber unter § 3a EStG also beibehalten und hat sie daher mit der gesetzlichen Verankerung des Merkmals bestätigt. Auch wenn das Erfordernis des betrieblich begründeten Schuldenerlasses scheinbar eine Neuerung gegenüber der bisherigen Rechtslage darstellt, verbirgt sich dahinter also in erster Linie die bekannte Rechtsfrage der Behandlung von Gesellschafterverzichten. Folglich wird das Verständnis des Merkmals auch in der Literatur nahezu ausschließlich in diesem Zusammenhang thematisiert.[988] Darüber hinaus werden durch das Erfordernis der betrieblichen Veranlassung privat veranlasste Sanierungsmaßnahmen aus dem Anwendungsbereich von § 3a EStG ausgeklammert.[989]

Die gesetzliche Verankerung der betrieblichen Begründung des Schuldenerlasses in § 3a EStG bringt damit keine Veränderung gegenüber der früheren Rechtslage mit sich, sondern erhebt das bereits zuvor von der Finanzverwaltung angewendete Merkmal lediglich in den Gesetzesrang. Ihm kommt in erster Linie die Funktion zu, die bisherige Rechtslage zu Gesellschafterverzichten im Rahmen von Sanierungsprozessen gesetzlich festzuschreiben und darüber hinaus privat veranlasste Sanierungsmaßnahmen von der Begünstigung des § 3a EStG auszuschließen. Die Ergänzung des Merkmals hat lediglich zur Folge, dass sich der Prüfungsstandort für die Differenzierung zwischen betrieblicher und gesellschaftsrechtlicher Veranlassung geändert hat. Anstatt den „Umweg“ zu gehen, bei einer gesellschaftsrechtlichen Veranlassung die Sanierungsabsicht zu verneinen, kann die Prüfung der Motivation hinter dem Verzicht nun in das neue Merkmal verlagert werden.

2. Auslegung und Anwendungsfälle

In einem zweiten Schritt wird nun untersucht, wann die betriebliche Begründung vorliegt. Auch wenn das Merkmal seine überwiegende Bedeu-

988 Vgl. Krumm, in: Blümich, § 3a EStG, Rn. 27 (Stand: März 2020); Kanzler, in: K/K/B, EStG, § 3a, Rn. 68 ff.; Bodden, in: Korn, EStG, § 3a, Rn. 38 (Stand: März 2020); Hallerbach, in: H/H/R, § 3a EStG, Rn. 29 (Stand: August 2019); Seer, in: Kirchhof, EStG, § 3a, Rn. 24; Kahlert/Schmidt, DStR 2017, 1897, 1900; Desens, FR 2017, 981, 983; Förster/Hechtner thematisieren die Abgrenzung zwischen betrieblicher und gesellschaftsrechtlicher Veranlassung weiterhin im Rahmen der Sanierungsabsicht, DB 2017, 1536, 1539.

989 Vgl. Seer, in: Kirchhof, EStG, § 3a, Rn. 24; Kanzler, NWB 2019, 626, 633.

tung im Bereich von Gesellschafterverzichten hat, ist es trotzdem grundsätzliche Voraussetzung jeder unternehmensbezogenen Sanierung. Daher muss weiterhin zwischen Erlassvorgängen unter Beteiligung externer Gläubiger und Solcher unter Beteiligung von Gesellschaftern unterschieden werden. Zunächst wird allerdings der Versuch einer allgemeinen Definition unternommen.

a) Allgemeines Verständnis

§ 3a EStG selbst enthält hinsichtlich der Bestimmung der betrieblichen Begründung keine weiteren Vorgaben und auch im Schrifttum finden sich von vornherein nur vereinzelt Ansätze einer positiven Begriffsbestimmung. Verlangt wird, dass aus eigenbetrieblichem Interesse des Gläubigers auf die Forderung verzichtet wird.[990] Erforderlich ist demnach ein objektiv wirtschaftlicher Zusammenhang zwischen dem Schuldenerlass und dem Betrieb.[991] Deckungsgleich zur betrieblichen Veranlassung von Betriebsausgaben gemäß § 4 Abs. 4 EStG ist ein Schuldenerlass also grundsätzlich dann betrieblich veranlasst, wenn er tatsächlich oder wirtschaftlich mit dem Betrieb in Zusammenhang steht und subjektiv dem Betrieb zu dienen bestimmt ist.[992] Ferner wird eine Schuld auch dann aus betrieblichen Gründen erlassen, wenn der Erlass der Sanierung des Schuldners dienen soll, wobei die Vorstellung des Gläubigers genügt, dass der Erlass für die weitere Existenz des Unternehmens des Schuldners notwendig sei.[993]

Stattdessen wird der Inhalt des Merkmals deutlich häufiger im Wege einer Negativabgrenzung bestimmt[994] und nur darauf abgestellt, dass privat veranlasste Sanierungsmaßnahmen ausgeklammert[995] und daneben auch

990 Vgl. Bleschik, in: BeckOK EStG, § 3a Rn. 302 (Stand: Februar 2020); Desens, FR 2017, 981, 983.

991 Vgl. Hölzle, ZIP 2020, 301, 306; Hallerbach, in: H/H/R, § 3a EStG, Rn. 29 (Stand: August 2019); Seer, in: Kirchhof, EStG, § 3a, Rn. 24 jeweils mit Verweis auf BFH v. 1.10.1993 – III R 32/92, BStBl. 1994 II, S. 179.

992 Vgl. Drüen, in: Blümich, § 4 EStG, Rn. 556 (Stand: November 2020); Loschelder, in: Schmidt, EStG, § 4, Rn. 480 jeweils zur betrieblichen Veranlassung von Betriebsausgaben. Dabei geht Wied von einer grundlegengen Bedeutung des Merkmals der betrieblichen Veranlassung über § 4 Abs. 4 EStG hinaus aus (Rn. 555).

993 BFH v. 29.7.1997 – VIII R 57/94, BStBl. 1998 II, S. 652 m.w.N.

994 Vgl. etwa: Kanzler, in: K/K/B, § 3a, Rn. 65; Bleschik, in: BeckOK EStG, § 3a, Rn. 302 (Stand: Februar 2020).

995 Vgl.Seer, in: Kirchhof, EStG, § 3a, Rn. 24; Kanzler, NWB 2019, 626, 633.

durch das Gesellschaftsverhältnis veranlasste Gesellschafterverzichte nicht gemäß § 3a EStG begünstigt sein sollen.[996] Daraus wird ersichtlich, dass dem Merkmal für die Anwendung des § 3a EStG eher eine den Anwendungsbereich der Vorschrift negativ begrenzende Funktion zukommt. Vor dem Hintergrund, dass das Merkmal allein der Kodifizierung der bisherigen Verwaltungsauffassung zu Gesellschafterverzichten dient, ist eine solche Negativabgrenzung auch konsequent. Denn auch unter dem Sanierungserlass wurde die betriebliche Veranlassung einer Sanierungsmaßnahme nur bei Gesellschafterverzichten gegenüber Körperschaften thematisiert.[997]

b) Drittverzichte

Darauf aufbauend, dass die betriebliche Begründung vordergründig auf privat und durch das Gesellschaftsverhältnis veranlasste Schuldenerlasse abzielt, wird die betriebliche Begründung einer Sanierungsmaßnahme bei externen Gläubigern wenig Probleme bereiten. Nach vorheriger Rechtslage unter dem Sanierungserlass wurde eine betriebliche Begründung bei Drittverzichten regelmäßig als erfüllt angesehen, wobei sich der betriebliche Anlass für den Gläubiger beispielsweise daraus ergeben könne, dass die Insolvenz des Schuldners für den Drittgläubiger mit höheren betrieblichen Nachteilen verbunden ist, als ein Forderungsverzicht.[998] Auch unter § 3a EStG kann daher die betriebliche Veranlassung in aller Regel angenommen werden, wenn nicht an dem Unternehmen beteiligte Drittgläubiger auf ihre Forderungen verzichten oder einen anderen Sanierungsbeitrag erbringen.[999]

---

996 Vgl. Kanzler, NWB 2017, 2260, 2264; ders., NWB 2019, 626, 633; Krumm, in: Blümich, § 3a EStG, Rn. 27 (Stand: März 2020); Seer, in: Kirchhof, EStG, § 3a, Rn. 24; Desens, FR 2017, 981, 983; Bleschik, in: BeckOK EStG, § 3a, Rn. 302 (Stand: Februar 2020).

997 Vgl. OFD Frankfurt v. 10.5.2017, S 2140 A-4-St 213, „Forderungsverzicht durch GmbH-Gesellschafter".; FM Schleswig-Holstein v. 25.1.2013, VI 3011 – S 2741 – 108.

998 Vgl. Blaas/Schwahn, DB 2013, 2350, 2353.

999 Vgl. Bodden, in: Korn, EStG, § 3a, Rn. 38 (Stand: März 2020); Seer, in: Kirchhof, EStG, § 3a, Rn. 24; so auch Claußen, (Fn. 445), S. 120 (zur Rechtslage vor Geltung von § 3a EStG).

c) Gesellschafterverzichte

Verzichten Gesellschafter einer Kapitalgesellschaft auf ihre Forderungen gegenüber der Gesellschaft, ist die Forderung ebenso wie bei einem Verzicht eines Drittgläubigers auszubuchen und führt im Fall eigenbetrieblicher Veranlassung zu einem Ertrag bei der Gesellschaft in Höhe des Nennwerts der Forderung (vgl. § 3, II, 2, a), bb)). In diesem Fall kann die Begünstigung gemäß § 3a EStG eingreifen, sofern die weiteren Voraussetzungen vorliegen.[1000] Die Möglichkeit eigenbetrieblich veranlasster Gesellschafterverzichte ist im Schrifttum zwar grundsätzlich anerkannt[1001] die entsprechenden Anwendungsfälle werden aber als eher selten eingeschätzt.[1002] Beruht der Forderungsverzicht hingegen auf dem Gesellschaftsverhältnis, liegt in Höhe des noch werthaltigen Teils eine verdeckte Einlage vor, die außerbilanziell neutralisiert wird und in Höhe des nicht werthaltigen Teils ein steuerpflichtiger Gewinn, der zunächst nicht nach § 3a EStG begünstigt sein soll.[1003] Dass in letzterem Fall die Begünstigung für Sanierungserträge nicht eingreifen soll, ist trotz der erstmaligen gesetzlichen Normierung der Voraussetzung eines betrieblich begründeten Schuldenerlasses keine neue Erkenntnis, da schon unter Geltung des Sanierungserlasses bei einer gesellschaftsrechtlichen Veranlassung des Verzichts die Sanierungsabsicht verneint wurde.[1004] Wie bereits gezeigt, wollte der Gesetzgeber mit der Schaffung des Merkmals hinsichtlich der Behandlung von Gesellschafterverzichten die bisher geübte Verwaltungspraxis bestätigen. Für die steuerliche Begünstigung eines Gewinns, der durch Gesellschafterverzichte ausgelöst wird, beansprucht die Differenzierung zwischen betrieblicher und gesellschaftsrechtlicher Veranlassung des Schuldenerlasses deshalb weiterhin Geltung.[1005] Zu untersuchen bleibt mithin, wann Gesellschafterverzichte betrieblich und wann durch das Gesellschaftsverhältnis veranlasst sind. Da der Gesetzgeber an die bisherige Verwaltungsansicht anknüpft, bildet die Rechtslage vor Einführung des § 3a EStG weiterhin die Grundlage für die Auslegung des Merkmals.

1000 Vgl. Kanzler, NWB 2019, 626, 633, 634; ders., in: K/K/B, § 3a, Rn. 70.

1001 Exemplarisch: Levedag, in: Schmidt, EStG, § 3a, Rn. 25; Bodden, in: Korn, EStG, § 3a, Rn. 38 (Stand: März 2020); Kahlert/Schmidt, DStR 2017, 1897, 1901.

1002 Vgl. Kanzler, NWB 2019, 626, 633, 634; ders., in: K/K/B, § 3a, Rn. 70.

1003 Exemplarisch. Seer, in: Kirchhof, EStG, § 3a, Rn. 25.

1004 Vgl. Desens, FR 2017, 981, 983 mit Verweis auf OFD Frankfurt v. 10.5.2017, S 2140 A-4-St 212.

1005 Vgl. Exemplarisch: Desens, FR 2017, 981, 983; Hallerbach, in: H/H/R, § 3a EStG, Rn. 29 (Stand: August 2019).

aa) Abgrenzungsmaßstab

§ 3a EStG selbst trifft für die Behandlung von Gesellschafterverzichten keine Aussage und auch der Hinweis in der Gesetzesbegründung auf die Fortschreibung der bisherigen Verwaltungsauffassung[1006] hilft an dieser Stelle wenig weiter, da weder der Sanierungserlass[1007], noch spätere Verlautbarungen der Finanzverwaltung zur Begünstigung von Gesellschafterverzichten[1008] den Abgrenzungsmaßstab zwischen betrieblicher und gesellschaftsrechtlicher Veranlassung allgemeingültig festlegten. Die Finanzverwaltung Schleswig-Holstein[1009] gab mit einer Kurzinformation aus dem Jahr 2013 allerdings schon eine Richtung vor, indem sie für den Fall einer gesellschaftsrechtlichen Veranlassung auf die Geltung einer Grundsatzentscheidung[1010] des großen BFH-Senats verwies, in welcher der Senat den Forderungsverzicht eines GmbH-Gesellschafters in Höhe des werthaltigen Teils als verdeckte Einlage in die Gesellschaft qualifizierte. Schon unter der alten Rechtslage wurde daher konsequenterweise auf die vom BFH zur verdeckten Einlage entwickelten Abgrenzungskriterien zurückgegriffen und eine gesellschaftsrechtliche Veranlassung angenommen, wenn ein Nichtgesellschafter bei Anwendung der Sorgfalt eines ordentlichen Kaufmanns der Gesellschaft den Vermögensvorteil nicht eingeräumt hätte.[1011]

Unter Geltung von § 3a EStG ist für die Abgrenzung daher weiterhin auf die allgemeinen Abgrenzungskriterien zur verdeckten Einlage zurückzugreifen.[1012] Unter einer verdeckten Einlage ist die Gewährung eines einlagefähigen Vermögensvorteils an die Gesellschaft durch einen Anteilseigner oder eine ihm nahestehenden Person ohne die gleichzeitige Gewährung neuer Gesellschaftsanteile zu verstehen, wenn diese Zuwendung ihre Ursache im Gesellschaftsverhältnis hat.[1013] Die Abgrenzung zwischen betrieblicher und gesellschaftsrechtlicher Veranlassung wird dort also in gleicher

1006 BT-Drs. 18/12128, S. 31.

1007 BMF v. 27.3.2003 – IV A 6 – S 2140 – 8/03.

1008 OFD Frankfurt v. 10.5.2017, S 2140 A-4-St 213, „Forderungsverzicht durch GmbH-Gesellschafter“.; FM Schleswig-Holstein v. 25.1.2013, VI 3011 – S 2741 – 108.

1009 FM Schleswig-Holstein v. 25.1.2013, VI 3011 – S 2741 – 108.

1010 BFH v. 9.6.1997 – GrS 1/94, BStBl. II 1998, 307.

1011 Vgl. Blaas/Schwahn, DB 2013, S. 2350, 2353.

1012 Vgl. Krumm, in: Blümich, § 3a EStG, Rn. 27 (Stand: März 2020); Hallerbach, in: H/H/R, § 3a EStG, Rn. 29 (Stand: August 2019).

1013 Vgl. Schwedhelm, in: Streck, KStG, § 8, Rn. 81 mit Verweis auf die ständige Rechtsprechung des BFH.

Weise relevant wie bei der Bestimmung der Motivation hinter dem Schulderlass eines Gesellschafters nach § 3a EStG. Eine gesellschaftsrechtliche Veranlassung liegt demnach immer dann vor, wenn bei Anlegung eines Fremdvergleichs ein Nichtgesellschafter bei Anwendung der Sorgfalt eines ordentlichen Kaufmanns der Gesellschaft den Vermögensvorteil nicht eingeräumt hätte.[1014] Bezogen auf § 3a EStG bedeutet dies, dass der Schuldenerlass dann gesellschaftsrechtlich und nicht eigenbetrieblich veranlasst ist, wenn der Gesellschafter bei Anwendung der Sorgfalt eines ordentlichen Kaufmanns in eigenen Angelegenheiten die Forderung nicht erlassen hätte.[1015] Das Ergebnis ist, dass Gesellschafter in Sanierungsprozessen immer durch ebendiesen Drittvergleich werden nachweisen müssen, dass Fremdgläubiger gleichermaßen einen Verzicht erklärt hätten und sie deswegen aus eigenbetrieblichen Motiven gehandelt haben.[1016] Als Vergleichsgruppe sind dabei lediglich die Hauptgläubiger heranzuziehen.[1017] Hält ein Gesellschafterverzicht diesem Drittvergleich nicht stand, sind entstehende Erträge zunächst nicht von § 3a Abs. 1 S. 1 EStG begünstigt.

bb) Relevanz der Unterscheidung bei Verzichten gegenüber Personengesellschaften

Die unter dem Sanierungserlass von der Finanzverwaltung praktizierte Differenzierung zwischen eigenbetrieblicher und gesellschaftsrechtlicher Veranlassung bezog sich ausdrücklich nur auf Verzichte gegenüber Kapitalgesellschaften.[1018] Eine abgestimmte Verwaltungsauffassung zur Behandlung von Sanierungsmaßnahmen von Gesellschaftern einer Personengesellschaft, die für § 3a EStG übernommen werden könnte, existiert hingegen nicht.

Mehrheitlich wird die Steuerbefreiung des § 3a EStG bei Verzichten gegenüber Personengesellschaften gar nicht erst für einschlägig gehalten,

1014 BFH v. 29.7.1997 – VIII R 57/94, BStBl. 1998 II, S. 652; v. 15.6.2016 – VI R 6/13, BStBl. 2016 II, S. 903.

1015 Vgl. Förster/Hechtner, DB 2017, 1536, 1539; BFH v. 29.7.1997 – VIII R 57/94, BStBl. 1998 II, S. 652 m.w.N.

1016 Vgl. Desens, FR 2017, 981, 983.

1017 Vgl. Helm/Krinninger, DB 2005, 1989, 1991; BFH v. 29. 7. 1997 – VIII R 57/94, BStBl. 1998 II, S. 652.

1018 OFD Frankfurt v. 10.5.2017, S 2140 A-4-St 213, „Forderungsverzicht durch GmbH-Gesellschafter".; FM Schleswig-Holstein v. 25.1.2013, VI 3011 – S 2741 – 108.

da in diesem Fall nur eine ohnehin steuerneutrale[1019] Einbringung der Forderung aus dem Sonderbetriebsvermögen in das Gesamthandsvermögen vorliege.[1020] Als Folge würde in diesem Fall gar keine Betriebsvermögensmehrung entstehen, die durch § 3a EStG steuerfrei gestellt werden müsste. Teilweise wird hinsichtlich der betrieblichen Veranlassung aber auch gar nicht zwischen Gesellschaftern von Personen- und Kapitalgesellschaften differenziert.[1021] Die beschriebene Verschiebung der Forderung aus dem Sonderbetriebsvermögen in das Gesamthandsvermögen findet jedoch nur im Fall einer gesellschaftsrechtlichen Veranlassung statt, während die Meinungen hinsichtlich der Behandlung von betrieblich veranlassten Gesellschafterverzichten gegenüber Personengesellschaften angesichts einer fehlenden höchstrichterlichen Klärung und einer fehlenden gesicherten Verwaltungsauffassung noch auseinandergehen.[1022] Während der überwiegende Teil auch hier einen steuerneutralen Vorgang sieht, wird teilweise vertreten, die vom BFH entwickelten Grundsätze zu Verzichten gegenüber Kapitalgesellschaften analog anzuwenden, sodass auch hier in einen werthaltigen und nicht werthaltigen Teil der Forderung zu trennen ist, mit der Folge, dass eine Betriebsvermögensmehrung auf Ebene der Gesellschaft eintreten kann.[1023] Mit dieser Ansicht ist § 3a EStG im Fall einer betrieblichen Veranlassung auch bei Gesellschafterverzichten gegenüber Personengesellschaften anwendbar und eine entsprechende Abgrenzung vorzunehmen.[1024]

Allerdings folgen daraus keine Konsequenzen hinsichtlich des Abgrenzungsmaßstabs. Da für eine analoge Anwendung der Grundsätze zu Verzichten gegenüber Kapitalgesellschaften plädiert wird, ist bei Personengesellschafterverzichten auch derselbe Fremdvergleich anzustellen. Auch hier ist also der Verzicht betrieblich veranlasst, wenn der Gesellschafter auch bei Anwendung der Sorgfalt eines ordentlichen Kaufmanns in eigenen Angelegenheiten die Forderung erlassen hätte.

1019 Seer begründet dies mit der Anwendung des § 6 Abs. 5 S. 3 Nr. 2 EStG (Seer, in: Kirchhof, EStG, § 3a, Rn. 26), Levedag hingegen mit der Anwendung von § 6 Abs. 5 S. 3 Nr. 1 EStG (Levedag, in: Schmidt, EStG, § 3a, Rn. 27).

1020 Vgl. Levedag, in: Schmidt, EStG, § 3a, Rn. 27, der dies auch unabhängig von einer gesellschaftsrechtlichen Veranlassung annimmt; Seer, in: Kirchhof, EStG, § 3a, Rn. 26 (dies jedoch nur bei gesellschaftsrechtlicher Veranlassung annehmend); Böing, in: L/B/P, § 3a, Rn. 31 (Stand: Februar 2019).

1021 Vgl. Bodden, in: Korn, EStG, § 3a, Rn. 38 (Stand: März 2020).

1022 Siehe dazu § 2 II. 2. a) bb) (2).

1023 Siehe § 2 II. 2. a) bb) (2).

1024 So etwa Kanzler, in: K/K/B, § 3a, Rn. 21.

cc) Abgrenzung zwischen betrieblicher und gesellschaftsrechtlicher Veranlassung im Sanierungsfall nach alter Rechtslage

In der Rechtsprechung und unter dem Sanierungserlass auch in der Verwaltungspraxis kristallisierte sich schnell heraus, dass die Abgrenzung zwischen eigenbetrieblicher und gesellschaftsrechtlicher Veranlassung bei Gesellschafterverzichten eng mit der Zusammensetzung des Kreises der verzichtenden Gläubiger im Zusammenhang steht. Dabei sind verschiedene Fallkonstellationen auseinanderzuhalten, wobei es entscheidend darauf ankommt, ob der Verzicht von Gesellschaftern isoliert oder im Zusammenspiel mit Sanierungsbeiträgen von Drittgläubigern erfolgt.

Vergleichsweise klar war bisher die Behandlung in der Variante, in der ein Gesellschafter gemeinsam mit externen Gläubigern einen Verzicht erklärte bzw. einen anderweitigen Sanierungsbeitrag erbrachte. In diesen Fällen des sog. Gläubigerakkords unterstellte die Finanzverwaltung eine betriebliche Veranlassung des Forderungsverzichts, da sich dann der Gesellschafter wie ein fremder Dritter verhalte.[1025] Demzufolge wurde auch in der Literatur eine betriebliche Veranlassung des Gesellschafterverzichts stets angenommen, wenn er im Zusammenwirken mit anderen Gläubigern erklärt wurde.[1026] Diese Auffassung wurde auch von der Rechtsprechung vertreten: Der BFH und davor schon der RFH gingen bei einem gemeinschaftlichen Verzicht von Gesellschaftern und Drittgläubigern von einer Vermutung für ein Handeln der Gläubiger in Sanierungsabsicht aus[1027], was auch von der Finanzverwaltung[1028] geteilt wurde. Diese Vermutung galt hingegen nicht bei nur einzelnen verzichtenden Gläubigern.[1029]

Schwieriger gestaltete sich die Handhabung von solchen Konstellationen, in denen neben dem Gesellschafter keine externen Gläubiger auf ihre Forderungen verzichteten. Dies kann zum einen darauf zurückzuführen sein, dass neben Gesellschaftern keine weiteren Gläubiger vorhanden sind oder zum anderen darauf, dass externe Gläubiger im Gegensatz zum verzich-

1025 OFD Frankfurt v. 10.5.2017, S 2140 A-4-St 213, „Forderungsverzicht durch GmbH-Gesellschafter“.; FM Schleswig-Holstein v. 25.1.2013 - VI 3011 - S 2741 - 108.

1026 Vgl. Blaas/Schwahn, DB 2013, 2350, 2353; Schwenker/Fischer, DStR 2010, 1117, 1119; Förster/Walla, FR 2015, 961, 963; Knebel, DB 2009, 1094, 1095.

1027 Vgl. RFH v. 2.3.1937 - I A 305/36, RStBl. 1937, 626; BFH v. 14.3.1990 - I R 64/85, BStBl. 1990 II, S. 810; v. 19.3.1993 - III R 79/91, BFH/NV 1993, 536; v. 17.11.2004 - I R 11/04, BFH/NV 2005, 1027; Geist, BB 2008, 2658, 2663.

1028 OFD Niedersachsen v. 25.4.2016 - S2140 - 8 - St 244, Rn. I.2.3.3.

1029 Geist, BB 2008, 2658 mit Verweis auf RFH v. 2.3.1937 - I A 305/36, RStBl. 1937, 626.

tenden Gesellschafter nicht bereit sind, Sanierungsbeiträge zu erbringen. Letzterer Fall kann sich beispielsweise dann ergeben, wenn die Forderungen der außenstehenden Gläubiger ausreichend besichert sind und sie somit keine Veranlassung haben, darauf zu verzichten.[1030] Hier war die betriebliche Veranlassung nicht in gleicher Weise zu unterstellen, wie bei einem Handeln im Gläubigerakkord. Verzichtete nämlich neben einem Gesellschafter kein fremder Dritter auf seine Forderung, so wurde von der Rechtsprechung im Gegenteil eine gesellschaftsrechtliche Veranlassung vermutet.[1031] Diese Vermutung ist nachvollziehbar, denn bei Anwendung der Sorgfalt eines ordentlichen Kaufmanns sind wenig Gründe ersichtlich, wieso ein Gesellschafter der Gesellschaft einen Vermögensvorteil in Form des Verzichts gewähren sollte, während andere Gläubiger keine Sanierungsbeiträge erbringen. Als Folge waren solche isolierten Gesellschafterverzichte regelmäßig nicht unter den Voraussetzungen des Sanierungserlasses begünstigungsfähig. Dennoch wurde darauf hingewiesen, dass gerade auch in diesen Fällen die Möglichkeit des Nachweises einer betrieblichen Veranlassung des Verzichts offen stehen müsse.[1032] Gesellschafterverzichte seien unter den gleichen Aspekten auf ihre betriebliche Veranlassung hin zu prüfen wie Drittverzichte und eine gesellschaftsrechtliche Veranlassung dürfe nicht ohne weiteres unterstellt werden.[1033] Davon ausgehend wurde gleichwohl eine betriebliche Veranlassung des Verzichts für möglich gehalten, auch wenn außer dem Gesellschafter kein weiterer Gläubiger auf Forderungen verzichtete.[1034] Insbesondere, wenn die Forderungen außenstehender Gläubiger ausreichend besichert sind, sodass sie kein Interesse an einem Verzicht oder gar der Vermeidung einer Insolvenz haben, sei ein Verzicht des Gesellschafters auf seine Forderung die einzige Möglichkeit zur Rettung der Gesellschaft.[1035] Hier soll der Verzicht einzig der Sanierung des Unternehmens dienen, sodass eine betriebliche Veranlassung gegeben sein müsse.[1036]

1030 Vgl. Schwenker/Fischer, DStR 2010, 1117, 1118.

1031 Vgl. BFH v. 31.7.1991 - VIII R 23/89, BStBl. 1992 II, S. 375; v. 29.7.1997 - VIII R 57/94, BStBl. 1998 II, S. 652; FG Münster v. 09.07.2002 - 1 K 430/99, EFG 2003, 30; FG Hamburg v. 12.2.2014 - 6 K 203/11, BeckRS 2014, 94905; Helm/Krinninger, DB 2005, 1989, 1991; Kanzler, in: K/K/B, § 3a, Rn. 71.

1032 Vgl. Schwenker/Fischer, DStR 2010, 1117, 1118.

1033 Vgl. Schwenker/Fischer, DStR 2010, 1117, 1119.

1034 Vgl. Kohlhaas, GmbHR 2009, 531, 534; Förster/Walla, FR 2015, 961, 963; vgl. Harle/Kulemann, GmbHR 2004, 733, 734 m.w.N.; Eilers/Bühring, Sanierungssteuerrecht, Rn. 3.5

1035 Vgl. Eilers/Bühring, Sanierungssteuerrecht, Rn. 3.10.

1036 Vgl. Eilers/Bühring, Sanierungssteuerrecht, Rn. 3.10.

Auch der BFH ging bei einem Forderungserlass ohne die Beteiligung fremder Gläubiger lediglich von einer Vermutung für die gesellschaftsrechtliche Veranlassung aus, hat aber eine betriebliche Veranlassung für diesen Fall nicht ausgeschlossen.[1037]

dd) Abgrenzung unter § 3a EStG

Der BFH hat kürzlich bestätigt, dass die frühere Rechtsprechung zur Auslegung der unternehmensbezogenen Sanierung nach § 3a Abs. 2 EStG weiterhin herangezogen werden kann[1038] und auch im Schrifttum wird an den nach der früheren Rechtslage geltenden Maßstäben unter § 3a EStG mehrheitlich festgehalten.[1039] Die eigenbetriebliche Veranlassung eines Gesellschafterverzichts liegt also weiterhin vor, wenn dieser im Rahmen eines Gläubigerakkords erfolgt.[1040] Auch die Gesetzesbegründung zu § 3a EStG stützt die Vermutung einer betrieblichen Veranlassung im Fall des Gläubigerakkords.[1041] Dort ist nämlich der Sanierungsertrag umschrieben als „*die betrieblich veranlasste Erhöhung des Betriebsvermögens, die dadurch entsteht, dass Schulden zum Zweck der Sanierung durch die vorhandenen Gläubiger (Gläubigerakkord) ganz oder teilweise erlassen werden*“[1042]. Kommt es also zu einem gemeinsamen Verzicht aller vorhandenen Gläubiger, liegt nach Ansicht des Gesetzgebers ein Sanierungsertrag vor, sofern die übrigen Begünstigungsvoraussetzungen erfüllt sind. Von einer betrieblichen Veranlassung ist also auszugehen, wenn der Verzicht des Gesellschafters dem entspricht, was auch andere Gläubiger als Sanierungsbeitrag leisten.[1043]

1037 BFH v. 29.7.1997 – VIII R 57/94, BStBl.1998 II, S. 652; vgl. auch die Entscheidung des BFH v. 15.10.1997 – I R 103/93, BFH/NV 1998, 572, in welcher der Senat zumindest für die Sanierungsabsicht darauf hingewiesen hat, dass diese bei Verzichten durch einzelne Gläubiger gesondert zu prüfen, jedoch nicht ausgeschlossen ist.

1038 Vgl. BFH v. 27.11.2020 – X B 63/20, BeckRS 2020, 43623.

1039 Vgl. Förster/Hechtner, DB 2017, 1536, 1539; Seer, in: Kirchhof, EStG, § 3a, Rn. 24 ff.; Hallerbach, in: H/H/R, § 3a EStG, Rn. 29 (Stand: August 2019); Bodden, in: Korn, EStG, § 3a, Rn. 38 (Stand: Stand: März 2020).

1040 Vgl. Kanzler, NWB 2019, 626, 634

1041 Vgl. Kahlert/Schmidt, DStR 2017, 1989, 1901.

1042 BT-Drs. 18/12128, S. 31.

1043 Vgl. Krumm, in: Blümich, § 3a EStG, Rn. 27 (Stand: März 2020); Hölzle, ZIP 2020, 301, 307; Bodden, in: Korn, EStG, § 3a, Rn. 38 (Stand: Stand: März 2020); Seer, in: Kirchhof, EStG, § 3a, Rn. 24.

Auf der anderen Seite gilt unter § 3a EStG die Vermutung für ein gesellschaftsrechtlich motiviertes Handeln fort, wenn neben dem Gesellschafter kein fremder Dritter auf seine Forderung gegen das zu sanierende Unternehmen verzichtet (isolierter Gesellschafterverzicht).[1044] Die Situation isolierter Gesellschafterverzichte kann entweder dadurch entstehen, dass neben den Gesellschaftern keine weiteren Gläubiger vorhanden sind oder die Drittgläubiger keinen Forderungsverzicht erklären. Ebenso wird von einer gesellschaftsrechtlichen Veranlassung ausgegangen, wenn Gesellschafter einen über das Engagement anderer Gläubiger hinausgehenden Beitrag erbringen.[1045] Teilweise wird darüber hinaus auch unter Geltung von § 3a EStG entsprechend der früheren Verwaltungsauffassung bei einer gesellschaftsrechtlichen Veranlassung das Merkmal der Sanierungsabsicht verneint.[1046]

Sind neben den verzichtenden Gesellschafter-Gläubigern weitere (externe) Gläubiger vorhanden, ist die Vermutung einer gesellschaftsrechtlichen Veranlassung zunächst weiterhin nachvollziehbar, denn in diesem Fall erbringt ein Gesellschafter gerade einen Beitrag, der über das Engagement der übrigen Gläubiger hinausgeht. Das spricht wiederum dafür, dass ein sorgfältig handelnder Kaufmann den Forderungsverzicht nicht ausgesprochen hätte, sodass wohl gesellschaftsrechtliche Gründe für den Verzicht ausschlaggebend waren. Dabei spielt es keine Rolle, ob nur ein einzelner Gesellschafter einen Schuldenerlass erklärt oder mehrere Gesellschafter gemeinsam. Allerdings ist bei dieser Konstellation eine weitere Differenzierung notwendig. Die fehlende Beteiligung der Drittgläubiger kann nämlich darauf zurückzuführen sein, dass ihre Forderungen ausreichend besichert sind und sie somit kein Interesse an der Sanierung haben, sofern die Insolvenz des Schuldnerunternehmens nicht mit einem gleichzeitigen Ausfall der Sicherung einhergeht. Sind die Gesellschafterverzichte das einzige Mittel zur Sanierung der Gesellschaft, entspricht es der Sorgfalt eines ordentlichen Kaufmanns, die Forderung zu erlassen. Zudem steht der Verzicht hier

---

1044 Vgl. Kahlert/Schmidt, DStR 2017, 1897, 1901; Seer, in: Kirchhof, EStG, § 3a, Rn. 24; Hallerbach, in: H/H/R; § 3a EStG, Rn. 29 (Stand: August 2019); Förster/Hechtner, DB 2017, 1536, 1539; Kanzler, NWB 2019, 626, 634; vgl. auch BFH v. 22.1.1981 – IV R 160/76, BStBl. 1981 II, S. 427; v. 31.7.1991 – VIII R 23/89, BStBl. 1992 II, S. 375; v. 29.7.1997 – VIII R 57/94, BStBl. 1998 II, S. 652.

1045 Vgl. FG Münster v. 9.7.2002, 1 K 430/99, EFG 2003, 30; BFH v. 29.7.1997 – VIII R 57/94, BStBl. 1998 II, S. 652; Bodden, in: Korn, EStG, § 3a, Rn. 38 (Stand: März 2020); Kanzler, NWB 2019, 626, 634.

1046 Vgl. Bodden, in: Korn, EStG, § 3a, Rn. 38 (Stand: März 2020).

ebenso objektiv mit dem Betrieb im Zusammenhang und ist ihm subjektiv zu dienen bestimmt. Die Sanierungsbeiträge der Gesellschafter halten in diesen Fällen also dem Fremdvergleich stand. Daher muss die Vermutung der gesellschaftsrechtlichen Veranlassung mit diesem Argument widerlegt werden können.[1047] Im Schrifttum wird eine betriebliche Veranlassung bei einem isolierten Gesellschafterverzicht im Einzelfall außerdem für möglich gehalten, wenn Geschäftsbeziehungen zur Gesellschaft bestehen, deren Erhalt durch den Erlass und die damit ermöglichte Sanierung vorrangig angestrebt wird.[1048] Weitere Kriterien, wann in solchen Fällen eine betriebliche Veranlassung entgegen der Vermutung für eine gesellschaftsrechtliche Veranlassung vorliegen soll, finden sich allerdings nicht. Jedoch entspricht es einer langjährigen Rechtsprechung, dass nach früherer Rechtslage die Sanierungsabsicht gesondert dargelegt und geprüft werden musste, wenn sich nur einzelne Gläubiger an der Sanierung beteiligten.[1049] Aus diversen Einzelfällen geht daher ein Katalog an Indizien hervor, die nach Ansicht des BFH für bzw. gegen eine Sanierungsabsicht sprechen sollen.[1050] Da die Kodifizierung der betrieblichen Begründung des Erlasses nur eine Verschiebung der Prüfung der betrieblichen Veranlassung bei Gesellschafterverzichten von der Sanierungsabsicht in dieses Merkmal bewirkt hat, können diese von der Rechtsprechung entwickelten Indizien zum Vorliegen der Sanierungsabsicht zumindest eine Richtung dafür vorgeben, wann ein isolierter Gesellschafterverzicht bei fehlender Beteiligung weiterer vorhandener Drittgläubiger betrieblich veranlasst sein kann.

Davon zu unterscheiden ist die Situation, dass zwar lediglich Gesellschafter auf ihre Forderungen verzichten, daneben aber keine weiteren Hauptgläubiger vorhanden sind. Da der Kreis der verzichtenden Gläubiger hier ebenfalls nur aus Gesellschaftern besteht, handelt es sich bei dieser Konstellation ebenfalls um isolierte Gesellschafterverzichte. Da auch hier neben den Gesellschaftern kein externer Dritter auf Forderungen verzichtet, spricht ausgehend von der bisherigen Untersuchung ebenfalls eine Vermutung für die gesellschaftsrechtliche Veranlassung. Allerdings kann in dieser Konstellation in gleicher Weise ein wirtschaftliches Interesse der

1047 Vgl. Ebenso: Eilers/Thiemann, Ubg 2020, 190, 191.

1048 Vgl. Förster/Hechtner, DB 2017, 1536, 1539 m.w.N..

1049 Vgl. RFH v. 2.3.1937 – I A 305/36, RStBl. 1937, 626; BFH v. 26.11.1980 – I R 52/77, BStBl. 1981 II, S. 181; v. 28.02.1989 – VIII R 303/84, BStBl. II 1989, 711; v. 19.10.1993 – VIII R 61/92, BFH/NV 1994, 790; v. 27.1.1998 – VIII R 64/96, BStBl. 1998 II, S. 537; v. 16.5.2002 – IV R 11/01, BStBl. 2002 II, S. 854.

1050 Siehe § 8, I., 4..

Gesellschafter-Gläubiger am Fortbestand des Schuldnerunternehmens bestehen, sodass sich die Interessen nicht von denen eines fremden Dritten unterscheiden.[1051] Außerdem wird gerade, wenn keine weiteren Gläubiger vorhanden sind, der Gesellschafterverzicht oft die einzige Möglichkeit sein, die Unternehmensgefährdung abzuwenden und so eine erfolgreiche Sanierung zu ermöglichen. Folglich würden fremde Dritte ebenfalls auf ihre Forderungen verzichten,[1052] sodass der Sanierungsbeitrag der Gesellschafter, die gleichzeitig die alleinigen Hauptgläubiger der Gesellschaft sind dem entspricht, was auch externe Gläubiger als Sanierungsbeitrag leisten würden. Daher entspricht der isolierte Gesellschafterverzicht auch hier der Sorgfalt eines ordentlichen Kaufmanns und hält dem Drittvergleich stand. Schon deswegen muss die Vermutung der gesellschaftsrechtlichen Veranlassung also widerlegt werden können, mit der Folge, dass § 3a Abs. 1 S. 1 EStG anwendbar ist. Außerdem spricht die Gesetzesbegründung im Gegenteil sogar dafür, bei einem gemeinsamen Verzicht aller Gesellschafter die betriebliche Begründung zu vermuten, wenn keine externen Drittgläubiger vorhanden sind. Demnach erfordert die Einordnung einer Betriebsvermögensmehrung als Sanierungsgewinn nämlich, dass sie dadurch entsteht, dass die Schulden [...] durch *„die vorhandenen Gläubiger (Gläubigerakkord) ganz oder teilweise erlassen werden“*[1053]. Es wird aber gerade nicht danach differenziert, welche Stellung die vorhandenen Gläubiger haben müssen. Erforderlich ist nur, dass sie sich in ihrer Gesamtheit an der Sanierung beteiligen. Besteht der Kreis der Hauptgläubiger allein aus Gesellschaftern und verzichten diese geschlossen auf ihre Forderungen, ist in gleicher Weise ein Verzicht durch „die vorhandenen Gläubiger“ und damit ein Gläubigerakkord gegeben, wie bei gemeinsamen Sanierungsbeiträgen von Gesellschaftern und Drittgläubigern.

Ist nur ein einziger Gesellschafter als alleiniger Hauptgläubiger vorhanden, liegt hingegen ausgehend vom Wortlaut der Gesetzesbegründung kein Gläubigerakkord, sondern der Verzicht eines einzelnen Gläubigers vor, bei dem die betriebliche Begründung gesondert darzulegen ist. Jedoch greifen an dieser Stelle dieselben Argumente ein, um die Vermutung einer gesellschaftsrechtlichen Veranlassung zu widerlegen. Auch wenn nur ein einzelner Gesellschafter-Gläubiger vorhanden ist, kann sein Verzicht das einzige Mittel zur Rettung der Gesellschaft sein, sodass der Verzicht einen

1051 Vgl. Helm/Krinninger, DB 2005, 1989, 1991.
1052 Vgl. Helm/Krinninger, a.a.O.
1053 BT-Drs. 18/12128, S. 31.

objektiven Zusammenhang zum Betrieb aufweist und ihm subjektiv dient. Wenn dies entsprechend dargelegt wird, entspricht auch das Verhalten eines einzelnen Gesellschafter-Gläubigers dem Handeln eines fremden Dritten. Daher hält der Verzicht einem dem Fremdvergleich stand und kann somit trotzdem betrieblich veranlasst sein.

ee) Zwischenergebnis

Bei Sanierungsbeiträgen von Gesellschaftern muss zwischen betrieblicher und gesellschaftsrechtlicher Veranlassung der Maßnahme differenziert werden. Den Maßstab bilden die Abgrenzungskriterien zur verdeckten Einlage, sodass eine betriebliche Begründung des Verzichts nur dann gegeben ist, wenn ein Gesellschafter auch bei Anwendung der Sorgfalt eines ordentlichen Kaufmanns in eigenen Angelegenheiten die Forderung erlassen hätte. Diese gelten bei Verzichten gegenüber Personen- ebenso wie gegenüber Kapitalgesellschaften. Eine betriebliche Veranlassung wird – wie bereits unter dem Sanierungserlass – unterstellt, wenn Gesellschafter-Gläubiger gemeinsam mit externen Gläubigern in einem sog. Gläubigerakkord auf ihre Forderungen verzichten. Bei isolierten Gesellschafterverzichten wird zunächst die gesellschaftsrechtliche Veranlassung vermutet. Entsteht die Konstellation dadurch, dass neben den verzichtenden Gesellschaftern keine Drittgläubiger vorhanden sind und verzichten die Gesellschafter in ihrer Gesamtheit auf ihre Forderungen, handelt es sich jedoch ausgehend von der Gesetzesbegründung ebenfalls um einen Gläubigerakkord, sodass die betriebliche Begründung zu unterstellen ist. Ist ein isolierter Gesellschafterverzicht darauf zurückzuführen, dass die daneben vorhandenen Drittgläubiger sich nicht an der Sanierung beteiligen, muss die Vermutung im Einzelnen widerlegt werden. Als Argument kann insbesondere vorgebracht werden, dass die Forderungen der Drittgläubiger ausreichend besichert sind und sie deswegen kein gleichwertiges Interesse an der Sanierung haben. Weitere Anhaltspunkte für eine betriebliche Veranlassung lassen sich aus den von der Rechtsprechung unter § 3 Nr. 66 EStG a.F. und dem Sanierungserlass zur Sanierungsabsicht entwickelten Kriterien ableiten. Eine gefestigte Rechtsprechung zum Nachweis der betrieblichen Begründung bei Gesellschafterverzichten besteht jedoch nicht.

3. Endgültiger Ausschluss von gesellschaftsrechtlich veranlassten Gesellschafterverzichten vom Anwendungsbereich des § 3a EStG?

Da bei Gesellschafterverzichten ohne die gleichzeitige Beteiligung vorhandener Drittgläubiger die Vermutung für eine gesellschaftsrechtliche Motivation widerlegt werden muss, sind sanierungsbedürftige Unternehmen in diesen Fällen zukünftig weiterhin mit Nachweisproblemen hinsichtlich der betrieblichen Begründung konfrontiert. Die Aufnahme des neuen Merkmals ist deshalb ebenso auf deutliche Kritik gestoßen wie schon die Behandlung von Gesellschafterverzichten unter dem Sanierungserlass. Nachfolgend wird diese Kritik an der Sonderbehandlung von Betriebsvermögensmehrungen in Höhe des nicht werthaltigen Teils einer Forderung, die durch gesellschaftsrechtlich veranlasste Verzichte entstehen, aufgezeigt und anschließend ein im Schrifttum diskutierter Lösungsansatz untersucht.

a) Kritik an dem Merkmal der betrieblichen Begründung

Die Kritik an der ausschließlichen Begünstigung betrieblich begründeter Schuldenerlasse durch die Neuregelung ist vielfältig. Die Beschränkung auf betriebliche Gründe sei zu weitreichend und müsse überdacht werden[1054] und Gewinne müssten auch dann nach § 3a EStG begünstigt werden, wenn die Sanierungsmaßnahmen von Gesellschaftern durchgeführt werden.[1055] Forderungsverzichte von Gesellschaftern seien zur Rettung eines sanierungsbedürftigen Unternehmens üblich und eine strikte Abgrenzung zwischen privater und betrieblicher Sphäre ohnehin kaum möglich.[1056] Außerdem überzeuge die Einschränkung, Betriebsvermögensmehrungen in Höhe des nicht werthaltigen Teils einer Gesellschafterforderung nicht zu begünstigen im Lichte des Zwecks von § 3a nicht, denn gerade der Gesellschafter einer Kapitalgesellschaft werde bei einem Erlass seiner Forderungen gegen die Gesellschaft regelmäßig eine Sanierungsabsicht verfolgen und zudem könne der Schuldenerlass durch einen Gesellschafter im Einzelfall geeignet

1054 DStV, Stellungnahme S 04/17 zum Gesetzentwurf gegen schädliche Steuerpraktiken im Zusammenhang mit Rechteüberlassung v. 28.3.2017, abrufbar unter: https://www.dstv.de/wp-content/uploads/archiv/2017-s04-schaedl.steuerpraktiken.pdf (zuletzt abgerufen am 11.8.2021).

1055 Hiller/Baschnagel, DStZ 2017, 353, 361; Vgl. Schmittmann, BB 2019, Heft 26, I.

1056 Vgl. DStV, Fn. 1054 (zuletzt abgerufen am 11.8.2021).

sein, die Sanierung einer Kapitalgesellschaft auch dann zu bewirken, wenn keine weiteren Gläubiger auf ihre Forderungen verzichten.[1057]

Auch die Verneinung der Sanierungsabsicht im Fall einer gesellschaftsrechtlichen Veranlassung, wie es unter dem Sanierungserlass gängige Praxis war[1058], wurde schon damals vielfach kritisiert[1059]. Die Voraussetzungen des Sanierungserlasses und damit auch die Sanierungsabsicht könnten bei einem durch einen Gesellschafterverzicht ausgelösten Gewinn in Höhe des nicht werthaltigen Teils der Forderung ebenso gegeben sein und es liege nahe, dass ein Gesellschafter bei einem Verzicht gegenüber seiner in der Krise befindlichen Gesellschaft zumindest auch in Sanierungsabsicht handele.[1060] Einen Gesellschafterverzicht regelmäßig als gesellschaftsrechtlich veranlasst anzusehen laufe auf einen Ausschluss von durch Gesellschaftern initiierte Sanierungstransaktionen von der Begünstigung des Sanierungserlasses hinaus, was nicht die Intention dahinter gewesen sein könne und im Übrigen auch nicht der Praxis entspreche.[1061] Bei Sanierungsmaßnahmen überlagerten sich vielmehr gesellschaftsrechtliche und betriebliche Interessen, aber letztlich verfolge auch ein Gesellschafter das Ziel, „seine" Gesellschaft zu retten.[1062]

Unter § 3a EStG wird diese Kritik von verschiedenen Seiten nochmals bekräftigt. Für die Sanierungsabsicht sei nur die Absicht zur Rettung der Gesellschaft maßgeblich, sodass es unerheblich sein müsse, ob gleichzeitig eine außerhalb der Beteiligung bestehende Geschäftsbeziehung oder die eigene Beteiligung gesichert werden soll und im Übrigen könnten auch umgekehrt gesellschaftsrechtlich veranlasste, beteiligungsstärkende Maßnahmen gerade in Sanierungshandlungen bestehen.[1063] Zudem wird auch auf praktische Probleme bei der Umsetzung von Sanierungskonzepten hingewiesen, die sich aus dem Ausschluss der Begünstigung für Gesellschafterverzichte ergeben: Den übrigen Gläubigern könne weder vermittelt werden, dass ein Gesellschafter keinen Beitrag zur Sanierung leisten soll,

1057 Vgl. Seer, in: Kirchhof, EStG, § 3a, Rn. 25.

1058 OFD Frankfurt v. 10.5.2017, S 2140 A-4-St 213, „Forderungsverzicht durch GmbH-Gesellschafter".; FM Schleswig-Holstein v. 25.1.2013, VI 3011 – S 2741 – 108.

1059 Vgl. Blaas/Schwahn, DB 2013, 2350, 2355; Eilers/Bühring, Sanierungssteuerrecht, Rn. 2.39.

1060 Vgl. Blaas/Schwahn, DB 2013, 2350, 2355.

1061 Vgl. Eilers/Bühring, Sanierungssteuerrecht, Rn. 2.39.

1062 Vgl. Eilers/Bühring, Sanierungssteuerrecht, Rn. 2.39.

1063 Vgl. Förster/Hechtner, DB 2017, 1536, 1539; Desens, FR 2017, 981, 983; vgl. auch schon Förster/Walla, FR 2015, 961, 964 vor Geltung von § 3a EStG.

noch umgekehrt, dass die Gläubigergesamtheit die Steuerbelastung aus dem Verzicht der Gläubigergruppe „Gesellschafter" tragen muss.[1064]

Der geäußerten Kritik muss in weiten Teilen zugestimmt werden. Mit der Schaffung von § 3a EStG hat es sich der Gesetzgeber zum Ziel gesetzt, den durch die Besteuerung des Sanierungsgewinns entstehenden Zielkonflikt zwischen Insolvenz- und Steuerrecht zu lösen und so die Rechtssicherheit für Unternehmen in Sanierungsprozessen zu erhöhen.[1065] Außerdem sollen die Bemühungen der EU-Kommission, die rechtlichen Rahmenbedingungen für eine frühzeitige Restrukturierung von Unternehmen, die sich in einer finanziellen Notlage befinden, zu verbessern und unnötige Liquidationen zu verhindern, unterstützt werden.[1066] Vor diesem Hintergrund überzeugt die Fortführung der früheren Verwaltungsauffassung zu Gesellschafterverzichten und damit der Ausschluss gesellschaftsrechtlich veranlasster Verzichte nicht, da die Steuerbefreiung dadurch ihre beabsichtigte Wirkung nicht vollumfänglich entfalten kann. Zwar ist eine betriebliche Begründung bei Sanierungsmaßnahmen von Gesellschaftern nicht ausgeschlossen, erschwert deren Nachweis aber in Konstellationen, in denen Gesellschafter ohne die Beteiligung von neben ihnen vorhandenen Drittgläubigern Sanierungsmaßnahmen durchführen. Im Hinblick auf das Ziel, Sanierungen durch eine gesetzliche Regelung effektiv zu begleiten ist dies inkonsequent, denn für die Lösung des Zielkonflikts ist nur die Seite des sanierungsbedürftigen Unternehmens entscheidend. Der genannte Zielkonflikt zwischen Insolvenz- und Steuerrecht entsteht immer dann, wenn bei einem sanierungsbedürftigen Unternehmen Maßnahmen zu dessen Rettung durchgeführt werden, diese aber einen steuerpflichtigen Gewinn auslösen würden, der die Sanierung gefährdet oder unmöglich macht. Der Ursprung dieses Gewinns ist für die Entstehung dieses Zielkonflikts aber unerheblich. Die Betriebsvermögensmehrung durch einen Schuldenerlass entsteht bei dem Unternehmen stets unabhängig davon, ob ein externer Gläubiger oder ein Gesellschafter einen Forderungsverzicht erklärt. Insofern wird das – sogar in der Gesetzesbegründung angesprochene[1067] – Bedürfnis nach einer Steuerbefreiung des Sanierungsgewinns nicht von der Stellung des Gläubigers beeinflusst, sondern besteht bei jeder Sanierungsmaßnahme mit potentieller Gewinnauswirkung. Dem angestrebten

1064 Vgl. Epler/Petersen, Stbg 2019, 114.

1065 BT-Drs. 18/12128, S. 30, 31.

1066 BT-Drs. 18/12128, S. 31.

1067 BT-Drs. 18/12128, S. 30 („Aufgrund der o.g. Entscheidung des Großen Senates des BFH ist eine gesetzliche Normierung erforderlich geworden").

Ziel, mehr Rechtssicherheit in Sanierungsprozessen zu schaffen, würde es demnach eher entsprechen, auch Betriebsvermögensmehrungen, die durch gesellschaftsrechtlich veranlasste Sanierungsmaßnahmen entstehen, in den Anwendungsbereich von § 3a EStG einzubeziehen.

Zutreffend ist außerdem, dass sich gesellschaftsrechtliche und betriebliche Interessen bei Sanierungsmaßnahmen von Gesellschaftern nahezu unmöglich voneinander trennen lassen. Der Verzicht von externen Gläubigern ist darauf gerichtet, den Zusammenbruch des Unternehmens zu verhindern und seine finanzielle Gesundung herbeizuführen. Regelmäßig werden sie sich außerdem von ihrer Mitwirkung an der Sanierung versprechen, die Möglichkeit einer weiterführenden Geschäftsbeziehung zu erhalten oder einen Teil der Forderung zu sichern, was aber für die erforderliche Sanierungsabsicht nicht hinderlich ist, sofern diese mitentscheidend war.[1068] Das Ziel, die Gesundung des Unternehmens herbeizuführen, steht bei einem Gesellschafterverzicht aber ebenso im Vordergrund des Sanierungsbeitrags. Dass ein Gesellschafter dabei naturgemäß eine andere Beziehung zu dem Unternehmen hat, als ein Drittgläubiger und deswegen gleichzeitig auch stets die Absicht verfolgen wird, „seine Gesellschaft" zu retten, ändert daran nichts. So wie es bei einem Drittgläubiger unschädlich ist, wenn er neben der Rettung der Gesellschaft darüber hinaus eigennützige Motive verfolgt, muss es auch bei einem Gesellschafter unschädlich sein, wenn er neben der Rettung der Gesellschaft auch die Sicherung seiner Beteiligung anstrebt. Denn letztlich verfolgen beide Gläubigergruppen mit ihren Sanierungsbemühungen dasselbe Hauptziel, nämlich die Erhaltung des Unternehmens. Der Sanierungsbeitrag eines Gesellschafters kann dabei einen dem Schuldenerlass eines Drittgläubigers gleichwertigen Beitrag darstellen, der in gleicher Weise die Entschuldung der Gesellschaft bewirkt. Wieso also dadurch entstehende Betriebsvermögensmehrungen für Zwecke des § 3a EStG weniger begünstigungswürdig sein sollen, ist nicht ersichtlich. Dass das Erfordernis der betrieblichen Begründung inkonsequent ist, zeigt sich außerdem daran, dass der Gesetzgeber mit § 3a EStG an die entstehende Betriebsvermögensmehrung anknüpft und eben nicht an die Person des Verzichtenden. Die Ausklammerung gesellschaftsrechtlich veranlasster Verzichte ist daher nicht stringent.

1068 StRSpr., z.B. BFH v. 25.10.1963 – I 359/60 S, BStBl. 1964 III, S. 122; v. 26.11.1980 – I R 52/77, BStBl. 1981 II, S. 181; v. 24.4.1986 – IV R 282/84, BStBl. 1986 II, S. 672; v. 26.2.1988 – III R 257, 84, BFH/NV 1989, 436; v. 27.1.1998 – VIII R 64/96, BStBl. 1998 II, S. 537; v. 24.2.1994 – IV R 71/92, BFH/NV 1995, 15; v. 12.10.2005 – X R 20/03, BFH/NV 2006, 713.

b) Lösungsansatz

Gelingt es Gesellschaftern nicht, die betriebliche Begründung des Verzichts nachzuweisen, kommt es zu der genannten Aufteilung der Verbindlichkeit in einen werthaltigen und einen nicht werthaltigen Teil. Während der noch werthaltige Teil durch eine verdeckte Einlage neutralisiert wird, kommt es in Höhe des nicht mehr werthaltigen Teils zu einem steuerpflichtigen Ertrag.[1069] Mehrheitlich wird angenommen, dass der so entstehende Ertrag bei der Gesellschaft keinen Sanierungsertrag darstellt und daher nicht gemäß § 3a Abs. 1 S. 1 EStG begünstigt werden kann.[1070] Demgegenüber finden sich in der Literatur aber auch Stimmen, die dieses Ergebnis nicht hinnehmen wollen und die daher versuchen, einen Lösungsweg auch für die Begünstigung des Ertrags in Höhe des nicht werthaltigen Teils der Forderung durch § 3a Abs. 1 S. 1 EStG aufzuzeigen.

aa) Erste Ansicht: Aufteilung der Forderung

Ansatzpunkt ist die Frage, ob ein Verzicht stets einheitlich betrachtet werden muss, oder ob hinsichtlich der Veranlassung eine getrennte Beurteilung des werthaltigen und des nicht werthaltigen Teils möglich ist. Grundlegend hat der Große Senat des BFH mit seinem Beschluss vom 9.6.1997[1071] zur Behandlung von Forderungsverzichten von Gesellschaftern gegenüber Kapitalgesellschaften Stellung genommen und sich dahingehend positioniert, dass ein Verzicht bei gesellschaftsrechtlicher Veranlassung als verdeckte Einlage zu qualifizieren und daher mit dem Teilwert zu bewerten ist. Die Bewertung mit dem Teilwert ist der Grund für die Aufteilung der Verbindlichkeit beim Schuldnerunternehmen, da die Verbindlichkeit regelmäßig zum Nennwert passiviert sein wird und in dieser Höhe auszubuchen ist. Da aber nur in Höhe des werthaltigen Teils der Forderung eine Neutralisierung mittels einer Einlage erfolgt, verbleibt bei einem Auseinanderfallen von Teil- und Nennwert eine Differenz, die sich gewinnwirksam niederschlägt.

1069 Vgl. Seer, in: Kirchhof, EStG, § 3a, Rn. 25.

1070 Vgl. Krumm, in: Blümich, § 3a EStG, Rn. 27 (Stand: März 2020); Desens, FR 2017, 981, 983; Seer, in: Kirchhof, EStG, § 3a, Rn. 25; Kahlert/Schmidt, DStR 2017, 1897, 1900; Desens, FR 2017, 981, 983; Kanzler, NWB 2019, 626, 634; Hallerbach, in: H/H/R, § 3a EStG, Rn. 29 (Stand: August 2019); Levedag, in: Schmidt, EStG, § 3a, Rn. 26; Bleschik, in: BeckOK EStG, § 3a, Rn. 302 (Stand: Februar 2020).

1071 BFH v. 9.6.1997 – GrS 1/94, BStBl. II 1998, 307.

Die unausweichliche Folge ist daher die Aufteilung der Verbindlichkeit. Teilweise wird daraus nun gefolgert, dass bei einem Verzicht auf eine Gesellschafterforderung nur die Rechtsfolge hinsichtlich des werthaltigen Teils, nicht aber hinsichtlich des nicht werthaltigen Teils als durch das Gesellschaftsverhältnis veranlasst anzusehen sei, und dass daher der Forderungsverzicht des Gesellschafters in einen gesellschaftsrechtlich veranlassten (werthaltigen) Teil bzw. eine gesellschaftsrechtlich veranlasste verdeckte Einlage und in einen betrieblich veranlassten (nicht werthaltigen) Teil aufgespalten werden könne.[1072] Begründet wird diese Auffassung mit einer Entscheidung des BFH aus dem Jahr 1997, in welcher der VIII. Senat dazu ausführt:

> *„Für einen Forderungsverzicht bedeutet dies, dass von einer verdeckten Einlage nur in Höhe des werthaltigen Teils der Forderung gesprochen werden kann; im Übrigen ist er nicht durch das Gesellschaftsverhältnis veranlasst.“*[1073]

Dies bedeute im Umkehrschluss, dass es sich bei dem nicht werthaltigen Teil der Forderung nicht um eine gesellschaftsrechtlich veranlasste verdeckte Einlage handeln könne.[1074] Da der nicht werthaltige Teil auf der anderen Seite als betrieblich veranlasst anzusehen sei, könne die in dieser Höhe eintretende Betriebsvermögensmehrung einen Sanierungsgewinn darstellen[1075] und gemäß § 3a EStG begünstigt[1076] werden. Dass eine verdeckte Einlage und ein Sanierungsgewinn sich ausschließen, wird also zwar teilweise anerkannt, jedoch sei der Grund dafür nicht die gesellschaftsrechtliche Motivation hinter dem Verzicht, sondern die fehlende Gewinnauswirkung der Einlage.[1077] Ein Sanierungsgewinn könne dementsprechend nur in Höhe des werthaltigen Teils der Forderung nicht vorliegen, der Gewinn in Höhe des nicht werthaltigen Teils hingegen sei nicht gesellschaftsrechtlich veranlasst.[1078]

1072 Vgl. Hageböke/Hasbach, FR 2016, 1018, 1030; vgl. Pöschke, NZG 2017, 1408, 1416; Epler/Petersen, Stbg 2019, 114; Diffring (Fn. 791), S. 126.

1073 BFH v. 29.7.1997 – VIII R 57/94, Rn. 50, BStBl 1998 II, S. 652.

1074 Vgl. Düll/Fuhrmann/Eberhard, DStR 2003, 862, 865; Drews/Götze, DStR 2009, 945, 948; vgl. auch Blaas/Schwahn, DB 2013, 2350, 2355

1075 Vgl. Keuthen/Hübner, FR 2015, 865, 870; Hageböke/Hasbach, FR 2016, 1018, 1030; Düll/Fuhrmann/Eberhard, DStR 2003, 862, 865.

1076 Vgl. Pöschke, NZG 2017, 1408, 1416.

1077 Vgl. Förster/Hechtner, DB 2017, 1536, 1539.

1078 Vgl. Förster/Hechtner, DB 2017, 1536, 1539.

bb) Gegenansicht: Einheitliche Beurteilung des Verzichts

Dieser Sichtweise wird von anderen Teilen der Literatur widersprochen und stattdessen die diametral entgegengesetzte Ansicht vertreten. Danach sei die aufgrund der gesellschaftsrechtlichen Veranlassung vorzunehmende Einordnung einer Sanierungsmaßnahme als verdeckte Einlage gleichbedeutend mit dem Ausschluss der Begünstigung des § 3a EStG. Der Grund dafür soll darin liegen, dass die Veranlassung eines Schuldenerlasses nur einheitlich beurteilt werden könne.[1079] Ein Schuldenerlass könnte dann nur insgesamt als betrieblich – dann ist die Anwendung von § 3a EStG möglich – oder gesellschaftsrechtlich veranlasst – dann greift die Befreiung nicht – angesehen werden. Die Aufteilung in einen werthaltigen und einen nicht werthaltigen Teil habe ihren Ursprung nicht in der Qualifikation des Erlasses als verdeckte Einlage an sich, sondern in der Bewertung der verdeckten Einlage der Höhe nach.[1080] Konsequenterweise ist nach dieser Ansicht eine Aufspaltung des Schuldenerlasses in eine gesellschaftsrechtlich veranlasste verdeckte Einlage in Höhe des werthaltigen Teils und einen betrieblich veranlassten Ertrag in Höhe des nicht werthaltigen Teils nicht möglich. Auch die Finanzverwaltung geht von einer einheitlichen Beurteilung des Verzichts aus und will nur eine einheitliche Beurteilung des Schuldenerlasses als eigenbetrieblich oder gesellschaftsrechtlich veranlasst zulassen.[1081]

cc) Stellungnahme und Konsequenz für die Anwendung von § 3a EStG

Zunächst müssen verschiedene Ebenen auseinandergehalten werden. Auf der ersten Stufe stehen der Schuldenerlass bzw. die Sanierungsmaßnahme an sich. Für diese Maßnahme gilt es zunächst zu beurteilen, ob eine betriebliche oder gesellschaftsrechtliche Veranlassung vorliegt. Die weiteren Rechtsfolgen hängen sodann von dem Ergebnis der Einordnung ab. Wird auf der ersten Stufe eine gesellschaftsrechtliche Veranlassung bejaht, resultiert daraus die Einordnung des Schuldenerlasses als verdeckte Einlage.

1079 Vgl. Böing, in: L/B/P, § 3a, Rn. 30 (Stand: Februar 2019); Seer, in: Kirchhof, EStG, § 3a, Rn. 25; Hallerbach, in: H/H/R, § 3a EStG, Rn. 29 (Stand: August 2019); Levedag, in: Schmidt, EStG, § 3a, Rn. 26; Kahlert/Schmidt, DStR 2017, 1897, 1900; Gragert, NWB 2013, 2141, 2146.

1080 Vgl. Kahlert/Schmidt, DStR 2017, 1897, 1900.

1081 Vgl. FM Schleswig-Holstein v. 25.1.2013, VI 3011 – S 2741 – 108.

Auf der zweiten Stufe müssen der Wegfall der Verbindlichkeit und die verdeckte Einlage bilanziell dargestellt werden. Im Fall einer rein betrieblichen Veranlassung entstehen wenig Probleme, da die Forderung ausgebucht wird und ein Ertrag in Höhe ihres Nennwerts gegenübersteht. Wird der Verzicht als verdeckte Einlage eingeordnet, ist deren Bewertung erforderlich. Grundsätzlich sind Einlagen gemäß § 6 Abs. 1 Nr. 5 EStG mit dem Teilwert zu bewerten, was ebenso im Fall der verdeckten Einlage aufgrund eines Forderungsverzichts gilt.[1082] Bei einer Forderung entspricht der Teilwert dem werthaltigen Teil der Forderung im Zeitpunkt des Verzichts.[1083] Die Werthaltigkeit der Forderung wird folglich erst auf Bilanzierungsebene und erst nach der Qualifikation des Verzichts dem Grunde nach als verdeckte Einlage relevant. Da der Teilwert im Krisenfall nicht dem Nennwert entsprechen wird, die Verbindlichkeit aber in Höhe des Nennwerts ausgebucht werden muss, entsteht eine Differenz, die zu einem Ertrag führt. Die Bewertung der Einlage zum Teilwert ist also der Grund dafür, dass es zu einer Betriebsvermögensmehrung (in Höhe des nicht werthaltigen Teils) kommt. Es muss also zunächst der Aussage zugestimmt werden, dass die Aufteilung der Forderung nur eine Folge der Bewertung der verdeckten Einlage der Höhe nach ist, die ihren Ursprung aber insgesamt im Gesellschaftsverhältnis hat.[1084] Daraus folgt zugleich, dass die getrennte Ausweisung von Einlage und Ertrag nicht darauf beruht, dass der werthaltige Teil als gesellschaftsrechtlich und der nicht werthaltige Teil als betrieblich veranlasst gilt, sondern beides beruht auf der Bewertung der eingelegten Forderung der Höhe nach. Die Veranlassung der Sanierungsmaßnahme und deren Bewertung und damit auch die Trennung der Forderung sind also zunächst voneinander unabhängig. Noch deutlicher wird dies bei einem Vergleich mit dem Verzicht auf eine noch voll werthaltige Forderung. Denn da der Teilwert dem werthaltigen Teil der Forderung entspricht, ist in diesem Fall der Teilwert mit dem Nennbetrag der Forderung gleichzusetzen, sodass es nicht zu einer Aufteilung der Forderung kommt. Hier ist der Verzicht der einzig mögliche Anknüpfungspunkt für die Veranlassungsprüfung, da eine Betriebsvermögensmehrung als zweiter Bezugspunkt gar nicht erst entsteht. Schon dieser Befund spricht dafür,

1082 BFH v. 9.6.1997 – GrS 1/94, BStBl. II 1998, 307.

1083 Vgl. Drüen, in: Blümich, § 4 EStG, Rn. 520 „Forderungsverzicht (Stand: November 2020).

1084 Vgl. Kahlert/Schmidt, DStR 2017, 1897, 1900

dass die Veranlassung der Betriebsvermögensmehrung der Veranlassung des Schuldenerlasses folgt.

Damit ist gleichzeitig die Konsequenz verbunden, dass die Annahme einer gesellschaftsrechtlichen Motivation hinter einer Sanierungsmaßnahme und damit deren Einordnung als verdeckte Einlage eine Begünstigung der in Höhe des nicht werthaltigen Teils entstehenden Betriebsvermögensmehrung durch § 3a Abs. 1 S. 1 EStG ausschließt. Zu einem anderen Ergebnis gelänge man nur, wenn man als Bezugspunkt der betrieblichen Begründung nicht den Schuldenerlass, sondern die Betriebsvermögensmehrung selbst versteht. Die Gesetzesbegründung zu § 3a EStG definiert den Sanierungsgewinn als „die betrieblich veranlasste Erhöhung des Betriebsvermögens […]".[1085] Diese Formulierung lässt zwei unterschiedliche Verständnisse zu: Zum einen kann gemeint sein, dass eine Betriebsvermögensmehrung verlangt wird, die ihrerseits auf einer betrieblich veranlassten Sanierungsmaßnahme beruhen muss. Das würde bedeuten, dass die betriebliche Begründung allein bei der Beurteilung des Schuldenerlasses eine Rolle spielt. Anderseits kann die Formulierung auch so verstanden werden, dass es auf den Auslöser nicht ankommt und nur auf die Betriebsvermögensmehrung selbst abgestellt wird, dass also auch die Betriebsvermögensmehrung selbst betrieblich veranlasst sein kann. Nach einem solchen Verständnis müsste die Veranlassung für die Betriebsvermögensmehrung und für die Sanierungsmaßnahme getrennt beurteilt werden. Letztlich ist das sich aus der Gesetzesbegründung ergebende Verständnis aber zweitrangig, da in erster Linie der Wortlaut von § 3a EStG maßgeblich ist. Dieser ist im Gegensatz dazu eindeutig. Nach Absatz 2 erfordert eine unternehmensbezogene Sanierung einen „betrieblich begründeten Schuldenerlass". Damit stellt der Wortlaut unmissverständlich klar, dass der Bezugspunkt der Schuldenerlass und nicht die Betriebsvermögensmehrung ist. Die Gesetzesbegründung ist vor diesem Hintergrund lediglich missverständlich formuliert. Gemeint sein dürfte die „durch eine betrieblich veranlasste Sanierungsmaßnahe ausgelöste Erhöhung des Betriebsvermögens". Es bleibt also dabei, dass die Motivation hinter dem Schuldenerlass für die Steuerfreiheit des § 3a EStG entscheidend ist. Ist dieser betrieblich begründet, ist auch die daraus folgende Betriebsvermögensmehrung betrieblich begründet. Die Aufteilung der Forderung bleibt eine Folge der Bewertung, die sich aber erst an die Veranlassungsprüfung für den Verzicht anschließt.

1085 BT-Drs. 18/12128, S. 31.

Trotzdem kann das im Schrifttum vorgestellte Modell m.E. zumindest prinzipiell mit diesen Grundsätzen in Einklang gebracht werden. Auch wenn für die Veranlassung nur auf den Forderungsverzicht und nicht auf die Betriebsvermögensmehrung abzustellen ist, heißt das nämlich nicht gleichzeitig, dass die Veranlassung des Verzichts nur einheitlich bestimmt werden kann. Ausgangspunkt der Veranlassungsprüfung ist, wie nach der bisherigen Untersuchung deutlich wurde, der Schuldenerlass dem Grunde nach und nicht die darauf beruhenden bilanziellen Auswirkungen. Zur Aufteilung der Forderung kommt es, wenn der Erlass als gesellschaftsrechtlich veranlasste verdeckte Einlage eingeordnet wird. Die Bewertung der Einlage zum Teilwert hat aber zur Folge, dass sich nur der werthaltige Teil der Forderung auch tatsächlich als Einlage bilanziell niederschlägt. Insofern stellt auch nur der werthaltige Teil tatsächlich „die Einlage" dar. Dieses Verständnis wird durch die Rechtsprechung des BFH zumindest gestützt, nach der ebenfalls nur in Höhe des werthaltigen Teils der Forderung von einer verdeckten Einlage gesprochen werden kann.[1086] Da die gesellschaftsrechtliche Veranlassung per Definition Voraussetzung der verdeckten Einlage ist[1087], müssen daher auch die Rechtsfolgen bzgl. des nicht werthaltigen Teils als gesellschaftsrechtlich veranlasst bezeichnet werden. Mithin ist ferner der Aussage zuzustimmen, dass eine verdeckte Einlage einen Sanierungsgewinn ausschließt. Jedoch reicht dieses Ausschlussverhältnis zunächst nur so weit, wie sich die Sanierungsmaßnahme auch tatsächlich in Gestalt einer verdeckten Einlage bei dem sanierungsbedürftigen Unternehmen auswirkt. Die Bewertung der verdeckten Einlage zum Teilwert hat aber gleichzeitig zur Folge, dass neben der „tatsächlichen Einlage" ein weiterer Posten in Form eines Ertrags entsteht. Begreift man diesen Ertrag nicht als Gegenstand der verdeckten Einlage, hätte die Erkenntnis, dass nur der Schuldenerlass Anhaltspunkt für die Veranlassungsprüfung ist, nicht zur Folge, dass sich die gesellschaftsrechtliche Veranlassung zwingend auch auf die Rechtsfolgen hinsichtlich des nicht werthaltigen Teils der Forderung und den entstehenden Ertrag erstrecken müsste und insofern zumindest die Rechtsfolgen des Verzichts nicht einheitlich beurteilt werden müssten. Ebenso wie die gesellschaftsrechtlich veranlasste verdeckte Einlage einen Sanierungsgewinn ausschließt, müsste dann für die Rechtsfolgen hinsichtlich des nicht werthaltigen Teils der Forderung mangels Einlageleistung

1086 BFH v. 29.7.1997 – VIII R 57/94, Rn. 50, BStBl. 1998 II, S. 652.

1087 R 8.9 Abs. 1 KStR; exemplarisch aus der Rechtsprechung BFH v. 20.1.2016 – II R 40/14, BStBl. 2018 II, S. 284.

auch nicht zwingend eine Veranlassung durch das Gesellschafterverhältnis bestehen.[1088] Mithin ist es lediglich zutreffend, dass die verdeckte Einlage, in der Gestalt, in welcher sie sich bilanziell niederschlägt, ihren Ursprung im Gesellschaftsverhältnis haben muss.

Der Schuldenerlass stellt nun die gemeinsame Grundlage der „tatsächlichen Einlage“ und dem daneben entstehenden Ertragsposten dar und bleibt Anknüpfungspunkt für die Veranlassungsprüfung. Auf dieser vorgelagerten Ebene können betriebliche und gesellschaftsrechtliche Gründe für die Maßnahme zusammenfallen. Hinsichtlich der Rechtsfolgen des Verzichts ließe sich dann – wenn dieser als verdeckte Einlage qualifiziert wird – argumentieren, dass sich beide Veranlassungen in den Rechtsfolgen niederschlagen. Die gesellschaftsrechtliche Veranlassung wirkt in Gestalt der außerbilanziellen Kürzung in Höhe des werthaltigen Teils, die betriebliche Veranlassung in Gestalt des Ertrags fort. So könnten die Rechtsfolgen hinsichtlich des werthaltigen Teils als gesellschaftsrechtlich und die Rechtsfolgen hinsichtlich des nicht werthaltigen Teils als betrieblich begründet angesehen werden. In diesem Sinne kann auch das Urteil des BFH verstanden werden, nach dem nur in Höhe des werthaltigen Teils der Forderung von einer verdeckten Einlage gesprochen werden kann. während der Forderungsverzicht im Übrigen nicht durch das Gesellschaftsverhältnis veranlasst ist.[1089] Diese Formulierung kann also dahingehend gedeutet werden, dass auch der BFH von einer Teilbarkeit der Veranlassung zumindest auf Ebene des Forderungsverzichts ausgeht.

Auch mit dem Wortlaut des § 3a Abs. 2 EStG ließe sich diese Sichtweise in Einklang bringen. Denn es wird nicht verlangt, dass der Schuldenerlass „ausschließlich“ betrieblich begründet sein muss, sondern die Norm kann auch so ausgelegt werden, dass es ausreichend ist, wenn er zumindest „auch“ betrieblich begründet ist. Bei einem Gesellschafter ist eine rein betriebliche Motivation nämlich nur schwer denkbar, denn Gesellschafter werden immer auch als Solche und nicht nur als Gläubiger ein Interesse an der Sanierung der Gesellschaft haben, sodass sie immer zumindest auch aus gesellschaftlicher Veranlassung heraus handeln werden.[1090] Eine strikte Trennung zwischen privater und betrieblicher Sphäre ist kaum möglich.[1091] Ein Handeln aus gesellschaftsrechtlicher Motivation kann daher nicht per

1088 Vgl. Diffring, (Fn. 791), S. 126.
1089 BFH v. 29.7.1997 – VIII R 57/94, Rn. 50, BStBl. 1998 II, S. 652.
1090 Vgl. Keuthen/Hübner, FR 2015, 865, 868.
1091 Vgl. DStV v. 28.3.2017 (Fn. 1054) (zuletzt abgerufen am 11.8.2021).

se gegen die Einordnung einer Vermögensmehrung als Sanierungsgewinn sprechen.[1092] Gerade weil sich die Beurteilung der betrieblichen Begründung allein am Schuldenerlass orientiert, ist es für § 3a EStG irrelevant, welche bilanziellen Vorgänge an den Schuldenerlass geknüpft sind und ebenso, dass diese sich je nach Gläubigerstellung unterscheiden, sofern das Ergebnis eine Betriebsvermögensmehrung ist, die durch einen betrieblich begründeten Schuldenerlass entsteht. Dass die Höhe der Betriebsvermögensmehrung je nachdem, ob ein Gesellschafter oder ein externer Gläubiger verzichtet, aufgrund der Teilwertbewertung unterschiedlich hoch ausfällt, spielt dabei keine Rolle, da § 3a EStG keine Äquivalenz zwischen dem Nennwert der ausgebuchten Forderung und der eingetretenen Betriebsvermögensmehrung verlangt. Wie gezeigt, ist dies nur eine Folge der Bewertung des Verzichts, erst nachdem dessen Veranlassung bestimmt wurde. Erachtet man es als möglich, einen Schuldenerlass dem Grunde nach als sowohl betrieblich als auch gesellschaftsrechtlich veranlasst einzuordnen, kann auch die eintretende Betriebsvermögensmehrung als betrieblich veranlasst angesehen werden. Dieses Ergebnis wäre schließlich auch von der Gesetzesbegründung gedeckt, die den Sanierungsgewinn als „betrieblich veranlasste Erhöhung des Betriebsvermögens, die dadurch entsteht, dass Schulden zum Zweck der Sanierung durch die vorhandenen Gläubiger (Gläubigerakkord) ganz oder teilweise erlassen werden“[1093] definiert. Da der Kreis der erlassenden Gläubiger an dieser Stelle nicht begrenzt wird, lässt sich daraus folgern, dass eine solche betrieblich begründete Betriebsvermögensmehrung auch dann vorliegen kann, wenn es sich bei den verzichtenden Gläubigern um Gesellschafter handelt. Ferner lässt sich daraus ableiten, dass eine Betriebsvermögensmehrung auch dann betrieblich veranlasst sein kann, wenn sie in ihrer Höhe nicht der ausgebuchten Forderung entspricht.

Trotzdem führen diese Erkenntnisse nicht zu einer Ausweitung des Anwendungsbereichs der Begünstigung des § 3a EStG. Zwar ist es möglich, eine Sanierungsmaßnahme sowohl als gesellschaftsrechtlich als auch betrieblich veranlasst anzusehen. Es bleibt aber dabei, dass nur auf dieser Ebene überhaupt eine Veranlassungsprüfung erfolgt und diese dann nur auf der Ebene der weiteren Rechtsfolgen fortwirkt. Auch wenn durch diese Fortwirkung bei unterschiedlichen Beweggründen für den Verzicht die Neutralisierung des werthaltigen Teils als gesellschaftsrechtlich, die

1092 Vgl. Keuthen/Hübner, FR 2015, 865, 868.
1093 BT-Drs. 18/12128, S. 31.

Ausweisung eines Ertrags in Höhe des nicht werthaltigen Teils der Forderung als betrieblich veranlasst bezeichnet werden kann, werden diese Vorgänge nicht zum unmittelbaren Bezugspunkt der Veranlassung. Denn der Gegenstand der verdeckten Einlage sind letztlich nicht die beiden Teile der Forderung, sondern ein Wirtschaftsgut, mithin die gesamte Forderung an sich. Die Aufteilung bleibt eine Erscheinung von deren Bewertung. Am Anwendungsbereich von § 3a EStG ändert die Diskussion deswegen nichts, weil eine Begünstigung durch § 3a EStG immer voraussetzt, dass die Sanierungsmaßnahme dem Grunde nach zumindest auch durch betriebliche Gründe veranlasst war. Die Ergebnisse beschränken sich aber auf die Erkenntnis, dass diese betrieblichen Gründe mit gesellschaftsrechtlichen Gründen zusammenfallen können. Liegen einem Schuldenerlass hingegen allein gesellschaftsrechtliche Motive zugrunde und ist die Sanierungsmaßnahme deshalb allein durch das Gesellschaftsverhältnis veranlasst, bleibt eine Begünstigung weiterhin ausgeschlossen. An dieser Stelle wäre die Anwendung der Steuerfreiheit nämlich nicht mehr mit dem Wortlaut des § 3a Abs. 2 EStG vereinbar, da dort ein (zumindest auch) betrieblich begründeter Schuldenerlass vorausgesetzt wird. Gleichzeitig hat die Untersuchung an anderer Stelle bereits gezeigt, dass eigennützige Motive der betrieblichen Begründung eines Erlasses nicht entgegenstehen, solange die Rettung der Gesellschaft wenigstens mitentscheidend war. Eine gesellschaftsrechtliche Mitveranlassung ist also ohnehin unschädlich. Das bedeutet, wenn auf der Ebene des Schuldenerlasses gesellschaftsrechtliche und betriebliche Gründe zusammenfallen, greift die Begünstigung des § 3a Abs. 1 S. 1 EStG schon unabhängig davon, ob die Forderung in eine gesellschaftsrechtlich veranlasste verdeckte Einlage und einen betrieblich veranlassten Ertrag in Höhe des nicht werthaltigen Teils getrennt wird.

c) Zwischenergebnis

Ausgehend vom Zweck des § 3a EStG ist die Beschränkung der Steuerbefreiung auf durch betrieblich begründete Schuldenerlasse entstehende Betriebsvermögensmehrungen nicht konsequent und daher auf berechtigte Kritik gestoßen. Der Sanierungsbeitrag eines Gesellschafters trägt ebenso zur Entschuldung bei wie ein Verzicht eines Drittgläubigers und führt in gleicher Weise zu einer Entlastung der Passivseite des Unternehmens. Vor diesem Hintergrund wird zwar diskutiert, § 3a EStG im Fall einer gesellschaftsrechtlichen Veranlassung auch auf den Ertrag in Höhe des nicht werthaltigen Teils der erlassenen Forderung auszuweiten. Ist der Verzicht allein gesellschaftsrechtlich motiviert, lässt sich dies allerdings weder mit dem Wortlaut von § 3a Abs. 2 EStG noch der bestehenden Rechtsprechung vereinbaren, sodass es dann bei der Steuerpflicht des entstehenden Ertrags bleibt. Eine Begünstigung ist zwar möglich, wenn einem Verzicht betriebliche und gesellschaftsrechtliche Gründe zugrunde liegen, allerdings gilt der Schuldenerlass dann insgesamt als betrieblich begründet, sofern die Rettung der Gesellschaft zumindest mitentscheidend war. Zumindest die betriebliche Mitveranlassung muss aber stets gegeben sein, ist aber auch ausreichend.

4. Ergebnis

Durch das Merkmal der betrieblichen Begründung wird in erster Linie die vorherige Rechtslage zu Gesellschafterverzichten fortgeschrieben. Außerdem werden privat veranlasste Sanierungsmaßnahmen von der Begünstigung des § 3a EStG ausgeschlossen. Bei Verzichten von externen Drittgläubigern ist die betriebliche Begründung regelmäßig gegeben, bei Schuldenerlassen von Gesellschaftern sowohl von Personen- als auch Kapitalgesellschaften muss weiterhin zwischen betrieblicher und gesellschaftsrechtlicher Veranlassung des Schuldenerlasses differenziert werden. Die Prüfung hängt maßgeblich von der Zusammensetzung der verzichtenden Hauptgläubiger ab. Erbringen Gesellschafter ihre Sanierungsbeiträge gleichwertig neben externen Gläubigern im Rahmen eines sog. Gläubigerakkords, wird die betriebliche Veranlassung wie bereits unter dem Sanierungserlass unterstellt. Erfolgen Gesellschafterverzichte nicht im Zusammenspiel mit externen Gläubigern, liegt ein isolierter Gesellschafterverzicht vor, bei dem zunächst die gesellschaftsrechtliche Veranlassung vermutet wird. Es ist dann ist weiter danach zu unterscheiden, ob neben den Gesellschaftern weitere externe Gläubiger vorhanden sind, oder die Gesellschafter die alleinigen Hauptgläubiger sind. In letztem Fall liegt nach der Gesetzesbegründung gleichfalls ein Gläubigerakkord vor, bei dem die betriebliche Veranlassung zu unterstellen ist. Ist ein isolierter Gesellschafterverzicht darauf zurückzuführen, dass die daneben vorhandenen Drittgläubiger sich nicht an der Sanierung beteiligen, muss die Vermutung im Einzelnen widerlegt werden. Als Argument kann insbesondere vorgebracht werden, dass die Forderungen der Drittgläubiger ausreichend besichert sind und sie deswegen kein gleichwertiges Interesse an der Sanierung haben. Weitere Anhaltspunkte für eine betriebliche Veranlassung bieten die von der Rechtsprechung unter

§ 3 Nr. 66 EStG a.F. und dem Sanierungserlass zur Sanierungsabsicht entwickelten Kriterien.

III. Nachweispflicht für Steuerpflichtige

1. Wahlrecht zur Anwendung des § 3a Abs. 1 S. 1 EStG?

§ 3a Abs. 2 EStG enthält nicht nur die Legaldefinition der begünstigten unternehmensbezogenen Sanierung, sondern legt den Steuerpflichtigen gleichzeitig auch die Beweislast für das Vorliegen dessen Voraussetzungen auf. Dass der Nachweis der Voraussetzungen vom Steuerpflichtigen zu führen ist, könnte allerdings zu einer vom Gesetzgeber so nicht beabsichtigten Folge führen. Während die Pflicht zur gewinnmindernden Ausübung steuerlicher Wahlrechte gemäß § 3a Abs. 1 S. 2 EStG als zwingende Rechtsfolge der Steuerfreiheit und nicht als implizites Wahlrecht zur Anwendung von § 3a Abs. 1 S. 1 EStG anzusehen ist, stellt sich die Situation im Fall von Abs. 2 anders dar. Zwar ist die Steuerbefreiung von Amts Wegen zu gewähren und nicht von einem Antrag abhängig, jedoch haben Steuerpflichtige es selbst in der Hand, ob der für die Befreiung des § 3a Abs. 1 S. 1 EStG erforderliche Nachweis erbracht wird oder nicht. Daraus folgt für den weit überwiegenden Teil der Literatur doch ein faktisches Wahlrecht zur Anwendung von § 3a Abs. 1 S. 1 EStG, da eine Amtsermittlung nicht vorgesehen sei.[1094] Ein so erreichter „Verzicht" auf die Steuerbefreiung kann für Steuerpflichtige vorteilhaft sein, wenn etwa die Sanierungskosten den Sanierungsertrag übersteigen und ein Abzugsverbot gemäß § 3c Abs. 4 EStG vermieden, der Wahlrechtsausübungszwang des § 3a Abs. 1 S. 2 EStG umgangen oder die Verlustverrechnung nach § 3a Abs. 3 EStG verhindert werden soll, weil vorhandene Verlustvorträge den Sanierungsertrag bereits auffangen können.[1095] Nur vereinzelt wird dem widersprochen und ein faktisches Wahl-

1094 Vgl. Eilers/Walter-Yadegardjam, FR 2020, 481, 483; Böing, in: L/B/P, § 3a, Rn. 16 (Stand: Februar 2019); Kölbl/Neumann, Ubg 2018, 273, 284; Kanzler, NWB 2019, 626, 639; ders., in: K/K/B, § 3a, Rn. 117; Sistermann/Beutel, DStR 2017, 1065, 1066; Förster/Hechtner, DB 2017, 1536, 1539; Desens, FR 2017, 981, 984; Hallerbach, in: H/H/R, § 3a EStG, Rn. 31 (Stand: August 2019); Feldgen, in: F/K/S, § 3a, Rn. 24 (Stand: Dezember 2017); Bodden, in: Korn, EStG, § 3a, Rn. 59 (Stand: Stand: März 2020); Seer, in: Kirchhof, EStG, § 3a, Rn. 28.

1095 Exemplarisch: Feldgen, in: F/K/S, § 3a, Rn. 24 (Stand: Dezember 2017); Bodden, in: Korn, EStG, § 3a, Rn. 59 (Stand: März 2020).

recht aufgrund fehlender Nachweiserbringung abgelehnt.[1096] Dies würde die Entscheidung, § 3a EStG nicht antragsgebunden auszugestalten, unterlaufen und außerdem verbiete eine Gleichbehandlung mit den Fällen des Abs. 5 die Annahme eines faktischen Wahlrechts, da dort kein Verweis auf Abs. 2 enthalten sei.[1097]

Trotz berechtigter Kritik an einem faktischen Wahlrecht ist die Formulierung des § 3a Abs. 2 EStG eindeutig. Berechtigt ist die Kritik insofern, dass es widersprüchlich erscheint, dass ein faktisches Wahlrecht zur Anwendung von § 3a Abs. 1 S. 1 EStG durch die Nichtausübung von Wahlrechten nicht bestehen, das Unterlassen des Nachweises der Begünstigungsvoraussetzungen diese Möglichkeit aber eröffnen soll. Schließlich ist die Begünstigung von Sanierungserträgen nicht mehr, wie noch unter dem Sanierungserlass antragsgebunden ausgestaltet. Durch ein faktisches Wahlrecht würde diese Wertung umgangen. Ob dies nun technisch durch das Unterlassen des Nachweises der Voraussetzungen des Abs. 2 oder die Nichtausübung von steuerlichen Wahlrechten bewerkstelligt wird, macht im Ergebnis keinen Unterschied. Insofern erscheint es wenig stringent, die beiden Fälle unterschiedlich zu behandeln. Zutreffend ist außerdem, dass ein faktisches Wahlrecht durch die Nichtausübung der Nachweisvoraussetzungen nicht den Vorstellungen des Gesetzgebers entsprechen dürfte. Denn die Ausgestaltung der Steuerfreiheit des Sanierungsertrags als von Amts Wegen zu gewährende Rechtsfolge erfolgte in bewusster Abkehr von der noch vom Bundesrat vorgeschlagenen Antragslösung.[1098]

Auf der anderen Seite betreffen das Nachweiserfordernis in Abs. 2 und die Pflicht zur gewinnmindernden Ausübung steuerlicher Wahlrechte aus Abs. 1 S. 1 aber zwei unterschiedliche Stadien der Anwendung von § 3a EStG. Ob Steuerpflichtige gemäß Abs. 2 die Voraussetzungen der unternehmensbezogenen Sanierung nachweisen oder nicht, betrifft noch die Tatbestandsseite der Steuerfreiheit. Die Pflicht zur Wahlrechtsausübung ist hingegen eine erst im nächsten Schritt eintretende Rechtsfolge der Steuerfreiheit. Dogmatisch setzt die Frage über den Charakter der Vorschriften der § 3a Abs. 1 S. 2 und Abs. 2 EStG also an zwei unterschiedlichen Stellen an, sodass auch eine Differenzierung möglich ist.

1096 Vgl. Levedag, in: Schmidt, EStG, § 3a, Rn. 29 mit Verweis auf Kanzler, NWB 2017, 2260, 2267 (die Frage jedoch nicht explizit thematisierend).

1097 Vgl. Levedag, in: Schmidt, EStG, § 3a, Rn. 29.

1098 BR-Drs. 59/17, S. 10.

Entscheidender ist jedoch der Unterschied im Wortlaut der § 3a Abs. 1 S. 2 und Abs. 2. Gemäß § 3a Abs. 1 S. 2 EStG „sind" steuerliche Wahlrechte gewinnmindernd auszuüben. Dadurch bringt der Gesetzgeber deutlich zum Ausdruck, dass diese Rechtsfolge für Steuerpflichtige obligatorisch ist und nicht zu ihrer Disposition steht. In § 3a Abs. 2 EStG heißt es hingegen, dass eine unternehmensbezogene Sanierung vorliegt „wenn" der Steuerpflichtige die Voraussetzungen nachweist. Es wird also eine Abhängigkeit von der Mitwirkung des Steuerpflichtigen geschaffen, die Abs. 1 S. 2 nicht immanent ist. Mag ein faktisches Wahlrecht vom Gesetzgeber auch nicht beabsichtigt gewesen sein, lässt die Formulierung in Abs. 2 dennoch den Schluss zu, dass für die Steuerfreiheit eine willentliche Mitwirkung der Steuerpflichtigen erforderlich ist. Eine verpflichtende Formulierung wie in Abs. 1 S. 2 EStG ist eben gerade nicht enthalten. Hätte der Gesetzgeber ein faktisches Wahlrecht durch das Unterlassen des Nachweises unterbinden wollen, hätte es ihm frei gestanden auch in Abs. 2 eine entsprechend obligatorische Formulierung zu wählen. Abs. 2 hätte dann dergestalt gefasst werden müssen, dass auch die Voraussetzungen der unternehmensbezogenen Sanierung vom Steuerpflichtigen nachzuweisen „sind". Dass aus dem faktischen Wahlrecht eine Ungleichbehandlung mit den Fällen der unternehmerbezogenen Sanierung gemäß § 3a Abs. 5 folgen kann, ist eine ebenfalls der unterschiedlichen Formulierung geschuldeten hinzunehmende Folge. Bei der gesetzlichen Normierung der abschließend in Abs. 5 genannten Fälle der unternehmerbezogenen Sanierung hat der Gesetzgeber sich bewusst dafür entschieden, die Begünstigung nicht von den Voraussetzungen des Abs. 2 abhängig zu machen. Im Gegenteil wurde sogar positiv angeordnet, dass die in Abs. 5 genannten Fälle auch dann begünstigt werden sollen, wenn die Voraussetzungen von Abs. 2 nicht vorliegen. Der Gesetzgeber hat die Begünstigung der unternehmerbezogenen Sanierung also nicht nur vom Nachweiserfordernis durch den Steuerpflichtigen, sondern insgesamt vom Vorliegen der Voraussetzungen der unternehmensbezogenen Sanierung abgekoppelt. Während die unternehmensbezogene Sanierung nur unter den zusätzlichen Voraussetzungen des Abs. 2 begünstigt wird, stellt der Gesetzgeber an die unternehmerbezogene Sanierung nach Abs. 5 keine weiteren Anforderungen, sondern hier wird die Begünstigung immer gewährt, wenn einer der drei genannten Fälle vorliegt. Insofern kann ohnehin nicht von einer einheitlichen Behandlung von unternehmer- und unternehmensbezogener Sanierung gesprochen werden.

2. Nachweismöglichkeiten

Wie konkret der gemäß § 3a Abs. 2 EStG erforderliche Nachweis zu erbringen ist, ergibt sich weder aus § 3a Abs. 2 EStG, noch der Gesetzesbegründung, jedoch wird darauf verwiesen, dass die in § 3a Abs. 2 EStG enthaltenen Voraussetzungen der bisherigen Verwaltungsauffassung entsprechen.[1099] Auch hinsichtlich der Nachweisanforderungen kann daher sowohl auf bisherige Verwaltungsanweisungen, als auch bereits ergangene Rechtsprechung zu § 3 Nr. 66 EStG a.F. zurückgegriffen werden.[1100] Da das Gesetz keine Standards aufstellt, nach denen der Nachweis zu erbringen ist, gelten die Regeln des Freibeweises gemäß § 96 Abs. 1 S. 1 FGO, sodass der Nachweis auch durch Indizien oder Glaubhaftmachung erbracht werden kann und eine Bindung an förmliche Beweismittel nicht besteht.[1101]

3. Nachweis der Voraussetzungen durch einen Sanierungsplan

Ein nicht abschließend geklärter Punkt betrifft die Frage, ob die Voraussetzungen des § 3a Abs. 2 durch das Vorliegen eines Sanierungsplans nachgewiesen werden können, wie dies noch unter dem Sanierungserlass gängige Praxis war.[1102] Ein solcher Zusatz wurde in § 3a Abs. 2 EStG nicht übernommen. Dennoch wird im Schrifttum einheitlich die Auffassung vertreten, dass auch unter Geltung des neuen § 3a EStG ein Sanierungsplan zum Nachweis der Voraussetzungen ausreichend ist.[1103] Diese Auffassung lässt sich anhand der Gesetzesbegründung zu § 3a EStG bestätigen. Auch

1099 BT-Drs. 18/12128, S. 31.

1100 Vgl. Kanzler, NWB 2017, 2260, 2267.

1101 Vgl. Kanzler, NWB 2019, 626, 639 mit einem ausführlichen Überblick über die bestehenden Nachweismöglichkeiten.

1102 Der Sanierungserlass sah vor, dass bei Vorliegen eines Sanierungsplans davon ausgegangen werden kann, dass die Voraussetzungen der Sanierungsbedürftigkeit und Sanierungsfähigkeit des Unternehmens, die Sanierungseignung des Schulderlasses und die Sanierungsabsicht der Gläubiger vorliegen, BMF v. 27.3.2003 – IV A 6 – S 2140 – 8/03, Rn. 4 S. 2.

1103 Vgl. Hölzle, ZIP 2020, 301, 304; Möhlenbrock/Gragert, FR 2017, 994, 996; Eilers/Thiemann, Ubg 2020, 190, 191; Kanzler, NWB 2017, 2260, 2267; ders., NWB 2019, 626, 639; ders., NWB 2021, 1311; ders., in: K/K/B, § 3a, Rn. 116; Sistermann, StbJb 2017/18, S. 281, 284; Sistermann/Beutel, DStR 2017, 1065, 1066; Förster/Hechtner, DB 2017, 1536, 1539; Desens, FR 2017, 981, 984; Hallerbach, in: H/H/R, § 3a EStG, Rn. 31 (Stand: August 2019); Feldgen, in: F/K/S, § 3a, Rn. 24 (Stand: Dezember 2017); Bodden, in: Korn, EStG, § 3a, Rn. 60 (Stand: März 2020); Seer, in: Kirchhof, EStG, § 3a, Rn. 28.

wenn dort kein ausdrücklicher Hinweis darauf enthalten ist, dass ein Sanierungsplan als Nachweis ausreichend sein soll, hat der Gesetzgeber für die Auslegung des Abs. 2 dennoch auf die bisherige Verwaltungsauffassung verwiesen. Dies umfasst auch den entsprechenden Passus im Sanierungserlass, nach dem das Vorliegen der Voraussetzungen einer unternehmensbezogenen Sanierung im Fall eines Sanierungsplans unterstellt werden kann. Wäre dies unter § 3a EStG nicht beabsichtigt gewesen, hätte es dem Gesetzgeber frei gestanden, entweder unmittelbar in § 3a Abs. 2 EStG nähere Konkretisierungen hinsichtlich der Nachweisanforderungen aufzunehmen oder seinen dahingehenden Willen in der Gesetzesbegründung zu äußern. Auch mit der Kritik des Großen Senats des BFH am Sanierungserlass steht diese Auslegung von § 3a EStG im Einklang. In seinem Urteil zum Sanierungserlass hatte der Große Senat klargestellt, dass typisierende Billigkeitsregelungen in Gestalt subsumierbarer Tatbestände nicht in Betracht kämen, sondern allein Bestandteil einer gesetzlichen Regelung sein können.[1104] Typisierende Regelungen in Verwaltungsanweisungen, bei deren Vorliegen die sachliche Unbilligkeit gemäß §§ 163, 227 AO als gegeben unterstellt wird, seien daher unzulässig.[1105] Davon ausgehend sei auch die Typisierung des Sanierungserlasses, die Voraussetzungen der unternehmensbezogenen Sanierung im Fall eines Sanierungsplans zu unterstellen unzulässig; im Rahmen der früheren BFH-Rechtsprechung zu § 3 Nr. 66 EStG a.F. sei eine solche Unterstellung hingegen zulässig gewesen.[1106] Der BFH störte sich also nicht generell daran, dass die Voraussetzungen der unternehmerbezogenen Sanierung im Fall eines Sanierungsplans unterstellt werden, sondern nur daran, dass diese Praxis allein aufgrund einer Verwaltungsanweisung praktiziert wurde, obwohl eine dahingehende Typisierung dem Gesetzgeber vorbehalten sei. Nun, wo für die steuerliche Begünstigung des Sanierungsertrags nicht mehr der Weg über einen Billigkeitserlass beschritten werden muss, sondern in Gestalt von § 3a EStG eine formell-gesetzliche Grundlage besteht, werden auch die Nachweisanforderungen allein durch die gesetzliche Regelung und die dazu ergehende Rechtsprechung festgelegt. Da § 3a Abs. 2 EStG aber keine strengen Anforderungen formuliert, ist es unter Geltung von § 3a EStG ebenso wie unter § 3 Nr. 66 EStG a.F. zulässig, den Nachweis der Voraussetzungen der unternehmensbezogenen Sanierung durch einen Sanierungsplan zu erbringen und insofern eine Typisierung

1104 BFH v. 28.11.2016 – GrS 1/15, BStBl. II 2017, 393, Rn. 112.
1105 BFH v. 28.11.2016 – GrS 1/15, BStBl. II 2017, 393, Rn. 120.
1106 BFH v. 28.11.2016 – GrS 1/15, BStBl. II 2017, 393, Rn. 122.

zuzulassen. Ebenso zulässig sein dürfte der Nachweis der Voraussetzungen des § 3a Abs. 2 EStG durch die Vorlage eines Restrukturierungsplans i.S.v. Art. 8 der Restrukturierungsrichtlinie.[1107]

IV. Reichweite der unternehmerbezogenen Sanierung gemäß § 3a Abs. 5 EStG

Nach § 3a Abs. 5 EStG wird teilweise auch die unternehmerbezogene Sanierung begünstigt. Hier beschränkt sie sich aufgrund des abschließenden Charakters von § 3a Abs. 5 S. 1 EStG[1108] aber zunächst auf Restschuldbefreiungen nach §§ 286 ff. InsO und Erlasse aufgrund eines Schuldenbereinigungsplans i.S.v. § 305 InsO zur Vermeidung oder im Rahmen eines Verbraucherinsolvenzverfahrens. Entsprechend wird im Schrifttum auf die Gefahr hingewiesen, dass nicht alle Fälle unternehmerbezogener Sanierungen erfasst werden.[1109] Eine Lücke wird nämlich für den Fall aufgezeigt, dass eine Betriebsaufgabe und eine damit verbundene Schuldenbereinigung im Rahmen eines Insolvenzplanverfahrens nach §§ 217 ff. InsO durchgeführt wird und nicht im Wege der Restschuldbefreiung nach §§ 286 ff. InsO, bzw. ohne dass mit dem Insolvenzplanverfahren ein Restschuldbefreiungsverfahren nach §§ 286 ff. InsO kombiniert wird.[1110] Ein solches Vorgehen wäre möglich, da auch die Regelungen zur Haftung des Schuldners nach Verfahrensbeendigung gemäß § 227 Abs. 1 InsO modifizierbar sind.[1111] Die reguläre Restschuldbefreiung nach §§ 286 ff. InsO kann erst nach einer Frist von 3 Jahren erteilt werden, in der der Schuldner alle pfändbaren Forderungen aus einem Dienstverhältnis oder bzgl. anderer laufender Bezüge an einen Treuhänder abtritt (§§ 287 Abs. 2, 300 Abs. 1 S. 1, 301 InsO). Die Betriebsaufgabe im Rahmen eines Liquidationsinsolvenzplans i.S.v. §§ 217 ff. InsO, der ebenfalls eine Befreiung von Restverbindlichkeiten vorsieht, bietet den Vorteil, dass diese Frist im Einvernehmen mit den Gläubigern verkürzt werden kann, da der die Haftung des Schuldners im Insolvenzplanverfahren nach Verfahrensbeendigung regelnde § 227 InsO eine solche Wohlverhal-

---

1107 Vgl. auch Skauradszun/Kwauka, DStR 2020, 953, 954.

1108 Kanzler, in: K/K/B, § 3a, Rn. 173; Kobor, in: K/S/M, § 3a, Rn. F 5 (Stand: Mai 2020).

1109 Vgl. de Weerth, ZinsO 2017, 924, 925; Seer, in: Kirchhof, 20. Aufl. 2021, Rn. 64; Kanzler, NWB 2021, 1235, 1252; ders., NWB 2021, 1311.

1110 Vgl. Seer, in: Kirchhof, 20. Aufl. 2021, Rn. 64.

1111 Vgl. Spliedt, in: Schmidt, InsO, § 217, Rn. 16.

tensperiode nicht vorsieht.[1112] Da die Betriebsvermögensmehrung in diesen Fällen also weder im Rahmen einer formellen Restschuldbefreiung nach §§ 286 ff. InsO, noch durch eine Maßnahme zur Vermeidung eines Verbraucherinsolvenzverfahrens entsteht, ist eine Begünstigung durch § 3a Abs. 5 S. 1 EStG ausgehend vom Wortlaut der Vorschrift nicht möglich. Dieser abweichenden Behandlung von Schuldenbefreiungen durch Liquidationsinsolvenzpläne im Vergleich zu Restschuldbefreiungen nach §§ 286 ff. InsO wird im Schrifttum ein sachlicher Rechtfertigungsgrund abgesprochen[1113] und ausgehend vom Zweck des § 3a Abs. 5 EStG eine analoge Anwendung auf diese Fälle befürwortet[1114]. Eine solche Analogie setzt eine planwidrige Regelungslücke, sowie ausgehend vom Zweck der Regelung die Ähnlichkeit des geregelten und des nicht gesetzlich geregelten Sachverhalts voraus.[1115]

Zunächst ist der aufgezeigte Fall einer Schuldenbefreiung im Rahmen eines Liquidationsinsolvenzplanverfahrens außerhalb eines formellen Restschuldbefreiungsverfahrens nach §§ 286 ff. InsO ausgehend vom Wortlaut nicht von § 3a Abs. 5 S. 2 EStG erfasst. Eine Regelungslücke läge zwar nicht vor, wenn die Konstellation bereits von § 3a Abs. 1 S. 1 EStG erfasst wäre. Nach der Gesetzesbegründung sind auch Forderungsverzichte im Rahmen von Insolvenzplanverfahren nach § 217 ff. InsO begünstigungsfähig, allerdings nur dann, wenn es nicht auf die Zerschlagung des Unternehmens gerichtet ist.[1116] Folglich kommt eine Steuerfreiheit bei nach § 3a Abs. 1 S. 1 EStG bei Liquidationsinsolvenzplanverfahren nicht in Betracht, da sie nach § 3a Abs. 2 die Sanierungsfähigkeit des Unternehmens voraussetzt, die aber nicht besteht, wenn der Betrieb bereits eingestellt ist.[1117] Folglich besteht eine Regelungslücke.

Diese müsste aber auch planwidrig, also gerade nicht vom Gesetzgeber beabsichtigt sein.[1118] Anknüpfend an die frühere Verwaltungsansicht[1119] beabsichtigt § 3a Abs. 5 EStG, negative Steuerfolgen von insolvenzrechtlichen

---

1112 Vgl. Seer, in: Kirchhof, 20. Aufl. 2021, § 3a, Rn. 64; Spahlinger, in: Kübler/Prütting/Bork, InsO, § 227, Rn. 5 (Stand: April 2017).

1113 Vgl. de Weerth, ZinsO 2017, 924, 925; Seer, in: Kirchhof, 20. Aufl. 2021, Rn. 65

1114 Vgl. Seer, in: Kirchhof, 20. Aufl. 2021, Rn. 65; Krumm, in: Blümich, § 3a EStG, Rn. 29a (Stand: März 2020).

1115 Vgl. Möllers, Juristische Methodenlehre, § 6, Rn. 92, 93.

1116 BT-Drs. 18/12128, S. 31.

1117 Vgl. Roth, NZI-Beilage 2019, 51, 52.

1118 Vgl. Larenz, Methodenlehre der Rechtswissenschaft, 6. Aufl. 1991, S. 373; Möllers, Juristische Methodenlehre, § 6, Rn. 86.

1119 BMF v. 22. 12. 2009 IV C 6 – S 2140/07/10001-01.

Entschuldungsmaßnahmen zu verhindern. Handelt es sich bei der aus dem Erlassvorgang entstehenden Einkommensteuerforderung nicht um eine Insolvenzverbindlichkeit i.S.v. § 38 InsO, wird sie von der Restschuldbefreiung bzw. einem Schuldenbereinigungsplan nach § 305 InsO nicht erfasst.[1120] Als Masseverbindlichkeit kann die Steuerforderung die sonstigen Sanierungseffekte wieder aufheben und zu einer erneuten Zahlungsfähigkeit oder Überschuldung nach der Schuldenbereinigung führen.[1121] Das Restschuldbefreiungsverfahren nach §§ 286 ff. InsO soll dem Schuldner jedoch die Möglichkeit geben, Befreiung auch von solchen Verbindlichkeiten zu erlangen, die aus dem vorhandenen Schuldnervermögen nicht erfüllt werden können[1122] und ihm so einen wirtschaftlichen Neuanfang ermöglichen.[1123] Das für natürliche Personen als notwendige Vorstufe zur Erlangung einer Restschuldbefreiung fungierende[1124] Verbraucherinsolvenzverfahren nach §§ 304 ff. InsO dient ebenfalls dem Zweck einer umfassenden Schuldenbereinigung im Einvernehmen mit den Gläubigern entweder zur Abwendung eines Insolvenzverfahrens oder, für den Fall des Scheiterns einer solchen Schuldenbereinigung, der Verknüpfung des Insolvenzverfahrens mit der Restschuldbefreiung.[1125] Folglich steht auch hier die Ermöglichung eines schuldenfreien Neustarts im Vordergrund. Durch eine erneute Steuerbelastung würde dieser Zweck jedoch konterkariert.[1126] Um solche Ergebnisse zu vermeiden, wurde die Steuer auf die entsprechenden Gewinne nach früherer Rechtslage erlassen.[1127] Zwar hat der Gesetzgeber sowohl die Absicht geäußert, Forderungsverzichte im Rahmen von Insolvenzplanverfahren nur begünstigen zu wollen, wenn dieser nicht auf die Zerschlagung des Unternehmens gerichtet ist, als auch dass Schuldenerlasse nicht begünstigt werden sollen, wenn sie nur einen schuldenfreien Übergang ins Privatleben oder den Aufbau einer neuen Existenzgrundlage ermöglichen sollen.[1128] Trotzdem hat er sich dafür entschieden, die Linie der Finanz-

---

1120 Vgl. Seer, in: Kirchhof, 20. Aufl. 2021, Rn. 61; Bodden, in: Korn, EStG, § 3a, Rn. 115 (Stand: März 2020); Krumm, in: Blümich, § 3a EStG, Rn. 29 (Stand: März 2021).

1121 Vgl. Westpfahl/Janjuah, ZIP 2008, S001, S019.

1122 Vgl. BT-Drs. 12/2443, 109.

1123 BGH v. 12.11.2015 – IX ZR 301/14, NJW 2016, 246, Rn. 18 m.w.N.

1124 Vgl. Sternal, in: Uhlenbruck, InsO, Vorbemerkung zu §§ 304–314, Rn. 1.

1125 Vgl. Vuia, in: MüKo InsO, § 304, Rn. 1.

1126 Vgl. Seer, in: Kirchhof, 20. Aufl. 2021, Rn. 61; Bodden, in: Korn, EStG, § 3a, Rn. 115 (Stand: März 2020); Krumm, in: Blümich, § 3a EStG, Rn. 29 (Stand: März 2021).

1127 BMF v. 22. 12. 2009 IV C 6 – S 2140/07/10001-01.

1128 BT-Drs. 18/12128, S. 31.

verwaltung mit § 3a Abs. 5 EStG weiterzuführen und die im Tatbestand aufgezählten Fälle der unternehmerbezogenen Sanierung weiterhin zu begünstigen. Eine Restschuldbefreiung kann sich allerdings ebenso wie an ein Verbraucherinsolvenzverfahren auch an ein Regelinsolvenzverfahren anschließen.[1129] Wird die Wohlverhaltensperiode dabei im Rahmen eines Liquidationsinsolvenzplans verkürzt, ändert das nichts am Zweck der Restschuldbefreiung, einen schuldenfreien Neuanfang zu ermöglichen. Ein solcher würde durch die Steuerbelastung aber in gleicher Weise verhindert, sodass eine vergleichbare Interessenlage besteht. Mit § 3a Abs. 5 EStG zeigt der Gesetzgeber, dass er mit der Vorschrift die Absicht verfolgt, die Wirkungen der Restschuldbefreiung bzw. der Schuldenbereinigung aufgrund eines entsprechenden Bereinigungsplans insgesamt aufrecht zu erhalten. Vor diesem Hintergrund liegt es nahe, dass negative Steuerfolgen für alle Schuldenbereinigungsvorgänge vermieden werden sollten. Daher kann es für die gesetzgeberische Intention keinen Unterschied machen, ob die Schuldenbereinigung innerhalb eines formellen Restschuldbefreiungsverfahrens oder durch einen Liquidationsinsolvenzplan erfolgt. Das gilt umso mehr, da ein nur auf die Entschuldung des Unternehmers abzielender Insolvenzplan letztlich nur die in § 3a Abs. 5 EStG ausdrücklich genannte Restschuldbefreiung ersetzen bzw. zeitlich vorverlagern soll.[1130] Es ist also anzunehmen, dass der Gesetzgeber den Fall der Restschuldbefreiung im Rahmen eines Liquidationsinsolvenzplanverfahrens übersehen und entsprechend den von § 3a Abs. 5 EStG erfassten Fällen geregelt hätte, wenn er ihn bei der Schaffung der Vorschrift bedacht hätte.[1131] Daher ist die entstehende Regelungslücke als planwidrig anzusehen. Da die Interessenlage außerdem vergleichbar ist, gilt § 3a Abs. 5 S. 1 EStG analog für Betriebsvermögensmehrungen, die außerhalb des Verfahrens nach §§ 286 ff. InsO durch eine Schuldenbereinigung im Rahmen eines Liquidationsinsolvenzplanverfahrens entstehen.

1129 Vgl. Stephan, in: Karsten Schmidt, InsO, Vorbemerkungen zu den §§ 304–311, Rn. 1.

1130 Vgl. Krumm, in: Blümich, § 3a EStG, Rn. 29a (Stand: März 2020).

1131 Vgl. in diesem Sinne auch Krumm, in: Blümich, § 3a EStG, Rn. 29a (Stand: März 2020); Seer, in: Kirchhof, 20. Aufl. 2021, Rn. 65.

§ 9: Verlustverrechnungssystem des § 3a Abs. 3 S. 2 und 3 EStG

I. Hintergrund und Funktion

Aus verfassungsrechtlichen Gründen sind Steuerpflichtige, soweit sie dazu in der Lage sind, verpflichtet, an ihrer Sanierung mitzuwirken.[1132] Als Ausfluss dieser Pflicht statuiert § 3a Abs. 3 S. 2 EStG eine diffizile Rechensystematik[1133], nach welcher der zunächst nach Satz 1 um Sanierungskosten geminderte Sanierungsertrag mit Verlustverrechnungspotentialen aus den Vorjahren, dem Sanierungsjahr und dem der Sanierung folgenden Jahr in der in Satz 2 genannten Reihenfolge verrechnet wird. Dabei bedient sich § 3a Abs. 3 EStG einer umgekehrten Technik, denn die Verlustverrechnungspotentiale werden nicht von der Bemessungsgrundlage „Sanierungsertrag“ abgezogen, sondern der steuerfreie Sanierungsertrag mindert Verrechnungspotentiale.[1134] Technisch wird durch § 3a Abs. 1 S. 1 EStG aber zunächst der gesamte Sanierungsertrag steuerfrei gestellt.[1135] Mit der gesetzlichen Normierung der Verlustverrechnung zielte der Gesetzgeber darauf ab, eine Doppelbegünstigung aus Steuerfreiheit und Aufrechterhaltung von Verlusten wie unter der Vorgängerregelung des § 3 Nr. 66 EStG zu verhindern.[1136] Auch dieses System war bereits in der Entwurfsfassung des Bundesrates enthalten, wurde jedoch in der finalen Fassung des Bundestages modifiziert. Die Bundesratsfassung sah nämlich keine direkte Verrechnung mit dem Sanierungsertrag vor, sondern die zum Ende des dem Sanierungsjahr vorangegangenen Veranlagungszeitraums festgestellten Verlustvorträge sollten unabhängig von der Höhe des Sanierungsgewinns vollständig entfallen und im Sanierungsjahr entstehende Verluste sollten weder mit positiven Einkünften verrechenbar, noch in künftigen Jahren abziehbar sein.[1137] Diese weitreichende Rechtsfolge sollte durch ein Antragserfordernis des Steuerpflichtigen für die Anwendung von § 3a EStG abgemildert werden.[1138] Nach der Systematik des nun in Kraft getretenen § 3a EStG betrifft die Verrechnung zunächst die unmittelbar dem sanierungsbedürfti-

1132 Vgl. Kahlert/Schmidt, DStR 2017, 1897, 1898.

1133 Vgl. Förster/Hechtner, DB 2017, 1536, 1540.

1134 Vgl. Hasbach/Oesterwinter, DB 2020, 1249; Kanzler, in: K/K/B, § 3a, Rn. 144; ders., NWB 2019, 626, 644.

1135 Vgl. Eilers/Thiemann, Ubg 2020, 190, 192.

1136 BT-Drs. 18/12128, S. 31.

1137 BR-Drs. 59/17, S 11.

1138 BR-Drs. 59/17, S 10.

gen Unternehmen zuzurechnenden Verlustverrechnungsvolumina und erst in einem zweiten Schritt diejenigen des Mitunternehmers.[1139] Dies wird dergestalt umgesetzt, dass die Verrechnungspositionen der § 3a Abs. 3 S. 2 Nr. 1–8 EStG, deren praktische Relevanz stark variiert[1140], im Unternehmen selbst angelegte Verluste und erst die Nr. 9–13 auch den Kreis des (Mit-)Unternehmers betreffen.

Auch wenn die Regelung des § 3a Abs. 3 S. 2 EStG aufgrund ihrer Länge und Kleinteiligkeit recht kompliziert geraten ist, verhilft sie sanierungsbedürftigen Unternehmen dennoch zu mehr Rechtssicherheit in der Frage, welche Verlustpositionen in welchem Umfang durch die Sanierung berührt werden.[1141] Die Praxis einer Verlustverrechnung vor einer steuerlichen Begünstigung ist im Vergleich zur Rechtslage vor § 3a EStG nicht neu. Auch schon früher hatte die Finanzverwaltung den Standpunkt vertreten, dass die Besteuerung eines Sanierungsgewinns erst nach Ausschöpfen der ertragssteuerrechtlichen Verlustverrechnungsmöglichkeiten eine erhebliche Härte aus sachlichen Billigkeitsgründen darstelle.[1142] Dementsprechend sah auch der Sanierungserlass bereits vor, dass Verluste und negative Einkünfte vorrangig mit dem Sanierungsgewinn zu verrechnen waren.[1143] Unklarheiten bestanden jedoch sowohl hinsichtlich der in objektiver und subjektiver Hinsicht erfassten Verlustpositionen, als auch der Reihenfolge der Verrechnung.[1144] Mit der Normierung der Verlustverrechnung in § 3a Abs. 3 S. 2 und 3 EStG zeigt der Gesetzgeber, dass er die Steuerbefreiung als Ultima Ratio versteht, die erst in Anspruch genommen werden kann, wenn alle Steuerminderungspotentiale bis zur Höhe des Sanierungsgewinns verbraucht wurden.[1145]

Die in § 3a Abs. 3 EStG verwendete Terminologie ist missverständlich, denn gemäß Satz 2 „mindert“ der Betrag nach Satz 1 die in Satz genannten Positionen und nach Satz 5 bleiben die nach den Sätzen 2 und 3 mindern-

1139 BT-Drs. 18/12128, S. 32.

1140 Vgl. Seer, in: Kirchhof, EStG, § 3a, Rn. 35 ff. Insbesondere die Relevanz der Nr. 4 – 7 sei demnach gering, da die Verluste jeweils aus derselben Einkunftsquelle stammen müssen.

1141 Vgl. Epler/Petersen, Stbg 2019, 114; Seer, in: Kirchhof, EStG, § 3a, Rn. 32; Desens, FR 2017, 981, 986; Sistermann/Beutel, DStR 2017, 1065, 1067; als komplex bezeichnet auch von Möhlenbrock/Gragert, Fr 2017, 994, 996; Hechtner, NWB 2017, 1275, 1276.

1142 BMF v. 27.3.2003 – IV A 6 – S 2140 – 8/03, Rn. 8 S. 1.

1143 BMF v. 27.3.2003 – IV A 6 – S 2140 – 8/03, Rn. 8 S. 3.

1144 Vgl. Sistermann/Beutel, DStR 2017, 1065, 1067; Desens, FR 2017, 981, 986.

1145 Vgl. Rüberg, NJW-Spezial 2019, 207, 208.

den Beträge „endgültig außer Ansatz und nehmen an den entsprechenden Feststellungen der verrechenbaren Verluste, verbleibenden Verlustvorträge und sonstigen Feststellungen nicht teil." Gemeint ist jedoch nichts anderes, als dass die Verlustverrechnungspositionen endgültig untergehen und in der Folge nicht mehr genutzt werden können.[1146] Sofern in der folgenden Untersuchung von Verlustuntergang oder Verlustverrechnung gesprochen wird, ist daher eine „Minderung" gemäß § 3a Abs. 3 S. 2 und 3 der genannten Positionen gemeint.[1147]

II. Kritik an den Verlustverrechnungsvorschriften

Während teilweise die Verrechnung sämtlicher bestehender Verlustverrechnungsmassen mit dem Sanierungsgewinn als sinnvoll erachtet wird, um eine Doppelbegünstigung auszuschließen[1148], wird an vielen Stellen auch deutliche Kritik an der Regelung des § 3a Abs. 3 S. 2 EStG geübt. So gehe die Ausgestaltung des Verlustverrechnungssystems deutlich über das hinaus, was zur Vermeidung einer Doppelbegünstigung erforderlich gewesen sei, da auch Verlustpositionen untergehen, die mit der Sanierungsbedürftigkeit des Unternehmens offensichtlich in keinem Zusammenhang stehen.[1149] Konkret werden Bedenken hinsichtlich der Verhältnismäßigkeit der Einbeziehung der Gesellschafterebene in die Verlustverrechnung geäußert.[1150] Zumindest bei den Positionen der § 3a Abs. 3 S. 2 Nr. 9 und Nr. 11 EStG ist nämlich ausgeschlossen, dass diese im Zusammenhang mit dem Unternehmen entstanden sind.[1151] Auch die Intention des Gesetzgebers, zunächst Verlustverrechnungsvolumina des Unternehmens und erst anschließend

1146 Vgl. Förster/Hechtner, DB 2017, 1536, 1540

1147 Auch in der Literatur werden im Zusammenhang mit der Minderung von Verlustverrechnungsvolumina gemäß § 3a Abs. 3 S. 2 und 3 EStG die Begriffe des Verlustuntergangs und der Verlustverrechnung synonym verwendet, vgl. Krumm, in: Blümich, § 3a EStG, Rn. 35 (Stand: März 2020); Hiller/Baschnagel, DStZ 2017, 17, 19; Möhlenbrock/Gragert, FR 2017, 994, 996; Rätke, BBK 2017, 411, 415; Förster/Hechtner, DB 2017, 1536, 1540; Desens, FR 2017, 981; Kanzler, NWB 2017, 2260, 2268; ders, NWB 2019, 626, 644.

1148 Vgl. wohl: Hechtner, NWB 2017, 1275, 1277.

1149 Vgl. Sistermann/Beutel, DStR 2017, 1065, 1066, 1067.

1150 Vgl. Desens, FR 2017, 981, 986; Kanzler, NWB 2017, 2260, 2269; ders., NWB 2019, 626, 644; ders., in: K/K/B, § 3a, Rn. 145.

1151 Vgl. Desens, FR 2017, 981, 986.

solche des Mitunternehmers zu erfassen[1152] werde nicht konsequent umgesetzt, umfasst doch § 3a Abs. 3 S. 2 Nr. 13 EStG zumindest auch EBITDA-Vorträge des Unternehmens, nachdem aber vorher durch Nr. 9–12 schon Verlustpositionen des (Mit)-Unternehmers angesprochen wurden.[1153] Zudem spiegele sich diese Absicht im Wortlaut nur unzureichend wieder, denn in § 3a Abs. 3 S. 2 Nr. 9–13 trifft das Gesetz keinerlei Aussage darüber, wessen Steuerminderungspositionen erfasst sein sollen, sodass die gesetzgeberische Intention hier nur bei der Auslegung der Tatbestände berücksichtigt werden kann.[1154] Deutliche Kritik wird außerdem an der Regelung des § 3a Abs. 3 S. 2 Nr. 13 EStG geübt, die als letzte Position die Verrechnung des Sanierungsertrags auch mit infolge der Anwendung der Zinsschranke gemäß § 4h Abs. 1 S. 5 EStG entstehendem Zinsvortrag und gemäß § 4h Abs. 1 S. 3 EStG entstehendem EBITDA-Vortrag vorsieht. Zwar wird dadurch Klarheit gegenüber dem Sanierungserlass geschaffen[1155], jedoch werden an der Regelung verfassungsrechtliche Bedenken geäußert.[1156]

Der geäußerten Kritik muss in weiten Teilen zugestimmt werden. § 3a EStG differenziert zwischen der unternehmens- und der unternehmerbezogenen Sanierung und begünstigt grundsätzlich nur Erträge aus einer unternehmensbezogenen Sanierung, sodass die Regelung in erster Linie einer Gesundung des Unternehmensträgers und nicht des Unternehmers dient. Dementsprechend ist es geboten, die Verrechnung sämtlicher im Unternehmen angelegter Verlustverrechnungsvolumina zu fordern, bevor die Erträge als Sanierungsgewinne steuerlich privilegiert werden können, denn diese hängen unmittelbar mit der Betätigung zusammen, die zu dem Sanierungsgewinn geführt und ein Eingreifen des Gesetzgebers erst erforderlich gemacht hat. Die Verrechnung der im Unternehmen angelegten Verlustminderungspositionen ist jedoch ausreichend, um die befürchtete Doppelbegünstigung zu verhindern, denn schließlich findet § 3a EStG auch nur auf Ebene des Unternehmensträgers Anwendung. Die Sanierung eines Unternehmers fällt nur in den Ausnahmefällen des 3a Abs. 5 EStG in den Anwendungsbereich der Steuerbefreiung und dennoch wird einem (Mit-)Unternehmer nach den Vorschriften der § 3a Abs. 3 Nr. 9–Nr. 13 EStG abverlangt,

---

1152 BT-Drs. 18/12128, S. 32.

1153 Vgl. Sistermann/Beutel, DStR 2017, 1065, 1068.

1154 Vgl. Sistermann/Beutel, DStR 2017, 1065, 1068; Epler/Petersen, Stbg 2019, 114.

1155 Vgl. Sistermann/Beutel, DStR 2017, 1065, 1067.

1156 Vgl. Bodden, in: Korn, EStG, § 3a, Rn. 33 (Stand: März 2020); Desens, FR 2017, 981, 988; Kanzler, NWB 2019, 626, 646; s. dazu näher § 14, I., 3., a) und § 14, II., 2., c).

auch „seine" Verluste aus anderen Quellen als dem sanierungsbedürftigen Unternehmen einzusetzen, bevor der Sanierungsgewinn auf Ebene des Unternehmens steuerfrei gestellt wird. Dass mit den Nummern 9–13 (auch) Verlustpositionen des Unternehmers gemeint sind, ergibt sich zwar nicht direkt aus deren Wortlaut, jedoch bezieht sich die Norm in vorherigen Tatbeständen auf das zu sanierende Unternehmen. Daher können in den übrigen Tatbeständen nur Verlustpositionen „des Steuerpflichtigen" gemeint sein. Soweit auf Ebene des Unternehmers Verluste betroffen sind, die unmittelbar aus der Betätigung des sanierungsbedürftigen Unternehmens herrühren, ist die Einbeziehung der Gesellschafterebene noch nachvollziehbar, da hier ein Zusammenhang mit dem sanierungsbedürftigen Unternehmen besteht. Soweit aber Verluste aus anderen Einkommensquellen betroffen sind (§ 3a Abs. 3 S. 3 Nr. 9 EStG), greift das Verlustverrechnungssystem in andere Besteuerungskreise neben dem des sanierungsbedürftigen Unternehmens über. Dies ist deswegen zu weitgehend und mit dem Zweck des § 3a Abs. 3 EStG nicht zu erklären, weil eine Doppelbegünstigung nur dort verhindert werden muss, wo sie auch tatsächlich droht, weil Sanierungsgewinne steuerfrei gestellt werden und gleichzeitig Verlustpotential vorhanden ist. Dies ist aber zunächst nur auf Ebene des Krisenunternehmens der Fall.

Schließlich führt die Einbeziehung der Gesellschafterebene dazu, dass Steuerpflichtige ggf. je nach Organisationsform des Krisenunternehmens schlechter gestellt werden. § 3a Abs. 3 S. 2 Nr. 9 EStG zwingt Steuerpflichtige dazu, Verluste aus anderen Einkunftsarten zur Sanierung des Unternehmens einzusetzen. Im Fall von Einzelunternehmen oder Personenunternehmen ist Steuerpflichtiger lediglich der Unternehmer bzw. Gesellschafter der Mitunternehmerschaft. Die Folge ist, dass bei dem Steuerpflichtigen negative Einkünfte anderer Einkunftsarten vorhanden sein können, die gemäß § 3a Abs. 3 S. 2 Nr. 9 EStG untergehen. Da das Unternehmen nicht Subjekt der Einkommensteuer ist, sondern nur der Unternehmer bzw. Gesellschafter und die Einkünfte letzterem zugerechnet werden, ist es grundsätzlich gerechtfertigt, auch Verluste auf seiner Ebene mit einzubeziehen. Denn aufgrund dieser transparenten Betrachtung wirkt sich auch die Steuerfreiheit des Sanierungsgewinns auf der Gesellschafterebene aus. Gerechtfertigt ist die Einbeziehung aber nur insoweit, wie die Verlustpositionen auch mit dem sanierungsbedürftigen Unternehmen zusammenhängen. Nicht gerechtfertigt erscheint es hingegen, dass Steuerpflichtigen ein Nachteil daraus entstehen kann, dass sie noch weitere Einkünfte aus anderen Einkunftsarten erzielen. Handelt es sich bei dem Unternehmensträger hingegen um ein Körperschaftsteuersubjekt, kann die steuerpflichtige Körperschaft neben der gewerblichen Tätigkeit gemäß § 8 Abs. 2 KStG keine weitere Einkunftsart verwirklichen, sodass eine Verlustverrechnung mit negativen Einkünften anderer Einkunftsarten nie in Betracht kommt. Verluste der Gesellschafter des Unternehmens aus anderen Einkunftsarten bleiben hier von § 3a Abs. 3 S. 2 Nr. 9 EStG verschont, da es sich bei ihnen um andere steuerpflichtige Personen handelt und eine Zurechnung der Einkünfte wie bei Personenunternehmen nicht stattfindet. Dass die Gesellschafter Verluste aus anderen Einkunftsarten erzielen, hat für die Anwendung des § 3a EStG in diesen Fällen folglich keine Wirkungen. Die Folge ist, dass Einzelunternehmer und Gesellschafter einer das Unternehmen betreibenden Personengesellschaft mit weitergehenden Rechtsfolgen belastet werden, als die Gesellschafter von Körperschaftsteuersubjekten.

Dass Verluste des (Mit-)Unternehmers dennoch in die Verlustverrechnung einbezogen werden, lässt sich wohl nur mit der Rechtsprechung des BFH erklären, dass bei einem Einzelunternehmen und einer Personengesellschaft schon die Sanierungsbedürftigkeit des Unternehmens nur gegeben ist, wenn das Privatvermögen des Einzelkaufmanns bzw. des persönlich haftenden Gesellschafters nicht zur Sanierung ausreicht.[1157] Dahinter steckt offenbar die Wertung, dass ein Sanierungsertrag nur entstehen kann, wenn der Steuerpflichtige bereit ist, auch außerhalb der Sphäre des sanierungsbedürftigen Unternehmens ein Opfer zur Sanierung zu erbringen.[1158] Unabhängig davon, ob man diese Wertung teilt, erscheint es vor ihrem Hintergrund aber jedenfalls nicht unterverhältnismäßig, auch auf Rechtsfolgenseite ein solches über die Sphäre des Unternehmens hinausreichendes Opfer zu verlangen, auch wenn der Gesetzeszweck – Vermeidung einer Doppelbegünstigung – dies nicht zwingend erfordern würde. Zudem stehen die Verlustverrechnungsvolumina des Unternehmers nicht gleichwertig neben denen des Unternehmens für die Verrechnung nach § 3a EStG zur Verfügung. Auch wenn die gesetzgeberische Intention, die Verluste des (Mit-)Unternehmers erst nach der Verrechnung der Verluste des Unternehmens anzutasten, nicht vollständig in § 3a Abs. 3 EStG verwirklicht wird, führt die in Abs. 3 S. 2 vorgegebene Verrechnungsreihenfolge doch dazu das die Unternehmensverluste vorrangig vor denen des Unternehmers untergehen. Zumindest die § 3a Abs. 3 S. 2 Nr. 1–8 EStG enthalten nämlich

1157 Siehe § 8, I, 1.
1158 Vgl. Desens, FR 2017, 981, 986.

Verrechnungspositionen, die dem sanierungsbedürftigen Unternehmen zustehen.[1159]

III. Einzelprobleme

Gegen die Verrechnungstatbestände der § 3a Abs. 3 S. 2 Nr. 1–8 wird keine spezielle Kritik erhoben, was die Schlussfolgerung erlaubt, dass sie insgesamt als sachgerecht bewertet werden.[1160] Davon abgesehen wirft § 3a Abs. 3 EStG, insbesondere die Einzelverrechnungstatbestände der § 3a Abs. 3 S. 2 Nr. 9–13 noch Zweifelsfragen auf, welche auch durch die jüngsten Gesetzgebungsbemühungen nicht beseitigt wurden. Diesen Fragen geht die Untersuchung im folgenden Teil nach.

1. Steuerfreiheit trotz vorheriger Verlustverrechnung

Vereinzelt wird die Frage aufgeworfen, ob die Steuerfreiheit des Sanierungsertrags gemäß § 3a Abs. 1 S. 1 EStG auch dann eintritt, wenn das sanierungsbedürftige Unternehmen über keinerlei Verlustverrechnungsvolumina verfügt, etwa weil diese in der Vergangenheit bereits vollständig mit positiven Einkünften verrechnet wurden.[1161] Unter dem Sanierungserlasses hatte der BFH nämlich entschieden, dass eine vorherige Verlustverrechnung einem Erlass aus Billigkeitsgründen entgegenstehe.[1162]

Auf die Systematik des § 3a EStG kann diese Rechtsprechung allerdings nicht übertragen werden. Die Verlustverrechnung nach § 3a Abs. 3 S. 2 EStG wird nicht als Voraussetzung der Steuerbefreiung angesehen, sondern allein als deren Rechtsfolge, sodass es auch ohne die Existenz entsprechender Verrechnungspositionen zur Steuerfreiheit des Sanierungsertrags i.S.v. § 3a Abs. 3 S. 1 EStG kommt.[1163] Dem ist uneingeschränkt zuzustimmen. Die Voraussetzungen der Steuerfreiheit hat der Gesetzgeber abschließend in § 3a Abs. 1 S. 1 EStG niedergelegt. Die dort enthaltene Legaldefinition verlangt nicht die Existenz von Verlustverrechnungspoten-

---

1159 Vgl. Hallerbach, in: H/H/R, § 3a EStG, Rn. 34 (Stand: August 2019).

1160 Vgl. Kölbl/Neumann, Ubg 2018, 273, 285; explizit als sachlich gerechtfertigt bezeichnet von Seer, in: Kirchhof, EStG, § 3a, Rn. 32

1161 Vgl. Kahlert/Schmidt, DStR 2017, 1897, 1903.

1162 Vgl. Kahlert/Schmidt, DStR 2017, 1897, 1903 m.w.N. aus der Rechtsprechung

1163 Vgl. Seer, in: Kirchhof, EStG, § 3a, Rn. 32; Levedag, in: Schmidt, EStG, § 3a, Rn. 36; Kahlert/Schmidt, DStR 2017, 1897, 1903.

tial, sondern vielmehr setzt § 3a Abs. 3 EStG bereits die Existenz eines nach Abs. 1 S. 1 begünstigten Sanierungsertrags voraus und knüpft erst an dessen Vorliegen die Rechtsfolge der Verlustverrechnung. Die Gesetzesbegründung lässt ebenfalls keinen Anhaltspunkt erkennen, dass das Fehlen von Verlustverrechnungspotential der Anwendung der Steuerbefreiung entgegenstehen sollte. Auch dem Zweck der Verlustverrechnung würde es nicht entsprechen, die Verrechnung von Verlustpotentialen i.S.v. § 3a Abs. 3 S. 2 EStG als Voraussetzung der Begünstigung anzusehen, denn eine Doppelbegünstigung würde sich nur ergeben, wenn das Krisenunternehmen nicht verpflichtet wäre, den Sanierungsgewinn durch den Einsatz eigener Verrechnungspotentiale gering zu halten und die Verluste nach der Sanierungsphase weiterhin mit positiven Einkünften verrechnen könnte. Sind jedoch im Zeitpunkt der Sanierung keine Verrechnungspotentiale vorhanden, kann der Steuerpflichtige keinen Beitrag zur Sanierung leisten und es besteht ein Bedürfnis danach, den Sanierungsgewinn dann in voller Höhe steuerfrei zu stellen. Dies ist aber in diesem Fall auch gerechtfertigt, da kein Verlustverrechnungspotential über die Sanierungsphase hinaus „gerettet" wird.

Die vorherige Verrechnung sämtlicher Verlustpositionen im zu sanierenden Unternehmen steht der Steuerbefreiung des § 3a Abs. 1 S. 1 EStG folglich nicht entgegen.

2. Verhältnis von § 3a Abs. 3 S. 2 Nr. 9 EStG zum vertikalen Verlustausgleich mit anderen Einkunftsarten

Eine auslegungsbedürftige Regelung enthält zunächst die Vorschrift des § 3a Abs. 3 S. 2 Nr. 9 EStG.[1164] Danach mindert der geminderte Sanierungsertrag auch „den ausgleichsfähigen Verlust aus allen Einkunftsarten des Veranlagungszeitraums, in dem das Sanierungsjahr endet". Im Gegensatz zu den § 3a Abs. 3 S. 2 Nr. 1–8 EStG stellt das Gesetz an dieser Stelle nicht klar, wessen Verlustpositionen erfasst sind. Da aber ein Verlust aus dem zu sanierenden Unternehmen bereits nach Nr. 8 untergeht, meint Nr. 9 hingegen solche Verluste, die in keinem Zusammenhang mit dem Krisenunternehmen stehen, sodass nun erstmals auch der Verlustverrechnungskreis des Unternehmers betroffen ist. Erhebliche praktische Bedeutung hat die

1164 Vgl. Kölbl/Neumann, Ubg 2018, 273, 286.

Regelung des § 3a Abs. 3 S. 2 Nr. 9 EStG daher für Personenunternehmen, die auch andere Einkunftsarten verwirklichen können.[1165]

Die Anwendung des § 3a Abs. 3 S. 2 Nr. 9 EStG setzt notwendigerweise voraus, dass Steuerpflichtige neben den Einkünften aus dem sanierungsbedürftigen Unternehmen noch Einkünfte aus einer weiteren Einkunftsquelle erzielen und daraus Verluste erwirtschaften. Gemäß § 2 Abs. 3 EStG ist aus allen Einkünften eines Steuerpflichtigen die „Summe der Einkünfte" zu bilden. Dies erfordert in einem ersten Schritt, dass positive und negative Einkünfte innerhalb derselben Einkunftsart zum Ausgleich gebracht werden (sog. horizontaler Verlustausgleich) und zum anderen, dass in einem zweiten Schritt auch die positiven und negativen Einkünfte aus verschiedenen Einkunftsarten verrechnet und so zum Ausgleich gebracht werden (sog. vertikaler Verlustausgleich).[1166] Folglich ergibt sich als Summe der Einkünfte der Saldo aller Einkünfte des Steuerpflichtigen.[1167]

Durch § 3a Abs. 3 S. 2 Nr. 9 wird nun sichergestellt, dass der Sanierungsertrag auch mit solchen negativen Einkünften aus anderen Einkunftsarten verrechnet wird, die nicht bereits nach Nr. 8 untergehen.[1168] Der Wortlaut der Vorschrift lässt dabei jedoch offen, zu welchem Zeitpunkt bei der Einkommensermittlung die Verrechnung mit dem Sanierungsertrag stattfinden soll und daher auch, ob die Verluste aus anderen Einkunftsarten vor oder erst nach dem externen Verlustausgleich untergehen sollen.[1169] Versteht man die Vorschrift so, dass zunächst der externe Verlustausgleich durchzuführen ist, dann bestünde nicht nur die Möglichkeit, innerhalb anderen Einkunftsarten einen Saldo aus positiven und negativen Einkünften zu bilden, sondern die so entstehenden (positiven und negativen) Salden der anderen Einkunftsarten (z.B. Verluste aus Vermietung und Verpachtung bei gleichzeitigen positiven Einkünften aus selbstständiger Arbeit) könnten auch miteinander verrechnet werden, bevor gemäß § 3a Abs. 3 S. 2 Nr. 9 EStG eine Verrechnung mit dem Sanierungsertrag stattfindet.[1170]

Legt man die Vorschrift andererseits so aus, dass der vertikale Verlustausgleich ausgeschlossen sein soll, dann würde ein solcher Saldo nicht gebil-

---

1165 Vgl. Hallerbach, in: H/H/R, § 3a EStG, Rn. 37 (Stand: August 2019); Krumm, in: Blümich, § 3a EStG, Rn. 44 (Stand: März 2020).

1166 Vgl. Ratschow, in: Blümich, § 2 EStG, Rn. 150 (Stand: August 2019); Hey, in: Tipke/Lang, Steuerrecht, Rn. 8.61.

1167 Vgl. Ratschow, in: Blümich, § 2 EStG, Rn. 150 (Stand: August 2019).

1168 Vgl. Kanzler, NWB 2017, 2260, 2270; ders., NWB 2019, 626, 646.

1169 Vgl. Desens, FR 2017, 981, 986.

1170 S. dazu den Beispielsfall 1 bei: Epler/Petersen, Stbg 2019, 114.

det, sondern der Sanierungsertrag müsste zuerst mit negativen Salden der einzelnen Einkunftsarten verrechnet werden. Entsteht dem Steuerpflichtigen nun aus der einen Einkunftsart ein positiver, aus einer anderen ein negativer Saldo, würde dies dazu führen, dass die negativen Einkünfte vom Sanierungsertrag aufgezehrt werden und die Positiven trotz der Erwirtschaftung gegenüberstehender negativer Einkünfte versteuert werden müssten.

Die Gesetzesbegründungen von Bundesrat[1171] und Bundestag[1172] stellen übereinstimmend klar, dass zumindest der horizontale Verlustausgleich innerhalb einer Einkunftsart durch die Regelung des § 3a Abs. 3 S. 2 Nr. 9 EStG nicht ausgeschlossen wird. Diese Klarstellung bezieht sich allerdings nicht auf die Einkunftsart des Krisenunternehmens, innerhalb derer der Sanierungsgewinn anfällt, denn der laufende Verlust des sanierungsbedürftigen Unternehmens wird bereits durch § 3a Abs. 3 S. 2 Nr. 8 EStG und damit vor Anwendung der Nr. 9 und einem möglichen horizontalen Verlustausgleich konsumiert.[1173] Einkünfte aus der Tätigkeit des Krisenunternehmens können also von vornherein nicht in einen etwaigen externen Verlustausgleich einbezogen werden. Die Frage, ob der externe Verlustausgleich vor der Verrechnung von Verlusten aus anderen Einkunftsarten zulässig ist, stellt sich folglich nur dann, wenn Steuerpflichtige neben der Tätigkeit des Unternehmens mindestens noch zwei weitere Einkunftsarten verwirklichen, deren Salden ggf. untereinander verrechnet werden können.

Der Hinweis in den Gesetzesbegründungen auf die weiterhin bestehende Möglichkeit des internen Verlustausgleichs wird teilweise dahingehend verstanden, dass der vertikale Verlustausgleich durch § 3a Abs. 3 S. 2 Nr. 3 EStG ausgeschlossen bzw. der Sanierungsertrag direkt mit negativen Einkünften anderer Einkunftsarten und nicht erst mit einem etwaigen negativen Gesamtsaldo zu verrechnen sei.[1174] Diese Auslegung würde der bisherigen Verwaltungsauffassung unter dem Sanierungserlass entsprechen.[1175] Auch wenn die Gesetzesbegründungen nur den horizontalen Verlustausgleich thematisieren, lässt der Wortlaut von § 3a Abs. 3 S. 2 Nr. 9 beide Auslegungsvarian-

1171 BT-Drs. 59/17, S. 16.

1172 BT-Drs. 18/12128, S. 62.

1173 Vgl. Kanzler, in: K/K/B, § 3a, Rn. 152.

1174 Vgl. Feldgen, in: F/K/S, § 3a, Rn. 27 (Stand: Dezember 2019); Förster/Hechtner, DB 2017, 1536, 1541.

1175 Vgl. Desens, FR 2017, 981, 987 mit Verweis auf OFD Niedersachsen v. 25.4.2016 – S 2140–8St 244, Rn. II 3.2 und OFD Frankfurt v. 10.5.2017 – S 2140 A-4-St 212, „Verlustverrechnung".

ten zu.[1176] In der Literatur wird daher weit überwiegend dafür plädiert, auch den vertikalen Verlustausgleich vor der Aufzehrung negativer Beträge anderer Einkunftsarten durch den Sanierungsertrag zuzulassen.[1177]

Dabei sind die Begründungen vielfältig und auch wenn sich punktuell Anhaltspunkte für einen Ausschluss des vertikalen Verlustausgleichs finden lassen, ist den genannten Argumenten für dessen Zulässigkeit vollumfänglich zuzustimmen. Von den Gegnern des vertikalen Verlustausgleichs vor einer Verrechnung mit dem Sanierungsertrag wird zunächst die Gesetzesbegründung angeführt, die nur den horizontalen Verlustausgleich erlaubt. Dies spreche dafür, dass auf der anderen Seite der vertikale Verlustausgleich ausgeschlossen sein solle.[1178] Zudem spreche der Wortlaut „aus allen Einkunftsarten" für diese Auslegung.[1179] Neben dem genannten Umkehrschluss ließe sich aus der Gesetzesbegründung darüber hinaus aber noch ein weiterer Anhaltspunkt für den Ausschluss des vertikalen Verlustausgleichs ableiten. Die Einführung von § 3a erfolgte nämlich in unmittelbarer Reaktion auf die Entscheidung des Großen BFH-Senats zum Sanierungserlass, da durch sie „eine gesetzliche Normierung erforderlich geworden" war.[1180] Der Gesetzgeber knüpfte also unmittelbar an die alte Verwaltungspraxis an und orientierte sich auch bei der Ausgestaltung der Vorschrift, etwa der Definition der unternehmensbezogenen Sanierung gemäß § 3a Abs. 2 EStG[1181] an der bisherigen Verwaltungsauffassung. Daraus ließe sich schlussfolgern, dass der Wille des Gesetzgebers dahin geht, die alte Verwaltungspraxis mit der gesetzlichen Regelung weitestgehend aufrechtzuerhalten, was auch den Ausschluss des vertikalen Verlustausgleichs vor einer Verlustverrechnung mit dem Sanierungsertrag einschließen würde.

1176 Vgl. Seer, in: Kirchhof, EStG, § 3a, Rn. 41.

1177 Vgl. Krumm, in: Blümich, § 3a EStG, Rn. 44 (Stand: März 2020); Eilers/Thiemann, Ubg 2020, 190, 193; Levedag, in: Schmidt, EStG, § 3a, Rn. 38; Hallerbach, in: H/H/R, § 3a EStG, Rn. 37 (Stand: August 2019); Seer, in: Kirchhof, EStG, § 3a, Rn. 41; Kanzler, in: K/K/B, § 3a, Rn. 152; ders., NWB 2017, 2260, 2270; ders., NWB 2019, 626, 646; ders., NWB 2021, 1311, 1319; Epler/Petersen, Stbg 2019, 114; Desens, FR 2017, 981, 987.

1178 Vgl. Feldgen, in: F/K/S, § 3a, Rn. 27 (Stand: Dezember 2019).

1179 Vgl. Förster/Hechtner, DB 2017, 1536, 1541.

1180 BT-Drs. 18/12128, S. 30.

1181 Die Voraussetzungen der unternehmensbezogenen Sanierung sollen der im Sanierungserlass enthaltenen Verwaltungsauffassung entsprechen, BT-Drs. 18/12128, S. 31.

Diesem Verständnis ist nicht zu folgen. Dass neben dem horizontalen auch der vertikale Verlustausgleich möglich sein muss, ergibt sich im Wesentlichen aus drei Gründen.

Zunächst ist der Wortlaut des § 3a Abs. 3 S. 2 Nr. 9 EStG anzuführen. Auch wenn dieser von „allen Einkunftsarten" spricht, soll der geminderte Sanierungsertrag demnach nur den ausgleichsfähigen „Verlust" aller Einkunftsarten mindern. Das Gesetz spricht also nicht im Plural von „Verlusten", die jeweils aus mehreren weiteren Einkunftsarten entstehen können (und auch gesondert bestehen bleiben müssten), sondern im Gegenteil wird durch die Formulierung im Singular deutlich, dass nur ein einziger Verlust gemeint sein kann, nämlich der Verlust-Saldo aus allen Einkunftsarten.[1182] Hätte der Gesetzgeber hingegen den vertikalen Verlustausgleich ausschließen wollen, hätte stattdessen die Formulierung „Verluste" näher gelegen. Zumindest hätte ein entsprechendes Verständnis aber in der Gesetzesbegründung klargestellt werden können.

Zweitens weisen Epler und Petersen zutreffend darauf hin, dass der Ausschluss des vertikalen Verlustausgleichs die Besteuerung des Sanierungsgewinns nur in eine andere Einkunftsart verlagern würde.[1183] Die Folge wäre nämlich, dass positive Einkünfte beispielsweise aus selbstständiger Arbeit im Sanierungsjahr nicht mit negativen Einkünften aus z.B. Vermietung und Verpachtung gegengerechnet werden können, die Vermietungs- und Verpachtungsverluste aber vom Sanierungsgewinn aufgezehrt werden. Trotz gegenüberstehender negativer Einkünfte aus einer anderen Einkunftsart würden die positiven Einkünfte aus selbstständiger Arbeit also besteuert. Dass der Sanierungsgewinn steuerfrei gestellt wird, hilft den Steuerpflichtigen dann nicht mehr weiter, denn im Ergebnis macht es keinen Unterschied, aus welcher Einkunftsart die Einkünfte herrühren, die eine Steuerbelastung im Sanierungsjahr auslösen. Insofern würde der Zweck der Steuerfreistellung gemäß § 3a Abs. 1 S. 1 EStG untergraben. Zur Verhinderung eines Doppelvorteils ist es daher ausreichend, wenn der saldierte Verlust aus allen Einkunftsarten des Steuerpflichtigen infolge der Verlustverrechnung wegfällt.[1184]

Das genannte Beispiel offenbart bereits das dritte Problem, das sich bei einem Ausschluss des vertikalen Verlustausgleichs stellen würde, nämlich

1182 Vgl. auch Desens, FR 2017, 981, 987; Hallerbach, in: H/H/R, § 3a EStG, Rn. 37 (Stand: August 2019); Eilers/Thiemann, Ubg 2020, 190, 193.

1183 Vgl. Epler/Petersen, Stbg 2019, 114.

1184 Ebenso: Epler/Petersen, Stbg 2019, 114.

ein Konflikt mit dem objektiven Nettoprinzip.[1185] Diesem, einfachgesetzlich in § 2 Abs. 2 EStG verankerten Prinzip nach unterliegen der Besteuerung nur Nettogrößen, also entweder der Gewinn oder der Überschuss der Einnahmen über die Werbungskosten, wodurch die Besteuerung nach der wirtschaftlichen Leistungsfähigkeit entfaltet wird.[1186] Ausdruck steuerlicher Leistungsfähigkeit sind dabei nicht die Vermögenszugänge, sondern nur das Ergebnis einer Erwerbstätigkeit, sodass das objektive Nettoprinzip die uneingeschränkte Berücksichtigung von Erwerbsaufwendungen und Verlusten gebietet.[1187] Dementsprechend wird die Leistungsfähigkeit dadurch ermittelt, dass steuerbare Einnahmen und die zur Erzielung dieser Einnahmen aufgewandten Ausgaben gegeneinander ausgeglichen werden.[1188] Übertragen auf Sanierungsfälle bedeutet das, dass auch bei Steuerpflichtigen, welche die Steuerbefreiung des § 3a Abs. 1 S. 1 EStG in Anspruch nehmen wollen, sämtliche Verluste aus allen Einkunftsarten vollständig zu berücksichtigen sind. Es ist zwar sachgerecht, dass bestehende Verluste zur Minimierung des Sanierungsgewinns eingesetzt werden müssen, um die Begünstigung auf das unbedingt erforderliche Maß zu begrenzen, jedoch muss auf der anderen Seite sichergestellt sein, dass die Verlustverrechnung mit dem Sanierungsgewinn nicht dazu führt, dass es zu einer Besteuerung von Einnahmen kommt, obwohl diese durch Verluste kompensiert werden könnten. Beides gemeinsam kann nur dadurch erreicht werden, dass sowohl ein horizontaler als auch vertikaler Verlustausgleich durchzuführen ist, bevor der Sanierungsertrag den Verlust aus anderen Einkunftsarten aufzehrt. Wie gezeigt, würde die Verrechnung des Sanierungsertrags mit bestehenden Verlusten anderer Einkunftsarten vor einem externen Verlustausgleich nämlich bewirken, dass positive Einkünfte trotz korrespondierender Verluste der Besteuerung unterworfen werden. Anknüpfungspunkt der Besteuerung wäre dann nicht mehr die Nettogröße, sondern allein der Vermögenszugang. Auch wenn das BVerfG dem objektiven Nettoprinzip bisher nicht ausdrücklich Verfassungsrang zugewiesen hat, ist dessen systemtragende Rolle dennoch anerkannt.[1189] Vor dem Hintergrund, dass durch das objektive Nettoprinzip das Prinzip der Besteuerung nach der wirtschaftli-

1185 Vgl. Kanzler, in: K/K/B, § 3a, Rn. 152 (Ausschluss des vertikalen Verlustausgleichs als Verstoß gegen das objektive Nettoprinzip); Seer, in: Kirchhof, EStG, § 3a, Rn. 41.

1186 Vgl. Seer, in: Kirchhof, EStG, § 2, Rn. 4.

1187 Vgl. Hey, in: Tipke/Lang, Steuerrecht, Rn. 8.54.

1188 Vgl. Seer, in: Kirchhof, EStG, § 2, Rn. 4.

1189 Vgl. Hey, in: H/H/R, Einf. EStG, Rn. 44 (Stand: April 2020) m.w.N.

chen Leistungsfähigkeit entfaltet wird, können die Rechtsfolgen, die mit einem Ausschluss des vertikalen Verlustausgleichs verbunden wären, nicht hingenommen werden. Neben dem horizontalen ist daher auch der vertikale Verlustausgleich durchzuführen, bevor der Verrechnungstatbestand des § 3a Abs. 3 S. 2 Nr. 9 EStG zur Anwendung kommt.

3. Verlustverrechnung bei zusammenveranlagten Ehegatten und Lebenspartnern

a) Unklarheit über den sachlichen Anwendungsbereich bei Einführung des § 3a EStG

Als problematisch erwies sich seit der Verabschiedung von § 3a EStG außerdem die Frage, ob und ggf. in welchem Umfang neben den Verlusten des Mitunternehmers auch die laufenden Verluste und Verlustvorträge von zusammenveranlagten Ehegatten von der Verlustverrechnung nach § 3a Abs. 3 S. 2 betroffen sein sollten. Während dies nach dem Willen des Gesetzgebers von Beginn an der Fall sein sollte[1190], wurde die Einbeziehung von Ehegatten von Teilen der Literatur gänzlich abgelehnt.[1191] Eine solche Auslegung verletze das Subjektsteuerprinzip[1192] und eine Mithaftung des Ehegatten sei nach dem Normzweck nicht gerechtfertigt[1193]. Diese, das Prinzip der Individualbesteuerung außer Kraft setzende Rechtsfolge bedürfe einer ausdrücklichen Regelung im Gesetz.[1194]

Von einem Großteil des Schrifttums wurde demgegenüber eine differenzierte Betrachtungsweise angestellt. Einigkeit bestand insoweit, als dass sich die Frage nur im Rahmen der Verlustverrechnungspositionen der §§ 3a

---

1190 BT-Drs. 18/12128, S. 32; zustimmend: Möhlenbrock/Gragert, FR 2017, 994, 997.

1191 Vgl. Levedag, in: Schmidt, EStG, § 3a, Rn. 40; Kanzler, NWB 2017, 2260, 2269; ders., NWB 2019, 626, 644; ders., in: K/K/B, 4. Aufl. 2019, § 3a Rn. 145, Seer, in: Kirchhof, EStG, 18. Aufl. 2019, § 3a Rn. 32; wohl auch Förster/Hechtner, DB 2017, 1536, 1541.

1192 Vgl. Förster/Hechtner, DB 2017, 1536, 1541; Kanzler, NWB 2017, 2260, 2269; ders., NWB 2019, 626, 644; ders., NWB 2021, 1311, 1317; ders., in: K/K/B, 4. Aufl. 2019, § 3a Rn. 145 (wiederholt in K/K/B, 5. Aufl. 2019, § 3a, Rn. 145); Seer, in: Kirchhof, EStG, 18. Aufl. 2019, § 3a, Rn. 32 (ders. außerdem in: Kirchhof, EStG, 20. Aufl. 2021, § 3a, Rn. 52a).

1193 Vgl. Levedag, in: Schmidt, EStG, § 3a, Rn. 40.

1194 Vgl. Hallerbach, in: H/H/R, § 3a EStG, Rn. 34 (Stand: August 2019); vgl. auch Bleschick, in: BeckOK EStG, § 3a, Rn. 545b (Stand: Januar 2021).

Abs. 3 S. 2 Nr. 9–13 EStG stellt[1195], da nur diese Positionen den Verrechnungskreis des (Mit-)Unternehmers betreffen können. Unklar war aber, innerhalb welcher Tatbestände der §§ 3a Abs. 3 S. 2 Nr. 9–13 EStG die Steuerminderungspotentiale zusammenveranlagter Ehegatten tatsächlich berücksichtigt werden konnten. Ausgangspunkt der Überlegung ist die Wirkung der Zusammenveranlagung gemäß § 26b EStG. Danach werden „Einkünfte, die die Ehegatten erzielt haben, zusammengerechnet" und ihnen „gemeinsam zugerechnet". Daraus folgt, dass zunächst eine getrennte Einkünfteermittlung für jeden Ehegatten stattfindet und erst im zweiten Schritt eine Zusammenrechnung dieser getrennt ermittelten Einkünfte, sowie eine Zurechnung zu den Ehegatten erfolgt, die ab dann als ein Steuerpflichtiger behandelt werden.[1196] Davon ausgehend sollte die Einbeziehung von Steuerminderungspotentialen zusammenveranlagter Ehegatten davon abhängen, auf welcher Stufe der Einkommensermittlung der Ehegatten sich die Steuerminderungsposition auswirkt.[1197] Steuerminderungspositionen, die auf der Ebene der (noch getrennten) Einkünfteermittlung eingreifen, sollten nicht von der Verrechnung erfasst sein, solche die erst nach der Bildung des gemeinsamen Einkommens eingreifen hingegen schon.[1198] Denn erst ab diesem Zeitpunkt bilden die zusammenveranlagten Ehegatten einen einheitlichen Verrechnungskreis. Vor diesem Hintergrund bestand innerhalb des differenzierenden, aber grundsätzlich die Verrechnung mit Steuerminderungspotentialen zusammenveranlagter Ehegatten für zulässig erachtenden Lagers Einigkeit darüber, dass innerhalb der Tatbestände der § 3a Abs. 3 S. 2 Nr. 10 und 12 EStG die Verrechnung auch mit Minderungspotentialen des anderen Ehegatten möglich war.[1199] Ebenfalls Einigkeit be-

1195 Vgl. exemplarisch Bodden, in: Korn, EStG, § 3a, Rn. 84 (Stand: März 2020); Kobor, in: K/S/M, § 3a, Rn. D 61 (Stand: Mai 2020).

1196 Vgl. Desens, FR 2017, 981, 987.

1197 In diesem Sinne differenzierend: Desens, FR 2017, S. 981, 987, Feldgen, in: F/K/S, § 3a, Rn. 27 (Stand: Dezember 2017); Bleschick, in: BeckOK EStG, § 3a, Rn. 369 (Stand: Januar 2021); Kobor, in: K/S/M, § 3a, Rn. D 61 (Stand: Mai 2020); Hallerbach, in: H/H/R, § 3a EStG, Rn. 34 (Stand: August 2019);

1198 Vgl. Bleschik, in: BeckOK EStG, § 3a, Rn. 369 (Stand: Februar 2020); Desens, FR 2017, 981, 987.

1199 Vgl. Desens, FR 2017, 981, 987; Hallerbach, in: H/H/R, § 3a EStG, Rn. 34; Bleschik, in: BeckOK EStG, § 3a, Rn. 369 (Stand: Januar 2021). Allerdings wird vereinzelt zumindest die Möglichkeit in Betracht gezogen, dass im Rahmen von Nummer 12 der Verlustrücktrag des anderen Ehegatten nicht zu berücksichtigen sei, da der Wortlaut nur vom Verlustvortrag spricht, vgl. Seer, in: Kirchhof, EStG, 18. Aufl. 2019, § 3a, Rn. 50.

stand insoweit, als dass Zins- und EBITDA-Vorträge gemäß § 3a Abs. 3 S. 2 Nr. 13 EStG[1200] sowie verrechenbarer Verlust und negative Einkünfte aus weiteren Verrechnungskreisen gemäß § 3a Abs. 3 S. 2 Nr. 11 EStG[1201] des anderen Ehegatten nicht zu berücksichtigen waren.

Geteilt waren die Auffassungen aber auch innerhalb des differenzierenden Spektrums hinsichtlich des ausgleichsfähigen Verlusts aus allen Einkunftsarten nach § 3a Abs. 3 S. 3 Nr. 9 EStG.[1202] Der Wortlaut der Vorschrift lässt nämlich nicht erkennen, ob „der ausgleichsfähige Verlust aus allen Einkunftsarten (1) des Steuerpflichtigen oder (2) der Ehegatten" gemeint ist.[1203] Eine Ansicht lehnte deshalb die Einbeziehung von Ehegattenverlusten bei § 3a Abs. 3 S. 2 Nr. 9 EStG ab.[1204] Begründet wurde dies ebenfalls mit der Wirkung der Steuerminderungsposition auf Ebene der Einkommensermittlung[1205], sowie damit, dass die Einbeziehung dem Zweck von § 3a Abs. 3 EStG widersprechen würde, da nur eine Doppelbegünstigung

1200 Vgl. Desens, FR 2017, 981, 987; Hallerbach, in: H/H/R, § 3a EStG, Rn. 34; Bleschik, in: BeckOK EStG, § 3a, Rn. 369 (Stand: Januar 2021).

1201 Vgl. Desens, FR 2017, 981, 987; Hallerbach, in: H/H/R, § 3a EStG, Rn. 34; Bleschik, in: BeckOK EStG, § 3a, Rn. 369 (Stand: Januar 2021); Krumm, in: Blümich, § 3a EStG, Rn. 46 (Stand: Dezember 2018; wiederholt beim Stand März 2020); Bodden, in: Korn, EStG, § 3a, Rn. 105.1 (Stand: März 2020). Ausdrücklich, trotz grundsätzlich ablehnender Haltung gegenüber der Berücksichtigung des Verlustverrechnungskreises des anderen Ehegatten außerdem: Vgl. Förster/Hechtner, DB 2017, 1536, 1541; Kanzler, NWB 2017, 2260, 2270; ders., NWB 2019, 626, 646; ders., in: K/K/B, 4. Aufl. 2019, § 3a, Rn. 154.

1202 Für die Erfassung von Ehegattenverlusten im Rahmen von § 3a Abs. 3 S. 2 Nr. 9 EStG: Krumm, in: Blümich, § 3a EStG, Rn. 44 (Stand: Dezember 2018); Bodden, in: Korn, EStG, § 3a, Rn. 91 (Stand: Januar 2019); ablehnend: Desens, FR 2017, 981, 988; Seer, in: Kirchhof, EStG, 18. Aufl. 2019, § 3a, Rn. 50; Hallerbach, in: H/H/R, § 3a EStG, Rn. 34 (Stand: August 2019). Ausdrücklich, trotz grundsätzlich ablehnender Haltung gegenüber der Berücksichtigung des Verlustverrechnungskreises des anderen Ehegatten außerdem: Vgl. Förster/Hechtner, DB 2017, 1536, 1541.

1203 Vgl. Desens, FR 2017, 981, 987 mit Rechenbeispielen hinsichtlich der unterschiedlichen Auswirkungen.

1204 Vgl. Hallerbach, in: H/H/R, § 3a EStG, Rn. 34 (Stand: August 2019); Desens, FR 2017, 981, 987; Bleschik, in: BeckOK EStG, § 3a, Rn. 369, 433 (Stand: Februar 2020). Ausdrücklich, trotz grundsätzlich ablehnender Haltung gegenüber der Berücksichtigung des Verlustverrechnungskreises des anderen Ehegatten außerdem. Förster/Hechtner, DB 2017, 1536, 1541; Seer, in: Kirchhof, EStG, 18. Aufl. 2019, § 3a, Rn. 50.

1205 Vgl. Bleschik, in: BeckOK EStG, § 3a, Rn. 369 (Stand: Februar 2020).

des Unternehmens verhindert werden solle.[1206] Diese Ansicht beruht auf der Prämisse, dass die Eingangsfrage dahingehend beantwortet wird, dass in Nummer 9 der ausgleichsfähige Verlust „des Steuerpflichtigen" gemeint ist. Legt man die Vorschrift so aus, dass der ausgleichsfähige Verlust „der Ehegatten" gemeint ist, könnte das Hindernis der getrennten Einkünfteermittlung für diesen Tatbestand überwunden werden. Dieser Auslegung entsprechend sprach sich eine andere Ansicht für die Verrechnung auch des ausgleichsfähigen Verlusts aus allen Einkunftsarten des anderen Ehegatten aus, da dies dem Willen des Gesetzgebers entspreche und der Wortlaut dem zumindest nicht entgegenstehe.[1207]

b) Ergänzung durch § 3a Abs. 3a EStG

Zwischenzeitlich hat der Gesetzgeber reagiert und ist der Forderung nach einer gesetzlichen Regelung nachgekommen. Im Zuge des Gesetzes „zur weiteren steuerlichen Förderung der Elektromobilität und zur Änderung weiterer steuerlicher Vorschriften"[1208] wurde § 3a EStG um einen entsprechenden Abs. 3a ergänzt, der nun ausdrücklich regelt, dass auch die „laufenden Beträge und Verlustvorträge des anderen Ehegatten" einzubeziehen sind, sofern sie zusammenveranlagt werden. Über § 2 Abs. 8 EStG gilt die Vorschrift auch für eingetragene Lebenspartner.[1209] Die Ergänzung wurde auf Vorschlag des Bundesrates aus Gründen der Rechtsklarheit- und Sicherheit in das Gesetzesvorhaben aufgenommen, da die Befürchtung geäußert wurde, allein die Erwähnung im Rahmen der Gesetzesbegründung zu § 3a EStG könnte keine ausreichende Rechtsgrundlage darstellen.[1210]

Mit der gesetzlichen Regelung ist es dem Gesetzgeber aber nicht gelungen, den Streit um die Behandlung von Ehegattenverlusten endgültig beizu-

---

1206 Vgl. Desens, FR 2017, 981, 987 (zeigt mit Rechenbeispielen auf, dass der andere Ehegatte mit positiven Einkünften den Verlustuntergang mindern könnte; Hallerbach, in: H/H/R, § 3a EStG, Rn. 34 (Stand August 2019).

1207 Vgl. Krumm, in: Blümich, § 3a EStG, Rn. 44 (Stand: Dezember 2018); Bodden, in: Korn, EStG, § 3a, Rn. 91 (Stand: Januar 2019).

1208 BGBl. 2019 I, S. 2451, 2452.

1209 Vgl. Bodden, in: Korn, EStG, § 3a, Rn. 105.1 (Stand: März 2020); Seer, in: Kirchhof, EStG, § 3a, Rn. 52a. Alle weiteren Ausführungen gelten daher entsprechend für eigetragene Lebenspartnerschaften, aus Vereinfachungsgründen wird aber auf eine gesonderte Erwähnung verzichtet.

1210 BT-Drs. 19/13436, S. 211.

legen. Auch nach der Einführung von Abs. 3a ist die Einbeziehung von Ehegattenverlusten im Hinblick auf das Subjektsteuerprinzip nach wie vor deutlicher Kritik ausgesetzt.[1211] Nach Ansicht des Gesetzgebers[1212], die auch von Stimmen im Schrifttum geteilt wird[1213], soll die gesetzliche Regelung nur der Klarstellung dienen. Unproblematisch und soweit ersichtlich in der Literatur unbestritten ist der klarstellende Charakter von § 3a Abs. 3a EStG hinsichtlich der Tatbestände § 3a Abs. 3 S. 2 Nr. 10 und Nr. 12 EStG. Da sich diese Positionen erst nach der Zusammenrechnung der Einkünfte zu einem gemeinsamen Einkommen steuerlich auswirken, folgt hier die Einbeziehung des Verrechnungskreises des anderen Ehegatten bereits unmittelbar aus § 26b EStG und war daher auch ohne die Rechtsgrundlage des § 3a Abs. 3a EStG möglich.

Auch hinsichtlich des Tatbestands von § 3a Abs. § S. 2 Nr. 9 EStG ist die Bezeichnung des § 3a Abs. 3a EStG als klarstellende Regelung zutreffend. Vor Einführung von § 3a Abs. 3a EStG ließ der Tatbestand von Nummer 9 zwei verschiedene Auslegungsvarianten zu. Abgelehnt wurde die Berücksichtigung von Ehegattenverlusten vor allem damit, dass dadurch dem Zweck von § 3a Abs. 3 insgesamt widersprechenden Rechtsfolgen entstünden. Bezieht man Nr. 9 auf den ausgleichsfähigen Verlust „der Ehegatten", können nämlich Konstellationen auftreten, in denen der andere Ehegatte mit eigenen positiven Einkünften die Verlustverrechnung nach Nr. 9 mindern kann.[1214] Es stünde also im Ergebnis weniger Verlustpotential zur Verfügung, das mit dem Sanierungsertrag verrechnet werden kann. Mit dem Zweck der Verlustverrechnung, eine Doppelbegünstigung dadurch zu vermeiden, dass der Steuerpflichtige vorhandene Verluste einsetzen muss, um den Sanierungsgewinn und damit die Steuerfreistellung so gering wie möglich zu halten, dürfte nur schwer vereinbar sein. Trotz entsprechender Hinweise im Schrifttum hat der Gesetzgeber zu diesem Aspekt bei der Einführung von Abs. 3a zwar nicht ausdrücklich Stellung bezogen, die zuvor bestehende Auslegungsunsicherheit aber durch die Regelungssystematik trotzdem beseitigt.[1215] Die Rechtsfolge der Einbeziehung von Ehegattenminderungspotentialen wurde nämlich durch einen eigenständigen

1211 Vgl. Kanzler, in: K/K/B, § 3a, Rn. 145; Seer, in: Kirchhof, EStG, § 3a, Rn. 52a.

1212 Vgl. BT-Drs. 19/13436, S. 211; BT-Drs. 19/14909, S. 40.

1213 Vgl. Krumm, in: Blümich, § 3a EStG, Rn. 51a (Stand: März 2021) (spricht allerdings ausdrücklich nur von den Tatbeständen der §§ 3a Abs. 3 S. 2 Nr. 9 und 10 EStG; Bodden, in: Korn, EStG, § 3a, Rn. 105.1 (Stand: März 2020).

1214 Vgl. Desens, FR 2017, 981, 988.

1215 Vgl. auch Bös, in: Bordewin/Brandt, EStG, § 3a, Rn. 258 (Stand: März 2021).

Absatz 3a geregelt, anstatt innerhalb der einzelnen Tatbestände, sodass sich die Regelung auf sämtliche Tatbestände des § 3a Abs. 3 S. 2 bezieht, mithin auch auf Nr. 9. Damit bringt der Gesetzgeber hinreichend zum Ausdruck, dass eine umfassende Wirkung beabsichtigt war und in Nr. 9 der ausgleichsfähige Verlust „der Ehegatten" gemeint ist, auch wenn dessen Wortlaut nach wie vor auch die gegenteilige Auslegung zulassen würde. In diesem Sinne wird die Berücksichtigung des ausgleichsfähigen Verlusts aller Einkunftsarten auch des zusammenveranlagten Ehegatten durch § 3a Abs. 3 S. 2 Nr. 9 EStG nunmehr auch von einem Großteil des Schrifttums anerkannt.[1216] Da diese Rechtsfolge auch ohne § 3a Abs. 3a EStG schon möglich war – der Wortlaut von § 3a Abs. 3 S. 2 Nr. 9 stand dem nicht entgegen[1217] – und der Gesetzgeber daher mit der Ergänzung nur seine Entscheidung für die eine Auslegungsvariante zum Ausdruck gebracht hat, wirkt Abs. 3a auch in dieser Hinsicht klarstellend.[1218]

Für die Tatbestände der § 3a Abs. 3 S. 2 Nr. 11 und Nr. 13 EStG gilt das allerdings nicht. Dort war nach einhelliger Meinung die Berücksichtigung von Ehegattenpositionen allein aufgrund von § 3a Abs. 3 S. 2 Nr. 11 und 13 EStG im Hinblick auf die Wirkungen der Zusammenveranlagung nach § 26b EStG nicht möglich, da die entsprechenden Positionen schon vor der Zusammenrechnung der Einkünfte zu einem gemeinsamen Einkommen zu berücksichtigen sind. Hinsichtlich dieser Tatbestände besteht über die Auswirkungen von § 3a Abs. 3a EStG daher Uneinigkeit. Ein Teil des Schrifttums geht davon aus, dass die Verlustverrechnung bei Ehegatten durch § 3a Abs. 3a EStG tatsächlich ausgeweitet wurde und die entsprechenden Positionen nunmehr sowohl bei Nummer 11[1219], als auch bei Nr. 13[1220] zu berücksichtigen sind. Vor diesem Hintergrund wird die Vor-

---

1216 Vgl. Bodden, in: Korn, EStG, § 3a, Rn. 91 (Stand: März 2020); Krumm, in: Blümich, § 3a EStG, Rn. 51a (Stand: März 2021); Bös, in: Bordewin/Brandt, EStG, § 3a, Rn. 258 (Stand: März 2021); Kanzler, in: K/K/B, § 3a, Rn. 152; wohl auch Seer, in: Kirchhof, EStG, § 3a, Rn. 52a; hingegen an der bisherigen Differenzierung nach der Wirkungsebene festhaltend und davon ausgehend die Berücksichtigung von Ehegattenverlusten ablehnend: Kobor, in: K/S/M, § 3a, Rn. D 25 (Stand: Mai 2020).

1217 Vgl. Krumm, in: Blümich, § 3a EStG, Rn. 51a (Stand: März 2021).

1218 A.A. Bleschik, in: BeckOK EStG, § 3a, Rn. 369 und Rn. 545b, der ebenfalls an der Differenzierung nach der Wirkungsebene festhält (Stand: Januar 2021).

1219 Vgl. Kanzler, in: K/K/B, § 3a, Rn. 154; wohl auch Seer, in: Kirchhof, EStG, § 3a, Rn. 52a; Bös, in: Bordewin/Brandt, EStG, § 3a, Rn. 258 (Stand: März 2021).

1220 So wohl Seer, in: Kirchhof, EStG, § 3a, Rn. 52a; Bös, in: Bordewin/Brandt, EStG, § 3a, Rn. 258 und Rn. 307 (Stand: März 2021).

schrift auch abweichend von der Ansicht des Gesetzgebers als konstitutiv bezeichnet.[1221] Andere halten auch nach der Einführung von Abs. 3a an der bisherigen Differenzierung nach der Wirkungsebene der Steuerminderungsposition fest und wollen Ehegattenverluste trotzdem weder bei Nummer 11[1222] noch bei Nummer 13[1223] berücksichtigen. Ein entsprechendes Ergebnis könnte durch eine einschränkende Auslegung von § 3a Abs. 3a EStG erreicht werden.[1224]

Für die Ausweitung der Verlustverrechnung auf Ehegatten auch innerhalb von § 3a Abs. 3 S. 2 Nr. 11 und Nr. 13 EStG und insofern eine konstitutive Wirkung des § 3a Abs. 3a EStG spricht zunächst erneut die Regelungssystematik. Die Verortung der Vorschrift in einem eigenständigen Absatz 3a, der den einzelnen Verlustuntergangstatbeständen nachgelagert ist, führt dazu, dass sich ihre Rechtsfolgen auf den gesamten Absatz 3 beziehen. Wäre die Einbeziehung von Ehegatten nur für einzelne Positionen beabsichtigt gewesen, hätte eine Regelung innerhalb der einzelnen Tatbestände näher gelegen. Zweitens können auch die Gesetzesmaterialien zu § 3a Abs. 3a EStG so gedeutet werden, dass die Vorschrift konstitutiv wirken soll. Denn die Ergänzung beruhte auf der Befürchtung, dass allein die Erwähnung der Verlustverrechnung auch bei zusammenveranlagten Ehegatten in der Gesetzesbegründung zu § 3a EStG keine ausreichende Rechtsgrundlage darstellen könnte.[1225] Dieser Hinweis könnte dahingehend verstanden werden, dass der Gesetzgeber deswegen die Notwendigkeit einer gesetzlichen Grundlage gesehen hat, weil er mit der Einbeziehung von Ehegatten in die Verlustverrechnung weitergehende Rechtsfolgen erzeugen wollte, als sich bereits aus § 3a Abs. 3 S. 2 EStG ergaben. Allein danach war die Einbeziehung von zusammenveranlagten Ehegatten nämlich aufgrund der Wirkungen des § 26b EStG nur bei den Tatbeständen der Nummern 9, 10 und 12 möglich, bei den Nummern 11 und 13 hingegen nicht möglich. Insoweit ist die Befürchtung, die Erwähnung in der Gesetzesbegründung stelle keine ausreichende Rechtsgrundlage dar, also legitim.

1221 Vgl. Bleschik, in: BeckOK EStG, § 3a, Rn. 545b (Stand: Januar 2021).

1222 Vgl. Kobor, in: K/S/M, § 3a, Rn. D 25 (Stand: Mai 2020); Bodden, in: Korn, EStG, § 3a, Rn. 93 (Stand: März 2020);

1223 Vgl. Kobor, in: K/S/M, § 3a, Rn. D 25 (Stand: Mai 2020); Kanzler, in: K/K/B, § 3a, Rn. 167 (dort nur auf Nummer 9–12 abstellend).

1224 Vgl. Kanzler, in: K/K/B, § 3a, Rn. 167; vgl. auch Kobor, in: K/S/M, § 3a, Rn. D 25, D 61 (Stand: Mai 2020) (die beibehaltene Differenzierung nach der Wirkungsebene der Steuerminderungspositionen entspricht im Ergebnis einer einschränkenden Auslegung des § 3a Abs. 3a EStG).

1225 BT-Drs. 19/13436, S. 211.

Die gewichtigeren Argumente sprechen aber dafür, auch nach der Ergänzung durch § 3a Abs. 3a EStG an der Differenzierung nach der Wirkungsebene festzuhalten und die Steuerminderungspositionen von zusammenveranlagten Ehegatten bei § 3a Abs. 3 S. 2 Nr. 11 und 13 EStG weiterhin nicht zu berücksichtigen. Dafür streitet zunächst der Wortlaut von § 3a Abs. 3a EStG. Denn dort ist nicht allgemein von „Verlustverrechnungspotentialen" oder „Verlustverrechnungsvolumina" der Ehegatten die Rede[1226], sondern einzubeziehen sind nur die „laufenden Beträge und Verlustvorträge". Der Zins- und EBITDA Vortrag gemäß § 3a Abs. 3 S. 2 Nr. 13 wird aber grade nicht erwähnt. Auch der Wille des Gesetzgebers spricht im Gegenteil dafür, die Tatbestände der Nummern 11 und 13 nicht in die Verrechnung einzubeziehen. Denn der Gesetzgeber bezeichnet die Vorschrift selbst als lediglich klarstellend, mit der „diese Rechtsauffassung" im Gesetz verankert werden solle. Mit „dieser Rechtsauffassung" ist die sich aus der Begründung zur Einführung von § 3a EStG ergebende Ansicht gemeint, Steuerminderungspositionen von Ehegatten zu berücksichtigen. Dabei ist nicht erkennbar, dass der Gesetzgeber sich mit § 3a Abs. 3a EStG in Widerspruch zu den Rechtsfolgen der Zusammenveranlagung setzen wollte. Da § 26b EStG weiterhin Geltung beansprucht, lässt sich daraus ableiten, dass mit § 3a Abs. 3a EStG auch tatsächlich nur die Rechtsfolgen kodifiziert werden sollten, die sich bereits aus § 3a Abs. 3 EStG ergeben konnten. Darüber hinausreichende Rechtsfolgen waren aber gerade nicht beabsichtigt. Dies gilt umso mehr, als dass die entsprechenden Bedenken im Schrifttum hinsichtlich der Tatbestände von Nummer 11 und Nummer 13 zeitnah nach der Schaffung von § 3a EStG geäußert wurden und dem Gesetzgeber daher bei Einführung von § 3a Abs. 3a EStG bekannt gewesen sein müssen. Des Weiteren spricht der Gesetzgeber davon, dass mit Abs. 3a die „schon bisher von der Finanzverwaltung vertretene Auffassung" gesetzlich verankert werden solle.[1227] Auch unter Geltung des Sanierungserlasses wurde vor der Verschonung des Sanierungsertrags eine Verlustverrechnung vorgenommen[1228], wobei auch hier schon Steuerminderungspositionen von Ehegatten zu berücksichtigen waren.[1229] Allerdings bestand auch zu diesem

1226 Diese allgemeinen Begriffe verwendet der Gesetzgeber hingegen in der Gesetzesbegründung zu § 3a Abs. 3 EStG, s. BT-Drs. 18/12128, S. 31, 32.

1227 BT-Drs. 19/13436, S. 211; BT-Drs. 19/14909, S. 40.

1228 BMF v. 27.3.2003 – IV A 6 – S 2140 – 8/03, Rn. 8 S. 3.

1229 Vgl. OFD Niedersachsen v. 25.4.2016 – S 2140 – 8 – St 244, II. 3.2.; OFD Frankfurt am Main v. 10.5.2017 – S 2140 A-4-St 213, „Verlustverrechnung".

Zeitpunkt keineswegs Einigkeit über die sachliche Reichweite der Verlustverrechnung, insbesondere über die Berücksichtigung von Zinsvorträgen bestand keine bundeseinheitliche Verwaltungsansicht.[1230] Entscheidend gegen eine konstitutive Bedeutung von § 3a Abs. 3a EStG spricht jedoch der Sinn und Zweck der Verslustverrechnung nach § 3a Abs. 3 EStG. Dieser besteht nämlich darin, eine nicht gerechtfertigte Doppelbegünstigung zu verhindern und die Steuerfreiheit auf das erforderliche Mindestmaß zu begrenzen[1231], was bei der Einführung von Abs. 3a noch einmal hervorgehoben[1232] wird. Eine solche Doppelbegünstigung droht aber nur, soweit Steuerminderungspotentiale aus dem Verlustverrechnungskreis des zu sanierenden Unternehmens bei gleichzeitiger Steuerfreiheit des Sanierungsgewinns erhalten bleiben, da auch die Steuerfreiheit nur unternehmensbezogen wirkt. Die Verrechnung mit Ehegattenverlusten ist daher nicht mehr zur Vermeidung einer Doppelbegünstigung erforderlich. Vor diesem Hintergrund ist deren Einbeziehung zwar auch schon für die Tatbestände von § 3a Abs. 3 S. 2 EStG kritikwürdig, hier ergibt sie sich aber schon aus den Rechtsfolgen der Zusammenveranlagung nach § 26b EStG und ist insofern nicht vermeidbar. Eine weiterreichende (konstitutive) Wirkung von Abs. 3a würde dem Zweck des § 3a Abs. 3a EStG aber entgegenstehen. Folglich ist § 3a Abs. 3a EStG dahingehend einschränkend auszulegen, dass laufende Beträge und Verlustvorträge zusammenveranlagter Ehegatten nur insoweit in die Verrechnung einzubeziehen sind, wie es den Wirkungen der Zusammenveranlagung gemäß § 26b EStG entspricht. Daher ist an der Differenzierung nach der Wirkungsebene der Steuerminderungspositionen festzuhalten und die Tatbestände des § 3a Abs. 3 S. 2 Nr. 11 und 13 aus dem Anwendungsbereich von § 3a Abs. 3a EStG auszunehmen.

4. Behandlung von Verlusten bei doppelstöckiger Personengesellschaft

Das Verlustverrechnungssystem des § 3a Abs. 3 S. 2 EStG ordnet zum einen die Verrechnung bereits im zu sanierenden Unternehmen angelegter Verluste (Nr. 1–8) und zum anderen Solcher des (Mit-)Unternehmers (Nr. 9–13) an. Diskutabel ist jedoch, wie mit solchen Verlusten des zu sanierenden Unternehmens umzugehen ist, die bei Beteiligungsunternehmen entstehen,

1230 Vgl. Sistermann/Beutel, DStR 2017, 1065, 1067.

1231 BT-Drs. 18/12128, S. 31.

1232 BT-Drs. 19/13436, S. 211.

also solchen Unternehmen, an denen das zu sanierende Unternehmen seinerseits als Mitunternehmer beteiligt ist.[1233] Konkret stellt sich diese Frage im Hinblick auf zurechenbare Verluste i.S.v. § 15a EStG und Zinsvorträge des Beteiligungsunternehmens und ist eng verbunden mit der Frage nach der Reichweite der Verslustverrechnungsvorschriften der § 3a Abs. 3 S. 2 Nr. 11 und Nr. 13 EStG.

Die Ausgangssituation stellt sich dabei so dar, dass das sanierungsbedürftige Unternehmen als Kommanditist an einer anderen Mitunternehmerschaft beteiligt ist, bei der im Sanierungsjahr sowohl dem Krisenunternehmen zuzurechnende Verluste i.S.v. § 15a EStG, als auch Zinsvorträge nach § 4h EStG vorhanden sind. Derzeit scheint noch nicht vollständig geklärt, ob auch diese Positionen von der Verlustverrechnung nach § 3a Abs. 3 S. 2 EStG erfasst werden oder nicht.

Mit Blick auf die einzelnen Tatbestände der § 3a Abs. 3 S. 2 Nr. 1–13 EStG kommt eine Aufzehrung der Zinsvorträge des Beteiligungsunternehmens höchstens nach Nr. 13 in Betracht. Nicht so eindeutig ist hingegen der Umgang mit den verrechenbaren Verlusten i.S.v. § 15a EStG, für deren Verrechnung auf den ersten Blick mehrere Tatbestände in Betracht kommen. Eine Verrechnung nach Abs. 3 S. 2 Nr. 2 oder 3 scheitert daran, dass die Vorschriften nur Verluste „des zu sanierenden Unternehmens“ erfassen. Das bedeutet, dass die Verluste auf Ebene des Krisenunternehmens entstehen müssen, was nicht der Fall ist, wenn sie diesem nur aufgrund der eigenen Kommanditistenstellung zugerechnet werden, jedoch in einem anderen Unternehmen entstehen. Soweit in den Nr. 2 und Nr. 3 von ausgleichsfähigen oder verrechenbaren Verlusten gemäß § 15a EStG die Rede ist, meint dies nur solche, die auf Steuerpflichtige entfallen, die ihrerseits an dem sanierungsbedürftigen Unternehmen beteiligt sind. Aus demselben Grund scheidet auch eine Verrechnung nach Nr. 8 aus, da auch hier nur der Verlust „des zu sanierenden Unternehmens“ betroffen ist. Die Nummern 4–7 betreffen lediglich Verluste aus einem Steuersparmodell gemäß § 15b EStG, sowie aus gewerblicher Tierzucht gemäß § 15 Abs. 4 EStG und können daher ebenfalls nicht den Untergang der § 15a-Verluste des Beteiligungsunternehmens bewirken. § 3a Abs. 3 S. 2 Nr. 9 EStG hingegen bezieht sich nicht mehr auf das Unternehmen, sondern den Steuerpflichtigen selbst.[1234] Jedoch erfasst auch diese Regelung nur diejenigen Verluste, die in der Per-

1233 S. dazu der Beispielsfall bei Sistermann/Beutel, DStR 2017, 1065, 1068.
1234 Vgl. Seer, in: Kirchhof, EStG, § 3a, Rn. 41.

son des Steuerpflichtigen selbst angelegt sind[1235] und nicht solche, die bei solchen Unternehmen entstehen, an denen das zu sanierende Unternehmen seinerseits nur beteiligt ist. Auch diese Vorschrift kommt also für eine Verrechnung nicht in Betracht. Auch die Nr. 10 kann § 15a-Verluste von Beteiligungsunternehmen nicht erfassen, da sie sich nur auf gemäß § 10d Abs. 4 EStG festgestellte Verluste bezieht. Von Relevanz ist schließlich allein die Verrechnungsposition des § 3a Abs. 3 S. 2 Nr. 11 EStG, da es hier gerade um Verluste geht, die nicht im zu sanierenden Unternehmen entstanden sind, sodass Buchstabe a) den verrechenbaren Verlust gemäß § 15a EStG aus anderen Mitunternehmeranteilen erfasst.[1236]

An dieser Stelle wird vertreten, dass die Reichweite von § 3a Abs. 3 S. 2 Nr. 11 a) EStG nicht so weit zu verstehen sei, dass die § 15a-Verluste, die auf das zu sanierende Unternehmen entfallen bei dem Beteiligungsunternehmen von der Verlustverrechnung erfasst sind, da sie nur auf dessen Ebene gesondert festgestellt werden und ein Verlustuntergang bei dem sanierungsbedürftigen Unternehmen nahe stehenden Personen gemäß § 3a Abs. 3 S. 3 EStG an weitergehende Voraussetzungen geknüpft sei.[1237] Zudem lasse sich der Gesetzesbegründung entnehmen, dass nur Verlustpositionen des sanierungsbedürftigen Unternehmens und dessen Mitunternehmer von der Verrechnung umfasst sein sollen, nicht aber von Beteiligungsunternehmen.[1238] Von anderer Seite wird zumindest auf die Gefahr hingewiesen, dass die Einbeziehung der § 15a-Verluste des zu sanierenden Unternehmens aus anderen Mitunternehmerschaften nicht ausgeschlossen werden kann.[1239]

Ausgangspunkt der Betrachtung ist zunächst der Gesetzeswortlaut. § 3a Abs. 3 S. 2 Nr. 11 stellt zwar nicht ausdrücklich klar, wessen Verluste betroffen sein sollen, jedoch dürften in jedem Fall Verslustpositionen von Mitunternehmern des zu sanierenden Unternehmens aus anderen Mitunternehmerschaften erfasst sein.[1240] Verfügt der Steuerpflichtige also neben den Verlusten aus dem zu sanierenden Unternehmen noch über weitere verrechenbare Verluste aus anderen Mitunternehmen, so werden diese gemäß § 3a Abs. 3 S. 2 Nr. 11 a) EStG ebenfalls mit dem Sanierungsertrag verrechnet. Eine personelle Begrenzung, wessen Verluste erfasst sein sollen,

1235 Vgl. Krumm, in: Blümich, § 3a EStG, Rn. 44 (Stand: März 2020).
1236 Vgl. Seer, in: Kirchhof, EStG, § 3a, Rn. 45.
1237 Vgl. Sistermann/Beutel, DStR 2017, 1065, 1068.
1238 Vgl. Sistermann/Beutel, a.a.O.
1239 Vgl. Epler/Petersen, Stbg 2019, 114.
1240 Vgl. Epler/Petersen, Stbg 2019, 114.

enthält die Vorschrift allerdings nicht. Auch findet sich in Buchstabe a), der innerhalb der Nr. 11 Verluste i.S.v. § 15a EStG als erste Verrechnungsposition nennt, keine Klarstellung dahingehend, wo diese Verluste entstehen müssen. Anders als vorherige Verlustpositionen des § 3a Abs. 3 S. 2 EStG bezieht sich § 3a Abs. 3 S. 2 Nr. 11 a) EStG also gerade auf nicht im sanierungsbedürftigen Unternehmen entstandene Verluste. Insofern lässt zumindest der Wortlaut von Nr. 11 a) die Einbeziehung von § 15a-Verlusten aus Beteiligungsunternehmen zu.

Zuzustimmen ist der ablehnenden Ansicht insofern, dass die Gesetzesbegründung zunächst die Aufzehrung von Verlustpositionen des zu sanierenden Unternehmens und erst nachrangig von Verlusten des Mitunternehmers vorsieht und insofern auch nur diese beiden Ebenen erwähnt, nicht hingegen die Ebene von Unternehmen, an denen das sanierungsbedürftige Unternehmen seinerseits beteiligt ist.[1241] Es darf dabei aber nicht verkannt werden, was das eigentliche Ziel der Verlustverrechnung gemäß § 3a Abs. 3 EStG ist, nämlich zu verhindern, dass Verlustpotential nach der Sanierung und nach der Steuerfreistellung des Sanierungsgewinns noch zur Verrechnung mit später erwirtschafteten Gewinnen genutzt wird, um so eine Doppelbegünstigung auszuschließen. Die Gesetzesbegründung muss daher wohl eher so verstanden werden, dass die Verlustverrechnung auch möglichst umfassend wirken soll. Vor diesem Hintergrund stellt sich die Frage, ob die Einbeziehung der auf das sanierungsbedürftige Unternehmen entfallenden § 15a-Verluste mit dem Argument abgelehnt werden kann, dass diese Verluste nur auf der Ebene des Beteiligungsunternehmens gesondert festgestellt werden. Denn ausgehend vom Zweck der Verlustverrechnung kommt es für die Frage der Reichweite von § 3a Abs. 3 S. 2 Nr. 11 EStG nicht darauf an, wo die Verluste formal entstehen, sondern wo die steuerliche Nutzungsmöglichkeit liegt, die einen Doppelvorteil begründen würde, sollten die Verluste nicht mit dem Sanierungsertrag verrechnet werden. Die auf das sanierungsbedürftige Unternehmen entfallenden Verluste, die bei dem Beteiligungsunternehmen der Beschränkung des § 15a Abs. 1 EStG unterliegen, entstehen zwar formal gesehen auf dessen Ebene, jedoch handelt es sich um dem sanierungsbedürftigen Unternehmen als Kommanditist zuzurechnende Verluste. Soweit durch die Abzugsbeschränkung des § 15a Abs. 1 EStG ein verrechenbarer Verlust entsteht, mindert dieser gemäß § 15a Abs. 2 S. 1 EStG allein die künftigen Gewinne, die dem Kommanditisten

---

1241 BT-Drs. 18/12128, S. 32.

– also dem sanierungsbedürftigen Unternehmen – aus seiner Beteiligung zuzurechnen sind. Sie können hingegen nicht von dem Beteiligungsunternehmen selbst zur Verrechnung eingesetzt werden. Die Verluste können also allein von dem betroffenen Kommanditisten genutzt werden und kommen weder anderen Gesellschaftern des Beteiligungsunternehmens zugute, noch dem Beteiligungsunternehmen selbst, sodass der Nutzungsvorteil aus diesen Verlusten nicht bei dem Beteiligungsunternehmen liegt, sondern allein bei dem sanierungsbedürftigen Unternehmen. Demzufolge kann durch diese Verluste auch nur bei dem sanierungsbedürftigen Unternehmen eine Doppelbegünstigung entstehen, wenn sie in Veranlagungszeiträumen nach der Sanierung zur Verrechnung mit aus dem Beteiligungsunternehmen stammenden positiven Einkünften verrechnet werden könnten. Die eigentliche Verlustverrechnung findet zwar auf der Ebene des Beteiligungsunternehmens statt, das wirtschaftliche Ergebnis wäre aber, dass dem sanierungsbedürftigen Unternehmen in künftigen Veranlagungszeiträumen weniger Gewinn aus dem Beteiligungsunternehmen zugerechnet und daher Steuerminderungspotential über die Sanierungsphase hinweg genutzt würde. Da genau dies durch § 3a Abs. 3 EStG verhindert werden soll, gebietet dessen Zweck also eher, die § 15a-Verluste aus Beteiligungsunternehmen mit einzubeziehen. Die Gesetzesbegründung unterscheidet zwar nur zwischen dem Verlustverrechnungskreis des zu sanierenden Unternehmens und dem des (Mit-)Unternehmers, jedoch spricht sie zu keinem Zeitpunkt davon, dass die Verlustverrechnungsvolumina des Unternehmens auch dort „entstanden" sein müssen. Vielmehr werden zuerst die Verlustverrechnungsvolumina, die dem Unternehmen „zugerechnet werden" verbraucht.[1242] Dies spricht dafür, dass auch der Gesetzgeber bei der Schaffung des § 3a Abs. 3 S. 2 Nr. 11 a) EStG von der Frage ausgegangen ist, wo der Nutzungsvorteil der Verluste liegt.

Dass für den Verlustuntergang bei nahestehenden Personen in § 3a Abs. 3 S. 3 EStG weitergehende Voraussetzungen normiert sind, steht der Einbeziehung von Verlusten aus Beteiligungsunternehmen m.E. nicht entgegen, da Abs. 3 S. 3 einen anderen Ausgangssachverhalt erfasst. Bei Verlusten aus Beteiligungsunternehmen geht es um solche Verlustpositionen, die zwar formal gesehen nicht im sanierungsbedürftigen Unternehmen entstehen, die diesem aber zugerechnet werden und die nur von diesem auch zur Verrechnung mit späteren Gewinnen aus dem Beteiligungsunternehmen genutzt werden können. Der Nutzungsvorteil liegt bei dem sanierungsbedürf-

1242 BT-Drs. 18/12128, S. 32.

tigen Unternehmen selbst. Daher ist es auch ohne weitere Voraussetzungen sachgerecht, diese Beträge in die Verlustverrechnung mit einzubeziehen. In den Fällen, die § 3a Abs. 3 S. 3 EStG erfasst, werden hingegen solche Steuerminderungspositionen mit dem Sanierungsertrag verrechnet, die ansonsten bei der nahestehenden Person selbst genutzt werden könnten, deren Nutzungsvorteil also nicht bei dem sanierungsbedürftigen Unternehmen liegt. Bei dem zu sanierenden Unternehmen stellt die Verlustverrechnung bildlich gesprochen die Gegenleistung für die Gewährung der Steuerfreiheit dar, ihr steht also ein Vorteil für das Unternehmen gegenüber. Die von der Regelung des § 3a Abs. 3 S. 3 EStG betroffenen Personen werden jedoch mit der nachteiligen Rechtsfolge des Verlustuntergangs belastet, ohne dass dem die Steuerbefreiung eines Sanierungsertrags gegenübersteht. Daher ist die Einbeziehung hier nur unter den erschwerten Voraussetzungen des § 3a Abs. 3 S. 3 EStG zu rechtfertigen. Da der Nutzungsvorteil der § 15a-Verluste, die auf das zu sanierende Unternehmen entfallen, allein bei diesem liegen, stellt deren Einbeziehung für das Beteiligungsunternehmen keine besondere Belastung dar, sodass es der Voraussetzungen des § 3a Abs. 3 S. 3 EStG hier nicht bedarf.

Schließlich bleibt also festzuhalten, dass die Einbeziehung von § 15a-Verlusten von Beteiligungsunternehmen in die Verlustverrechnung insofern sachgerecht ist, als sie auf das sanierungsbedürftige Unternehmen entfallen. Nicht einzubeziehen sind hingegen die auf andere Gesellschafter des Beteiligungsunternehmens entfallende § 15a-Verluste.[1243] Auch für diese liegt die Nutzungsmöglichkeit zwar nicht bei dem Beteiligungsunternehmen selbst, jedoch bei den entsprechenden Gesellschaftern, die nicht von der Steuerfreiheit gemäß § 3a Abs. 1 S. 1 EStG auf der Ebene des sanierungsbedürftigen Unternehmens profitieren. Die Verrechnung deren § 15a-Verluste mit dem Sanierungsgewinn, der auf Ebene des Krisenunternehmens entsteht, wäre daher nur unter den erhöhten Voraussetzungen von § 3a Abs. 3 S. 3 EStG zulässig.

Anders verhält es sich mit dem Zinsvortrag des Beteiligungsunternehmens. Dieser ist allein von diesem Unternehmen nutzbar und wird nicht dem sanierungsbedürftigen Unternehmen zugerechnet. Insofern kann § 3a Abs. 3 S. 2 Nr. 13 EStG nicht dahingehend ausgelegt werden, dass auch der Zinsvortrag erfasst wird, der bei anderen Steuerpflichtigen entsteht.

1243 Vgl. auch: Sistermann/Beutel, DStR 2017, 1065, 1068.

5. Ergebnisse

Die Voraussetzungen der Steuerfreiheit sind allein in § 3a Abs. 1 S. 1 EStG normiert. Eine vollständige Nutzung aller Verlustverrechnungspositionen des Unternehmens noch vor dem Sanierungsjahr steht der Steuerfreiheit des Sanierungsgewinns daher nicht entgegen.

Im Hinblick auf das aus dem Prinzip der Besteuerung nach der wirtschaftlichen Leistungsfähigkeit abgeleitete objektive Nettoprinzip ist im Rahmen der Verlustverrechnungsposition des § 3a Abs. 3 S. 2 Nr. 9 EStG neben dem horizontalen auch der vertikale Verlustausgleich zulässig, bevor der ausgleichsfähige Verlust aus allen Einkunftsarten mit dem Sanierungsertrag verrechnet wird.

Die Regelung des § 3a Abs. 3 S. 2 Nr. 11 a) EStG erfasst verrechenbare Verluste i.S.v. § 15a EStG, die dem Mitunternehmer des sanierungsbedürftigen Unternehmens aus anderen Mitunternehmerschaften zugerechnet werden. Darüber hinaus erfasst die Vorschrift auch solche § 15a-Verluste, die nicht im zu sanierenden Unternehmen entstanden, diesem aber aus einer Beteiligung an einer weiteren Mitunternehmerschaft zuzurechnen sind.

Umstritten war seit der Einführung von § 3a EStG die Einbeziehung von Steuerminderungspositionen zusammenveranlagter Ehegatten in die Verlustverrechnung. Für die Tatbestände der §§ 3a Abs. 3 S. 2 Nr. 9, Nr. 10 und Nr. 12 EStG hat der Gesetzgeber durch die spätere ergänzte Regelung des § 3a Abs. 3a EStG Klarheit geschaffen. Da jedoch lediglich eine klarstellende Wirkung beabsichtigt war und die Wirkungen der Zusammenveranlagung nach § 26b EStG nicht angetastet werden sollten, werden Steuerminderungspositionen zusammenveranlagter Ehegatten auch nach Einführung von § 3a Abs. 3a EStG im Rahmen von §§ 3a Abs. 3 S. 2 Nr. 11 und Nr. 13 EStG nicht erfasst.

IV. Interpersoneller Verlustuntergang[1244] gemäß § 3a Abs. 3 S. 3 EStG

Ist der Sanierungsertrag nach Abzug der nicht abziehbaren Beträge gemäß § 3a Abs. 3 S. 1 EStG und der Verlustverrechnung nach § 3a Abs. 3 S. 2 EStG noch nicht vollständig aufgezehrt, ordnet § 3a EStG darüber hinaus unter den Voraussetzungen des Abs. 3 S. 3 dessen Verrechnung auch mit Steuerminderungspotentialen von den Steuerpflichtigen nahestehenden Personen

1244 So bezeichnet etwa von Suchanek/Schaaf/Hannweber, WPg 2017, 909.

nach Maßgabe des Abs. 3 S. 2 an. Indem § 3a Abs. 3 S. 2 EStG für entsprechend anwendbar erklärt wird, bewirkt die Vorschrift also, dass unter den Voraussetzungen des S. 3 auch bei nahestehenden Personen sämtliche Verlustverrechnungspositionen des § 3a Abs. 3 S. 2 EStG in der dort genannten Reihenfolge untergehen. Auch diese Regelung wirft noch verschiedene Einzelfragen auf, denen nun nachgegangen wird.

1. Hintergrund und Auslegung

Die Schaffung des § 3a Abs. 3 S. 3 EStG ist durch die Verhinderung missbräuchlicher Steuergestaltungen motiviert, da der Gesetzgeber offenbar befürchtete, dass durch Gestaltungen Steuerminderungspotential gesichert wird, indem das zu sanierende Unternehmen vor einem Schuldenerlass auf einen anderen Rechtsträger übertragen wird.[1245] Es handelt sich insofern um eine typisierte Missbrauchsabwehr.[1246] Dabei hatte der Gesetzgeber offenbar Fälle vor Augen, in denen zwar das zu sanierende Unternehmen samt Schulden auf einen neuen Rechtsträger übertragen, Steuerminderungspotentiale jedoch zurückgehalten werden.

Die Voraussetzungen des interpersonellen Verlustuntergangs gemäß § 3a Abs. 3 S. 3 EStG sind, (1) dass der geminderte Sanierungsertrag i.S.v. Abs. 3 S. 1 die Höhe der nach S. 2 untergehenden Verlustpositionen übersteigt, (2) dass eine dem Steuerpflichtigen nahestehende Person (3) innerhalb von 5 Jahren vor dem Schuldenerlass (4) die erlassenen Schulden auf das zu sanierende Unternehmen übertragen hat und (5) die von § 3a Abs. 3 S. 3 erfassten Positionen bei der nahestehenden Person zum Ablauf des Wirtschaftsjahrs der Übertragung bereits entstanden waren. Die Verlustverrechnung bei nahestehenden Personen ist damit in doppelter Hinsicht begrenzt.[1247] Zum einen verlangt der Tatbestand des § 3a Abs. 3 S. 3 EStG eine Identität zwischen den übertragenen und den später erlassenen Schulden.[1248] Durch dieses Erfordernis wird der Verlustuntergang bei der nahestehenden Person auf den Betrag der übertragenen Schulden

1245 BT-Drs. 18/12128, S. 32.

1246 Vgl. Krumm, in: Blümich, § 3a EStG, Rn. 50 (Stand: März 2020); Seer, in: Kirchhof, EStG, § 3a, Rn. 33.

1247 Vgl. Hallerbach, in: H/H/R, § 3a EStG, Rn. 45 (Stand: August 2019).

1248 Vgl. Feldgen, in: F/K/S, § 3a, Rn. 28 (Stand: Dezember 2017); Kanzler, in: K/K/B, § 3a, Rn. 165.

begrenzt und so eine sachgerechte Typisierung[1249] sichergestellt. Andererseits können Verlustverrechnungspotentiale nur insoweit untergehen, wie sie im Zeitpunkt des Ablaufs des Wirtschaftsjahrs der Übertragung der Schulden bereits vorhanden waren. Das Merkmal der Schuldenidentität kann dabei nicht dadurch umgangen werden, dass Schulden nicht übertragen werden, sondern stattdessen im Rahmen einer Umschuldung neue Verbindlichkeiten wirtschaftlich an die Stelle der übertragenen Verbindlichkeiten treten.[1250]

Als Übertragungsvorgänge zur Sicherung von Verlustpotential benennt die Gesetzesbegründung lediglich Einbringungen nach §§ 20 ff. UmwG. Darüber hinaus kann Verlustpotential aber auch nach § 6 Abs. 3 EStG, sowie im Rahmen einer verdeckten Einlage oder einer Schuldübernahme unter anschließendem Regressverzicht auf einen anderen Rechtsträger übertragen werden.[1251]

Der Begriff der nahestehenden Person ist für die Zwecke des § 3a Abs. 3 S. 3 EStG nach den Grundsätzen zur verdeckten Gewinnausschüttung zu bestimmen[1252], nicht hingegen nach § 1 Abs. 2 AStG oder § 138 AO.[1253] Auch die Gesetzesbegründung verweist auf ein entsprechendes Urteil des BFH[1254] und stellt klar, dass ein Nahestehen zwischen dem übertragenden und dem übernehmenden Rechtsträger durch Beziehungen familienrechtlicher, gesellschaftsrechtlicher, schuldrechtlicher oder auch rein tatsächlicher Art begründet werden können.[1255] Der Begriff ist also weit auszulegen.[1256]

2. Zeitpunkt des Verlustuntergangs

Zunächst stellt sich die Frage, auf welchen Zeitpunkt sich der interpersonelle Verlustuntergang gemäß § 3a Abs. 3 S. 3 EStG bezieht. Die Vorschrift stellt zwar klar, dass nur solche Verlustpositionen zur Verrechnung gebracht wer-

---

1249 So auch Desens, FR 2017, 981, 989.

1250 Vgl. BT-Drs. 18/12128, S. 33.

1251 Vgl. Kanzler, NWB 2019, 626, 647; Sistermann/Beutel, DStR 2017, 1065, 1068; Feldgen, in: F/K/S, § 3a, Rn. 28 (Stand: Dezember 2017); Desens, FR 2017, 981, 989; Bodden, in: Korn, EStG, § 3a, Rn. 100 (Stand: März 2020).

1252 Vgl. z.B. Sistermann/Beutel, DStR 2017, 1065, 1068; Desens, FR 2017, 981, 989.

1253 Vgl. Kanzler, NWB 2019, 626, 647; Bodden, in: Korn, EStG, § 3a, Rn. 98 (Stand: März 2020); Hallerbach, in: H/H/R, § 3a EStG, Rn. 43 (Stand: August 2019).

1254 BFH v. 18.12.1996 – I R 139/94, BStBl. 1997 II, S. 301.

1255 BT-Drs. 18/12128, S. 32.

1256 Vgl. Bös, in: Bordewin/Brandt, EStG, § 3a, Rn. 289 (Stand: März 2021).

den, die zum Ende des Wirtschaftsjahrs der Schuldenübertragung bereits bei der nahestehenden Person vorhanden waren, jedoch lässt der Wortlaut offen, ob nur solche Verluste untergehen können, die im Jahr der Entstehung des Sanierungsgewinns tatsächlich noch vorhanden sind, oder ob die Höhe der Verluste zum Ende des Wirtschaftsjahrs der Übertragung „eingefroren" wird und sich der Verlustuntergang dann auf diesen Zeitpunkt bezieht.[1257] Die Folge eines rückwirkenden Verlustuntergangs wäre dann, dass es zu einer Verrechnung mit Verlusten kommen kann, die bereits anderweitig mit positiven Einkünften verrechnet wurden.

Der Wortlaut des § 3a Abs. 3 S. 3 EStG lässt grundsätzlich beide Auslegungsvarianten zu und auch der Gesetzgeber hat sich in der Gesetzesbegründung nicht zu dieser Thematik geäußert. Dennoch kann aus dem Wortlaut der Norm und deren Telos abgeleitet werden, dass sich der interpersonelle Verlustuntergang auf den Zeitpunkt des Schuldenerlasses bezieht und daher nur Verlustverrechnungspotentiale erfasst, die im Sanierungsjahr noch vorhanden sind.[1258] Zum einen enthält die Norm keine ausdrückliche Anordnung für eine rückwirkende Besteuerung, wie sie etwa in § 22 Abs. 1 S. 2 UmwStG enthalten ist.[1259] Zudem mindert der Sanierungsertrag „den" verteilt abziehbaren Aufwand, Verluste, negative Einkünfte, Zinsvorträge oder EBITDA-Vorträge der nahestehenden Person und geht damit offenbar vom Vorhandensein entsprechender Verlustverrechnungspositionen aus. Die durch § 3a Abs. 3 S. 3 EStG bewirkte Rechtsfolge tritt erst im Sanierungsjahr ein und setzt damit voraus, dass entsprechende Positionen auch im Sanierungsjahr noch vorhanden sind. Darüber hinaus mindern sich die genannten Beträge „nach Maßgabe des Satzes 2". Die Verlustverrechnung im zu sanierenden Unternehmen und beim Mitunternehmer nach S. 2 zielt – abgesehen vom Verlustrücktrag nach § 3a Abs. 3 S. 2 Nr. 11 EStG – ausschließlich auf im Sanierungsjahr bereits angelegte Verlustpositionen ab. Die Verlustverrechnung bei nahestehenden Personen kann aber nicht weiter reichen als bei dem zu sanierenden Unternehmen bzw. dessen Mitunternehmer. Dies ergibt sich ebenfalls aus dem Zusatz „nach Maßgabe des Satzes 2". Wären die Schulden nicht innerhalb von 5 Jahren auf das zu sanierende Unternehmen übertragen worden, wäre eine

1257 Vgl. Suchanek/Schaaf/Hannweber, WPg 2017, 909, 913 mit entsprechendem Beispielsfall.

1258 So im Ergebnis auch Krumm, in: Blümich, § 3a EStG, Rn. 51 (Stand: März 2020); Suchanek/Schaaf/Hannweber, WPg 2017, 909, 913.

1259 Vgl. Suchanek/Schaaf/Hannweber, WPg 2017, 909, 913.

Verrechnung mit positiven Einkünften vor dem Sanierungsjahr ebenfalls zulässig gewesen[1260], da das Vorhandensein von Verlusten keine Voraussetzung der Steuerbefreiung gemäß § 3a Abs. 1 S. 1 EStG ist.[1261] Würde der interpersonelle Verlustuntergang aber rückwirkend auf den Zeitpunkt der Schuldenübertragung erfolgen, würde diese Wertung aufgehoben.

Schließlich spricht auch der Zweck sowohl der Verlustverrechnung nach Satz 2 als auch des interpersonellen Verlustuntergangs dafür, dass nur noch vorhandene Verluste bei der nahestehenden Person untergehen. Die Doppelbegünstigung, die insgesamt mit dem Verrechnungssystem des § 3a Abs. 3 EStG verhindert werden soll, droht nur, wenn Verlustpotential über die Sanierungsphase hinweg erhalten bliebe. Die Regelung des Abs. 3 S. 3 führt jedoch dazu, dass diejenigen Verlustpositionen, die im Sanierungsjahr bei der dritten Person noch vorhanden sind und bereits im Jahr der Schuldenübertragung bei dieser angelegt waren, bis zur Höhe des verbleibenden geminderten Sanierungsertrags vollständig verrechnet werden. Die Regelung stellt also sicher, dass entweder der Sanierungsertrag durch die Verlustpositionen der dritten Person endgültig aufgezehrt wird, mit der Folge, dass keine Steuerbefreiung notwendig ist, oder – sollte der Sanierungsgewinn hoch genug ausfallen -, dass sämtliches Verlustverrechnungspotential, welches mit der Tätigkeit zusammenhängt, die zur Sanierungsbedürftigkeit geführt hat, untergeht. Dazu ist es ausreichend, die noch bei der dritten Person im Sanierungsjahr tatsächlich vorhandenen Positionen zu verrechnen. Soweit der nahestehenden Person nach der Verrechnung noch Verlustpotential verbleibt, handelt es sich ausschließlich um solche Verlustpositionen, die erst nach der Schuldenübertragung entstanden sind und damit in keinem Zusammenhang mit der Tätigkeit des Krisenunternehmens stehen.

§ 3a Abs. 3 S. 3 EStG erfasst folglich nur Steuerminderungsvolumen, welches im Zeitpunkt des Schuldenerlasses bei der nahestehenden Person noch vorhanden ist. Eine rückwirkende Verrechnung auf den Zeitpunkt der Schuldenübertragung findet nicht statt.

1260 Vgl. Suchanek/Schaaf/Hannweber, WPg 2017, 909, 913.
1261 Siehe § 9, III. 1.

3. Begrenzung des Verlustuntergangs nach Verursachung?

Eine weitere Auslegungsfrage ergibt sich, wenn ein Unternehmen über mehrere Teilbetriebe verfügt.[1262] Hier können Konstellationen auftreten, in denen die Verlustverrechnungspotentiale eines Unternehmens allein durch einen oder mehrere bestimmte Teilbetriebe verursacht wurden, während andere Teilbetriebe nicht zur Erhöhung entsprechender Positionen beigetragen haben. Werden nun lediglich nicht verlustträchtige Teilbetriebe auf einen neuen Rechtsträger übertragen, sodass die auf Ebene des übertragenden Rechtsträgers vorhandenen Verlustverrechnungsvolumina allein durch die zurückbleibenden Teilbetriebe verursacht wurden, stellt sich die Frage nach einer Begrenzung des interpersonellen Verlustuntergangs, wenn es auf der Ebene des aufnehmenden Rechtsträgers zu einer Sanierung und einem Sanierungsgewinn i.S.v. § 3a EStG kommt. Dabei sei unterstellt, dass es sich bei dem den nicht verlustträchtigen Teilbetrieb übertragenden Rechtsträger um eine nahe stehende Person des zu sanierenden Rechtsträgers i.S.v. § 3a Abs. 3 S. 3 EStG handelt.

An dieser Stelle ließe sich argumentieren, dass die Verlustverrechnung nur so weit reichen kann, wie die Verlustpositionen der nahestehenden Person auch mit der Tätigkeit des zu sanierenden Unternehmens im Zusammenhang stehen. Könnte die nahestehende Person nun nachweisen, dass die bei ihr vorhandenen Verlustverrechnungsvolumina inklusive derer, die schon zum Ende des Wirtschaftsjahrs der Übertragung des Teilbetriebs vorhanden waren, allein durch den oder die zurückbleibenden Teilbetriebe verursacht wurden, könnte eine Verlustverrechnung nach § 3a Abs. 3 S. 3 vermieden werden. Ein solches Verständnis ist jedoch aus drei Gründen abzulehnen.

Zunächst enthält der Wortlaut des § 3a Abs. 3 S. 3 EStG keine dahingehende Begrenzung und auch die Gesetzesbegründung lässt nicht erkennen, dass eine Begrenzung des Verlustuntergang nach Verursachungsbeiträgen beabsichtigt war.

Entscheidend dagegen spricht zweitens der Zweck des interpersonellen Verlustuntergangs. Da § 3a Abs. 3 S. 2 EStG sämtliche im Unternehmen vorhandene Verlustpositionen erfasst und nicht nach Verursachungsbeiträgen differenziert, käme es ohne die Übertragung des nicht verlustträchtigen Teilbetriebs auf einen neuen Rechtsträger ebenfalls zur vollständigen Verlustverrechnung, wenn der Sanierungsgewinn direkt auf der Ebene des

1262 Siehe den Beispielsfall bei Suchanek/Schaaf/Hannweber, WPg 2017, 909, 913.

übertragenden Rechtsträgers angefallen wäre.[1263] Würde der übertragende Rechtsträger also durch die Übertragung von der Stellung des sanierungsbedürftigen Unternehmens zur Stellung einer nur nahestehenden Person wechseln, würde er durch die Übertragung besser gestellt, als wenn die Sanierung auf seiner Ebene erfolgt wäre, wenn man eine Begrenzung der Verlustverrechnung nach Satz 3 zuließe. Im Ergebnis würde dann genau das Ergebnis bewirkt, was die Regelung des § 3a Abs. 3 S. 3 EStG verhindern will. Ohne die Übertragung käme es zur vollständigen Verlustverrechnung und durch die Übertragung des Teilbetriebs oder der Teilbetriebe könnte sie begrenzt werden. Durch die Übertragung würde folglich Verlustverrechnungspotential gesichert.

Zuletzt wird ein Zusammenhang zwischen den bei der nahestehenden Person vorhandenen Verlusten mit der Tätigkeit des zu sanierenden Unternehmens durch die Voraussetzungen des § 3a Abs. 3 S. 3 EStG bereits ausreichend sichergestellt. Denn bei der nahestehenden Person können von vornherein nur solche Verlustpositionen untergehen, die im Zeitpunkt der Übertragung schon bei ihr vorhanden waren. Werden später durch andere Teilbetriebe weitere Verluste generiert, sind diese ohnehin nicht von der Verlustverrechnung erfasst.

Für eine Begrenzung des Verlustuntergangs gemäß § 3a Abs. 3 S. 3 EStG nach Verursachungsbeiträgen ist somit kein Raum.

4. Beurteilungszeitpunkt für die Nähebeziehung

Ferner wird diskutiert, zu welchem Zeitpunkt die gemäß § 3a Abs. 3 S. 3 EStG erforderliche Nähebeziehung zwischen den Steuerpflichtigen und der dritten Person vorliegen muss. Relevanz erlangt diese Frage dann, wenn der übertragende Rechtsträger seine Beteiligung an dem zu sanierenden Unternehmen zwischen der Übertragung der Schulden und dem Sanierungsjahr an einen Dritten veräußert.[1264] Ist der übertragende Rechtsträger nämlich im Sanierungsjahr an dem zu sanierenden Unternehmen infolge einer Veräußerung nicht mehr beteiligt und entfällt so die Voraussetzung des „Nahestehens", hängt die Frage, ob bei ihm noch die Rechtsfolge des § 3a Abs. 3 S. 3 EStG eintritt davon ab, ob die Nähebeziehung im Zeitpunkt der Sanierung oder der Übertragung der Schulden vorliegen muss.

1263 Vgl. so auch Suchanek/Schaaf/Hannweber, WPg 2017, 909, 913.

1264 Siehe den Beispielsfall bei Suchanek/Schaaf/Hannweber, WPg 2017, 909, 914.

Dafür, auf den Zeitpunkt der Übertragung der Schulden abzustellen, spricht wie bei der Frage nach einer Begrenzung entsprechend den Verlustverursachungsbeiträgen auf den ersten Blick der Zweck der Verlustverrechnung. Würde man den übertragenden Rechtsträger allein deswegen nicht mehr als nahestehende Person einordnen, weil er im Sanierungsjahr nicht mehr an dem zu sanierenden Unternehmen beteiligt ist, würde sich eine Gestaltungsmöglichkeit zur Sicherung von Verlustpotential ergeben. Das zu sanierende Unternehmen könnte unter Zurückhaltung von Verlustpotential auf einen neuen Rechtsträger übertragen und die Beteiligung an diesem anschließend an einen weiteren Rechtsträger übertragen werden, in der Absicht, erst dann die Sanierung bei dem das zu sanierende Unternehmen aufnehmenden Rechtsträger durchzuführen. Diese Konstellation müsste nach der Absicht des Gesetzgebers bei der Schaffung des § 3a Abs. 3 S. 3 EStG wohl als missbräuchlich angesehen werden. An dieser Stelle bedarf es jedoch einer schärferen Differenzierung. Missbräuchlich kann die Übertragung des zu sanierenden Unternehmens auf einen neuen Rechtsträger nur dann sein, wenn sie in der Absicht erfolgt, Verlustpotential zu sichern. Liegt der Übertragung also von vornherein die Absicht zugrunde, die Beteiligung am aufnehmenden Rechtsträger auf einen dritten Rechtsträger zu übertragen und unter dessen Eigentümerstellung eine Sanierung durchzuführen, besteht der Zweck der Übertragung allein in der Sicherung von Verlustpotential. In diesem Fall ist es sachgerecht, auf den Zeitpunkt der Übertragung der Schulden abzustellen. Ein solcher „Gesamtplan" lässt sich jedoch nur verwirklichen, wenn es sich bei dem dritten Rechtsträger wiederum um eine nahestehende Person des übertragenden Rechtsträgers handelt, da nur dann gewährleistet ist, dass es nach der Veräußerung auch tatsächlich zu einer Sanierung kommt. Veräußert der übertragende Rechtsträger aber die Beteiligung an einen fremden Dritten, kann das Ziel der Übertragung des zu sanierenden Unternehmens auf einen neuen Rechtsträger keine missbräuchliche Steuergestaltung zur Sicherung von Verlustpotential gewesen sein, da der übertragende Rechtsträger hier nicht wissen kann, ob es bei dem Dritten zu einer Sanierung kommen wird oder nicht. Das weitere Vorgehen liegt hier außerhalb seines Einflussbereichs.

Insofern ist sicherzustellen, dass es im Verkaufsfall an eine nahestehende Person weiterhin zu einer Verlustverrechnung auch beim übertragenden Rechtsträger kommt, im Fall der Veräußerung an einen fremden Dritten hingegen nicht. Dazu ist es sachgerecht, für das Erfordernis der Nähebeziehung zunächst auf den Zeitpunkt der Sanierung abzustellen und die zwischen dem übertragenden und aufnehmenden Rechtsträger bestehende Nähebeziehung fortbestehen zu lassen, sofern nach der Übertragung eine Veräußerung der Beteiligung an eine dem übertragenden Rechtsträger seinerseits nahestehende Person erfolgt.[1265]

Auch aus dem Wortlaut des § 3a Abs. 3 S. 3 EStG lässt sich ableiten, dass es für die Nähebeziehung auf den Zeitpunkt der Sanierung ankommen muss. Der erste Halbsatz knüpft inhaltlich an die Minderung nach Satz 2, sowie an das Vorhandensein eines geminderten Sanierungsertrags nach Satz 1 an und verlangt für diesen Zeitpunkt das Vorhandensein einer nahestehenden Person, bei der dann ebenfalls die Rechtsfolge des Satz 2 eintreten soll. Daraus ergibt sich, dass die Nähebeziehung in dem Jahr bestehen muss, in dem der Sanierungsgewinn entsteht und es zu der Verlustverrechnung nach Satz 2 kommt. Erst wenn diese Grundvoraussetzung gegeben ist, statuiert der zweite Halbsatz, unter welchen weiteren Voraussetzungen der Verlustuntergang bei der nahestehenden Person eintritt.

Folglich ist für die Nähebeziehung auf den Zeitpunkt der Sanierung abzustellen. Im Fall einer zwischenzeitlichen Veräußerung der Beteiligung an dem zu sanierenden Unternehmen an einen fremden Dritten wird diese Nähebeziehung aufgehoben und es kommt nicht mehr zu einer Verlustverrechnung beim übertragenden Rechtsträger. Im Fall einer zwischenzeitlichen Veräußerung an eine dem übertragenden Rechtsträger seinerseits nahestehende Person wird die Nähebeziehung zum zu sanierenden Unternehmen fortgeführt und § 3a Abs. 3 S. 3 EStG bleibt anwendbar.

5. Joint-Venture Konstellationen

Diskussionswürdig ist schließlich auch, ob der interpersonelle Verlustuntergang mit der Beteiligungsquote korrespondiert, wenn an dem zu sanierenden Unternehmen mehrere Anteilseigner beteiligt sind.[1266] Konkret geht es um den Fall, dass das zu sanierende Unternehmen auf einen anderen Rechtsträger übertragen wird, an dem neben dem übertragenden Rechtsträger noch weitere Personen beteiligt sind. Kommt es nun auf der Ebene des neuen Rechtsträgers zu einem Sanierungsgewinn, ist eine Verlustverrechnung nach § 3a Abs. 3 S. 3 EStG zwar nur bei dem übertragenden Rechtsträger möglich, da etwaige weitere Anteilseigner keine Schulden auf das zu sanierende Unternehmen übertragen haben, jedoch stellt sich die

1265 So auch Suchanek/Schaaf/Hannweber, WPg 2017, 909, 914.
1266 Siehe den Beispielsfall bei Suchanek/Schaaf/Hannweber, WPg 2017, 909, 913.

Frage, ob es bei diesem zu einer hundertprozentigen Verrechnung kommt, oder die Verlustverrechnung auf die Quote seiner Beteiligung an dem zu sanierenden Unternehmen begrenzt ist.

In der Literatur wird dazu lediglich die Position vertreten, dass es zu einer vollständigen Verrechnung beim übertragenden Rechtsträger kommen muss, da auch ohne die Übertragung als gesetzlich vermutetem Missbrauch keine Begrenzung eingegriffen hätte.[1267] Dem ist uneingeschränkt zuzustimmen, da sich anderenfalls Gestaltungsmöglichkeiten ergeben würden, die entgegen dem Zweck des § 3a Abs. 3 S. 2 und S. 3 EStG die Sicherung von Verlustpotential erlauben würden. Der übertragende Rechtsträger könnte der Verlustverrechnung nämlich nahezu vollständig entgehen, wenn vor der Übertragung ein neuer Rechtsträger gegründet wird, an dem der Überträger lediglich mit einem Minimalanteil beteiligt ist. Das zu sanierende Unternehmen könnte dann auf den neuen Rechtsträger übertragen werden und die Verlustminderungspositionen auf der Ebene des Überträgers blieben nahezu vollständig erhalten. Zieht man außerdem noch in Betracht, dass die Schulden auch einzig von dem übertragenden Rechtsträger und nicht von den weiteren Anteilseignern auf das zu sanierende Unternehmen übertragen wurden, dürfte diese Konstellation einen Missbrauchsfall darstellen, den der Gesetzgeber durch § 3a Abs. 3 S. 3 EStG gerade verhindern wollte.

Die Verlustverrechnung gemäß § 3a Abs. 3 S. 3 EStG wirkt also umfassend und ist nicht auf die Beteiligungsquote am zu sanierenden Unternehmen beschränkt.

6. Mehrere nahestehende Personen

Abschließend stellt sich die Frage, wie hinsichtlich des interpersonellen Verlustuntergangs zu verfahren ist, wenn mehrere dem Steuerpflichtigen nahestehende Personen für eine Verlustverrechnung nach § 3a Abs. 3 S. 3 EStG in Betracht kommen, weil mehrere solcher Personen im Führjahreszeitraum vor dem Sanierungsjahr Schulden auf das zu sanierende Unternehmen übertragen haben.[1268] Soweit ersichtlich, ist diese Frage in der

1267 Vgl. Suchanek/Schaaf/Hannweber, WPg 2017, 909, 915.

1268 Aufmerksam geworden ist der Verfasser auf die Thematik durch einen Vortrag von Thomas Eisgruber im Rahmen des 8. Hamburger Forum für Unternehmenssteuerrecht 2018.

Literatur bisher nicht thematisiert worden. Die nachfolgende Untersuchung versucht mögliche Lösungswege aufzuzeigen.

a) Problemstellung und Beispielsfall

Haben innerhalb des relevanten Zeitraums mehrere dem Steuerpflichtigen nahestehende Personen Schulden auf das zu sanierende Unternehmen übertragen, sind zunächst zwei Konstellationen zu unterscheiden: Unproblematisch dürfte die Behandlung sein, wenn der nach der Anwendung von § 3a Abs. 3 S. 2 EStG verbleibende Sanierungsertrag („***übersteigender Sanierungsertrag***")[1269] so hoch ist, dass er zur Verrechnung sämtlicher Verlustpositionen bei allen in Betracht kommenden nahestehenden Personen führt. Ausgehend vom Zweck des § 3a Abs. 3 S. 3 EStG, die Sicherung von Verlustpotential durch missbräuchliche Steuergestaltungen zu verhindern, gehen dann sämtliche Verlustpotentiale aller nahestehenden Personen unter, welche die Voraussetzungen von § 3a Abs. 3 S. 3 EStG erfüllen. Die Verrechnungsreihenfolge spielt in diesem Fall ebenso wenig eine Rolle, wie mögliche Unterschiede im Volumen der vorhandenen Steuerminderungspotentiale.

Weniger klar ist jedoch die Behandlung der zweiten Konstellation, in welcher der übersteigende Sanierungsertrag nicht für eine vollständige Verlustverrechnung bei allen nahestehenden Personen ausreicht. Zur Veranschaulichung dient folgendes Beispiel[1270]:

<u>*Ausgangsfall:*</u>
Das zu sanierenden Unternehmen X-GmbH verfügt über Verlustverrechnungsvolumina i.S.v. § 3a Abs. 3 S. 2 EStG in Höhe von 100. A hat im Jahr 2018 Schulden in Höhe von 150 und B im Jahr 2019 Schulden in Höhe von 300 auf die X-GmbH übertragen. A verfügt über Steuerminderungspotential i.S.v. § 3a Abs. 3 S. 3 EStG in Höhe von 200 und B in Höhe von 400, welches jeweils auch im Jahr der Schuldenübertragung bereits vorhanden

1269 § 3a EStG spricht in Abs. 3 S. 3 lediglich von dem „geminderten Sanierungsertrag", der nach der Anwendung von § 3a Abs. 3 S. 1 EStG entsteht und in Abs. 3 S. 4 von dem „verbleibenden Sanierungsertrag", welcher nach der Anwendung von § 3a Abs. 3 S. 3 EStG entsteht. Der Betrag, der auf der Zwischenstufe nach der Anwendung von § 3a Abs. 3 S. 2 EStG entsteht, wird nachfolgend als „übersteigender Sanierungsertrag" bezeichnet.

1270 Angelehnt an die Präsentation von Eisgruber im Rahmen des 8. Hamburger Forum für Unternehmenssteuerrecht 2018.

war. Im Sanierungsjahr 2020 erzielt die X-GmbH einen Sanierungsgewinn in Höhe von 250. Sanierungskosten sind nicht angefallen.

Der Sanierungsgewinn in Höhe von 250 wird durch § 3a Abs. 3 S. 1 EStG steuerfrei gestellt. Da die X-GmbH keine Sanierungskosten hatte, entspricht dies gleichzeitig dem geminderten Sanierungsertrag i.S.v. § 3a Abs. 3 S. 1 EStG. Nach § 3a Abs. 3 S. 2 EStG wird der geminderte Sanierungsertrag von 250 mit den Steuerminderungspotentialen der X-GmbH in Höhe von 100 verrechnet. Es verbleibt somit ein übersteigender Sanierungsertrag von 150. Anschließend kommt es zum interpersonellen Verlustuntergang gemäß § 3a Abs. 3 S. 3 EStG. Da A Schulden in Höhe von 150 und B in Höhe von 300 auf die X-GmbH übertragen haben, ist der übersteigende Sanierungsertrag nicht ausreichend, um sowohl mit den Steuerminderungspotentialen von A als auch von B vollständig verrechnet werden zu können. Es stellt sich also die Frage, inwiefern die Verlustverrechnungsvolumina von A und B durch § 3a Abs. 3 S. 3 EStG betroffen sind. In der Norm selbst ist dieser Fall nicht angelegt und auch der Gesetzgeber scheint ihn nicht bedacht zu haben, da die Gesetzesbegründung keinen Hinweis auf eine mögliche Lösung enthält.

b) Lösungsansätze

Unterstellt, sowohl A als auch B erfüllen die Voraussetzungen von § 3a Abs. 3 S. 3 EStG, sind verschiedene Rechtsfolgen denkbar: (1) Bei keiner nahestehenden Person kommt es unter Verweis auf die mögliche Verlustverrechnung bei einer anderen nahestehenden Person zur Verlustverrechnung, (2) es gehen bei allen in Betracht kommenden Personen Verlustpositionen in Höhe des übersteigenden Sanierungsertrags unter, (3) bis zur Höhe des übersteigenden Sanierungsertrags werden die Verlustpositionen nacheinander verrechnet, wobei sich die Reihenfolge der Verrechnung nach der zeitlichen Abfolge der Schuldenübertragung auf das zu sanierende Unternehmen richtet, (4) der übersteigende Sanierungsertrag wird zu gleichen Teilen auf alle die Voraussetzungen des § 3a Abs. 3 S. 3 EStG erfüllenden Personen verteilt und es kommt jeweils zu einer Verlustverrechnung in Höhe des entsprechenden Anteils, oder (5) der übersteigende Sanierungsertrag wird proportional entsprechend dem Verhältnis der übertragenen Schulden auf die nahestehenden Personen verteilt, mit der Folge, dass es jeweils zu einer quotalen Verlustverrechnung kommt.

aa) Verlustuntergang bei keiner der nahestehenden Personen

Im Szenario (1) könnten sowohl A als auch B darauf verweisen, dass eine Verlustverrechnung jeweils bei dem anderen möglich wäre, da der übersteigende Sanierungsertrag von 150 nicht ausreichend ist, um bei beiden eine vollständige Verlustverrechnung zu bewirken. Diese Rechtsfolge kann vom Gesetzgeber indes nicht beabsichtigt gewesen sein und würde auch dem Zweck des § 3a Abs. 3 S. 3 EStG, missbräuchliche Steuergestaltungen zu verhindern, widersprechen. Könnten dem Steuerpflichtigen nahestehende Personen mit dem Verweis auf weitere nahestehende Personen die Rechtsfolge des § 3a Abs. 3 S. 3 EStG verhindern, würde dies nämlich ebenfalls erhebliches Missbrauchspotential bergen. Um Verlustpotential auf Ebene des Überträgers zu sichern, müsste das sanierungsbedürftige Unternehmen nur auf einen neuen Rechtsträger übertragen werden, auf den noch eine weitere Person, die über Steuerminderungspotential i.S.v. § 3a Abs. 3 S. 2 EStG verfügt – z.B. eine hundertprozentige Tochtergesellschaft des übertragenden Rechtsträgers – ebenfalls Schulden in geringem Umfang überträgt. Der Umfang der Schulden, den die Tochtergesellschaft auf das zu sanierende Unternehmen überträgt, wäre sogar irrelevant, es müsste lediglich sichergestellt werden, dass das Verlustpotential bei übertragendem Rechtsträger und Tochtergesellschaft zusammen nicht ausreichend ist, um den übersteigenden Sanierungsertrag vollständig aufzuzehren. Sowohl der übertragende Rechtsträger als auch die Tochtergesellschaft könnten dann auf die Verlustverrechnungsmöglichkeit nach § 3a Abs. 3 S. 3 EStG bei dem jeweils anderen verweisen und das Steuerminderungspotential bliebe im Ergebnis erhalten.

Dem Zweck des § 3a Abs. 3 S. 3 EStG entspricht lediglich ein Lösungsweg, der im Ergebnis die Verrechnung des übersteigenden Sanierungsertrags vorsieht, da nur dann sichergestellt ist, dass kein Verlustminderungspotential über die Sanierungsphase hinweggerettet wird. Diese Rechtsfolge wird durch sämtliche übrige aufgezeigte Alternativen bewirkt, sodass sie zunächst alle als Lösungsweg in Frage kommen.

bb) Verlustuntergang in Höhe des übersteigenden Sanierungsertrags bei allen nahestehenden Personen

Zunächst wird die Verlustverrechnung in Höhe des vollen restlichen Sanierungsertrags bei allen nahestehenden Personen nach Szenario (2) untersucht. Bei einem dem interpersonellen Verlustuntergang zugrunde zu legenden übersteigende Sanierungsertrag in Höhe von 150 würde dieser Lösungsweg im Beispielsfall dazu führen, dass sowohl bei A als auch bei B Steuerminderungspositionen i.S.v. § 3a Abs. 3 S. 3 EStG jeweils in dieser Höhe untergehen, also bei beiden jeweils 150.

Diese Lösung böte den Vorteil einer sehr unkomplizierten Handhabbarkeit, da lediglich der Personenkreis derjenigen bestimmt werden müsste, die innerhalb des relevanten Zeitraums Schulden auf das zu sanierende Unternehmen übertragen haben. Eine solche Auslegung wäre zumindest bei einem sehr weiten Verständnis des interpersonellen Verlustausgleichs auch vom Wortlaut des § 3a Abs. 3 S. 3 EStG gedeckt. Die Norm spricht davon, dass wenn der geminderte Sanierungsertrag i.S.v. § 3a Abs. 3. S. 1 EStG die nach Satz 2 mindernden Beträge übersteigt, sich „insoweit" die Verlustpositionen von nahestehenden Personen „mindern". Da der Wortlaut nicht davon spricht, dass der übersteigende Betrag mit den Verlustverrechnungsvolumina von nahestehenden Personen „verrechnet" wird, kann dies so verstanden werden, dass durch den Zusatz „insoweit" nur die Höchstgrenze festgelegt wird, bis zu der ein Verlustuntergang bei den nahestehenden Personen erfolgt, nämlich jeweils bis zu dem Betrag, um den der Sanierungsertrag die nach § 3a Abs. 3 S. 2 EStG mindernden Beträge übersteigt. Der erste Halbsatz von § 3a Abs. 3 S. 3 EStG würde also nicht eine Rechengröße beschreiben, die nur einmal durch Verlustverrechnungspotential aufgezehrt werden kann, sondern nur eine betragsmäßige Grenze. Auch dass der Wortlaut davon spricht, dass sich die Steuerminderungspositionen „einer" dem Steuerpflichtigen nahestehenden Person mindern, stünde m.E. einer solchen Auslegung nicht entgegen. Die Gesetzesbegründung geht davon aus, dass zur Verhinderung missbräuchlicher Steuergestaltungen auch Steuerminderungspotentiale „anderer Steuerpflichtiger" nach der Regelung des Satz 3 gemindert werden sollen.[1271] Da hier von einer Mehrzahl für eine Verlustverrechnung in Betracht kommender Personen gesprochen wird, ging der Gesetzgeber offensichtlich davon aus, dass Situationen auftreten können, in denen mehrere solcher Personen vorhanden sind. Die Formulierung „einer" nahestehenden Person muss daher gleichbedeutend sein mit „jeder" nahestehenden Person.

Dennoch kann die Variante des Verlustuntergangs bei allen nahestehenden Personen in der vollen Höhe des übersteigenden Sanierungsertrags

1271 BT-Drs. 18/12128, S. 32.

nicht überzeugen. Diese Lösung führte im Beispielsfall im Ergebnis zu einer Verdopplung des übersteigenden Sanierungsertrages. Obwohl dieser nur einmal tatsächlich angefallen ist, nämlich auf der Ebene des zu sanierenden Unternehmens, würden die weiteren Steuerpflichtigen für die Zwecke des § 3a Abs. 3 S. 3 EStG so behandelt, als ob der übersteigende Sanierungsgewinn so oft angefallen ist, wie nahestehende Personen vorhanden sind. Je nach der Anzahl der vorhandenen nahestehenden Personen, welche die Voraussetzungen des § 3a Abs. 3 S. 3 EStG erfüllen, würde sich dieser Effekt intensivieren. Auch vom Gesetzeszweck ist dieses Resultat nicht mehr gedeckt. Denn sowohl das Verrechnungssystem des § 3a Abs. 3 insgesamt, als auch der interpersonelle Verlustuntergang gemäß Satz 3 im Speziellen sind darauf zugeschnitten, eine Doppelbegünstigung bei dem zu sanierenden Unternehmen und die Sicherung von Verlustpotential durch Übertragungen auf andere Rechtsträger zu verhindern. Die Rechtsfolgen können daher nur so weit reichen, wie es zum Erreichen dieser Zwecke erforderlich ist. Denn die Steuerfreiheit soll nur auf das erforderliche Maß begrenzt werden.[1272] Die Begrenzung der Steuerfreiheit auf das erforderliche Maß wird durch § 3a EStG aber schon dahingehend umgesetzt, dass sie erst und nur insoweit eingreift, wenn der Sanierungsgewinn nicht mehr durch den Einsatz von eigenem vorhandenen Verlustpotential neutralisiert werden kann. Sind die Verlustverrechnungsvolumina insgesamt höher als der Sanierungsgewinn bedarf es einer Steuerfreiheit folglich nicht mehr. Ebenso besteht bei einer vollständigen Neutralisierung des Sanierungsgewinns das Bedürfnis weitergehender Rechtsfolgen aber auch in die andere Richtung nicht mehr, auch wenn das sanierungsbedürftige Unternehmen, sowie nahestehende Personen noch über weiteres Steuerminderungspotential verfügen. Ist der Sanierungsgewinn vollständig neutralisiert, besteht keine Gefahr einer Doppelbegünstigung mehr, da die Steuerfreiheit vollständig durch die Verlustverrechnung kompensiert wurde und insofern kein Netto-Vorteil mehr besteht. Würde man nun aber den übersteigenden Sanierungsertrag i.S.v. § 3a Abs. 3 S. 3 EStG nur als betragsmäßige Grenze verstehen und einen Verlustuntergang entsprechend Szenario (2) zulassen, hätte dies zur Folge, dass Verlustverrechnungsvolumina in größerem Umfang untergehen, als der Sanierungsertrag steuerfrei gestellt wird. Aus Sicht der einzelnen nahestehenden Person kommt es zwar jeweils nur zur Verrechnung bis zur Höhe des übersteigenden Sanierungsertrags, betrachtet man aber die Gesamtheit aller nahestehenden Personen, käme es so teilweise zu der be-

1272 BT-Drs. 18/12128, S. 31.

lastenden Folge des Verlustuntergangs, ohne dass dem die Steuerfreiheit des § 3a Abs. 1 S. 1 EStG gegenüberstünde. Der interpersonelle Verlustuntergang würde dann nicht nur eine Doppelbegünstigung verhindern, sondern im Gegenteil eine zusätzliche Belastung schaffen.

Darüber hinaus können sich je nach Höhe der vorhandenen Verlustverrechnungsvolumina Folgeprobleme ergeben. Namentlich könnte der aufgezeigte Lösungsweg dazu führen, dass sich die Rechtsfolgen bei den verschiedenen nahestehenden Personen unterscheiden, wenn der übersteigende Sanierungsertrag teilweise die vorhandenen Verlustverrechnungspositionen übersteigt, teilweise unterschreitet. Zur Verdeutlichung dient folgende Abwandlung des Ausgangsfalls:

> *Abwandlung 1:*
> *Der übersteigende Sanierungsertrag beträgt weiterhin 150. A verfügt aber nur über Verlustverrechnungspositionen in Höhe von 100 und B weiterhin in Höhe von 400.*

Bliebe es nun dabei, dass es bei allen nahestehenden Personen zu einem Verlustuntergang in Höhe des übersteigenden Sanierungsertrags kommt, würde § 3a Abs. 3 S. 3 EStG bei B einen Verlustuntergang von 150 bewirken, bei A hingegen nur von 100, da dann sämtliche Verlustverrechnungsvolumina von A aufgezehrt sind. Wieso hier B in größerem Umfang belastet werden sollte als A, nur weil bei B mehr Verlustpotential vorhanden ist, wäre jedoch nicht zu erklären.

Letztlich wäre die mit dieser Lösung verbundene Verdopplung bzw. Vervielfachung des übersteigenden Sanierungsertrags und der Verlustuntergang in größerem Maß, als ihr die Steuerbefreiung des § 3a Abs. 1 S. 1 EStG gegenübersteht, nicht zu rechtfertigen. Eine Verlustverrechnung bei allen nahestehenden Personen in dem Umfang, in dem der Sanierungsertrag die nach § 3a Abs. 3 S. 2 EStG mindernden Beträge übersteigt, muss daher abgelehnt werden.

cc) Zeitlich aufeinanderfolgender Verlustuntergang

Um die Verrechnung gemäß § 3a Abs. 3 S. 3 EStG nicht weiter reichen zu lassen als die Steuerbefreiung des § 3a Abs. 1 S. 1 EStG, darf es bezogen auf alle die Voraussetzungen des Abs. 3 S. 3 erfüllenden Steuerpflichtigen insgesamt höchstens zu einem Netto-Verlustuntergang in Höhe des übersteigenden Sanierungsertrags kommen. Ein erster, dieses Ergebnis sicherstellender

Lösungsweg wäre es, den interpersonellen Verlustuntergang bei den nahestehenden Personen zeitlich nacheinander eintreten zu lassen. Im Beispielsfall könnte der übersteigende Sanierungsertrag von 150 also zunächst mit den Verlustpositionen von A verrechnet werden, da A die Schulden vor B auf die X-GmbH übertragen hat und erst anschließend mit denen von B. Es wäre aber auch der umgekehrte Fall denkbar, dass es zuerst zu einer Verrechnung bei B kommt, da B zuletzt Schulden auf die X-GmbH übertragen hat. Da beide über Verlustverrechnungspotential mindestens in Höhe des übersteigenden Sanierungsertrags verfügen, hätte § 3a Abs. 3 S. 3 EStG nur auf denjenigen Auswirkungen, bei dem die Verlustverrechnung zuerst eintritt.

Dieser Lösungsweg birgt jedoch mehrere Probleme. Das erste Problem liegt auf der Hand, denn das Gesetz gibt das entscheidende Kriterium, nach dem sich die Reihenfolge der Verlustverrechnung richten sollte, nicht vor. Hier dürfte wohl allein eine Orientierung an der Reihenfolge der Schuldenübertragung auf das zu sanierende Unternehmen in Betracht kommen. Daran schließt sich jedoch unmittelbar ein weiteres Folgeproblem an: Soll die Verlustverrechnung zuerst bei dem Steuerpflichtigen eintreten, der innerhalb der 5 Jahre vor der Sanierung zuerst die Schulden auf das zu sanierende Unternehmen übertragen hat oder bei demjenigen, der zuletzt die Schulden übertragen hat? Auch dahingehend gibt das Gesetz keinen Anhaltspunkt.

Außerdem hilft der Weg über eine an der Übertragungsreihenfolge der Schulden ausgerichtete, zeitlich aufeinanderfolgende Verlustverrechnung nicht weiter, wenn sich gar nicht bestimmen lässt, in welcher Reihenfolge die Schuldenübertragung auf das zu sanierende Unternehmen erfolgte, wie die folgende Abwandlung zeigt:

> *Abwandlung 2:*
> *Sowohl A als auch B unterhalten jeweils einen Betrieb und bringen diesen samt Schulden gemäß § 20 Abs. 1 UmwStG in die X-GmbH ein. Der Übertragungsstichtag ist jeweils der 31.12.2019.*

Unterstellt, dass neben A und B nicht noch weitere Steuerpflichtige Schulden auf die X-GmbH übertragen haben, erfolgt in diesem Fall die Schuldenübertragung aller die Voraussetzungen des § 3a Abs. 3 S. 3 EStG erfüllenden Personen zum selben Zeitpunkt. Unabhängig davon, ob die Verlustverrechnung bei demjenigen beginnen soll, der die Schulden zuerst oder zuletzt auf das zu sanierende Unternehmen übertragen hat, ließe sich hier die Reihenfolge für die Anwendung von § 3a Abs. 3 S. 3 EStG nicht bestimmen. Es müsste also für den Fall gleichzeitiger Übertragungen ein weiteres Kriterium für die Festlegung der Reihenfolge gefunden werden.

Gegen einen zeitlich aufeinanderfolgenden Verlustuntergang spricht darüber hinaus auch ein teleologisches Argument. Ausweislich der Gesetzesbegründung sollen durch § 3a Abs. 3 S. 3 EStG missbräuchliche Steuergestaltungen verhindert werden.[1273] Dass der in Abs. 3 S. 3 abgebildete Fall der Schuldenübertragung einer nahestehenden Person auf das zu sanierende Unternehmen innerhalb von 5 Jahren vor der Sanierung als Missbrauchsfall identifiziert wird, stellt dabei noch eine sachgerechte Typisierung dar.[1274] Für sich betrachtet bringt die Regelung damit die Annahme des Gesetzgebers zum Ausdruck, dass es sich bei allen Schuldenübertragungen nahestehender Personen innerhalb von 5 Jahren vor der Sanierung gleichermaßen um Steuergestaltungen zur Sicherung von Verlustpotential handelt, denen mittels § 3a Abs. 3 S. 3 EStG zu begegnen ist. Diese Wertung würde durch einen zeitlich aufeinanderfolgenden Verlustuntergang im Fall mehrerer nahestehender Personen jedoch dahingehend verschoben, dass nicht mehr alle Fälle als gleich bekämpfungswürdig angesehen würden. Je nachdem, ob der Verlustuntergang zunächst bei der innerhalb des Fünfjahreszeitraums zuerst oder zuletzt übertragenden nahestehenden Person eintritt, würde dies dazu führen, dass die jeweils andere Übertragungskonstellation als weniger missbräuchlich angesehen wird, da die Rechtsfolge des § 3a Abs. 3 S. 3 EStG nicht in gleichem Umfang eintreten würde. Diese Lösung würde dann die Wertung implizieren, dass entweder jüngere oder ältere Übertragungen als in höherem Maße missbräuchlich angesehen werden, unabhängig davon, wie die Umstände des Einzelfalls liegen. Die zeitliche Nähe einer Schuldenübertragung zum Sanierungsjahr kann zwar ein Indiz dafür sein, dass Übertragung und Sanierungsmaßnahme aufeinander abgestimmt waren, eine dahingehende Typisierung zu treffen, dass jüngere Schuldenübertragungen deswegen durch missbräuchliche Absichten motiviert sind, dürfte aber nicht mehr sachgerecht sein.

Im Hinblick auf den Zweck des § 3a Abs. 3 S. 3 EStG und die entstehenden Folgeprobleme ist auch eine zeitlich aufeinanderfolgende Verlustverrechnung bei den nahestehenden Personen abzulehnen.

1273 BT-Drs. 18/12128, S. 31.
1274 Vgl. Desens, FR 2017, 981, 989.

dd) Aufteilung des übersteigenden Sanierungsertrags zu gleichen Teilen

Um den genannten Schwierigkeiten einer aufeinander folgenden Verlustverrechnung zu begegnen, muss folglich der übersteigende Sanierungsertrag auf alle die Voraussetzungen des § 3a Abs. 3 S. 3 EStG erfüllenden Steuerpflichtigen zum Zwecke der Verlustverrechnung aufgeteilt werden. In Betracht kommt zunächst eine Aufteilung zu gleichen Teilen auf alle nahestehenden Personen. Für den Ausgangsfall bedeutet dies, dass von dem übersteigenden Sanierungsertrag von 150 jeweils 75 auf A und B entfallen. Als Folge gehen gemäß § 3a Abs. 3 S. 3 EStG bei beiden Steuerminderungspotentiale in Höhe von 75 unter.

Dieser Lösungsweg scheint am naheliegendsten und gewährleistet ebenso wie eine Verrechnung des vollen verbleibenden Sanierungsertrags bei allen nahestehenden Steuerpflichtigen nach Lösungsweg (2) eine rechtssichere Handhabung und bietet wenig Streitpotential. Auf den ersten Blick besteht zwar die Gefahr, dass steuerpflichtige Personen, die nur in minimalem Umfang Schulden auf das zu sanierende Unternehmen übertragen haben, einen erheblichen Verlustuntergang erleiden, wenn der Sanierungsgewinn insgesamt und dementsprechend der auf sie entfallende Anteil daran sehr hoch ausfällt. Dazu folgende Abwandlung des Ausgangsfalls:

> *Abwandlung 3:*
> *A hat lediglich Schulden in Höhe von 25 auf die X-GmbH übertragen, auf A entfällt aber ein Anteil am übersteigenden Sanierungsgewinn von 75.*

Zunächst erscheint es, als würde A hier einen Verlustuntergang in Höhe von 75 erleiden, obwohl nur Schulden im Umfang von 25 auf das zu sanierende Unternehmen übertragen wurden. Eine solche im Verhältnis zur Höhe der übertragenen Schulden überproportionale Verlustverrechnung wird jedoch bereits durch die Voraussetzungen des § 3a Abs. 3 S. 3 EStG verhindert, da ausdrücklich eine Identität zwischen den übertragenen und den erlassenen Schulden erforderlich ist. Auch wenn der Sanierungsgewinn hoch ausfällt und entsprechend der Anteil, der auf die jeweilige nahestehende Person entfällt, die übertragenen Schulden übersteigt, ist sichergestellt, dass der Betrag der übertragenen Schulden zugleich die Höchstgrenze für den Verlustuntergang bildet. Bei A kann es demnach nur zu einer Verlustverrechnung in Höhe von 25 kommen. Dennoch wirft auch die Aufteilung des übersteigenden Sanierungsertrags zu gleichen Teilen die sich anschließende Zweifelsfrage auf, wie mit dem auf einen Steuerpflichtigen entfallenden Anteil am übersteigenden Sanierungsertrag umzugehen ist, der aufgrund des Merkmals der Schuldenidentität nicht mit vorhandenen Verlustverrechnungsvolumina verrechnet werden kann (in Abwandlung 3 entfällt auf A ein Betrag von 75, es können jedoch nur 25 verrechnet werden). Bezüglich des nicht verrechenbaren Betrags bestehen zwei Möglichkeiten: Entweder, dieser führt bei anderen nahestehenden Personen zu einem weitergehenden interpersonellen Verlustuntergang als dies allein nach der gleichmäßigen Aufteilung des übersteigenden Sanierungsertrags der Fall wäre (sofern bei dem anderen Steuerpflichtigen nicht ebenfalls das Merkmal der Schuldenidentität begrenzend eingreift), oder er wird im Ergebnis nicht verrechnet und es kommt insoweit zu einer Steuerfreiheit trotz Aufrechterhaltung von Verlustpotential.

Die Konstruktion von § 3a Abs. 3 S. 3 EStG würde es grundsätzlich zulassen, dass in diesen Fällen ein Restbetrag verbleibt, welcher im Ergebnis nicht mit vorhandenem Verlustverrechnungspotential verrechnet wird. Dies zeigt ein Vergleich mit der Situation, dass (a) bei allen nahestehenden Personen das Merkmal der Schuldenidentität begrenzend wirkt, oder (b) nur eine einzige weitere nahestehende Person vorhanden ist, bei der die Verrechnung ebenfalls durch dieses Merkmal begrenzt ist. In beiden Fällen verbleibt ein Anteil am Sanierungsertrag, der nicht mit Verlustverrechnungsvolumina ausgeglichen wird. Da § 3a Abs. 3 S. 3 EStG keine weiteren Rechtsfolgen für den Fall vorsieht, dass durch das Merkmal der Schuldenidentität ein solcher Betrag entsteht, wird dieses Ergebnis offenbar vom Gesetzgeber hingenommen. Wird der übersteigende Sanierungsgewinn zu gleichen Teilen aufgeteilt und greift nur bei einem Steuerpflichtigen die Schuldenidentität als Begrenzung der Verlustverrechnung ein, liegen die Umstände jedoch anders. Führt der nicht verrechenbare Anteil eines nahestehenden Steuerpflichtigen zu einer weiteren Verlustverrechnung bei einer anderen nahestehen Person, führt dies zwar dazu, dass letztere im Verhältnis mehr Verlustverrechnungspotential verliert, jedoch ist dies nur dadurch begründet, dass sie auch mehr Schulden auf das zu sanierende Unternehmen übertragen hat. Diese Steuerpflichtigen haben sich damit in größerem Maße – nach der in § 3a Abs. 3 S. 3 EStG zum Ausdruck kommenden Wertung des Gesetzgebers – missbräuchlich verhalten, sodass es auch gerechtfertigt ist, wenn der Verlustuntergang hier weiter reicht. Zudem werden betroffene Steuerpflichtige durch den weitergehenden Verlustuntergang nicht schlechter gestellt, denn wäre daneben keine weitere nahestehende Person mehr vorhanden, dann wäre der gesamte übersteigende Sanierungsertrag auf sie entfallen und es wäre zu einem Verlustuntergang in Höhe des vollen nach der Verrechnung im zu sanierenden Unternehmen verbleibenden Ertrags gekommen. Übersteigt dieser Betrag die übertragenen Schulden, greift ebenfalls das Merkmal der Schuldenidentität begrenzend ein. Dies gilt aber unabhängig davon, ob daneben noch weitere nahestehende Steuerpflichtige vorhanden sind, welche einen Teil des übersteigenden Sanierungsertrags „übernehmen" oder nicht.

Auch ausgehend vom Zweck des interpersonellen Verlustausgleichs muss das Entstehen eines nicht verrechenbaren Betrags zu einer Erhöhung des Verlustuntergangs bei anderen nahestehenden Personen führen. Die Steuerfreiheit wird durch § 3a Abs. 3 S. 2 und 3 EStG auf das erforderliche Mindestmaß reduziert.[1275] Daher muss es so lange zu einer Verrechnung kommen, wie dies innerhalb der Voraussetzungen des Abs. 3 S. 3 möglich ist. Dass bei einer von mehreren nahestehenden Personen die Begrenzung der Schuldenidentität eingreift, kann dem nicht entgegenstehen, denn das Ziel ist die weitestmögliche Neutralisierung des Sanierungsgewinns. Um die Typisierung sachgerecht zu gestalten, hat der Gesetzgeber in § 3a Abs. 3 S. 3 EStG bereits zwei begrenzende Faktoren aufgenommen. Zum einen ist der Verlustuntergang bei nahestehenden Personen auf den Betrag der übertragenen Schulden begrenzt, zum anderen gehen nur solche Verlustpositionen unter, die zum Ablauf des Wirtschaftsjahrs der Schuldenübertragung bereits vorhanden waren. Damit wird ein klar abgrenzbarer Rahmen geschaffen, innerhalb dessen ein interpersoneller Verlustuntergang stattfinden soll. Zugleich sind dies aber auch die einzigen beiden Grenzen, die der Gesetzgeber vorgibt, sodass innerhalb dieses Rahmens die interpersonelle Verlustverrechnung auch auszuschöpfen ist. Der Wortlaut des § 3a Abs. 3 S. 3 EStG muss daher so verstanden werden, dass es so lange zu einer Verlustverrechnung bei nahestehenden Personen kommt, bis entweder der Sanierungsertrag vollständig neutralisiert ist oder die begrenzenden Merkmale der Vorschrift eingreifen. Ein durch das Eingreifen des Merkmals der Schuldenidentität entstehender, nicht verrechenbarer Anteil am übersteigenden Sanierungsertrag würde daher den Verlustuntergang bei anderen nahestehenden Personen erhöhen.

Auch wenn das Merkmal der Schuldenidentität nicht zum begrenzenden Faktor wird, sondern es bei allen nahestehenden Personen zu einer Verlustverrechnung in Höhe des auf sie entfallenden Anteils am übersteigenden Sanierungsertrages kommt, können sich auch bei dessen gleichmäßiger Aufteilung die Wirkungen bei den einzelnen Personen unterscheiden. Denn, wenn sich die Höhe der übertragenen Schulden zwischen den nahe-

1275 BT-Drs. 18/12128, S. 31.

stehenden Personen unterscheidet, führt ein Verlustuntergang in jeweils gleicher Höhe bei den Steuerpflichtigen zu einem unterschiedlichen Verhältnis zwischen übertragenen Schulden und untergegangenen Verlustverrechnungsvolumina. Im Verhältnis zu den übertragenen Schulden sind die Steuerpflichtigen dann unterschiedlich belastet. So verlieren A und B im Ausgangsfall gemäß § 3a Abs. 3 S. 3 EStG beide Verlustverrechnungsvolumina in Höhe von 75, während A nur im Umfang von 150, B hingegen von 300 Schulden auf die X-GmbH übertragen hat. Auch hier gilt jedoch, dass § 3a Abs. 3 S. 3 EStG bereits Grenzen für den interpersonellen Verlustuntergang festlegt. Darüberhinausgehende Belastungen, die sich aus einem Vergleich mit anderen Steuerpflichtigen ergeben, sind demnach hinzunehmen.

ee) Aufteilung des übersteigenden Sanierungsertrags im Verhältnis der übertragenen Schulden

Alternativ zu einer Aufteilung zu gleichen Teilen könnte der übersteigende Sanierungsertrag auch im Verhältnis der auf das zu sanierende Unternehmen übertragenen Schulden auf die Steuerpflichtigen i.S.v. § 3a Abs. 3 S. 3 EStG verteilt werden. Im Ausgangsfall hat A Schulden in Höhe von 150, B in Höhe von 300 auf die X-GmbH übertragen, was einem Verhältnis von 1:2 entspricht. Folglich müsste der übersteigende Sanierungsgewinn von 150 auf A und B im Verhältnis 1:2 aufgeteilt und diesem Verhältnis auch deren Verlustverrechnungsvolumina gemindert werden. Demnach entfiele auf A ein Anteil von 50 und auf B ein Anteil von 100.

Diese Lösung wäre ebenso rechtssicher und zügig handhabbar wie eine Aufteilung zu gleichen Teilen und zudem vermeidet sie die aufgezeigte Situation, dass es bei einzelnen Steuerpflichtigen gegenüber anderen Steuerpflichtigen i.S.v. § 3a Abs. 3 S. 3 EStG im Verhältnis zum Umfang der übertragenen Schulden zu einer höheren Verlustverrechnung kommt. Nicht endgültig vermeiden lässt sich allerdings auch hier der Konflikt, dass durch das Eingreifen der Begrenzung der Schuldenidentität bei nur einzelnen Steuerpflichtigen, nicht mit Verlustpotential verrechenbare Beträge entstehen können. Der Verteilungsmaßstab ändert jedoch an der Behandlung dieser Konstellationen nichts, sodass diese Beträge dann weiterhin mit den Verlustpositionen weiterer nahestehender Personen verrechnet werden müssen, sofern nicht ebenfalls das Merkmal der Schuldenidentität begrenzend wirkt. Teilt man den übersteigenden Sanierungsertrag aber nicht zu gleichen Teilen, sondern proportional entsprechend der übertragenen

Schulden auf die nahestehenden Steuerpflichtigen auf, mildert sich dieser Effekt bereits entsprechend ab, denn auf Steuerpflichtige, die nur in geringem Umfang Schulden auf das zu sanierende Unternehmen übertragen haben, entfällt von vornherein nur ein kleinerer Anteil am übersteigenden Sanierungsgewinn, der zu einer Verlustverrechnung nach § 3a Abs. 3 S. 3 EStG führt. Mithin ist dieser Lösungsweg vorzugswürdig.

ff) Zwischenergebnis

Welche Auswirkungen der interpersonelle Verlustuntergang gemäß § 3a Abs. 3 S. 3 EStG hat, wenn mehrere Steuerpflichtige dessen Voraussetzungen erfüllen, ist vom Gesetzgeber nicht geregelt worden. Ist der Sanierungsertrag hoch genug, um sämtliche Verluste aller nahestehenden Personen aufzuzehren, dürften diese vollständig untergehen. Ist dies nicht der Fall, ist das Vorgehen nicht endgültig geklärt. Vor dem Hintergrund, dass durch die Regelung missbräuchliche Gestaltungen verhindert werden sollen, kann das Vorhandensein mehrerer nahestehender Personen nicht dazu führen, dass gar keine Verlustverrechnung stattfindet. Gleichzeitig darf es aber auch nur zur einmaligen Verrechnung des übersteigenden Sanierungsertrags mit Verlustpotential kommen, da der Verlustuntergang sonst weiter reichen würde, als es zur Vermeidung einer Doppelbegünstigung erforderlich wäre. Ein zeitlich aufeinanderfolgender Verlustuntergang ist dabei mit vielen Folgeproblemen verbunden, insbesondere der Frage, ob die Verrechnung bei dem Steuerpflichtigen beginnen soll, welcher zuerst oder zuletzt Schulden auf das zu sanierende Unternehmen übertragen hat. Zudem würde die damit einhergehende Ungleichbehandlung der Steuerpflichtigen zu willkürlichen Ergebnissen führen. Sachgerecht erscheint lediglich eine Aufteilung des übersteigenden Sanierungsertrags entweder zu gleichen Teilen oder proportional im Verhältnis der übertragenen Schulden. Beide Lösungswege bergen zwar die Gefahr, dass durch die Begrenzung der Verlustverrechnung mittels des Merkmals der Schuldenidentität Beträge entstehen können, die nicht mit Verlustverrechnungsvolumina einzelner nahestehender Steuerpflichtiger verrechnet werden können. Diese Beträge müssten dann von anderen nahestehenden Steuerpflichtigen aufgefangen werden, sodass ihre Belastung mit der Verlustverrechnung über den Anteil am übersteigenden Sanierungsertrag hinausgehen würde, der zunächst auf sie entfällt. Da sich dieser Effekt aber bei einer an der Höhe der übertragenen Schulden orientierenden, proportionalen Aufteilung des verbleibenden Sanierungsertrags abmildert, erscheint dieser Lösungsweg vorzugswürdig. Letztlich kann hier nur der Gesetzgeber selbst oder die Rechtsprechung für Klarheit sorgen.

7. Ergebnisse

Der interpersonelle Verlustuntergang gemäß § 3a Abs. 3 S. 3 EStG verhindert durch die Erstreckung des Verlustuntergangs auf dem Steuerpflichtigen nahestehende Personen die Sicherung von Steuerminderungspotential und stellt so eine sachgerecht typisierende Missbrauchsvermeidungsvorschrift zur Verhinderung von missbräuchlichen Steuergestaltungen dar. Da die Regelung das tatsächliche Vorhandensein von Verlustverrechnungspotential bei der nahestehenden Person voraussetzt und nicht weiter reichen kann als die Verlustverrechnung bei dem zu sanierenden Unternehmen, bezieht sie sich auf den Zeitpunkt des Schuldenerlasses und erfasst nur zu diesem Zeitpunkt noch vorhandenes Verlustverrechnungspotential. Auch die erforderliche Nähebeziehung zwischen dem Steuerpflichtigen und dem Dritten muss im Zeitpunkt des Schuldenerlasses gegeben sein und liegt bei einem zwischenzeitlichen Verkauf der Beteiligung an dem zu sanierenden Unternehmen nicht mehr vor. Wird die Beteiligung allerdings an eine dem Dritten seinerseits nahestehende Person veräußert, wirkt die Nähebeziehung fort. Ausgehend von dem Ziel, die Sicherung von Steuerminderungspotential zu verhindern, ist der Verlustuntergang bei der nahestehenden Person nicht auf solche Verluste beschränkt, die tatsächlich durch das sanierungsbedürftige Unternehmen verursacht wurden. Aus demselben Grund scheidet im Fall von mehreren an dem zu sanierenden Unternehmen beteiligten Personen eine quotale Beschränkung der Verlustverrechnung auf den Anteil der nahestehenden Person an dem zu sanierenden Unternehmen aus. Unklar bleibt, wie sich der interpersonelle Verlustuntergang auswirkt, wenn mehrere nahestehende Personen vorhanden sind und der verbleibende Sanierungsertrag nicht ausreicht, um deren Verlustpotential gänzlich zu neutralisieren. Die besten Argumente sprechen für eine Aufteilung des übersteigenden Sanierungsgewinns auf alle die Voraussetzungen des § 3a Abs. 3 S. 3 EStG erfüllenden Steuerpflichtigen entsprechend der Höhe der übertragenen Schulden. Rechtssicherheit kann hier jedoch nur durch den Gesetzgeber oder die Rechtsprechung geschaffen werden.

Zusammenfassung der Ergebnisse zu Kapitel 2

Das Merkmal des Schuldenerlasses in § 3a Abs. 1 S. 1 EStG ist nicht im zivilrechtlichen, sondern im bilanzsteuerrechtlichen Sinne zu verstehen. Maßgeblich für die Begünstigungsfähigkeit eines Ertrags als Sanierungsgewinn ist daher nur, ob der ihm zugrunde liegende Vorgang einem zivilrechtlichen Erlass wirtschaftlich vergleichbar ist. Erfasst sind deshalb neben zivilrechtlichen Erlassverträgen nach § 397 Abs. 1 BGB, negativen Schulanerkenntnissen nach § 397 Abs. 2 BGB und Forderungsverzichten im Insolvenzplanverfahren auch andere Sanierungsmaßnahmen. Insbesondere Erträge die durch Konfusion, Debt-Equity-Swap oder einen zur Ausbuchung der Verbindlichkeit führenden Rangrücktritt entstehen, sind als Sanierungsgewinne begünstigungsfähig.

Die Pflicht zur gewinnmindernden Ausübung steuerlicher Wahlrechte gemäß § 3a Abs. 1 S. 2 EStG führt nicht zu einem faktischen Wahlrecht, sondern stellt eine zwingende Rechtsfolge der Steuerfreiheit dar. Die Regelung verfolgt mit der Generierung eines größtmöglichen Verlustausgleichsvolumens zur Verrechnung mit dem Sanierungsertrag und der Verhinderung einer Doppelbegünstigung mehrere Zwecke. Davon ausgehend ist die Vorschrift in mehreren Hinsichten teleologisch zu reduzieren. Nicht erfasst sind zunächst die als Subventionswahlrechte bezeichneten steuerlichen Wahlrechte der §§ 6b, 6c, 4g und 7g EStG, da ihre nichtgewinnmindernde Ausübung keinen weiteren Steuervorteil bewirkt. Zweitens ist als ungeschriebene Voraussetzung des Wahlrechtszwangs eine tatsächliche Gewinnauswirkung der Wahlrechtsausübung erforderlich, denn anderenfalls führt die gewinnmindernde Ausübung des Wahlrechts schon nicht dazu, dass überhaupt Verlustausgleichspotential entsteht. Drittens müssen steuerliche Wahlrechte nur insoweit gewinnmindernd ausgeübt werden, wie eine Verrechnung mit dem Sanierungsertrag möglich ist, da die zu verhindernde Doppelbegünstigung nur aus einer Kombination von Steuerfreiheit des Sanierungsertrags und gleichzeitiger weiterer Nutzungsmöglichkeit von Verlustausgleichspotential entsteht. Daher ist die gewinnmindernde Ausübung der Wahlrechte zur Vermeidung einer Doppelbegünstigung nur bis zur Höhe des Sanierungsertrags erforderlich und muss daher darauf begrenzt werden. Betroffen sind zudem nur Wahlrechte, die sich aus Außenrechtsnormen ergeben, nicht hingegen solche die auf Verwaltungsvorschriften beruhen.

Mit § 3a Abs. 2 EStG enthält die Neuregelung nun eine Legaldefinition der unternehmerbezogenen Sanierung, deren Voraussetzungen denen des Sanierungserlasses entsprechen. Für die Auslegung bleibt deswegen die Rechtsprechung des BFH zu § 3 Nr. 66 EStG a.F. und zum Sanierungserlass maßgeblich. Neu ist die Kodifizierung der betrieblichen Begründung des Schuldenerlasses. Bei Verzichten von externen Gläubigern wird sie regelmäßig unterstellt, bei Gesellschafterverzichten ist stets zwischen betrieblicher und gesellschaftsrechtlicher Veranlassung zu differenzieren. Abhängig von der Zusammensetzung des Gläubigerkreises wird sie entweder auch hier unterstellt oder muss gesondert dargelegt werden. Indizien dafür ergeben sich aus der bisherigen Rechtsprechung. Im Fall einer ausschließlichen gesellschaftsrechtlichen Veranlassung ist § 3a Abs. 1 S. 1 EStG auf den in Höhe des nicht werthaltigen Teils der Forderung entstehenden Ertrag bei dem Unternehmen nicht anwendbar, eine lediglich gesellschaftsrechtliche Mitveranlassung schließt die Anwendung von § 3a Abs. 1 S. 1 EStG allerdings nicht aus. Die Voraussetzungen des § 3a Abs. 2 EStG müssen von Steuerpflichtigen nachgewiesen werden, was zu einem faktischen Wahlrecht zur Anwendung der Steuerbefreiung führt. Der Nachweis der Voraussetzungen des § 3a Abs. 2 EStG ist entsprechend der alten Rechtslage durch die Vorlage eines Sanierungsplans und ebenso eines Restrukturierungsplans nach dem StaRUG möglich.

In den abschließend in § 3a Abs. 5 S. 1 EStG aufgezählten Fällen wird auch die unternehmerbezogene Sanierung begünstigt. Die Regelung gilt analog auf Erträge, die im Rahmen von Liquidationsinsolvenzplänen entstehen.

§ 3a Abs. 3 EStG schafft ein ausdifferenziertes System zur Verrechnung von Steuerminderungspotential mit dem steuerfreien Sanierungsertrag, um eine nicht gerechtfertigte Doppelbegünstigung zu vermeiden. Eine Verlustverrechnung nach § 3a Abs. 3 EStG ist dabei keine Voraussetzung für die Gewährung der Steuerfreiheit, sondern nur eine weitere Rechtsfolge. Erstmals benennt § 3a Abs. 2 S. 2 die einzelnen zu verrechnenden Steuerminderungspositionen und gibt eine konkrete Verrechnungsreihenfolge vor. § 3a Abs. 3 S. 2 Nr. 9 EStG sieht auch eine Verrechnung des ausgleichsfähigen Verlusts aus anderen Einkunftsarten vor. Vor der Anwendung dieses Tatbestands ist zwischen den anderen Einkunftsarten neben dem horizontalen auch ein vertikaler Verlustausgleich durchzuführen. Die Regelung des § 3a Abs. 3 S. 2 Nr. 11 a) EStG erfasst verrechenbare Verluste i.S.v. § 15a EStG, die dem Mitunternehmer des sanierungsbedürftigen Unternehmens aus anderen Mitunternehmerschaften zugerechnet werden. Darüber hinaus erfasst die Vorschrift auch solche § 15a-Verluste, die nicht im zu sanierenden Unternehmen entstanden, diesem aber aus einer Beteiligung an einer weiteren Mitunternehmerschaft zuzurechnen sind. Streitig war seit der Einführung von § 3a EStG, ob bei Zusammenveranlagung auch die Steuerminderungspositionen des anderen Ehegatten von der Verlustverrechnung, insbesondere von der Regelung des § 3a Abs. 3 S. 2 Nr. 9 EStG betroffen sein sollten. Zwischenzeitlich wurde die Neuregelung um einen Absatz 3a ergänzt, mit dem die Berücksichtigung solcher Verlustpositionen hinsichtlich der Tatbestände der §§ 3a Abs. 3 S. 2 Nr. 9, Nr. 10 und Nr. 12 EStG klargestellt wurde. Da aber nur eine deklaratorische Wirkung beabsichtigt war und die Wirkungen der Zusammenveranlagung nach § 26b EStG nicht angetastet werden sollten, bleibt Steuerminderungspotential zusammenveranlagter Ehegatten auch nach Einführung von § 3a Abs. 3a EStG im Rahmen von §§ 3a Abs. 3 S. 2 Nr. 11 und Nr. 13 EStG außer Acht.

Aus Gründen der Missbrauchsabwehr findet unter den Voraussetzungen des § 3a Abs. 3 S. 3 EStG zusätzlich eine Verrechnung des Sanierungsertrags mit Steuerminderungspotential bei den Steuerpflichtigen nahestehenden Personen statt (sog. interpersoneller Verlustuntergang). Erfasst wird lediglich im Sanierungsjahr tatsächlich vorhandenes Steuerminderungspotential, für eine Begrenzung der Verrechnung entsprechend der Verursachung des Steuerminderungspotentials ist jedoch kein Raum. Die erforderliche Nähebeziehung muss grundsätzlich im Zeitpunkt der Sanierung vorliegen, sodass eine Veräußerung der Beteiligung an dem zu sanierenden Unternehmen zwischen der Übertragung und der Sanierung an einen fremden Dritten die Nähebeziehung beendet. Erfolgt hingegen eine zwischenzeitliche Veräußerung an eine dem übertragenden Rechtsträger seinerseits nahestehende Person, wird die Nähebeziehung fortgesetzt, da der Zweck der Missbrauchsabwehr anderenfalls nicht erreicht werden kann. Aus demselben Grund bleibt die Verlustverrechnung beim übertragenden Rechtsträger auch nicht auf dessen Beteiligungsquote begrenzt, wenn das zu sanierende Unternehmen auf einen neuen Rechtsträger übertragen wird, an dem wiederum mehrere Personen beteiligt sind.

Unklarheit besteht über die Rechtsfolgen von § 3a Abs. 3 S. 3 EStG, wenn mehrere dem Steuerpflichtigen nahestehende Personen vorhanden sind, der verbleibende Sanierungsgewinn aber nicht ausreichend ist, um eine vollständige Verrechnung mit sämtlichem Steuerminderungspotential dieser Personen zu erreichen. Abzulehnen ist in diesen Fällen sowohl der

Verzicht auf die Verlustverrechnung als auch die Verrechnung in Höhe des verbleibenden Sanierungsertrags bei jeder in Betracht kommenden Person. Vielmehr muss die Verrechnung insgesamt auf die Höhe des verbleibenden Sanierungsertrags begrenzt und das insofern verfügbare Verrechnungsvolumen innerhalb dieses Personenkreises aufgeteilt werden. In Betracht kommt dabei eine zeitlich aufeinanderfolgende Verrechnung entsprechend der Reihenfolge der Schuldenübertragung oder eine Aufteilung des übersteigenden Sanierungsertrags entweder zu gleichen Teilen oder im Verhältnis der Höhe der übertragenen Schulden. Vorzugswürdig ist die Aufteilung entsprechend der Höhe der übertragenen Schulden.

Kapitel 3: Vereinbarkeit des § 3a EStG mit dem allgemeinen Gleichheitssatz des Art. 3 Abs. 1 GG

§ 10: Der allgemeine Gleichheitssatz als Prüfungsmaßstab

I. Grundgehalt

„Alle Menschen sind vor dem Gesetz gleich", Art. 3 Abs. 1 GG. Diese Feststellung gehört nach Ansicht des BVerfG so essentiell zu den Grundbestandteilen unserer verfassungsmäßigen Ordnung, dass der Gleichheit vor dem Gesetz auch ohne die ausdrückliche Kodifizierung in Art. 3 Abs. 1 GG unter Rückgriff auf einen überpositiven Rechtssatz Geltung verschafft werden müsste.[1276] Deshalb ist es auch trotz der Formulierung „vor" dem Gesetz, unbestritten, dass Art. 3 Abs. 1 GG die gesetzgebende, vollziehende und richterliche Gewalt in gleicher Weise bindet.[1277] Indem der allgemeine Gleichheitssatz gebietet, alle Menschen vor dem Gesetz gleich zu behandeln[1278] verbürgt Art. 3 Abs. 1 GG zwar zunächst ein Grundrecht jedes Einzelnen, darüber hinaus gilt der allgemeine Gleichheitssatz aber auch als selbstverständlicher ungeschriebener Verfassungsgrundsatz in allen Bereichen.[1279] Grundlegend verbietet er, wesentlich Gleiches willkürlich ungleich und wesentlich Ungleiches willkürlich gleich zu behandeln und gebietet dem Normgeber spiegelbildlich, wesentlich Gleiches gleich und wesentlich Ungleiches ungleich zu behandeln.[1280] Dieser Grundsatz gilt so-

---

1276 Vgl. BVerfG v. 5.4.1952 – 2 BvH 1/52, BVerfGE 1, 233.

1277 Vgl. Rüfner, in: Bonner Kommentar GG, Art. 3 Rn. 2 (Stand: Oktober 1992); bereits BVerfG v. 23.10.1951 – 2 BvG 1/51, BVerfGE 1, 14.

1278 Vgl. BVerfG v. 23.10.1951 – 2 BvG 1/51, BVerfGE 1, 14; v. 7.10.1980 – 1 BvL 50/79, BVerfGE 55, 72; v. 21.7.2010 – 1 BvR 611/07, BVerfGE 126, 400.

1279 Leibholz/Rinck, GG, Art. 3 Rn. 3 (Stand: Mai 2019) m.w.N. aus der Rechtsprechung.

1280 Vgl. BVerfG v. 23.10.1951 – 2 BvG 1/51, BVerfGE 1, 14; v. 27.6.1961 – 1 BvR 486/59, BVerfGE 13, 46; v. 27.5.1964 – 1 BvL 4/59, BVerfGE 18, 38; v. 19.7.1967 – 2 BvR 489/66, BVerfGE 22, 254; v. 3.10.1973 – 1 BvL 30/71, BVerfGE 36, 73; v. 8.6.2004 – 2 BvL 5/00, BVerfGE 110, 412; v. 11.1.2005 – 2 BvR 167/02, BVerfGE 112, 164; v. 7.11.2006 – 1 BvL 10/02, BVerfGE 117, 1; v. 15.1.2008 – 1 BvL 2/04, BVerfGE 120, 1; v. 21.7.2010 – 1 BvR 611/07, BVerfGE 126, 400; v. 21.6.2011 – 1 BvR 2035/07, BVerfGE 129, 49; v. 19.11.2019 – 2 BvL 22/14, BVerfGE 152, 274.

wohl für ungleiche Belastungen, als auch für ungleiche Begünstigungen.[1281] Verboten ist daher auch ein gleichheitswidriger Begünstigungsausschluss, bei dem einem Personenkreis eine Begünstigung gewährt, einem anderen Personenkreis die Begünstigung aber vorenthalten wird.[1282] Sowohl der Gesetzgeber als auch der Rechtsanwender sind so gehalten, für Menschen in ähnlichen Situationen gemeinsame und für Menschen in verschiedenen Lebenslagen unterschiedliche Rechtsfolgen vorzusehen, sowie für Menschen in vergleichbaren Situationen eine verantwortliche Entscheidung über gemeinsame oder unterschiedliche Rechtsfolgen zu treffen.[1283]

Für die Feststellung, ob eine für Art. 3 Abs. 1 GG relevante Ungleichbehandlung vorliegt, müssen zunächst Vergleichsgruppen benannt werden, also vergleichbare Sachverhalte, die unterschiedlich behandelt werden.[1284] Ob die gebildeten Vergleichsgruppen gleich oder ungleich behandelt werden, beurteilt sich anhand eines Vergleichs der durch die Regelung bewirkten Rechtsfolgen.[1285] Darüber, wie die Vergleichsgruppen zu bilden sind, enthält der allgemeine Gleichheitssatz zwar keine Aussage[1286], richtigerweise müssen aber Eigenschaften gesammelt werden, in denen sie sich unterscheiden und nicht unterscheiden, da ein Vergleich von Gegenständen oder Sachverhalten nichts anderes als der Vergleich ihrer Eigenschaften ist.[1287] Ein Unterschied setzt voraus, dass ein Sachverhalt oder eine Person eine tatsächliche oder rechtliche Eigenschaft aufweist, die die Vergleichs-

---

1281 Vgl. BVerfG v. 11.10.1988 – 1 BvR 777/85, BVerfGE 79, 1; v. 8.6.2004 – 2 BvL 5/00, BVerfGE 110, 412; v. 21.6.2006 – 2 BvL 2/99, BVerfGE 116, 164; v. 17.4.2008 – 2 BvL 4/05, BVerfGE 121, 108; v. 9.12.2008 – 2 BvL 1/07, BVerfGE 122, 210; v. 26.7.2010 – 2 BvR 2227/08 (Nichtannahmebeschluss); v. 18.7.2012 – 1 BvL 16/11, BVerfGE 132, 179; v. 17.12.2014 – 1 BvL 21/12, BVerfGE 138, 136; v. 24.3.2015 – 1 BvR 2880/11, BVerfGE 139, 1; v. 14.6.2016 – 2 BvR 290/10, BStBl. II 2016, S. 801 (Nichtannahmebeschluss); v. 29.3.2017 – 2 BvL 6/11, BVerfGE 145, 106; v. 10.4.2018 – 1 BvL 11/14, BVerfGE 148, 147; v. 10.4.2018 – 1 BvR 1236/11, BStBl. II 2018, S. 303, BVerfGE 148, 217; v. 19.11.2019 – 2 BvL 22/14, BVerfGE 152, 274.

1282 Vgl. BVerfG v. 8.6.2004 – 2 BvL 5/00, BVerfGE 110, 412; v. 11.1.2005 – 2 BvR 167/02, BVerfGE 112, 164; v. 21.6.2006 – 2 BvL 2/99, BVerfGE 116, 164; v. 17.4.2008 – 2 BvL 4/05, BVerfGE 121, 108; v. 21.7.2010 – 1 BvR 611/07, BVerfGE 126, 400; v. 18.7.2012 – 1 BvL 16/11, BVerfGE 132, 179; v. 17.12.2014 – 1 BvL 21/12, BVerfGE 138, 136; v. 24.3.2015 – 1 BvR 2880/11, BVerfGE 139, 1.

1283 Vgl. Kirchhof, in: Maunz/Dürig, GG, Art. 3 Abs. 1, Rn. 73 (Stand: September 2015).

1284 Vgl. Jarass, in: Jarass/Pieroth, GG, Art. 3, Rn. 10.

1285 Vgl. Kischel, in: BeckOK GG,, Art. 3 Rn. 15.

1286 Vgl. Rüfner, in: Bonner Kommentar GG, Art. 3, Rn. 14 (Stand: Oktober 1992).

1287 Vgl. Kischel, in: BeckOK GG, Art. 3, Rn. 15 (Stand: Mai 2015); vgl. auch Payandeh, AöR 136 (2011), S. 578, 586.

person oder der Vergleichssachverhalt nicht hat.[1288] Die teils geforderte Unterordnung unter einen gemeinsamen Oberbegriff[1289] ist insofern überflüssig, da es sich dabei um nichts anderes als eine solche Eigenschaft handelt.[1290] Mithin genügt jede Differenzierung anhand eines Unterscheidungsmerkmals.[1291]. Nach der Formulierung des BVerfG verbietet Art. 3 Abs. 1 GG zwar nur die (Un-)Gleichbehandlung von *wesentlich* Gleichem bzw. Ungleichem, allerdings ist die Frage nach der Wesentlichkeit für die Bildung der Vergleichsgruppen und damit der Identifizierung der Ungleichbehandlung noch nicht relevant, sondern ein Element der späteren Rechtfertigungsprüfung, denn ein Unterschied ist dann wesentlich, wenn er die unterschiedliche Behandlung rechtfertigen kann.[1292] Rein aus Praktikabilitätsgründen bietet sich aber dennoch aufgrund der Vielzahl der so potenziell entstehenden Vergleichspaare eine Vorauswahl auf diejenigen Paare an, hinsichtlich derer eine Verletzung des Gleichheitssatzes ernsthaft in Betracht kommt.[1293]

II. Verbot ungerechtfertigter Gleichbehandlungen

Mit dem BVerfG kann der allgemeine Gleichheitssatz auch gebieten, Ungleiches ungleich zu behandeln.[1294] Dieses Differenzierungsgebot wird vielfach gemeinsam mit dem Verbot, wesentlich Gleiches willkürlich ungleich zu behandeln gebraucht.[1295] Dabei hat der Gesetzgeber Ungleiches nicht

---

1288 Vgl. Kempny, StuW 2014, S. 185, 197.

1289 Vgl. Heun, in: Dreier, GG, Art. 3, Rn. 24.

1290 Vgl. Kischel, in: BeckOK GG, Art. 3 Rn. 15.2 (Stand: Mai 2015).

1291 Vgl. Wollenschläger, in: v. Mangoldt/Klein/Starck, GG, Art. 3, Rn. 80.

1292 Vgl. Kischel, in: BeckOK GG, Art. 3 Rn. 17 (Stand: Mai 2015); Kempny, StuW 2014, S. 185, 197; Wollenschläger, in: v. Mangoldt/Klein/Starck, GG, Art. 3, Rn. 83.

1293 Vgl. Kischel, AöR 124 (1999), 174, 184.

1294 BVerfG v. 15.05.1984 – 1 BvR 464/81, 1 BvR 605/81, 1 BvR 427/82, 1 BvR 440/82, BVerfGE 67, 70.; v. 13.02.2007 – 1 BvR 910/05, 1 BvR 1389/05, BVerfGE 118, 1; v. 4.2.2009 – 1 BvL 8/05, BVerfGE 123, 1.

1295 Vgl. BVerfG v. 23.10.1951 – 2 BvG 1/51, BVerfGE 1, 14; v. 27.6.1961 – 1 BvR 486/59, BVerfGE 13, 46; v. 27.5.1964 – 1 BvL 4/59, BVerfGE 18, 38; v. 19.7.1967 – 2 BvR 489/66, BVerfGE 22, 254; v. 3.10.1973 – 1 BvL 30/71, BVerfGE 36, 73; v. 3.4.2001 – 1 BvR 1629/94, BVerfGE 103, 242; v. 8.6.2004 – 2 BvL 5/00, BVerfGE 110, 412; v. 11.1.2005 – 2 BvR 167/02, BVerfGE 112, 164; v. 7.11.2006 – 1 BvL 10/02, BVerfGE 117, 1; v. 15.1.2008 – 1 BvL 2/04, BVerfGE 120, 1; v. 21.7.2010 – 1 BvR 611/07, BVerfGE 126, 400; v. 21.6.2011 – 1 BvR 2035/07, BVerfGE 129, 49; v. 19.11.2019 – 2 BvL 22/14, BVerfGE 152, 274; vgl. auch Boysen, in: v. Münch/Kunig, GG, Art. 3, Rn. 64.

unter allen Umständen auch unterschiedlich zu behandeln, sondern es bleibt grundsätzlich ihm überlassen, diejenigen Sachverhalte auszuwählen, an die er dieselbe Rechtsfolge knüpft, die er also im Rechtssinn als gleich ansehen will.[1296] Ungleiches muss zumindest nach seiner Eigenart, bzw. entsprechend der bestehenden Ungleichheit verschieden behandelt werden, sodass die Ungleichheit nur die Pflicht zu einer in eine bestimmte Richtung zielenden, den bestehenden Unterschieden entsprechenden Differenzierung zur Folge hat.[1297] Der allgemeine Gleichheitssatz ist also nicht schon dann verletzt, wenn der Gesetzgeber Differenzierungen, die er vornehmen darf, nicht vornimmt.[1298] Ein Verstoß gegen das Gleichbehandlungsgrundrecht liegt aber vor, wenn tatsächliche Ungleichheiten des zu ordnenden Lebenssachverhalts, mithin der gleich behandelten Sachverhalte, nicht berücksichtigt werden, die so bedeutsam sind, dass sie bei einer am Gerechtigkeitsgedanken orientierten Betrachtungsweise beachtet werden müssen.[1299]

Ein Teil des Schrifttums lehnt die dogmatische Konstruktion der rechtfertigungsbedürftigen Gleichbehandlung von wesentlich Gleichem ab oder steht ihr zumindest kritisch gegenüber.[1300] Die Begründungen sind zwar unterschiedlich[1301], hauptsächlich wird die Konstruktion aber für verzichtbar erachtet, da die Gleichbehandlung von wesentlich Ungleichem bei einem Wechsel zwischen absoluter und relativer Betrachtungsweise oder einem Austausch der Vergleichsgruppe oder des Differenzierungskriteriums regelmäßig auch eine Ungleichbehandlung darstelle.[1302] Eine Teilgruppe werde im Hinblick auf gewichtige Unterschiede nämlich lediglich stärker

1296 BVerfG v. 16.03.2004 – 1 BvR 1778/01, BVerfGE 110, 141; v. 13.02.2007 – 1 BvR 910/05, 1 BvR 1389/05, BVerfGE 118, 1.

1297 Vgl. Stern/Sachs/Dietlein, in: Stern, Staatsrecht, Bd. IV/2, S. 1543 m.w.N.

1298 Vgl. Jarass, in: Jarass/Pieroth, GG, Art. 3, Rn. 12.

1299 Vgl. BVerfG v. 6.6.1978 – 1 BvR 102/76, BVerfGE 48, 346; v. 15.05.1984 – 1 BvR 464/81, 1 BvR 605/81, 1 BvR 427/82, 1 BvR 440/82, BVerfGE 67, 70; v. 15.07.1998 – 1 BvR 1554/89, 1 BvR 963/94, 1 BvR 964/94, BVerfGE 98, 365; v. 13.02.2007 – 1 BvR 910/05, 1 BvR 1389/05, BVerfGE 118, 1; v. 16.03.2004 – 1 BvR 1778/01, BVerfGE 110, 141.

1300 Vgl. Jarass, in: Jarass/Pieroth, GG, Art. 3, Rn. 12; Boysen, in: v. Münch/Kunig, GG, Art. 3, Rn. 64 ff.; Kempny/Lämmle, JuS 2020, 113, 115; Kempny, JZ 2015, 1086.

1301 Vgl. Boysen, in: v. Münch/Kunig, GG, Art. 3, Rn. 66.

1302 Vgl. Jarass, in: Jarass/Pieroth, GG, Art. 3, Rn. 12; Kempny/Lämmle, JuS 2020, 113, 115 (jeweils m.w.N.); Kempny, JZ 2015, 1086, 1089 ff. (mit Beispielen); krit. dazu: Boysen, in: v. Münch/Kunig, GG, Art. 3, Rn. 66.

belastet.[1303] Teilweise wird die Figur aber auch unter Verweis auf ihre abweichende logische Struktur abgelehnt.[1304] Bei einer Ungleichbehandlung könne sich die Prüfung auf die Herstellung einer Relation zwischen den Vergleichsgruppen anhand ihrer gemeinsamen Eigenschaften beschränken, während bei rechtfertigungsbedürftigen Gleichbehandlungen die nicht differenzierende Regelung an den spezifischen Besonderheiten der Vergleichsgruppen gemessen werden müsse, die jeweils getrennt ermittelt, qualifiziert und in Beziehung gesetzt werden müssten.[1305]

Die Gegenansicht erkennt rechtfertigungsbedürftige Gleichbehandlungen ebenso an wie Ungleichbehandlungen von wesentlich Gleichem und will alle allgemeinen Grundsätze des Gleichheitssatzes daher gleichermaßen für ungerechtfertigte Gleichbehandlungen anwenden.[1306] Eine solche Gleichbehandlung durch einen Wechsel der Betrachtungsperspektive als Ungleichbehandlung auszulegen, zerstöre die Struktur der Gleichheitsprüfung und verschiebe die Prüfung des sachlichen Grundes von der Rechtfertigungsebene auf die Stufe der Ungleichbehandlung.[1307] Zudem mute die Umdeutung künstlich an und ändere nichts an der eigentlich zu beantwortenden Sachfrage.[1308] Tatbestandlich ist zunächst zu prüfen, ob eine identische Behandlung unterschiedlicher Sachverhalte vorliegt.[1309] Die Rechtfertigung der gleichen Behandlung verschiedener Sachverhalte bedarf anschließend ebenso eines rechtfertigenden sachlichen Grundes.[1310] Dabei muss darauf abgestellt werden, ob die Vergleichsgruppen für den jeweiligen Regelungskontext relevante Gemeinsamkeiten aufweisen und diese Gemeinsamkeiten wesentlich, mithin für eine Gleichbehandlung hinreichend sind[1311] oder anders gefragt, ob die tatsächliche Ungleichheit so groß ist,

1303 Vgl. Jarass, in: Jarass/Pieroth, GG, Art. 3, Rn. 12.

1304 Vgl. Boysen, in: v. Münch/Kunig, GG, Art. 3, Rn. 66.

1305 Vgl. Boysen, in: v. Münch/Kunig, GG, Art. 3, Rn. 66.

1306 Vgl. Wollenschläger, in: v. Mangoldt/Klein/Starck, GG, Art. 3, Rn. 170; Kischel, in: Epping/Hillgruber, BeckOK GG, Art. 3, Rn. 16 (Stand: Mai 2021) m.w.N.; vgl. eingehender zur Maßstabsbildung in der Rechtsprechung des BVerfG: Stern/Sachs/Dietlein, in: Stern, Staatsrecht, Bd. IV/2, S. 1543 ff.

1307 Vgl. Kischel, in: BeckOK GG, Art. 3, Rn. 16.1 (Stand: Mai 2021).

1308 Vgl. Wollenschläger, in: v. Mangoldt/Klein/Starck, GG, Art. 3, Rn. 172.

1309 Vgl. Wollenschläger, in: v. Mangoldt/Klein/Starck, GG, Art. 3, Rn. 171.

1310 Vgl. BVerfG v. 13.02.2007 – 1 BvR 910/05, 1 BvR 1389/05, BVerfGE 118, 1.

1311 Vgl. Wollenschläger, in: v. Mangoldt/Klein/Starck, GG, Art. 3, Rn. 171.

dass sie bei einer am Gerechtigkeitsgedanken orientierten Betrachtungsweise nicht unberücksichtigt bleiben darf.[1312]

Der weiteren Untersuchung wird die zuletzt genannten Ansicht zugrunde gelegt und § 3a EStG entsprechend auch auf mögliche gleichheitswidrige Gleichbehandlungen überprüft.

III. Bedeutung von Art. 3 Abs. 1 GG im Steuerrecht

Der Auftrag der Gleichbehandlung gilt im Steuerrecht ebenso, wie in anderen Rechtsgebieten.[1313] Zwar regelt der Gleichheitssatz Vorgaben für den Inhalt jeden Gesetzes und dessen Anwendung[1314], dennoch ist das Postulat der Gleichbehandlung von wesentlich Gleichem und der Ungleichbehandlung von wesentlich Ungleichem noch wenig aussagekräftig. Grade im Vergleich zu den Freiheitsrechten zeichnet sich der allgemeine Gleichheitssatz durch eine gewisse Inhaltsleere aus[1315] und bedarf daher der weiteren Konkretisierung. Sein eigentlicher Inhalt erschließt sich erst aus den vom BVerfG entwickelten Vorgaben für die Gesetzgebung.[1316]

Im Steuerrecht hat der allgemeine Gleichheitssatz seine besondere Ausprägung vor allem in Form des Grundsatzes der Steuergerechtigkeit gefunden[1317] und gebietet, auch als steuerliche Lastengleichheit bezeichnet, eine gleichheitsgerechte Lastenverteilung.[1318] Da andere Grundrechte – insbesondere die Eigentumsfreiheit aus Art. 14 Abs. 1 GG – im Steuerrecht kaum eingreifen[1319], sodass sich die Freiheitsrechte gegenüber dem Steuerzugriff durch eine gewisse Abwehrschwäche auszeichnen[1320], spielen sie in der

---

1312 Vgl. Jarass, in: Jarass/Pieroth, GG, Art. 3, Rn. 23 (jedoch insgesamt kritisch zur Figur der rechtfertigungsbedürftigen Gleichbehandlung).

1313 StRspr., vgl. etwa BVerfG v. 11.1.2005 – 2 BvR 167/02, BVerfGE 112, 164; v. 21.6.2006 – 2 BvL 2/99, BVerfGE 116, 164; v. 9.12.2008 – 2 BvL 1/07, BVerfGE 122, 210; v. 12.10.2010 – 1 BvL 12/07, BVerfGE 127, 224; v. 10.4.2018 – 1 BvL 11/14, BVerfGE 148, 147; v. 19.11.2019 – 2 BvL 22/14, BVerfGE 152, 274.

1314 Vgl. Kirchhof, in: Maunz/Dürig, GG, Art. 3 Abs. 1, Rn. 73 (Stand: September 2015).

1315 Vgl. Schwarz, in: FS Isensee, S. 949.

1316 Vgl. Wolff, in: Hömig/Wolff, GG, Art. 3 Rn. 6.

1317 BVerfG v. 7.11.2006 – 1 BvL 10/02, BVerfGE 117, 1.

1318 Vgl. Mellinghoff, in: FS Bareis, S. 171, 180.

1319 Vgl. Tipke, JZ 2009, 533, 540.

1320 Vgl. Hey, DStR 2009, 2561, 2562; dies., StuW 2015, 3, 5.

Prüfung nur eine untergeordnete Rolle[1321] Die herausragende Rolle[1322] und im Steuerrecht eine besondere Bedeutung[1323] übernimmt stattdessen der allgemeine Gleichheitssatz, denn weder der Zweck der Besteuerung, den staatlichen Haushalt mit Finanzmitteln auszustatten, noch die Verwendung des Steueraufkommens geben der Steuerbelastung Anknüpfungspunkte oder ziehen ihr Grenzen.[1324] Deswegen gewinnt der Eingriff durch die Steuer in die Vermögens- und Rechtssphäre des Steuerpflichtigen seine Rechtfertigung auch und gerade aus der Gleichheit der Lastenzuteilung.[1325] Vor diesem Hintergrund wird der allgemeine Gleichheitssatz des Art. 3 Abs. 1 GG auch als „Magna Charta" des Steuerrechts bezeichnet.[1326] Die Besteuerungsgleichheit gewinnt ihre Konturen erst aus der Eigenart der Steuer als Gemeinlast, die alle Inländer nach ihrem Einkommen, Vermögen und ihrer Nachfragekraft zur Finanzierung der allgemeinen Staatsaufgaben heranzieht.[1327] Mit bereichsspezifischer Gleichheit (in Form der Steuergerechtigkeit) ist im Steuerrecht nicht gemeint, dass jeder Bürger den gleichen Steuerbetrag zu zahlen hat, sondern der Gleichheitssatz verlangt hier Gleichheit in der steuererheblichen Betroffenheit.[1328] Einkommen, Vermögen und Nachfragekraft dienen für das Steuerrecht als die steuererheblichen Merkmale, in denen sich Grundrechtsberechtigte unterscheiden und entsprechend dieser Verschiedenheiten legt es dem Einzelnen dann die Pflicht auf, ohne individuelle Gegenleistung „von dem Seinigen etwas abzugeben".[1329] Der Gleichheitssatz verlangt also, dass jeder Steuerpflichtige entsprechend seines Einkommens, seines Vermögens und seiner Nachfragekraft zur Finanzierung der Gemeinlasten heranzuziehen ist und zur Fi-

1321 Vgl. Eichberger, in: FS BFH, S. 501, 502; Droege spricht davon, dass sie eher „farblos" bleiben (vgl. Droege, JöR 64 (2016), S. 539, 543).

1322 Vgl. Mellinghoff, DStR 2003, Beih. zu Heft 20–21, 3, 8; ders. in: FS Bareis, S. 171, 176.

1323 Vgl. Schwarz, in: FS Isensee, S. 949, 955.

1324 Exemplarisch: BVerfG v. 27.6.1991 – 2 BvR 1493/89, BVerfGE 84, 239

1325 Vgl. BVerfG, a.a.O.

1326 Vgl. Wernsmann, NJW 2000, 2078; Kischel, in: Mellinghoff/Palm, Gleichheit im Verfassungsstaat, S. 175, 176 ff.; Hey, StbJb 2007/2008, S. 19, 33.

1327 Vgl. BVerfG v. 27.6.1991 – 2 BvR 1493/89, BVerfGE 84, 239; v. 22.6.1995 – 2 BvL 37/91, BVerfGE 93, 121; v. 5.2.2002 – 2 BvR 305/93, BVerfGE 105, 17.

1328 Vgl. Kirchhof, AöR 128 (2003), 1, 36. Das bedeutet, dass arm und reich in jeweils sachgerechten Zugriffsstellen der Steuer und in einer vertretbaren Abstufung der Belastungsintensität gleich zu behandeln sind, vgl. Kirchhof, a.a.O.

1329 Vgl. BVerfG v. 27.6.1991 – 2 BvR 1493/89, BVerfGE 84, 239, Rn. 105; Kirchhof, AöR 128 (2003), 1, 37.

nanzierung der Gemeinlasten beizutragen hat.[1330] Art. 3 Abs. 1 GG gebietet für das Steuerrecht zum einen die gleichmäßige Anwendung der Steuergesetze durch die Finanzbehörden (sog. Rechtsanwendungsgleichheit) als auch aufgrund der über Art. 1 Abs. 3, Art. 20 Abs. 3 GG erzeugten Bindung die Rechtssetzungsgleichheit durch den Steuergesetzgeber.[1331]

IV. Sachbereichsspezifische Konkretisierungen des allgemeinen Gleichheitssatzes

Art. 3 Abs. 1 GG ist – auch im Steuerrecht[1332] – unter Berücksichtigung des jeweiligen Lebens- und Sachbereichs[1333] stets bereichsspezifisch anzuwenden.[1334] Denn ob eine Ungleichbehandlung erlaubt oder verboten ist, kann nur mit Hilfe von Wertungen entschieden werden, die außerhalb des allgemeinen Gleichheitssatzes liegen[1335], da der allgemeine Gleichheitssatz selbst keine Bewertungsmaßstäbe für gleichheitswidriges Verhalten enthält.[1336] Daher ist es zur ständigen Rechtsprechung avanciert, dass sich nähere Maßstäbe und Kriterien dafür, unter welchen Voraussetzungen im Einzelfall der allgemeine Gleichheitssatz durch den Gesetzgeber verletzt ist, nicht abstrakt und allgemein, sondern nur bezogen auf die jeweils betroffenen unterschiedlichen Sach- und Regelungsbereiche präzisieren lassen.[1337] Die Bildung von Vergleichsgruppen, die Bestimmung des Vergleichsziels und des Vergleichsmaßstab wird dabei von den Prinzipien der einzelnen Teilrechtsbereiche mitbestimmt.[1338]

1330 Vgl. Kirchhof, AöR 128 (2003), 1, 37; ders, StuW 2000, 316, 317.

1331 Vgl. Hey, in: Tipke/Lang, Steuerrecht, Rn. 3.110.

1332 Exemplarisch: BVerfG v. 27.6.1991 – 2 BvR 1493/89, BVerfGE 84, 239; v. 22.6.1995 – 2 BvL 37/91, BVerfGE 93, 121.

1333 Vgl. BVerfG v. 23.1.1957 – 2 BvE 2/56, BVerfGE 6, 84.

1334 Vgl. Wolff, in: Hömig/Wolff, GG, Art. 3, Rn. 10 m.w.N. aus der Rechtsprechung.

1335 Vgl. Mellinghoff, in: FS Bareis, S. 171, 176.

1336 Vgl. Schwarz, in: FS Isensee, S. 949.

1337 Vgl. BVerfG v. 6.3.2002 – 2 BvL 17/99, BVerfGE 105, 73; v. 4.12.2002 – 2 BvR 400/98, BVerfGE 107, 27; v. 8.6.2004 – 2 BvL 5/00, BVerfGE 110, 412; v. 17.4.2008 – 2 BvL 4/05, BVerfGE 121, 108, BVerfGE 121, 108; v. 9.12.2008 – 2 BvL 1/07, BVerfGE 122, 210; v. 12.10.2010 – 1 BvL 12/07, BVerfGE 127, 224; jüngst BVerfG v. 18.7.2018 – 1 BvR 1675/16, BVerfGE 149, 222; v. 19.11.2019 – 2 BvL 22/14, BVerfGE 152, 274.

1338 Vgl. Kirchhof, in: Handbuch des Staatsrechts, Bd. VIII, § 181, Rn. 177.

Eine bereichsspezifische Konkretisierung ist selbstverständlich auch im Steuerrecht angezeigt[1339] Die Orientierung an sachgerechten Differenzierungskriterien bedeutet nichts anderes als die Gewährleistung von Steuergerechtigkeit.[1340] Das BVerfG hat zwei grundlegende Prinzipien herausgearbeitet, die bei der steuerlichen Gleichheitsprüfung als „Leitlinien"[1341] zu berücksichtigen sind: Das Gebot der Besteuerung nach der wirtschaftlichen Leistungsfähigkeit und das Gebot der Folgerichtigkeit.[1342]

1. Gebot der Besteuerung nach der wirtschaftlichen Leistungsfähigkeit

Das auch als Fundamentalprinzip der Steuergerechtigkeit bezeichnete[1343] Prinzip der Besteuerung nach der wirtschaftlichen Leistungsfähigkeit kann auf eine historische Kontinuität von fast zwei Jahrhunderten zurückblicken[1344], und hat sich zum fundamentalen Maßstab steuerlicher Lastengleichheit entwickelt.[1345] Das BVerfG hat schon in frühen Entscheidungen aus Art. 3 Abs. 1 GG den Grundsatz der Steuergerechtigkeit abgeleitet und ihm entnommen, dass die Besteuerung an der wirtschaftlichen Leistungsfähigkeit auszurichten ist, wobei die Bindung des Gesetzgebers an diesen Grundsatz mittlerweile ständiger Rechtsprechung entspricht.[1346] Da das Leistungsfähigkeitsprinzip aber zunächst nur ein abstraktes Rechtsprin-

---

1339 Vgl. Jahndorf, StuW 2016, 256, 258.

1340 Vgl. Englisch, in: FS Lang, S. 167, 172.

1341 Zumindest nach früherer langjähriger Rechtsprechung wurden die beiden Ausprägungen als Leitlinien bezeichnet, welche die Gestaltungsfreiheit des Gesetzgebers beschränken, vgl. BVerfG v. 6.3.2002 – 2 BvL 17/99, BVerfGE 105, 73; v. 4.12.2002 – 2 BvR 400/98, BVerfGE 107, 27; v. 8.6.2004 – 2 BvL 5/00, BVerfGE 110, 412; v. 17.4.2008 – 2 BvL 4/05, BVerfGE 121, 108; v. 9.12.2008 – 2 BvL 1/07, BVerfGE 122, 210; v. 12.10.2010 – 1 BvL 12/07, BVerfGE 127, 224.

1342 Vgl. BVerfG v. v. 6.3.2002 – 2 BvL 17/99, BVerfGE 105, 73; v. 7.11.2006 – 1 BvL 10/02, BVerfGE 117, 1; v. 17.4.2008 – 2 BvL 4/05, BVerfGE 121, 108; v. 21.7.2010 – 1 BvR 611/07, BVerfGE 126, 400; v. 29.3.2017 – 2 BvL 6/11, BVerfGE 145, 106; v. 19.11.2019 – 2 BvL 22/14, BVerfGE 152, 274.

1343 Vgl. Hey, in: Tipke/Lang, Steuerrecht, Rn. 3.40.

1344 Vgl. Kirchhof, BB 2017, 662; ausführlich zur Entwicklung der Steuerverteilung nach der Leistungsfähigkeit: Birk, Das Leistungsfähigkeitsprinzip als Maßstab der Steuernormen, 1983, S. 6 ff.

1345 Vgl. Hey, in: Tipke/Lang, Steuerrecht, Rn. 3.40.

1346 Vgl. BVerfG v. 17.1.1957 – 1 BvL 4/54, BVerfGE 6, 55; v. 30.10.1961 – 1 BvR 833/59, BVerfGE 13, 181; v. 9.7.1969 – 2 BvL 20/65, BVerfGE 26, 302; v. 23.11.1976 – 1 BvR 150/75, BVerfGE 43, 108; v. 3.11.1982 – 1 BvR 620/78, BVerfGE 61, 319; v. 29.3.2017 – 2 BvL 6/11, BVerfGE 145, 106; vgl. Hey, DStR 2009, 2561, 2562.

zip darstellt[1347], muss seine Relevanz für die steuerliche Gleichheitsprüfung näher dargelegt werden.

a) Verfassungsrechtliche Verankerung

Anders als noch die Weimarer Reichsverfassung in Artikel 134, enthält das Grundgesetz keine ausdrückliche Bestimmung darüber, nach welchem Grundsatz die Staatsbürger an den öffentlichen Lasten zu beteiligen sind[1348], mithin keine ausdrückliche Anordnung für die Geltung des Leistungsfähigkeitsprinzips.[1349] Trotzdem wird die Besteuerung nach der Leistungsfähigkeit als verfassungsrechtlich geboten[1350], teilweise sogar als vom Gleichheitssatz vorgegeben[1351] angesehen. Die verfassungsgerichtliche Rechtsprechung hat mittlerweile geklärt, dass das Leistungsfähigkeitsprinzip kein eigenständiges Verfassungsprinzip ist und nur durch eine bereichsspezifische Konkretisierung des Gleichheitssatzes im Steuerrecht in der Weise entsteht, dass die Leistungsfähigkeit stets als Sachgrund für die Lastenverteilung von Finanzzwecksteuern angesehen wird.[1352] Dessen Ableitung durch die Rechtsprechung erfolgte variabel unmittelbar aus Art. 3 Abs. 1 GG, der Steuergerechtigkeit oder dem Grundsatz der steuerlichen Lastengleichheit, die jeweils ihrerseits aus dem allgemeinen Gleichheitssatz abgeleitet wurden.[1353] Belegt wird die verfassungsrechtliche Ableitung aber vergleichsweise selten.[1354] Auch wenn das BVerfG zur Herleitung verschiedene Wege beschreitet[1355], wird das Leistungsfähigkeitsprinzip aber im Er-

1347 Vgl. Drüen, StuW 2019, 205, 209.

1348 Vgl. BVerfG v. 17.1.1957 – 1 BvL 4/54, BVerfGE 6, 55; vgl. auch Droege, StuW 2011, 105, 108.

1349 Vgl. Tipke, in: FS Lang, S. 21, 34.

1350 Vgl. BVerfG v. 22.2.1984 – 1 BvL 10/80, BVerfGE 66, 214; v. 4.12.2002 – 2 BvR 400/98, BVerfGE 107, 27.

1351 Vgl. Kischel, in: Mellinghoff/Palm, Gleichheit im Verfassungsstaat, S. 175, 179.

1352 Vgl. Kirchhof, BB 2017, 662 m.w.N aus der Rechtsprechung.

1353 Zusammenfassend: Desens, StuW 2016, 240 m.w.N. aus der Rechtsprechung des BVerfG.

1354 Vgl. Desens, StuW 2016, 240, 242.

1355 In verschiedenen Entscheidungen nimmt das BVerfG zur Begründung mal Bezug auf Art. 134 WRV, in dem es heißt „Alle Staatsbürger ohne Unterschied tragen im Verhältnis ihrer Mittel zu allen öffentlichen Lasten nach Maßgabe der Gesetze bei“ (vgl. BVerfG v. 22.2.1984 – 1 BvL 10/80, BVerfGE 66, 214; v. 27.6.1991 – 2 BvR 1493/89, BVerfGE 84, 239), mal auf ein Gutachten der Steuerreformkommission (vgl. BVerfG v. 3.11.1982 – 1 BvR 620/78, BVerfGE 61, 319) und mal auf das

gebnis aus dem Gleichheitssatz des Art. 3 GG gewonnen[1356] und sein Inhalt verfassungsrechtlich abgeleitet[1357].

Teilweise wird dem Bild des Leistungsfähigkeitsprinzips als oberster Rechtsgrundsatz, der die gesamte Ordnung des Steuerrechts prägt[1358] mit gewisser Skepsis begegnet, die im Wesentlichen darin besteht, dass in ihm nur einer von mehreren mögliche Parametern, wie etwa der Verfolgung volkswirtschaftlicher, sozialpolitischer oder ökologischer Förder- und Lenkungsziele, für die steuerliche Lastenverteilung gesehen wird.[1359] Mehrheitlich wird es aber trotz mangelnder ausdrücklicher Verankerung im Grundgesetz als steuerrechtliches Fundamentalprinzip und grundlegender Wertmaßstab anerkannt[1360] und für die gleichmäßige Auferlegung von primär fiskalisch motivierten Steuern sogar als alternativlos[1361] angesehen.

b) Anwendungsbereich

Das Leistungsfähigkeitsprinzip stellt zunächst einen Anwendungsfall des allgemeinen Gleichheitssatzes dar und dient als Maßstab für die verfassungsrechtliche Prüfung einer Norm.[1362] Als Vergleichsmaßstab gibt es vor, welche Gemeinsamkeiten und Unterschiede relevant und welche irrelevant sind.[1363]

Gesetzgebungsverfahren zum dritten Steuerreformgesetz von 1974 (vgl. BVerfG v. 3.11.1982 – 1 BvR 620/78, BVerfGE 61, 319; v. 15.1.2014 – 1 BvR 1656/09, BVerfGE 135, 126), in dessen Begründung es als „Prinzip der Steuergerechtigkeit" bezeichnet wurde, „jeden Bürger nach Maßgabe seiner finanziellen und wirtschaftlichen Leistungsfähigkeit mit Steuern zu belasten" (BT-Drs. 7/1470, S. 211 ff.). Vgl. dazu zusammenfassend Desens, StuW 2016, 240, 242.

1356 Vgl. Kirchhof, BB 2017, 662; Kirchhof, StuW 2000, 316, 325.

1357 Vgl. Lang, FS Kruse, S. 313, 315.

1358 Vgl. Lang, FS Kruse, S. 313, 315.

1359 Vgl. Kischel, in: Mellinghoff/Palm, Gleichheit im Verfassungsstaat, S. 175, 180 ff.; Kingreen, in: Bonner Kommentar GG, Art. 3, Rn. 730 (Stand: Februar 2020); Kruse, StuW 1990, 322, 330.

1360 Vgl. Tipke, Die Steuerrechtsordnung, Bd. I, S. 491; Englisch, in: FS Lang, S. 167, 172 ff.; Tipke, in: FS Lang, S. 21, 33 m.w.N.

1361 Vgl. Englisch, in: FS Lang, S. 167, 173 m.w.N.; Droege, StuW 2011, 106, 108.

1362 Vgl. BVerfG v. 17.1.1957 – 1 BvL 4/54, BVerfGE 6, 55; v. 14.4.1959 – 1 BvL 23/57, BVerfGE 9, 237.

1363 Vgl. Tipke, StuW 2007, 201, 205.

Entfaltet hat das BVerfG das Leistungsfähigkeitsprinzip zunächst vornehmlich für die Einkommensteuer.[1364] Das Einkommensteuerrecht – das auf dem Grundsatz der Individualbesteuerung beruhe – sei auf die Leistungsfähigkeit des einzelnen Steuerpflichtigen hin angelegt[1365] bzw. ziele darauf ab als Personensteuer die steuerliche Leistungsfähigkeit zu erfassen[1366]. Deswegen sei die Besteuerung stets daran auszurichten.[1367] Nach und nach wurde die Geltung des Leistungsfähigkeitsprinzips dann auf andere Steuern, insbesondere die Erbschaftsteuer[1368], die Körperschaftsteuer[1369] und auf die Gewerbesteuer[1370], sowie auch auf indirekte Steuern auf den Konsum[1371] übertragen.

Im Hinblick auf den unterschiedlichen Charakter von steuerlichen Normen[1372] ist das Leistungsfähigkeitsprinzip zunächst der oberste Vergleichsmaßstab für Fiskalzwecknormen, also solche die dazu dienen, den notwendigen Finanzbedarf der öffentlichen Haushalte zu decken und bildet für sie den grundlegenden sachgerechten Wertmaßstab.[1373] Hier kann die wirtschaftliche Leistungsfähigkeit regelmäßig ein sachgerechtes Differenzierungskriterium liefern.[1374] Für andere Normgruppen gelten andere Prinzipien, die geeignet sind, Abweichungen vom Leistungsfähigkeitsprinzip zu rechtfertigen.[1375] Das bedeutet jedoch nicht, dass dem Leistungsfähigkeitsprinzip dort keinerlei Bedeutung zukommt, sondern nur, dass es in anderer Weise in Erscheinung tritt. Insbesondere Lenkungsnormen werden

1364 Vgl. z.B. BVerfG v. 24.1.1962 – 1 BvL 32/57, BVerfGE 13, 290; v. 23.11.1976 – 1 BvR 150/75, BVerfGE 43, 108; v. 4.10.1984 – 1 BvR 789/79, BVerfGE 67, 290.

1365 Vgl. BVerfG v. 14.4.1959 – 1 BvL 23/57, BVerfGE 9, 237; v. 29.3.2017 – 2 BvL 6/11 –, BStBl. II 2017, S. 1082, BVerfGE 145, 106; v. 19.11.2019 – 2 BvL 22/14, BVerfGE 152, 274.

1366 BVerfG v. 2.10.1969 – 1 BvL 12/68, BVerfGE 27, 58.

1367 Vgl. BVerfG v. 23.11.1976 – 1 BvR 150/75, BVerfGE 43, 108; v. 10.2.1987 – 1 BvL 18/81, BVerfGE 74, 182; v. 23.1.1990 – 1 BvL 4/87, BVerfGE 81, 228; v. 29.3.2017 – 2 BvL 6/11 –, BStBl. II 2017, S. 1082, BVerfGE 145, 106; v. 19.11.2019 – 2 BvL 22/14, BVerfGE 152, 274.

1368 Vgl. BVerfG v. 22.6.1995 – 2 BvR 552/91, BVerfGE 93, 165; v. 7.11.2006 – 1 BvL 10/02, BVerfGE 117, 1; v. 17.4.2008 – 2 BvL 4/05, BVerfGE 121, 108.

1369 Vgl. BVerfG v. 12.10.2010 – 1 BvL 12/07, BVerfGE 127, 224.

1370 Vgl. BVerfG v. 15.1.2008 – 1 BvL 2/04, BVerfGE 120, 1.

1371 Vgl. Hey, in: Tipke/Lang, Steuerrecht, Rn. 3.121 m.w.N.

1372 Siehe näher zu den einzelnen Normgruppen § 12, II, 1., c), aa).

1373 Vgl. Hey, in: Tipke/Lang, Steuerrecht, Rn. 3.20; Tipke, in: FS Lang, S. 21, 33.

1374 Vgl. Kingreen, in: Bonner Kommentar GG, Art. 3, Rn. 730 (Stand: Februar 2020).

1375 Vgl. Hey, in: Tipke/Lang, Steuerrecht, Rn. 3.43.

zwar nicht primär vom Leistungsfähigkeitsprinzip dirigiert[1376], allerdings muss etwa bei Sozialzwecknormen[1377] stets geprüft werden, ob der Sozialzweck die mit ihr verbundene Abweichung vom Leistungsfähigkeitsprinzip rechtfertigt.[1378] Dort kommt ihm also nicht die Rolle einer Verteilungsregel zu, sondern vielmehr eine Begrenzungsfunktion. Grade gegenüber Lenkungssteuern wirkt das Leistungsfähigkeitsprinzip somit als Schutzprinzip für den Steuerzahler.[1379] Auch durch sog. Vereinfachungszwecknormen wird das Leistungsfähigkeitsprinzip im Interesse der Bewältigung steuerlicher Massenverfahren durch Typisierungen und Pauschalierungen eingeschränkt.[1380] Diese Normen sind ebenfalls nicht direkt am Leistungsfähigkeitsprinzip zu messen bzw. durch es zu rechtfertigen, sondern das Leistungsfähigkeitsprinzip ist hier gegen den Praktikabilitätszweck begrenzend abzuwägen.[1381] Das Leistungsfähigkeitsprinzip entfaltet somit innerhalb der unterschiedlichen Normkategorien zwar unterschiedliche Wirkungen, beansprucht aber für alle steuerlichen Normen Geltung.

c) Inhalt des Leistungsfähigkeitsprinzips

Das BVerfG entnimmt dem Leistungsfähigkeitsprinzip bzw. dem Prinzip der Lastengleichheit und der Maxime der Steuergerechtigkeit die sog. „horizontale", sowie die „vertikale" Steuergleichheit bzw. Steuergerechtigkeit.[1382] Die aus Art. 3 Abs. 1 GG folgende horizontale Steuergleichheit begründet verfassungsrechtliche Anforderungen dahingehend, dass Steuerpflichtige bei gleicher Leistungsfähigkeit gleich hoch zu besteuern sind.[1383] In verti-

1376 Tipke, Die Steuerrechtsordnung, Bd. I, S. 496.

1377 Hier muss zunächst der Sozialzweck an sich gerechtfertigt werden, was nicht mittels des Leistungsfähigkeitsprinzips, sondern anderer Prinzipien wie dem Gemeinwohl- Verdienst- oder Bedürfnisprinzip zu bewerkstelligen ist, vgl. Lang, FS Kruse, S. 313, 321 m.w.N.

1378 Vgl. Lang, FS Kruse, S. 313, 321.

1379 Vgl. Lang, FS Kruse, S. 313, 324.

1380 Vgl. Lang, FS Kruse, S. 313, 325.

1381 Vgl. Lang, FS Kruse, S. 313, 325.

1382 Vgl. BVerfG v. 29.5.1990 – 1 BvL 20/84, BVerfGE 82, 60, Rn. 112; Kingreen, in: Bonner Kommentar GG, Art. 3, Rn. 729 (Stand: Februar 2020) mit Verweis auf die genannte Entscheidung; Wernsmann, NJW 2000, 2078, 2079.

1383 Vgl. BVerfG v. 29.5.1990 – 1 BvL 20/84, BVerfGE 82, 60; v. 5.2.2002 – 2 BvR 305/93, BVerfGE 105, 17; v. 21.6.2006 – 2 BvL 2/99, BVerfGE 116, 164; v. 17.4.2008 – 2 BvL 4/05, BVerfGE 121, 108.

kaler Richtung muss die Besteuerung höherer Einkommen im Vergleich mit der Steuerbelastung niedriger Einkommen dem Gerechtigkeitsgebot genügen[1384] bzw. die Besteuerung der wirtschaftlich Leistungsfähigeren im Vergleich mit der Steuerbelastung wirtschaftlich weniger Leistungsstarker angemessen ausgestaltet sein.[1385] Gemeint ist damit, dass unterschiedlich leistungsfähige Steuerpflichtige auch unterschiedlich hoch besteuert werden müssen, wobei der Gesetzgeber bei der Frage, wie diese Unterschiede zu bewerten sind, dem Gerechtigkeitsgebot genügen muss.[1386] Anders ausgedrückt ist damit nichts anderes gemeint, als dass der Teil, den ein Steuerpflichtiger zu zahlen hat, sich daran orientieren muss, wieviel er hat.[1387] Dieses Ergebnis liegt mehr oder weniger auf der Hand, denn der Gesetzgeber benötigt für jede Ungleichbehandlung einen rechtfertigenden Grund und im Fall von unterschiedlicher Steuerlast ist dieser Grund darin zu sehen, dass ein Steuerpflichtiger mehr verdient, als ein anderer.[1388] Mit der Forderung nach horizontaler und vertikaler Steuergerechtigkeit zielt das BVerfG auf die Verwirklichung der aus Art. 3 Abs. 1 GG abgeleiteten und damit verfassungsrechtlich gebotenen steuerlichen Lastengleichheit ab.[1389]

Lange entsprach es ständiger Rechtsprechung, dass durch das Gebot der Besteuerung nach der Leistungsfähigkeit die Gestaltungsfreiheit des Gesetzgebers bei der Auswahl des Steuergegenstands und der Bestimmung des Steuersatzes, bzw. dessen Freiheit, diejenigen Sachverhalte tatbestandlich zu bestimmen, an die das Gesetz dieselben Rechtsfolgen knüpft, begrenzt wird.[1390] Daran hält das BVerfG in dieser Form zwar nicht mehr fest[1391],

1384 Vgl. BVerfG v. 5.2.2002 - 2 BvR 305/93, BVerfGE 105, 17; v. 17.4.2008 - 2 BvL 4/05, BVerfGE 121, 108.

1385 Vgl. BVerfG v. 15.1.2014 - 1 BvR 1656/09, BVerfGE 135, 126.

1386 Vgl. Desens, StuW 2016, 240, 242.

1387 Vgl. Kischel, in: Mellinghoff/Palm, Gleichheit im Verfassungsstaat, S. 175, 179.

1388 Vgl. Kischel, a.a.O.

1389 Vgl. BVerfG v. 6.3.2002 - 2 BvL 17/99, BVerfGE 105, 73; v. 4.12.2002 - 2 BvR 400/98, BVerfGE 107, 27.

1390 Vgl. BVerfG v. 6.3.2002 - 2 BvL 17/99, BVerfGE 105, 73; v. 4.12.2002 - 2 BvR 400/98, BVerfGE 107, 27; v. 16.3.2005 - 2 BvL 7/00, BVerfGE 112, 268; v. 7.11.2006 - 1 BvL 10/02, BVerfGE 117, 1; v. 6.7.2010 - 2 BvL 13/09, BVerfGE 126, 268; v. 14.6.2016 - 2 BvR 290/10, BStBl II. 2016, S. 801.

1391 In jüngeren Entscheidungen spricht das Gericht häufiger davon, dass der gleichheitsrechtliche Ausgangspunkt im Steuerrecht der Grundsatz der Lastengleichheit ist, die Steuerpflichtigen danach Grundsatz durch ein Steuergesetz rechtlich und tatsächlich gleichmäßig belastet werden müssen, der Gleichheitssatz dem Gesetzgeber aber einen weit reichenden Entscheidungsspielraum sowohl bei der Auswahl des Steuergegenstandes als auch bei der Bestimmung des Steuersatzes da aber nach dem Grundsatz der Lastengleichheit eine gleichmäßige Belastung gefordert wird, bedeutet dies keineswegs eine Abkehr von dem Gebot der Besteuerung nach der Leistungsfähigkeit. Maßgeblich vom zweiten Senat wird ausgehend vom Grundsatz der Steuergerechtigkeit weiterhin die Ausrichtung der Besteuerung am Leistungsfähigkeitsprinzip gefordert.[1392] Darin, dass das BVerfG nur eine „Ausrichtung" der Steuerlast am Prinzip der finanziellen Leistungsfähigkeit verlangt,[1393] zeigt sich bereits die grundsätzliche Offenheit des Prinzips für Abweichungen.[1394] Das BVerfG sieht den Gesetzgeber also nicht zu einer ausnahmslosen Verwirklichung verpflichtet.[1395]

d) Weitere Konkretisierungsbedürftigkeit

Wie jeder bereichsspezifische Verteilungsmaßstab weist allerdings auch das Leistungsfähigkeitsprinzip einen hohen Abstraktionsgrad auf[1396], sodass ihm ähnlich wie dem Grundsatz der Privatautonomie im Zivilrecht eher rechtsgebietsprägende Funktion zukommt.[1397] Trotz dessen, dass die Geltung des Leistungsfähigkeitsprinzips immer wieder hervorgehoben wird, hat das BVerfG bisher davon abgesehen, ihm wirklich justitiable Konturen zu verleihen[1398] und sich hinsichtlich des Umfangs und des Inhalts eher zurückhaltend geäußert[1399]. Aus seiner Eigenschaft als abstraktes Rechtsprinzip[1400] und seinem Rang als eines in der Prinzipienhierarchie obersten Rechtsgrundsatzes folgt damit auch seine Konkretisierungsbedürftigkeit in

belasse, vgl. BVerfG v. 17.12.2014 – 1 BvL 21/12, BStBl II 2015, 50, BVerfGE 138, 136; v. 10.4.2018 – 1 BvR 1236/11 –, BStBl. II 2018, S. 303, BVerfGE 148, 217.

1392 Vgl. BVerfG v. 29.3.2017 – 2 BvL 6/11 –, BStBl. II 2017, S. 1082, BVerfGE 145, 106; v. 19.11.2019 – 2 BvL 22/14, BVerfGE 152, 274; s. aber auch den Kammerbeschluss des 1. Senats v. 18.7.2019 – 1 BvR 807/12, BeckRS 2019, 25317.

1393 Vgl. BVerfG v. 4.12.2002 – 2 BvR 400/98, BVerfGE 107, 27; v. 6.7.2010 – 2 BvL 13/09, BVerfGE 126, 268.

1394 Vgl. Desens, StuW 2016, 240, 242.

1395 Vgl. BVerfG v. 15.1.2014 – 1 BvR 1656/09, BVerfGE 135, 126; v. 18.7.2019 – 1 BvR 807/12, BeckRS 2019, 25317; vgl. auch Drüen, StuW 2019, 205, 209.

1396 Vgl. Englisch, in: FS Lang, S. 167, 180.

1397 Vgl. Kirchhof, in: BeckOK EStG, § 2, Rn. 40 (Stand: Mai 2020).

1398 Vgl. Ratschow, in: Blümich, § 2 EStG, Rn. 12 (Stand: November 2019).

1399 Vgl. Mellinghoff, in: FS Bareis, S. 171, 179. Das BVerfG spricht im Gegenteil davon, dass sich das Prinzip oftmals als vieldeutig erweist, wenn daraus konkrete Schlüsse gezogen werden sollen, vgl. BVerfG v. 23.11.1976 – 1 BvR 150/75, BVerfGE 43, 108.

1400 Vgl. Drüen, StuW 2019, 205, 209.

mehreren Hinsichten[1401], überwiegend durch den Gesetzgeber mit dem BVerfG in unterstützender Funktion[1402]. Dies geschieht durch Subprinzipien, die sich letztlich in einzelnen gesetzlichen Bestimmungen niederschlagen.[1403] Neben der Frage, wem überhaupt steuerliche Leistungsfähigkeit zugeordnet werden kann, kommt der Vorfrage, wie steuerliche Leistungsfähigkeit zu messen ist, besondere Bedeutung zu.[1404]

aa) Zuordnungssubjekte steuerlicher Leistungsfähigkeit

Zum einen besteht die Notwendigkeit, die Leistungsfähigkeit immer auf einen konkreten Steuerpflichtigen zu beziehen und danach zu fragen, was dieser finanziell zum Staat beitragen kann.[1405] Träger steuerlicher Leistungsfähigkeit und Bezugspunkt für die gleichheitsgerechte Lastenverteilung nach dem Leistungsfähigkeitsprinzip sind zunächst natürliche Personen.[1406] Daneben können auch Unternehmen bzw. juristische Personen des Privatrechts Einkommen erwirtschaften und Vermögen bilden und somit ebenfalls als steuerlich leistungsfähig angesehen und deshalb separat besteuert[1407] werden.[1408] Aus Art. 19 Abs. 3 GG steht ihnen ebenfalls ein

---

1401 Vgl. Hey, in: Tipke/Lang, Rn. 3.41; Drüen, StuW 2019, 205, 209; Tipke, in: FS Lang, S. 21, 35.

1402 Vgl. Drüen, StuW 2019, 205, 209; Tipke, Die Steuerrechtsordnung, Bd. I, S. 493.

1403 Vgl. Englisch, in: FS Lang, S. 167, 181.

1404 Vgl. Desens, StuW 2016, 240, 242; vgl. auch Lang, in: FS Kruse, S. 326 (an dieser Stelle „besonders konkretisierungsbedürftig").

1405 Vgl. Kirchhof, BB 2016, 662, 666.

1406 Vgl. Hey, in: Tipke/Lang, Steuerrecht, Rn. 3.50.

1407 Das geltende Steuerrecht unterscheidet allerdings zwischen natürlichen und juristischen Personen, dass nur natürliche Personen Subjekte der Einkommensteuer sind, § 1 Abs. 1 S. 1 EStG. Körperschaften, Personenvereinigungen und sonstige Vermögensmassen sind demgegenüber Subjekte der Körperschaftsteuer, § 1 Abs. 1 KStG. Einzig Personengesellschaften und Gemeinschaften sind weder Einkommen- noch Körperschaftsteuersubjekte, sondern ihre Einkünfte werden den Gesellschaftern zugerechnet und bei diesen der Einkommensteuer oder Körperschaftsteuer unterworfen, § 15 Abs. 1 S. 1 Nr. 2 (vgl. Hey, in: Tipke/Lang, Steuerrecht, Rn. 8.21). Allerdings knüpft das Körperschaftsteuerrecht für die Ermittlung des Einkommens der steuerpflichtigen Körperschaften an das Einkommensteuerrecht an, § 8 Abs. 1 S. 1 KStG. Die nach den Grundsätzen des EStG ermittelte steuerliche Leistungsfähigkeit gilt daher mit gewissen Besonderheiten auch für Körperschaftsteuersubjekte.

1408 Vgl. Hey, in: Tipke/Lang, Steuerrecht, Rn. 3.51.

Anspruch auf gleichmäßige Verteilung der Steuerlast nach der finanziellen Leistungsfähigkeit zu.[1409]

bb) Bestimmung steuerlicher Leistungsfähigkeit

Neben der personellen bedarf das Leistungsfähigkeitsprinzip vor allem in sachlicher Hinsicht der Konkretisierung dahingehend, was unter steuerlicher Leistungsfähigkeit zu verstehen ist. Dies gilt umso mehr, da Sanierungsgewinne stets der Diskussion ausgesetzt waren, ob sich durch sie die steuerliche Leistungsfähigkeit erhöht oder nicht.[1410] Dieser Frage wird noch nachzugehen sein, da sie im Zusammenhang mit der Bestimmung der gleichheitsrechtlichen Prüfungsdichte für § 3a EStG steht.

Das BVerfG gibt für die Frage, was steuerliche Leistungsfähigkeit ist, zumindest eine erste Richtung vor, indem es die Ausrichtung der Steuerlast am Gebot der „finanziellen" Leistungsfähigkeit verlangt.[1411] Damit ist aber zunächst nur klargestellt, dass es nicht auf eine Soll- sondern nur die Ist-Leistungsfähigkeit ankommt und Freizeitnutzen oder Arbeitsaufwand weder leistungsfähigkeitsmindernd noch erhöhend berücksichtigt werden dürfen.[1412] In erster Linie wird die Frage, wie sich steuerliche Leistungsfähigkeit genau ausdrückt, hingegen durch den Gesetzgeber durch seine Belastungsentscheidung über die Auswahl des Steuergegenstands beantwortet.[1413]

(1) Leistungsfähigkeitsindikatoren

Der Inhalt einer gleichmäßigen Besteuerung nach der wirtschaftlichen Leistungsfähigkeit hängt davon ab, welchen wirtschaftlichen Vorgängen steuerliche Leistungsfähigkeit zugeordnet wird.[1414] Als Leistungs-

1409 Vgl. Hey, a.a.O.

1410 Vgl. exemplarisch etwa: Krumm, DB 2015, 2714; Buschendorf/Vogel, DB 2016, 676; Skauradszun, ZIP 2018, 1901.

1411 Vgl. BVerfG v. 6.7.2010 – 2 BvL 13/09, BVerfGE 126, 268; v. 7.7.2010 – 2 BvL 14/02 –, BVerfGE 127, 1, BStBl. II 2011, S. 76; v. 15.1.2014 – 1 BvR 1656/09, BVerfGE 135, 126; v. 14.6.2016 – 2 BvR 290/10, BStBl. II 2016, S. 801; v. 19.11.2019 – 2 BvL 22/14, BVerfGE 152, 274.

1412 Vgl. Desens, StuW 2016, 240, 243.

1413 Vgl. Desens, StuW 2016, 240, 243.

1414 Vgl. Hey, in: Tipke/Lang, Steuerrecht, Rn. 3.52.

fähigkeitsindikatoren kommen drei verschiedene Bezugspunkte in Betracht: Das Einkommen und der Konsum als dynamische Größen, sowie das Vermögen als statische Größe.[1415] Damit kann die steuerliche Leistungsfähigkeit entweder auf der Entstehungsseite am Erwerb von Mitteln oder auf der Verwendungsseite am Verbrauch von Mitteln abgelesen werden.[1416] Letztlich hängen die drei Bezugspunkte allerdings eng zusammen, sodass jede Steuer alle drei Größen belastet und die Auswahl des Steuergegenstands damit nur den Zeitpunkt des Steuerzugriffs bestimmt.[1417]

(2) Bemessung der Leistungsfähigkeit im Einkommensteuerrecht

(a) Leistungsfähigkeitsindikator: Einkommen

Der Einkommensteuer unterliegen gemäß § 2 Abs. 1 S. 1 EStG „Einkünfte". Im Einkommensteuerrecht wählt der Gesetzgeber also als Steuergegenstand und damit als Bezugspunkt für die steuerliche Leistungsfähigkeit, wie auch schon die Bezeichnung des EStG suggeriert[1418], das Einkommen von Steuerpflichtigen. Ungeachtet der Schwierigkeit, exakt zu bestimmen, was als „Einkommen" zu qualifizieren ist[1419], ergibt sich das genauere einkommensteuerrechtliche Verständnis der Einkünfte aus § 2 Abs. 2 EStG. Danach werden Erträge aus den in § 2 Abs. 1 S. 1 EStG genannten Tätigkeiten des Steuerpflichtigen verschiedenen Einkunftsarten zugeordnet und diese wiederum in zwei Gruppen eingeteilt, die einer unterschiedlichen Definition des Einkommens folgen. Bei Land- und Forstwirtschaft, Gewerbebetrieb und selbstständiger Arbeit (§ 2 Abs. 1 S. 1 Nr. 1–3 EStG) sind Einkünfte gemäß, § 2 Abs. 1 S. 1 Nr. 1 EStG der Gewinn (§§ 4–7k und § 13a EStG), bei den übrigen Einkunftsarten (§ 2 Abs. 1 S. 1 Nr. 4–7 EStG) gemäß § 2 Abs. 2 S. 1 Nr. 2 EStG der Überschuss der Einnahmen über die Werbungskosten (§§ 8–9a EStG). Im Einkommensteuerrecht drückt sich steuerliche Leistungsfähigkeit also in diesen beiden Bezugsgrößen aus.

1415 Vgl. Hey, in: Tipke/Lang, Steuerrecht, Rn. 3.55 ff.

1416 Vgl. Birk, Das Leistungsfähigkeitsprinzip als Maßstab der Steuernormen, 1983, S. 32, 33.

1417 Eine Steuer auf das Einkommen schränkt die Konsummöglichkeiten ein, die Besteuerung von Konsum belastet nachträglich das Einkommen und jede Steuer muss letztlich aus einem Vermögen entrichtet werden, vgl. Lang, FS Kruse, S. 313, 327; Hey, in: Tipke/Lang, Steuerrecht, Rn. 3.56.

1418 Vgl. Kirchhof, in: Kirchhof, EStG, 19. Aufl. 2020, § 2, Rn. 12.

1419 Dazu grundlegend: Birk, Das Leistungsfähigkeitsprinzip als Maßstab der Steuernormen, 1983, S. 33 ff.

(b) Objektives und subjektives Nettoprinzip

Indem der Gesetzgeber als leistungsfähigkeitsvermittelndes Einkommen die beiden Größen Gewinn und Überschuss der Einnahmen über die Werbungkosten definiert, bestimmt er zugleich, dass steuerliche Leistungsfähigkeit sich nicht in jeglichen Einnahmen ausdrückt. Vielmehr wird die Bemessung der Einkünfte und damit das für die Lastengleichheit maßgebliche Verständnis von Leistungsfähigkeit weiter anhand von zwei weiteren Unterprinzipien, dem sog. objektiven und dem subjektiven Nettoprinzip konkretisiert.[1420]

Das – einfachgesetzlich in § 2 Abs. 2 EStG[1421], sowie § 4 Abs. 1 und Abs. 4 EStG[1422] verwirklichte – objektive, erwerbssichernde Nettoprinzip besagt als weitere sachliche Konkretisierung[1423], dass ein Saldo aus den erzielten Erwerbseinnahmen und den aufgewandten Erwerbsausgaben zur Erzielung dieser Einnahmen zu bilden ist und nur die entstehende Nettogröße als Bemessungsgrundlage für die Einkommensteuer herangezogen wird.[1424] Denn die Ausgaben, die im Zusammenhang mit der Erwerbstätigkeit ausgegeben werden müssen[1425], stellen für die Steuerpflichtigen indisponibles Einkommen dar und müssen daher die zu versteuernden Einkünfte mindern.[1426] Erst nach dem Abzug dieser Positionen kann die tatsächliche Leistungsfähigkeit des Steuerpflichtigen beurteilt werden.[1427] § 2 Abs. 2 EStG stellt so sicher, dass nicht jeder erwirtschaftete Vermögenszugang belastet wird, sondern immer nur das wirtschaftliche Ergebnis einer Erwerbstätigkeit.[1428] Auch wenn das BVerfG den eigenständigen Ver-

---

1420 BVerfG v. 8.6.2004 – 2 BvL 5/00, BVerfGE 110, 412, Rn. 66.

1421 Vgl. Seer, in: Kirchhof, EStG, § 2, Rn. 4.

1422 BVerfG v. 23.1.1990 – 1 BvL 4/87, BVerfGE 81, 228.

1423 Vgl. Kirchhof, in: BeckOK EStG, § 2, Rn. 68, (Stand: Mai 2020)

1424 Vgl. BVerfG v. 2.10.1969 – 1 BvL 12/68, BVerfGE 27, 58; v. 4.12.2002 – 2 BvR 400/98, BVerfGE 107, 27; v. 19.11.2019 – 2 BvL 22/14; Seer, in: Kirchhof, EStG, § 2, Rn. 4; ders. in: BeckOK EStG, § 2, Rn. 68, (Stand: Mai 2020).

1425 Solche als Betriebsausgaben bzw. Werbungskosten abziehbare Positionen sind Aufwendungen, die durch den Betrieb veranlasst sind (§ 4 Abs. 4 EStG), bzw. Aufwendungen, zur Erwerbung, Sicherung und Erhaltung er Einnahmen (§ 9 Abs. 1 S. 1 EStG).

1426 Vgl. Hey, in: Tipke/Lang, Steuerrecht, Rn. 8.42.

1427 Vgl. Skauradszun/Kwauka, DStR 2020, 953, 956.

1428 Vgl. Hey, in: Tipke/Lang, Steuerrecht, Rn. 8.54.

fassungsrang dieses Prinzips bisher offen gelassen hat[1429], wird es mittelbar verfassungsrechtlich dadurch abgesichert, dass der Gesetzgeber in einzelnen Steuergesetzen jeweils dessen Ausprägungen regelt.[1430] Damit ist das objektive Nettoprinzip als Subprinzip des Leistungsfähigkeitsprinzips zwingend verfassungsrechtlich vorgegeben und steht nicht zur Disposition des Gesetzgebers.[1431]

Die tatsächliche Leistungsfähigkeit wird allerdings zweistufig bestimmt.[1432] Die durch die Gegenüberstellung von Einnahmen und Erwerbsaufwendungen entstehende Summe der Einkünfte nach § 2 Abs. 3 EStG misst zunächst nur die objektive Leistungsfähigkeit.[1433] Daneben wird nach § 2 Abs. 4, 5 EStG der für die Steuerzahlung nicht verfügbare Teil des Einkommens (indisponible Einkommensverwendung) in Form notwendiger privater Abzüge aus der Besteuerung ausgegrenzt.[1434] Dies geht zurück auf die Feststellung des Bundesverfassungsgerichts, dass die Besteuerung nach der Leistungsfähigkeit voraussetze, „dass solche Ausgaben einkommensteuerrechtlich berücksichtigt werden müssen, die außerhalb der Sphäre der Einkommenserzielung anfallen und für den Steuerpflichtigen unvermeidbar sind."[1435] Daraus hat es später gefolgert, dass der Staat dem Steuerpflichtigen sein Einkommen insoweit steuerfrei belassen muss, als es zur Schaffung der Mindestvoraussetzungen für ein menschenwürdiges Dasein benötigt wird und außerdem der zur Existenzsicherung sämtlicher Familienmitglieder benötigte Betrag steuerfrei bleiben muss.[1436] Dies wird als subjektives Nettoprinzip bezeichnet, nach dem zwingende Ausgaben des Steuerpflichtigen zur eigenen Existenzsicherung und der Existenzsicherung

---

1429 Vgl. BVerfG v. 23.1.1990 – 1 BvL 4/87, BVerfGE 81, 228; v. 4.12.2002 – 2 BvR 400/98, BVerfGE 107, 27; v. 9.12.2008 – 2 BvL 1/07, BVerfGE 122, 210; v. 12.5.2009 – 2 BvL 1/00, BVerfGE 123, 111; v. 6.7.2010 – 2 BvL 13/09, BVerfGE 126, 268; für die verfassungsrechtliche Gebotenheit: Englisch, DStR 2009, Beih. zu Heft 34, S. 92, 96.

1430 Vgl. Kirchhof, BB 2017, 662, 665; vgl. auch Droege, StuW 2011, 105, 109 (die Absicherung jedoch mit der Verpflichtung des Gesetzgebers zur folgerichtigen Umsetzung einer einmal getroffenen Belastungsentscheidung begründend).

1431 Vgl. Englisch, DStR 2009, Beih. zu Heft 34, S. 92, (ausführlich zur verfassungsrechtlichen Fundierung des objektiven Nettoprinzips).

1432 Vgl. Wernsmann, DStR 2008, Beih. zu Heft 17, S. 37.

1433 Vgl. Wernsmann, DStR 2008, Beih. zu Heft 17, S. 37; Hey, in: Tipke/Lang, Steuerrecht, Rn. 8.42.

1434 Vgl. Hey, in: Tipke/Lang, Steuerrecht, Rn. 3.72.

1435 BVerfG v. 23.11.1976 – 1 BvR 150/75, BVerfGE 43, 108, Rn. 28.

1436 Vgl. BVerfG v. 29.5.1990 – 1 BvL 20/84, BVerfGE 82, 60; v. 25.9.1992 – 2 BvL 5/91, BVerfGE 87, 153.

seiner Familie, also der für den notwendigen Lebensbedarf verwendete Teil des Erwerbseinkommens aus der Besteuerung auszunehmen sind.[1437] So wird sichergestellt, dass nur derjenige Betrag der Steuer unterworfen wird, der dem Steuerpflichtigen als sog. disponibles Einkommen zur Verfügung steht.[1438] Das Bundesverfassungsgericht hat die Geltung des subjektiven Nettoprinzips mittlerweile in ständiger Rechtsprechung bestätigt.[1439] Einfachgesetzlich wird das subjektive Nettoprinzip durch verschiedene Abzugsbeträge verwirklicht.[1440]

Bei der Einkommensteuer handelt sich mithin nicht um eine Einnahmensteuer[1441], die wohl auch verfassungsrechtlich nicht zulässig wäre.[1442]

(c) Weitere Konkretisierung durch die Art der Einkünfteermittlung

Die in § 2 Abs. 2 EStG angelegte Trennung zwischen Gewinn- und Überschusseinkunftsarten bewirkt schließlich eine Besonderheit in der konkreten Bestimmung der Leistungsfähigkeit.[1443] Für Überschusseinkunftsarten gilt das Zuflussprinzip nach § 11 EStG, sodass nur tatsächliche Wertzuflüsse von außen steuerlich relevantes Einkommen darstellen können. Der für die Gewinneinkünfte maßgebliche Gewinn nach § 4 Abs. 1 S. 1 EStG ist jedoch der Zugang von Reinvermögen innerhalb einer bestimmten Periode[1444] und erfasst auch reine Wertveränderungen innerhalb des Stammvermögens. Da das Zuflussprinzip nicht gilt, ist der Zufluss von liquiden Mitteln keine

1437 Vgl. Kirchhof, in: BeckOK EStG, § 2, Rn. 80, (Stand: Mai 2020); Hey, in: Tipke/Lang, Steuerrecht, Rn. 8.71.

1438 Vgl. Mellinghoff, in: FS Bareis, S. 171, 180.

1439 Vgl. BVerfG v. 8.6.2004 – 2 BvL 5/00, BVerfGE 110, 412; v. 13.10.2009 – 2 BvL 3/05, BVerfGE 124, 282.

1440 Etwa durch den Grundfreibetrag nach § 32a Abs. 1 S. 1 Nr. 1 EStG, der das Existenzminimum steuerfrei stellt und Freibeträge für Kinder gemäß § 36 Abs. 6 EStG, sowie daneben durch den Abzug von Sonderausgaben nach § 10 – 10i EStG, also für den Steuerpflichtigen nicht verfügbare Privatausgaben und von außergewöhnlichen Belastungen nach § 33 EStG, also solchen Ausgaben, die Steuerpflichtige zwangsläufig mehr belasten, als vergleichbare Steuerpflichtige, vgl. Kirchhof, in: Kirchhof, EStG, 19. Aufl. 2020, § 2, Rn. 12.

1441 Vgl. Wernsmann, DStR 2008, Beih. zu Heft 17, S. 37.

1442 Vgl. Wernsmann, DStR 2008, Beih. zu Heft 17, S. 37, 40; ders., DStR 2009, Beih. zu Heft 34, S. 101.

1443 Siehe eingehender und m.w.N. zu dem sog. Dualismus der Einkunftsarten und den Auswirkungen auf die Gewinnermittlung unter § 2, II. 1.

1444 Vgl. Hey, in: Tipke/Lang, Steuerrecht, Rn. 7.30.

Voraussetzung für die Entstehung eines steuerlichen Gewinns und damit auch grundsätzlich nicht für eine Erhöhung der Leistungsfähigkeit.

e) Zwischenergebnis

Das Leistungsfähigkeitsprinzip bildet für steuerliche Normen, die der Einnahmenerzielung dienen, den obersten Vergleichsmaßstab und wird teils unmittelbar, teils mittelbar aus dem allgemeinen Gleichheitssatz des Art. 3 Abs. 1 GG abgeleitet. Inhaltlich entspringt ihm die horizontale Steuergerechtigkeit, nach der Steuerpflichtige bei gleich hoher Leistungsfähigkeit gleich hoch zu besteuern sind, sowie die vertikale Steuergerechtigkeit, nach welcher der Gesetzgeber bei der unterschiedlichen Besteuerung verschieden leistungsfähiger Steuerpflichtiger dem Gerechtigkeitsgebot Genüge tun muss. Es verpflichtet den Gesetzgeber also, jeden Bürger nur entsprechend seiner finanziellen Möglichkeiten steuerlich zu belasten.

Im Einkommensteuerrecht wählt der Gesetzgeber als Bezugsgröße für die Bestimmung steuerlicher Leistungsfähigkeit das Einkommen, welches sich im Gewinn nach § 4 ff. EStG oder dem Überschusses nach § 8 ff. EStG ausdrückt. Für die Bestimmung der Leistungsfähigkeit gelten konkretisierend das objektive und subjektive Nettoprinzip, nach denen sowohl erwerbsbedingte als auch existenzsichernde Aufwendungen die Bemessungsgrundlage mindern. Im Gegensatz zu den Überschusseinkünften ist der Zufluss von liquiden Mitteln bei den Gewinneinkunftsarten grundsätzlich keine Voraussetzung für eine Erhöhung der Leistungsfähigkeit.

2. Gebot der Folgerichtigkeit

Die zweite bereichsspezifische Entfaltung im Steuerrecht ist das dogmatisch im allgemeinen Gleichheitssatz verankerte[1445] Gebot der Folgerichtigkeit. Vor dem Hintergrund, dass dessen eigenständige Bedeutung neben der

1445 Vgl. Palm, JöR 64 (2016), S. 457, 470; Mellinghoff, Ubg 2012, 369, 372 m.w.N. Überwiegend wird dem Folgerichtigkeitsgebot sogar Verfassungsrang zugesprochen, vgl. Vgl. BVerfG v. 6.3.2002 – 2 BvL 17/99, BVerfGE 105, 73, Rn. 161 („das aus Art. 3 Abs. 1 GG abgeleitete allgemeine Gebot folgerichtiger tatbestandlicher Ausgestaltung"); v. 15.1.2008 – 1 BvL 2/04, BVerfGE 120, 1, Rn. 113 („Im Interesse verfassungsrechtlich gebotener steuerlicher Lastengleichheit ist der Gesetzgeber gehalten, die gesetzliche Belastungsentscheidung folgerichtig im Sinne von Belastungsgleichheit umzusetzen"); vgl. auch Jahndorf, StuW 2016, 256 in Fn. 8; diesen

allgemeinen Dogmatik des Gleichheitssatzes stets kontrovers diskutiert wurde[1446], müssen sowohl sein Inhalt als auch die konkrete Anwendung durch das BVerfG und drauf aufbauend die Auswirkungen auf die gleichheitsrechtliche Prüfung näher untersucht werden.

a) Allgemeiner Inhalt des Folgerichtigkeitsgebots

Gedanklich liegt dem Folgerichtigkeitsgebot eine Unterscheidung zwischen grundlegenden Entscheidungen und nachgeordneten Folgeentscheidungen des Gesetzgebers[1447] und damit der Differenzierung zwischen systemerrichtenden und systemdurchbrechenden einfachgesetzlichen Normen[1448] zugrunde. Folgerichtigkeit[1449] beschreibt dabei die Konkretisierung selbst gesetzter, nicht verfassungsrechtlicher Vorgaben[1450] oder auch, dass die Folgeentscheidung mit der Grundentscheidung im Einklang steht.[1451] Ein Handeln ist also dann folgerichtig, wenn eine Grundentscheidung konsequent durchgeführt wird.[1452] Entscheidet sich der Gesetzgeber beispielsweise dafür, das Erwerbseinkommen, welches auch Zuschläge oder Zulagen seitens des Arbeitgebers an seine Arbeitnehmer erfasst, zum Ausgangspunkt der Einkommensteuer zu machen, darf er nicht ohne weiteres einzelne Positionen durch eine Steuerbefreiung aus der Bemessungsgrundlage ausneh-

---

Status anzweifelnd vgl. Lehner, DStR 2009, 185; Schwarz, in: FS Isensee, S. 949, 957.

1446 Vgl. Englisch, in: FS Lang, S. 167, 169.

1447 Vgl. Modrzejewski, in: Linien der Rechtsprechung des BVerfG, Bd. 5, S. 277, 283.

1448 Vgl. Kempny, JöR 64 (2016), S. 477, 484.

1449 Teilweise firmiert das Folgerichtigkeitsprinzip in der Literatur auch synonym unter den Begriffen Konsequenzgebot (vgl. Prokisch, FS Vogel, S. 293, 294; Kischel, AöR 124 (1999), 174, 179), Systembindung (vgl. Kischel, AöR 124 (1999), 174, 179 (Folgerichtigkeit und Konsequenzgebot seien mit der Systembindung „austauschbar“)), Widerspruchsfreiheit (vgl. Kirchhof, StuW 2000, 316, 322; vgl. auch Tipke, JZ 2009, 533, 535) oder Konzeptbefolgungspflicht und Systemgerechtigkeit (vgl. Payandeh, AöR 136 (2011), S. 578, 582; Hey, StuW 2015, 3, 9; Tappe, JZ 2016, 27, 29; a.A. Musil, JöR 64 (2016), S. 443, 446; a.A. auch Kirchhof, in: Maunz/Dürig, GG, Art. 3, Rn. 405 (Stand: September 2015) („Die Systemgerechtigkeit meint jedoch eher die Verständlichkeit und Einsichtigkeit einer Norm innerhalb der gesetzlichen Systematik, während die Folgerichtigkeit Konsequenz gegenüber einer gesetzlich getroffenen und beibehaltenen Leitentscheidung verlangt“)).

1450 Vgl. Heintzen, JöR 64 (2016), S. 493, 497.

1451 Modrzejewski, in: Linien der Rechtsprechung des BVerfG, Bd. 5, S. 277, 283.

1452 Vgl. Birk, DStR 2009, 877, 881.

men[1453] und so ein gleichheitswidriges Steuerprivileg[1454] schaffen. Weicht der Steuergesetzgeber ohne besonderen sachlichen Grund von seiner Ausgangsentscheidung ab[1455], ist das Prinzip verletzt.[1456] Vielmehr muss die Belastungsentscheidung in einem widerspruchsfrei entwickelten Besteuerungstatbestand umgesetzt werden.[1457] Daher bedürfen Ausnahmen von der folgerichtigen Umsetzung stets eines besonderen sachlichen Grundes.[1458] Das Folgerichtigkeitsgebot führt so zu einer Selbstbindung des Gesetzgebers[1459], macht ihn – bildlich gesprochen – zum Gefangenen seiner eigenen Entscheidung[1460] und soll so Gleichheit im Belastungserfolg auch in der Umsetzung der Belastungsentscheidung gewährleisten.[1461]

Auf das Steuerrecht angewendet, wurde traditionell zweistufig dahingehend konkretisiert, dass bei der gleichheitsrechtlichen Kontrolle zwischen der nur einer Willkürkontrolle unterliegenden Auswahl der Steuergegenstände und der durch das Gebot der Folgerichtigkeit begrenzten Ausgestaltung des Steuertatbestands zu differenzieren ist.[1462] Mit dieser Zweistufigkeit legt das Bundesverfassungsgericht fest, inwieweit das Steuerrecht durch den Gesetzgeber oder die Gerichtsbarkeit bestimmt wird: Die Entscheidung über die Steuerwürdigkeit eines ökonomischen Sachverhalts und die Höhe des Steuertarifs wird als politisch legitimierter Akt des Parlaments akzeptiert, bei dem die gleichheitsrechtliche Dichte auf Will-

1453 Vgl. BVerfG v. 11.11.1998 – 2 BvL 10/95, BVerfGE 99, 280.

1454 Vgl. Kirchhof, StuW 2000, 316, 323.

1455 Ein weiteres verdeutlichendes Beispiel bietet Wernsmann: Der Gesetzgeber kann sich auf der einen Seite frei entscheiden, z.B. die KfZ-Steuer zu erhöhen, darf dann aber nicht gelbe Autos davon ausnehmen, während andere Autos höher besteuert werden, vgl. Wernsmann, NJW 2000, 2078, 2079.

1456 Vgl. Drüen, StuW 2008, 3, 9.

1457 Vgl. Breinersdorfer, StuW 2009, 211, 213.

1458 Vgl. BVerfG v. 30.9.1998 – 2 BvR 1818/91, BVerfGE 99, 88; v. 6.3.2002 – 2 BvL 17/99, BVerfGE 105, 73; v. 21.6.2006 – 2 BvL 2/99, BVerfGE 116, 164; v. 7.11.2006 – 1 BvL 10/02, BVerfGE 117, 1; v. 9.12.2008 – 2 BvL 1/07, BVerfGE 122, 210; v. 6.7.2010 – 2 BvL 13/09, BVerfGE 126, 268; v. 29.3.2017 – 2 BvL 6/11 –, BStBl. II 2017, S. 1082, BVerfGE 145, 106.

1459 Vgl. Palm, JöR 64 (2016), S. 457, 466; Musil, JöR 64 (2016), S. 443, 451. Das BVerfG spricht davon, dass durch das Folgerichtigkeitsgebot die weitgehende Freiheit des Gesetzgebers, die ihm bei der Bestimmung von Steuergegenstand und Steuersatz zugebilligt wird, wieder begrenzt wird, vgl. BVerfG v. 6.3.2002 – 2 BvL 17/99, BVerfGE 105, 73; v. 4.12.2002 – 2 BvR 400/98, BVerfGE 107, 27; v. 7.11.2006 – 1 BvL 10/02, BVerfGE 117, 1; v. 18.7.2012 – 1 BvL 16/11, BVerfGE 132, 179.

1460 Vgl. Di Fabio, JZ 2007, 749, 754; vgl. auch Drüen, StuW 2008, 3, 9

1461 Vgl. BVerfG v. 7.12.1999 – 2 BvR 301/98, BVerfGE 101, 297.

1462 Vgl. Hey, DStR 2009, 2561, 2562; Desens, StuW 2016, 240, 243.

kür beschränkt ist, während der Gleichheitssatz bei der nachfolgenden näheren Ausgestaltung der Einzelregelungen einer Grundentscheidung zur Besteuerung strikter angewendet wird.[1463] Indem die Auswahl des Steuergegenstands als Vorfrage der verfassungsgerichtlichen Kontrolle weitgehend, wenn auch nicht ganz entzogen wird[1464], belässt das BVerfG also die Hauptverantwortung für die systematische Ausgestaltung des Steuerrechts dem Gesetzgeber.[1465] Das BVerfG prüft hier nicht, ob der Gesetzgeber im Einzelfall die jeweils zweckmäßigste, vernünftigste und gerechteste Lösung gefunden hat[1466], sondern die Entscheidung, eine Steuerquelle zu erschließen, die andere nicht, muss nur auf sachgerechten Erwägungen finanzpolitischer, volkswirtschaftlicher, sozialpolitischer oder steuertechnischer Art beruhen.[1467] Mit der Forderung nach einer anschließenden konsequenten Ausführung der einmal getroffenen Grundentscheidung verlangt das Gericht dem Gesetzgeber aber ab, dass einzelne steuerliche Normen miteinander abgestimmt sein und ein widerspruchsfreies Zusammenspiel ergeben müssen.[1468] Die Gestaltungsfreiheit des Gesetzgebers bei der Steueranknüpfung im ersten Schritt zieht also die verfassungsrechtliche Bindung nach sich, im zweiten Schritt die Steuertatbestände nachvollziehbar und konsequent auszugestalten.[1469]

Für die Frage, ob eine gesetzliche Entscheidung zur Auswahl und damit zur Bestimmung des Umfangs des Steuergegenstands zählt oder ob es sich um eine Frage der Differenzierung innerhalb des Steuergegenstands handelt, gibt es indes keine abstrakten Anhaltspunkte, sondern das BVerfG behält sich vor diese Abgrenzung anhand einer Einzelfallbetrachtung vorzunehmen.[1470] und scheint dem Gesetzgeber hier gleichfalls einen großen Beurteilungsspielraum einzuräumen.[1471]

1463 Vgl. Kirchhof, BB 2017, 662, 664.

1464 Vgl. Hey, StbJb 2007/2008, S. 19, 35, 36.

1465 Vgl. Mellinghoff, Ubg 2012, 369, 371.

1466 Vgl. BVerfG v. 09.7.1969 – 2 BvL 20/65, BVerfGE 26, 302 m.w.N.; v. 8.12.1970 – 1 BvR 95/68, BVerfGE 29, 327.

1467 Vgl. Hey, StbJb 2007/2008, S. 19, 36.

1468 Vgl. Mellinghoff, Ubg 2012, 369, 371.

1469 Vgl. Drüen, StuW 2019, 205, 208.

1470 Vgl. Hey, DStR 2009, 2561, 2563; Kischel, in: BeckOK GG, Art. 3, Rn. 153.2 (Stand: August 2020); BVerfG v. 15.1.2008 – 1 BvL 2/04, BVerfGE 120, 1.

1471 Vgl. Kischel, in: BeckOK GG, Art. 3, Rn. 153.2 (Stand: August 2020). Die Betrachtung solle allerdings in Ansehung der konkreten Umstände des Steuergegenstands und der betreffenden Vergleichsgruppen erfolgen und es kommt wesentlich darauf an, inwieweit die Gruppe oder der Sachverhalt, um deren oder dessen Einbezie-

b) Entwicklung und Konkretisierung des Folgerichtigkeitsgebots durch die Rechtsprechung des BVerfG

In seiner konkreten Anwendung durch das BVerfG ließ sich Folgerichtigkeit zunächst recht schwer nachweisen.[1472] Anfangs zog das BVerfG Folgerichtigkeit nämlich nur als Argumentationshilfe heran, ohne konkrete Prüfungsvorgaben abzuleiten. Entsprechend schwierig gestaltet sich auch die Inhaltsbestimmung.

aa) Eingang des Folgerichtigkeitsgebots in die verfassungsgerichtliche Rechtsprechung

Erste Formulierungen, in denen der Terminus der Folgerichtigkeit genutzt wird, finden sich schon in sehr frühen Entscheidungen des Bundesverfassungsgerichts.[1473] Die erste Entscheidung mit Folgerichtigkeitserwägungen aus dem steuerrechtlichen Bereich erging 1962 zur personenbezogenen Kapitalgesellschaft.[1474] Später folgten ihr weitere Entscheidungen mit Folgerichtigkeitsbezügen sowohl aus dem steuerrechtlichen[1475] als auch dem

hung es geht, durch Merkmale geprägt ist, die gerade den Steuergegenstand, dessen Ausgestaltung in Frage steht, unter dem Gesichtspunkt des steuerbaren Vorteils kennzeichnen (vgl. BVerfG v. 15.1.2008 – 1 BvL 2/04, BVerfGE 120, 1, Rn 84).

1472 Vgl. Kischel, in: BeckOK GG, Art. 3, Rn. 154.1.

1473 Im Urteil zur Sperrklausel z.B. fordert der II. Senat: „Innerhalb jedes Abschnittes der Wahl muß Folgerichtigkeit herrschen.", vgl. BVerfG v. 5.4.1952 – 2 BvH 1/52, BVerfGE 1, 208, Rn. 120.

1474 Vgl. BVerfG v. 24.1.1962 – 1 BvR 845/58, BVerfGE 13, 331, Rn. 46; der I. Senat stellt hier auf die Folgerichtigkeit des durch den damaligen § 8 Nr. 6 GewStG getroffenen Vergleich zwischen Gewerbesteuer von der Arbeitsvergütung an wesentlich Beteiligte juristischer Personen auf der einen und der Behandlung des „Unternehmerlohns" bei Personenunternehmen auf der anderen Seite ab.

1475 Vgl. BVerfG v. 13.7.1965 – 1 BvR 771/59, BVerfGE 19, 101, Rn. 38: „Er [der Gesetzgeber] hat die das Gesetz rechtfertigende Motivation – Sonderbelastung der wirtschaftlich überlegenen Konkurrenten des mittelständischen Einzelhandels – nicht folgerichtig durchgeführt"; nach Hey wird die Argumentationsfigur der Folgerichtigkeit seit dieser Entscheidung in ständiger Rechtsprechung bei der Überprüfung steuerrechtlicher Normen herangezogen, vgl. DStR 2009, 2561, 2563); BVerfG v. 14.2.1967 – 1 BvR 25/64, BVerfGE 21, 160, Rn. 24: Eine Gleichsetzung von großen und gegebenenfalls auch mittleren Unternehmen mit überörtlichen Filialunternehmen stimme nicht mit der wirtschaftlichen Wirklichkeit überein, sodass die das Gesetz rechtfertigende Motivation, wirtschaftlich schwächere Mitbewerber durch

nichtsteuerlichen Bereich.[1476] Das Folgerichtigkeitsgebot ist also keine rein steuerrechtliche Figur, auch wenn es dort erhebliche Wirkung entfaltet hat, sondern wird auch in anderen Rechtsbereichen als allgemeines verfassungsrechtliches Prinzip zur gleichheitsrechtlichen Überprüfung von Normen herangezogen.[1477] In diesem frühen Stadium nutzte das Gericht die Figur der Folgerichtigkeit allerdings noch eher als Konsequenzüberlegung bzw. Plausibilitätsargument, nicht aber als Verfassungsgebot oder Prüfungskriterium.[1478] Es hatte also noch keine eigenständige Bedeutung, sondern beschrieb vielmehr eine unzureichende Umsetzung der aus dem Gleichheitssatz fließenden Bedingungen für die Verfassungsmäßigkeit einer Sonderregelung.[1479] Als rechtliches Gebot wurde Folgerichtigkeit erst entfaltet, indem das BVerfG forderte, dass die einem gesetzlichen Regelungsgefüge zugrunde liegende Grundentscheidung ihren konsequenten Niederschlag in den einzelnen gesetzlichen Regelungen finden müsse.[1480]

Während die Geburtsstunde des Folgerichtigkeitsgebot für das Steuerrecht als Verfassungsgebot teilweise in der Vermögen- und Erbschaftsteuerentscheidung aus 1995 gesehen wird,[1481] hat das BVerfG es tatsächlich schon in der Entscheidung zur Zinsbesteuerung[1482] aus 1991 erstmals als Teil des steuerrechtlichen Prüfungsmaßstabs begriffen. Hier formuliert der Senat erstmals: „Der Gesetzgeber hat zwar bei der Auswahl des Steuergegenstandes und bei der Bestimmung des Steuersatzes einen weitreichenden Entscheidungsspielraum. Bei der Ausgestaltung dieses Ausgangstatbestandes hat er die einmal getroffene Belastungsentscheidung dann aber

Sonderbelastung jener Unternehmen zu unterstützen, nicht folgerichtig durchgeführt sei; BVerfG v. 19.12.1978 – 1 BvR 335/76, BVerfGE 50, 57, Rn. 71: „Würde sie [die Trennung zwischen zugeflossenen Zinsen und den Entwertungsraten, die für den jeweiligen Veranlagungszeitraum nach dem Preisindex für die Lebenshaltung errechnet wurden] aufgegeben, dann müßten unter anderem folgerichtig auch die Schuldnergewinne erfaßt werden." (Einfügungen in Zitaten in eckigen Klammern durch Verf.).

1476 Vgl. BVerfG v. 9.3.1994 – 1 BvR 682/88, BVerfGE 90, 107, Rn. 71; v. 17.11.1994 – 2 BvB 2/93, BVerfGE 91, 276, Rn. 37; Jahndorf, StuW 2016, 256.

1477 Vgl. Mellinghoff, Ubg 2012, 369, 370

1478 Vgl. Jahndorf, StuW 2016, 256.

1479 Vgl. Prokisch, in: FS Vogel, S. 293, 306 (der Autor sieht den Anfang der Folgerichtigkeit allerdings erst in der Entscheidung des BVerfG zur Zweigstellensteuer für Wareneinzelunternehmen (BVerfG v. 13.7.1965 – 1 BvR 771/59, BVerfGE 19, 101).

1480 Vgl. Payandeh, AöR 136 (2011), S. 578, 582.

1481 Vgl. Jahndorf, StuW 2016, 256.

1482 BVerfG v. 27.6.1991 – 2 BvR 1493/89, BVerfGE 84, 239.

folgerichtig im Sinne der Belastungsgleichheit umzusetzen."[1483] Auch wenn diese Aussage noch im Gesamtkontext der Entscheidung betrachtet werden muss, kann die Etablierung des Folgerichtigkeitsgebots in der steuerrechtlichen Rechtsprechung bereits auf diese Entscheidung zurückgeführt werden. Die nächstmalige Erwähnung im Vermögen- und Erbschaftsteuerbeschluss[1484] kann bereits als Beginn einer ständigen Rechtsprechung gesehen werden.[1485] Zum Teil wird das Folgerichtigkeitsgebot später sogar ohne weitere Erläuterung schlicht als steuerrechtliches Gebot vorausgesetzt.[1486]

Ebenso wie die Ausrichtung der Steuerlast am Leistungsfähigkeitsprinzip wurde auch das Gebot der Folgerichtigkeit vom BVerfG zunächst im Einkommensteuerrecht etabliert und seine Geltung sukzessive auf die Bereiche der Vermögens- und Erbschaftsteuer, sowie der Gewerbesteuer übertragen.[1487] Allerdings muss beachtet werden, dass das BVerfG den Folgerichtigkeitsgrundsatz unter Verzicht auf eine Kontrolle der Gesamtbelastung nur innerhalb der einzelnen Steuern anwendet und dem Gesetzgeber nur in diesem jeweiligen Binnenbereich Vorgaben macht.[1488]

bb) Weitere Anwendung und inhaltliche Konkretisierung

Die Etablierung des Folgerichtigkeitsgebots im Zinsurteil muss zunächst im Kontext der Entscheidung betrachtet werden[1489], da auf sie auch die Schöpfung des sog. strukturellen Erhebungsmangels[1490] zurückgeht, nach der eine Norm auch dann mit Art. 3 Abs. 1 GG unvereinbar ist, wenn sie zwar rechtlich alle Steuerpflichtigen gleich behandelt, jedoch nicht in ein nor-

---

1483 BVerfG v. 27.6.1991 – 2 BvR 1493/89, BVerfGE 84, 239, Rn. 108.

1484 BVerfG v. 22.6.1995 – 2 BvL 37/91, BVerfGE 93, 121, Rn. 46.

1485 Vgl. so auch Desens, StuW 2016, 240, 243 (mit einer Aufschlüsselung nach Senaten und Steuerarten bis ins Jahr 2015).

1486 BVerfG v. 5.2.2002 – 2 BvR 305/93, BVerfGE 105, 17, Rn. 90.

1487 Vgl. BVerfG v. 15.1.2008 – 1 BvL 2/04, BVerfGE 120, 1; v. 17.4.2008 – 2 BvL 4/05, BVerfGE 121, 108.

1488 Vgl. Drüen, StuW 2008, 3, 7; vgl. ausführlich und mit Kritik an der Beschränkung auf den Binnenbereich einzelner Steuern, sowie der Forderung nach einer steuerübergreifenden Wirkung: Tipke, StuW 2007, 201, 206 ff. mit Beispielen für nach Ansicht des Verfassers bewirkte steuerübergreifende Verstöße gegen das Folgerichtigkeitsgebot; ders., JZ 2009, 533, 537.

1489 Vgl. auch Modrzejewski, in: Linien der Rechtsprechung des BVerfG, Bd. 5, S. 277, 284, der es deshalb als verfehlt ansehen würde, diese Entscheidung als „Geburtsstunde" des Folgerichtigkeitsgebots zu bezeichnen.

1490 Vgl. BVerfG v. 27.6.1991 – 2 BvR 1493/89, BVerfGE 84, 239, Rn. 111.

matives Umfeld eingebettet ist, welches die Gleichheit der Belastung auch hinsichtlich des tatsächlichen Erfolges prinzipiell gewährleistet, sodass der Besteuerungsanspruch tatsächlich weitgehend nicht durchgesetzt werden kann.[1491] Dieser Zustand führt zur Verfassungswidrigkeit einer Steuernorm, sofern dieses Ergebnis dem Gesetzgeber zuzurechnen ist.[1492]

Die erstmalige Klarstellung im Zinsurteil, der Gesetzgeber habe bei der Auswahl des Steuergegenstands und der Bestimmung des Steuersatzes einen weitreichenden Entscheidungsspielraum, müsse aber bei der Ausgestaltung des Ausgangstatbestands die einmal getroffene Belastungsentscheidung folgerichtig im Sinne der Belastungsgleichheit umsetzen[1493], zeichnet dennoch schon vor, dass die Beachtung des Folgerichtigkeitsgebots eine zweistufige Prüfung erfordert. Auf der ersten Stufe steht die Ausgestaltung des Steuertatbestands, die gleichzeitig die Auswahl des Steuergegenstands enthält und auf zweiter Stufe steht die Umsetzung der im ersten Schritt getroffenen Belastungsentscheidung in einzelnen Tatbeständen. Außerdem wird von Anfang an betont, dass dem Gesetzgeber auf der ersten Stufe bei der Auswahl des Steuergegenstands, ebenso wie bei der Bestimmung des Steuersatzes ein weitgehender Entscheidungsspielraum zustehe.[1494] Im Übrigen werden die Aussagen zur Folgerichtigkeit in dieser Entscheidung aber noch nicht näher ausgebaut.[1495]

Ein ähnliches Bild lässt sich auch im Vermögensteuerbeschluss von 1995 erkennen.[1496] Der steuerliche Zugriff auf einzelne Wirtschaftsgüter, die als Gesamtvermögen den Steuergegenstand bilden, wird auf erster Stufe als zulässig erachtet, sofern die Vermögensteuer auf die Ertragsfähigkeit des

1491 Vgl. BVerfG v. 27.6.1991 – 2 BvR 1493/89, BVerfGE 84, 239.

1492 Vgl. BVerfG v. 27.6.1991 – 2 BvR 1493/89, BVerfGE 84, 239. Mit der Erfindung dieser – ebenso unter „strukturelles Vollzugsdefizit" bekannten – Figur in der Zinsentscheidung transformiert das BVerfG einen Gleichheitssatzverstoß auf der Vollzugsebene in einen Gleichheitssatzverstoß auf der Gesetzesebene, sodass gegen ein Gesetz auch ohne den Nachweis eines ungleichen Regelungsgehalts vorgegangen werden kann, vgl. Birk, DStR 2009, 877, 878. Allerdings hat das Gericht die Hürden für die Annahme eines strukturellen Vollzugsdefizit hoch gelegt, denn die empirische Ineffizienz einer Norm im Sinne faktischen Nichtvollzugs genüge nicht, sondern hinzukommen müsse eine gegenläufige Erhebungsregel, ein Widerspruch in der Normstruktur (vgl. Vgl. Birk, a.a.O. mit Verweis auf BVerfG v. 25.2.2008 – 2 BvL 14/05).

1493 BVerfG v. 27.6.1991 – 2 BvR 1493/89, BVerfGE 84, 239, Rn. 108.

1494 BVerfG v. 27.6.1991 – 2 BvR 1493/89, BVerfGE 84, 239, Rn. 108.

1495 Vgl. Schwarz, in: FS Isensee, S. 949, 959.

1496 Vgl. BVerfG v. 22.6.1995 – 2 BvL 37/91, BVerfGE 93, 121.

Vermögens begrenzt bleibt, was in der damaligen Ausgestaltung aber der Fall war.[1497] Dennoch wurde die zu prüfende Norm des Vermögensteuergesetzes für unvereinbar mit Art. 3 Abs. 1 GG erklärt, da einheitswertgebundenes (Grund)vermögen und nicht einheitswertgebundenes sonstiges Vermögen im Ergebnis unterschiedlich belastet wurde.[1498] Inhaltliche Konturen gewinnt das Folgerichtigkeitsgebot durch diese Entscheidung also in der Hinsicht, dass bei der Grundentscheidung, das gesamte steuerpflichtige Vermögen einem einheitlichen Steuersatz zu unterwerfen, eine gleichmäßige Besteuerung nur in den Bemessungsgrundlagen der für sich zu bewertenden Einheiten gesichert werden kann.[1499] Der Gesetzgeber ist also in folgerichtiger Ausgestaltung dieser Grundentscheidung dazu angehalten, die Bemessungsgrundlagen sachgerecht auf die Ertragsfähigkeit der wirtschaftlichen Einheiten zu beziehen und ihre Werte realitätsgerecht abzubilden.[1500] Weitere Beispiele für die Anwendung des Folgerichtigkeitsgebots liefert das BVerfG in einigen Entscheidungen um die Jahrtausendwende, ohne das Gebot jedoch inhaltlich weiter zu konkretisieren.[1501] Ausgeweitet wurde der Rahmen der Folgerichtigkeit aber in der Heileurythmisten-Entscheidung, indem dessen Geltung auch auf die Auslegung von Gesetzen durch Verwaltung und Rechtsprechung ausgedehnt wurde.[1502]

1497 Vgl. BVerfG v. 22.6.1995 – 2 BvL 37/91, BVerfGE 93, 121.

1498 Vgl. BVerfG, a.a.O.

1499 Vgl. BVerfG, a.a.O.

1500 Vgl. BVerfG, a.a.O., m.w.N.; zum Gebot der realitätsgerechten Erfassung des Belastungsgrunds in der Bemessungsgrundlage vgl. später auch BVerfG v. 22.6.1995 – 2 BvR 552/91, BVerfGE 93, 165; v. 10.11.1998 – 2 BvL 42/93, BVerfGE 99, 246; v. 11.11.1998 – 2 BvL 10/95, BVerfGE 99, 280; v. 7.11.2006 – 1 BvL 10/02, BVerfGE 117, 1.

1501 So wurde es etwa als Verstoß gegen das Folgerichtigkeitsgebot beanstandet, dass der Gesetzgeber 1992 den individuellen existenznotwendigen Bedarf pro Jahr für das Sozialrecht auf 12.407 DM und für das Einkommensteuerrecht auf 5161 DM festsetzte (vgl. BVerfG v. 25.9.1992 – 2 BvL 5/91, BVerfGE 87, 153) und außerdem, dass Stellenzulagen als Lohnbestandteil – bei der Grundentscheidung, Erwerbseinkommen zu besteuern – nach dem damaligen § 3 Nr. 12 S. 1 EStG von der Besteuerung ausgenommen wurden (vgl. BVerfG v. 11.11.1998 – 2 BvL 10/95, BVerfGE 99, 280); vgl. auch Mellinghoff, DStR 2003, Beihefter zu Heft 20–21, S. 3, 9.

1502 Vgl. BVerfG v. 29.10.1999 – 2 BvR 1264/90, BVerfGE 101, 132, Rn. 20: „Das Gebot der folgerichtigen Umsetzung der einmal getroffenen Belastungsentscheidung betrifft auch den Gesetzesvollzug und die Rechtsprechung, wenn für vergleichbare Sachverhalte und künftige Entwicklungen offene steuerliche Tatbestandsmerkmale durch Auslegung zu konkretisieren sind."

Eine zusätzliche Wendung[1503] hat das Folgerichtigkeitsgebot durch die Entscheidung des BVerfG zur Rentenbesteuerung[1504] erfahren. Seit dieser Entscheidung soll die grundsätzliche gesetzgeberische Gestaltungsfreiheit durch die zwei „eng miteinander verbundenen Leitlinien" des Leistungsfähigkeitsprinzips und des Gebots der Folgerichtigkeitsgebot begrenzt werden.[1505] Darüber hinaus fordert das Gericht in dieser Entscheidung erstmals in dieser Klarheit[1506], dass Ausnahmen von der folgerichtigen Umsetzung eines besonderen sachlichen Grundes bedürfen.[1507]

Mit der Entscheidung zur Besteuerung von Beamtenpensionen und Renten aus der gesetzlichen Rentenversicherung stellt der II. Senat sodann klar, dass das Gebot der Folgerichtigkeit den Gesetzgeber nicht daran hindert, mit steuerlichen Normen außerfiskalische Förder- und Lenkungszwecke zu verfolgen.[1508] Diese Erkenntnis wird durch die Entscheidung zur Aufhebung der Steuerfreiheit von Zinsen aus bestimmten festverzinslichen Wertpapieren noch dahingehend konkretisiert, dass es vor dem Hintergrund des Folgerichtigkeitsgebots nicht widersprüchlich ist, wenn eine Steuersubvention nach Erreichen der steuerlichen Lenkungszwecke aufgehoben wird.[1509] Eine Pflicht zu einer zukünftigen Differenzierung im Sinne einer Beibehaltung der Steuervergünstigung lasse sich der Verfassung nicht entnehmen.[1510]

Gut illustriert wird die Anwendung des Folgerichtigkeitsgebots ferner in der Entscheidung des II. Senats zur doppelten Haushaltsführung.[1511] Nach ausführlicher Darstellung der sich aus Art. 3 Abs. 1 GG ergebenden Maßstäbe werden die Bemessung der steuerlichen Leistungsfähigkeit im

1503 Vgl. Kempny, JöR 64 (2016), S. 477, 486.

1504 Vgl. BVerfG v. 6.3.2002 – 2 BvL 17/99, BVerfGE 105, 73; v. 7.11.2006 – 1 BvL 10/02, BVerfGE 117, 1; v. 17.4.2008 – 2 BvL 4/05, BVerfGE 121, 108; v. 21.7.2010 – 1 BvR 611/07, BVerfGE 126, 400.

1505 Vgl. BVerfG v. 6.3.2002 – 2 BvL 17/99, BVerfGE 105, 73; später BVerfG v. 7.11.2006 – 1 BvL 10/02, BVerfGE 117, 1; v. 17.4.2008 – 2 BvL 4/05, BVerfGE 121, 108; v. 21.7.2010 – 1 BvR 611/07, BVerfGE 126, 400.

1506 In früheren Entscheidungen – erstmals in BVerfG v. 30.9.1998 – 2 BvR 1818/91 –, BVerfGE 99, 88 – war noch die Rede davon, dass es zur Rechtfertigung von Ungleichbehandlungen bei der Umsetzung des Ausgangstatbestands besonderer sachlicher Gründe bedürfe. Vgl. Modrzejewski, in: Linien der Rechtsprechung des BVerfG, Bd. 5, S. 277, 284, 285.

1507 BVerfG v. 6.3.2002 – 2 BvL 17/99, BVerfGE 105, 73, Rn. 198.

1508 BVerfG v. 6.3.2002 – 2 BvL 17/99, BVerfGE 105, 73, Rn. 161.

1509 Vgl. BVerfG v. 5.2.2002 – 2 BvR 305/93, BVerfGE 105, 17, Rn. 90.

1510 BVerfG, a.a.O.

1511 BVerfG v. 4.12.2002 – 2 BvR 400/98, BVerfGE 107, 27.

Einkommensteuerrecht nach dem objektiven Nettoprinzip[1512] und die einkommensteuerliche Betrachtung von Eheleuten als „Erwerbsgemeinschaft" mit gemeinsamer finanzieller Leistungsfähigkeit[1513] als Grundentscheidungen des Gesetzgebers identifiziert. Ausgehend von dieser Grundentscheidung fordere eine folgerichtige Tatbestandsausgestaltung deshalb einen besonderen Rechtfertigungsgrund dafür, wenn sich Mehraufwendungen, die zum Erwerb des gemeinsamen Einkommens an unterschiedlichen Orten erwerbstätiger Ehegatten zwangsläufig entstehen, nicht auf die gemeinsame Steuerlast mindernd auswirken.[1514] Ein solcher Rechtfertigungsgrund bestand nach Ansicht des Gerichts allerdings nicht.

In seiner Entscheidung zur Abzugsbeschränkung für Kinderbetreuungskosten[1515] befasste sich der II. Senat erneut mit Folgerichtigkeitserwägungen: Das Gebot der horizontalen Steuergleichheit sowie das Benachteiligungsverbot aus Art. 6 Abs. 1 GG begründen nach Ansicht des Gerichts verfassungsrechtliche Mindestanforderungen dahingehend, dass die durch erwerbsbedingte Kinderbetreuungskosten entstandene tatsächliche Minderung der finanziellen Leistungsfähigkeit zu berücksichtigen ist.[1516] Wie er diese Vorgaben umsetze, stehe dem Gesetzgeber zwar frei, jedoch sei er zu einer „folgerichtigen Umsetzung der verfassungsrechtlichen Vorgaben" verpflichtet.[1517]

Ähnliches gilt für den Beschluss zur Abzugsfähigkeit von Aufwendungen für ein häusliches Arbeitszimmer.[1518] Das objektive Nettoprinzip – konkretisiert durch das Veranlassungsprinzip – diente hier abermals als Grundentscheidung des Gesetzgebers sodass für eine Ausnahme von dieser Belastungsentscheidung ein rechtfertigender Grund eingefordert werden konnte, den der Senat aber nicht zu erkennen vermochte.[1519]

Ein weiterer Meilenstein für die Anwendung des Folgerichtigkeitsgebots durch das BVerfG stellt die Entscheidung zur Erbschaftsteuer aus 2006[1520]

1512 Vgl. BVerfG, a.a.O., Rn. 52, 53.

1513 Vgl. BVerfG, a.a.O., Rn. 68; vgl. auch Schwarz, in: FS Isensee, S. 949, 962.

1514 Vgl. BVerfG, a.a.O.

1515 BVerfG v. 16.3.2005 – 2 BvL 7/00, BVerfGE 112, 268.

1516 Vgl. BVerfG v. 16.3.2005 – 2 BvL 7/00, BVerfGE 112, 268, Rn. 75.

1517 BVerfG v. 16.3.2005 – 2 BvL 7/00, BVerfGE 112, 268, Rn. 75. Erwerbsbedingt notwendige Kinderbetreuungskosten müssen daher zumindest als zwangsläufige Aufwendungen der grundrechtlich geschützten privaten Lebensführung grundsätzlich in realitätsgerechter Höhe abziehbar sein (vgl. BVerfG, a.a.O.)

1518 BVerfG v. 6.7.2010 – 2 BvL 13/09, BVerfGE 126, 268.

1519 Vgl. Modrzejewski, in: Linien der Rechtsprechung des BVerfG, Bd. 5, S. 277, 289.

1520 BVerfG v. 7.11.2006 – 1 BvL 10/02, BVerfGE 117, 1.

dar. Hier wird zunächst klar die Belastungsentscheidung des Gesetzgebers benannt, die darin bestehe, den durch Erbfall oder Schenkung anfallenden Vermögenszuwachs zu besteuern. Nach eingehender Darstellung der gleichheitsrechtlichen Maßstäbe inklusive der bekannten Formulierungen zur Folgerichtigkeit wird die Relevanz der Bewertung des anfallenden Vermögens bei der Ermittlung der erbschaftsteuerlichen Bemessungsgrundlage hervorgehoben, da die Erbschaftsteuer, die beim Erwerber durch den Vermögenszuwachs eintretende Steigerung der Leistungsfähigkeit erfassen solle. Um die Gleichheit der Besteuerung zu gewährleisten, müsse eine Bemessungsgrundlage gewählt werden, welche die Werte der zur Erbschaft gehörenden Wirtschaftsgüter realitätsgerecht abbilden könne, was nur der Fall sei, wenn sie sich an deren gemeinem Wert orientiere. In der Übernahme des Steuerbilanzwertes für bestimmte Vermögensarten durch das damals geltende Erbschaftsteuerrecht erkannte das BVerfG aber eine nicht folgerichtig ausgestaltete Umsetzung der Belastungsentscheidung. Zwar sei der Gesetzgeber nicht daran gehindert, zur Verfolgung etwa von außerfiskalischen Lenkungszwecken zielgenau ausgestaltete Verschonungsnormen zu schaffen, jedoch erst, nachdem der Wert der Bereicherung zutreffend ermittelt wurde. Die Bewertungsebene sei dafür ungeeignet.

Die anschließend folgenden Entscheidungen des erstens Senats zur Gewerbesteuerfreiheit[1521], zur Erbschaft- und Schenkungsteuer bei eingetragener Lebenspartnerschaft[1522] sowie zu § 8b KStG[1523] stellten ebenfalls sämtlich auf das Folgerichtigkeitsgebot ab, verschärfte Maßstäbe oder inhaltliche Weiterentwicklungen ergaben sich daraus aber nicht mehr.[1524]

cc) Zulässigkeit eines Systemwechsels

Eine wichtige Konkretisierung erfuhr das Folgerichtigkeitsgebot zudem durch die Entscheidung des BVerfG zur sog. Pendlerpauschale[1525], die gleichzeitig ein anschauliches Beispiel für dessen Anwendung darstellt. Zur Prüfung stand die damalige Fassung des § 9 Abs. 2 S. 1 EStG, wonach die Aufwendungen eines Arbeitnehmers für die Wege zwischen Wohnung und

1521 BVerfG v. 15.1.2008 – 1 BvL 2/04, BVerfGE 120, 1.
1522 BVerfG v. 21.7.2010 – 1 BvR 611/07, BVerfGE 126, 400.
1523 BVerfG v. 12.10.2010 – 1 BvL 12/07, BVerfGE 127, 224.
1524 Vgl. Modrzejewski, in: Linien der Rechtsprechung des BVerfG, Bd. 5, S. 277, 290 ff.
1525 BVerfG v. 9.12.2008 – 2 BvL 1/07, BVerfGE 122, 210.

regelmäßiger Arbeitsstätte und für Familienheimfahrten keine Werbungskosten waren. Entsprechende Aufwendungen, die ab dem 21. Entfernungskilometer entstanden, konnten hingegen nach dem damaligen § 9 Abs. 2 Satz 2 EStG wie Werbungskosten abgezogen werden. Als gesetzgeberische Grundentscheidung hat das BVerfG hier die Bemessung der steuerlichen Leistungsfähigkeit nach dem objektiven und subjektiven Nettoprinzip, und im Rahmen des objektiven Nettoprinzips die Zuordnung zwischen privatem und beruflichem Bereich nach der Veranlassung der Aufwendungen angenommen.[1526]

Begründet wurde das Abzugsverbot damit, dass fortan ein Systemwechsel dahingehend beabsichtigt war, dass das Veranlassungsprinzip für Aufwendungen zwischen Wohnung und Tätigkeitsstätte durch das sog. Werkstorprinzip abgelöst werden sollte, nach dem fortan nicht mehr die Veranlassung, sondern die räumliche Distanz zwischen Tätigkeitsstätte und Wohnung über die Abzugsfähigkeit entscheiden sollte.[1527] Die Bundesregierung[1528] hatte versucht, diese Regelung mit dem Argument zu verteidigen, dass eine frühere Grundentscheidung zur steuerlichen Qualifikation der betroffenen Aufwendungen geändert wird. Es handele sich also nicht um eine Durchbrechung des objektiven Nettoprinzips, sondern eine inhaltliche Neubestimmung seines Anwendungsbereichs. Ein Verbot dieses Vorgehens würde grundlegende Reformen des Steuerrechts unmöglich machen.

Hinter dieser Argumentation steht die generelle Frage, inwieweit eine gesetzliche Regelung dem Gebot der Folgerichtigkeit überhaupt unterliegt, wenn sie sich auf eine neue Grundentscheidung bzw. auf einen Systemwechsel stützt und sich damit nicht mehr von älteren Belastungsentscheidungen ableiten lässt.[1529] In der Literatur wurde bereits zuvor befürwortet, dass das Folgerichtigkeitsgebot Bindungen zwar hinsichtlich der Verwirklichung einer einmal getroffenen Belastungsentscheidung erzeugt, nicht jedoch an die Grundentscheidung selbst bindet.[1530] Grundsätzlich hat sich das BVerfG der Auffassung, der Gesetzgeber sei nicht an die Grundentscheidung selbst gebunden, angeschlossen. Nachdem dargelegt wurde, dass

1526 Vgl. BVerfG v. 9.12.2008 – 2 BvL 1/07, BVerfGE 122, 210, Rn. 62.

1527 Vgl. BVerfG v. 9.12.2008 – 2 BvL 1/07, BVerfGE 122, 210, Rn. 67, 68.

1528 Vgl. zur Argumentation der Bundesregierung BVerfG v. 9.12.2008 – 2 BvL 1/07, BVerfGE 122, 210, Rn. 38 ff.

1529 Vgl. Jehlin, Die Zinsschranke als Instrument zur Missbrauchsvermeidung und Steigerung der Eigenkapitalausstattung (Diss.), 2013, S. 14; BVerfG v. 23.10.1951 – 2 BvG 1/51, BVerfGE 1, 142.

1530 Vgl. Englisch, in: FS Lang, S. 167, 192 m.w.N.

die zu prüfende Regelung weder durch den Zweck der Einnahmenvermehrung noch unter den Gesichtspunkten der Verfolgung von Lenkungs- und Förderzielen oder gesetzgeberischer Typisierungsbefugnisse gerechtfertigt werden könne, hebt das BVerfG erstmalig die Möglichkeit eines Systemwechsels durch den Gesetzgeber hervor[1531], setzt dem aber zugleich Grenzen. Voraussetzung ist, dass tatsächlich ein neues Regelwerk geschaffen werde, da ansonsten jede Ausnahmeregelung als Anfang einer Neukonzeption deklariert werden könnte.[1532] Erforderlich ist ein Mindestmaß an neuer Systemorientierung dahingehend, dass die neuen Regeln nach Ziel und Wirkung die Orientierung an alternativen Prinzipien erkennen lassen müssen.[1533] Dies gilt insbesondere dann, wenn die abweichende Entscheidung bei unveränderter Grundentscheidung nur einen schmalen Teilbereich betrifft; dann bedarf es greifbarer Anhaltspunkte, wie etwa die Einbettung in ein nach und nach zu verwirklichendes Grundkonzept, um die Ungleichbehandlung vor Art. 3 Abs. 1 GG zu rechtfertigen.[1534] So wird ausgeschlossen, dass bereichsspezifische Einzelfallregelungen als neue „atomisierte" Grundentscheidungen deklariert werden und so vermeintliche Systemhaftigkeit erzeugt wird.[1535]

In der Literatur ist die Entscheidung auf unterschiedliche Interpretationen gestoßen und hat zu einer „Hochkonjunktur" der Diskussion um Folgerichtigkeit im Steuerrecht[1536] geführt. Einerseits wird von einer neuen Figur der Verfassungsrechtsprechung geschwärmt[1537], andere reagieren

---

1531 BVerfG v. 9.12.2008 – 2 BvL 1/07, BVerfGE 122, 210, Rn. 80: „Die dem Steuergesetzgeber zustehende Gestaltungsfreiheit umfasst von Verfassungswegen die Befugnis, neue Regeln einzuführen, ohne durch Grundsätze der Folgerichtigkeit an frühere Grundentscheidungen gebunden zu sein.".

1532 Vgl. BVerfG, a.a.O.

1533 Vgl. BVerfG, a.a.O.

1534 Vgl. BVerfG, v. 9.12.2008 – 2 BvL 1/07, BVerfGE 122, 210. Zumindest im konkreten Fall hat das BVerfG der Argumentation der Bundesregierung eine Absage erteilt und die Mindestvoraussetzungen eines Systemwechsels nicht als erfüllt angesehen. Die Neuregelung sei nicht als Systemwechsel zu sehen, sondern stelle eine singuläre und rechtfertigungsbedürftige Abweichung von dem nach dem einkommensteuerrechtlichen Nettoprinzip für die Abgrenzung beruflicher Aufwendungen maßgeblichen Veranlassungsprinzip dar, vgl. BVerfG a.a.O., Rn. 68.

1535 Vgl. Mellinghoff, Ubg 2012, 369, 373.

1536 Vgl. Drüen, StuW 2019, 205, 207.

1537 Vgl. Drüen, Ubg 2009, 23, 27. Er sieht eine beachtenswerte Fortentwicklung der Folgerichtigkeitsdogmatik, die dem Gesetzgeber eine behutsame Lockerung der Selbstbindung unter den genannten Voraussetzungen ermöglicht.

eher verhalten.[1538] Unabhängig von der inhaltlichen Überzeugung von der Entscheidung[1539] reicht auch das Verständnis hinsichtlich der weiteren Folgen der Entscheidung von einer Maßstabsverschärfung für folgerichtige Gesetzgebung[1540] und Einengung des gesetzgeberischen Gestaltungsspielraums[1541] bis zu der Erkenntnis, dass die Entscheidung ebenso gut ohne den Grundsatz der Folgerichtigkeit ausgekommen wäre[1542] und keine weitere Verschärfung mit sich bringe.[1543]

dd) Anforderungen an die Grundentscheidung

Bereits als eine erste Abschwächung des Gebots des Folgerichtigkeitsgebots wird von einigen Seiten die Entscheidung des zweiten Senats zu Jubiläumsrückstellungen[1544] aufgefasst.[1545] Tatsächlich zeigt sie, dass das BVerfG die Anwendung des Folgerichtigkeitsgebots in der Form, dass der Gesetzgeber nur auf erster Stufe einen weitgehenden Gestaltungsspielraum hat, bei der Ausgestaltung des einzelnen Steuertatbestands aber strengeren Bindungen unterliegt, nicht konsequent durchhält. In dem Rückstellungsverbot, welches dem Verfahren zugrunde lag, erkannte das BVerfG zwar eine Abweichung von einer gesetzgeberischen Grundentscheidung und machte auch Ausführungen zum Folgerichtigkeitsgebot, zog sich aber anschließend

---

1538 Die Entscheidung sei vorhersehbar gewesen und stelle keine Revolution, sondern schlicht eine Weiterentwicklung und Konkretisierung des Folgerichtigkeitsgebots dar (vgl. Hey, DStR 2009, 2561, 2564). Andere sehen lediglich ein „Paradebeispiel" für eine Systemkontrolle der Rechtsprechung gegenüber dem Gesetzgeber, vgl. Mellinghoff, Ubg 2012, 369, 371.

1539 Zustimmend Tipke, JZ 2009, 533, 537 ff.; ders., StuW 2007, 201, 209 ff.; ausführlich zum Werkstorprinzip: Tipke, BB 2007, 1525; für die grundsätzliche Verfassungsmäßigkeit der Einführung des Werkstorprinzips vgl. hingegen Offerhaus, BB 2006, 129; Leisner-Egensperger, BB 2007, 639; Wernsmann, DStR 2008, Beih. zu Heft 17, S. 37.

1540 Vgl. Birk, DStR 2009, 877, 881.

1541 Vgl. Lepsius, JZ 2009, 255, 260

1542 Vgl. Payandeh, AöR 136 (2011), S. 578, 597 ff.; vgl. auch Vgl. Tipke, JZ 2009, 533, 537 ff.

1543 Vgl. Tipke, JZ 2009, 533, 537.

1544 BVerfG v. 12.5.2009 – 2 BvL 1/00, BVerfGE 123, 111.

1545 Vgl. Kempny, JöR 64 (2016), S. 477, 487; Thiemann, in: Linien der Rechtsprechung des BVerfG, Bd. 2, S. 179, 202; Droege, StuW 2011, 105, 112 in Fn. 104 (die jüngere Rechtsprechung lasse „Tendenzen erkennen, von einer starken Betonung der Folgerichtigkeit in Fällen, in denen keine „strikte Belastungsgrundentscheidung" vorliegt, wieder abzurücken")

trotzdem nur auf eine Willkürkontrolle zurück.[1546] Mit dem Rückstellungsverbot für Dienstjubiläen, welches dem Verfahren zugrunde lag, weiche der Gesetzgeber zwar von dem in § 5 Abs. 1 EStG festgelegten Maßgeblichkeitsgrundsatz und damit vom handelsrechtlichen Vorsichtsprinzip ab[1547], allerdings handele es sich dabei nicht um eine strikte Belastungsgrundentscheidung[1548] des Gesetzgebers über eine steuergerechte Lastenverteilung[1549], sondern um eine „entwicklungsoffene Leitlinie"[1550], die auf Gründen der Praktikabilität der unternehmerischen Gewinnermittlung beruhe.[1551] Daher werde weder eine Abweichung von der Besteuerung nach der Leistungsfähigkeit noch vom einfachgesetzlichen objektiven Nettoprinzip bewirkt.[1552]

Die Neuerung dieses Beschlusses liegt darin, dass das BVerfG das Folgerichtigkeitsgebot hier aufgrund der Qualität der Grundentscheidung nicht zur Anwendung bringt und so qualitative Anforderungen an die gesetzgeberische Grundentscheidung begründet.[1553] Der Anwendungsbereich des Folgerichtigkeitsgebot ist nur eröffnet, wenn eine Grundentscheidung die mit der Auswahl des Steuergegenstands getroffene Belastungsentscheidung verdeutlicht, das Grundprinzip von dem der Gesetzgeber abweicht also selbst die inhaltliche Qualität als Maßstab der Lastenausteilung hat.[1554] Ausgangsentscheidung im Sinne des Folgerichtigkeitsgebots kann also nur ein Regelungsgegenstand sein, der sich aus dem Leistungsfähigkeitsprinzip ableiten lässt.[1555] Da die vorgenommene Einschränkung tatbestandlich nicht sonderlich bestimmt ist[1556] hat Entscheidung die Unvorhersehbarkeit der Anwendung des Folgerichtigkeitsgebots bestärkt, sodass auch sie auf entsprechende Kritik[1557] gestoßen ist.

1546 BVerfG v. 12.5.2009 – 2 BvL 1/00, BVerfGE 123, 111, Rn. 29: „jedoch unterliegt diese Abweichung jedenfalls bei Rückstellungen für ungewisse Verbindlichkeiten lediglich den verfassungsgerichtlich zurückhaltend zu kontrollierenden Anforderungen des Willkürverbots".

1547 Vgl. BVerfG v. 12.5.2009 – 2 BvL 1/00, BVerfGE 123, 111, Rn. 30.

1548 Vgl. BVerfG v. 12.5.2009 – 2 BvL 1/00, BVerfGE 123, 111, Rn. 34.

1549 Vgl. BVerfG v. 12.5.2009 – 2 BvL 1/00, BVerfGE 123, 111, Rn. 35.

1550 Vgl. BVerfG v. 12.5.2009 – 2 BvL 1/00, BVerfGE 123, 111, Rn. 34.

1551 Vgl. BVerfG v. 12.5.2009 – 2 BvL 1/00, BVerfGE 123, 111, Rn. 34.

1552 Vgl. BVerfG v. 12.5.2009 – 2 BvL 1/00, BVerfGE 123, 111, Rn. 37.

1553 Vgl. Thiemann, in: Linien der Rechtsprechung des BVerfG, Bd. 2, S. 179, 202; Kempny, JöR 64 (2016), S. 477, 487.

1554 Vgl. Thiemann, in: Linien der Rechtsprechung des BVerfG, Bd. 2, S. 179, 202.

1555 Vgl. Desens, StuW 2016, 240 248.

1556 Vgl. Thiemann, in: Linien der Rechtsprechung des BVerfG, Bd. 2, S. 179, 203.

1557 Vgl. Hey, DStR 2009, 2561, 2565; ausführlich Englisch, in: FS Lang, S. 167, 203 ff.

ee) Zwischenergebnis zum Inhalt des Folgerichtigkeitsgebots

Die Figur der Folgerichtigkeit beschreibt eine Unterscheidung zwischen gesetzgeberischen Grund- und Folgeentscheidungen. Es verpflichtet den Gesetzgeber, die Grund- oder auch Belastungsentscheidung konsequent in einzelnen Tatbeständen umzusetzen und erzeugt so eine Selbstbindung des Gesetzgebers. Auch wenn es nicht auf das Steuerrecht beschränkt ist, hat das Folgerichtigkeitsgebot dort seinen Hauptanwendungsbereich. In frühen Entscheidungen nutzte das BVerfG es nur als Argumentationshilfe, im Laufe der Rechtsprechung hat es ihm aber zunehmende Konturen verliehen. Schrittweise wurde seine Anwendung sowohl auf verschiedene Steuerarten als auch vom legislativen Bereich auf die Auslegung der Gesetze durch die Verwaltung und auf die Rechtsprechung ausgeweitet. Später sprach das BVerfG davon, dass das Folgerichtigkeitsgebot die gesetzgeberische Gestaltungsfreiheit begrenze und Ausnahmen von dem Prinzip, also von einer folgerichtigen Umsetzung, eines rechtfertigenden Grundes bedürfen. Es hindert den Gesetzgeber jedoch nicht daran, mit einer Steuernorm außerfiskalische Förder- und Lenkungszwecke zu verfolgen. In seiner wegweisenden Entscheidung zur Pendlerpauschale hat das BVerfG außerdem klargestellt, dass der Gesetzgeber nicht an die Grundentscheidung selbst gebunden ist, auch wenn es für die Zulässigkeit eines solchen Systemwechsels strenge Voraussetzungen aufgestellt hat. Eine Grundentscheidung im Sinne des Folgerichtigkeitsgebot liegt nur vor, wenn mit ihr die durch die Auswahl des Steuergegenstands getroffene Belastungsentscheidung verdeutlicht wird.

c) Haltung des Schrifttums zum Folgerichtigkeitsgebot

aa) Kritik

Von Anfang an ist das Gebot der Folgerichtigkeit nicht nur auf Zustimmung gestoßen, sondern in der Literatur wird an dieser Rechtsprechungslinie unter verschiedenen Gesichtspunkten auch deutliche Kritik geübt. Von einem „richterrechtlichen Irrtum“[1558] ist die Rede und sogar Forderungen nach der Aufgabe des Folgerichtigkeitsgebots wurden laut.[1559]

Als einer der deutlichsten Kritiker spricht Kischel[1560] von einem dogmatischen Sonderweg im Steuerrecht und kritisiert die Rechtsprechung in mehreren Hinsichten. Zum einen setze sich das BVerfG mit der Forderung nach Folgerichtigkeit zu der sonstigen Verfassungsrechtsprechung zum Gleichheitssatz dahingehend in Widerspruch, dass es damit von seiner üblichen Rechtsprechung zur Systembindung abweiche.[1561] Denn grundsätzlich komme es grade nicht auf die Abweichung von bestimmten Grundregeln an, sondern auf eine hinreichende sachliche Rechtfertigung, während Systemwidrigkeit allenfalls ein Indiz für einen Gleichheitsverstoß sein könne.[1562] Zum anderen sehe sich die Folgerichtigkeitsrechtsprechung der Schwierigkeit ausgesetzt, das relevante „System“ zu bestimmen.[1563] Jede Regelung eines Normkomplexes könne logisch ebenso zum Bestandteil des Systems wie zu dessen Durchbrechung erklärt werden.[1564] Zudem könne eine Abweichung von einem geltenden System auch sachgerecht sein und dessen Einhaltung grade sachwidrig.[1565] Es sei vielmehr denkbar, dass der Gesetzgeber von vornherein Ausnahmen für eine getroffene Grundregelung vorgesehen hat und diese daher zum System dazugehören. Die Möglichkeit solcher Ausnahmen werde dem Gesetzgeber durch die Folgerichtigkeit ebenso genommen, wie die Möglichkeit, später weitere Anpassungen vorzunehmen, weitere Ausnahmen zu schaffen oder eine

---

1558 Vgl. Lepsius, JZ 2009, 255, 262, 263; dem widersprechend Heintzen, JöR 64 (2016), S. 493, 504.

1559 Vgl. Payandeh, AöR 136 (2011), S. 587, 611.

1560 Vgl. Kischel, in: BeckOK GG, Art. 3, Rn. 141 ff. (Stand: August 2020); ders. in: Mellinghoff, Palm, Gleichheit im Verfassungsstaat, 2008, 175 (hier wird allerdings von einem grundsätzlichen Sonderweg im Steuerrecht bei der Anwendung des allgemeinen Gleichheitssatzes gesprochen)

1561 Vgl. Kischel, in: BeckOK GG, Art. 3, Rn. 154 (Stand: August 2020)

1562 Vgl. Vgl. Kischel, in: Mellinghoff/Palm, Gleichheit im Verfassungsstaat, S. 175, 184.

1563 Vgl. Kischel, in: Mellinghoff/Palm, Gleichheit im Verfassungsstaat, S. 175, 184 ff.; vgl. auch Payandeh, AöR 136 (2011), S. 587, 590 ff.

1564 Vgl. Kischel, AöR 124 (1999), 174, 207; zustimmend Kempny, StuW 2014, S. 185, 198; vgl. auch Payandeh, AöR 136 (2011), S. 587, 590, 591 (Die Bestimmung, welche Rechtsnormen und Grundsätze ein System bilden und welche Normen von diesem System abweichen und sich als systemfremd darstellen, sei zu einem gewissen Grad willkürlich).

1565 Vgl. ähnlich auch Payandeh, AöR 136 (2011), S. 587, 591.

Grundentscheidung zu revidieren.[1566] Letztlich wird so eine Einengung der gesetzgeberischen Möglichkeiten durch das Folgerichtigkeitsgebot moniert. An anderer Stelle wird daher auch von einer drohenden „Verkrustung" der Rechtsordnung zu Lasten des demokratisch legitimierten Gesetzgebers gesprochen.[1567] Gleichsam wird die Subsumtionsfähigkeit angezweifelt, indem bemängelt wird, das Gericht zwinge sich – da das zu prüfende Gesetz selbst letztlich den Prüfungsmaßstab vorgebe – selbst dazu, sich auf die einfachrechtliche Ausgestaltung einzulassen und das dahinterstehende Regelungsregime auf Folgerichtigkeit zu prüfen, welches aber ggf. durch Ausdifferenzierung und Kompromisshaftigkeit gekennzeichnet sei.[1568] Ähnlich argumentiert auch Wernsmann[1569]: Die konsequente Anwendung des Folgerichtigkeitsgebots berge die Gefahr einer Einengung des Gesetzgebers auf nur noch einen einzigen verfolgbaren Zweck im Sinne einer „Alles-oder-Nichts-Entscheidung", der nur schwer gegenüber anderen Zwecken zurückgenommen werden könne.[1570] Jedoch müsse der Gesetzgeber im Wege einer Gesamtabwägung mehrere Zwecke nebeneinander verfolgen und diese auch wechseln dürfen.

Die bemängelte Einengung des gesetzgeberischen Spielraums wird an anderen Stellen auch als Übergriff der dritten Gewalt in den Zuständigkeitsbereich des Gesetzgebers kritisiert.[1571] Die Steuergesetzgebung sei ein hochpolitisches Rechtsgebiet und oftmals durch Kompromisse gekennzeichnet, in dem hinreichende Kontrolle durch die Politik selbst gewährleistet sei, sodass das BVerfG seine Kontrolldichte zurücknehmen könne.[1572] Diese Ansicht ist dabei keineswegs auf das Steuerrecht begrenzt: Auch in

---

1566 Ähnlich: Palm, AöR 64 (2016), S. 457, 471 („Hält das BVerfG die Legislative allzu strikt an diesen [vom Gesetzgeber bestimmten Leitprinzipien] fest, sind anderweitige Wertungen nur noch eingeschränkt möglich" (Einfügung in eckigen Klammern durch Verf.)).

1567 Vgl. Kischel, AöR 124 (1999), S. 175, 205; ähnlich auch Möllers, NJW 2005, 1973, 1978, der von „Versteinerungstendenzen" im Zusammenhang mit dem Bereich der Systemgerechtigkeit spricht.

1568 Vgl. Lepsius, JZ 2009, 255, 262, 263.

1569 Vgl. Wernsmann, in: Schön/Beck, Zukunftsfragen des deutschen Steuerrechts, S. 161, 164 ff.; ders., DVBl. 2015, 1085, 1089; ders., in: H/H/S, § 4 AO, Rn. 520 (Stand: Februar 2021).

1570 Ahnlich auch Kischel in: AöR 124 (1999), S. 174, 204, der durch eine Systembindung mangelnde Flexibilität für den Gesetzgeber hinsichtlich der Notwendigkeit bestimmter Einzelaspekte ohne eine Änderung des gesamten Systems befürchtet.

1571 Vgl. Lepsius, JZ 2009, 255, 261; zustimmend Payandeh, AöR 136 (2011), S. 578, 613.

1572 Vgl. Lepsius, JZ 2009, 255, 261; aA. Schön, StuW 2013, S. 289, 295

seinem Sondervotum zu der Entscheidung des BVerfG zum Rauchverbot in Gaststätten[1573] kritisiert Bryde, dass das BVerfG keine Folgerichtigkeit und Systemreinheit einfordern dürfe, die kein demokratischer Gesetzgeber leisten kann, da im ersten Anlauf oftmals nur ein durchlöcherter Kompromiss möglich sei, worin er aber gerade ein Wesensmerkmal der Demokratie sieht.[1574] Der Zwang zu einem „alles oder nichts" gefährde die Reformfähigkeit der Politik[1575] und missachte sowohl die Vielzahl auch nebeneinander verfolgbarer und in Ausgleich zu bringender Zwecke als auch den politischen Prozess[1576]. Die Anforderungen an gesetzgeberische Konsistenz zu hoch zu setzen, berge stets die Gefahr einer weitgehenden Verhinderung politischer Kompromisse.[1577] Auch von der Gefahr der Innovationshemmung- oder sogar Verhinderung wird gesprochen.[1578]

Auch Kirchhof[1579] mahnt vor einer Umkehrung der allgemeinen Gleichheitsdogmatik durch die Praxis der folgerichtigen Ausgestaltung, jedoch aus einem anderen Blickwinkel. Konkret geht es um den vom BVerfG vorgenommenen Spagat zwischen dem weiten Gestaltungsspielraum bei der Grundentscheidung und der strengeren Bindung bei deren Ausgestaltung. Die allgemeine Gleichheitsdogmatik erfordere an sich, die grundlegende Belastungsentscheidung streng nach Sachlichkeitsgesichtspunkten zu prüfen, weil sie die Steuerlast im Wesentlichen präge, und die darauffolgenden Details im Steuergesetz zurückhaltender am Gleichheitssatz zu messen, da die Finanzlast nur noch in geringem Ausmaß variiert werde.[1580] Das Leistungsfähigkeitsprinzip werde also wegen des weiten Gestaltungsspielraums nicht hinreichend beachtet, da die Auswahl von Steuergegenstand und Steuersatz als prägende Elemente für die Belastung des Steuerpflichtigen nur am Willkürmaßstab gemessen werden.[1581] In diesem Sinne argu-

---

1573 BVerfG v. 30.7.2008 – 1 BvR 3262/07, BVerfGE 121, 317.

1574 Vgl. Sondervotum Bryde zu BVerfG v. 30.7.2008 – 1 BvR 3262/07, BVerfGE 121, 317, Rn. 175; zustimmend: Tappe, JZ 2016, S. 27, 33.

1575 Vgl. Sondervotum Bryde zu BVerfG v. 30.7.2008 – 1 BvR 3262/07, BVerfGE 121, 317, Rn. 175.

1576 Vgl. Kempny, StuW 2015, S. 185, 199.

1577 Vgl. Payandeh, AöR 136 (2011), S. 578, 613; vgl. auch Palm, AöR 64 (2016), S. 457, 471, der eine zurückhaltende Anwendung des Folgerichtigkeitsgebots anmahnt, um „dem politischen Kompromiss als regelmäßigem Ergebnis des demokratischen Prozesses hinreichend Raum" zu geben.

1578 Vgl. Heun, in: Dreier, GG, Art. 3, Rn. 37.

1579 Vgl. Kirchhof, BB 2016, 662.

1580 Vgl. Kirchhof, BB 2016, 662, 664.

1581 Vgl. Kirchhof, a.a.O.

mentiert auch Hey[1582]: Die Stereotype vom weiten Gestaltungsspielraum bei der Auswahl der Steuergegenstände sei nicht mit dem Bekenntnis zum Leistungsfähigkeitsprinzip als Maßstab der Steuergerechtigkeit vereinbar, da nur eine daran ausgerichtete – also gerade nicht freie – Auswahl des Steuergegenstands eine sachgerechte Austeilung der Steuerlasten erlaube.[1583]

Ein weiterer, wiederholt anzutreffender Kritikpunkt betrifft die Verschiebung des Maßstabs für die gleichheitsrechtliche Prüfung. Die Stufen der Normenhierarchie würden ausgetauscht, indem ein Gesetz nicht mehr an höherrangigem Recht gemessen werde, sondern selbst den materiellen Prüfungsrahmen liefere.[1584] Es werde nicht mehr danach gefragt, ob der Gesetzgeber Wertentscheidungen der Verfassung, sondern eigene Wertentscheidungen hinreichend umgesetzt hat.[1585] Beschrieben wird dieses Phänomen als drohende verfassungsrechtliche „Überhöhung einfachen Rechts" bzw. „Verfassungsmäßigkeit nach Maßgabe der einfachen Gesetze"[1586], oder als „faktische Konstitutionalisierung einfachrechtlicher Setzungen"[1587]. Eine systemdurchbrechende Norm müsse sich nämlich nicht mehr vor Art. 3 Abs. 1 GG verantworten, sondern werde an der systembildenden Norm gemessen, sodass letztere behandelt wird, als sei sie ranghöher.[1588] Einfachgesetzliche Prinzipien des Steuerrechts wirkten unter der Ägide es Steuerrechts wie materielle Verfassungsgrundsätze, indem ihre Durchbrechung von besonderen Gründen abhängig gemacht wird.[1589] Die Funktionen von einfachem Recht als Prüfungsgegenstand und Verfassungsrecht als Prüfungsmaßstab würden so missachtet.[1590] Weniger drastisch aber auf grundsätzlich gleicher Linie spricht Ratschow davon, dass die einfachrechtlichen Grundentscheidungen auf diese Weise zumindest mittelbar verfassungsrechtliche Bedeutung erlangen.[1591] In ähnlicher Weise kritisierte in jüngerer

---

1582 Vgl. Hey, DStR 2009, 2561.

1583 Vgl. Hey, DStR 2009, 2561, 2563 (die Kritik beschränkt sich auf den an die Auswahl der Steuergegenstände anzulegenden Maßstab und daher nicht als generelle Kritik am Folgerichtigkeitsgebot verstanden werden. Insgesamt wird dessen Einhaltung eher befürwortet (s. a.a.O., S. 2566).

1584 Vgl. Lepsius, JZ 2009, 255, 262.

1585 Vgl. Lepsius, JZ 2009, 255, 262.

1586 Vgl. Kischel, in: Mellinghoff/Palm, Gleichheit im Verfassungsstaat, S. 175, 185.

1587 Vgl. Kempny, JöR 64 (2016), S. 477, 479.

1588 Vgl. Kempny, JöR 64 (2016), S. 477, 485.

1589 Vgl. Droege, JöR 64 (2016), S. 539, 547.

1590 Vgl. Kempny, StuW 2015, S. 185, 198.

1591 Vgl. Ratschow, in: Blümich, § 2 EStG, Rn. 15 (Stand: November 2019).

Zeit auch Tappe[1592] das Folgerichtigkeitsgebot: Durch dessen Anwendung würden Wertungswidersprüche zwischen (einfachen) Gesetzen auf Verfassungsebene durch die Anwendung von Art. 3 Abs. 1 GG aufgelöst.[1593] Da dies häufig dazu führe dass die neuere Norm als sich nicht in das bestehende System einfügend dem Vorwurf der Verfassungswidrigkeit ausgesetzt ist, würden so die allgemeinen Kollisionsregeln für Wertungswidersprüche umgekehrt, nach denen die lex posterior Vorrang genießen würde.[1594]

Schließlich wird bemängelt, das Folgerichtigkeitsgebot berge ein erhebliches Verführungspotential in der Rechtsanwendung, vermeintlich inkonsistente gesetzgeberische Entscheidungen zu korrigieren und vermeintlich fehlende gesetzgeberische Entscheidungen zu ersetzen.[1595]

bb) Zustimmende Ansicht

Andererseits stößt die Rechtsprechung des BVerfG zur Folgerichtigkeit aber auf Zustimmung. Keineswegs handele es sich um einen dogmatischen Sonderweg[1596], sondern im Gegenteil stelle das Folgerichtigkeitsgebot sogar eine „Essentiale gleichheitsrechtlicher Verbürgungen" dar und ziele auf Entfaltung, nicht auf Substitution von gesetzgeberischen Gerechtigkeitserwägungen, die vom Gleichheitssatz vorausgesetzt werden.[1597] Es fordere die Rationalität gesetzgeberischer Entscheidungen und ein Festhalten an der vorgebrachten Kritik würde bedeuten, sich von dieser Forderung zu verabschieden.[1598] Das Folgerichtigkeitsprinzip wirke strukturstabilisierend und die Rechtsprechung leiste damit einen erheblichen Beitrag zur Systematisierung des Steuerrechts.[1599] Mit ihm sei die Hoffnung auf eine sach-

1592 Vgl. Tappe, JZ 2016, S. 27.

1593 Vgl. Tappe, JZ 2016, S. 27, 28.

1594 Vgl. Tappe, JZ 2016, S. 27, 32; zu einem Verstoß gegen die lex posterior-Regel durch die Prämisse einer Unterscheidung zwischen systembindenden und systembrechenden Normen vgl. auch Kischel, AöR 124 (1999), 174, 204.

1595 Vgl Droege, StuW 2011, 105, 112.

1596 Vgl. Hey, DStR 2009, 2561, 2566; dies., StuW 2015, S. 3 (mit Schwerpunkt auf dieser Frage und ausführlicher Rechtsprechungsanalyse; sie sieht höchstens einen terminologischen Sonderweg (S. 9)); Mellinghoff, Ubg 2012, 369, 370; Tipke, in: FS Lang, S. 21, 41; Englisch, in: FS Lang, S. 167, 171, 180; Drüen, StuW 2019, S. 205, 207.

1597 Vgl. Englisch, in: FS Lang, S. 167, 171, 175.

1598 Vgl. Hey, StuW 2015, S. 3, 9.

1599 Vgl. Mellinghoff, Ubg 2012, 369, 375.

gerechte und in sich schlüssige und damit vorhersehbare Ausgestaltung des Steuertatbestands[1600] oder auch eine solidere, handwerklich bessere – eben folgerichtige – Gesetzgebung bzw. einer kritischeren Überprüfung des steuerlichen Sonderrechts durch die Rechtsprechung[1601] verbunden. Folgerichtigkeit wehre sich gegen Privileg und Klientelbegünstigung, Unverstand und Willkür.[1602] Gerade in Reaktion auf die Entscheidung zur Pendlerpauschale nimmt Tipke an, die Folgerichtigkeitsrechtsprechung sei geeignet, einer weiteren Missachtung der Gebote der Verallgemeinerung, der Folgerichtigkeit und der Widerspruchsfreiheit durch den Gesetzgeber zulasten der Steuergerechtigkeit Einhalt zu gebieten.[1603] Das Folgerichtigkeitsgebot habe vor diesem Hintergrund grundsätzlich seine Berechtigung[1604], sodass statt zur Aufgabe eher zur verstärkten Anwendung der Argumentationslinie der Folgerichtigkeit ermutigt wird.[1605] Im Folgerichtigkeitsgebot wird ein Instrument gesehen, um einer unübersichtlichen und unsystematischen Gesetzgebung entgegenzuwirken[1606] oder einen widersprüchlich und konzeptionslos handelnden Gesetzgeber zu mehr Selbstdisziplin[1607] zu zwingen[1608].

Dem Vorwurf einer Überhöhung bzw. Konstitutionalisierung des einfachen Rechts wird an vielen Stellen entgegengetreten.[1609] Zwar werde das einfache Recht im Rahmen der Gleichheitsprüfung auf Folgerichtigkeit kontrolliert, Verfassungsrang behalte aber weiterhin nur der allgemeine

---

1600 Vgl. Hey, DStR 2009, 2561, 2566.

1601 Vgl. Birk, DStR 2009, 877, 881 ff.

1602 Vgl. Kirchhof, StuW 2017, S. 3, 8.

1603 Vgl. Tipke, JZ 2009, 533, 540; a.A. Payandeh, AöR 136 (2011), S. 578, 599 („das Gebot der Folgerichtigkeit dient gerade nicht dazu, den Gesetzgeber von Verfassungswegen zu einer stärkeren Strukturierung des Steuerrechts zu verpflichten").

1604 Vgl. Palm, JöR 64 (2016), S. 457, 473; insgesamt zustimmend zur Anwendung des Folgerichtigkeitsgebots vgl. auch Drüen,

1605 Vgl. Schön, DStR 2008, Beih. zu Heft 17, S. 10, 14; Tipke, in: FS Lang, S. 21, 41, der das Bedürfnis sieht, das Folgerichtigkeitsprinzip auf alle nicht gerechtigkeitsfreien Rechtsgebiete zu erstrecken.

1606 Vgl. Mellinghoff, in: FS Bareis, S. 171, 182.

1607 Bisher widme sich der Gesetzgeber nämlich weniger einer systematisierenden Ausgestaltung grundlegender Belastungsentscheidungen, sondern eher der Verfälschung steuerlicher Grundideen und der Aufnahme sich widersprechender Regelungen in das bestehende Steuerrecht durch kleinliche Flickarbeit in Form von ständigem Einfügen, Abändern und Wiederaufheben, vgl. Mellinghoff, DStR 2003, Beih. zu Heft 20–21, S. 3, 9.

1608 Vgl. Drüen, Ubg 2009, S. 23, 27.

1609 Vgl. Mellinghoff, Ubg 2012, 369, 372; Palm, JöR 64 (2016), S. 457, 475; Wernsmann, in: H/H/S, § 4 AO, Rn. 520a (Stand: Februar 2021).

Gleichheitssatz, denn die Frage der Systemwidrigkeit einer Regelung sei von der Frage nach einem Gleichheitsverstoß klar zu trennen.[1610] Da Systemwidrigkeit nur ein Indiz für einen Verstoß gegen den Gleichheitssatz sei, werde der Gesetzgeber auch nur insoweit an seine Grundentscheidung gebunden, als dass gegensätzliche Regelungen einer folgerichtigen Begründung bedürfen.[1611] Das Beharren auf der Einhaltung des Folgerichtigkeitsgrundsatzes mindere eher die Gefahr des verfassungsgerichtlichen Hineininterpretierens von Wertungen in ein gesetzliches System, welches sich nicht an rechtsethischen Leitmotiven orientiert.[1612]

Ebenso finden sich zahlreiche Gegenpositionen hinsichtlich eines übermäßigen Übergriffs in den Kompetenzbereich des Gesetzgebers.[1613] Zwar wird die Prämisse der Kompromisshaftigkeit des Steuerrechts anerkannt, allerdings seien Zustimmungserfordernisse und Interessenpluralität keine rechtsgebietsspezifischen Besonderheiten und dienten nicht der Ausweitung gesetzgeberischer Spielräume oder der Absenkung des Grundrechtsschutzes, sondern allein dem föderalen Interessenausgleich.[1614] Es verblieben hinreichende, signifikante Wertungs- und konkretisierungsspielräume, innerhalb derer Abgeordneten und Gesetzgebungsorganen weiterhin die Freiheit zum politischen Kompromiss zustünden.[1615] Lediglich der „politische Kuhhandel ohne Gemeinwohlorientierung“ werde erschwert.[1616] Auch die These einer hinreichend gewährleisteten Kontrolle durch den politischen Prozess gehe fehl, da höchstens die Grundentscheidungen auf der „ersten Stufe“ der Öffentlichkeitskontrolle unterlägen, die aber der verfassungsgerichtlichen Kontrolle weitgehend entzogen seien, während die differenzierend zu überprüfenden Ausgestaltungsentscheidungen aufgrund ihrer oftmals hohen Komplexität im Gegenteil an einem erheblichen Defizit an parlamentarischer Kontrolle leiden.[1617] Eine abgesenkte Kontrolldich-

1610 Vgl. Mellinghoff, Ubg 2012, 369, 372 m.w.N.; in diesem Sinne wohl auch Hey, StuW 2015, 3, 9, 10 („hat die Feststellung der Systemwidrigkeit und mangelnden Konsequenz einer Regelung auch in steuerrechtlichen Entscheidungen nicht ihre Verfassungswidrigkeit zur Folge, sondern begründet lediglich ein Rechtfertigungserfordernis“).

1611 Vgl. Schwarz, in: FS Isensee, S. 949, 957.

1612 Vgl. Englisch, in: FS Lang, S. 167, 175.

1613 Vgl. Hey, DStR 2009, 2561, 2568; dies., StuW 2015, 3; Englisch, in: FS Lang, S. 167, 177 ff.; wohl auch Schön, StuW 2013, 289, 295.

1614 Vgl. Hey, StuW 2015, 3, 16.

1615 Vgl. Englisch, in: FS Lang, S. 167, 177.

1616 Vgl. Englisch, in: FS Lang, S. 167, 177, 178.

1617 Vgl. Hey, StuW 2015, 3, 16.

te durch das BVerfG sei darüber hinaus schon deswegen nicht angebracht, weil der Staat im Steuerrecht mit der Deckung des eigenen Finanzbedarfs wie in keinem anderen Rechtsgebiet maßgeblich Eigeninteressen verfolge, woraus ein besonderes Kontrollbedürfnis resultiere.[1618]

d) Verortung in der steuerlichen Gleichheitsprüfung

aa) Frühere Annäherungsversuche im Schrifttum

Eine genaue Verortung des Folgerichtigkeitsgebots innerhalb von Art. 3 Abs. 1 GG ist das BVerfG bisher schuldig geblieben[1619] und hat es in seiner langjährigen Rechtsprechung versäumt, es zu einem stringent gehandhabten Prüfungsmaßstab fortzuentwickeln.[1620] Hinzu kommt, dass sich das BVerfG bei der Gleichheitsprüfung oftmals auf das Aufzeigen der Maßstäbe beschränkt, ohne diese auf den konkreten Fall anzuwenden.[1621] Auch die Bezeichnung als „eng verbundene Leitlinien" lässt die Stellung im Rahmen von Art. 3 Abs. 1 GG im Dunkeln.[1622] Dementsprechend wurde stets kontrovers diskutiert, ob das Folgerichtigkeitsprinzip neben der allgemeinen Dogmatik des Gleichheitssatzes eine eigenständige Bedeutung hat.[1623] Es bleibt daher die Frage: Was ist der Erkenntniswert des Grundsatzes der Folgerichtigkeit bei der verfassungsrechtlichen Kontrolle von Steuergesetzen?[1624]

Einige Stimmen in der Literatur haben dem Folgerichtigkeitsgebot in der Vergangenheit zunehmende praktische Bedeutung in der Rechtsprechung des BVerfG zugemessen[1625] bzw. eine größere Rolle für die zukünftige Rechtsprechung prophezeit[1626]. Die Rede ist von Potential für eine „emp-

1618 Vgl. Hey, StuW 2015, 3, 17.
1619 Vgl. Hey, DStR 2009, 2561, 2566.
1620 Vgl. Englisch, in: FS Lang, S. 167, 169; Schön, StuW 2013, 289, 296.
1621 Vgl. Schwarz, in: FS Isensee, S. 949, 964.
1622 Vgl. Hey, StuW 2015, 3, 7.
1623 Vgl. Englisch, in: FS Lang, S. 167, 170.
1624 Vgl. Eichberger, in: FS BFH, S. 501, 512.
1625 Vgl. Mellinghoff, DStR 2003, Beih. zu Heft 20–21, S. 3, 9; ders., in: FS Bareis, S. 171, 182; ders., Ubg 2012, S. 369, 370; Kirchhof, StuW 2000, 316; ders., AöR 128 (2003), S. 1, 44 (das Steuerrecht sei „besonders dem Folgerichtigkeitsgebot unterworfen").
1626 Vgl. Prokisch, in: FS Vogel, S. 293, 294, 308 (während der Gedanken der Systemgerechtigkeit im Steuerrecht nur eine Argumentationshilfe bei der Auslegung des

findliche“[1627] oder zumindest „deutliche“[1628] Einschränkung der gesetzgeberischen Gestaltungsfreiheit, einer Einhegung gesetzgeberischer[1629] oder Eingrenzung legislativer[1630] Handlungsspielraume. Das Folgerichtigkeitsgebot habe eine Entwicklung zu einem der „schlagkräftigsten“ Verfassungsgebote[1631] bzw. Prüfungsmaßstäbe[1632] vollzogen und diene als „scharfes Schwert“, das einen „nicht unerheblichen Zwang“ für den Gesetzgeber zu mehr Selbstdisziplin bei der Ausgestaltung der Steuerrechtsordnung begründe.[1633] Richtig eingesetzt könne es durchaus als regulatives Prinzip zum weit reichenden Gestaltungsspielraum des Gesetzgebers – gerade im Steuerrecht – fungieren.[1634] Inzwischen sei Folgerichtigkeit eine zentrale Größe der gleichheitsrechtlichen Maßstabsbildung im Steuerrecht[1635] und zum verfassungsrechtlichen „state of the art“ avanciert.[1636]

Über die Handhabung des Folgerichtigkeitsgebots in der Gleichheitsprüfung ist damit aber noch nicht viel gesagt. Geht es um die konkreten Auswirkungen auf die Maßstabsbildung der Gleichheitsprüfung, sind andere Stimmen von vornherein deutlich vorsichtiger und attestieren dem Folgerichtigkeitsgebot eher Verwirrungspotential.[1637] Die Bandbreite der vertretenen Ansichten zu den Auswirkungen der Folgerichtigkeitsrechtsprechung auf die Gleichheitsprüfung reichen von weitgehender Wirkungslosigkeit über zumindest punktuelle Besonderheiten bei einzelnen Prüfungsschritten, bis hin zu einer grundsätzlichen Maßstabsverschärfung. Auf diese Ansätze soll im Folgenden zunächst eingegangen werden, bevor die jüngeren Entwicklungen in der Rechtsprechung des BVerfG bis hin zum heutigen Verständnis näher in den Blick genommen werden.

---

allgemeinen Gleichheitssatzes sein könne, gelte dies nicht für das Folgerichtigkeitsgebot)

1627 Vgl. Hey, DStR 2009, 2561, 2563.

1628 Vgl. Birk, DStR 2009, 877, 878.

1629 Vgl. Englisch, in: FS Lang, S. 167, 177.

1630 Vgl. Palm, AöR 64 (2016), S. 457, 471.

1631 Vgl. Wernsmann, in: Schön/Beck, Zukunftsfragen des deutschen Steuerrechts, S. 161, 164.

1632 Vgl. Wernsmann, DVBl. 2015, 1085, 1089.

1633 Vgl. Mellinghoff, Ubg 2012, S. 369, 371; ähnlich auch Schön, DStR 2008, Beih. zu Heft 17, S. 10, 14.

1634 Vgl. Drüen, JZ 2010, 91, 94.

1635 Vgl. Drüen, StuW 2019, 205, 207 m.w.N.

1636 Vgl. Tappe, JZ 2016, 27, 29.

1637 Vgl. z.B. Lepsius, JZ 2009, 255, 261 („Aushöhlung der mittels anderer Prinzipien gewährten materiellen Differenzierungsmöglichkeiten“).

Schwarz[1638] geht von weitgehender Wirkungslosigkeit aus. Er bezeichnet das Folgerichtigkeitsgebot nur als Argumentationsfigur oder Argumentationstopos[1639] und sieht in den verwendeten Formulierungen lediglich leere und abstrakte Klauseln, die dem Gleichheitssatz keinen Inhalt vermitteln könnten. Auch wenn das Folgerichtigkeitsgebot zunehmend als Maßstab herangezogen werde, sei es nicht geeignet, die systematischen Schwächen und Inkonsequenzen des Steuerrechts zu beseitigen oder den immer wieder betonten weitgehenden Gestaltungsspielraum des Gesetzgebers ernsthaft zu begrenzen. Auch an anderer Stelle wird das Folgerichtigkeitsgebot als substanzlos kritisiert, da das Erfordernis eines „besonderen sachlichen Grundes" für die abweichende Entscheidung zwar verschärfte Rechtfertigungsanforderungen nahelege, solche aber tatsächlich nicht bewirke.[1640]

Nach anderen Stimmen brachte zumindest die frühere Anwendung des Folgerichtigkeitsgebots durch das BVerfG eine tatsächliche Maßstabsverschärfung in der gleichheitsrechtlichen Kontrolldichte mit sich und begründete strengere Rechtfertigungsanforderungen für die ausgestaltende bzw. abweichende Folgeentscheidung.[1641] Das Erfordernis eines „besonderen sachlichen Grundes" sei dahingehend zu verstehen, dass die Ausnahme vom System einer Rechtfertigung vor Art. 3 Abs. 1 GG bedürfe, die einem strengeren als nur dem Willkürmaßstab genügen müsse.[1642] Erst die Forderung nach erhöhten Begründungserfordernissen rechtfertige eine Erhebung des Folgerichtigkeitsgebots zur eigenständigen Figur, da das Erfordernis ei-

1638 Vgl. Schwarz, in: FS Isensee, S. 949, 950, 961 (allerdings mit zahlreichen Anwendungsbeispielen des Folgerichtigkeitsgebots aus der Rechtsprechung des BVerfG); im Ergebnis ebenso für die Wirkungslosigkeit: Vgl. Payandeh, AöR 136 (2011), S. 578, 596 ff.

1639 Ähnlich auch Hey, StuW 2015, 3, 10 („Folgerichtigkeit ist nur ein Topos im Zusammenhang mit dem übergeordneten Ziel der Vermeidung von Wertungswidersprüchen").

1640 Vgl. Kischel, in: Mellinghoff/Palm, S. 175, 185; ders. in: BeckOK GG, Art. 3, Rn. 155 (Stand: August 2021).

1641 Vgl. Tipke, in: FS Lang, S. 21, 40 („Unbestritten hat das BVerfG insbesondere durch den Rückgriff auf das Folgerichtigkeitsgebot die Kontrollintensität merklich verstärkt"); Palm, JöR 64 (2016), S. 457, 466 („Der Gleichheitsmaßstab verengt sich jedoch bei der Ausgestaltung des Steuertatbestandes. Das Bundesverfassungsgericht greift hierbei in ständiger Rechtsprechung auf das Gebot der Folgerichtigkeit zurück"); Kempny, JöR 64 (2016), S. 477, 484 ff.; Thiemann, in: Linien der Rechtsprechung des BVerfG, Bd. 2, S. 179, 189 („Seine Besonderheit liegt darin, dass die Gründe für die Ungleichbehandlung eine besondere Qualität aufweisen müssen").; Payandeh, AöR 136 (2011), S. 578, 592.

1642 Vgl. Kempny, JöR 64 (2016), S. 477, 489.

nes besonderen sachlichen Grundes ansonsten nicht mehr als die Selbstverständlichkeit zum Ausdruck bringen würde, dass Ungleichbehandlungen einer verfassungsrechtlichen Rechtfertigung bedürfen.[1643] Drüen als grundsätzlicher Befürworter folgert daraus, dass das Folgerichtigkeitsgebot dem Gesetzgeber keine absoluten Bindungen auferlege, sondern nur bereichsspezifisch zur Anwendung kommen kann und dass die Kontrolldichte von dem verfassungsrechtlichen Gewicht der gesetzgeberischen Ausgangsentscheidung abhänge.[1644]

Musil[1645] und Modrzejewski[1646] erkennen einen Einfluss des Folgerichtigkeitsgebots zumindest auf die Strukturierung der Vergleichsgruppenbildung: Mit seiner Belastungsentscheidung determiniere der Gesetzgeber die Vergleichsgruppe bereits vor und schaffe so eine erste Vergleichbarkeit.[1647] Die Identifizierung der Grundentscheidung ermögliche es daher, davon ausgehend Vergleichsgruppen zu bilden, bei denen sich die Ungleichbehandlung als problematisch erweisen könnte.[1648] Das einzelne ausgestaltende Gesetz müsse dann erkennen lassen, ob es sich im Rahmen dieser Belastungsentscheidung bewegt oder ob es sich um eine Abweichung von dieser handeln soll, was wiederum einen sachlichen Grund erfordere.[1649]

Eine weitere Gruppe schreibt der Anwendung des Folgerichtigkeitsgebots Auswirkungen auf die Gleichheitsprüfung hinsichtlich der Anforderungen an den rechtfertigenden Grund zu. Es sei somit Bestandteil der Grundrechtsprüfung und der juristischen Methodenlehre.[1650] Mit der Forderung nach einem „besonderen sachlichen Grund" verlange das BVerfG bei der Steuergesetzgebung ein Mindestmaß an Wertungs- und Begründungsrationalität.[1651] Auch wenn es nicht per se eine Verschärfung der Anforderungen an die Rechtfertigung beinhalte, solle dem Gesetzgeber zumindest die punktuelle Berufung auf anderweitige Gestaltungsmaßstäbe

1643 Vgl. Thiemann, in: Linien der Rechtsprechung des BVerfG, Bd. 2, S. 179, 189, 190; ähnlich auch Drüen, JZ 2010, 91, 93 („Diese Fragen wiegen umso schwerer, als der praktische Kern des Folgerichtigkeitsgebots zu Recht in den Anforderungen an die Legitimation einer Durchbrechung verortet wird").

1644 Vgl. Drüen, JZ 2010, 91, 94.

1645 Vgl. Musil, JöR 64 (2016), S. 443.

1646 Vgl. Modrzejewski, in: Linien der Rechtsprechung des BVerfG, Bd. 5, S. 277, 300.

1647 Vgl. Musil, JöR 64 (2016), S. 443, 453.

1648 Vgl. Modrzejewski, in: Linien der Rechtsprechung des BVerfG, Bd. 5, S. 277, 300.

1649 Vgl. Musil, JöR 64 (2016), S. 443, 453.

1650 Vgl. Jahndorf, StuW 2016, S. 256, 263.

1651 Vgl. Mellinghoff, Ubd 2012, S. 369, 371, 372; Nußberger, in: Sachs, GG, Art. 3, Rn. 98.

abgeschnitten werden.[1652] Ohne, dass es zu einer Maßstabsverschärfung kommt, verenge das Folgerichtigkeitsgebot nur das Spektrum möglicher Differenzierungsgründe entsprechend der gesetzgeberischen Ausgangsentscheidung.[1653] Nach Jahndorf[1654] stellt das Folgerichtigkeitsgebot „besondere Transparenzanforderungen" an die Gründe, welche eine Ungleichbehandlung rechtfertigen sollen. Während auch er dessen Anwendung für die Feststellung einer Ungleichbehandlung für entbehrlich hält, erzeuge es auf der Rechtfertigungsebene seinen eigenen Entscheidungsmaßstab und müsse daher als Argumentationslogik mit Verfassungsrang betrachtet werden.[1655] Deutlich werde dies an der Rechtsprechung zur Rechtfertigung von Steuernormen durch Förder- und Lenkungsziele: Da sich der Gesetzgeber hier nur auf solche Lenkungszwecke berufen dürfe, die in den Gesetzesmaterialien dokumentiert sind, beschränke sich die Wirkung des Folgerichtigkeitsgebots im Rahmen der Rechtfertigungsprüfung nicht allein auf die Begründung von Transparenzanforderungen, sondern erzeuge materiellrechtliche Ausschlusswirkungen.[1656]

Etwa Payandeh sieht Auswirkungen auf beiden Stufen der Gleichheitsprüfung.[1657] Im Rahmen der Ungleichbehandlung wird darauf rekurriert, dass Systemwidrigkeit nach Ansicht des BVerfG grundsätzlich eine rechtlich relevante Ungleichbehandlung darstelle und die mangelnde Folgerichtigkeit einer Regelung somit als ein Fall der Systemwidrigkeit zur Rechtfertigungsbedürftigkeit führe.[1658] Das Folgerichtigkeitsgebot entfalte somit

---

1652 Vgl. Hey, DStR 2009, 2561, 2566.
1653 Vgl. Hey, StuW 2015, S. 3, 9.
1654 Vgl. Jahndorf, StuW 2016, 256.
1655 Vgl. Jahndorf, StuW 2016, 256, 259.
1656 Vgl. Jahndorf, StuW 2016, 256, 261; a.A.: Hey, StuW 2015, 3, 10.
1657 Vgl. Payandeh, AöR 136 (2011), S. 578, 589 ff.
1658 Vgl. Payandeh, AöR 136 (2011), S. 578, 589, Systemwidrigkeit führe aber nicht automatisch auch zu einem Gleichheitsverstoß, da stets die Möglichkeit einer hinreichend sachlichen Rechtfertigung bestehe. Gleichzeitig kritisiert er jedoch die Indizwirkung der Systemwidrigkeit für eine Ungleichbehandlung, da schon das relevante System nur schwer bestimmbar sei und außerdem die darin liegende Unterstellung, dass das entsprechende System auf sachgerechten Erwägungen beruht, nicht haltbar sei. Zudem könnten Abweichungen von einem systemprägenden Grundprinzip sachlich geboten und unmittelbar einleuchtend sein, sodass sich die Frage nach einem Gleichheitsverstoß gar nicht stellt. Vor diesem Hintergrund sei die Indizwirkung auch nicht aussagekräftig; a.A.: Tappe, JZ 2016, 27, 31 („schon eine Ungleichbehandlung lässt sich aus dem Systembruch nicht ableiten").

Indizwirkung für das Vorliegen einer Ungleichbehandlung.[1659] Speziell im Steuerrecht gehe das BVerfG aber noch darüber hinaus, indem Folgewidrigkeit eine Ungleichbehandlung nicht nur indiziere, sondern selbst zum Anknüpfungspunkt des Gleichheitsverstoßes erhoben werde.[1660] Daneben erkennt er in der Rechtsprechung des BVerfG einen erhöhten Rechtfertigungsbedarf für systemwidrige Regelungen, mit der Folge, dass auch Verstöße gegen das Folgerichtigkeitsgebot auf einen solchen erhöhten Rechtfertigungsmaßstab schließen lassen.[1661] Er selbst steht dieser Erkenntnis aber kritisch gegenüber.[1662] Da mit der Verankerung des Folgerichtigkeitsgebots im Prüfprogramm des allgemeinen Gleichheitssatzes weder im Allgemeinen[1663] noch im Steuerrecht[1664] ein „Rationalitätsgewinn" verbunden sei, plädiert er im Ergebnis trotzdem für die weitgehende Wirkungslosigkeit des Folgerichtigkeitsgebots und legt zutreffend dar, dass die durch das Folgerichtigkeitsgebot ausgelösten Beschränkungen des Gesetzgebers ebenso anhand der allgemeinen Gleichheitsdogmatik herleitbar sind.[1665] Seine Forderung lautet daher, das Folgerichtigkeitsgebot solle nicht als eigenständige Rechtsfigur oder gar eigenständiger Prüfungspunkt auftauchen[1666] und die

1659 Er selbst steht dieser Indizwirkung aber kritisch gegenüber, da die Trennung zwischen systembildenden und systemfremden abweichenden Regelungen zu einem gewissen Grad willkürlich sei, die Schlussfolgerung, ein gesetzliches System beruhe auf sachgerechten Erwägungen nicht haltbar sei, Abweichungen sachlich geboten sein könnten und zudem systemwidrige Regelungen im Ergebnis trotzdem zu einer Gleichbehandlung führen könnten (vgl. Payandeh, AöR 136 (2011), S. 578, 590 ff.

1660 Vgl. Payandeh, AöR 136 (2011), S. 578, 595.

1661 Vgl. Payandeh, AöR 136 (2011), S. 578, 592; a.A. Eichberger, in: FS BFH, S. 501, 512.

1662 Vgl. Payandeh, AöR 136 (2011), S. 578, 592 ff. (Schon wegen dem Dilemma der Abgrenzung zwischen systemzugehörigen und systemabweichenden Regelungen sei der Schluss auf einen schärferen Maßstab verfehlt. Zudem sei der Grund für die innerhalb von Art. 3 Abs. 1 GG praktizierte Unterscheidung zwischen Willkür- und Verhältnismäßigkeitsprüfung das unterschiedliche Maß an mit der Ungleichbehandlung verbundener Beeinträchtigung. Die Frage nach Systemzugehörigkeit- oder Abweichung lasse sich in diese Dogmatik nicht einpassen, da mangelnde Folgerichtigkeit nichts über die Belastungsintensität einer Ungleichbehandlung aussagen könne.

1663 Vgl. Payandeh, AöR 136 (2011), S. 578, 593.

1664 Vgl. Payandeh, AöR 136 (2011), S. 578, 595.

1665 Vgl. Payandeh, AöR 136 (2011), S. 578, 596 ff.

1666 Vgl. Payandeh, AöR 136 (2011), S. 578, 613 (Allerdings bezogen auf eine Verhältnismäßigkeitsprüfung: Hier könne sich mangelnde gesetzgeberische Konsistenz nur auf die Gewichtung der in die Verhältnismäßigkeitsprüfung einzustellenden widerstreitenden Interessen auswirken).

Bedeutung solle auf einen Begriff beschränkt bleiben und Folgewidrigkeit höchstens als Indiz, nicht aber eine Bedingung für einen Gleichheitsverstoß aufgefasst werden.[1667]

Auch wenn teilweise von einem dogmatischen Sonderweg[1668] gesprochen oder das Folgerichtigkeitsgebot als „Prüfungsmaßstab" bezeichnet[1669] wird, steht seine Anwendung für einen Großteil des Schrifttums grundsätzlich also schon immer im Einklang mit der allgemeinen Gleichheitsdogmatik oder führt zumindest zu keinen Ergebnissen, die nicht auch anhand derer hätten abgeleitet werden können.[1670] So spricht sich auch Kischel als Kritiker des Folgerichtigkeitsgebots gegen einen eigenständigen Rechtfertigungsmaßstab aus.[1671] Gerade weil das BVerfG Ausnahmen bei Vorliegen eines besonderen sachlichen Grundes anerkenne, weiche die Rechtsprechung im Ergebnis nicht von der allgemeinen Gleichheitsdogmatik ab, sodass das Folgerichtigkeitsgebot inhaltsleer bleibe.[1672] Auf dieser Linie bewegt sich aus jüngerer Zeit auch Eichberger:[1673] Die Feststellung, gesetzliche Belastungsentscheidungen seien folgerichtig umzusetzen, gehe nicht über den Hinweis hinaus, gleiche Sachverhalte müssten gleich und ungleiche Sachverhalte ungleich behandelt werden.[1674] Der Folgewidrigkeit einer Regelung komme daher höchstens indizielle Funktion für eine Ungleichbehandlung zu.[1675] Da weiterhin nach allgemeinen Grundsätzen zu bewerten sei, ob eine Ungleichbehandlung vorliegt, sage das daraus folgende Erfordernis eines besonderen Sachgrundes nichts darüber aus, ob dieser einem strengeren Maßstab standhalten müsse.[1676] Im Ergebnis könne auf die Terminolo-

1667 Vgl. Kempny, StuW 2014, S. 185, 199.

1668 Vgl. Kischel, in: BeckOK GG, Art. 3, Rn. 141 ff. (Stand: August 2020); ders. in: Mellinghoff, Palm, Gleichheit im Verfassungsstaat, 2008, 175; vgl. auch Musil, JöR 64 (2016), S. 443, 455, der von einer „Sonderdogmatik" spricht.

1669 Vgl. Hey, DStR 2009, 2561, 2566.

1670 Vgl. Hey, StuW 2015, 3, 9; Payandeh, AöR 136 (2011), S. 578, 595 ff.; Vgl. Eichberger, in: FS BFH, S. 501; Kischel, in: BeckOK GG, Rn. 155 ff. (Stand: August 2020); Englisch, in: FS Lang, S. 2010, S. 167; Wernsmann, in: H/H/S, § 4 AO, Rn. 520a (Stand: Februar 2021).

1671 Vgl. Kischel, in: BeckOK GG, Art. 3, Rn. 155 ff. (Stand: August 2020).

1672 Vgl. Kischel, in: BeckOK GG, Art. 3, Rn. 155.1. (Stand: August 2021); zustimmend Payandeh, AöR 136 (2011), S. 578, 598.

1673 Vgl. Eichberger, in: FS BFH, S. 501, 511 ff.

1674 Vgl. Eichberger, in: FS BFH, S. 501, 511.

1675 Vgl. Eichberger, in: FS BFH, S. 501, 512.

1676 Vgl. Eichberger, in: FS BFH, S. 501, 512.

gie der Folgerichtigkeit ohne Einbußen bei der Kontrolldichte verzichtet werden.[1677]

bb) Jüngste Rechtsprechungsentwicklung: Abkehr des BVerfG vom bisherigen Folgerichtigkeitsverständnis

Verstärkt wird seit einigen Jahren das Verhältnis zwischen Steuerrecht und Verfassungsrecht diskutiert.[1678] Im Kern geht es dabei um die Frage, inwieweit das Grundgesetz durch eine „verfassungsrechtliche Durchdringung"[1679] des Steuerrechts gegenüber dem Steuergesetzgeber seine Wirkungen entfalten kann und wie weit der Gestaltungsspielraum des Gesetzgebers reichen soll.[1680] Sowohl im besonderen Begründungserfordernis für steuerliche Lenkungsnormen als auch in der Etablierung des Folgerichtigkeitsgebots wird dabei eine steuerrechtliche Sonderdogmatik erkannt[1681], in jüngerer Zeit allerdings verstärkt eine Rückbesinnung im Steuerrechts auf die allgemeine Gleichheitsdogmatik forciert.[1682] Entsprechend positiv werden die in jüngeren Entscheidungen des BVerfG erkannten Tendenzen aufgenommen, einer gleichheitsrechtlichen Sonderdogmatik entgegenzuwirken[1683] und sich von der Folgerichtigkeitsrechtsprechung in ihrer bisherigen Form zu distanzieren[1684]. Dabei geht es nicht darum, dass das Folgerichtigkeitsgebot als solches aufgegeben, sondern die maßstabsbildende

1677 Vgl. Englisch, in: FS Lang, S. 167, 177.

1678 Exemplarisch: Musil, JöR 64 (2016), S. 443; Heintzen, JöR 64 (2016), S. 493; Droege, StuW 2011, 105; Hey, DStR 2015, 3; Droege, JöR 64 (2016), S. 539, 540.

1679 Vgl. Droege, JöR 64 (2016), S. 539, 540.

1680 Eine These lautet etwa, dass nicht nur eine Beeinflussung des Steuerrechts durch das Verfassungsrecht stattfindet, und es so als dessen Referenzgebiet anzusehen ist, sondern dass auch umgekehrt dogmatische Entwicklungen im Steuerrecht auf das Verfassungsrecht ausstrahlen, was an der Handhabung von Art. 3 Abs. 1 GG besonders deutlich werde (vgl. Kempny, JöR 64 (2016), S. 477; Droege, JöR 64 (2016), S. 539).

1681 Vgl. Kempny, JöR 64 (2016), S. 477.

1682 Vgl. Musil, JöR 64 (2016), S. 443, 453.

1683 Vgl. Eichberger, DStJG 39 (2016), S. 97, 112.

1684 Vgl. Nußberger, in: Sachs, GG, Art. 3, Rn. 142a; Musil, JöR 64 (2016), S. 443, 452 ff.; Kischel, in: BeckOK GG, Art. 3, Rn. 153, 156 (Stand: August 2021); Kempny, JöR 64 (2016), S. 477, 489 ff.; wohl auch Wernsmann, in: H/H/S, § 4 AO, Rn. 520a (Stand: Februar 2021).

Bedeutung weiterentwickelt wurde[1685] und zwar dahingehend, es verstärkt als Teil der allgemeinen gleichheitsrechtlichen Anforderungen zu sehen.[1686]

Teilweise wird angenommen, eine solche Abkehr von der bisherigen Folgerichtigkeitsrechtsprechung könne schon in die Entscheidung zur Tarifbegrenzung für gewerbliche Einkünfte[1687] hineingelesen werden, der zufolge eine Abweichung vom einfachrechtlichen System allein ausdrücklich keinen Verfassungsverstoß begründe und unter einer folgerichtigen Ausgestaltung nur eine solche verstanden werde, die den allgemeinen Maßstäben des Art. 3 Abs. 1 entspreche.[1688] In der Tat legen die Entscheidungsgründe ein solches Verständnis nahe, jedoch ist eine gewisse Vorsicht geboten. Das Gericht fordert nämlich weiterhin eine „folgerichtige Ausgestaltung des Vergünstigungstatbestands im Sinne hinreichender gegenseitiger Abstimmung“ und betont nur, dass dafür, was als „hinreichend“ zu werten ist, die allgemeinen Kontrollmaßstäbe des Art. 3 Abs. 1 GG gelten.[1689] Zuvor bei der Formulierung der Entscheidungsmaßstäbe wird allerdings am Kredo der Begrenzung des gesetzgeberischen Entscheidungsspielraums durch die Leitlinien des Leistungsfähigkeitsprinzips und der Folgerichtigkeit festgehalten.[1690] Eine weitere Abschwächung erfahre das Folgerichtigkeitsgebot ferner durch die Entscheidung des zweiten Senats zur Jubiläumsrückstellung[1691], indem dessen Anwendung von einer qualifizierten Grundentscheidung abhängig gemacht wird.[1692]

Klar wird die Tendenz zu einer Wandlung des Verständnisses der Folgerichtigkeitsrechtsprechung in der bisherigen Form jedoch in der Entscheidung zur Luftverkehrssteuer[1693] und der jüngsten Entscheidung zur Erbschaft- und Schenkungssteuer.[1694] In beiden Entscheidungen wird das Folgerichtigkeitsgebot weiterhin erwähnt[1695], allerdings unterscheiden sich sowohl die Maßstabsformulierungen als auch der Duktus der anschließenden Gleichheitsprüfung von vorherigen Entscheidungen. In beiden Fällen wird

1685 Vgl. Modrzejewski, in: Linien der Rechtsprechung des BVerfG, Bd. 5, S. 277, 279.

1686 Vgl. Musil, JöR 64 (2016), S. 443, 453

1687 BVerfG v. 21.6.2006 – 2 BvL 2/99, BVerfGE 116, 164.

1688 Vgl. Kischel, in: BeckOK GG, Art. 3, Rn. 156 (Stand: August 2021.

1689 BVerfG v. 21.6.2006 – 2 BvL 2/99, BVerfGE 116, 164, Rn. 85.

1690 BVerfG v. 21.6.2006 – 2 BvL 2/99, BVerfGE 116, 164, Rn. 70.

1691 BVerfG v. 12.5.2009 – 2 BvL 1/00, BVerfGE 123, 111.

1692 Vgl. Kempny, JöR 64 (2016), S. 477, 487, 488.

1693 BVerfG v. 5.11.2014 – 1 BvF 3/11, BVerfGE 137, 350.

1694 BVerfG v. 17.12.2014 – 1 BvL 21/12, BStBl II. 2015, S. 50, BVerfGE 138, 136.

1695 Die Entscheidung v. 17.12.2014 – 1 BvL 21/12, BVerfGE 138, 136 erwähnt das Folgerichtigkeitsprinzip sogar im Leitsatz.

zwar weiterhin auf einen weiten Gestaltungsspielraum rekurriert, jedoch ist nicht mehr die Rede von begrenzenden „Leitlinien". Vielmehr heißt es nun: „Abweichungen von der mit der Wahl des Steuergegenstandes einmal getroffenen Belastungsentscheidung müssen sich indessen ihrerseits am Gleichheitssatz messen lassen (Gebot der folgerichtigen Ausgestaltung des steuerrechtlichen Ausgangstatbestands)".[1696] Während in der Entscheidung zur Luftverkehrssteuer anschließend noch eine gelockerte Prüfung vorgenommen wird, folgt in der Erbschaftsteuerentscheidung[1697] eine Prüfung auf das Vorliegen eines sachlichen Grundes für die Ungleichbehandlung im Sinne der „neuen Formel" und der allgemeinen Gleichheitsdogmatik unter Heranziehung des Verhältnismäßigkeitsgrundsatzes. Letztere Entscheidung legt ein gewandeltes Verständnis des Folgerichtigkeitsgebots also deswegen nahe, da hier erstmals tatsächlich Unterschiede in der Maßstabsbildung für die Rechtfertigung zu verzeichnen sind.[1698] Selbstverständlich wird für eine Abweichung weiterhin ein besonderer sachlicher Grund gefordert[1699], allerdings verzichtet der Senat auf den bisher üblichen Zusatz, der gesetzgeberische Gestaltungsspielraum werde durch das Folgerichtigkeitsgebot als Leitlinie neben dem Leistungsfähigkeitsprinzip begrenzt. Stattdessen erfolgt ein Rekurs auf die allgemeinen Kriterien, die eine strengere Bindung des Gesetzgebers an Art. 3 Abs. 1 GG auslösen, welche noch um das weitere Kriterium des Umfangs und des Ausmaßes der Ungleichbehandlung ergänzt[1700] werden.[1701] Statt durch das Leistungsfähigkeitsprinzip und Folgerichtigkeitsprinzip, wird nur auf eine Einschränkung der Freiheit des Gesetzgebers im Steuerrecht durch ebendiese Gründe verwiesen.[1702]

Das BVerfG bemüht sich so offenbar um eine Rückbindung der Gleichheitsprüfung an, bzw. eine Rückeinbindung der Folgerichtigkeit in die allgemeine Grundrechtsdogmatik[1703] und rückt deutlich von der bisherigen

1696 BVerfG v. 5.11.2014 - 1 BvF 3/11, BVerfGE 137, 350, Rn. 41; v. 17.12.2014 - 1 BvL 21/12, BVerfGE 138, 136, Rn. 123.

1697 Vgl. Musil, JöR 64 (2016), S. 443, 452, 453.

1698 Vgl. mit zutreffender Analyse: Kempny, JöR 64 (2016), S. 477, 488 ff.; gleiches gilt m.E. auch schon für die Entscheidung zur Luftverkehrsteuer, da auch dort schon drauf abgestellt wird, dass Abweichungen von der Belastungsentscheidung sich nur am allgemeinen Gleichheitssatz messen lassen müssen.

1699 BVerfG v. 17.12.2014 - 1 BvL 21/12, BVerfGE 138, 136, Rn. 123.

1700 Teilweise wird erst in der Ergänzung dieses Kriteriums das wesentliche Entwicklungspotential der jüngsten Erbschaftssteuerentscheidung gesehen.

1701 BVerfG v. 17.12.2014 - 1 BvL 21/12, BVerfGE 138, 136, Rn. 126.

1702 BVerfG v. 17.12.2014 - 1 BvL 21/12, BVerfGE 138, 136, Rn. 126.

1703 Vgl. Musil, JöR 64 (2016), S. 443, 453; Eichberger, in: FS BFH, S. 501, 512.

Folgerichtigkeitsdogmatik ab.[1704] Dennoch wäre es gerade angesichts der Aufnahme in den Leitsatz verfehlt, von einer gänzlichen Aufgabe des Folgerichtigkeitsgebots auszugehen. Vielmehr lässt sich der Entscheidung ein gewandeltes Verständnis im Hinblick auf die Eingliederung in die allgemeine Dogmatik des Art. 3 Abs. 1 GG entnehmen. Das BVerfG bringt nun deutlicher zum Ausdruck, dass die einfachrechtliche systemabweichende Norm sich nicht an einer anderen einfachrechtlichen (der systemschaffenden) Regelung messen lassen muss, sondern nur an Art. 3 Abs. 1 GG selbst.[1705] Nach Kempny[1706] habe sich durch die Entscheidung insbesondere das – teilweise auch später noch als unklar beschriebene[1707] – Verständnis des „besonderen sachlichen Grundes" gewandelt.[1708] Bisher sei dies dahingehend zu verstehen gewesen, dass die Belastungsentscheidung auf erster Stufe zur Rechtfertigung vor Art. 3 Abs. 1 GG eines „einfachen" Grundes bedurfte, während für die Rechtfertigung der Abweichung ein strengerer „besonderer" Grund erforderlich war, sodass mangelnde Folgerichtigkeit zu einem verschärften Rechtfertigungsmaßstab führte[1709] Nun drücke sich in dem Erfordernis des „besonderen" sachlichen Grundes aber nur noch die Notwendigkeit eines „eigenen" rechtfertigenden Grundes für die Abweichung aus. Folgerichtigkeit beschreibe nun also nur noch ebendieses Erfordernis eines gesonderten im Sinne von „eigenen" Rechtfertigungsgrundes, während über das notwendige Gewicht des sachlichen Grundes für die abweichende Regelung keine Aussage mehr getroffen werde.[1710] Auch die Ausgestaltungsentscheidung ist also nunmehr in gleicher Weise wie die Grundentscheidung am Gleichheitssatz zu messen.[1711] Eine maßstabsbildende Funktion kommt diesen Abweichungen aber nicht mehr zu, sondern das Maß richtet sich allein nach der allgemeinen Gleichheitsdogmatik des Art. 3 Abs. 1 GG, wobei die bisherigen Kriterien um Ausmaß und Umfang

1704 Vgl. Kempny, JöR 64 (2016), S. 477, 489.

1705 Für dieses Verständnis: Kempny, JöR 64 (2016), S. 477, 489.

1706 Vgl. Kempny, JöR 64 (2016), S. 477, 489 ff.

1707 Vgl. Desens, StuW 2016, 240, 245.

1708 Anders wohl Eichberger, in: FS BFH, S. 511 ff.: Ihm zufolge lassen bereits frühere Entscheidungen das Verständnis erkennen, dass das Erfordernis eines „besonderen sachlichen Grunds" für Abweichungen von einem steuerlichen Ausgangstatbestand sich mit der Voraussetzung des nach allgemeinen Grundsätzen erforderlichen „sachlich einleuchtenden Grunds" deckt.

1709 Vgl. Kempny, JöR 64 (2016), S. 477, 489, 490; so wohl auch Payandeh, AöR 136 (2011), S. 578, 592.

1710 Vgl. Kempny, JöR 64 (2016), S. 477, 490.

1711 Vgl. Nußberger, in: Sachs, GG, Art. 3, Rn. 142a.

erweitert wurden.[1712] Von der bisherigen Folgerichtigkeitsrechtsprechung bleibe daher nur noch die begriffliche Unterscheidung zwischen Grund- und Ausgestaltungsentscheidungen.[1713]

Eine Fortführung dieser Rechtsprechung lässt sich der späteren Entscheidung zur Baulandumlegung[1714] entnehmen, in welcher der Senat die Prüfungsdichte erneut allein anhand der allgemeinen Kriterien festlegte (und so nur zu einem großzügigen Prüfungsmaßstab gelangte)[1715]. Der Nichtannahmebeschluss des erstens Senats zur Qualifizierung von Altersvorsorgeaufwendungen als Sonderausgaben hatte das neue Verständnis zwar noch nicht sprachlich übernommen, sondern sprach entsprechend der bisher verwendeten Formulierung von einer Begrenzung des gesetzgeberischen Gestaltungsspielraums durch das Folgerichtigkeitsgebot als „Leitlinie".[1716] Die weitere Verfestigung dieser Rechtsprechungsentwicklung ist aber letztlich – lediglich mit sprachlichen Nuancen[1717] – in den jüngsten Entscheidungen des erstens Senats zur Grundsteuer[1718], zur Gewerbesteuer[1719] und zum Zweitwohnungssteuertarif[1720] zu sehen. Auch hier wird darauf abgestellt, dass Abweichungen von der Belastungsentscheidung sich nach dem Gebot folgerichtiger Ausgestaltung nur am Gleichheitssatz messen lassen müssen und insofern eines besonderen sachlichen Grundes bedürfen, wobei die Anforderungen an den Rechtfertigungsgrund mit dem Ausmaß der Abweichung und ihrer Bedeutung für die Verteilung der Steuerlast insgesamt steigen.[1721]

Die Rückanbindung an die allgemeine Gleichheitsdogmatik wird schließlich später mit einer Entscheidung aus dem nichtsteuerlichen Be-

1712 Vgl. Modrzejewski, in: Linien der Rechtsprechung des BVerfG, Bd. 5, S. 277, 295.

1713 Vgl. Kempny, JöR 64 (2016), S. 477, 491.

1714 BVerfG v. 24.3.2015 – 1 BvR 2880/11, BStBl. II 2015, S. 622, BVerfGE 139, 1.

1715 Vgl. BVerfG v. 24.3.2015 – 1 BvR 2880/11, BStBl. II 2015, S. 622, BVerfGE 139, 1, Rn. 40–42.

1716 Vgl. BVerfG v. 23.6.2015 – 1 BvL 13/11, BVerfGE 139, 285; v. 14.6.2016 – 2 BvR 290/10, BStBl II. 2016, S. 801, Rn. 35.

1717 Vgl. Modrzejewski, in: Linien der Rechtsprechung des BVerfG, Bd. 5, S. 277, 297. Der Verweis auf die früheren Entscheidungen lege nahe, dass nur eine sprachliche Konkretisierung, nicht aber eine inhaltliche Änderung beabsichtigt ist.

1718 BVerfG v. 10.4.2018 – 1 BvL 11/14, BVerfGE 148, 147.

1719 BVerfG v. 10.4.2018 – 1 BvR 1236/11 –, BStBl. II 2018, S. 303, BVerfGE 148, 217.

1720 BVerfG v. 18.7.2019 – 1 BvR 807/12, BeckRS 2019, 25317.

1721 BVerfG v. 10.4.2018 – 1 BvL 11/14, BVerfGE 148, 147, Rn. 96; v. 10.4.2018 – 1 BvR 1236/11 –, BStBl II 2018, 303, BVerfGE 148, 217, Rn. 105; v. 18.7.2019 – 1 BvR 807/12, Rn. 28, BeckRS 2019, 25317, jeweils mit Verweis auf die Erbschaftsteuerentscheidung in BVerfGE 138, 136.

reich zur sachgrundlosen Befristung besiegelt.[1722] Hier betont der Senat explizit, das Gebot folgerichtiger Ausgestaltung gehe nicht über die Anforderungen des Art. 3 Abs. 1 GG hinaus.[1723]

Gänzlich gefestigt schien das neue Verständnis des Folgerichtigkeitsgebots zunächst allerdings noch nicht, da der zweite Senat des BVerfG das verschärfende Kriterium des Umfangs und Ausmaßes noch nicht explizit übernommen hatte und in einer jüngeren Entscheidung zu § 8c KStG stattdessen weiterhin die Frage aufwarf, ob das Erfordernis eines „besonderen sachlichen Grundes" zu einer Maßstabsverschärfung für die Gleichheitsprüfung führt und lediglich auf die bisherigen Kriterien abstellte.[1724] Mit seiner Entscheidung zur Abzugsfähigkeit von Erstausbildungsaufwand[1725] hat sich der zweite Senat jedoch der Linie des ersten Senats angeschlossen. Zwar wird nicht in gleicher Weise wie in der Rechtsprechung des ersten Senats klargestellt, dass sich Ausnahmen von der Belastungsentscheidung ihrerseits lediglich am Gleichheitssatz messen lassen müssen, trotzdem lässt die Entscheidung erkennen, dass sich der zweite Senat um eine Angleichung der Rechtsprechung bemüht. Denn ebenso wie der erste Senat definiert er nun folgerichtige Umsetzung des steuerrechtlichen Ausgangstatbestands als „Ausnahmen von einer belastungsgleichen Ausgestaltung der mit der Wahl des Steuergegenstandes getroffenen gesetzgeberischen Entscheidung" und anerkennt, dass solche Ausnahmen eines besonderen sachlichen Grundes bedürfen, der die Ungleichbehandlung nach Art und Ausmaß zu rechtfertigen vermag.[1726]

e) Eigene Ansicht und Rolle des Folgerichtigkeitsgebot in der weiteren Untersuchung

Nachfolgend wird nun zunächst auf die vorgebrachten Kritikpunkte und anschließend auf die gegenwärtige Bedeutung des Folgerichtigkeitsprinzips für die gleichheitsrechtliche Prüfung des § 3a EStG eingegangen.

1722 Vgl. Kischel, in: BeckOK GG, Art. 3, Rn. 156 (Stand: August 2021), der hier vom „endgültigen Aus" für die Folgerichtigkeit" spricht.

1723 BVerfG v. 6.6.2018 – 1 BvL 7/14 und 1 BvR 1375/14, NJW 2018, 2542, Rn. 70.

1724 Vgl. Modrzejewski, in: Linien der Rechtsprechung des BVerfG, Bd. 5, S. 277, 298 ff.; BVerfG v. 29.3.2017 – 2 BvL 6/11 –, BStBl. II 2017, S. 1082, BVerfGE 145, 106, Rn. 105.

1725 BVerfG v. 19.11.2019 – 2 BvL 22/14, BVerfGE 152, 274.

1726 BVerfG v. 19.11.2019 – 2 BvL 22/14, BVerfGE 152, 274, Rn. 100.

Von der übrigen Kritik zu trennen ist zunächst der Aspekt, dass das Folgerichtigkeitsgebot besondere Transparenzanforderungen begründe. Zwar ist es zutreffend, dass bei steuerlichen Lenkungsnormen ein erhöhtes Begründungserfordernis in Form der tatbestandlichen Vorzeichnung des Lenkungszwecks besteht,[1727] allerdings ist das keine Folge der begrifflichen Unterscheidung zwischen Grund- und Folgeentscheidung, mithin des Folgerichtigkeitsgebots. Diese Voraussetzung besteht immer dann, wenn eine Norm nicht die Einnahmenerzielung, sondern ökologische, politische oder wirtschaftliche Lenkungszwecke verfolgt. Ob es sich dabei um eine Belastungsentscheidung oder eine Ausgestaltungsentscheidung handelt, ist aber unerheblich.

Zwar ist der Kritik zuzustimmen, dass das BVerfG das Folgerichtigkeitsgebot nie zu einem stringenten Prüfungsrahmen fortentwickelt hat. Das Gebot folgerichtiger Umsetzung der einmal getroffenen Belastungsentscheidung gibt keine konkreten Prüfungspunkte vor, anhand derer die Vereinbarkeit von Steuernormen mit dem allgemeinen Gleichheitssatz vorhersehbar beurteilt werden könnte. Inhaltlich ist den wesentlichen Kritikpunkten an der Rechtsprechungslinie aber weitgehend entgegenzutreten. Zunächst kann im Folgerichtigkeitsgebot kein Widerspruch zur Systembindungsrechtsprechung erkannt werden. Wird eine Steuernorm als Abweichung von der ihr zugrunde liegenden Belastungsentscheidung identifiziert, stellt dies zunächst eine Abweichung von dem gesetzgeberisch geschaffenen Regelungssystem – mithin eine Systemabweichung – dar. Damit ist aber höchstens die Frage nach einer Ungleichbehandlung beantwortet bzw. indiziert. Mit einem Gleichheitsverstoß kann mangelnde folgerichtige Umsetzung nicht gleichgesetzt werden, denn die Frage der Systemwidrigkeit einer Regelung ist von der Frage nach einem Gleichheitsverstoß weiterhin zu trennen.[1728] Eine Systemabweichung ruft nämlich nur das Bedürfnis nach einem sie rechtfertigenden Sachgrund hervor und erst wenn ein solcher nicht vorliegt, begründet sie einen Gleichheitsverstoß. Exakt so verhält es sich auch bei Abweichungen von einer folgerichtigen Umsetzung der Belastungsentscheidung. Auch in diesem Fall fordert das BVerfG einen

1727 Siehe dazu § 142, II., 1., b), cc), (2).

1728 Vgl. so auch Mellinghoff, Ubg 2012, 369, 372 m.w.N.; in diesem Sinne wohl auch Hey, StuW 2015, 3, 9, 10 („hat die Feststellung der Systemwidrigkeit und mangelnden Konsequenz einer Regelung auch in steuerrechtlichen Entscheidungen nicht ihre Verfassungswidrigkeit zur Folge, sondern begründet lediglich ein Rechtfertigungserfordernis").

sachlichen Grund für die Abweichung, die mangelnde folgerichtige Umsetzung bedeutet aber nicht automatisch einen Verstoß gegen den allgemeinen Gleichheitssatz. Systemabweichungen in Form nicht folgerichtiger Umsetzung der Belastungsentscheidungen werden also keinesfalls unmöglich gemacht, oder erhalten durch das Folgerichtigkeitsgebot einen höheren Stellenwert, sondern bedürfen nur der Rechtfertigung, so wie es seit je her bei systemwidrigen Normen der Fall war. Die Prämisse, dass Systemwidrigkeit nur ein Indiz für einen Gleichheitsverstoß sein kann, bleibt also unangetastet.[1729]

Mit ähnlicher Begründung kann auch dem Kritikpunkt der Erschwerung späterer Anpassungen und der Befürchtung einer Einengung des Gesetzgebers auf einen einzigen Zweck im Sinne einer „Alles-oder-Nichts-Lösung" entgegengetreten werden. Bezweckt eine Belastungsentscheidung einen bestimmten Zweck, eine einzelne Regelung hingegen einen anderen, der dem Grundzweck womöglich sogar entgegensteht, stellt dies zunächst eine Abweichung vom Gebot folgerichtiger Umsetzung der Belastungsentscheidung dar. Allerdings gilt auch hier, dass die entsprechende Regelung keineswegs automatisch unzulässig ist.[1730] Es gilt nur gleichfalls das Erfordernis eines die Abweichung rechtfertigenden Grunds. Solange das Leistungsfähigkeitsprinzip als grundlegender Verteilungsmaßstab beachtet bleibt, sind andere Zwecke – die der Gesetzgeber mit Steuergesetzen unstreitig verfolgen darf – weiterhin zulässig und können punktuelle Abweichungen rechtfertigen. In diesen Zwecken ist dann der für die von der Belastungsentscheidung abweichende Regelung erforderliche sachliche Grund zu sehen. Insbesondere, nachdem das BVerfG nach jüngster Rechtsprechung wesentlich auf den Umfang und das Ausmaß einer Abweichung für die Strenge der erforderlichen Rechtfertigung abstellt, müssen die Gründe für die Abweichung nur umso gewichtiger sein, je mehr der mit der Einzelregelung

1729 So wohl auch Hey, StuW 2015, 3, 9, 10.

1730 Veranschaulicht wird das etwa durch die sog. Ökosteuerentscheidung (BVerfG v. 20.4.2004 – 1 BvR 905/00, BVerfGE 110, 274). Durch die erstmalige Besteuerung von Strom und die Erhöhung der Mineralölsteuer sollte der Lenkungszweck der Senkung des Energieverbrauchs verfolgt werden, gleichzeitig wurde aber eine Steuervergünstigung für besonders energieintensive Betriebe des produzierenden Gewerbes geschaffen, um die Abwanderung der entsprechenden Betriebe zu verhindern und so die Arbeitsplätze zu erhalten (vgl. Wernsmann, in: Schön/Beck, Zukunftsfragen des deutschen Steuerrechts, S. 161, 164 ff., allerdings darauf hinweisend, dass das BVerfG in der Entscheidung das Folgerichtigkeitsgebot nicht angewendet hat).

verfolgte Zweck mit der Belastungsentscheidung im Widerspruch steht. Dem Gedanken, dass eine Abweichung von der Grundentscheidung auch durchaus sachgerecht sein kann, wird bleibt also hinreichend Rechnung getragen. Eine mit der grundlegenden Belastungsentscheidung konkurrierende Einzelregelung, die einen anderen Zweck verfolgt, wird so also nicht unmöglich gemacht[1731] und der Gesetzgeber folglich nicht auf einen einzigen Zweck „festgenagelt".

Auf ähnlichem Terrain bewegt sich auch die Befürchtung, es werde dem Gesetzgeber unmöglich gemacht, eigene Grundentscheidungen zu revidieren. An dieser Stelle ist den früheren Stimmen Recht zu geben, nach denen das Folgerichtigkeitsgebot den Gesetzgeber nie an die Grundentscheidung selbst gebunden hat.[1732] Es bestand daher stets die Möglichkeit, eine Grundentscheidung durch eine neue zu ersetzen. Spätestens mit seiner Entscheidung zur sog. Pendlerpauschale[1733] dürfte das BVerfG diese Kritik endgültig gegenstandslos gemacht haben, indem es die Möglichkeit zu einem Systemwechsel ausdrücklich aufgezeigt und entsprechende Anforderungen formuliert hat. Zwar bestehen hohe Hürden für einen solchen Systemwechsel, die Entscheidung bestätigt aber, dass der Gesetzgeber durch das Folgerichtigkeitsgebot nicht an die Grundentscheidung selbst gebunden ist.

Auch ein zu großer Übergriff der Rechtsprechung in den Kompetenzbereich der Legislative ist durch die Folgerichtigkeitsrechtsprechung nicht zu befürchten. Tatsächlich ist zunächst zu konstatieren, dass das Zustimmungserfordernis des Art. 105 Abs. 3 GG, sowie die oft gegenläufigen Zielsetzungen (z.B. Fiskal- oder Sozialzweck, Einzelfallgerechtigkeit versus Vollzugstauglichkeit, fiskal- oder wirtschaftspolitische Perspektive) einen gewissen Kompromisszwang auslösen[1734] und daher gewisse gesetzgeberische Handlungsspielräume erforderlich machen. Beides sind aber keine Spezifika des Steuerrechts, sondern gerade die in anderen Rechtsgebieten

1731 Ähnlich Englisch, in: FS Lang, S. 167, 183 („Diese gleichheitsrechtliche Verankerung des bereichsspezifischen Leitprinzips strahlt schließlich auch auf die gleichmäßige Verwirklichung der Unterprinzipen in Einzelbestimmungen des gesetzlichen Tatbestands aus. Auch und gerade insoweit können dem Gesetzgeber Wertungsspielräume zukommen, die nicht zu verwechseln sind mit seiner Befugnis, vom Fundamentalprinzip und seinen Ausprägungen in einzelnen Regelungen aus (nach sachlich hinreichend begründeter Wertung) überwiegenden gegenläufigen Gesichtspunkten abzuweichen").

1732 Vgl. Englisch, FS Lang, S. 167, 192 m.w.N.

1733 BVerfG v. 9.12.2008 - 2 BvL 1/07, BVerfGE 122, 210.

1734 Vgl. Hey, StuW 2015, 3, 16.

ebenso bestehenden Mitwirkungspflichten dienen nur dem föderalen Interessenausgleich.[1735] Wichtiger ist aber, dass das BVerfG dem Gesetzgeber mit der Anerkennung eines großen Gestaltungsspielraums bei der Auswahl des Steuergegenstands – der auch durch die jüngsten Entscheidungen zum Folgerichtigkeitsgebot nicht in Frage gestellt wird – in diesem Punkt sogar entgegenkommt und so dessen großen Handlungsspielraum respektiert. Eine strengere Kontrolle führt das BVerfG höchstens bei der näheren Ausgestaltung der Steuergegenstandsbestimmung durch. Hinsichtlich des Aspekts, dass größere Zurückhaltung des BVerfG im politisch geprägten Bereich des Steuerrechts deswegen geboten sei, weil gesetzgeberische Entscheidungen hier einer wirksamen Öffentlichkeitskontrolle unterlägen, kann dem Widerspruch von Hey[1736] nur zugestimmt werden: Öffentlichkeitswirksame Wahlkampfdiskussionen betreffen regelmäßig nur Struktur- und Steuertariffragen, die wohl zur Auswahl von Steuergegenstand und Steuersatz und damit in der Folgerichtigkeitsterminologie zur „ersten Stufe" zählen dürften und somit ohnehin nur einer eingeschränkten verfassungsgerichtlichen Kontrolle unterliegen. Ausgestaltende Steuernormen, die regelmäßig nicht zur Steuergegenstandsbestimmung zählen dürften, erfordern für eine wirksame Kontrolle allerdings größere Sachkompetenz hinsichtlich des Inhalts und der Wirkungsweise, die aber nicht jedem beteiligten Parlamentarier unterstellt und auch nicht von ihm oder ihr erwartet werden kann. Auf dieser Ebene kann also eine wirksame Öffentlichkeitskontrolle nicht im gleichen Maße stattfinden, sodass hier das Bedürfnis nach einer ergänzenden und kompensierenden verfassungsgerichtlichen Kontrolle besteht. Wie streng die Kontrolle hier ausfällt, orientiert sich an den der allgemeinen Gleichheitsdogmatik entsprechenden Kriterien. Es kann also nicht davon gesprochen werden, dass das BVerfG im Steuerrecht unangemessen in gesetzgeberische Handlungsspielräume eingreift oder Differenzierungen hier einem strengeren Maßstab unterwirft. Dass die gleichheitsrechtliche Bindung steigt, je gravierender eine Ungleichbehandlung ausfällt, ist schlicht eine grundlegende Prämisse von Art. 3 Abs. 1 GG. Dass das Folgerichtigkeitsgebot zu keiner stärkeren Einschränkung gesetzgeberischer Freiheiten führt, zeigt sich noch einmal deutlicher durch die jüngste Rechtsprechung des BVerfG. Denn konnte man die frühere Verwendung des Folgerichtigkeitsprinzips noch dahingehend verstehen, dass für die Differenzierung

1735 Vgl. ebenso Hey, StuW 2015, 3, 16.

1736 Vgl. Hey, a.a.O.

in Form der Abweichung von der Belastungsentscheidung zumindest gegenüber der Ausgangsentscheidung selbst ein strengerer Maßstab für die Rechtfertigung erforderlich war, gilt dies nun nicht mehr.[1737] Abweichungen von der Belastungsentscheidung müssen sich jetzt nur noch am allgemeinen Gleichheitssatz und damit an der allgemeinen Gleichheitsdogmatik messen lassen, die für jede Art von Differenzierungen gilt. Damit ist sogar für Ausgestaltungsentscheidungen auf „zweiter Stufe" die Anwendung der mildesten Form der Prüfungsintensität in Form einer reinen Willkürkontrolle möglich.

Die Kritik an der Überhöhung einfachen Rechts zum verfassungsrechtlichen Prüfungsmaßstab ist zumindest nicht gänzlich von der Hand zu weisen. Denn mit der Festlegung des Steuergegenstands trifft der Gesetzgeber eine Belastungsentscheidung und damit eine gewisse Vorauswahl, welche Sachverhalte grundsätzlich gleichbehandelt werden sollen. Daraus ergibt sich dann erst die Möglichkeit aber auch die Notwendigkeit, die ausgestaltende Norm zum Ausgangstatbestand in Relation zu setzen.[1738] Da das BVerfG dem Gesetzgeber hier recht freie Hand lässt, liegt das Verständnis nahe, es würde ihm so erlauben, die Ausgangsbasis für den Inhalt der Gleichheitsprüfung und damit den Vergleichsrahmen selbst zu schaffen. Daher erscheint die Befürchtung verständlich, der Gesetzgeber könne selbst darüber befinden, inwieweit er sich durch seine Belastungsentscheidung binden will. Trotzdem ist einer Aufwertung des einfachen Recht zum Verfassungsmaßstab durch das Folgerichtigkeitsgebot zu widersprechen. Eine Abweichung von der Belastungsentscheidung bringt zwangsläufig eine für Art. 3 Abs. 1 GG relevante Differenzierung mit sich, da für einen bestimmten Sachverhalt eine andere Rechtsfolge geschaffen wird. Es liegt aber schon in der Natur der Gleichheitsprüfung, dass zur näheren Bestimmung der Ungleichbehandlung eine Vergleichsgruppe gefunden werden muss. Dass der fragliche Sachverhalt mit den anderen durch die Belastungsentscheidung abgegrenzten Kreis betroffener Sachverhalte verglichen wird, liegt dabei nur nahe und ein entsprechendes Vorgehen würde sich auch ohne den Rückgriff auf das Schlagwort der Folgerichtigkeit anbieten. Vielmehr entspricht es allgemeiner Gleichheitsdogmatik, dass als Vergleichsgruppe solche Sachverhalte gewählt werden, die ähnliche Eigenschaften wie der zu Beurteilende aufweisen. Insofern „be-

---

1737 Siehe § 10, IV., 2., d), bb); vgl. Kempny, JöR 64 (2016), S. 477, 489, 490.
1738 Vgl. Wernsmann, in: H/H/S, § 4 AO, Rn. 520a (Stand: Februar 2021).

stimmt" der Gesetzgeber nicht den Vergleichsrahmen, sondern gibt mit der Belastungsentscheidung höchstens eine Hilfestellung, was als Vergleichsgruppe fungieren kann. Hinsichtlich der Bestimmung des Vergleichsmaßstabs ist außerdem zu beachten, dass der allgemeine Gleichheitssatz selbst grade keinen einheitlichen Prüfungsmaßstab vorgibt[1739] und selbst keine Bewertungsmaßstäbe für ein gleichheitswidriges Verhalten bietet[1740]. Da sich deshalb die Maßstäbe dafür, wann etwas gleich oder ungleich ist, nach ständiger Rechtsprechung nicht abstrakt und allgemein, sondern stets nur in Bezug auf die jeweils betroffenen unterschiedlichen Sach- und Regelungsbereiche präzisieren lassen[1741], erfordert jede Gleichheitsprüfung einen Rückbezug auf diese Regelungsbereiche.[1742] Jede Bewertung von Ungleichbehandlungen ist daher auf Wertungen außerhalb des Art. 3 Abs. 1 GG angewiesen.[1743] Dass die Prüfungsmaßstäbe stets nur aus einem vom Gesetzgeber selbst geschaffenen System abgeleitet werden können, ist die logische Konsequenz.[1744] Daher kann in der Grundentscheidung zwar ein gewisser Einfluss des Gesetzgebers auf den Inhalt der Gleichheitsprüfung durch die Schaffung einfachgesetzlicher Vergleichsmaßstäbe für die Beurteilung der Ungleichbehandlung gesehen werden, dies ist aber keine steuerrechtliche Besonderheit und erst Recht kein Spezifikum des Folgerichtigkeitsgebots. Zudem bedeutet dies nicht, dass die Entfaltung der verfassungsrechtlichen bereichsspezifischen Vorgaben des allgemeinen Gleichheitssatzes im Steuerrecht allein durch den Gesetzgeber erfolgt. Es muss nämlich unterschieden werden zwischen dem „Vergleichsmaßstab" für die Identifizierung einer Ungleichbehandlung und dem „Verfassungsmaßstab" für deren Rechtfertigung. Aus dem allgemeinen Gleichheitssatz wird der Grundsatz der steuerlichen Lastengleichheit abgeleitet, der anhand des Leistungsfähigkeitsprinzips zu entfalten ist. Verfassungsrechtlich ist damit ein primärer Verteilungsmaßstab für steuerliche Lasten und damit ein

1739 BVerfG v. 27.1.1998 – 1 BvL 15/87, BVerfGE 97, 169.

1740 Vgl. Schwarz, in: FS Isensee, S. 949.

1741 Vgl. BVerfG v. 6.3.2002 – 2 BvL 17/99, BVerfGE 105, 73; v. 4.12.2002 – 2 BvR 400/98, BVerfGE 107, 27; v. 8.6.2004 – 2 BvL 5/00, BVerfGE 110, 412; v. 17.4.2008 – 2 BvL 4/05, BVerfGE 121, 108; v. 9.12.2008 – 2 BvL 1/07, BVerfGE 122, 210; v. 12.10.2010 – 1 BvL 12/07, BVerfGE 127, 224;

1742 Vgl. so auch Mellinghoff, Ubg 2012, 369, 372.

1743 Vgl. Mellinghoff, in: FS Bareis, S. 171, 176.

1744 Vgl. Mellinghoff, Ubg 2012, 369, 372.

primärer – verfassungsrechtlicher – Vergleichsmaßstab vorgezeichnet.[1745] An dieser Stelle wird zwar eingewandt, das Leistungsfähigkeitsprinzip sei nur ein möglicher Differenzierungsgrund unter vielen, da der Gesetzgeber mit der Auferlegung einer Steuer auch andere Zwecke verfolgen dürfe.[1746] Richtigerweise ist allerdings mit Englisch[1747] zwischen der sachgerechten Verteilung der Gesamtsteuerlast einerseits und punktuellen Durchbrechungen des Sachgerechtigkeitsmaßstabs zu differenzieren. Für die Verteilung der Gesamtsteuerlast bedarf es eines steuerspezifisch gerechten Verteilungsmaßstabs, den nur das Leistungsfähigkeitsprinzip liefern kann. Unbestritten darf der Gesetzgeber neben der Deckung des staatlichen Finanzierungsbedarfs auch andere Zwecke verfolgen, allerdings können diese dann nur punktuelle Durchbrechungen des grundsätzlichen Sachgerechtigkeitsmaßstabs rechtfertigen. Die Orientierung der Gesamtsteuerlast am Leistungsfähigkeitsprinzip vermögen sie aber nicht in Frage zu stellen. Von einer Gleichrangigkeit zwischen Leistungsfähigkeitsprinzip und anderen Zwecken der Besteuerung kann also nicht gesprochen werden. Die Schlussfolgerung für den Diskurs um die Konstitutionalisierung einfachen Rechts ist, dass das Leistungsfähigkeitsprinzip als bereichsspezifische Konkretisierung des allgemeinen Gleichheitssatzes zwingend den „Verfassungs-"maßstab der Gleichheitsprüfung vorgibt[1748] und nicht zur Disposition des Gesetzgebers steht. Aus der Eigenschaft als bereichsspezifisch konkretisierende Wertung folgt schon die Erkenntnis, dass es als primärer Lastenzuteilungsmaßstab konsequent umgesetzt werden muss.[1749] Da das Leistungsfähigkeitsprinzip den übergeordneten verfassungsrechtlichen Maßstab bildet, kann eine gesetzgeberische Belastungsentscheidung erst darauf aufbauen und muss sich

1745 Der Rang des Leistungsfähigkeitsprinzips als Verfassungsprinzip ist zwar nicht vollständig anerkannt, jedoch entspricht es weit überwiegender Auffassung, dass es sich um einen obersten Rechtsgrundsatz handelt, der die gesamte Ordnung des Steuerrechts prägt (vgl. Kischel, in: BeckOK GG, Art. 3, Rn. 148 (Stand: August 2020) m.w.N.; vgl. auch Kingreen, in: Bonner Kommentar GG, Art. 3, Rn. 730 (Stand: Februar 2020).

1746 Vgl. Kischel, in: BeckOK GG, Art. 3, Rn. 148 (Stand: August 2020) m.w.N.; Vgl. z.B. Kingreen, in: Bonner Kommentar GG, Art. 3, Rn. 730 (Stand: Februar 2020); Kruse, StuW 1990, 322, 330.

1747 Vgl. Englisch, in: FS Lang, S. 167, 174 ff.

1748 Ähnlich wohl auch Tipke, in: FS Lang, S. 21, 40 („Im Steuerrecht ist es das Leistungsfähigkeitsprinzip, das folgerichtig konkretisiert werden muss").

1749 Vgl. Englisch, in: FS Lang, S. 167, 176 m.w.N.

daran orientieren.[1750] Zu einer gänzlichen Konstitutionalisierung des einfachen Rechts könnte es nur dann kommen, wenn das Folgerichtigkeitsgebot dem Gesetzgeber gestatten würde, seine Belastungsentscheidung ohne die Berücksichtigung des Leistungsfähigkeitsprinzips zu treffen. Denn in diesem Fall wäre er tatsächlich in der Lage das Leistungsfähigkeitsprinzip als primäres Verteilungskriterium zu ersetzen. So verhält es sich jedoch nicht. Dass sich die Belastungsentscheidung am Leistungsfähigkeitsprinzip zu orientieren hat und nicht zu ihm im Widerspruch stehen darf, drückt sich in der Rechtsprechung des BVerfG darin aus, dass es dem Gesetzgeber bei der Bestimmung von Steuergegenstand und Steuersatz nur einen „weitgehenden" Gestaltungsspielraum einräumt, die Besteuerung aber weiterhin am Leistungsfähigkeitsprinzip auszurichten ist. Als Grundentscheidungen im Sinne des Folgerichtigkeitsgebots erkennt das Gericht aber nur solche an, die das Leistungsfähigkeitsprinzip umsetzen.[1751] Die Belastungsentscheidung unterliegt aber weiterhin einer Willkürkontrolle. Trifft der Gesetzgeber eine Belastungsentscheidung, die schon für sich nicht dem Leistungsfähigkeitsprinzip entspricht, so dürfte dies außerhalb seines „weiten Gestaltungsspielraums" liegen. Man könnte auch von einer gewissen Wechselwirkung dahingehend sprechen, dass das Leistungsfähigkeitsprinzip einen ersten „Filter" für die Belastungsentscheidung des Gesetzgebers bildet.[1752] Er ist zwar weitgehend frei, muss sich aber in den schon zuvor vom Leistungsfähigkeitsprinzip gemachten Vorgaben bewegen, das so eine Art Vermittlerrolle zwischen der abstrakten Vorgabe der Gleichbehandlung und der konkreten Belastungsentscheidung des Gesetzgebers einnimmt. Die durch das Folgerichtigkeitsgebot praktizierte Trennung zwischen Grund- und Folgeentscheidungen des Gesetzgebers bewirkt hinsichtlich des Vergleichsrahmens also nur, dass der Gesetzgeber mit der Grundentscheidung eine Vorauswahl für den Vergleichsrahmen schafft. Es fungiert höchstens

---

1750 Wohl a.A.: Tipke, in: FS Lang, S. 21, 51; Hey, DStR 2009, 2561, 2562, („Inwieweit der zum Anknüpfungspunkt einer Differenzierung der Steuerlast genommene Unterschied tatsächlich auch zu einer gesteigerten steuerlichen Leistungsfähigkeit führt, muss dann im Einzelnen nicht mehr dargelegt werden"), eine Orientierung der Belastungsentscheidung am Leistungsfähigkeitsprinzip aber befürwortend (a.a.O., S. 2563).

1751 Siehe § 10, IV., 2., b), dd).

1752 Englisch spricht im Kontext der Notwendigkeit, das Leistungsfähigkeitsprinzip durch Subprinzipien zu konkretisieren von einer „Transmissions- und Integrationsfunktion des Fundamentalmaßstabs bzw. Fundamentalprinzips, das einen Vektorraum bildet, dessen Elemente die einzelnen Subprinzipien ausmachen, vgl. FS Lang, S. 167, 182.

als „sekundäres Prinzip“[1753] bzw. sekundäres Gebot, welches dem Gesetzgeber aus sich heraus aber keine absoluten Bindungen auferlegt[1754]. Eine Substituierung der grundlegenden Gerechtigkeitserwägung der Ausrichtung der Steuerlast an der Leistungsfähigkeit bewirkt das Folgerichtigkeitsgebot aber nicht.[1755] Dass einfachgesetzliche Entscheidungen nicht auf die Verfassungsebene geschleust werden, zeigt sich außerdem bereits darin, dass es für die Entscheidung des Gesetzgebers über den Steuergegenstand und den Steuersatz noch gar keinen Vergleichsmaßstab in Form einer vorhergehenden Grundentscheidung gibt, der Art. 3 Abs. 1 GG als Maßstab ablösen könnte.[1756]

Insgesamt sind die inhaltlichen Kritikpunkte am Folgerichtigkeitsgebot also weitegehend unberechtigt. Im Weiteren muss nun aber der Frage nachgegangen werden, was nach alldem der Erkenntniswert des Grundsatzes der Folgerichtigkeit für die verfassungsrechtliche Kontrolle von Steuergesetzen bleibt[1757], denn allein Bezeichnungen wie „schlagkräftiges Verfassungsgebot“[1758] oder „scharfes Schwert“[1759] erlauben noch keine Schlüsse auf die gleichheitsrechtliche Prüfungsabfolge.

Die Bedeutung für die erste Stufe der Gleichheitsprüfung, die Vergleichsgruppenbildung, wurde bereits angedeutet. Hier wird davon ausgegangen, dass die Belastungsentscheidung die Vergleichsgruppen für die spätere Prüfung vorzeichnet. Dem kann zumindest im Ergebnis zugestimmt werden. Mit seiner Belastungsentscheidung trifft der Gesetzgeber mit der Auswahl des Steuergegenstands eine erste Differenzierung, indem er alle Sachverhalte, die sich unter den Besteuerungstatbestand subsumieren lassen, einer bestimmten Rechtsfolge unterwirft, andere hingegen nicht. Entscheidet sich der Gesetzgeber beispielsweise dafür, das Einkommen zu besteuern (§ 2 Abs. 1 EStG), müssen grundsätzlich alle Steuersubjekte, die einen der Tatbestände des § 2 Abs. 1 S. 1 Nr. 1–7 EStG verwirklichen, zur Einkommensteuer herangezogen werden. Damit entsteht automatisch eine breite Sammlung von Sachverhalten, die denselben Rechtsfolgen un-

---

1753 Vgl. Mellinghoff, Ubg 2012, S. 369, 375.

1754 Vgl. Drüen, JZ 2010, 91, 94.

1755 Vgl. so auch Englisch, in: FS Lang, S. 167, 175.

1756 Vgl. Wernsmann, in: H/H/S, § 4 AO, Rn. 520a (Stand: Februar 2021).

1757 Vgl. Eichberger, in: FS BFH, S. 501, 512.

1758 Wernsmann, in: Schön/Beck, Zukunftsfragen des deutschen Steuerrechts, S. 161, 164.

1759 Vgl. Mellinghoff, Ubg 2012, S. 369, 371; ähnlich auch Schön, DStR 2008, Beih. zu Heft 17, S. 10, 14.

terworfen werden. Ausgestaltende Steuernormen, die als Abweichung von der grundlegenden Belastungsentscheidung qualifiziert werden – im genannten Beispiel, weil Einkünfte aus bestimmten Tätigkeiten nicht der Steuer unterliegen (vgl. z.B. die Befreiungstatbestände des § 3 EStG) stellen zwangsläufig eine zweite Ungleichbehandlung dar, die ihrerseits schon aus der allgemeinen Dogmatik des Art. 3 Abs. 1 GG heraus einer Rechtfertigung bedarf. Als Vergleichsmaßstab für diese Differenzierung bieten sich selbstverständlich Sachverhaltskonstellationen an, die dem fraglichen Sachverhalt zumindest ähnliche Eigenschaften aufweisen. Bei Sachverhalten, die ebenfalls von der Belastungsentscheidung umfasst sind, ist das regelmäßig der Fall. Dass die für die Prüfung gewählte Vergleichsgruppe nahezu immer zu der breiten, durch die Ausgangsentscheidung vorgezeichneten Gruppe gehört, wird aber nicht vom Gesetzgeber im Sinne einer aktiven Gestaltungsentscheidung bestimmt, sondern ergibt sich schlicht daraus, dass mit der Grundentscheidung und ihrer weiteren Umsetzung in einzelnen Tatbeständen mehrere Ungleichbehandlungen bestehen, die naturgemäß eine gewisse Nähe zueinander aufweisen. Für die Prüfung der ausgestaltenden Regelung werden aber keinerlei Bindungen an die Vorzeichnung der Vergleichsgruppe erzeugt. Die Ausgangsentscheidung bewirkt folglich zwar im Ergebnis eine Vorzeichnung der Vergleichsgruppe, für deren Bildung bedarf es des Folgerichtigkeitsgebots aber nicht. Insofern mag diese Beobachtung eine durch die Unterscheidung zwischen Grund- und Folgeentscheidung ausgelöste Besonderheit sein, trotzdem reicht die Wirkung des Folgerichtigkeitsgebots nicht über die bloße begriffliche Umschreibung dieser Vorzeichnung hinaus. Tatsächlich könnte an dieser Stelle gänzlich auf die Terminologie der Folgerichtigkeit verzichtet werden. Denn die Vorzeichnung der Vergleichsgruppe ergibt sich nur daraus, dass der Gesetzgeber zwangsläufig zunächst besteuerungswürdige Sachverhalte auswählen und so den Steuergegenstand bestimmen muss, bevor einzelne Vorschriften für die Umsetzung geschaffen werden. Ob man diese Entscheidungen als Grund-, Ausgangs- oder Belastungsentscheidung und Folge-, Umsetzungs- oder Ausgestaltungsentscheidung bezeichnet und damit einhergehend zwischen „erster" und „zweiter" Stufe differenziert, oder ob man es bei der Feststellung belässt, dass es sich bei einer Differenzierung um die Auswahl des Steuergegenstands handelt, hat für die gleichheitsrechtliche Vergleichsgruppenbildung keine Relevanz. Hinsichtlich der Vergleichsgruppenbildung und der Feststellung einer Ungleichbehandlung ändert das Folgerichtigkeitsgebot daher nichts an der gleichheitsrechtlichen Prüfungsstruktur.

Auf der anderen Seite müssen mögliche Auswirkungen auf die konkrete Rechtfertigungsprüfung betrachtet werden. Zunächst bewirkt die Differenzierung zwischen Grund- und Folgeentscheidung, dass zwei Rechtfertigungsprüfungen anzustellen sind. Dabei handelt es sich aber nur um eine scheinbare Besonderheit des Folgerichtigkeitsgebots. Denn wie gezeigt, stellen Belastungsentscheidung und Ausgestaltungsentscheidung schon nach allgemeinem Gleichheitsverständnis zwei Ungleichbehandlungen dar, die daher jeweils für sich gerechtfertigt werden müssen. Nach früherer Formulierung des BVerfG bedurften Abweichungen vom Gebot folgerichtiger Umsetzung des Ausgangstatbestands eines „besonderen sachlichen Grundes",[1760] was vielfach als Maßstabsverschärfung verstanden wurde. Tatsächlich kann die frühere Rechtsprechung so gedeutet werden, dass für die Grund- und die Folgeentscheidung unterschiedliche Rechtfertigungsstandards gelten sollten, denn anderenfalls wäre die Betonung, dass ein „besonderer sachlicher Grund" erforderlich ist, gegenstandslos. Entscheidender ist die Frage, gegenüber welchem Bezugspunkt der Maßstab strenger sein sollte. Für die Frage danach, wie eng der Maßstab für die Folgeentscheidung sein soll, hat das BVerfG regelmäßig auf der allgemeinen Gleichheitsdogmatik entsprechenden Kriterien zurückgegriffen. Zumindest ihr gegenüber hat es daher nie einen verschärften oder von ihr abweichenden Rechtfertigungsmaßstab zur Anwendung gebracht. Im Steuerrecht haben sich zwar eine Reihe von bereichsspezifischen Rechtfertigungsgründen herausgebildet, allerdings ist dies nur der sachbereichsspezifischen Anwendung des allgemeinen Gleichheitssatzes geschuldet. Ebenso wie das Leistungsfähigkeitsprinzip und das Folgerichtigkeitsgebot können sie eher als Kürzel für gleichheitsrechtliche Erwägungen angesehen werden, die in bestimmten Fallgruppen immer wieder auftauchen und so zu grundsätzlich gleichen Erkenntnissen führen.[1761] Sämtliche steuerlichen Rechtfertigungsgründe fügen sich dahingehend in die allgemeine Dogmatik ein, dass sie durchweg als besondere sachliche Gründe qualifizieren. Außerdem sagt der Inhalt des Differenzierungsgrunds an sich nichts über die Strenge der Bindung aus. Somit hat die durch das Folgerichtigkeitsgebot etablierte Unterscheidung zwischen Grund- und Folgeentscheidung zunächst nie weitergehende Wirkungen erzeugt, als spezielle Bezeichnungen für die unterschiedlichen Differenzierungen durch Auswahl des Steuergegenstands

1760 Vgl. etwa BVerfG v. 9.12.2008 - 2 BvL 1/07, BVerfGE 122, 210, Rn. 57; v. 6.7.2010 - 2 BvL 13/09, BVerfGE 126, 268, Rn. 36.

1761 Vgl. Eichberger, FS BFH, S. 501, 506

und deren Umsetzung in Einzeltatbeständen zu finden. Die Forderung nach einem „besonderen" sachlichen Grund bei gleichzeitiger Betonung des weiten Gestaltungsspielraums bei der Grundentscheidung führte aber dann zu einem verschärften Prüfungsmaßstab, wenn man dem Sachgrund nicht die allgemeine Gleichheitsdogmatik, sondern den Rechtfertigungsstandard der Ausgangsentscheidung gegenüberstellt. Die Unterscheidung zwischen Grundentscheidung in Form eines Ausgangstatbestands und ausgestaltender Folgeentscheidung schafft so nämlich die Möglichkeit, beide in Relation zueinander zu setzen.[1762] Bei der Belastungsentscheidung bleibt die verfassungsgerichtliche Kontrolle auf Willkür beschränkt, während die Forderung nach einem „besonderen" sachlichen Grund nahelegt, dass der Maßstab für die Folgeentscheidung zumindest gegenüber dieser Großzügigkeit auf der „ersten Stufe" strenger sein musste. Zumindest nach dem früheren Rechtsprechungsverständnis hat das Folgerichtigkeitsgebot also scheinbar tatsächliche Wirkungen für die Gleichheitsprüfung erzeugt. Diese waren zwar nicht struktureller Art dahingehend, dass die gleichheitsrechtliche Prüfungsabfolge verändert würde, allerdings mussten die Gründe, die eine ausgestaltende Differenzierung rechtfertigen konnten, größeres Gewicht haben als die Gründe, welche für eine unterschiedliche Behandlung von Sachverhalten durch Steuergegenstandsbestimmung angeführt werden konnten. Ausdrücklich zu diesem Verständnis bekannt hat sich das BVerfG aber nie.

Indem das BVerfG schon früher die Bestimmung der Kontrolldichte für die Ausgestaltungsentscheidung an allgemeinen Kriterien ausgerichtet hat, bewegte es sich vielmehr ohnehin bereits auf der Linie der allgemeinen Gleichheitsdogmatik. Auch wenn es sich nie ausdrücklich dazu bekannt hat, dass das Folgerichtigkeitsgebot zwingend eine gegenüber der Ausgangsentscheidung schärfere Rechtfertigung erfordert, hat es sich mit seiner jüngsten Rechtsprechung definitiv von diesem Verständnis distanziert. Mit der Formulierung, dass sich Abweichungen von der mit der Auswahl des Steuergegenstands getroffenen Belastungsentscheidung ihrerseits am Gleichheitssatz messen lassen müssen, wird die Orientierung der Rechtfertigung an der allgemeinen Dogmatik ausdrücklich festgeschrieben. Die Maßstabsbestimmung für die Rechtfertigung der ausgestaltenden Differenzierung wird so gänzlich von der ausgehenden Belastungsentscheidung abgekoppelt und nur noch an den allgemeinen Gleichheitssatz angebunden. Die Folge ist, dass spätestens nach jüngster Rechtsprechung ein gegenüber

1762 Vgl. Wernsmann, in: H/H/S, § 4 AO, Rn. 520a (Stand: Februar 2021).

der Ausgangsentscheidung strengerer Maßstab nicht mehr zwingend ist. Ob dies nach früherer Interpretation zwingend war oder nicht, kann folglich dahingestellt bleiben. Strukturell bleibt es dabei, dass mit der Belastungs- und der Ausgestaltungsentscheidung weiterhin zwei Ungleichbehandlungen vorliegen, die jeweils für sich genommen der Rechtfertigung bedürfen, was aber ohnehin allgemeiner Gleichheitsdogmatik entspricht. Hinsichtlich der Maßstäbe ist der These zuzustimmen, dass der für die Ausgestaltungsentscheidung erforderliche „besondere" Grund" nur noch im Sinne eines „eigenen" Rechtfertigungsgrunds zu verstehen ist. Wie streng diese Rechtfertigung sein muss, bestimmt sich unabhängig von der Belastungsentscheidung, sodass der Maßstab in seiner Strenge auch dem Maßstab für die Ausgangsentscheidung entsprechen kann. Entscheidend ist allein die generelle Gleichheitsdogmatik und damit die danach geltenden Kriterien einer verschärften Bindung. An dieser Stelle kann sich das Folgerichtigkeitsgebot allenfalls indirekt auswirken. Ein verschärfendes Kriterium ist die Intensität und der Umfang der Ungleichbehandlung und der Bezugspunkt kann nach aktuellem Rechtsprechungsverständnis auch die Intensität der Abweichung vom Folgerichtigkeitsgebot sein. Das Ausmaß der Ungleichbehandlung und damit die Rechtfertigungsanforderungen werden also umso höher, je mehr sich die Folgeentscheidung zur Grundentscheidung in Widerspruch setzt. Die Intensität der beiden Ungleichbehandlungen untereinander ist also in die Gesamtbetrachtung des Ausmaßes der zweiten Ungleichbehandlung einzubeziehen. Da eine Abweichung vom Gebot folgerichtiger Umsetzung aber nichts anderes als eine Ungleichbehandlung nach allgemeiner Dogmatik darstellt, ist auch dies nur eine terminologisch andere Umschreibung dafür, dass sich der Rechtfertigungsbedarf durch das Ausmaß und die Intensität der Ungleichbehandlung erhöht. Die mit dem heutigen Verständnis der Folgerichtigkeitsrechtsprechung liegende Neuerung liegt also in dem ausdrücklichen Bekenntnis zur möglichen Deckungsgleichheit zwischen den Rechtfertigungsstandards von Ausgangs- und Folgeentscheidung.

Was allerdings bis heute bleibt, ist die Unterscheidung danach, ob eine Differenzierung die Auswahl des Steuergegenstands oder Steuersatzes einerseits betrifft oder deren Umsetzung andererseits. Zwar handelt es sich in beiden Fällen um rechtfertigungsbedürftige Ungleichbehandlungen, nach allgemeiner Dogmatik wäre allerdings die Prüfungsdichte auf beiden Ebenen nach den etablierten Verschärfungskriterien zu evaluieren. Vom steuerrechtlichen Standpunkt her wird dem Gesetzgeber allerdings auch unter dem heutigen Verständnis des Folgerichtigkeitsgebots ein weiter Gestaltungsspielraum zugestanden, wenn es um die Steuergegenstandsauswahl oder auch die Bestimmung seines Umfangs geht. Soweit ersichtlich, hat das BVerfG auf dieser Ebene nie einen strengeren Prüfungsmaßstab zur Anwendung gebracht oder eine Verschärfung aufgrund der genannten Kriterien auch nur in Erwägung gezogen. Die Zuordnung einer Differenzierung zur Entscheidung über die Steuergegenstandsauswahl hat damit nicht lediglich Indizwirkung für eine zurückgenommene gleichheitsrechtliche Kontrolle, sondern schreibt die Kontrolldichte auf das untere Ende der möglichen Skala fest. Insofern bleibt eine Aussage darüber, ob eine Differenzierung noch dieser Entscheidung angehört und damit eine Belastungs- oder Ausgestaltungsentscheidung darstellt oder nicht, weiterhin erforderlich. Diese Erkenntnis kann aber ebenso als bereichsspezifische Konkretisierung dahingehend verstanden werden, dass die Sachverhaltskonstellation „Bestimmung des Steuergegenstands" eine Ausnahme vom Anwendungsbereich der allgemeinen maßstabsverschärfenden Kriterien darstellt. Mit dem Folgerichtigkeitsgebot werden die verschiedenen Situationen lediglich als Grund- und Folgeentscheidung bezeichnet. Im Ergebnis hätten also sämtliche Ergebnisse, die durch die Unterscheidung zwischen Grund- und Folgeentscheidung entstehen, ebenso gut ohne den Begriff der Folgerichtigkeit rein aufgrund der allgemeinen Gleichheitsdogmatik erzielt werden können.[1763] Das Folgerichtigkeitsgebot stellt damit eine schlichte Deduktion des allgemeinen Gleichheitssatzes dar[1764] und erschöpft sich mittlerweile in der begrifflichen Unterscheidung zwischen Grund- und Folgeentscheidung. Maßstabsverschärfende Auswirkungen hat es nach heutigem Rechtsprechungsstand nicht. Auf diese begriffliche Trennung könnte zwar ohne Einfluss auf die Ergebnisse verzichtet werden, auf die Unterscheidung an sich jedoch nicht. Vor diesem Hintergrund ist die teilweise schwerfallende und vom BVerfG aufgrund einer Einzelfallbetrachtung getroffene[1765] Abgrenzung, ob eine Norm noch zum System gehört oder eine Abweichung darstellt, der einzig berechtigte Kritikpunkt. Denn auch wenn für Ausgestaltungsregelungen kein strengerer Prüfungsmaßstab mehr zu gelten hat, bewirkt die Zuordnung zur Stufe der Auswahl oder Umfangsbestimmung

1763 Ähnlich auch Englisch, in: FS Lang, S. 167, 177 („Die Bezeichnung als Folgerichtigkeitsgebot drückt die vorstehend beschriebenen Zusammenhänge schlagwortartig aus; es könnte in einer entsprechend angelegten Gleichheitsprüfung auf diese terminologische Hervorhebung ohne Einbußen an Kontrolldichte verzichtet werden"); ebenso Wernsmann, in: H/H/S, § 4 AO, Rn. 520a (Stand: Februar 2021).

1764 Vgl. Wernsmann, in: H/H/S, § 4 AO, Rn. 520a (Stand: Februar 2021).

1765 Vgl. BVerfG v. 15.1.2008 – 1 BvL 2/04, BVerfGE 120, 1.

des Steuergegenstands im Gegenteil eine Art Sperrwirkung für eine verschärfte Kontrolle. Damit muss die Kritik aber eher an der generellen Zubilligung eines weiten Gestaltungsspielraums auf dieser Ebene und nicht am Folgerichtigkeitsgebot generell begriffen werden, da nur dadurch eine Zuordnung zur ersten oder zweiten Stufe überhaupt erforderlich wird. Für die eigentliche Schwierigkeit, bei der Folgeentscheidung auf der weiten Skala zwischen Willkür- und Verhältnismäßigkeitsprüfung die exakte Prüfungsdichte auszuloten, macht das Folgerichtigkeitsgebot keine Vorgaben.

Das bedeutet für die Gleichheitsprüfung, dass das Folgerichtigkeitsgebot nicht als eigener Prüfungspunkt Berücksichtigung finden muss. Die durch eine steuerliche Vorschrift hervorgerufene (Un-)Gleichbehandlung kann anhand des allgemeinen gleichheitsrechtlichen Prüfungsschemas identifiziert und einer Rechtfertigung ebenfalls nach dem allgemeinen System zugeführt werden. Die nach allgemeiner Dogmatik entstehende zweite Ungleichbehandlung kann dann zusätzlich als Widerspruch zwischen Grund- und Folgeentscheidung und damit als Abweichung vom Folgerichtigkeitsgebot gekennzeichnet werden. Ebenso bietet sich die Benennung der Belastungsentscheidung bereits hier an, um die zur Bestimmung der Ungleichbehandlung heranzuziehende Vergleichsgruppe zu bestimmen. Zwingend notwendig ist an dieser Stelle aber beides nicht.

Auch auf der Rechtfertigungsebene werden durch die Trennung zwar weder strukturell noch dogmatisch der allgemeinen Gleichheitsdogmatik widersprechende Ergebnisse erzielt. Dort bleibt aber die Unterscheidung erforderlich, ob die Differenzierung noch die Auswahl des Steuergegenstands, die Bestimmung seines Umfangs oder des Steuersatzes einerseits oder bereits dessen Umsetzung andererseits betrifft. Da die Zuordnung einer gesetzgeberischen Entscheidung und der damit verbundenen Ungleichbehandlung zur erstgenannten Ebene einen großzügigen Prüfungsmaßstab gebietet und nicht lediglich indiziert, bietet sich die Differenzierung nach Grund- oder Folgeentscheidung innerhalb der Bestimmung der Kontrolldichte an. Stellt sich eine Vorschrift als ausgestaltende Norm auf „zweiter Stufe" heraus, erlaubt der Grad des Widerspruchs zur Grundentscheidung außerdem eine Aussage über das Ausmaß und die Intensität der Ungleichbehandlung. So kann das Folgerichtigkeitsgebot also eine Hilfestellung für die Bestimmung der Kontrolldichte anhand des Kriteriums des Umfangs der Ungleichbehandlung bieten.

V. Zusammenfassung

Die wichtigste verfassungsrechtliche Leitplanke bildet im Steuerrecht der allgemeine Gleichheitssatz des Art. 3 Abs. 1 GG. Er verbietet nicht nur die Ungleichbehandlung identischer, sondern auch die Gleichbehandlung wesentlich gleicher Sachverhalte. Als sachbereichsspezifische Konstanten des allgemeinen Gleichheitssatzes gelten im Steuerrecht das Leistungsfähigkeitsprinzip und das Folgerichtigkeitsgebot. Letzteres führt zu einer begrifflichen Unterscheidung zwischen grundlegenden Belastungsentscheidungen des Gesetzgebers und ausgestaltenden Folgeentscheidungen, die jeweils für sich genommen einer Rechtfertigung vor dem allgemeinen Gleichheitssatz bedürfen. Das Folgerichtigkeitsgebot ist keine rein steuerrechtliche Figur, dessen Inhalt durch das BVerfG aber erst im Laufe der Rechtsprechung geprägt und stetig fortentwickelt wurde. Das steuerrechtliche Schrifttum steht ihm teilweise kritisch, teilweise zustimmend gegenüber und die Bedeutung für die steuerliche Gleichheitsprüfung wurde seit seinem Eingang in die verfassungsgerichtliche Rechtsprechung kontrovers diskutiert. Vereinzelt wurden dem Folgerichtigkeitsgebot von der Literatur konkrete Auswirkungen auf die Vergleichspaarbildung im Rahmen der Feststellung der Ungleichbehandlung zugeschrieben, weit häufiger wurde dessen Berechtigung aber darin gesehen, dass für die Vereinbarkeit der Folgeentscheidung mit Art. 3 Abs. 1 GG ein strengerer Maßstab als der Willkürmaßstab gelten sollte, was sich in der Forderung nach einem „besonderen“ sachlichen Grund ausdrückte. Während das frühere Verständnis tatsächlich noch die – nie bestätigte – Vermutung nahelegte, dass Ausgestaltungsentscheidungen einer strengeren gleichheitsrechtlichen Kontrolle unterlägen als Grundentscheidungen, hat sich das BVerfG mit seiner jüngsten Rechtsprechung davon distanziert. Auch sprachlich macht das Gericht nun deutlich, dass die abweichende Folgeentscheidung nicht mit der Ausgangsentscheidung zu vergleichen ist, sondern dass die Rechtfertigung der Abweichung allein anhand des allgemeinen Gleichheitssatzes bestimmt wird. Infolge dieser Entkopplung der Folgeentscheidung von der Grundentscheidung bleibt vom Folgerichtigkeitsgebot nur noch die begriffliche Trennung zwischen diesen beiden Entscheidungen. Auch in der Vergangenheit haben die mittels des Folgerichtigkeitsgebots erzielten Ergebnisse nie der allgemeinen Gleichheitsdogmatik widersprochen. Entsprechend hat sich das BVerfG auch nach mehrheitlicher Ansicht im Schrifttum mit der Folgerichtigkeitsrechtsprechung im Ergebnis immer auf deren Linie bewegt. Daher wurde ebenso die These der weitgehenden Wirkungslosigkeit des Folgerichtigkeitsgebots vertreten.

Unverändert gesteht das BVerfG dem Gesetzgeber im Steuerrecht aber einen weiten Gestaltungsspielraum bei der Auswahl des Steuergegenstands und des Steuersatzes zu, sodass es als einzige steuerliche Besonderheit in der Gleichheitsprüfung angesehen werden kann, dass die Frage beantwortet werden muss, ob eine Differenzierung dieser Kategorie angehört. Denn auch wenn im Steuerrecht der Prüfungsmaßstab ebenso an den allgemeinen Verschärfungskriterien ausgerichtet wird, ist auf dieser Ebene nach aktuellem Rechtsprechungsstandard von einer strengen Prüfung abzusehen.

Das Folgerichtigkeitsgebot verändert damit weder das gleichheitsrechtliche Prüfungsschema noch ist es als Prüfungspunkt mit selbstständigem Inhalt zu verstehen. Sowohl die Ungleichbehandlung durch die Ausgangsentscheidung als auch die Ungleichbehandlung durch die Folgeentscheidung sind anhand des allgemeinen gleichheitsrechtlichen Schemas auf ihre Verfassungsmäßigkeit zu überprüfen. Lediglich im Rahmen der Bestimmung der Prüfungsintensität muss danach gefragt werden, ob die gefundene Differenzierung die Auswahl des Steuergegenstands betrifft oder nicht. Sollte dies der Fall sein, ist nur eine zurückgenommene gleichheitsrechtliche Prüfung vorzunehmen. Von gänzlicher Wirkungslosigkeit kann deswegen nicht gesprochen werden.

§ 11: Bedeutung des Gebots der eigentumsgerechten Besteuerung nach Art. 14 Abs. 1 GG für die gleichheitsrechtliche Prüfung von § 3a EStG

Auch wenn die Freiheitsrechte im Steuerrecht nur wenig Wirkung entfalten, wird der Schutz des Art. 3 Abs. 1 GG als wichtigste verfassungsrechtliche Stütze dennoch durch die Eigentumsgarantie aus Art. 14 Abs. 1 GG ergänzt. Der Eigentumsschutz umfasst zunächst alle vermögenswerten Rechte, die den Berechtigten in einer Weise zugeordnet sind, dass sie die damit verbundenen Befugnisse eigenverantwortlich zu ihrem privaten Nutzen ausüben dürfen.[1766] Art. 14 Abs. 1 GG garantiert damit das private Innehaben und Nutzen vermögenswerter Rechtspositionen.[1767] Nicht in den Schutzbereich fällt hingegen das Vermögen, also der Wert der Gesamtheit aller einem

1766 Vgl. Kirchhof, in: FS Merten, S. 149, 153 ff. m.w.N.
1767 Vgl. Kirchhof, in: FS Merten, S. 149, 154.

Rechtssubjekt zugeordneten Gegenstände als Solches.[1768] Der grundrechtliche Eigentumsschutz ist daher primär als Bestandsgarantie und weniger als Wertgarantie ausgestaltet, indem die Zuordnung eines Gegenstands zu einem Grundrechtsträger geschützt wird.[1769] Zugleich dient der Eigentumsgebrauch aber nach Art. 14 Abs. 2 GG dem privaten Nutzen und dem Wohl der Allgemeinheit, sodass das Eigentum für die steuerliche Gemeinlast zugänglich ist, solange den Berechtigten ein privater Nutzen verbleibt.[1770]

Anfangs sprach der BVerfG Art. 14 Abs. 1 GG im Steuerrecht noch jegliche Bedeutung ab, indem es den Standpunkt vertrat, dass die Auferlegung von Geldleistungspflichten die Eigentumsgarantie grundsätzlich nicht berührt.[1771] Dies wurde später dahingehend relativiert, dass ein Verstoß gegen die Eigentumsfreiheit zumindest dann vorliegen sollte, wenn Steuerpflichtige durch die Geldleistungspflichten übermäßig belastet und ihre Vermögensverhältnisse grundlegend beeinträchtigt würden, die Steuer also „erdrosselnde Wirkung" hat.[1772] Im Vermögenssteuerbeschluss etablierte das BVerfG dann im Hinblick auf die Privatnützigkeit des Eigentums vorübergehend eine Höchstgrenze für die Gesamtsteuerbelastung, die sich bei typisierender Betrachtung in der Nähe einer hälftigen Teilung zwischen privater und öffentlicher Hand bewegen sollte.[1773] Davon ist das Gericht aber später mit der Feststellung, dass sich aus Art. 14 Abs. 1 und 2 GG keine allgemein verbindliche, absolute Belastungsobergrenze in der Nähe einer hälftigen Teilung ableiten lasse, wieder abgerückt.[1774] Heute ist anerkannt, dass ein Steuergesetz als Inhalts- und Schrankenbestimmung i.S.v. Art. 14 Abs. 1 S. 2 GG stets in den Schutzbereich der Eigentumsgarantie eingreift, indem es tatbestandlich an das Innehaben von geschützten Rechtspositionen anknüpft und so den privaten Nutzen der erworbenen Rechtsposition zugunsten der Allgemeinheit einschränkt.[1775] Auch wenn die Steuerlast eine Geldsummenschuld darstellt, die letztlich auf dem Vermögen an sich lastet,

1768 Vgl. Kempny, StuW 2014, 185, 188 ff. m.w.N.

1769 Vgl. Kempny, StuW 2014, 185, 189.

1770 Vgl. BVerfG v. 22.6.1995 – 2 BvL 37/91, Rn. 52, BVerfGE 93, 121.

1771 Vgl. BVerfG v. 20.7.1954 – 1 BvR 459/52, Rn. 34, BVerfGE 4, 7; v. 24. 7.1962 – 2 BvL 15/61, Rn. 79, BVerfGE 14, 221; Hey, in: Tipke/Lang, Steuerrecht, Rn. 3.189.

1772 Vgl. BVerfG v. 24. 7.1962 – 2 BvL 15/61, Rn. 79, BVerfGE 14, 221; v. 8.3.1983 – 2 BvL 27/81, Rn. 49, 50, BVerfGE 63, 312; v. 3.7.1985 – 1 BvL 55/81, Rn. 24, BVerfGE 70, 219.

1773 Vgl. BVerfG v. 22.6.1995 – 2 BvL 37/91, BVerfGE 93, 121.

1774 Vgl. BVerfG v. 18.1.2006 – 2 BvR 2194/99, Rn. 41, BVerfGE 115, 97.

1775 Vgl. Kirchhof, in: Isensee/Kirchhof, Handbuch des Staatsrechts, Bd. V, § 118, Rn. 117 m.w.N.

sodass Steuerpflichtige frei darin sind, welchen Vermögensgegenstand sie zu ihrer Begleichung einsetzen, zwingt sie stets zur Aufgabe einer konkreten und damit als Eigentum von Art. 14 Abs. 1 GG geschützten Rechtsposition.[1776] Die von Art. 14 Abs. 1 GG gewährleistete Freiheit, über die Verwendung und Verfügung aller Eigentumspositionen frei zu entscheiden, wird den Steuerpflichtigen also gerade genommen.[1777] Statt durch eine verbindliche absolute Obergrenze wird die Gestaltungsfreiheit des Gesetzgebers aber mittlerweile auch bei der Schrankenbestimmung durch die Auferlegung von Geldleistungspflichten durch die allgemeinen Grundsätze der Verhältnismäßigkeit begrenzt.[1778] Obergrenzen können sich nur aus einer im Rahmen einer Gesamtabwägung zur Angemessenheit und Zumutbarkeit der Steuerbelastung ergeben.[1779] Durch eine Abwägung der öffentlichen Interessen an der Steuererhebung und den privaten Interessen an einer eigentumsschonenden Besteuerung ist eine Überbelastung der Steuerpflichtigen zu vermeiden.[1780] Trotz der Absage an eine verbindlichen Obergrenze ist also der Entscheidung des Gesetzgebers für die Privatnützigkeit des Eigentums im Rahmen der Güterabwägung der Verhältnismäßigkeit stets Rechnung zu tragen.[1781] Die Eigentumsgarantie verlangt daher stets die eigentumsgerechte Ausgestaltung der Besteuerung.[1782]

Aufgrund ihres Charakters als abstrakte Geldsummenschuld knüpft die Steuerlast nicht an eine spezifische Vermögensposition an. Der Steuerzugriff erfolgt gerade nicht zwingend auf denjenigen Vermögensgegenstand, der nach der gesetzlichen Wertung steuerliche Leistungsfähigkeit vermittelt. Steuerpflichtige werden daher – zumindest im Fall von Ertragsteuern – mit der Situation konfrontiert, dass sie auf der einen Seite einen Vermögenszuwachs erlangen, auf der anderen Seite deswegen als steuerlich leistungsfähig angesehen werden und zur Zahlung der Steuer verpflichtet werden. Was als steuerlich relevanter Vermögenszuwachs anzusehen ist, wird jeweils durch den Steuergegenstand der einzelnen Steuergesetze definiert. Recht unproblematisch dürfte die Begleichung der Steuerschuld immer dann sein, wenn der Vermögenszuwachs in Geld besteht, da hier eine

1776 Vgl. Krumm, Steuerliche Bewertung als Rechtsproblem (Habil.), 2014, S. 426, 427.
1777 Vgl. Krumm, Fn. 1776, S. 427.
1778 BVerfG v. 18.1.2006 – 2 BvR 2194/99, Rn. 43, BVerfGE 115, 97.
1779 BVerfG v. 18.1.2006 – 2 BvR 2194/99, Rn. 44, BVerfGE 115, 97.
1780 Vgl. BVerfG v. 18.1.2006 – 2 BvR 2194/99, Rn. 45, 46, BVerfGE 115, 97.
1781 Vgl. Krumm, Fn. 1776, S. 431.
1782 Vgl. Kirchhof, in: Isensee/Kirchhof, Handbuch des Staatsrechts, Bd. V, § 118, Rn. 125.

konkrete Vermögensposition vorhanden ist, die zur Erfüllung des Steueranspruchs eingesetzt werden kann. Der Gegenstand des Vermögenszuwachses ist in seiner Natur aber nicht zwingend deckungsgleich mit dem Gegenstand, der zur Erfüllung der Steuerschuld eingesetzt wird, da letzterer nur Geld sein kann. Nach § 2 Abs. 2 S. 1 Nr. 1 und § 4 Abs. 1 S. 1 EStG führt aber nicht nur der Erwerb von Geldmitteln, wie etwa Arbeitslohn oder Einnahmen aus selbstständigen Tätigkeiten, zu einkommensteuerrechtlich relevanten Vermögenszuwächsen, sondern jede positive Veränderung des Betriebsvermögens über einen bestimmten Zeitraum. Gerade der Fall von Sanierungsgewinnen zeigt, dass eine solche Betriebsvermögensmehrung auch ohne einen realen Mittelzuwachs, allein durch den Wegfall einer anderen vorhandenen negativen Vermögensposition, wie einer Verbindlichkeit, eintreten kann. Die Abwägung der öffentlichen Interessen an der Steuererhebung auf der einen und der Privatnützigkeit des Eigentums auf der anderen Seite gewinnt in diesen Fällen eine besondere Dimension, denn hier kann die Entrichtung der Steuer nicht aus der Leistungsfähigkeitssteigerung selbst heraus geleistet werden.[1783] Indem trotzdem ein Steuerzugriff erfolgt, wird vorausgesetzt, dass bei den betroffenen Steuerpflichtigen andere – konkret: geldwerte – Vermögenspositionen vorhanden sind, die zur Begleichung der Steuerschuld ausreichend sind. Dass eine weitere Vermögensposition aufgegeben werden muss, um die Steuerlast zu begleichen, hat aber eine andere Eingriffsqualität als der Zugriff auf zugeflossene Geldzuwendungen.[1784] Gleichzeitig muss im Blick behalten werden, dass Art. 14 Abs. 1 GG weiterhin einen Bestandsschutz für den Vermögensstamm garantiert.[1785] Die Eigentümerfreiheit darf nur soweit beschränkt werden, dass Steuerpflichtigen ein Kernbestand des Erfolges eigener Betätigung im wirtschaftlichen Bereich als Ausdruck der grundsätzlichen Privatnützigkeit des Erworbenen und der grundsätzlichen Verfügungsbefugnis über die geschaffenen vermögenswerten Rechtspositionen erhalten bleibt.[1786] Daraus ergibt sich, dass die Besteuerung nicht dazu zwingen darf, Eigentumspositionen

1783 Vgl. Krumm, Fn. 1776, S. 434, dort allerdings im weiteren Kontext der eigentumsrechtlichen Dimension des Realisationsprinzips.

1784 Vgl. Krumm, Fn. 1776, S. 436, auch dieser Gedanke wird im Zusammenhang mit dem Realisationsprinzip geäußert, bezieht sich aber dennoch auf die Situation der Besteuerung ohne Liquiditätserhöhung und kann daher auf die hier angestellten Überlegungen übertragen werden.

1785 Vgl. BVerfG v. 22.6.1995 – 2 BvL 37/91, Rn. 50 ff., BVerfGE 93, 121; Hey, in: Tipke/Lang, Steuerrecht, Rn. 3.192.

1786 Vgl. BVerfG v. 22.6.1995 – 2 BvL 37/91, Rn. 49, BVerfGE 93, 121.

aufgeben müssen, welche für die weitere Existenz des Steuerpflichtigen notwendig sind. Besonders virulent wird dieses Spannungsverhältnis im Fall von Sanierungsgewinnen. Diese entstehen schon per Definition nicht durch einen realen Mittelzufluss, sondern werden durch einen Forderungsverzicht oder einen vergleichbaren Rechtsvorgang ausgelöst. Gleichzeitig befinden sich betroffene Steuerpflichtige in einer finanziellen Notlage, in der es den Regelfall darstellt, dass gerade keine anderen geldwerten Mittel zur Begleichung der Steuerlast vorhanden sind, was die Voraussetzung der Sanierungsbedürftigkeit nahelegt. Schon deswegen wiegt der Eingriff in die Eigentumsfreiheit für betroffene Steuerpflichtige schwerer. Zudem knüpft die Steuer zwar weiterhin nicht an bestehendes Vermögen, sondern nach der Definition der §§ 2 Abs. 2 S. 1 Nr. 1, 4 Abs. 1 S. 1 EStG an laufendes Einkommen an, faktisch besteht in der Sanierungssituation aufgrund der bereits zugspitzten finanziellen Situation aber eine erhöhte Gefahr dafür, dass der existenzsichernde Vermögensstamm angegriffen werden muss, um die Steuerlast zu begleichen. Die Tatsache, dass die Vermögensmehrung nicht in unmittelbarer Liquidität besteht, kombiniert mit den ohnehin bestehenden finanziellen Schwierigkeiten, macht die Besteuerung von Sanierungsgewinnen daher in erhöhtem Maße sensibel für deren eigentumsschonende Ausgestaltung. Diese Sensibilität ist bei der gleichheitsrechtlichen Prüfung des § 3a EStG im Rahmen der Verhältnismäßigkeit zwingend zu berücksichtigen.

§ 12: Prüfung der Vereinbarkeit von § 3a EStG mit Art. 3 Abs. 1 GG

In diesem Teil wird § 3a EStG nun auf seine gleichheitsrechtliche Zulässigkeit hin untersucht. Dabei wird die Vorschrift zunächst auf relevante Ungleichbehandlungen überprüft und anschließend deren verfassungsrechtliche Rechtfertigung untersucht.

I. Bestimmung der zu prüfenden Ungleichbehandlungen

Um eine präzise verfassungsrechtliche Kontrolle zu ermöglichen, muss zuerst der eigentliche Gegenstand der Beschwer umrissen werden.[1787] Bei der Bestimmung der Ungleichbehandlung lässt das BVerfG strukturell keine

1787 Vgl. Eichberger, in: FS BFH, S. 501, 508.

steuerrechtlichen Besonderheiten erkennen. Wie in anderen Rechtsgebieten stellt es zunächst Gemeinsamkeiten aber auch Unterschiede zwischen den Vergleichsgruppen heraus[1788], wobei das relevante Vergleichspaar teilweise

1788 Vgl. z.B. BVerfG v. 14.4.1959 - 1 BvL 23/57, BVerfGE 9, 237 (Vergleich zwischen getrennt veranlagten Ehegatten, bei denen das Familieneinkommen durch nur einen der beiden erzielt wird und solchen, bei denen es durch beide Partner erwirtschaftet wird); v. 24.1.1962 - 1 BvR 845/58, BVerfGE 13, 331 (Vergleich zwischen „anonymen" und „personenbezogenen" Kapitalgesellschaften); v. 15.1.1969 - 1 BvR 723/65, BVerfGE 25, 101 (Vergleich zwischen Zuschlägen an tarifgebundene und nicht tarifgebundene Arbeitnehmer); v. 9.7.1969 - 2 BvL 20/65, BVerfGE 26, 302 (Vergleich zwischen Steuerpflichtigen, die ein Objekt innerhalb oder außerhalb einer Frist von 2 Jahren nach Erwerb veräußern); v. 2.10.1969 - 1 BvL 12/68, BVerfGE 27, 58 (Vergleich zwischen Nutzern eines eigenen Kfz und Nutzern von öffentlichen Verkehrsmitteln); v. 7.10.1969 - 2 BvL 3/66, BVerfGE 27, 111 (Vergleich zwischen Kapitalbeteiligungen von mehr oder weniger als 25%); v. 11.5.1970 - 1 BvL 17/67, BVerfGE 28, 227 (Vergleich zwischen grundstücksveräußernden Landwirten und Gewerbetreibenden); v. 19.3.1974 - 1 BvR 416/68, BVerfGE 37, 38 (Vergleich zwischen bestimmten Dienstleistungen wie Wäschereien, Reinigungen Friseuren gegenüber freien Berufen und gegenüber Kleinunternehmern i.S.v. § 19 UStG); v. 17.7.1974 - 1 BvR 51/69, BVerfGE 38, 61 (Vergleich zwischen gewerblichem Güterverkehr und Werkfernverkehr); v. 26.3.1980 - 1 BvR 121/76, BVerfGE 54, 11 (Vergleich zwischen Beamtenpensionen und Renten); v. 3.11.1982 - 1 BvR 620/78, BVerfGE 61, 319 (ausdrücklich benannt: Vergleich von alleinstehenden Eltern mit Kindern und Ehepaaren mit Kindern, die gleich hohe Einkünfte beziehen); v. 6.12.1983 - 2 BvR 1275/79, BVerfGE 65, 325 (Vergleich zwischen auswärtigen Inhaber von Zweitwohnungen, die weder aus beruflichen Gründen noch zu Ausbildungszwecken im Stadtgebiet wohnen und einheimischen Zweitwohnungsinhabern); v. 22.2.1984 - 1 BvL 10/80, BVerfGE 66, 214 (Vergleich zwischen Steuerpflichtigen, deren disponibles Einkommen durch zwangsläufige Unterhaltsaufwendungen gemindert ist solchen, die keine derartigen Belastungen tragen); v. 27.6.1991 - 2 BvR 1493/89, BVerfGE 84, 239 (Vergleich zwischen Steuerpflichtigen, die ihre Zinseinkünfte ordnungsgemäß erklärt haben, eine erheblich ungleiche Belastung gegenüber denjenigen ein, die diese Einkünfte verschwiegen haben); v. 8.10.1991 - 1 BvL 50/86, BVerfGE 84, 348 (Vergleich zwischen Lohnsteuerpflichtigen, die ein Zweifamilienhaus teilweise selbst bewohnen und solchen Steuerpflichtigen, die nur der Einkommensteuerveranlagung unterliegen); v. 11.2.1992 - 1 BvL 29/87, BVerfGE 85, 238 (Vergleich zwischen Personenkraftverkehr mit Kraftdroschken und mit Mietwagen); v. 23.3.1994 - 1 BvL 8/85, BVerfGE 90, 226 (Vergleich zwischen Arbeitslosen, die einer kirchensteuererhebenden Kirche angehören und deshalb in ihrem vorangehenden Beschäftigungsverhältnis Kirchensteuer entrichtet haben und Arbeitslosen, die einer solchen Kirche nicht angehören); v. 22.6.1995 - 2 BvL 37/91, BVerfGE 93, 121 (Vergleich zwischen zu Einheitswerten bewertetem Grundvermögen und nicht einheitswertgebundenem sonstigen Vermögen für Zwecke der Vermögensteuer); v. 22.6.1995 - 2 BvR 552/91, BVerfGE 93, 165 (Vergleich zwischen zu Einheitswerten bewertetem Grundvermögen und nach den Gegenwartswerten bewertetem Kapitalvermögen für Zwecke

auch von weiteren Sachverhalten oder denkbaren Vergleichspaaren abgegrenzt wird.[1789] Gelegentlich finden sich auch Entscheidungen, in denen eine Gruppe von Steuerpflichtigen mehr als nur einer Vergleichsgruppe gegenübergestellt wird.[1790] Bei der Bildung der Vergleichsgruppen kann das Gebot der Folgerichtigkeit eine Hilfestellung geben, muss es aber nicht zwingend. Denn wie bereits dargelegt, kann dafür auf den Kreis an Sachverhalten zurückgegriffen werden, den der Gesetzgeber mit der Belastungsentscheidung in Form der Auswahl des Steuergegenstands umreißt.

1. Auswahl des Steuergegenstands in § 2 EStG

Als Steuergegenstand der Einkommensteuer hat der Gesetzgeber das Einkommen, als exaktes Steuerobjekt die Einkünfte aus den einzelnen Einkunftsarten nach § 2 Abs. 1 S. 1 Nr. 1–7 EStG bzw. die Summe der Ein-

der Erbschaftsteuer); v. 7.12.1999 – 2 BvR 301/98, BVerfGE 101, 297 (Vergleich zwischen Steuerpflichtigen, bei denen das häusliche Arbeitszimmer den Mittelpunkt der beruflichen Tätigkeit bildet, Steuerpflichtigen, bei denen die berufliche Nutzung mehr als 50% ihrer Tätigkeit ausmacht und sonstigen Steuerpflichtigen); v. 4.12.2002 – 2 BvR 400/98, BVerfGE v. 4.12.2002 – 2 BvR 400/98, BVerfGE 107, 27 (Vergleich zwischen Fällen der doppelten Haushaltsführung aufgrund einer sog. „Kettenabordnung“ und nur zweijährigen oder mit wechselndem Wohnort verbundenen Fällen doppelter Haushaltsführung); v. 08.7.2004 – 2 BvL 5/00 –, BVerfGE BVerfG v. 8.6.2004 – 2 BvL 5/00, BVerfGE 110, 412 (Vergleich zwischen ausländischen, dem Kindergeld vergleichbaren Leistungen gegenüber prinzipiell Kindergeldberechtigten und Teilkindergeldberechtigten); v. 15.1.2008 – 1 BvL 2/04, BVerfGE v. 15.1.2008 – 1 BvL 2/04, BVerfGE 120, 1 (Vergleich zwischen Gewerbetreibenden einerseits und Freiberuflern, sonstigen Selbstständigen und Land- und Forstwirten andererseits, sowie zwischen Personengesellschaften und Einzelunternehmern); v. 17.4.2008 – 2 BvL 4/05, BVerfGE 121, 108, (Vergleich zwischen politischen Parteien und kommunalen Wählervereinigungen); v. 21.7.2010 – 1 BvR 611/07, BVerfGE BVerfG v. 21.7.2010 – 1 BvR 611/07, BVerfGE 126, 400 (Vergleich zwischen Ehegatten und eingetragenen Lebenspartnerschaften); v. 17.12.2014 – 1 BvL 21/12, BVerfGE 138, 136 (Vergleich zwischen Erwerbern betrieblichen und Erwerbern nichtbetrieblichen Vermögens); v. 19.11.2019 – 2 BvL 22/14, BVerfGE 152, 274 (Vergleich zwischen Erstausbildungskosten und Aufwendungen für zweite oder weitere Ausbildungen sowie solchen für eine erste Berufsausbildung oder ein Erststudium im Rahmen eines Dienstverhältnisses).

1789 Vgl. z.B. BVerfG v. 14.4.1959 – 1 BvL 23/57, BVerfGE 9, 237; v. 24.1.1962 – 1 BvR 845/58, BVerfGE 13, 331; v. 11.5.1970 – 1 BvL 17/67, BVerfGE 28, 227.

1790 Vgl. BVerfG v. 11.11.1998 – 2 BvL 10/95, BVerfGE 99, 280 (Vergleich zwischen Empfängern von Zuwendungen aus einer Bundes- oder Landeskasse im Vergleich (1) zur Allgemeinheit der Einkommensteuerpflichtigen und (2) zu den Empfängern von Zuwendungen aus anderen – insbesondere privaten – Kassen.

künfte nach § 2 Abs. 3 EStG[1791] gewählt und sich dafür entschieden, das Einkommen anhand von zwei verschiedenen Bezugsgrößen zu messen, § 2 Abs. 2 EStG.[1792] Da damit zugleich die Frage beantwortet wird, was einkommensteuerrechtlich unter Leistungsfähigkeit zu verstehen ist, setzt diese Entscheidung einen Maßstab für die Lastenausteilung und qualifiziert somit als Grundentscheidung im Sinne des Folgerichtigkeitsgebots. In einem nächsten Schritt wird mit § 2 Abs. 2 EStG näher definiert, was als Einkommen anzusehen ist, nämlich bei den Gewinneinkunftsarten der Gewinn nach §§ 4–7k und § 13a EStG und bei den Überschusseinkünften der Überschuss der Einnahmen über die Werbungskosten gemäß §§ 8–9a EStG. Bei den Gewinneinkunftsarten nach § 2 Abs. 2 Nr. 1 EStG drückt sich das relevante Einkommen vorbehaltlich der Korrektur um Entnahmen und Einlagen in jeglichen Wertveränderungen des Betriebsvermögens aus (§ 4 Abs. 1 S. 1 EStG), sodass im Gegensatz zu den Überschusseinkunftsarten auch Wertsteigerungen im Stammvermögen eine Steuerlast auslösen.[1793] Es gelten für die beiden Einkunftsarten also unterschiedliche Regeln für die Ermittlung der relevanten Einkünfte. Damit ist zwangsläufig eine Ungleichbehandlung zwischen den Einkunftsarten verbunden, denn Teil dieser grundlegenden Unterscheidung ist auch, dass im Rahmen der Gewinneinkunftsarten kein realer Mittelzufluss erforderlich ist, sondern auch Buchgewinne ausreichen, um eine Steuerlast zu begründen.

Mit der Definition der Einkünfte als Gewinn oder Überschuss wird zugleich der Steuergegenstand weiter konkretisiert, sodass mit dem Prinzip der unterschiedlichen Ermittlungstechnik die Belastungs-entscheidung verdeutlicht wird. Das BVerfG ordnet den sog. Dualismus der Einkunftsarten daher als Teil der gesetzgeberischen Grundentscheidung über die Bestimmung des Steuergegenstands und damit als Teil der gesetzgeberischen Grundentscheidung auf „erster Stufe“ im Sinne des Folgerichtigkeitsgebots ein.[1794] Entsprechend dem daraus folgenden großen Gestaltungsspielraum des Gesetzgebers wurde die gleichheitsrechtliche Zulässigkeit der unterschiedlichen Behandlung der Einkunftsarten bereits mehrfach bestä-

1791 Vgl. Hey, in: Tipke/Lang, Steuerrecht, Rn. 8.50, 8.53.
1792 Vgl. BVerfG v. 7.7.2010 – 2 BvL 14/02 –, BVerfGE 127, 1, BStBl. II 2011, S. 76, Rn. 83.
1793 Vgl. BVerfG v. 7.7.2010 – 2 BvL 14/02 –, BVerfGE 127, 1, BStBl. II 2011, S. 76, Rn. 83.
1794 Vgl. Desens, StuW 2016, 240, 247; BVerfG v. 7.7.2010 – 2 BvL 14/02 –, BVerfGE 127, 1, BStBl. II 2011, S. 76, Rn. 83; v. 7.7.2010 – 2 BvR 748/05 –, BVerfGE 127, 61, BStBl. II 2011, S. 86, Rn. 64.

tigt.[1795] Die damit bei Gewinneinkünften einhergehende Berücksichtigung von Vermögensmehrungen ungeachtet der Erzielung von Einnahmen stelle einen Teil der Erschließung einer Steuerquelle dar und liege innerhalb des anzuerkennenden Gestaltungsspielraums.[1796] Die verfassungsrechtliche Zulässigkeit der Gewinnermittlung anhand des Betriebsvermögensvergleichs nach § 4 Abs. 1 S. 1 EStG und die damit einhergehende Ungleichbehandlung der Einkunftsarten ist also geklärt. Dass reine Buchgewinne eine Steuerpflicht begründen können, ist damit gleichfalls als Grundentscheidung verfassungsrechtlich anerkannt. Vor diesem Hintergrund konzentriert sich die weitere Untersuchung allein darauf, ob die durch § 3a EStG ausgelösten Ungleichbehandlungen unter Berücksichtigung etwaiger Abweichungen von dieser Grundentscheidung verfassungsrechtlich zulässig sind.

2. Ungleichbehandlung durch die Steuerfreiheit des Sanierungsertrags gemäß § 3a Abs. 1 S. 1 i.V.m. Abs. 2 EStG

a) Ungleichbehandlung von Buchgewinnen durch Abweichung von § 2 Abs. 2 S. 1 Nr. 1 EStG und vom System des Betriebsvermögensvergleichs gemäß § 4 Abs. 1 S. 1 EStG

§ 3a EStG setzt eine Betriebsvermögensmehrung oder Betriebseinnahme voraus und findet daher nur im Rahmen der Gewinneinkunftsarten Anwendung. Als Vergleichsgruppe zeichnet die grundlegende Belastungsentscheidung für den Dualismus der Einkunftsarten daher alle diejenigen Sachverhalte vor, in denen Steuerpflichtige Gewinneinkünfte erzielen und diese durch Betriebsvermögensvergleich nach § 4 Abs. 1 EStG oder in Ausnahmefällen durch Einnahmen-Überschussrechnung nach § 4 Abs. 3 EStG ermitteln, denn nur im Vergleich zu diesen Sachverhalten kommt eine Verletzung des allgemeinen Gleichheitssatzes ernsthaft in Betracht. Im System des Betriebsvermögensvergleichs sind die Umstände, unter denen eine Vermögenserhöhung zustande kommt, unbeachtlich. Es kommt nur darauf an, dass der Vergleich des Betriebsvermögens zu zwei bestimmten Zeitpunkten ein positives Ergebnis zeigt. § 4 Abs. 1 S. 1 EStG unterscheidet nicht danach,

1795 Vgl. Desens, StuW 2016, 240, 247; BVerfG v. 7.7.2010 – 2 BvL 14/02 –, BVerfGE 127, 1, BStBl. II 2011, S. 76, Rn. 83; v. 7.7.2010 – 2 BvR 748/05 –, BVerfGE 127, 61, BStBl. II 2011, S. 86, Rn. 64.

1796 Vgl. BVerfG v. 7.7.2010 – 2 BvL 14/02, BVerfGE 127, 1, BStBl. II 2011, S. 76, Rn. 83; Desens, StuW 2016, 240, 248.

ob das positive Ergebnis durch die Erzielung von Einnahmen ausgelöst wird oder nur durch eine Wertveränderung der Vermögenspositionen. Umfasst sind also Einnahmen in Geld- oder Sachwerten, ebenso wie reine „Buchgewinne". Die gemeinsame, für alle diese Sachverhalte grundsätzlich vorgesehene Rechtsfolge besteht darin, dass die entstehende Betriebsvermögensmehrung, ebenso wie Betriebseinahmen nach § 4 Abs. 3 EStG gemäß § 2 Abs. 1 S. 1 EStG zu versteuern ist.

Nach § 3a Abs. 1 S. 1 EStG sind Betriebsvermögensmehrungen und Betriebseinnahmen hingegen als Sanierungsgewinne steuerfrei, wenn sie durch einen Schuldenerlass hervorgerufen werden und die weiteren Voraussetzungen der unternehmensbezogenen Sanierung nach § 3a Abs. 2 EStG vorliegen. Damit schafft der Gesetzgeber unter diesen Voraussetzungen für eine Gruppe von Sachverhalten eine von § 2 Abs. 2 S. 1 Nr. 1 EStG und § 4 Abs. 1 S. 1 EStG abweichende begünstigende Rechtsfolge. Diese begründet einen Bruch mit der grundsätzlichen Systematik des Betriebsvermögensvergleichs nach § 4 Abs. 1 S. 1 EStG[1797], denn sie widerspricht dem Konzept, jede Erhöhung des Betriebsvermögens unabhängig von ihrer Entstehung der Besteuerung zugrunde zu legen.

Die charakteristischen Merkmale der begünstigten Sachverhaltsgruppe und damit auch die Vergleichsgruppen ergeben sich aus den Tatbestandsvoraussetzungen des § 3a Abs. 1 S. 1 EStG, sowie aus Abs. 2. Zunächst stellen Sanierungsgewinne ebenso eine nach § 4 Abs. 1 S. 1 EStG steuerlich relevante Betriebsvermögenserhöhung in Form eines Buchgewinns dar. Die erste relevante Eigenschaft begünstigter Sachverhalte liegt also darin, dass Steuerpflichtige eine Betriebsvermögensmehrung oder Betriebseinnahme erzielen. Nach § 3a Abs. 1 S. 1 EStG können Sanierungsgewinne nur durch einen „Schuldenerlass" entstehen. Das zweite spezifische Charakteristikum begünstigter Sachverhalte ist also, dass die Einnahme aus einem bestimmten Rechtsvorgang stammt. Drittens sind Sanierungsgewinne dadurch gekennzeichnet, dass der Schuldenerlass zu einem bestimmten Zweck erfolgen muss. Nur wenn er einer unternehmensbezogenen Sanierung gemäß § 3a Abs. 2 EStG dient, fällt ein Sachverhalt in den Anwendungsbereich der Begünstigung. Namentlich müssen das Unternehmen sanierungsbedürftig und sanierungsfähig, der Schuldenerlass betrieblich begründet und zur Sanierung geeignet sein, sowie der oder die Gläubiger in Sanierungsabsicht gehandelt haben. In tatsächlicher Hinsicht muss sich das Unternehmen der begünstigten Steuerpflichtigen in wirtschaftlichen Schwierigkeiten be-

1797 Vgl. auch Hallerbach, in: H/H/R, § 3a EStG, Rn. 5 (Stand: August 2019).

finden und dessen Fortbestand muss durch die entstehende Steuerlast gefährdet sein. Gleichzeitig muss es sich aber noch in einem Stadium bewegen, in dem die Ertragsfähigkeit langfristig wiederhergestellt werden kann. Die Begleitumstände, unter denen die Einnahme zustande kommt, stellen also ebenfalls relevante Eigenschaften dar. Mit der Zusammenfassung als unternehmensbezogene Sanierung durch § 3a Abs. 2 EStG werden diese Umstände tatsächlicher Art in subsumierbare Tatbestandsmerkmale und damit in rechtliche Eigenschaften übersetzt.

Aus diesen Eigenschaften entstehen Ungleichbehandlungen in mehreren Hinsichten. Als Vergleichsgruppen kommen zunächst nur solche Sachverhalte in Betracht, in denen Steuerpflichtige ebenfalls eine Betriebseinnahme erzielen. Insofern liegt also eine Gemeinsamkeit vor. Im Hinblick auf die Entstehungsweise und die weiteren Umstände der Vermögensmehrung hebt sich der Kreis der begünstigten Sachverhalte allerdings von nicht begünstigten Fällen ab. Durch die Voraussetzung des Schuldenerlasses ergeben sich bereits Ungleichbehandlungen in zweifacher Hinsicht. Die erste Ungleichbehandlung in Form der Begünstigung entsteht gegenüber Sachverhalten, in denen die Vermögensmehrung auf der Zuführung von Mitteln, etwa einem Sanierungszuschuss beruht. Zweitens bewirkt § 3a Abs. 1 S. 1 EStG mit dem Merkmal eine Besserstellung gegenüber Sachverhalten, in denen der vermögenserhöhende Rechtsvorgang trotz fehlender Mittelzuführung keinen Schuldenerlass i.S.v. § 3a Abs. 1 S. 1 EStG darstellt, weil er nicht auf das Erlöschen oder Teilerlöschen der betroffenen Verbindlichkeit gerichtet ist.[1798] In beiden Fällen fehlt es nämlich an der rechtlichen Eigenschaft

1798 Nach hier vertretener Auffassung umfasst der Kreis der begünstigten Maßnahmen neben Vermögensmehrungen aus Erlassverträgen nach § 397 Abs. 1 BGB, negativen Schuldanerkenntnissen nach § 397 Abs. 2 BGB, Forderungsverzichten im Rahmen eines Insolvenzplans nach §§ 217 ff. InsO auch Vermögensmehrungen, die durch Konfusion, Debt-Equity-Swap oder ausschließlich an künftiges Vermögen anknüpfende Rangrücktritte entstehen (siehe § 5, II. und III., 3., b), c)). Nicht umfasst sind nach hier vertretener Ansicht neben Aufrechnungen, Stundungen, Preiserhöhungen gegenüber Abnehmern, Preisminderungen gegenüber Lieferanten, unentgeltlichen Warenlieferungen, Vertragsänderungen oder Aufhebungen im Zusammenhang mit nachteiligen Lieferverträgen, auch befreiende Schuldübernahmen und die Forderungsumwandlung in eine Einlage (siehe § 5, III., 2.). Bei der Stundung, der Aufrechnung und der Forderungsumwandlung in eine Einlage (sofern sie zum Nennwert erfolgt) erhöht sich schon das Betriebsvermögen nicht, sodass hier kein Rechtfertigungsbedürfnis entsteht.

„Schuldenerlass". Auch eine analoge Anwendung der Befreiung auf diese Sanierungsmaßnahmen ist ausgeschlossen.[1799]

Die Voraussetzungen des § 3a Abs. 2 EStG führen zu weiteren Differenzierungen. Da die genannten Voraussetzungen kumulativ vorliegen müssen, erfolgt so durch § 3a Abs. 1 S. 1 im Zusammenspiel mit Abs. 2 eine Privilegierung gegenüber Sacherhalten, in denen nur eine der Voraussetzungen nicht erfüllt ist, auch wenn ihr ein Schuldenerlass i.S.v. § 3a Abs. 1 S. 1 EStG zugrunde gelegen hat. Nicht begünstigt werden also diejenigen Sachverhaltsgruppen, in denen das Unternehmen der Steuerpflichtigen entweder nicht sanierungsbedürftig oder sanierungsfähig ist oder der Schuldenerlass nicht zur Sanierung geeignet ist, nicht in Sanierungsabsicht erklärt wird, oder nicht betrieblich veranlasst ist.

Damit liegen gleichheitsrechtlich mehrere relevante Ungleichbehandlungen durch § 3a Abs. 1 S. 1 EStG vor.

b) Zugleich Ungleichbehandlung durch Abweichung vom Leistungsfähigkeitsprinzip?

Rechtfertigungsbedürftige steuerliche Ungleichbehandlungen können auch dadurch entstehen, dass eine Vorschrift vom Gebot der Besteuerung nach der Leistungsfähigkeit abweicht.[1800] Liegt in der Begünstigung von Sanierungsgewinnen also eine solche Ausnahme vom Prinzip der Besteuerung nach der Leistungsfähigkeit, begründet § 3a Abs. 1 S. 1 EStG auch in dieser Hinsicht eine Ungleichbehandlung. Käme man hingegen zu dem Schluss, dass Sanierungsgewinne aufgrund ihres besonderen Charakters keine steuerliche Leistungsfähigkeit vermitteln, würde das Leistungsfähigkeitsprinzip mit § 3a EStG lediglich bestätigt. Eine sich mit dieser Frage auseinandersetzende Debatte, wird im Grunde bereits ebenso lang geführt, wie Sanierungsgewinne steuerlich verschont werden.[1801] Allerdings stellt auch eine Abweichung vom Leistungsfähigkeitsprinzip lediglich eine Ungleichbehandlung nach allgemeiner gleichheitsrechtlicher Dogmatik dar. Rechtfertigungsbedürftige Differenzierungen liegen mit der Abweichung von der Regelrechtsfolge des § 4 Abs. 1 S. 1 EStG jedoch bereits vor. Die Bestätigung der These, dass darin zugleich eine Abweichung vom Leistungsfähigkeitsprinzip liegt, hätte also an dieser Stelle noch keine Auswirkungen.

1799 Vgl. Kanzler, in: K/K/B, § 3a, Rn. 2.

1800 Vgl. exemplarisch BVerfG v. 29.3.2017 – 2 BvL 6/11, BVerfGE 145, 106.

1801 Siehe dazu eingehender in § 12, II., 2., a), cc).

Relevanz gewinnt dieser Aspekt erst für die Bestimmung des Normcharakters von § 3a EStG. Da der Normcharakter wiederum erst für die Festlegung der Rechtfertigungsanforderungen an die Vorschrift bedeutsam wird, geht die Untersuchung der Frage, ob § 3a EStG das Leistungsfähigkeitsprinzip bestätigt oder von ihm abweicht, erst dort nach.

3. Gleichheitsrelevante Regelungen durch § 3a Abs. 3 EStG

Durch § 3a Abs. 3 EStG wird die Steuerbefreiung nach § 3a Abs. 1 S. 1 EStG weiter ausgestaltet. Die Regelung knüpft an die Steuerfreiheit weitergehende Rechtsfolgen und trifft so innerhalb des Kreises der durch § 3a Abs. 1 S. 1 EStG begünstigten Sachverhalte weitere gleichheitsrechtlich relevante Regelungen.

a) Verrechnung von Zins- und EBITDA-Vorträgen durch § 3a Abs. 3 S. 2 Nr. 13 EStG

Einer näheren Untersuchung bedarf zunächst die Regelung des § 3a Abs. 3 S. 2 Nr. 13 EStG. In § 3a Abs. 3 S. 2 EStG werden in den Tatbeständen der Nummern 1–13 verschiedene Positionen aufgelistet, die infolge der Steuerfreiheit aus § 3a Abs. 1 S. 1 EStG bis zur Höhe des geminderten Sanierungsertrags gemindert werden. Überwiegend handelt es sich dabei um laufende Verluste bzw. negative Einkünfte oder um Verlustvorträge aus den Vorjahren, Nr. 13 betrifft hingegen den Zinsvortrag und den EBITDA-Vortrag gemäß § 4h EStG. Dass auch diese Positionen durch den Sanierungsertrag gemindert werden, könnte eine rechtfertigungsbedürftige Gleichbehandlung wesentlich Ungleicher Sachverhalte darstellen.

Als Vergleichsgruppen stehen sich zum einen Sachverhalte, in denen Steuerpflichtige im Sanierungsjahr Verluste erleiden oder über Verlustvorträge verfügen und zum anderen Sachverhalte, in denen Steuerpflichtige über Zins- und EBITDA-Vorträge verfügen, gegenüber. Eine rechtfertigungsbedürftige Gleichbehandlung würde voraussetzen, dass zwischen diesen Vergleichsgruppen so gewichtige Unterschiede bestehen, dass eine Differenzierung notwendig ist.

Gemeinsame Eigenschaft sämtlicher von § 3a Abs. 3 S. 2 EStG erfasster Steuerminderungspotentialen ist zunächst, dass sie grundsätzlich zur Kompensation (teilweise nur bestimmter) positiver Erträge des Unternehmens oder abhängig vom Tatbestand auch anderer Einkunftsquellen genutzt werden können, um so den steuerlichen Gewinn in anderen Veranlagungszeiträumen als dem ihrer Entstehung zu mindern (vgl. z.B. §§ 10d Abs. 1 und Abs. 2, 15a Abs. 2 S. 1, 15b Abs. 1 S. 2, 15 Abs. 4 S. 2 EStG). Die Haupteigenschaft aller erfassten Steuerminderungspotentiale ist also ihre steuermindernde Wirkung, die entweder im Sanierungsjahr oder in Folgejahren entfaltet wird, sodass sich die durch § 3a Abs. 3 S. 2 Nr. 1–13 EStG erfassten Sachverhalte insofern gleichen.

Unterschiede bestehen zwischen den einzelnen Steuerminderungspositionen aber zunächst hinsichtlich des Verrechnungskreises, in dem sie entstehen. Die Tatbestände der § 3a Abs. 3 S. 2 Nr. 1–3, Nr. 6–8 betreffen ausdrücklich solche Positionen, die im Unternehmen selbst entstanden sind („des zu sanierenden Unternehmens" bzw. „soweit er auf das zu sanierende Unternehmen entfällt"). Die Tatbestände der Nr. 4 und Nr. 5, mit denen Verluste aus Steuerstundungsmodellen gemäß § 15b EStG in die Verrechnung einbezogen werden, enthalten einen vergleichbaren Zusatz nicht, sondern bringen im Gegenteil zum Ausdruck, dass es sich um Steuerminderungspositionen des Unternehmers bzw. Mitunternehmers handelt. Allerdings werden diese Verluste nur in die Verrechnung einbezogen, sofern sie aus „derselben Einkunftsquelle" des (Mit-)Unternehmers stammen, wie der Sanierungsgewinn. Das zeigt, dass es sich auch dabei um Steuerminderungspotential handelt, das im zu sanierenden Unternehmen entstanden sein muss. Für die Tatbestände der §§ 3a Abs. 3 S. 2 Nr. 9–Nr. 13 gilt dies hingegen nicht. §§ 3a Abs. 3 S. 2 Nr. 10, Nr. 12 und Nr. 13 EStG sind so weit gefasst, dass sie auch Steuerminderungspositionen einbeziehen, die zwar im zu sanierenden Unternehmen entstanden sein können, es aber nicht müssen.[1802] Schon hinsichtlich des Bezugspunktes der Entstehung unterscheiden sich also die Sachverhalte, in denen Steuerpflichtige über Zins- und EBIDTA-Vorträge i.S.v. § 4h EStG verfügen. Allerdings heben sie sich dadurch nur von einem Teil der von § 3a Abs. 3 S. 2 EStG geregelten Sachverhalte ab, da auch die von den Tatbeständen der Nummern 9–12 erfassten Steuerminderungspositionen aus einem anderen Verrechnungskreis stammen können. Schon deswegen liegt darin keine spezifische Eigenschaft der Sachverhalte, in denen Zins- und EBITDA-Vorträge vorhanden sind, die zu einer Differenzierungspflicht führt.

1802 Vgl. Desens, FR 2017, S. 981, 986. Bei den Positionen der § 3a Abs. 3 S. 2 Nr. 9 und Nr. 11 EStG ist die Entstehung im Unternehmen also sogar ausgeschlossen (vgl. Desens, FR 2017, S. 981, 986).

Ein weiterer Unterschied besteht zwischen den einzelnen Steuerminderungspositionen aber in der Art ihrer Entstehung. In den Tatbeständen der §§ 3a Abs. 3 S. 2 Nr. 2 bis Nr. 12 handelt es sich um Verluste, bzw. negative Einkünfte. §§ 3a Abs. 3 S. 2 Nr. 2, Nr. 4, Nr. 6, Nr. 8, Nr. 9 und teilweise Nr. 11 EStG erfassen dabei solche, die erst im Sanierungsjahr entstehen. Das steuermindernde Potential folgt bei diesen Sachverhalten daraus, dass Steuerpflichtige zwar einkommensteuerlich relevante Tätigkeiten ausüben, dabei aber negative Erträge erwirtschaften. Da gemäß § 2 Abs. 3 EStG nur die „Summe der Einkünfte" zu versteuern ist, gleichen negative Erträge auch die positiven Erträge anderer Einkunftsquellen aus. Ist die Summe negativer Einkünfte höher als die der Gewinne, entsteht insgesamt ein Verlust. Das Steuerminderungspotential ist bei laufenden Verlusten also allein auf die eigene Betätigung der Steuerpflichtigen zurückzuführen. Die Tatbestände der §§ 3a Abs. 3 S. 2 Nr. 3, Nr. 5, Nr. 7, sowie Nr. 10 und 11 EStG beziehen sich ebenfalls auf Verluste oder negative Einkünfte, allerdings solche, die aus vorherigen Veranlagungszeiträumen oder Wirtschaftsjahren stammen. Im Ursprung ist die Entstehung der Steuerminderungspotentiale hier also ebenso auf die eigene Betätigung der Steuerpflichtigen zurückzuführen. Gemäß § 2 Abs. 3 EStG würden sich die Verluste zwar grundsätzlich bereits im Jahr ihrer Entstehung gewinnmindernd auswirken. Dass dies nicht der Fall ist, kann verschiedene Ursachen haben. Zunächst kann den Verlusten im Veranlagungszeitraum der Entstehung nicht ausreichend positives Einkommen gegenüberstehen. In diesem Fall wird der verbleibende Verlust gemäß § 10d Abs. 4 S. 1 EStG zum Schluss des Veranlagungszeitraums gesondert festgestellt und kann anschließend nach § 10d Abs. 1 und Abs. 2 mit Gewinnen aus dem Vorjahr und zeitlich unbegrenzt mit Gewinnen aus den Folgejahren verrechnet werden. Andererseits wird die gewinnmindernde Wirkung von Verlusten schon im Entstehungsjahr auch dann verhindert, wenn zwar die Verluste neutralisierende positive Einkünfte erzielt werden, diese aber aufgrund von Verrechnungsverboten- oder Beschränkungen nicht mit den negativen Einkünften ausgeglichen werden dürfen (§§ 15a Abs. 1 S. 1, 15b Abs. 1 S. 1, § 15 Abs. 4 S. 1 EStG). Die aufgrund dessen nicht ausgleichsfähigen Verluste können dann nach ähnlichem Muster wie bei § 10d EStG in nachfolgenden Veranlagungszeiträumen zur Verrechnung mit bestimmten Gewinnen genutzt werden (vgl. §§ 15a Abs. 2 S. 1, 15b Abs. 1 S. 2, 15 Abs. 4 S. 2 EStG; in diesem Fall auch im vorangegangenen Veranlagungszeitraum). Auch der Verlust des Folgejahrs i.S.v. § 3a Abs. 3 S. 2 Nr. 12 EStG, der sich auf negative Einkünfte und damit auf Verlustpotential bezieht, wird schließlich durch eigene Betätigung des Steuerpflichtigen geschaffen, denn auch hier beruht das Steuerminderungspotential darauf, dass erwirtschafteten negativen Einkünften im Entstehungsjahr nicht genügend positive Einkünfte zur Neutralisierung gegenüberstehen. Noch bevor diese Einkünfte in künftige Veranlagungszeiträume vorgetragen werden können, erlaubt § 10d Abs. 1 S. 1 EStG deren Verrechnung mit Gewinnen aus dem vorherigen Veranlagungszeitraum (Verlustrücktrag).

Bei den Sachverhalten, in denen Steuerpflichtige über Zins- und EBITDA-Vorträge nach § 3a Abs. 3 S. 2 Nr. 13 EStG verfügen, hat es jedoch einen anderen Hintergrund, dass im Sanierungsjahr Steuerminderungspotential entsteht oder noch welches aus den Vorjahren vorhanden ist. Hier entsteht beim Steuerpflichtigen Aufwand, der grundsätzlich mit seiner Entstehung als Betriebsausgabe gemäß § 4 Abs. 4 EStG die Betriebseinnahmen mindern würde. Die Vorschrift des § 4h Abs. 1 S. 1 EStG schafft jedoch eine entgegenstehende Abzugsbeschränkung und verhindert so, dass sich die Aufwendungen bereits in ihrem Entstehungsjahr auswirken können. Nicht abziehbare Beträge können dann erst in nachfolgenden Wirtschaftsjahren ihre gewinnmindernde Wirkung entfalten, vgl. § 4h Abs. 1 S. 3–S. 6. Dass sich entstandenen Aufwendungen im Entstehungsjahr nicht gewinnmindernd auswirken, beruht also darauf, dass anfallende Zinsaufwendungen nicht bzw. nur beschränkt als Betriebsausgaben abzugsfähig sind. Dabei handelt es sich also nicht lediglich um eine Verlustverrechnungs-, sondern sogar eine Betriebsausgabenabzugsbeschränkung. Damit wird also nicht nur verhindert, dass Gewinne mit Verlusten ausgeglichen werden, sondern es wird schon unterbunden, dass überhaupt ein Verlust entsteht. Somit unterscheiden sich die von § 3a Abs. 3 S. 2 Nr. 13 EStG erfassten Sachverhalte von der maßgeblichen Vergleichsgruppe hinsichtlich der Entstehung des Steuerminderungspotentials.

§ 3a Abs. 3 S. 2 EStG sieht vor, dass sämtliche Steuerminderungspositionen bereits im Sanierungsjahr ggf. vollständig bis zur Höhe des geminderten Sanierungsertrags aufgezehrt werden. Die Verrechnungswirkung beschränkt sich dabei nicht auf Steuerminderungspotential, welches im Sanierungsjahr entsteht, sondern bezieht teilweise auch die entsprechenden Positionen des Folgejahres mit ein (§ 3a Abs. 3 S. 2 Nr. 12 EStG). Die Rechtsfolge der Vorschrift führt also dazu, dass die Steuerminderungspotentiale für eine zukünftige gewinnmindernde Nutzung nicht mehr zur Verfügung stehen. Abgesehen von der Verrechnungsreihenfolge unterwirft § 3a Abs. 3 S. 2 EStG somit alle Steuerminderungspositionen derselben Rechtsfolge. Ihre Behandlung unterscheidet sich untereinander nur insoweit voneinander, als dass der Sanierungsgewinn nicht anteilig in gleicher Höhe mit allen genannten Positionen verrechnet wird, sondern nacheinander in der durch die Nummern 1–13 vorgegebenen Reihenfolge. Folglich behandelt § 3a Abs. 3 S. 2 EStG die Sachverhalte, in denen Steuerpflichtige über Steuerminderungspotential in Form von Verlustvortrag verfügen mit solchen Sachverhalten gleich, in denen das Steuerminderungspotential aus Zins- und EBITDA-Vortrag i.S.v. § 4h EStG besteht.

Grundsätzlich bleibt es dem Gesetzgeber überlassen, diejenigen Sachverhalte auszuwählen, an die er dieselbe Rechtsfolge knüpft, die er also im Rechtssinn als gleich ansehen will. Im Fall des § 3a Abs. 3 S. 2 Nr. 13 EStG war der ausschlaggebende Parameter offenbar das Potential der gewinnmindernden Wirkung. Der Gesetzgeber sieht hier die von Nummer 13 erfassten Sachverhalte mit denen der Vergleichsgruppe als deswegen im Rechtssinne gleich an, weil Steuerpflichtige in sämtlichen von § 3a Abs. 3 S. 2 EStG geregelten Konstellationen über Positionen verfügen, die den steuerlichen Gewinn mindern können. Wie das Steuerminderungspotential jeweils entsteht, wird dabei außer Acht gelassen. Die unterschiedliche Entstehung des Zins- und EBITDA-Vortrags könnte jedoch zu einer Differenzierungspflicht führen. Das setzt voraus, dass es sich dabei um eine Ungleichheit von solchem Gewicht handelt, dass sie bei einer am Gerechtigkeitsgedanken orientierten Betrachtungsweise nicht unbeachtet bleiben darf.[1803]

Dass Verluste, die im Jahr ihrer Entstehung deswegen nicht mit positiven Einkünften ausgeglichen werden können, weil nicht ausreichend Gewinne vorhanden sind, später mit Gewinnen aus vorigen oder späteren Veranlagungszeiträumen verrechnet werden können, ist nicht zwingend. Dass dies mit dem Verlustrücktrag nach § 10d Abs. 1 EStG und dem Verlustvortrag nach § 10d Abs. 2 EStG dennoch erlaubt wird, stellt deshalb einen seitens des Gesetzgebers gewährten Vorteil für die Steuerpflichtigen dar. Dementsprechend stellt es auch einen nicht zwingenden Vorteil für sie dar, dass im Sanierungsjahr noch Steuerminderungspotential vorhanden ist. Soweit Verluste aufgrund von Verrechnungsverboten- oder Beschränkungen nicht ausgeglichen werden können, liegt darin zunächst eine seitens des Gesetzgebers geschaffene Belastung. Die Entstehung der jeweiligen Verluste liegt aber weiterhin allein in der Sphäre der Steuerpflichtigen. Denn isoliert betrachtet folgen sie trotzdem daraus, dass mit einer einzelnen Tätigkeit mehr negative als positive Erträge erwirtschaftet werden. Insbesondere

1803 Siehe § 10, II..

wenn Steuerpflichtige daneben keine weitere Tätigkeit ausüben, ist es ebenso nicht zwingend, dass sich die so entstehenden Verluste in einem anderen als dem Veranlagungszeitraum ihrer Entstehung gewinnmindernd auswirken können. Auch soweit die Verrechnung mit Verlusten aus anderen Einkunftsarten ausgeschlossen wird, sind die Abzugsbeschränkungen aber, soweit ersichtlich, verfassungsrechtlich zulässig.[1804] Dass der Gesetzgeber hinsichtlich dieser Positionen ebenso wie bei § 10d Abs. 2 S. 1 EStG deren gewinnmindernde Nutzung in nachfolgenden Veranlagungszeiträumen erlaubt (vgl. §§ 15a Abs. 2 S. 1, 15b Abs. 1 S. 2, 15 Abs. 4 S. 2 EStG; in diesem Fall auch im vorangegangenen Veranlagungszeitraum) und die Verluste so im Sanierungsjahr noch in Form von nutzbaren Steuerminderungspotentialen zur Verfügung stehen, stellt daher ebenfalls ein den Steuerpflichtigen nicht zwingend zu gewährenden Vorteil dar. Gleiches gilt für den Verlustrücktrag nach § 10d Abs. 2 EStG, sodass auch in den von § 3a Abs. 3 S. 2 Nr. 12 EStG geregelten Sachverhalten das Steuerminderungspotential Ausdruck dieses gesetzgeberischen Vorteils ist. Anders verhält es sich hingegen bei Zins- und EBITDA-Vorträgen gemäß § 3a Abs. 3 S. 2 Nr. 13 EStG. Hier wird bereits verhindert, dass Steuerpflichtige überhaupt einen Verlust erzielen können, denn § 4h EStG verbietet schon, dass Zinsaufwendungen als Betriebsausgaben angesetzt werden können. Damit ist es kein Ausdruck eines gesetzgeberischen Vorteils, dass sich der Zinsaufwand in einem anderen Veranlagungszeitraum als demjenigen, in dem er anfällt, noch auswirkt. Vielmehr kompensiert die Möglichkeit, den nicht abziehbaren Zinsaufwand gemäß § 4h Abs. 1 S. 3 und S. 5 EStG in Form von Zins- und EBITDA-Vortrag zu speichern und in künftige Veranlagungszeiträume vorzutragen, lediglich die durch die Betriebsausgabenabzugsbeschränkung geschaffene Belastung.[1805] Damit ist auch die Tatsache, dass im Sanierungsjahr noch steuerminderndes Potential vorhanden ist, kein Ausdruck einer Begünstigung, sondern der Belastung der Zinsschranke des § 4h EStG.

Dieser Unterschied ist so gewichtig, dass er bei einer am Gerechtigkeitsgedanken orientierten Betrachtung nicht außer Acht gelassen werden darf, sodass Sachverhalte, in denen Steuerpflichtige über Zins- und EBITDA-Vorträge verfügen und solche Sachverhalte, in denen Verluste erzielt werden oder Verlustvorträge bestehen, nicht als wesentlich gleich angesehen

1804 Vgl. Heuerman, in: Blümich, § 15a EStG, Rn 18 (Stand: März 2021); ders. in: Blümich, § 15b EStG, Rn 4a (Stand: März 2021) m.w.N.; Bode, in: Blümich, § 15 EStG, Rn 651 (Stand: März 2021) mit Verweis auf BFH v. 24.04.2012 – IV B 84/11.

1805 Vgl. Desens, FR 2017, S. 981, 987; Bodden, in: Korn, EStG, § 3a, Rn. 33 (Stand: März 2020).

werden können. Daraus folgt für diese Sachverhalte eine Differenzierungspflicht für den Gesetzgeber. Dass er sie durch § 3a Abs. 3 S. 2 Nr. 13 EStG dennoch derselben Rechtsfolge unterwirft, ist daher vor Art. 3 Abs. 1 GG rechtfertigungsbedürftig und bedarf eines rechtfertigenden Grundes.

b) Interpersoneller Verlustuntergang gemäß § 3a Abs. 3 S. 3 EStG

Verbleibt nach der Verrechnung mit den Steuerminderungspotentialen des Steuerpflichtigen bzw. des zu sanierenden Unternehmens nach § 3a Abs. 2 S. 2 EStG noch ein Sanierungsertrag, erfolgt nach § 3a Abs. 3 S. 3 EStG zusätzlich dessen Verrechnung mit Steuerminderungspotentialen bei Dritten in derselben Reihenfolge. Damit wird die Steuerfreiheit des Sanierungsgewinns nach § 3a Abs. 1 S. 1 EStG ebenfalls weiter ausgestaltet, indem daran noch weitere Rechtsfolgen geknüpft werden. Dadurch könnten weitere gleichheitsrechtlich relevante Differenzierungen entstehen, denn unter den Voraussetzungen von § 3a Abs. 3 S. 3 EStG werden die erfassten Dritten mit der weitergehenden Rechtsfolge der Verlustverrechnung belastet.

Eine erste gemeinsame Eigenschaft zwischen von der Regelung erfassten und nicht erfassten Sachverhalten ist zunächst, dass bei einem zu sanierenden Unternehmen ein Sanierungsgewinne anfällt und dessen eigenes Verrechnungspotential bzw. das des Steuerpflichtigen nicht zu dessen Neutralisierung ausreicht. Des Weiteren muss eine weitere Person vorhanden sein, die ebenfalls über Steuerminderungspotentiale i.S.v. § 3a Abs. 3 S. 2 Nr. 1–Nr. 13 EStG verfügt. Da die allein aus diesen beiden Eigenschaften entstehende Vergleichsgruppe aber noch sehr weit ist, kommt als drittes gemeinsames Merkmal der für die gleichheitsrechtliche Betrachtung relevanten Sachverhalte noch hinzu, dass die dritte Person Schulden auf das zu sanierende Unternehmen übertragen hat.

Innerhalb dieser Gruppe von Sachverhalten schafft § 3a Abs. 3 S. 3 EStG abhängig von den weiteren Eigenschaften, die durch die Tatbestandsmerkmale des § 3a Abs. 3 S. 3 EStG bestimmt werden, unterschiedliche Rechtsfolgen. Mit dessen Rechtsfolge belastet und damit benachteiligt werden alle Sachverhalte, in denen es sich bei der dritten Person, welche die Schulden übertragen hat, um eine dem zu sanierenden Unternehmen bzw. dem das Unternehmen betreibenden Steuerpflichtigen nahestehende Person handelt und in denen außerdem die Schulden innerhalb von 5 Jahren vor dem Schuldenerlass übertragen wurden. Den betreffenden Steuerpflichtigen stehen nämlich ihre Steuerminderungspotentiale in dem Umfang, wie sie mit dem Sanierungsertrag des Krisenunternehmens verrechnet werden, nicht mehr zur eigenen Nutzung zur Verfügung. Besteht keine Nähebeziehung, tritt die Benachteiligung schon deswegen nicht ein, sodass darin das erste Differenzierungskriterium liegt. Sofern eine Nähebeziehung besteht, wird innerhalb der sich dadurch auszeichnenden Gruppe weiter nach dem Übertragungszeitraum von 5 Jahren unterschieden. Da die Benachteiligung in Form der Verlustverrechnung nur eintritt, wenn die Schuldenübertragung innerhalb dieser Frist vor dem Erlass stattgefunden hat, liegt in dem Übertragungszeitraum ein weiteres Unterscheidungsmerkmal. Die maßgeblichen Differenzierungskriterien sind also die besondere Nähebeziehung zum zu sanierenden Unternehmen und die zeitliche Nähe der Schuldenübertragung zum Schuldenerlass.

Folglich bringt auch § 3a Abs. 3 S. 3 EStG eine Ungleichbehandlung mit sich und bedarf daher der verfassungsrechtlichen Rechtfertigung.

4. Ungleichbehandlung durch § 3a Abs. 5 S. 1 EStG

§ 3a Abs. 5 EStG begünstigt in Ausnahmefällen auch die unternehmerbezogene Sanierung.[1806] Ohne, dass die Voraussetzungen des § 3a Abs. 2 EStG vorliegen müssen, wird eine Betriebsvermögensmehrung oder Betriebseinnahme auch dann steuerfrei gestellt, wenn sie aus einer erteilten Restschuldbefreiung nach §§ 286 ff. InsO, oder einem Schuldenbereinigungsplan i.S.v. § 304 InsO stammt, der ein Verbraucherinsolvenzverfahren nach §§ 304 ff. InsO vermeiden soll, oder dem in einem solchen Verfahren zugestimmt wurde bzw. die Zustimmung durch das Gericht ersetzt wurde. Die Aufzählung in § 3a Abs. 5 S. 1 EStG ist abschließend[1807], sodass andere Fälle unternehmerbezogener Sanierungen, die zu Betriebsvermögensmehrungen führen, zumindest nicht direkt nach § 3a Abs. 5 S. 1 EStG begünstigt sind. Auch diese Regelung schafft daher abhängig von der rechtlichen Entstehung des Ertrags unterschiedliche Rechtsfolgen.

Zunächst gelten die begünstigten insolvenzrechtlichen Maßnahmen ausschließlich für natürliche Personen[1808], für Personengesellschaften und

1806 Vgl. exemplarisch: Krumm, in: Blümich, § 3a EStG, Rn. 29 (Stand: März 2020).

1807 Vgl. Kanzler, in: K/K/B, § 3a, Rn. 173; Kobor, in: K/S/M, § 3a, Rn. F 5 (Stand: Mai 2020).

1808 Exemplarisch Seer, in: Kirchhof, 20. Aufl. 2021, § 3a, Rn. 61; Bös, in: Bordewin/Brandt, EStG, § 3a, Rn. 27 (Stand: März 2021).

Körperschaften ist ihr Anwendungsbereich hingegen nicht eröffnet.[1809] Die begünstigende Rechtsfolge des § 3a Abs. 5 S. 1 EStG greift also nur, wenn es sich bei dem Steuerpflichtigen um eine natürliche Person handelt. Daraus ergibt sich eine Benachteiligung von Sachverhalten, in denen ein Ertrag bei einer Personen- oder Kapitalgesellschaft entsteht und die Voraussetzungen der unternehmensbezogenen Sanierung nach § 3a Abs. 2 EStG nicht vorliegen. Darüber hinaus sind Erträge auch dann nicht § 3a Abs. 5 S. 1 EStG steuerfrei, wenn es sich bei dem Schuldner zwar um eine natürliche Person handelt, der Erlass aber außerhalb einer Restschuldbefreiung oder einem Schuldenbereinigungsplan erfolgt. Nicht begünstigt werden insbesondere Erlasse, die dem Steuerpflichtigen einen schuldenfreien Übergang in sein Privatleben oder den Aufbau einer neuen Existenzgrundlage ermöglichen sollen.[1810]

Das maßgebliche Differenzierungskriterium ist somit die Art der Entschuldungsmaßnahme, bzw. die Herkunft des zur Steuerpflicht führenden Ertrags. Teilweise entstehen Benachteiligungen zwar deswegen, weil es sich bei der Schuldnerin um eine Gesellschaft handelt, der Gesetzgeber knüpft an diese Eigenschaft jedoch nicht bewusst an. Die Benachteiligung entsteht lediglich mittelbar deswegen, weil der Anwendungsbereich der begünstigten insolvenzrechtlichen Maßnahmen für diese Schuldnergruppe nicht eröffnet ist. Zum Differenzierungskriterium wird die Art des Schuldners dadurch aber nicht.

Indem die begünstigende Rechtsfolge daran geknüpft wird, dass die Vermögensmehrung im Rahmen eines der genannten Verfahren entsteht, bewirkt auch § 3a Abs. 5 S. 1 EStG folglich eine rechtfertigungsbedürftige Ungleichbehandlung.

5. Ergebnis

Die unterschiedliche Gewinnermittlungstechnik im Einkommensteuerrecht nach § 2 Abs. 2 EStG ist ein Teil der gesetzgeberischen Belastungsentscheidung, das Einkommen als Steuergegenstand zu bestimmen. Dass nach dem Dualismus der Einkunftsarten bei Gewinneinkünften auch Buchgewinne ohne realen Mittelzuwachs zu einem steuerpflichtigen Gewinn führen können, ist verfassungsrechtlich zulässig.

1809 Vgl. Bodden, in: Korn, EStG, § 3a, Rn. 113 (Stand: März 2020); Kobor, in: K/S/M, § 3a, Rn. F 2, F 5 (Stand: Mai 2020).

1810 Vgl. BT-Drs. 18/12128, S. 31.

§ 3a EStG selbst enthält gleichheitsrechtlich relevante Differenzierungen in mehreren Hinsichten. Rechtfertigungsbedürftig ist zunächst die grundsätzliche Begünstigung von Sanierungserträgen gegenüber anderen Betriebsvermögensmehrungen, weitere rechtfertigungsbedürftige Ungleichbehandlungen ergeben sich dann innerhalb des Begünstigtenkreises durch die Ausgestaltung des Verlustverrechnungssystems in § 3a Abs. 3, sowie aus der tatbestandlichen Beschränkung der unternehmerbezogenen Sanierung gemäß § 3a Abs. 5 auf die dort geregelten Konstellationen. In der Einbeziehung des Zins- und EBITDA-Vortrags durch § 3a Abs. 3 S. 2 Nr. 13 EStG liegt zudem eine rechtfertigungsbedürftige Gleichbehandlung wesentlich gleicher Sachverhalte.

II. Verfassungsrechtliche Rechtfertigung

1. Prüfungsmaßstab

a) Kontrolldichte zwischen Willkürformel und Verhältnismäßigkeitskontrolle

Vor dem Hintergrund, dass Art. 3 Abs. 1 GG die Gleichbehandlung als Grundsatz und die Ungleichbehandlung als begründungsbedürftige Ausnahme statuiert, bedarf jede Ungleichbehandlung eines zureichenden Grundes[1811], mithin einer besonderen Rechtfertigung.[1812] Gleiches gilt auch im Fall einer rechtfertigungsbedürftigen Gleichbehandlung. Für die Rechtfertigungsprüfung sind zwei grundlegende Wege denkbar, nämlich zum einen eine Willkürprüfung und zum anderen eine Verhältnismäßigkeitsprüfung.[1813] Hinter der Frage nach dem anzulegenden Maßstab steht dabei – auch im Steuerrecht[1814] – stets die Weichenstellung dafür, in welchem Ausmaß der Staat – insbesondere der Gesetzgeber – hinsichtlich des Gleichheitssatzes einer Überprüfung seiner Entscheidungen ausgesetzt sein soll, denn bei einer Willkürprüfung bleibt ihm ein weitgehender Gestaltungsspielraum, dem nur äußerste Grenzen gesetzt werden, während

1811 Vgl. Rüfner, in: Bonner Kommentar GG, Art. 3, Rn. 16 (Stand: Oktober 1992).
1812 Vgl. BVerfG v. 24.1.1962 – 1 BvR 845/58, BVerfGE 13, 331.
1813 Vgl. Kischel, in: BeckOK GG, Art. 3, Rn. 24 (Stand: August 2021).
1814 Vgl. Eichberger, in: FS BFH, S. 501, 503.

bei einer Verhältnismäßigkeitsprüfung deutlich höhere Rechtfertigungsanforderungen zu beachten sind.[1815]

Während in § 12 dieser Untersuchung das Verhältnis des Folgerichtigkeitsgebots zur allgemeinen Gleichheitsdogmatik und dessen Auswirkungen auf die Gleichheitsprüfung betrachtet wurde, soll im nachfolgenden Teil dargelegt werden, nach welchen Kriterien das BVerfG das Maß der Gleichheitsbindung vor allem für die Prüfung steuerlicher Normen bestimmt.

aa) Übergang des BVerfG von der Willkürformel zum Stufenlos-Maßstab

(1) Ausgangspunkt: Willkürmaßstab

Anfänglich beschränkte sich das BVerfG sowohl in anderen Rechtsgebieten, wie auch im Steuerrecht darauf, zugunsten der Wahrung der Gestaltungsfreiheit des Gesetzgebers lediglich willkürliche Ungleichbehandlungen als vor Art. 3 Abs. 1 GG unzulässig anzusehen.[1816] Danach war der Gleichheitssatz nur verletzt, wenn sich ein vernünftiger, aus der Natur der Sache ergebender oder sonst wie sachlich einleuchtender Grund für die gesetzliche Differenzierung oder Gleichbehandlung nicht finden lässt, kurzum, wenn die Bestimmung als willkürlich bezeichnet werden muss.[1817] In früheren steuerrechtlichen Entscheidungen begnügte sich das BVerfG aber häufiger damit, zwar zumindest Art. 3 Abs. 1 GG als Prüfungsmaßstab[1818] oder das Willkürverbot als Grenze[1819] zu benennen, dann aber in die Gleichheitsprüfung einzusteigen, ohne eine einleitende Formel voranzustellen.[1820] Auch

1815 Vgl. Kischel, in: BeckOK GG, Art. 3, Rn. 25 (Stand: August 2021).

1816 Vgl. Rüfner, in: Bonner Kommentar GG, Art. 3, Rn. 16 (Stand: Oktober 1992).

1817 BVerfG v. 23.10.1951 – 2 BvG 1/51, BVerfGE 1, 14; v. 15.1.1969 – 1 BvR 723/65, BVerfGE 25, 101; v. 5.10.1993 – 1 BvL 34/81, BVerfGE 89, 132; v. 6.3.2002 – 2 BvL 17/99, BVerfGE 105, 73; v. 4.12.2002 – 2 BvR 400/98, BVerfGE 107, 27; v. 8.6.2004 – 2 BvL 5/00, BVerfGE 110, 412.

1818 Z.B. in BVerfG v. 24.1.1962 – 1 BvR 845/58, BVerfGE 13, 331; v. 9.7.1969 – 2 BvL 20/65, BVerfGE 26, 302; v. 3.11.1982 – 1 BvR 620/78, BVerfGE 61, 319.

1819 Vgl. BVerfG v. 7.10.1969 – 2 BvL 3/66, BVerfGE 27, 111; v. 10.2.1976 – 1 BvL 8/73, BVerfGE 41, 269.

1820 Vgl. BVerfG v. 24.1.1962 – 1 BvR 845/58, BVerfGE 13, 331; v. 14.2.1967 – 1 BvR 25/64, BVerfGE 21, 160; v. 9.7.1969 – 2 BvL 20/65, BVerfGE 26, 302; v. 2.10.1969 – 1 BvL 12/68, BVerfGE 27, 58; v. 11.5.1970 – 1 BvL 17/67, BVerfGE 28, 227; v. 15.12.1970 – 1 BvR 559/70, BVerfGE 29, 402; v. 7.11.1972 – 1 BvR 338/68, BVerfGE 34, 103; v.

die Terminologie in der Prüfung des sachlichen Grunds variierte recht stark.[1821] Dennoch wird im Ergebnis zunächst immer nur nach irgendeinem sachlichen Grund gesucht, der die (Un-)Gleichbehandlung zu rechtfertigen vermag.[1822] Zwar gebietet der Gleichheitssatz, vergleichbare Sachverhalte grundsätzlich mit derselben Rechtsfolge auszustatten, die Auswahl dieser rechtlich gleich zu behandelnden Sachverhalte obliege aber in den Grenzen der Sachgerechtigkeit dem Gesetzgeber[1823], der so im Rahmen seiner Entscheidungsfreiheit selbst darüber befinden könne, was als im Wesentlichen gleich und was als so verschieden anzusehen ist, dass die Verschiedenheit eine Ungleichbehandlung rechtfertigt.[1824] Verlangt wird nur eine Abwägung, ob die Gleichheit zwischen zwei Gruppen so bedeutsam ist, dass ihre Beachtung bei einer am Gerechtigkeitsgedanken orientierten Betrachtungsweise geboten erscheint.[1825] Erst jenseits dieser Grenze ende die

19.3.1974 – 1 BvR 416/68, BVerfGE 37, 38; v. 10.2.1976 – 1 BvL 8/73, BVerfGE 41, 269; v. 3.11.1982 – 1 BvR 620/78, BVerfGE 61, 319; v. 6.12.1983 – 2 BvR 1275/79, BVerfGE 65, 325; v. 4.10.1984 – 1 BvR 789/79, BVerfGE 67, 290.

1821 Mal wird gefordert, dass eine Abweichung von „überzeugenden Gründen" getragen sein muss oder dass eine „einleuchtende sachliche Begründung der ungleichen Behandlung" vorliegt (BVerfG v. 24.1.1962 – 1 BvR 845/58, BVerfGE 13, 331), mal prüft das Gericht Differenzierungen auf „sachlich einleuchtende" (BVerfG v. 13.7.1965 – 1 BvR 771/59, BVerfGE 19, 101; v. 2.10.1969 – 1 BvL 12/68, BVerfGE 27, 58), „sachlich vertretbare" (BVerfG v. 5.3.1974 – 1 BvR 712/68, BVerfGE 36, 321), „gewichtige sachliche" (BVerfG v. 8.10.1991 – 1 BvL 50/86 –, BVerfGE 84, 348) oder schlicht „sachliche" (BVerfG v. 3.11.1982 – 1 BvR 620/78, BVerfGE 61, 319; v. 4.10.1984 – 1 BvR 789/79, BVerfGE 67, 290) Gründe. An anderer Stelle wiederum werden „ausreichende Sachgründe" für die unterschiedliche Behandlung verlangt (BVerfG v. 11.5.1970 – 1 BvL 17/67, BVerfGE 28, 227), oder es wird untersucht, ob sachfremde oder sachlich vertretbare Kriterien zur Abgrenzung herangezogen wurden (Vgl. BVerfG v. 13.7.1965 – 1 BvR 771/59, BVerfGE 19, 101; v. 6.12.1983 – 2 BvR 1275/79, BVerfGE 65, 325) oder schließlich, ob eine „Verschiedenbehandlung im Hinblick auf den allgemeinen Gleichheitssatz sachlich ausreichend gerechtfertigt ist" (BVerfG v. 23.1.1990 – 1 BvL 4/87, BVerfGE 81, 228). Auch von der Notwendigkeit eines vernünftigen, sich aus der Natur der Sache ergebenden Grundes ist teilweise die Rede (vgl. BVerfG v. 23.10.1951 – 2 BvG 1/51, BVerfGE 1, 14; v. 27.9.1978 – 1 BvL 31/76, BVerfGE 49, 192).

1822 Vgl. Kischel, in: BeckOK GG, Art. 3, Rn. 30 (Stand: August 2021).

1823 Vgl. BVerfGE v. 20.12.1966 – 1 BvR 320/57, BVerfGE 21, 12; v. 11.3.1980 – 1 BvL 20/76, BVerfGE 53, 313; v. 8.4.1987 – 2 BvR 909/82, BVerfGE 75, 108.

1824 BVerfG v. 17.1.1979 – 1 BvR 446/77, BVerfGE 50, 177; v. 16.3.1982 – 1 BvR 938/81, BVerfGE 60, 123; v. 15.10.1985 – 2 BvL 4/83, BVerfGE 71, 39; vgl. BVerfG v. 13.6.1979 – 1 BvL 97/78, BVerfGE 51, 295.

1825 BVerfGE v. 22.1.1959 – 1 BvR 154/55, BVerfGE 9, 124; v. 19.3.1968 – 1 BvR 554/65, BVerfGE 23, 229; v. 5.11.1974 – 2 BvL 6/71, BVerfGE 38, 154; v. 17.1.1979 – 1 BvR 446/77, BVerfGE 50, 177.

gesetzgeberische Gestaltungsfreiheit.[1826] Willkürliches Handeln des Gesetzgebers kann deswegen noch nicht angenommen werden, wenn er unter mehreren gerechten Lösungen im konkreten Fall nicht die „zweckmäßigste", „vernünftigste" oder „gerechteste" gewählt hat.[1827] Das Willkürverbot formuliert insofern nur eine äußerste Grenze für staatliches Handeln.[1828] Sofern nur dieses als Maßstab in Betracht kommt, erfordert ein Verstoß gegen Art. 3 Abs. 1 GG deshalb die Evidenz der Unsachlichkeit einer Differenzierung.[1829] Darauf aufbauend wird schon früh auf die weitgehende Gestaltungsfreiheit des Gesetzgebers – insbesondere bei der Erschließung von Steuerquellen, als auch bei deren Beibehaltung[1830] verwiesen.[1831] Bei der Ausübung seiner Gestaltungsfreiheit dürfe sich der Gesetzgeber von finanzpolitischen, volkswirtschaftlichen, sozialpolitischen oder steuertechnischen Erwägungen leiten lassen, wobei Art. 3 Abs. 1 GG schon dann nicht verletzt ist, wenn eine Differenzierung durch einen dieser Gründe hinreichend gerechtfertigt ist.[1832] Beschränkt wird sie nur durch das Erfordernis der Sachgerechtigkeit des Differenzierungsgrunds als Konkretisierung des Willkürmaßstabs.[1833] An dieser Stelle variiert die Terminologie des BVerfG zwischen sachgerechten, vertretbaren Erwägungen[1834], einer sachgerechten

1826 BVerfG v. 16.3.1982 – 1 BvR 938/81, BVerfGE 60, 123; v. 4.5.1982 – 1 BvL 26/77, BVerfGE 60, 329; v. 23.1.1990 – 1 BvL 44/86, BVerfGE 81, 156.

1827 Vgl. BVerfG v. 17.12.1953 – 1 BvR 323/51, BVerfGE 3, 162; v. 9.7.1969 – 2 BvL 20/65, BVerfGE 26, 302; v. 5.11.1974 – 2 BvL 6/71, BVerfGE 38, 154; v. 19.12.1978 – 1 BvR 335/76, BVerfGE 50, 57; v. 13.6.1979 – 1 BvL 27/76, BVerfGE 51, 257; v. 13.6.1979 – 1 BvL 97/78, BVerfGE 51, 295; v. 26.3.1980 – 1 BvR 121/76, BVerfGE 54, 11; v. 7.10.1980 – 1 BvL 50/79, BVerfGE 55, 72; v. 27.1.1982 – 1 BvR 562/78, BVerfGE 59, 287; v. 5.10.1993 – 1 BvL 34/81, BVerfGE 89, 132; vgl. BVerfGE v. 15.10.1985 – 2 BvL 4/83, BVerfGE 71, 39.

1828 Vgl. Rüfner, in: Bonner Kommentar GG, Art. 3, Rn. 19 (Stand: Oktober 1992).

1829 BVerfG v. 9.5.1961 – 2 BvR 49/60, BVerfGE 12, 326; v. 20.3.1979 – 1 BvR 111/74, BVerfGE 51, 1; v. 7.10.1980 – 1 BvL 50/79, BVerfGE 55, 72; v. 5.10.1993 – 1 BvL 34/81, BVerfGE 89, 132.

1830 BVerfG v. 19.12.1978 – 1 BvR 335/76, BVerfGE 50, 57.

1831 Vgl. BVerfG v. 9.7.1969 – 2 BvL 20/65, BVerfGE 26, 302; v. 8.12.1970 – 1 BvR 95/68, BVerfGE 29, 327; v. 19.12.1978 – 1 BvR 335/76, BVerfGE 50, 57; v. 26.3.1980 – 1 BvR 121/76, BVerfGE 54, 11; v. 10.2.1987 – 1 BvL 18/81, BVerfGE 74, 182.

1832 Vgl. BVerfG v. 30.10.1961 – 1 BvR 833/59, BVerfGE 13, 181; v. 24.11.1965 – 1 BvR 228/65, BVerfGE 19, 119; v. 6.12.1983 – 2 BvR 1275/79, BVerfGE 65, 325; v. 10.2.1987 – 1 BvL 18/81, BVerfGE 74, 182.

1833 Vgl. Rüfner, in: Bonner Kommentar GG, Art. 3, Rn. 29 (Stand: Oktober 1992); vgl. BVerfG v. 20.12.1966 – 1 BvR 320/57, BVerfGE 21, 12; v. 11.3.1980 – 1 BvL 20/76, BVerfGE 53, 313; v. 8.4.1987 – 2 BvR 909/82, BVerfGE 75, 108.

1834 BVerfG v. 10.10.1978 – 2 BvL 10/77, BVerfGE 49, 260.

Auswahl von Sachverhalten, an die Rechtsfolgen geknüpft werden sollen[1835] oder dem Verbot von an sachwidrigen Kriterien ausgerichteten Differenzierungen[1836]. Der bloße Hinweis auf bestehende Verschiedenheiten zwischen den betroffenen Sachverhalten genüge aber nicht, sondern es wird ein innerer Zusammenhang zwischen den vorgefundenen Verschiedenheiten und der differenzierenden Regelung verlangt.[1837] Welche Gründe im Einzelfall sachfremd und deshalb willkürlich sind, lässt sich allerdings nicht allgemeingültig und abstrakt, sondern immer nur in Bezug auf die Eigenart des konkreten Sachverhalts bestimmten, der geregelt werden soll.[1838]

(2) Fortentwicklung durch die „neue Formel"

In der Folge hat das BVerfG die Willkürformel schrittweise verbal gelockert[1839] und dessen Grundsätze zu einem „am Grundsatz der Verhältnismäßigkeit orientierten Prüfungsmaßstab"[1840] fortentwickelt[1841] und sich so sukzessive dem Verhältnismäßigkeitsgrundsatz angenähert.[1842] Eingeläutet wurde der Übergang mit der sog. neuen Formel[1843] von 1980. Danach war der allgemeine Gleichheitssatz „vor allem dann verletzt, wenn eine Gruppe von Normadressaten im Vergleich zu anderen Normadressaten anders behandelt wird, obwohl zwischen beiden Gruppen keine Unterschiede von solcher Art. und solchem Gewicht bestehen, dass sie die ungleiche Behandlung rechtfertigen könnten.[1844] Ungleichbehandlung und rechtferti-

1835 BVerfG v. 8.6.1988 – 2 BvL 9/85, BVerfGE 78, 249.

1836 BVerfG v. 3.7.1973 – 1 BvR 368/65, BVerfGE 35, 335.

1837 BVerfG v. 12.10.1976 – 1 BvR 197/73, BVerfGE 42, 374 m.w.N.

1838 Vgl. BVerfGE v. 8.10.1963 – 2 BvR 108/62, BVerfGE 17, 122; v. 8.4.1987 – 2 BvR 909/82, BVerfGE 75, 108; v. 4.4.2001 – 2 BvL 7/98, BVerfGE 103, 310.

1839 Vgl. Kischel, in: BeckOK GG, Art. 3, Rn. 24 (Stand: August 2021).

1840 BVerfG v. 7.2.2012 – 1 BvL 14/07, BVerfGE 130, 240.

1841 Vgl. Rüfner, in: Bonner Kommentar GG, Art. 3, Rn. 25 (Stand: Oktober 1992).

1842 Vgl. Kirchhof, in: Isensee/Kirchhof, Handbuch des Staatsrechts, Bd. VIII, § 181, Rn. 162.

1843 So bezeichnet exemplarisch etwa von Kirchhof, in: Isensee/Kirchhof, Handbuch des Staatsrechts, Bd. VIII, § 181, Rn. 162; Kischel, in: BeckOK GG, Art. 3, Rn. 28 (Stand: August 2021).

1844 Erstmals BVerfG v. 7.10.1980 – 1 BvL 50/79, BVerfGE 55, 72; seitdem stRspr. z.B. BVerfG v. 15.10.1985 – 2 BvL 4/83, BVerfGE 71, 39; v. 13.5.1986 – 1 BvL 55/83, BVerfGE 72, 141; v. 30.5.1990 – 1 BvL 2/83, BVerfGE 82, 126; v. 11.6.1991 – 1 BvR 538/90, BVerfGE 84, 197; v. 2.12.1992 – 1 BvR 296/88, BVerfGE 88, 5; v. 8.4.1997 – 1 BvR 48/94, BVerfGE 95, 267; v. 14.7.1999 – 1 BvR 995/95, BVerfGE 101, 54; v. 6.3.2002 – 2 BvL 17/99, BVerfGE 105, 73; v. 4.12.2002 – 2 BvR 400/98, BVerfGE

gender Grund müssen dabei in einem angemessenen Verhältnis zueinander stehen.[1845] Mit der „neuen Formel" begann das BVerfG also, sich nicht mehr nur mit einem irgendwie vertretbaren Grund zu begnügen, sondern genauer nach einer Beziehung von Differenzierung und Differenzierungskriterium zu fragen.[1846] Nachdem der erstmals die neue Formel verwendende Beschluss noch eine Vorschrift der ZPO zum Gegenstand hatte, wurde sie zeitnah auch in die steuerliche Rechtsprechung übernommen[1847] und in mehreren Entscheidungen bestätigt, bis das BVerfG sie schließlich selbst als ständige Rechtsprechung bezeichnete.[1848] Trotzdem finden sich auch weiterhin Entscheidungen, in denen keine einleitende Prüfungsformel verwendet wird.[1849]

Hinsichtlich der Anwendung dieser neu definierten Rechtfertigungsmaßstäbe unterschied das Gericht fortan zwischen personenbezogenen und sachverhaltsbezogenen Ungleichbehandlungen. Sachverhaltsbezogene Differenzierungen sollten weiterhin nur einer weniger strengen Bindung an den Gleichheitssatz und daher einer großzügigeren Prüfung unterliegen.[1850] Das BVerfG betonte hier die weitgehende Gestaltungsfreiheit des Gesetzgebers[1851], da es in diesen Fällen grundsätzlich Sache des Betroffenen sei, sich auf diese Regelung einzustellen und nachteiligen Auswirkungen durch eigenes Verhalten zu begegnen.[1852] Das Maß der Bindung des Gesetzgebers an Art. 3 Abs. 1 GG sollte deswegen bei einer an Sachverhalten orientierten, insbesondere verhaltensbezogenen Differenzierung davon abhängen,

---

107, 27; v. 20.4.2004 – 1 BvR 905/00, BVerfGE 110, 274; v. 8.6.2004 – 2 BvL 5/00, BVerfGE 110, 412; v. 30.7.2008 – 1 BvR 3262/07, BVerfGE 121, 317; v. 21.6.2011 – 1 BvR 2035/07, BVerfGE 129, 49; v. 7.2.2012 – 1 BvL 14/07, BVerfGE 130, 240.

1845 BVerfG v. 30.5.1990 – 1 BvL 2/83, BVerfGE 82, 126 mit Verweis auf BVerfG v. 7.10.1980 – 1 BvL 50/79, BVerfGE 55, 72; v. 22.10.1981 – 1 BvR 1369/79, BVerfGE 58, 369; v. 16.3.1982 – 1 BvR 938/81, BVerfGE 60, 123; v. 4.5.1982 – 1 BvL 26/77, BVerfGE 60, 329; v. 16.11.1982 – 1 BvL 16/75, BVerfGE 62, 256; v. 13.5.1986 – 1 BvL 55/83, BVerfGE 72, 141.

1846 Vgl. Rüfner, in: Bonner Kommentar GG, Art. 3, Rn. 21 (Stand: Oktober 1992).

1847 Vgl. Erstmals BVerfG 29.11.1989 – 1 BvR 1402/87, BVerfGE 81, 108.

1848 Vgl. BVerfG v. 23.1.1990 – 1 BvL 4/87, BVerfGE 81, 228; v. 29.5.1990 – 1 BvL 20/84, BVerfGE 82, 60; v. 8.10.1991 – 1 BvL 50/86, BVerfGE 84, 348; v. 11.2.1992 – 1 BvL 29/87, BVerfGE 85, 238.

1849 BVerfG v. 27.6.1991 – 2 BvR 1493/89, BVerfGE 84, 239.

1850 Vgl. Payandeh, AöR 136 (2011), S. 578, 588; Jarass, NJW 1997, 2545, 2547.

1851 BVerfG v. 7.10.1980 – 1 BvL 50/79, BVerfGE 55, 72; v. 7.2.2012 – 1 BvL 14/07, BVerfGE 130, 240.

1852 Vgl. BVerfG v. 7.10.1980 – 1 BvL 50/79, BVerfGE 55, 72; v. 4.5.1982 – 1 BvL 26/77, BVerfGE 60, 329; v. 23.1.1990 – 1 BvL 44/86, BVerfGE 81, 156.

inwieweit die Betroffenen in der Lage sind, durch ihr Verhalten die Verwirklichung der Differenzierungsmerkmale zu beeinflussen.[1853] Mit dem Argument, dass der Grundsatz der Gleichheit aller Menschen vor dem Gesetz in erster Linie eine ungerechtfertigte Verschiedenbehandlung von Personen verhindern soll, begründete das BVerfG bei einer – aufgrund der fließenden Übergänge[1854] sowohl unmittelbaren als auch mittelbaren[1855] – Ungleichbehandlung von Personengruppen eine regelmäßig strengere Bindung des Gesetzgebers an Art. 3 Abs. 1 GG.[1856] Unabhängig von dieser Differenzierung sollten daneben Auswirkungen auf grundrechtlich gesicherte Freiheiten bei der Frage nach dem Maß der Bindung Berücksichtigung finden.[1857]

(3) „Neueste Formel"

Den nächsten Entwicklungsschritt bildete die teilweise so bezeichnete „neueste Formel"[1858], nach der das BVerfG den Prüfungsmaßstab für Art. 3 Abs. 1 GG wie folgt definiert: „Aus dem allgemeinen Gleichheitssatz ergeben sich je nach Regelungsgegenstand und Differenzierungsmerkmalen unterschiedliche Grenzen für den Gesetzgeber, die vom bloßen Willkürverbot bis zu einer strengen Bindung an Verhältnismäßigkeitserfordernisse

1853 BVerfG v. 7.10.1980 – 1 BvL 50/79, BVerfGE 55, 72; später BVerfG v. 26.1.1993 – 1 BvL 38/92, BVerfGE 88, 87; v. 8.4.1997 – 1 BvR 48/94, BVerfGE 95, 267; v. 27.1.1998 – 1 BvL 15/87, BVerfGE 97, 169; vgl. BVerfG v. 2.12.1992 – 1 BvR 296/88, BVerfGE 88, 5.

1854 Vgl. Jarass, NJW 1997, 2545, 2547.

1855 BVerfG v. 26.1.1993 – 1 BvL 38/92, BVerfGE 88, 87; v. 8.4.1997 – 1 BvR 48/94, BVerfGE 95, 267; v. 14.7.1999 – 1 BvR 995/95, BVerfGE 101, 54; v. 4.4.2001 – 2 BvL 7/98, BVerfGE 103, 310; v. 20.4.2004 – 1 BvR 905/00, BVerfGE 110, 274; v. 30.7.2008 – 1 BvR 3262/07, BVerfGE 121, 317.

1856 Vgl. BVerfG v. 7.10.1980 – 1 BvL 50/79, BVerfGE 55, 72; v. 26.1.1993 – 1 BvL 38/92, BVerfGE 88, 87; v. 8.4.1997 – 1 BvR 48/94, BVerfGE 95, 267; v. 14.7.1999 – 1 BvR 995/95, BVerfGE 101, 54; v. 20.4.2004 – 1 BvR 905/00, BVerfGE 110, 274; v. 30.7.2008 – 1 BvR 3262/07, BVerfGE 121, 317.

1857 Vgl. BVerfG v. 30.5.1990 – 1 BvL 2/83, BVerfGE 82, 126. Vereinzelt wurde allerdings auch schon in früheren Entscheidungen auf Auswirkungen einer Regelung auf die Berufsfreiheit aus Art. 12 Abs. 1 GG rekurriert, vgl. BVerfG v. 25.6.1974 – 1 BvL 11/73, BVerfGE 37, 342; v. 16.3.1982 – 1 BvR 938/81, BVerfGE 60, 123; v. 16.11.1982 – 1 BvL 16/75, BVerfGE 62, 256.

1858 Vgl. Kischel, in: BeckOK GG, Art. 3, Rn. 28 (Stand: August 2021).

reichen."[1859] In den steuerlichen Bereich wurde die neueste Formel erstmals mit der Entscheidung zur Begrenzung der Steuerfreiheit für Nachtarbeitszuschläge übernommen[1860] und in nachfolgenden Entscheidungen in ständiger Rechtsprechung verwendet.[1861]

Dabei hielt das BVerfG für Differenzierungen zwischen Personengruppen zunächst an einer strengeren Bindung an Art. 3 Abs. 1 GG fest, die umso enger ausfallen sollte, je mehr sich die personenbezogenen Merkmale den in Art. 3 Abs. 3 GG genannten Merkmalen annähern und je größer deshalb die Gefahr ist, dass eine an sie anknüpfende Ungleichbehandlung zur Diskriminierung einer Minderheit führt[1862], während es bei verhaltensbezogenen Unterscheidungen weiterhin auf die Beeinflussbarkeit der Merkmale ankommen sollte[1863]. Gerade eine strengere Bindung aufgrund der Nähe des Differenzierungsmerkmals zu Kriterien des Art. 3 Abs. 3 GG bestätigte das BVerfG für das Steuerrecht in einer ganzen Reihe von Entscheidungen.[1864] Auch wenn auf diesen Aspekt teilweise schon früher abgestellt wurde[1865], hob das BVerfG nun außerdem noch deutlicher hervor, dass die Grenzen des gesetzgeberischen Gestaltungsspielraums umso enger zu

---

1859 Erstmals verwendet in der Entscheidung zum Transsexuellengesetz, BVerfG v. 26.1.1993 - 1 BvL 38/92, BVerfGE v. 26.1.1993 - 1 BvL 38/92, BVerfGE 88, 87; seitdem zunächst stRSpr., z.B. BVerfG v. 27.1.1998 - 1 BvL 15/87, BVerfGE 97, 169; v. 14.7.1999 - 1 BvR 995/95, BVerfGE 101, 54; v. 4.4.2001 - 2 BvL 7/98, BVerfGE 103, 310; v. 6.3.2002 - 2 BvL 17/99, BVerfGE 105, 73; v. 4.12.2002 - 2 BvR 400/98, BVerfGE 107, 27; v. 20.4.2004 - 1 BvR 905/00, BVerfGE 110, 274; v. 8.6.2004 - 2 BvL 5/00, BVerfGE 110, 412; v. 7.11.2006 - 1 BvL 10/02, BVerfGE 117, 1; v. 15.1.2008 - 1 BvL 2/04, BVerfGE 120, 1; v. 17.4.2008 - 2 BvL 4/05, BVerfGE 121, 108; v. 30.7.2008 - 1 BvR 3262/07, BVerfGE 121, 317; v. 21.7.2010 - 1 BvR 611/07, BVerfGE 126, 400; v. 21.6.2011 - 1 BvR 2035/07, BVerfGE 129, 49.

1860 BVerfG v. 8.7.1993 - 1 BvL 20/85, BVerfGE 89, 15, Rn. 30.

1861 Vgl. BVerfG v. 6.3.2002 - 2 BvL 17/99, BVerfGE 105, 73; v. 4.12.2002 - 2 BvR 400/98, BVerfGE 107, 27; v. 20.4.2004 - 1 BvR 905/00, BVerfGE 110, 274; v. 8.6.2004 - 2 BvL 5/00, BVerfGE 110, 412; v. 7.11.2006 - 1 BvL 10/02, BVerfGE 117, 1; v. 15.1.2008 - 1 BvL 2/04, BVerfGE 120, 1; v. 9.12.2008 - 2 BvL 1/07, BVerfGE 122, 210; v. 12.5.2009 - 2 BvL 1/00, BVerfGE 123, 111; v. 12.10.2010 - 1 BvL 12/07, BVerfGE 127, 224.

1862 Vgl. BVerfG v. 26.1.1993 - 1 BvL 38/92, 88, 87, Rn. 34; v. 27.1.1998 - 1 BvL 15/87, BVerfGE 97, 169; v. 13.6.2006 - 1 BvR 1160/03, BVerfGE 116, 135.

1863 Vgl. BVerfG v. 2.12.1992 - 1 BvR 296/88, BVerfGE 88, 5; v. 26.1.1993 - 1 BvL 38/92, BVerfGE 88, 87; v. 8.4.1997 - 1 BvR 48/94, BVerfGE 95, 267; v. 27.1.1998 - 1 BvL 15/87, BVerfGE 97, 169.

1864 Vgl. BVerfG v. 21.7.2010 - 1 BvR 611/07, BVerfGE 126, 400; v. 18.7.2012 - 1 BvL 16/11, BVerfGE 132, 179; v. 7.5.2013 - 2 BvR 909/06, BVerfGE 133, 377 jeweils damit begründet, dass die Differenzierung an die sexuelle Orientierung anknüpfte.

1865 BVerfG v. 30.5.1990 - 1 BvL 2/83, BVerfGE 82, 126.

ziehen seien[1866] und die Bindung an den allgemeinen Gleichheitssatz deswegen umso strenger ausfalle[1867], je größer die Ungleichbehandlung sich auf die Ausübung grundrechtlich geschützter Freiheiten nachteilig auswirken kann.[1868] Die neueste Formel von 1993 brachte nicht nur eine sprachliche Neuerung mit sich, sondern der Prüfungsmaßstab wurde in seiner Strenge tatsächlich intensiviert, da das Gericht nun davon spricht, dass die Kontrolle des Gesetzgebers bis zu einer strengen Bindung an Verhältnismäßigkeitserfordernisse reichen kann.[1869] Die Tendenz zu einem bis zu einer strengen Bindung an Verhältnismäßigkeitserfordernisse reichenden Prüfungsmaßstabs war aber nicht gleichbedeutend mit einer Abkehr von der „neuen Formel", sondern in mehreren Entscheidungen wurde diese ergänzend weiterhin verwendet.[1870] Sofern weder eine Ungleichbehandlung von Personengruppen vorlag noch grundrechtlich geschützte Freiheiten nachteilig betroffen waren, kam sogar weiterhin nur das Willkürverbot als Maßstab in Betracht.[1871]

(4) Stufenloser Prüfungsmaßstab

Nach nunmehr ständiger Rechtsprechung ergeben sich aus dem allgemeinen Gleichheitssatz je nach Regelungsgegenstand und Differenzierungsmerkmalen unterschiedliche Grenzen für den Gesetzgeber, die von gelockerten, auf das Willkürverbot beschränkten Bindungen bis hin zu strengen Verhältnismäßigkeitsanforderungen reichen können; dabei gilt ein am Verhältnismäßigkeitsgrundsatz orientierter, stufenloser Prüfungsmaßstab, dessen Inhalt und Grenzen sich nicht abstrakt, sondern nur nach den jeweils

---

1866 BVerfG v. 11.1.1995 – 1 BvR 892/88, BVerfGE 92, 53; v. 8.4.1997 – 1 BvR 48/94, BVerfGE 95, 267; v. 30.7.2008 – 1 BvR 3262/07, BVerfGE 121, 317.

1867 BVerfG v. 15.7.1998 – 1 BvR 1554/89, BVerfGE 98, 365.

1868 Vgl. BVerfG v. 30.5.1990 – 1 BvL 2/83, BVerfGE 82, 126; v. 26.1.1993 – 1 BvL 38/92, BVerfGE 88, 87; v. 8.4.1997 – 1 BvR 48/94, BVerfGE 95, 267; v. 6.3.2002 – 2 BvL 17/99, BVerfGE 105, 73; v. 4.12.2002 – 2 BvR 400/98, BVerfGE 107, 27; v. 8.6.2004 – 2 BvL 5/00, BVerfGE 110, 412; v. 11.1.2005 – 2 BvR 167/02, BVerfGE 112, 164; vgl. BVerfG v. 16.11.1982 – 1 BvL 16/75, BVerfGE 62, 256; v. 30.5.1990 – 1 BvL 2/83, BVerfGE 82, 126 und v. 2.12.1992 – 1 BvR 296/88, BVerfGE 88, 5.

1869 Auf die im Schrifttum geführte Diskussion darüber, ob in der Einführung der „neuen Formel eine Parallelisierung der Prüfung des allgemeinen Gleichheitssatzes mit der freiheitsrechtlichen Verhältnismäßigkeitsprüfung zu sehen ist, soll hier nicht näher eingegangen werden, vgl. dazu Schwarz, FS Isensee, S. 949, 953 m.w.N.

1870 Vgl. z.B. BVerfG v. 13.2.2008 – 2 BvL 1/06, BVerfGE 120, 125.

1871 Vgl. BVerfG v. 8.6.1993 – 1 BvL 20/85, BVerfGE 89, 15;

betroffenen unterschiedlichen Sach- und Regelungsbereichen bestimmen lassen.[1872] Das Differenzierungskriterium muss nicht nur seiner Art nach sachlich gerechtfertigt sein, sondern auch für das Maß der Differenzierung gebiete Art. 3 Abs. 1 GG einen inneren Zusammenhang zwischen den Differenzierungsmerkmalen und der Regelung, der als Unterscheidungsgesichtspunkt hinreichendes Gewicht besitzt.[1873] Damit hat das BVerfG die Idee einer Stufenfolge in der Gleichheitsprüfung zwar endgültig aufgegeben, und so die Geltung des Verhältnismäßigkeitsprinzips auch bis zum unteren Ende der möglichen Bandbreite in Form einer Willkürprüfung anerkannt. Dies ist allerdings nicht dahingehend zu verstehen, dass die bisher angewendeten Formeln abgelöst werden sollten, sondern das BVerfG begründet so lediglich eine „offene, durchlässige Gleichheitsbindung"[1874] des Gesetzgebers. Wenn sich die Prüfungsdichte am unteren Ende der Skala zwischen Willkür- und Verhältnismäßigkeitsprüfung bewegt, genügt weiterhin ein sachlich einleuchtender Grund für eine Differenzierung,

Für das Steuerrecht vollzog das BVerfG diesen letzten Entwicklungsschritt zum stufenlosen Maßstab im Jahr 2012 mit seiner Entscheidung zur Lebenspartnerschaft im Grunderwerbsteuerrecht[1875], die gleichzeitig eine nahezu lehrbuchmäßige Zusammenfassung der Kriterien[1876] enthält, welche eine strengere Bindung des Gesetzgebers bewirken. Der Stufenlos-Maßstab wurde durch diese Entscheidung allerdings noch nicht als Standardformel etabliert, denn nachfolgende Entscheidungen verwendeten zunächst weiterhin nur die altbekannte „neueste Formel" als Rechtfertigungsmaßstab.[1877]

1872 Erstmals BVerfG v. 21.6.2011 – 1 BvR 2035/07, BVerfGE 129, 49, seitdem stRSpr., vgl. BVerfG v. 24.1.2012 – 1 BvL 21/11, BVerfGE 130, 131; v. 8.5.2013 – 1 BvL 1/08, BVerfGE 134, 1; v. 17.12.2014 – 1 BvL 21/12, BVerfGE 138, 136; v. 18.5.2016 – 1 BvR 2217/11; v. 18.7.2018 – 1 BvR 1675/16, BVerfGE 149, 222.

1873 Vgl. Eichberger, in: FS BFH, S. 501, 505 m.w.N.

1874 Vgl. Kirchhof, in: Maunz/Dürig, GG, Art. 3 Abs. 1, Rn. 268 (Stand: September 2015).

1875 BVerfG v. 18.7.2012 – 1 BvL 16/11, BVerfGE 132, 179. Hier formulierte der erste Senat: „Dabei verwehrt Art. 3 Abs. 1 GG dem Gesetzgeber nicht jede Differenzierung. Differenzierungen bedürfen jedoch stets der Rechtfertigung durch Sachgründe, die dem Differenzierungsziel und dem Ausmaß der Ungleichbehandlung angemessen sind. Dabei gilt ein stufenloser am Grundsatz der Verhältnismäßigkeit orientierter verfassungsrechtlicher Prüfungsmaßstab, dessen Inhalt und Grenzen sich nicht abstrakt, sondern nur nach den jeweils betroffenen unterschiedlichen Sach- und Regelungsbereichen bestimmen lassen." (Rn. 30).

1876 BVerfG v. 18.7.2012 – 1 BvL 16/11, BVerfGE 132, 179, Rn 31.

1877 Vgl. BVerfG v. 7.5.2013 – 2 BvR 909/0, BVerfGE 133, 377; v. 15.1.2014 – 1 BvR 1656/09, BVerfGE 135, 126.

Während auch die Entscheidung zur Luftverkehrssteuer[1878] die Verwendung des stufenlosen Maßstabs noch vermissen ließ, wird er ab der kurz darauf folgenden jüngsten Erbschaftsteuerentscheidung durchweg bis heute – teilweise mit geringen sprachlichen Nuancen[1879] – angewendet und hat sich so als ständige Rechtsprechungspraxis etabliert.[1880] Die Grundsätze zum stufenlosen Prüfungsmaßstab finden sich folglich heute übereinstimmend in steuerlichen, wie nichtsteuerlichen Entscheidungen.[1881]

Der Willkürmaßstab, die „neue" und „neueste" Formel, sowie der bis heute geltende stufenlose am Verhältnismäßigkeitsprinzip orientierte Prüfungsmaßstab sind nicht als sich jeweils aufeinanderfolgend ablösende starre Prüfungskonzepte, sondern als Teile eines einheitlichen Rechtfertigungsmaßstabs zu verstehen, wobei die Kontrolldichte je nach Schwere der Ungleichbehandlung von einer bloßen Willkürkontrolle bis zur strengen Prüfung steigt, die der Verhältnismäßigkeit zumindest ähnelt.[1882] Die Willkürprüfung kann also als eine Grundkontrolle verstanden werden, die bei Bedarf durch die Anwendung der neuen Formel intensiviert wird.[1883] Da die Willkürformel stets einen einleuchteten bzw. sachlichen Grund erforderte und die Frage, wann ein Grund einleuchtend ist, davon abhängt, was durch ihn gerechtfertigt werden soll, können die Anforderungen an den sachlichen Grund auch innerhalb der Willkürformel je nach Grad der Beeinträchtigung variieren[1884], sodass eine am Verhältnismäßigkeitsprinzip orientierte Prüfung seit je her als in der Willkürprüfung angelegt angesehen werden kann.[1885]

1878 BVerfG v. 5.11.2014 – 1 BvF 3/11, BVerfGE 137, 350.

1879 Der zweite Senat verwendet in seinen Entscheidungen zu § 8c KStG und zur Abzugsfähigkeit von Aufwendungen für eine Erstausbildung eine leicht von der des ersten Senats abweichende Formulierung, inhaltlich wird aber derselbe Maßstab verwendet (vgl. BVerfG v. 29.3.2017 – 2 BvL 6/11, BVerfGE 145, 106; v. 19.11.2019 – 2 BvL 22/14, BVerfGE 152, 274).

1880 BVerfG v. 17.12.2014 – 1 BvL 21/12, BVerfGE 138, 136; v. 24.3.2015 – 1 BvR 2880/11, BVerfGE 139, 1; v. 23.6.2015 – 1 BvL 13/11, 139, 285; v. 14.6.2016 – 2 BvR 290/10, BStBl. II 2016, S. 801 (Nichtannahmebeschluss); v. 29.3.2017 – 2 BvL 6/11, BVerfGE 145, 106; v. 10.4.2018 – 1 BvL 11/14, BVerfGE 148, 147; v. 10.4.2018 – 1 BvR 1236/11, BStBl. II 2018, S. 303, BVerfGE 148, 217; v. 18.7.2018 – 1 BvR 1675/16, BVerfGE 149, 222; v. 19.11.2019 – 2 BvL 22/14, BVerfGE 152, 274.

1881 Vgl. Eichberger, in: FS BFH, S. 501, 506.

1882 Vgl. Kischel, in: BeckOK GG, Art. 3, Rn. 25 (Stand: August 2021).

1883 Vgl. Rüfner, in: Bonner Kommentar GG, Art. 3, Rn. 28 (Stand: Oktober 1992).

1884 Vgl. Kischel, in: BeckOK GG, Art. 3, Rn. 29 (Stand: August 2021).

1885 Vgl. Kischel, in: BeckOK GG, Art. 3, Rn. 29 (Stand: August 2021); vgl. auch Eichberger, in: FS BFH, S. 501, 505.

(5) Zwischenergebnis

Sowohl für den steuerlichen als auch den nichtsteuerlichen Bereich beschränkte sich das BVerfG anfänglich auf eine Willkürprüfung für gesetzliche Differenzierungen, die nur nach einem irgendwie sachlich einleuchtenden Grund fragte. Über die Zwischenschritte der „neuen Formel“ und der „neuesten Formel“ hat das BVerfG seine Kontrolle zu einem stufenlosen, an der Verhältnismäßigkeit orientierten Prüfungsmaßstab fortentwickelt, der heute den ständigen Rechtsprechungsstandard bildet. Durch dessen Festigung kann die verfassungsgerichtliche Kontrolle nun sowohl auf eine Willkürprüfung beschränkt bleiben als auch eine echte Verhältnismäßigkeitsprüfung erforderlich machen. Die Willkürprüfung bildet eine Grundkontrolle, die abhängig vom Einzelfall intensiviert wird. Die Abkehr von der tatbestandlichen Trennung zwischen Willkürformel und neuer Formel und die gleichzeitige Anerkennung fließender Übergänge[1886] bedeutet also keine endgültige Abkehr von den Zwischenstufen, sondern erlaubt eine variable und auf den Einzelfall zugeschnittene Kontrolldichte. Dabei gelten im Steuerrecht grundsätzlich dieselben Maßstäbe wie in anderen Rechtsgebieten.[1887]

bb) Kriterien für die Bestimmung der Kontrolldichte im Einzelfall

Auch wenn das BVerfG heute recht zuverlässig – weil in ständiger Rechtsprechung – von einem gleitenden stufenlosen, am Grundsatz der Verhältnismäßigkeit orientierten Prüfungsmaßstab ausgeht[1888], ergibt sich dadurch als Kehrseite eine große Bandbreite an verfassungsgerichtlichen Kontrollmöglichkeiten.[1889] Wann konkret welcher Maßstab bei der Anwendung des Gleichheitssatzes zu gelten hat, wird so auch angesichts der teils als wider-

---

1886 Vgl. Hey, StuW 2015, 3, 6 m.w.N.

1887 Vgl. ebenso Hey, StuW 2015, 3, 6.

1888 Vgl. aus der jüngsten Rechtsprechung BVerfG v. 17.12.2014 – 1 BvL 21/12, BVerfGE 138, 136; v. 24.3.2015 – 1 BvR 2880/11, BVerfGE 139, 1; v. 23.6.2015 – 1 BvL 13/11, BVerfGE 139, 285; v. 14.6.2016 – 2 BvR 290/10, BStBl. II 2016, S. 801 (Nichtannahmebeschluss); v. 29.3.2017 – 2 BvL 6/11, BVerfGE 145, 106; v. 10.4.2018 – 1 BvL 11/14, BVerfGE 148, 147; v. 10.4.2018 – 1 BvR 1236/11, BStBl. II 2018, S. 303, BVerfGE 148, 217; v. 18.7.2018 – 1 BvR 1675/16, BVerfGE 149, 222; v. 19.11.2019 – 2 BvL 22/14, BVerfGE 152, 274.

1889 Vgl. Eichberger, in: FS BFH, S. 501, 505.

sprüchlich empfundenen Signale des BVerfG[1890] kaum noch vorhersehbar und nur schwer überschaubar.[1891]

Während jüngere Entscheidungen teilweise zwar umfangreiche Ausführungen zum Prüfungsmaßstab insgesamt enthalten, ist das Bundesverfassungsgericht trotzdem sehr zurückhaltend, wenn es darum geht, konkret zu benennen, wie streng der Prüfungsmaßstab im Einzelfall auszufallen hat. Im Gegenteil wird der anzuwendende Maßstab bewusst offen gelassen oder Willkür- und Verhältnismäßigkeitsmaßstab werden vermischt[1892] oder die Ausformulierung des gleichheitsrechtlichen Prüfungsmaßstabs erschöpft sich in einer Aneinanderreihung der in bisheriger Rechtsprechung zusammengetragenen Obersätze[1893]. Exemplarisch spricht das BVerfG in einer Reihe von Entscheidungen zur steuerrechtlichen Behandlung von Lebenspartnerschaften immerhin von einer Prüfung anhand eines „strengen Gleichheitsmaßstabs"[1894], einer „am Verhältnismäßigkeitsprinzip orientierten Gleichheitsprüfung"[1895] oder sogar explizit einer strengen Verhältnismäßigkeitsprüfung[1896] bzw. von „strengen Verhältnismäßigkeitsanforderungen"[1897]. Ein ausdrückliches Bekenntnis zu einem strengen Maßstab enthält auch die Entscheidung zum Zweitwohnungssteuertarif[1898] und aus jüngerer Zeit ist etwa die Entscheidung zur Erbschaft- und Schenkungsteuer aus 2014[1899] zu nennen, in welcher der erste Senat die Anforderungen an jede identifizierte Ungleichbehandlung explizit festlegt. Diese Linie der klaren Benennung der Maßstäbe setzt sich zunächst in weiteren Entschei-

1890 Vgl. Hey, DStR 2009, 2561, 2562 (wohl hauptsächlich hinsichtlich der Anwendung des Folgerichtigkeitsgebots).

1891 Vgl. Drüen, StuW 2019, 205, 209; Kempny, JöR 64 (2016), S. 477, 480. Das Neben- und Miteinander von steuerrechtlicher Rhetorik, dogmatischen Sonderkonstruktionen und klassischer gleichheitsrechtlicher Prüfung mache es schwer, im Steuerrecht verlässliche Aussagen über den Ausgang von Gleichheitsprüfungen zu treffen, vgl. Kischel, in: BeckOK GG, Art. 3, Rn. 143 (Stand: August 2021).

1892 Vgl. Hey, StbJb 2007/2008, S. 19, 37.

1893 Vgl. Eichberger, in: FS BFH, S. 501, 502.

1894 BVerfG v. 21.7.2010 – 1 BvR 611/07, BVerfGE 126, 400, Rn. 77.

1895 Vgl. BVerfG v. 21.7.2010 – 1 BvR 611/07, BVerfGE 126, 400, Rn. 82. Begründet wird dies damit, dass die unterschiedliche Besteuerung von Erbschaften personenbezogenen Merkmalen differenziert.

1896 BVerfG v. 18.7.2012 – 1 BvL 16/11, BVerfGE 132, 179, Rn. 33.

1897 BVerfG v. 7.5.2013 – 2 BvR 909/06, BVerfGE 133, 377, Rn. 89.

1898 BVerfG v. 15.1.2014 – 1 BvR 1656/09, BVerfGE 135, 126, Rn. 60.

1899 BVerfG v. 17.12.2014 – 1 BvL 21/12, BVerfGE 138, 136.

dungen fort[1900], wird aber nicht zur Regel, wie die Entscheidungen zum Verlustuntergang gemäß § 8c KStG[1901] oder der jüngste Beschluss des 1. Senats zum Zweitwohnungssteuertarif[1902] zeigen. Es fällt daher schwer eine einheitliche Linie auszumachen, wann eine Willkürprüfung ausreichend sein soll und wann ein strengerer Verhältnismäßigkeitsmaßstab anzulegen ist.[1903] In Zeiten der ausschließlichen Anwendung der Willkürformel wog der Verzicht auf die Benennung des Maßstabs[1904] noch nicht so schwer, bei der heute möglichen breiten Spanne kommt der genauen Festlegung des Maßes der gleichheitsrechtlichen Bindung aber größeres Gewicht zu.

Umso wichtiger ist es daher, allgemeingültige Kriterien zu benennen, anhand derer die konkrete Bestimmung der Kontrolldichte im Einzelfall erfolgen kann. Da der allgemeine Gleichheitssatz selbst keine Bewertungsmaßstäbe für gleichheitswidriges Verhalten vorgibt[1905], richten sich sowohl das Ausmaß der Befugnis des Gesetzgebers zur Differenzierung[1906] und die Frage, was im Einzelfall sachfremd und daher willkürlich ist[1907], als auch die

---

1900 Die grunderwerbsteuerliche Ungleichbehandlung von freiwilliger und amtlicher Baulandumlegung etwa sei innerhalb der Gleichheitsprüfung „nicht an einem strengen Verhältnismäßigkeitsmaßstab zu messen“ (BVerfG v. 24.3.2015 – 1 BvR 2880/11, BVerfGE 139, 1, Rn. 41), sondern folge einem „großzügigen Maßstab“ (Rn. 42), was mit der Verfügbarkeit des Differenzierungsmerkmals begründet wird (Leitsatz 1b). Auch die Entscheidung zur Ersatzbemessungsgrundlage bei der Grundsteuer verlangt „keine strenge Verhältnismäßigkeitsprüfung“ (BVerfG v. 23.6.2015 – 1 BvL 13/11, BVerfGE 139, 285, Rn. 73), sondern die Rechtfertigung bedürfe nur „eines hinreichend gewichtigen Sachgrundes“ (Rn. 74).

1901 Vgl. BVerfG v. 29.3.2017 – 2 BvL 6/11, BVerfGE 145, 106, Rn. 120: „Offenbleiben kann ferner, ob hier Gründe für eine eher strenge Verhältnismäßigkeitsprüfung der gesetzgeberischen Differenzierung zwischen Kapitalgesellschaften mit schädlichem Beteiligungserwerb und ohne einen solchen vorliegen“ (Rn. 120).

1902 Es wird nur darauf rekurriert, es bestünden „Wertverzerrungen solchen Ausmaßes, dass den Anforderungen des allgemeinen Gleichheitssatzes nicht genügt ist“ (BVerfG v. 18.7.2019 – 1 BvR 807/12, Rn. 32, BeckRS 2019, 25317) oder die Ungleichbehandlungen stünden „außer Verhältnis zu der damit zu erzielenden Verwaltungsvereinfachung.“ (BVerfG v. 18.7.2019 – 1 BvR 807/12, Rn. 50, BeckRS 2019, 25317). Hier lässt sich die Prüfungsdichte folglich nur aus der Begründung ableiten.

1903 So wohl auch Hey, StbJb 2007/2008, S. 19, 37.

1904 Exemplarisch: BVerfG v. 14.2.1967 – 1 BvR 25/64, BVerfGE 21, 160; v. 9.7.1969 – 2 BvL 20/65, BVerfGE 26, 302; v. 11.5.1970 – 1 BvL 17/67, BVerfGE 28, 227.

1905 Vgl. Schwarz, in: FS Isensee, S. 949.

1906 BVerfG v. 23.1.1957 – 2 BvE 2/56, BVerfGE 6, 84; v. 26.2.1969 – 2 BvL 15/68, BVerfGE 25, 26.

1907 Vgl. BVerfG v. 8.10.1963 – 2 BvR 108/62, BVerfGE 17, 122; v. 8.4.1987 – 2 BvR 909/82, BVerfGE 75, 108; v. 4.4.2001 – 2 BvL 7/98, BVerfGE 103, 310.

Bestimmung genauerer Maßstäbe und Kriterien dafür, unter welchen Voraussetzungen im Einzelfall das Willkürverbot oder das Gebot verhältnismäßiger Gleichbehandlung einschlägig ist[1908] nach dem jeweils betroffenen Sach- und Regelungsbereich.

Nachdem die Trennung zwischen personen- und sachverhaltsbezogenen Differenzierungen auch im Steuerrecht praktiziert wurde[1909], setzte sich zunehmend die Erkenntnis durch, dass eine solche Trennung kaum möglich[1910] und die daraus folgende Schwankung zwischen den zwei Extremen einer reinen Willkür- und einer strengen Verhältnismäßigkeitsprüfung nicht praktikabel ist.[1911] Konsequenterweise wurde eine strikte Stufenfolge in der Prüfungsdichte ausdrücklich mit dem Beschluss zum Mediziner-BAföG aufgegeben.[1912] Gerade diese Absage an ein striktes Stufensystem in der gleichheitsrechtlichen Kontrolldichte und die Anerkennung fließender Übergänge innerhalb des Stufenlos-Maßstabs lösten nur noch stärker ein dringendes Bedürfnis nach Verlässlichkeit hinsichtlich der Kriterien aus, anhand derer Einzelfälle auf der weiten Skala zwischen Willkürprüfung am einen Ende und einer vollen Verhältnismäßigkeitsprüfung am anderen Ende eingeordnet werden können.[1913] Trotz dessen, dass das Bundesverfassungsgericht eine ausdrückliche Festlegung auf einen klaren Prüfungsmaßstab oft vermissen lässt, können die geltenden Kriterien mittlerweile als gefestigt betrachtet werden. Eine Zusammenfassung liefert der erste Senat noch in der die strikte Stufenfolge ausdrücklich aufgebenden Entscheidung unter Bezugnahme auf frühere Rechtsprechung: Demnach werde eine strengere Bindung bewirkt durch (1) die mangelnde Verfügbarkeit oder Beeinflussbarkeit der Differenzierungsmerkmale durch die Betroffenen, (2) die Betroffenheit von Freiheitsrechten oder (3) eine Annäherung der Differenzierungsmerkmale an diejenigen des Art. 3 Abs. 3 GG.[1914] Der

1908 Vgl. BVerfG v. 6.3.2002 – 2 BvL 17/99, BVerfGE 105, 73; v. 4.12.2002 – 2 BvR 400/98, BVerfGE 107, 27.

1909 Vgl. BVerfG v. 8.6.1993 – 1 BvL 20/85, BVerfGE 89, 15; v. 7.5.2013 – 2 BvR 909/06, BVerfGE 133, 377; vgl. auch Schwarz, in: FS Isensee, S. 949, 952, 953 m.w.N.

1910 Vgl. exemplarisch Hey, StuW 2015, 3, 7; Schwarz, in: FS Isensee, S. 949, 952.

1911 Vgl. Eichberger, in: FS BFH, S. 501, 505.

1912 Vgl. Eichberger, in: FS BFH, S. 501, 505 mit Verweis auf BVerfG v. 21.6.2011 – 1 BvR 2035/07, BVerfGE 129, 49; vgl. auch Wernsmann, DVBl. 2015, 1085, 1090.

1913 Vgl. Eichberger, in: FS BFH, S. 501, 505.

1914 Vgl. BVerfG v. 21.6.2011 – 1 BvR 2035/07, BVerfGE 129, 49, Rn. 65.

Rückgriff zunächst auf diese drei Kriterien entspricht bis hin zu den jüngsten Entscheidungen des BVerfG ständiger Rechtsprechung.[1915]

Diese drei herkömmlichen Kriterien konnten im Steuerrecht allerdings bisher nur in Ausnahmefällen bzw. nur in Randbereichen eine strengere Gleichheitsprüfung bewirken.[1916] Die Nähe zu Art. 3 Abs. 3 GG hat lediglich in einer Reihe von Entscheidungen zur eingetragenen Lebenspartnerschaft zu einer Maßstabsverschärfung geführt[1917] und die mangelnde Entfaltung der Verfügbarkeit des Unterscheidungsmerkmals dürfte darauf zurückzuführen sein, dass das Steuerrecht nur selten an nicht oder kaum verfügbare Merkmale wie das Alter oder die Staatsangehörigkeit anknüpft[1918]. Freiheitsrechte sind zwar regelmäßig zumindest in Form der allgemeinen Handlungsfreiheit aus Art. 2 Abs. 1 GG betroffen, dies begründet aber nach Ansicht des BVerfG noch keinen strengen Prüfungsmaßstab, da ein Solcher ansonsten für nahezu jede steuerliche Vorschrift gelten würde.[1919]

Umso mehr rückte daher ein viertes, speziell steuerrechtliches Kriterium[1920] in den Vordergrund. In der Erbschaftsteuerentscheidung aus 2014 wird eine engere Bindung des Gesetzgebers – neben den bisherigen drei Kriterien – erstmals mit dem Umfang und dem Ausmaß der Ungleichbehandlung begründet.[1921] Bedeutsam ist dabei neben dem individuellen

1915 Die dazu heute nahezu durchweg genutzte Formulierung lautet: „Eine strengere Bindung des Gesetzgebers kann sich aus den jeweils betroffenen Freiheitsrechten ergeben […]. Zudem verschärfen sich die verfassungsrechtlichen Anforderungen, je weniger die Merkmale, an die die gesetzliche Differenzierung anknüpft, für den Einzelnen verfügbar sind […] oder je mehr sie sich denen des Art. 3 Abs. 3 GG annähern", vgl. BVerfG v. 17.12.2014 – 1 BvL 21/12, BVerfGE 138, 136; v. 24.3.2015 – 1 BvR 2880/11, BVerfGE 139, 1; v. 23.6.2015 – 1 BvL 13/11, BVerfGE 139, 285; v. 10.4.2018 – 1 BvL 11/14, BVerfGE 148, 147; v. 10.4.2018 – 1 BvR 1236/11, BStBl. II 2018, S. 303, BVerfGE 148, 217; v. 18.7.2018 – 1 BvR 1675/16, BVerfGE 149, 222; vgl. auch Eichberger, DStJG 39 (2016), S. 97, 113, der dies als den aktuellen Stand der Rechtsprechung bezeichnet.

1916 Vgl. Modrzejewski, in: Linien der Rechtsprechung des BVerfG, Bd. 5, S. 277, 281.

1917 Vgl. BVerfG v. 21.7.2010 – 1 BvR 611/07, BVerfGE 126, 400; v. 18.7.2012 – 1 BvL 16/11, BVerfGE 132, 179; v. 7.5.2013 – 2 BvR 909/06, BVerfGE 133, 377.

1918 Vgl. Modrzejewski, in: Linien der Rechtsprechung des BVerfG, Bd. 5, S. 277, 282.

1919 Vgl. Modrzejewski, in: Leitlinien der Rechtsprechung des BVerfG, Bd. 5, S. 277, 281.

1920 Es gilt zwar keine zwingende Beschränkung auf steuerrechtliche Gleichheitsprüfungen, allerdings ist es für dieses Rechtsgebiet besonders geeignet, vgl. Eichberger, FS BFH, S. 501, 511.

1921 Vgl. BVerfG v. 17.12.2014 – 1 BvL 21/12, BVerfGE 138, 136, Rn. 126. Teilweise wird in dieser Ergänzung der wesentliche Entwicklungsgehalt der Entscheidung gesehen, vgl. Modrzejewski, in: Linien der Rechtsprechung des BVerfG, Bd. 5, S. 277, 294.

Ausmaß der Differenzierung auch deren strukturelle Bedeutung für die jeweilige Steuer insgesamt.[1922] Zumindest in der Rechtsprechung des ersten Senats wurde dieses Kriterium in den Folgeentscheidungen ab sofort in die Maßstabsbildung übernommen und etablierte sich so zur ständigen Rechtsprechung.[1923]

Auch die praktische Anwendung durch das BVerfG zeigt, dass die vier Kriterien gängige Praxis sind, wobei das neue maßstabsverschärfende Kriterium des Ausmaßes bis heute schnell an Bedeutung gewonnen hat. Die Erbschaftsteuerentscheidung aus 2014 diskutierte zwar daneben auch eine mögliche Maßstabsverschärfung unter dem Aspekt der Verfügbarkeit des Differenzierungsmerkmals[1924], begründete die strenge Kontrolle aber hauptsächlich mit dem Ausmaß der Ungleichbehandlung. In der jüngsten Grundsteuer-Entscheidung begründete der Senat den strengeren Maßstab sogar ausschließlich mit dem erheblichen und strukturell angelegten Umfang der Ungleichbehandlung.[1925] In der Entscheidung zur Grunderwerbsteuer-Ersatzbemessungsgrundlage[1926] kann immerhin aus der Begründung abgeleitet werden, dass auch hier maßgeblich auf das strukturelle Ausmaß der Ungleichbehandlung abgestellt wurde. welches im Ergebnis zwar einen hinreichend gewichtigen Sachgrund, aber keine strenge Verhältnismäßigkeitsprüfung erforderlich machte.[1927] Ein ähnliches Bild zeigt die jüngste

---

1922 Vgl. Eichberger, FS BFH, 501, 510.

1923 BVerfG v. 24.3.2015 – 1 BvR 2880/11, BVerfGE 139, 1; v. 23.6.2015 – 1 BvL 13/11, BVerfGE 139, 285; v. 10.4.2018 – 1 BvL 11/14, BVerfGE 148, 147; v. 10.4.2018 – 1 BvR 1236/11, BStBl. II 2018, S. 303, BVerfGE 148, 217; v. 18.7.2019 – 1 BvR 807/12, BeckRS 2019, 25317.

1924 Vgl. BVerfG v. 17.12.2014 – 1 BvL 21/12, BVerfGE 138, 136, Rn. 132.

1925 Vgl. BVerfG v. 10.4.2018 – 1 BvL 11/14, BVerfGE 148, 147, Rn. 128.

1926 BVerfG v. 23.6.2015 – 1 BvL 13/11, BVerfGE 139, 285.

1927 Vgl. BVerfG v. 23.6.2015 – 1 BvL 13/11, BVerfGE 139, 285, Rn. 73, 74: „Der Rechtfertigungsbedarf für den gewählten Ersatzmaßstab wird dabei umso höher, je weiter sich der im Einzelfall gewählte Ersatzmaßstab von den Ergebnissen des Hauptmaßstabs und damit regelmäßig auch vom eigentlichen Belastungsgrund entfernt
[...] Für den hier zu entscheidenden Bereich der Grunderwerbsteuer bedarf danach die Ungleichbehandlung durch die teils strukturell bedingten, teils zufälligen Abweichungen zwischen Regelbemessungsgrundlage (§ 8 Abs. 1 GrEStG) und Ersatzmaßstab (§ 8 Abs. 2 GrEStG) zur Rechtfertigung eines hinreichend gewichtigen Sachgrundes."

Entscheidung zur Zweitwohnungsteuer.[1928] Deutlicher ist dann wieder die jüngste Gewerbesteuer-Entscheidung des ersten Senats.[1929]

Der zweite Senat zeigt sich in der Anwendung des neuen Kriteriums zunächst noch zurückhaltender.[1930] Mit seiner jüngsten steuerlichen Entscheidung[1931] übernahm er es zwar ebenfalls in den Katalog der möglichen Gründe für eine Maßstabsverschärfung und bewegt er sich so zwar auf die Rechtsprechung des ersten Senats zu, allerdings hat er das neue Kriterium jedoch bisher noch nicht zur tatsächlichen Anwendung gebracht. Die Entscheidung zu § 8c KStG erwähnt zwar die bisherigen drei Kriterien, lässt aber ausdrücklich offen, ob es aufgrund dessen zu einer Maßstabsverschärfung kommt, da die Regelung schon einer Willkürprüfung nicht standhalte.[1932] Zumindest wird aber die theoretische Möglichkeit einer Verschärfung aufgrund der Verfügbarkeit geprüft.[1933] In jüngsten Entscheidung des zweiten Senats bleibt es ebenfalls bei einer Prüfung anhand des Willkürmaßstabs und eine mögliche Maßstabsverschärfung infolge des Ausmaßes der bewirkten Ungleichbehandlung wird nicht einmal in Erwägung gezogen. Stattdessen thematisiert der Senat lediglich eine mögliche Verschärfung aufgrund der Auswirkungen des Abzugsverbots auf die Berufsfreiheit aus Art. 12 Abs. 1 GG, lehnt eine solche aber im Ergebnis ab.[1934] Es bleibt daher abzuwarten, ob auch der zweite Senat künftig seine Bestimmung der Kontrolldichte tatsächlich am Merkmal des Umfangs der Abweichung ausrichten wird.

1928 BVerfG v. 18.7.2019 – 1 BvR 807/12, BeckRS 2019, 25317.

1929 Zur Begründung des gelockerten Maßstabs für die Privilegierung der Veräußerungsgewinne, die auf natürliche Personen entfallen, welchen unmittelbar an der Mitunternehmerschaft beteiligt sind, wird zunächst dargelegt, dass weder Freiheitsrechte tangiert sind, noch sich das Kriterium der mittelbaren oder unmittelbaren Beteiligung der Verfügbarkeit der Betroffenen entzieht (vgl. BVerfG v. 10.4.2018 – 1 BvR 1236/11, BStBl. II 2018, S. 303, BVerfGE 148, 217, Rn. 116). Wohl um die Bedeutung des neuen Kriteriums hervorzuheben, wird anschließend in einem gesonderten Absatz betont, dass „insbesondere" keine strukturelle Ungleichbehandlung erheblichen Ausmaßes gegeben sei, die einen strengeren Maßstab erfordern würde (vgl. BVerfG v. 10.4.2018 – 1 BvR 1236/11, BStBl. II 2018, S. 303, BVerfGE 148, 217, Rn. 117).

1930 Die Entscheidung des zweiten Senats zu § 8c KStG übernimmt das Kriterium noch nicht: Vgl. BVerfG v. 29.3.2017 – 2 BvL 6/11, BVerfGE 145, 106.

1931 BVerfG v. 19.11.2019 – 2 BvL 22/14, BVerfGE 152, 274, Rn. 96.

1932 Vgl. BVerfG v. 29.3.2017 – 2 BvL 6/11, BVerfGE 145, 106, Rn. 120.

1933 Vgl. BVerfG v. 29.3.2017 – 2 BvL 6/11, BVerfGE 145, 106, Rn. 120.

1934 BVerfG v. 19.11.2019 – 2 BvL 22/14, BVerfGE 152, 274, Rn. 119.

Auffällig ist zudem noch der teils unterschiedliche Bezugspunkt des neuen Kriteriums. In den Entscheidungen zur Erbschaftsteuer, zur Baulandumlegung, zur Ersatzbemessungsgrundlage bei der Grunderwerbsteuer und den jüngsten Entscheidungen zur Grundsteuer und zur Gewerbesteuer wird allgemein auf das Ausmaß der – teils strukturell angelegten – Ungleichbehandlung abgestellt.[1935] Hingegen rekurrieren andere Entscheidungen explizit auf die Intensität der Abweichung vom Leistungsfähigkeitsprinzip. Dies zeigte sich sogar schon bevor der erste Senat das Ausmaß einer Ungleichbehandlung zum allgemeingültigen Strengekriterium erhob. So wurde in der Entscheidung zu Jubiläumsrückstellungen aus 2009 die Beschränkung der Prüfung auf das Willkürverbot damit begründet, dass das Gebot, die Einkommensteuer an der finanziellen Leistungsfähigkeit auszurichten, durch die betreffende Regelung unberührt bleibe.[1936] In einer späteren (ersten) Entscheidung zur Zweitwohnungsteuer hingegen heißt es: „Eine solche strengere Bindung des Normgebers folgt bei degressiven Steuertarifen aus der hiermit verbundenen Abweichung vom Leistungsfähigkeitsprinzip."[1937] Diese Rechtsprechungslinie wird auch nach dem Erbschaftsteuerbeschluss aus 2014 fortgeführt. In der 2019 folgenden zweiten Entscheidung zur Zweitwohnungsteuer heißt es unter Verweis auf die erste Zweitwohnungsteuer-Entscheidung: „Aus der Abweichung vom Leistungsfähigkeitsprinzip folgt jedoch eine strengere Bindung des Normgebers."[1938] Inhaltliche Unterschiede im Hinblick auf die Gleichheitsprüfung sind jedoch nicht erkennbar. Es kann daher nach derzeitigem Stand davon ausgegangen werden, dass es für eine Maßstabsverschärfung allein auf den Umfang bzw. die Intensität an sich ankommt und diese sich auf jegliche Ungleichbehandlungen beziehen kann. Letztlich bleibt aber festzuhalten, dass die Kriterien zur Bestimmung der Prüfungsdichte zwar gefestigt sind, die Frage nach deren genauer Bestimmung aber auch in jüngsten Entscheidungen teilweise nur mit vagen Formulierungen beantwortet oder bewusst unbeantwortet gelassen wird, sodass sie nicht mit letzter Klarheit vorhersehbar ist.[1939]

1935 Vgl. BVerfG v. 17.12.2014 – 1 BvL 21/12, BVerfGE 138, 136; v. 24.3.2015 – 1 BvR 2880/11, BVerfGE 139, 1; v. 23.6.2015 – 1 BvL 13/11, BVerfGE 139, 285; v. 10.4.2018 – 1 BvL 11/14, BVerfGE 148, 147; v. 10.4.2018 – 1 BvR 1236/11, BStBl. II 2018, S. 303, BVerfGE 148, 217.

1936 Vgl. BVerfG v. 12.5.2009 – 2 BvL 1/00, BVerfGE 123, 111, Rn. 31.

1937 BVerfG v. 15.1.2014 – 1 BvR 1656/09, BVerfGE 135, 126, Rn. 70.

1938 BVerfG v. 18.7.2019 – 1 BvR 807/12, Rn. 40, BeckRS 2019, 25317.

1939 Vgl. so auch Eichberger, FS BFH, S. 501, 513.

cc) Klassische Verhältnismäßigkeitsprüfung als strengste Form der Kontrolldichte?

Das BVerfG spricht zwar davon, dass die gleichheitsrechtliche Bindung des Gesetzgebers bis hin zu strengen Verhältnismäßigkeitserfordernissen reichen kann, eine echte dreistufige Prüfung bleibt aber regelmäßig aus.[1940] Der Ursprung für diese Zurückhaltung dürfte zuallererst im Charakter der Verhältnismäßigkeitsprüfung zu suchen sein. Verhältnismäßigkeit bezeichnet im Allgemeinen nämlich das Ergebnis einer Abwägung von Zweck und Mittel, sie bildet also eine Zweck-Mittel-Relation.[1941] Der Zweck eines Steuergesetzes ist aber regelmäßig die Deckung des allgemeinen Finanzbedarfs des Staates und dafür ist sie das einzig legitime Mittel und es gibt auch kein milderes, gleich geeignetes Mittel.[1942] Zumindest bei Fiskalzwecknormen lässt sich eine Zweck-Mittel-Relation also nicht sinnvoll bilden.[1943] Da sich die Bedürfnisse des Fiskus beliebig steigern lassen, läuft der Erforderlichkeitsgrundsatz insofern leer[1944], sodass der Verhältnismäßigkeitsgrundsatz nur mangelhaften Schutz gegen den Steuerzugriff bieten kann[1945]. Darüber hinaus sind aber auch strukturelle Unterschiede in der Gleichheitsprüfung im Verhältnis zu einer freiheitsrechtlichen Prüfung für die mangelnde Entfaltung des Verhältnismäßigkeitsgrundsatzes in der steuerverfassungsrechtlichen Rechtsprechung verantwortlich. Während Freiheitsrechte und das Übermaßverbot die Belastungswirkungen eines Eingriffs für den Einzelnen begrenzen und nur einen geeigneten, erforderlichen und angemessenen Eingriff gestatten, verlangen Gleichheitsrechte rechtliche Angleichung.[1946] Freiheitsrechte schonen die Betroffenen, Gleichheit aber beurteilt Gemeinsamkeiten und Verschiedenheiten und vergleicht insofern die Betroffenen.[1947] Die durch den allgemeinen Gleichheitssatz gebotene

---

1940 Vgl. Kischel, in: BeckOK GG, Art. 3, Rn. 37 (Stand: August 2021).

1941 Vgl. Kempny, StuW 2014, S. 185, 196; Thiemann, in: Linien der Rechtsprechung des BVerfG, Bd. 2, S. 179, 206.

1942 Vgl. Lepsius, JZ 2009, 255, 260; Kempny, StuW 2014, 185, 196; Wernsmann, DVBl. 2015, 1085, 1086.

1943 Vgl. Hey, StuW 2015, 3, 5.

1944 Vgl. Heintzen, JöR 64 (2016), S. 493, 500; vgl. auch Di Fabio, JZ 2007, 749, 752 („Das allgemeine Einnahmeinteresse der öffentlichen Hand ist unbestreitbar und im Verhältnis zu der Belastung des Steuerpflichtigen nicht rationalisierbar.")

1945 Vgl. Thiemann, in: Linien der Rechtsprechung des BVerfG, Bd. 2, S. 179, 206; Droege, JöR 64 (2016), S. 539, 543.

1946 Vgl. Kirchhof, JöR 64 (2016), S. 553, 559.

1947 Vgl. Kirchhof, JöR 64 (2016), S. 553, 559.

Verhältnismäßigkeitsprüfung muss also an einem anderen Punkt ansetzen. Es geht nicht um die Verhältnismäßigkeit der Belastung, sondern um die der Ungleichbehandlung, sodass nicht das Ausmaß der Belastung für den Betroffenen zu messen ist, sondern das Ausmaß der unterschiedlichen Behandlung der jeweiligen Gruppen.[1948] Folglich steht beim freiheitsrechtlichen Übermaßverbot das gesetzlich gewählte Mittel auf dem Prüfstand, bei Gleichheitseingriffen ist hingegen die Intensität der Verschiedenbehandlung und eben nicht das gewählte Mittel in den Blick zu nehmen.[1949] Die „Abwägung" innerhalb der Verhältnismäßigkeit muss deshalb in der Struktur des Gleichheitssatzes eher die Gestalt einer Entsprechungsprüfung annehmen, die danach fragt, ob sachliche Gründe die Ungleichbehandlung im Hinblick auf die gleichen und ungleichen Eigenschaften aufwiegen können. Die Rechtfertigung einer Gleichheitsbeeinträchtigung ergibt sich also nicht aus der Wahrung einer bestimmten Relation zu bestimmten Gesetzeszwecken, sondern ihr Gewicht muss durch entsprechende sachliche Gründe aufgewogen werden.[1950] Inhaltlich muss eine Ungleichbehandlung zur Abbildung des Differenzierungsgrundes zunächst geeignet sein, was einen inneren Zusammenhang zwischen den vorhandenen Unterschieden und der differenzierenden Regelung voraussetzt, es darf im Sinne der Erforderlichkeit keine weniger belastende Differenzierung zur Verfügung stehen und umgekehrt darf die gesetzliche Auswirkung nicht weiter greifen als der die Verschiedenbehandlung legitimierende Zweck, also der sie tragende Differenzierungsgrund es rechtfertigt.[1951] Mancherorts wird eine Implementierung der freiheitsrechtlicher Verhältnismäßigkeitserwägungen in die Gleichheitsprüfung aber auch nicht für notwendig erachtet, da die Forderung nach einer Gleichbehandlung von „wesentlich Gleichem" hinreichende Abstufungsmöglichkeiten gewährleiste.[1952] Auch innerhalb des Willkürverbots bestünden Möglichkeiten, die Angemessenheit des Differenzierungskriteriums zu überprüfen und ihn ins Verhältnis zum Ausmaß der Ungleichbehandlung zu setzen.[1953]

Das bedeutet jedoch keineswegs, dass das Übermaßverbot in der steuerrechtlichen Rechtsprechung des BVerfG nicht zur Anwendung gekommen

1948 Vgl. Jarass, NJW 1997, 2545, 2549.
1949 Vgl. Kirchhof, JöR 64 (2016), S. 553, 559.
1950 Vgl. Kischel, AöR 124 (1999), 174, 191.
1951 Zusammenfassend und m.w.N. auch aus der Rechtsprechung: Schwarz, in: FS Isensee, S. 949, 952 ff.
1952 Vgl. Schwarz, FS Isensee, 2007, 954.
1953 Vgl. Hey, DStR 2009, 2561, 2567.

wäre. Vielmehr lassen unterschiedlichste Entscheidungen immer wieder einzelne Verhältnismäßigkeitselemente erkennen, etwa einen Rekurs auf die Geeignetheit einer gesetzlichen Maßnahme zur Zielerreichung[1954] und auf „legitime" Zwecke[1955], Merkmale[1956] oder Mittel[1957]. Andere Entscheidungen enthalten bereits Elemente einer Erforderlichkeitsprüfung.[1958] An anderer Stelle geht das Gericht schon deutlich über solche Ansätze hinaus, indem gefordert wird, dass eine gesetzliche Auswirkung nicht weiter greifen darf, als der die Verschiedenbehandlung legitimierende Zweck es rechtfertigt und schutzwürdige Belange der Nichtbegünstigten nicht ohne hinreichenden sachlichen Grund vernachlässigt werden dürfen.[1959] Dies stellt sich in wesentlichen Zügen als Prüfung eines Interessenausgleichs im Sinne einer Angemessenheitsprüfung dar. Die Entscheidung zur Gewerbesteuerfreiheit enthält bereits eine klare dreistufige Prüfung dahingehend, dass zunächst der legitime Zweck der Regelung (Vereinfachung) herausgearbeitet wird, anschließend mögliche Alternativen erwogen werden und schließlich geprüft wird, ob die mit der Regelung verbundenen Nachteile in angemesse-

---

1954 Vgl. BVerfG v. 19.3.1974 – 1 BvR 416/68, BVerfGE 37, 38; v. 7.11.2006 – 1 BvL 10/02, BVerfGE 117, 1.

1955 Vgl. BVerfG v. 20.4.2004 – 1 BvR 905/00, BVerfGE 110, 274; v. 8.6.2004 – 2 BvL 5/00, BVerfGE 110, 412; v. 15.1.2008 – 1 BvL 2/04, BVerfGE 120, 1.

1956 BVerfG v. 15.1.1969 – 1 BvR 723/65, BVerfGE 25, 101.

1957 BVerfG v. 27.6.1991 – 2 BvR 1493/89, BVerfGE 84, 239.

1958 In der Entscheidung zur Erbschaftsteuer aus 2006 (BVerfG v. 7.11.2006 – 1 BvL 10/02, BVerfGE 117, 1) geht das Gericht darauf ein, dass das Fehlen eines sog. Nachversteuerungsvorbehalts dazu führt, dass „auch Erwerber eines Betriebsvermögens in den Genuss der Steuerbegünstigung kommen, die eine Fortführung des Unternehmens nicht beabsichtigen, bei denen das Lenkungsziel also von vornherein nicht erreicht werden kann" (Rn. 129). So wird ein mögliches milderes Mittel und damit eine Möglichkeit der gleichheitskonformen Ausgestaltung der Regelung aufgezeigt. In der Gewerbesteuerentscheidung aus 2008 (BVerfG v. 15.1.2008 – 1 BvL 2/04, BVerfGE 120, 1) wird eine Abgrenzung gewerblicher und nicht gewerblicher Einkünfte nach dem Umfang der verschiedenen Betätigungen durch Schätzung als mögliche Alternative zumindest erwogen. Beides stellt nichts anderes als die Prüfung milderer Mittel als Element der Verhältnismäßigkeit dar.

1959 BVerfG v. 11.2.1992 – 1 BvL 29/87, BVerfGE 85, 238.

nem Verhältnis zu den Vorteilen stehen.[1960] Auf dieser Linie bewegt sich auch die Entscheidung zum Halbeinkünfteverfahren[1961] aus 2009.

Diese Entwicklung setzt sich allerdings nicht direkt fort. Während in späteren Entscheidungen zwar eine strengere Prüfung ausdrücklich gefordert wird, das Gericht sogar von einer „Verhältnismäßigkeitsprüfung" spricht[1962] und sich detailliert mit Rechtfertigungsgründen auseinandersetzt, bleibt eine Solche tatsächlich aber zunächst aus. In der Literatur wird zumindest der Beginn eines Übergangs zu einer echten Verhältnismäßigkeit aus der Entscheidung des ersten Senats zur Zweitwohnungssteuer[1963] abgeleitet.[1964] Zumindest in Teilen kann dem auch zugestimmt werden.[1965] Für den strengsten Rechtfertigungsmaßstab sei das BVerfG endgültig mit der Erbschaftsteuerentscheidung aus 2014[1966] zu einer echten, dreistufigen Verhältnismäßigkeitsprüfung übergegangen.[1967] Tatsächlich wendet der erste Senat hier erstmals in dieser Deutlichkeit die echte Verhältnismäßigkeitsprüfung an. Zumindest hinsichtlich derjenigen Ungleichbehandlungen, für die das Gericht zur Rechtfertigung eine strenge Prüfung für geboten erachtet, erfolgt eine schulmäßige Prüfung auf die Verfolgung eines legitimen Ziels, die Geeignetheit, sowie Erforderlichkeit des gewählten Mittels und

---

1960 BVerfG v. 15.1.2008 – 1 BvL 2/04, BVerfGE 120, 1. Insbesondere führt der Senat hier aus die durch die zu prüfende Regelung hervorgerufene Ungleichbehandlung benachteilige die betroffene Vergleichsgruppe „nicht unangemessen", da die Nachteile „in einem vertretbaren Verhältnis zu den mit der Regelung verfolgten Zielen" stünden (Rn. 130) und führt somit einen Interessenausgleich im Sinne einer Angemessenheitsprüfung herbei.

1961 BVerfG v. 17.11.2009 – 1 BvR 2192/05, BVerfGE 125, 1. Zwar fällt die Prüfung hier nicht ganz so ausdifferenziert aus, dennoch werden der legitime Zweck der zu prüfenden Regelung und anschließend verschiedene Wege dargelegt, wie diese legitimen Zwecke vollständig hätten erreicht werden können, ohne die in der tatsächlichen Ausgestaltung eintretenden Nachteile herbeizuführen (Rn. 44 ff.).

1962 Vgl. BVerfG v. 21.7.2010 – 1 BvR 611/07, BVerfGE 126, 400; v. 18.7.2012 – 1 BvL 16/11, BVerfGE 132, 179; v. 7.5.2013 – 2 BvR 909/06, BVerfGE 133, 377.

1963 BVerfG v. 15.1.2014 – 1 BvR 1656/09, BVerfGE 135, 126.

1964 Vgl. Kischel, in: BeckOK GG, Art. 3, Rn. 169.2 (Stand: August 2020).

1965 Zwar enthält auch diese Entscheidung keine echte dreistufige, jedoch verlangt das Gericht hier erneut „Sachgründe, die dem Differenzierungsziel und dem Ausmaß der Ungleichbehandlung angemessen" sind (BVerfG v. 15.1.2014 – 1 BvR 1656/09 –, BVerfGE 135, 126, Rn. 54). Zudem wird die Rechtfertigung der Differenzierung verneint, weil sie zur Erreichung der Lenkungszwecke weder „geeignet" noch „erforderlich" sei (BVerfG, a.a.O., Rn. 88).

1966 BVerfG v. 17.12.2014 – 1 BvL 21/12, BVerfGE 138, 136.

1967 Vgl. Kischel, in: BeckOK GG, Art. 3, Rn. 169.2 (Stand: August 2020).

die Verhältnismäßigkeit im engeren Sinne.[1968] Allerdings ist diese Eindeutigkeit bis heute eine Ausnahme geblieben. Etwa die Entscheidung zur Grundsteuer aus 2018[1969] verlangt zwar einen strengen Maßstab, trotzdem beschränkt der erste Senat seine Prüfung darauf, ob ein für die Differenzierung hinreichend sachliche Gründe bestehen. Dass das Gericht hier mit keinem Wort auf eine echte, dreistufige Verhältnismäßigkeitsprüfung eingeht, führt zu Verwirrung und wird sogar teilweise als „Irrweg kritisiert.[1970] Dennoch zeigt insbesondere die genannte Entscheidung zu den erbschaftsteuerlichen Verschonungsregelungen, dass der Grundsatz der Verhältnismäßigkeit auch in der steuerrechtlichen Gleichheitsprüfung in seiner ganzen Bandbreite zur Anwendung kommen kann. Im Bereich mittlerer Prüfungsdichte, also zwischen strenger Verhältnismäßigkeit und reiner Willkürkontrolle wird auf Verhältnismäßigkeitserwägungen nicht gänzlich verzichtet, sondern je nach Art und Gewicht der Ungleichbehandlung werden einzelne Prüfungsstufen übersprungen oder zusammengefasst.[1971]

dd) Zwischenergebnis

Sowohl im steuerlichen als auch nichtsteuerlichen Bereich hat das BVerfG den gleichheitsrechtlichen Prüfungsmaßstab in mehreren Zwischenschritten von einer Willkürkontrolle zu einem gleitenden stufenlosen Maßstab weiterentwickelt, nach dem die Kontrolldichte auf einer breiten Skala zwischen Willkürprüfung und echter Verhältnismäßigkeitskontrolle variieren kann. Wo auf dieser Skala die Prüfungsdichte im Einzelfall zu verorten ist, kann anhand der verfassungsgerichtlichen Rechtsprechung nur schwer vorhergesagt werden, da das BVerfG nicht immer verlässliche und eindeutige Aussagen dazu trifft. Gefestigt sind nach derzeitiger Rechtsprechung allerdings vier Fallgruppen, in denen eine strengere Bindung des Gesetzgebers an den allgemeinen Gleichheitssatz angezeigt ist. Eine gesteigerte Prüfungsintensität folgt aus (1) der Betroffenheit von Freiheitsrechten durch die gesetzliche Differenzierung, (2) der Nähe des Differenzierungsgrundes zu den Merkmalen des Art. 3 Abs. 3 GG, (3) der eingeschränkten oder mangelnden Verfügbarkeit der Differenzierungsmerkmale für betroffene Perso-

1968 Vgl. BVerfG v. 17.12.2014 – 1 BvL 21/12, BVerfGE 138, 136, Rn. 127 ff.
1969 BVerfG v. 10.4.2018 – 1 BvL 11/14, BVerfGE 148, 147.
1970 Vgl. Kischel, in: BeckOK GG, Art. 3, Rn. 169.2 (Stand: August 2020).
1971 Vgl. Eichberger, FS BFH, S. 501, 507.

nen und (4) dem Ausmaß und der Intensität der Ungleichbehandlung.[1972] Gerade der letzten Fallgruppe kommt in der jüngsten verfassungsgerichtlichen Rechtsprechung aus dem steuerlichen Bereich eine sehr hohe Bedeutung zu. Der Bezugspunkt des Ausmaßes und der Intensität kann dabei eine Abweichung vom Leistungsfähigkeitsprinzip, wie auch jede andere Ungleichbehandlung sein. Auch wenn nach diesen Kriterien eine strenge Kontrolle erforderlich ist, bleibt eine klassische, der Kontrolle von Freiheitsrechten entsprechende Verhältnismäßigkeitsprüfung die Ausnahme. Da ihre Struktur nicht auf die Prüfung von Fiskalzwecknormen passt, bietet sie sich nur bei steuerlichen Lenkungsnormen an.

b) Steuerliche Rechtfertigungsgründe

Dass jede für Art. 3 Abs. 1 GG relevante Ungleichbehandlung durch einen sachlichen Grund gerechtfertigt werden muss, gilt auch bei Ausnahmen vom Gebot gleicher Besteuerung bei gleicher Ertragskraft[1973] und von der folgerichtigen Umsetzung einer Belastungsentscheidung[1974], da in beiden Fällen eine für Art. 3 Abs. 1 GG relevante Ungleichbehandlung vorliegt.[1975] Im Laufe seiner Rechtsprechung hat das BVerfG mehrere sachbereichsspezifische Rechtfertigungsgründe geprägt. Für den steuerlichen Bereich erkennt das BVerfG in mittlerweile gefestigter Rechtsprechung neben der Missbrauchsvermeidung vor allem außerfiskalische Förderungs- und Lenkungszwecke, sowie Typisierungs- und Vereinfachungserfordernisse an, nicht jedoch den rein fiskalischen Zweck staatlicher Einnahmenerhö-

1972 Vgl. Kirchhof, in: Maunz/Dürig, GG, Art. 3 Abs. 1, Rn. 268 (Stand: September 2015).

1973 Vgl. BVerfG v. 15.1.2008 – 1 BvL 2/04, BVerfGE 120, 1; v. 17.11.2009 – 1 BvR 2192/05, BVerfGE 125, 1.

1974 StRspr., vgl. BVerfG v. 30.9.1998 – 2 BvR 1818/91, BVerfGE 99, 88; v. 6.3.2002 – 2 BvL 17/99, BVerfGE 105, 73; v. 15.1.2008 – 1 BvL 2/04, BVerfGE 120, 1; v. 21.7.2010 – 1 BvR 611/07, BVerfGE 126, 400; v. 29.3.2017 – 2 BvL 6/11, BVerfGE 145, 106.

1975 Für Abweichungen vom Leistungsfähigkeitsprinzip vgl. BVerfG v. 15.1.2014 – 1 BvR 1656/09, BVerfGE 135, 126, Rn. 59.: „Werden weniger leistungsfähige Steuerschuldner mit einem höheren Steuersatz besteuert als wirtschaftlich leistungsfähigere Steuerschuldner, ist eine rechtfertigungsbedürftige Ungleichbehandlung im Sinne des Art. 3 Abs. 1 GG ungeachtet dessen gegeben, ob leistungsfähigere Steuerschuldner absolut einen höheren Steuerbetrag zu zahlen haben als leistungsschwächere Steuerschuldner."

hung.[1976] Die Untauglichkeit rein fiskalischer Zwecke als Rechtfertigung für Durchbrechungen ergibt sich aus der Überlegung, dass ansonsten jede Ungleichbehandlung mit dem Ziel staatlicher Einnahmenerhöhung begründet werden könnte.[1977] Vor diesem Hintergrund hat das BVerfG wiederholt klargestellt, dass Ungleiche Belastungen durch konkretisierende Ausgestaltung der steuerrechtlichen Grundentscheidungen nicht schon allein mit dem Finanzbedarf des Staates oder einer knappen Haushaltslage gerechtfertigt werden können.[1978]

aa) Missbrauchsvermeidung und Kompensation

Zunächst erkennt das BVerfG die steuerliche Missbrauchsbekämpfung als Rechtfertigungsgrund an. Schon in einem sehr frühen Urteil hat es nämlich klargestellt, dass „Bestimmungen, die lediglich Umgehungen der Steuerpflicht verhindern sollen, insoweit verfassungsrechtlich unbedenklich“ seien.[1979] Diese Sichtweise hat das Gericht mit der Entscheidung zum Halbeinkünfteverfahren aus 2010 noch einmal bestätigt, indem die „Abwehr unerwünschter steuerlicher Gestaltungen“ als legitimes und zur Rechtfertigung von Typisierungsregelungen grundsätzlich geeignetes Ziel angesehen wurde.[1980] Auch in der späteren Entscheidung zum schädlichen Beteiligungserwerb nach § 8c KStG hat das BVerfG wiederholt klargestellt, dass die Bekämpfung unerwünschter Steuergestaltungen ein legitimes Ziel zur Rechtfertigung von Ungleichbehandlungen nach Art. 3 Abs. 1 GG sein kann.[1981] Da ein Steuermissbrauch allerdings nur vorliegt, wenn Steuervorteile entgegen wirtschaftlicher Leistungsfähigkeit und der vom Gesetzgeber verfolgten Ziele in Anspruch genommen werden, verwirklicht Missbrauchsvermeidung die Gleichmäßigkeit der Besteuerung, sodass ein Rechtferti-

1976 Vgl. BVerfG v. 9.12.2008 – 2 BvL 1/07, BVerfGE 122, 210; v. 6.7.2010 – 2 BvL 13/09, BVerfGE 126, 268; v. 12.10.2010 – 1 BvL 12/07, BVerfGE 127, 224.

1977 Vgl. Desens, StuW 2016, 240, 244.

1978 Vgl. BVerfG v. 21.6.2006 – 2 BvL 2/99, BVerfGE 116, 164; v. 9.12.2008 – 2 BvL 1/07, BVerfGE 122, 210.

1979 BVerfG v. 24.1.1962 – 1 BvR 845/58, BVerfGE 13, 331, Rn. 37.

1980 BVerfG v. 12.10.2010 – 1 BvL 12/07, BVerfGE 127, 224, Rn. 72; die Abwehr unerwünschter Gestaltungen zumindest schon in Erwägung ziehend vgl. BVerfG v. 30.9.1998 – 2 BvR 1818/91, BVerfGE 99, 88, Rn. 32.

1981 Vgl. BVerfG v. 29.3.2017 – 2 BvL 6/11, BVerfGE 145, 106, Rn. 126 (im konkreten Fall sah das Gericht aber die Typisierungsbefugnis des Gesetzgebers als überschritten an).

gungsbedürfnis nur dann entsteht, wenn der Gesetzgeber in einer Weise typisiert, die auch zur Erfassung nicht missbräuchlicher Fälle führt.[1982]

Des Weiteren sieht das BVerfG grundsätzlich die Möglichkeit, Abweichungen als Kompensation für den Eintritt steuerlicher Vor- oder Nachteile zu rechtfertigen.[1983] Dies gilt sowohl in den Fällen, in denen eine Steuernorm einen begünstigenden Ausgleich für einen außersteuerlichen Nachteil bildet,[1984] als auch in den Fällen, in denen ein innersteuerlicher Nachteil[1985] kompensiert werden soll, solange keine Überkompensation des Nachteils stattfindet.[1986]

bb) Typisierungen und Pauschalierungen

Steuergesetze umfassen in der Regel Massenvorgänge des Wirtschaftslebens und müssen daher, um praktikabel zu sein, die Sachverhalte, an die sie dieselben steuerrechtlichen Folgen knüpfen, typisieren und damit in gewissem Umfang die Besonderheiten nicht nur des einzelnen Falles, sondern auch ganzer Gruppen vernachlässigen.[1987] Zur der Ordnung von Massenerscheinungen ist der Gesetzgeber deshalb berechtigt, die Vielzahl der Einzelfälle in dem Gesamtbild zu erfassen, das nach den ihm vorliegenden Erfahrungen die regelungsbedürftigen Sachverhalte zutreffend wiedergibt.[1988] Auf deren Grundlage erkennt das BVerfG dem Gesetzgeber dann das Recht zu, sich bei der Ausgestaltung seiner Normen generalisierender, typisierender und pauschalierender Regelungen zu bedienen.[1989] Anstelle eines individuellen Wirklichkeitsmaßstabes dürfe er für die Besteuerung aus Gründen der Praktikabilität pauschale Maßstäbe wählen und sich mit

1982 Vgl. Hey, in: Tipke/Lang, Steuerrecht, Rn. 3.129.

1983 Zusammenfassend Desens, StuW 2016, 240, 245 m.w.N.

1984 Vgl. BVerfG v. 6.3.2002 – 2 BvL 17/99, BVerfGE 105, 73.

1985 Vgl. BVerfG v. 21.6.2006 – 2 BvL 2/99, BVerfGE 116, 164.

1986 Vgl. BVerfG v. 21.6.2006 – 2 BvL 2/99, BVerfGE 116, 164.

1987 Vgl. BVerfG v. 20.12.1966 – 1 BvR 320/57, BVerfGE 21, 12; v. 7.11.2006 – 1 BvL 10/02, BVerfGE 117, 1;

1988 Vgl. BVerfG v. 11.11.1998 – 2 BvL 10/95, BVerfGE 99, 280; v. 6.3.2002 – 2 BvL 17/99, BVerfGE 105, 73; v. 9.12.2008 – 2 BvL 1/07, BVerfGE 122, 210; v. 7.5.2013 – 2 BvR 909/06 –, BVerfGE 133, 377;

1989 Vgl. BVerfG v. 23.1.1990 – 1 BvL 4/87, BVerfGE 81, 228; v. 8.10.1991 – 1 BvL 50/86, BVerfGE 84, 348; v. 10.4.1997 – 2 BvL 77/92, BVerfGE 96, 1; v. 9.12.2008 – 2 BvL 1/07, BVerfGE 122, 210; v. 7.5.2013 – 2 BvR 909/06, BVerfGE 133, 377;

einer „Typengerechtigkeit" begnügen.[1990] Typisierung bedeutet, bestimmte in wesentlichen Elementen gleich geartete Lebenssachverhalte normativ zusammenzufassen, wobei Besonderheiten, die im Tatsächlichen durchaus bekannt sind, generalisierend vernachlässigt werden können[1991], wohingegen Pauschalierung nichts anderes als eine Typisierung der rechnerischen Grundlagen bedeutet[1992]. Es handelt sich also nicht im negativen Sinne um eine Rechtfertigung nicht folgerichtiger Ausgestaltung des Belastungsgrunds, sondern positiv um die Zulässigkeit deren vergröbernder Umsetzung.[1993] Zwar hat das BVerfG früh erkannt, dass jede pauschale Besteuerung gewisse Ungleichheiten mit sich bringt, da bei einer Beschränkung auf eine „Typengerechtigkeit" die individuelle Besonderheit des einzelnen steuerpflichtigen Vorgangs außer Acht gelassen wird[1994], dies aber aus Gründen der Praktikabilität und Einfachheit des Rechts als hochrangig anerkanntes Ziel akzeptiert.[1995] Der dahinter stehender Rechtfertigungsgrund liegt also in der Vereinfachung. Der eigentliche Rechtfertigungsbedarf typisierender Regelungen ergibt sich aus deren „Streuwirkung", denn es werden zwangsläufig auch Sachverhalte erfasst, die bei einer klaren normativen Abgrenzung nicht oder nicht in dem konkreten Umfang erfasst wären.[1996] Darin allein liegt aber noch kein Verstoß gegen den Gleichheitssatz.[1997] Vielmehr sei eine gewisse ungleiche wirtschaftliche Auswirkung auf die einzelnen Steuerschuldner und ihre Wettbewerbslage bei Steuergesetzen unvermeidbar und hinzunehmen.[1998]

Da durch typisierende oder pauschalierende Regelungen stets eine Ungleichbehandlung bewirkt wird, zieht das BVerfG für deren Zulässigkeit

1990 Vgl. BVerfG v. 18.5.1971 – 1 BvL 7/69, BVerfGE 31, 119; v. 6.12.1983 – 2 BvR 1275/79, BVerfGE 65, 325.

1991 BVerfG v. 9.12.2008 – 2 BvL 1/07, BVerfGE 122, 210; v. 7.5.2013 – 2 BvR 909/06 –, BVerfGE 133, 377;

1992 Vgl. Hey, in: Tipke/Lang, Steuerrecht, Rn. 3.147; Lang, in: FS Kruse, S. 313, 325.

1993 Vgl. Thiemann, in: Linien der Rechtsprechung des BVerfG, Bd. 2, S. 179, 206.

1994 Vgl. BVerfG v. 10.5.1962 – 1 BvL 31/58, BVerfGE 14, 76;

1995 Vgl. BVerfG v. 8.6.2004 – 2 BvL 5/00, BVerfGE 110, 412. Eine immer mehr individualisierende und spezialisierende Gesetzgebung gefährde nämlich die Gleichmäßigkeit des Gesetzesvollzugs (vgl. BVerfG v. 7.12.1999, BVerfGE 101, 297).

1996 Vgl. Thiemann, in: Linien der Rechtsprechung des BVerfG, Bd. 2, S. 179, 207.

1997 Vgl. BVerfG v. 11.11.1998 – 2 BvL 10/95, BVerfGE 99, 280; v. 16.3.2005 – 2 BvL 7/00, BVerfGE 112, 268; v. 9.12.2008 – 2 BvL 1/07, BVerfGE 122, 210; v. 7.5.2013 – 2 BvR 909/06 –, BVerfGE 133, 377

1998 Vgl. BVerfG v. 20.12.1966 – 1 BvR 320/57, BVerfGE 21, 12.

gewisse Grenzen[1999]: Die wirtschaftlich ungleiche Wirkung einer Regelung auf die Steuerzahler darf ein gewisses Maß nicht übersteigen und die steuerlichen Vorteile der Typisierung müssen im rechten Verhältnis zu der mit der Typisierung notwendig verbundenen Ungleichheit der steuerlichen Belastung stehen.[2000] Nur dann ist diese Ungleichheit von den Betroffenen hinzunehmen.[2001] Aufgrund der Wertungsoffenheit muss hier von einem Einschätzungsspielraum des Gesetzgebers entsprechend der freiheitsrechtlichen Angemessenheitsprüfung ausgegangen werden.[2002] Daneben setzt eine zulässige Typisierung unter Berücksichtigung des Verhältnismäßigkeitsgrundsatzes voraus, dass mit ihr verbundene Härten nur unter Schwierigkeiten vermeidbar wären, dass sie lediglich eine verhältnismäßig kleine Zahl von Personen betreffen und der Verstoß gegen den Gleichheitssatz nicht sehr intensiv ist.[2003] Entstehen hingegen erhebliche Abweichungen vom Gleichheitssatz und betreffen sie nicht nur eine verhältnismäßig kleine Anzahl von Personen, ist Art. 3 Abs. 1 GG allenfalls dann nicht verletzt, wenn eine schonendere Zwischenlösung aus sachlichen Gründen nicht möglich ist.[2004] Vereinfachungszwecknormen müssen damit zur Erreichung des Vereinfachungszwecks geeignet und erforderlich sein und dürfen keine unverhältnismäßigen Wirkungen auslösen; die Typisierung bedarf eines erkennbaren Bedürfnisses und gibt es verschiedene, gleich effektive Möglichkeiten der Verwaltungsvereinfachung, hat der Gesetzgeber die für den Steuerpflichtigen am wenigsten belastende zu wählen.[2005] Für die Rechtfertigung einer Verschiedenbehandlung vergleichbarer Sachverhalte verlangt das BVerfG, dass bei einer Gleichbehandlung erhebliche verwaltungstechnische Schwierigkeiten entstünden, die nicht durch einfachere, die Betroffenen weniger belastende Regelungen behoben werden könnten.[2006] Au-

---

1999 Anschaulich zusammenfassend etwa BVerfG v. 7.5.2013 – 2 BvR 909/06 –, BVerfGE 133, 377.

2000 Vgl. BVerfG v. 20.12.1966 – 1 BvR 320/57, BVerfGE 21, 12; v. 20.4.2004 – 1 BvR 905/00, BVerfGE 110, 274; v. 7.11.2006 – 1 BvL 10/02, BVerfGE 117, 1; v. 4.2.2009 – 1 BvL 8/05, BVerfGE 123, 1; v. 7.5.2013 – 2 BvR 909/06, BVerfGE 133, 377;

2001 Vgl. BVerfG v. 20.12.1966 – 1 BvR 320/57, BVerfGE 21, 12.

2002 Vgl. Thiemann, Linien der Rechtsprechung des BVerfG, Bd 2, S. 179, 209.

2003 Vgl. BVerfG v. 8.10.1991 – 1 BvL 50/86, BVerfGE 84, 348; v. 28.4.1999 – 1 BvL 11/94, BVerfGE 100, 138; v. 4.4.2001 – 2 BvL 7/98, BVerfGE 103, 310; v. 7.5.2013 – 2 BvR 909/06 –, BVerfGE 133, 377

2004 Vgl. BVerfG v. 8.10.1991 – 1 BvL 50/86, BVerfGE 84, 348.

2005 Vgl. Tipke, Die Steuerrechtsordnung, Bd. I, S. 350; Hey, in: Tipke/Lang, Steuerrecht, Rn. 3.147.

2006 Vgl. BVerfG v. 8.10.1991 – 1 BvL 50/86, BVerfGE 84, 348.

ßerdem müssen die gesetzlichen Verallgemeinerungen auf einer möglichst weiten, alle betroffenen Gruppen und Regelungsgegenstände einschließenden Beobachtung aufbauen.[2007] Eine gesetzliche Typisierung darf keinen atypischen Fall als Leitbild wählen, sondern muss sich realitätsgerecht am typischen Fall orientieren.[2008]

Typisierungen, die zu Bevorzugungen führen, werden von der Rechtsprechung eher akzeptiert, als solche die zu Benachteiligungen führen.[2009] Das BVerfG gesteht dem Gesetzgeber bei bevorzugenden Typisierungen nämlich eine weitere Gestaltungsfreiheit zu als bei Benachteiligenden.[2010] Der gesetzgeberische Spielraum für Typisierungen ist umso enger, je dichter die verfassungsrechtlichen Vorgaben außerhalb des Art. 3 Abs. 1 GG sind und er endet dort, wo die speziellen Diskriminierungsverbote des Art. 3 Abs. 2 und 3 GG betroffen sind.[2011] Die Befugnis des Gesetzgebers zur Typisierung gilt unabhängig davon, ob mit einer Steuernorm allein Fiskalzwecke oder auch Förderungs- und Lenkungsziele verfolgt werden.[2012]

cc) Außerfiskalische Förder- und Lenkungszwecke

(1) Zulässigkeit und Anforderungen

Neben Vereinfachungszwecken erkennt das Bundesverfassungsgericht vor allem außerfiskalische Förder- und Lenkungszwecke als Rechtfertigungsgrund an. Steuerrechtliche Vorschriften müssen nämlich nicht allein der Erzielung von Einnahmen für den Staatshaushalt dienen, sondern dürfen auch bestimmte sozial- und wirtschaftspolitische Ziele verfolgen.[2013]. Eine

---

2007 Vgl. BVerfG v. 10.4.1997 – 2 BvL 77/92, BVerfGE 96, 1; v. 7.12.1999, BVerfGE 101, 297; v. 9.12.2008 – 2 BvL 1/07, BVerfGE 122, 210; v. 7.5.2013 – 2 BvR 909/06, BVerfGE 133, 377;

2008 Vgl. BVerfG v. 16.3.2005 – 2 BvL 7/00, BVerfGE 112, 268; v. 21.6.2006 – 2 BvL 2/99, BVerfGE 116, 164; v. 7.11.2006 – 1 BvL 10/02, BVerfGE 117, 1; v. 9.12.2008 – 2 BvL 1/07, BVerfGE 122, 210; v. 4.2.2009 – 1 BvL 8/05, BVerfGE 123, 1; v. 29.3.2017 – 2 BvL 6/11, BVerfGE 145, 106.

2009 Vgl. Tipke, Die Steuerrechtsordnung, Bd. II, S. 351 m.w.N. aus der Rechtsprechung

2010 Vgl. BVerfG v. 24.6.1963 – 1 BvL 11/61, BVerfGE 17, 1; v. 13.7.1965 – 1 BvR 771/59, BVerfGE 19, 101; v. 6.12.1983 – 2 BvR 1275/79, BVerfGE 65, 325; v. 4.4.2001 – 2 BvL 7/98, BVerfGE 103, 310.

2011 Vgl. BVerfG v. 7.5.2013 – 2 BvR 909/06, BVerfGE 133, 377.

2012 Vgl. BVerfG v. 9.12.2008 – 2 BvL 1/07, BVerfGE 122, 210.

2013 Vgl. BVerfG v. 11.2.1992 – 1 BvL 29/87, BVerfGE 85, 238.

Steuer kann daher in den Grenzen der Verfassung auch ein legitimes Mittel zur Wirtschaftssteuerung sein, sodass wirtschaftslenkende Regelungen in Steuergesetzen – die als „Lenkungssteuern" bezeichnet werden[2014] – zulässig sind.[2015] Alternativ zur wirtschaftlichen Verhaltenssteuerung durch Ge- oder Verbote gibt das Gericht dem Gesetzgeber so ein Instrument an die Hand, Bürger nicht rechtsverbindlich, sondern durch die Sonderbelastung eines unerwünschten oder die steuerliche Verschonung eines erwünschten Verhaltens ein Motiv zu geben, sich für ein bestimmtes Tun oder Unterlassen zu entscheiden.[2016] Steuerpflichtige werden so vor eine „Wahlschuld" gestellt.[2017] Da eine Lenkungsnorm allerdings eine Abweichung von der einmal getroffenen Belastungsentscheidung, sogar eine gesetzlich bewusst hergestellte Ungleichbehandlung[2018], darstellt[2019], erfordert eine solche Regelung zur Rechtfertigung vor dem Gleichheitssatz des Art. 3 Abs. 1 GG, dass die Verschonung oder Belastung aus „Gründen des Gemeinwohls" erfolgt.[2020] Außerdem muss der Lenkungszweck zielgenau und normenklar ausgestaltet sein.[2021] Handelt es sich um eine begünstigende Norm, muss die Ausgestaltung weiteren besonderen Anforderungen genügen.[2022]

(2) Erhöhte Begründungsanforderungen

Eine Ungleichbehandlung kann also zwar mit außerfiskalischen Förder- oder Lenkungszwecken gerechtfertigt werden, teilweise wird aber davon gesprochen, dass nach der Rechtsprechung des BVerfG in diesem Fall

2014 BVerfG v. 11.2.1992 – 1 BvL 29/87, BVerfGE 85, 238.

2015 Vgl. BVerfG v. 2.10.1973 – 1 BvR 345/73, BVerfGE 36, 66; v. 27.6.1991 – 2 BvR 1493/89, BVerfGE 84, 239.

2016 Vgl. BVerfG v. 7.5.1998 – 2 BvR 1991/95, BVerfGE 98, 106; v. 20.4.2004 – 1 BvR 905/00, BVerfGE 110, 274; BVerfG v. 17.4.2008 – 2 BvL 4/05, BVerfGE 121, 108; v. 15.1.2014 – 1 BvR 1656/09, BVerfGE 135, 126.

2017 Vgl. Kirchhof, JöR 64 (2016), S. 553, 562; ders., StuW 2017, 3, 14.

2018 Vgl. Kirchhof, JöR 64 (2016), S. 553, 563.

2019 Vgl. Mellinghoff, DStR 2003, Beih. zu Heft 20–21, 3, 10; Thiemann, in: Linien der Rechtsprechung des BVerfG, Bd. 2, S. 179, 205.

2020 Vgl. BVerfG v. 22.6.1995 – 2 BvL 37/91, BVerfGE 93, 121; v. 11.11.1998 – 2 BvL 10/95, BVerfGE 99, 280; BVerfG v. 17.4.2008 – 2 BvL 4/05, BVerfGE 121, 108; v. 9.12.2008 – 2 BvL 1/07, BVerfGE 122, 210; v. 15.1.2014 – 1 BvR 1656/09, BVerfGE 135, 126;

2021 Vgl. BVerfG v. 7.11.2006 – 1 BvL 10/02, BVerfGE 117, 1, Rn. 106; v. 17.12.2014 – 1 BvL 21/12, BVerfGE 138, 136.

2022 Vgl. BVerfG v. 17.4.2008 – 2 BvL 4/05, BVerfGE 121, 108, Rn. 45; siehe dazu näher unter § 12, II., 1., c), bb)).

verschärfte Maßstäbe gelten.[2023] Dazu gehört als weiteres Rechtfertigungskriterium eine besondere Begründungspflicht des Gesetzgebers. In dem Beschluss zur Vermögenssteuer[2024] stellt der 2. Senat des BVerfG erstmals klar, dass eine solche Regelung eine „erkennbare Entscheidung des Gesetzgebers" voraussetzt, mit dem Instrument der Steuer auch andere als bloße Ertragswirkungen erzielen zu wollen.[2025] Die Rechtfertigung eines Belastungsunterschieds, der vom Gesetzgeber tatsächlich bewirkt, aber so nicht beschlossen wurde dadurch, dass durch ihn legitime Lenkungsziele erreicht werden könnten, ist deshalb ausgeschlossen.[2026] Im Gegenteil muss der Lenkungszweck bzw. das Lenkungsziel mit hinreichender Bestimmtheit „tatbestandlich vorgezeichnet" und gleichheitsgerecht ausgestaltet sein.[2027] Bei Lenkungsnormen wird dem Gesetzgeber also abverlangt, die Rechtfertigungsgründe im Gesetzgebungsverfahren mit Verbindlichkeit festzuschreiben.[2028] Der Gesetzgeber muss also erkennbar die Entscheidung getroffen haben, das Steuerrecht in den Dienst außerfiskalischer Zwecke zu stellen[2029] wodurch verhindert wird, dass eine missglückte Fiskalzwecknorm im Nachhinein als Lenkungsnorm ausgegeben wird.[2030]

Allerdings wird in dem Beschluss noch nicht näher konkretisiert, was das Gericht unter dieser tatbestandlichen Vorzeichnung versteht und welche Anforderungen an die Erkennbarkeit der gesetzgeberischen Entscheidung zu stellen sind. In nachfolgenden Entscheidungen stellt das Gericht zunächst auf den Wortlaut des Gesetzes ab. Etwa im Verfahren 2 BvL 10/95 moniert der erkennende Senat, dass eine Stellenzulage für mit dem Aufenthalt im Beitrittsgebiet verbundenen besonderen Aufwendungen im Gesetz als „Aufwandsentschädigung" bezeichnet wird.[2031] Zwar wird anerkannt, dass der Stellenzulage ein Lenkungszweck innewohnt, allerdings wird bemängelt, dass dieser durch die Bezeichnung als „Aufwandsentschädigung" gesetzlich nicht einmal angedeutet, geschweige denn tatbestandlich vorge-

2023 Vgl. Kirchhof, JöR 64 (2016), S. 553, 565; ders., StuW 2017, 3, 15.
2024 BVerfG v. 22.6.1995 – 2 BvL 37/91, BVerfGE 93, 121.
2025 BVerfG v. 22.6.1995 – 2 BvL 37/91, BVerfGE 93, 121, Rn. 76; später vgl. BVerfG v. 6.3.2002 – 2 BvL 17/99, BVerfGE 105, 73.
2026 Vgl. BVerfG v. 22.6.1995 – 2 BvL 37/91, BVerfGE 93, 121, Rn. 77.
2027 Vgl. BVerfG v. 22.6.1995 – 2 BvL 37/91, BVerfGE 93, 121; v. 11.11.1998 – 2 BvL 10/95, BVerfGE 99, 280; vgl. auch BVerfG v. 20.4.2004 – 1 BvR 905/00, BVerfGE 110, 274; v. 7.11.2006 – 1 BvL 10/02, BVerfGE 117, 1.
2028 Vgl. Jahndorf, StuW 2016, 256, 261.
2029 Vgl. Birk, DStR 2009, 877, 880.
2030 Vgl. Englisch, in: FS Lang, S. 167, 208.
2031 BVerfG v. 11.11.1998 – 2 BvL 10/95, BVerfGE 99, 280, Rn. 70.

zeichnet wird.[2032] Konkreter wird das Gericht in der Entscheidung zur sog. Ökosteuer[2033] aus 2004. Hier wird die tatbestandliche Vorzeichnung bejaht, da sich der Lenkungszweck, Anreize zur Energieeinsparung zu bieten und damit günstige Umwelteffekte zu erzielen, „aus einer Gesamtschau der strom- und mineralölsteuerlichen Vorschriften" erschließen lasse.[2034] Außerdem ergebe sich der Zweck des Gesetzes hinreichend deutlich aus den Gesetzesmaterialien, insbesondere der Gesetzesbegründung und der Beschlussempfehlung des Finanzausschusses.[2035] Daraus wird zunächst deutlich, dass der Lenkungszweck sich nicht zwingend aus dem einzelnen Tatbestand ergeben muss. Dies wird durch die Entscheidung zur Tarifbegrenzung durch § 32c EStG[2036] bestätigt. Auch hier wird zum einen hinsichtlich der Erkennbarkeit des Lenkungsziels auf die Gesetzgebungsmaterialien rekurriert und anschließend resümiert, dass dieser sich zwar nicht im einzelnen Tatbestand erkennen lasse, insgesamt aber dennoch hinreichend tatbestandlich vorgezeichnet ist, weil eine isolierte Betrachtungsweise dem gesetzgeberischen Anliegen nicht gerecht werde.[2037] Auch wenn nicht gänzlich klar wird, was Erkennbarkeit der gesetzgeberischen Entscheidung im Gesetzestext im Detail bedeutet, ist dies wohl nicht so zu verstehen, dass der Gesetzeszweck zwingend im Normtext verankert sein muss, sondern der Tatbestand muss lediglich einen Zusammenhang zwischen Steuerwirkung und außerfiskalischem Steuerzweck erkennbar werden lassen.[2038] Die tatbestandliche Vorzeichnung musste sich damit aus dem Gesetzgebungsverfahren, sowie grundsätzlich auch aus dem Gesetzestext ergeben[2039], wenn bei letzterem auch nicht aus jeder einzelnen Norm. Sichtbarmachen der gesetzgeberischen Entscheidung im Gesetzgebungsverfahren bedeutet, die Gesetzesmotive in den entsprechenden Materialien, insbesondere der Gesetzesbegründung, offenzulegen.[2040]

In der Entscheidung zum Zweitwohnungssteuertarif[2041] hat sich auch das BVerfG schließlich recht klar zur Erkennbarkeit der gesetzgeberischen

2032 Vgl. BVerfG, a.a.O.
2033 BVerfG v. 20.4.2004 – 1 BvR 905/00, BVerfGE 110, 274.
2034 BVerfG v. 20.4.2004 – 1 BvR 905/00, BVerfGE 110, 274, Rn. 70.
2035 BVerfG a.a.O.
2036 BVerfG v. 21.6.2006 – 2 BvL 2/99, BVerfGE 116, 164.
2037 Vgl. BVerfG v. 21.6.2006 – 2 BvL 2/99, BVerfGE 116, 164, Rn. 100 ff.
2038 Vgl. so auch Jahndorf, StuW 2016, 254, 260 ff.
2039 Vgl. so auch Jahndorf, StuW 2016, 256, 260.
2040 Vgl. Jahndorf, StuW 2016, 256, 260.
2041 BVerfG v. 15.1.2014 – 1 BvR 1656/09, BVerfGE 135, 126.

Entscheidung positioniert. Es genüge, wenn diese anhand der üblichen Auslegungsmethoden festgestellt werden könne, wobei abgestellt werden kann auf (1) die Gesetzesmaterialien (2) eine Gesamtschau der jeweils vom Gesetzgeber normierten Steuervorschriften oder (3) den Zusammenhang, in dem das Gesetz mit dem zu regelnden Lebensbereich steht.[2042] Nach gegenwärtigem Stand kann die tatbestandliche Vorzeichnung daher anhand der gängigen Auslegungsmethoden ermittelt werden.[2043] Eine Ausweitung des Kriteriums der tatbestandlichen Vorzeichnung für die verfassungsrechtliche Würdigung auf Steuernormen, die andere als Lenkungs- und Förderzwecke verfolgen, wird vom BVerfG bisher abgelehnt.[2044]

Grundsätzlich ist der sachliche Grund für die Differenzierung objektiv vom BVerfG selbst zu bestimmen und muss nicht bereits im Gesetzgebungsverfahren genannt worden sein[2045], sodass den Gesetzgeber auch grundsätzlich keine Begründungsobliegenheit[2046] trifft. Das Erfordernis der Erkennbarkeit der gesetzgeberischen Entscheidung hingegen statuiert eine solche Begründungspflicht im Fall von Lenkungszwecken[2047] was als „gravierende dogmatische Eigenheit des Gleichheitssatzes im Steuerrecht“[2048] oder „steuerverfassungsrechtliche Sonderdogmatik des Art. 3 Abs. 1 GG“[2049] aufgefasst wird. Die Intention hinter der Begründungspflicht mag darin zu sehen sein, dass die Anwendung des Instruments steuerlicher Lenkung zu einem Übergriff in die entsprechenden Sachkompetenzen führen kann, die bei den Ländern liegen können und sich der Gesetzgeber dessen bewusst sein solle.[2050] Auch unter Rechtsstaatsgesichtspunkten wird der Obliegenheit einer tragfähigen Begründung zugestimmt.[2051]

Vor diesem Hintergrund, dass das BVerfG im Zusammenhang mit dem allgemeinen Gleichheitssatz in ständiger Rechtsprechung darauf hinweist,

---

2042 Vgl. BVerfG v. 15.1.2014 – 1 BvR 1656/09, BVerfGE 135, 126, Rn. 83.

2043 Für dieses Verständnis vgl. Kischel, in: BeckOK GG, Art. 3, Rn. 163 (Stand: August 2021); ausführlich: ders. in: Mellinghoff/Palm, Gleichheit im Verfassungsstaat, S. 175, 189; vgl. BVerfG v. 5.11.2014 – 1 BvF 3/11, BVerfGE 137, 350, Rn. 43.

2044 Vgl. BVerfG v. 12.5.2009 – 2 BvL 1/00, BVerfGE 123, 111;

2045 Vgl. BVerfG v. 11.2.1992 – 1 BvL 29/87, BVerfGE 85, 238; vgl. Kischel, in: BeckOK GG, Art. 3, Rn. 33 (Stand: August 2021); Rüfner, in: Bonner Kommentar GG, Art. 3, Rn. 20 (Stand: Oktober 1992).

2046 BVerfG v. 6.12.2016 – 1 BvR 2821/11, BVerfGE 143, 246.

2047 Vgl. Kischel, in: BeckOK GG, Art. 3, Rn. 162 (Stand: August 2021).

2048 Vgl. Kischel, in: Mellinghoff/Palm, Gleichheit im Verfassungsstaat, S. 175, 186.

2049 Vgl. Kempny, JöR 64 (2016), S. 477, 482.

2050 Vgl. Thiemann, in: Linien der Rechtsprechung des BVerfG, Bd. 2, S. 179, 205.

2051 Vgl. Palm, AöR 64 (2016), S. 457, 473.

dass nicht die subjektive Willkür des Gesetzgebers zu einem Gleichheitsverstoß führt, sondern allein die objektive Unangemessenheit der Norm[2052], stößt das Kriterium der tatbestandlichen Vorzeichnung in der Literatur auch auf Widerstand. Für die Rechtfertigung von Lenkungsnormen führe es zu einer Abweichung von der objektiven Auslegungstheorie.[2053] Nach der objektiven Theorie ist nicht die ursprünglich vom Urheber des Gesetzes gemeinte, sondern die davon unabhängig zu ermittelnde, objektive, dem Gesetz immanente Bedeutung die Maßgebliche.[2054] Entscheidend für die Auslegung sei deshalb nicht der Wille oder die Äußerungen von Parlamentariern, sondern der in der Gesetzesvorschrift zum Ausdruck kommende objektivierte Wille des Gesetzgebers, so wie er sich aus dem Sinnzusammenhang und der Gesetzesbestimmung ergibt; Gesetzesmaterialien und historische Zusammenhänge haben grundsätzlich nur subsidiäre Bedeutung.[2055] Streng daran festzuhalten, bedeute nach teilweise vertretener Ansicht, über bloße Transparenzanforderungen hinauszugehen und materiellrechtliche Ausschlusswirkungen zu erzeugen.[2056] Wenn sich nämlich nicht feststellen lässt, dass der Gesetzgeber einen bestimmten Zweck tatsächlich verfolgt hat, scheitere die Rechtfertigung selbst dann, wenn dessen Verfolgung grundsätzlich zur Rechtfertigung taugen würde.[2057] Eine Gesetzesbegründung könne aber nicht allein maßgeblich sein, denn aus der objektiven Theorie folge, dass auch Gründe, die darin nicht enthalten sind, aber zur Rechtfertigung einer Ungleichbehandlung geeignet sind, grundsätzlich ausreichen, auch wenn sie bei Erlass des Gesetzes nicht bedacht wurden oder noch nicht vorhanden waren.[2058] Entsprechend positiv wurde es daher aufgenommen, dass es nach der jüngeren Rechtsprechung des BVerfG ständige Praxis geworden ist, die Ermittlung der gesetzgeberischen Überlegungen

---

2052 Vgl. BVerfG v. 11.2.1992 – 1 BvL 29/87, BVerfGE 85, 238; v. 24.1.2012 – 1 BvL 21/11, BVerfGE 130, 131.

2053 Jahndorf, StuW 2016, 256, 261 m.w.N.; vgl. auch Palm, JöR 64 (2016), S. 457, 466.

2054 Vgl. Larenz, Methodenlehre der Rechtswissenschaft, 6. Aufl. 1991, S. 33

2055 Vgl. Jahndorf, StuW 2016, 256, 261 m.w.N.; vgl. auch Palm, JöR 64 (2016), S. 457, 466.

2056 Vgl. Jahndorf, StuW 2016, 256, 261; a.A.: Hey, StuW 2015, 3, 10.

2057 Vgl. Kempny, JöR 64 (2016), S. 477, 481.

2058 Vgl. Jahndorf, StuW 2016, 256, 262.

auch anhand der gängigen Auslegungsmethoden zuzulassen[2059], da die bisher praktizierte Sonderdogmatik dadurch beseitigt werde.[2060]

Es mag zwar zutreffend sein, dass die Figur der tatbestandlichen Vorzeichnung eine Besonderheit in der Gleichheitsprüfung darstellt, allerdings ist es m.E. zu weitgehend, von einer grundlegenden Maßstabsverschärfung zu sprechen. Denn sie beschneidet keineswegs die Möglichkeiten des Gesetzgebers, sondern erweitert im Gegenteil eher seinen Spielraum. Denn es ist eher Ausdruck einer großzügigen gesetzgeberischen Freiheit, eine Ungleichbehandlung allein mit staatlich beabsichtigten Lenkungswirkungen rechtfertigen zu können. Selbstverständlich muss eine solche Regelung aber wie jede andere Regelung, die eine Ungleichbehandlung i.S.v. Art. 3 Abs. 1 GG begründet, verhältnismäßig ausgestaltet sein. Auf der Rechtfertigungsebene wird dem Gesetzgeber nun im Fall von Lenkungsnormen abverlangt, dass die Lenkungsintention auf einer tragfähigen und transparenten Begründung beruhen muss. Das ist aber letztlich nur die Kehrseite des großzügigen Spielraums, die Ungleichbehandlung mit Lenkungszwecken rechtfertigen zu können und daher schlicht Ausdruck des Verhältnismäßigkeitsprinzips.

c) Einfluss des Normcharakters und der Wirkungsrichtung auf die Kontrolldichte und die Rechtfertigungsanforderungen

Steuerliche Normen dienen verschiedenen Zwecken, sind unterschiedlich motiviert und folgen so unterschiedlichen Prinzipien.[2061] Zum einen lassen sie sich also je nach verfolgtem Zweck in verschiedene Kategorien einteilen, zum anderen können sie belastend oder entlastend wirken. Klärungsbedürftig ist in diesem Zusammenhang abschließend, wie die Einordnung von § 3a EStG die Prüfungsdichte- und Struktur, sowie die Rechtfertigungsmaßstäbe beeinflusst.

2059 Für dieses Verständnis vgl. Kischel, in: BeckOK GG, Art. 3, Rn. 163 (Stand: August 2021); ausführlich: ders. in: Mellinghoff/Palm, Gleichheit im Verfassungsstaat, S. 175, 189; vgl. BVerfG v. 5.11.2014 – 1 BvF 3/11, BVerfGE 137, 350, Rn. 43.

2060 Vgl. Kempny, JöR 64 (2016), S. 477, 483.

2061 Vgl. Tipke, Die Steuerrechtsordnung, Bd. I, S. 74.

aa) Steuerliche Normgruppen

Die Steuerrechtsordnung unterscheidet zwischen Fiskalzwecknormen, Sozialzweck- bzw. Lenkungsnormen und Vereinfachungszwecknormen, wobei die Bezeichnungen gelegentlich variieren[2062].[2063]

Die überwiegende Gruppe bilden die sog. Fiskalzweck- oder auch Ertragszwecknormen. Wie bereits in der Bezeichnung angelegt, haben diese die Primärfunktion, den notwendigen Finanzbedarf der öffentlichen Haushalte durch Verteilung der Gesamtsteuerlast auf die einzelnen Steuerpflichtigen zu decken.[2064] Auch diese Normen können zwar wirtschaftliche oder soziale Auswirkungen haben, verfolgen diesen Zweck aber nicht primär und sind am Leistungsfähigkeitsprinzip zu orientieren.[2065] Bei Fiskalzwecknormen muss es sich allerdings nicht zwingend um belastende Normen handeln. Da diesen Normen auch die Funktion der Lastenausteilung zukommt, können sich auch Steuerbefreiungen, die lediglich zur Abgrenzung des Steuerobjekts, der Vermeidung von Mehrfachbelastungen oder der Kompensation steuerlicher Zusatzbelastungen dienen und so den Steuertatbestand auf die Steuerwürdigkeitsentscheidung des Gesetzgebers zuschneiden, als Fiskalzwecknormen darstellen.[2066] Führt also nicht die Ausnahmeregelung zu einer Ungleichbehandlung, sondern die einheitliche Anwendung einer gesetzlichen Grundregelung würde aufgrund ihrer Pauschalität zu einer der Leistungsfähigkeit widersprechenden Besteuerung führen, dann ist in der begünstigenden Regelung eine sog. Fiskalzweckbefreiung zu sehen.[2067]

Die zweite wichtige Gruppe bilden die sog. Sozialzweck-, bzw. Lenkungsnormen. Dabei handelt es sich um solche Normen, die nicht fiskalisch, sondern sozial-, wirtschafts-, kultur-, gesundheits- oder berufspolitisch motiviert sind und die sachlich nicht zum Steuerrecht, sondern zu anderen

2062 Vgl. Vogel, StuW 1977, 97, 106 ff.: Er sieht die gemeinsame Aufgabe aller Steuergesetze in der Aufbringung der Mittel zur Deckung des staatlichen Finanzbedarfs und misst daher zunächst allen Steuergesetzen eine Ertragswertfunktion zu. Daher verzichtet er auf die Bezeichnung als Fiskalzwecknorm und spricht stattdessen von „Lastenausteilungsfunktion".

2063 Vgl. z.B. Hey, in: Tipke/Lang, Steuerrecht, Rn. 3.19 ff.; Tipke, Die Steuerrechtsordnung, Bd. I, S. 74 ff..

2064 Vgl. Hey, in: Tipke/Lang, Steuerrecht, Rn. 3.20; Tipke, Die Steuerrechtsordnung, Bd. I, S. 77.

2065 Vgl. Tipke, Die Steuerrechtsordnung, Bd. I, S. 77.

2066 Vgl. Hey, in: Tipke/Lang, Steuerrecht, Rn. 3.20.

2067 Vgl. Diffring (Fn. 791), S. 39.

Rechtsgebieten gehören.[2068] Sie können dabei in ihrer Funktion ebenso wie Fiskalzwecknormen belastend wirken, indem etwa Sonderabgaben für bestimmte Verhaltensweisen erhoben werden[2069], oder aber Vergünstigungen etwa in Form von Tarifbegrenzungen[2070] oder Steuerbefreiungen[2071] gewähren. Zudem kann noch weiter unterteilt werden in Lenkungsnormen, mit denen durch gezielte Steuerentlastungen oder Belastungen staatlich erwünschte Verhaltensweisen stimuliert werden und Umverteilungsnormen, welche eine Wohlstandskorrektur im Interesse eines sozialen Ausgleichs bezwecken.[2072] Steuerentlastende Sozialzwecknormen werden auch als Steuervergünstigungen, Steuersubventionen oder Steuerprivilegien bezeichnet.[2073] Ist eine solche entlastende Sozialzwecknorm nicht gerechtfertigt, spricht man von einer „Privilegierung".[2074] Im Hinblick darauf, dass eine Minderung der Steuerbemessungsgrundlage oder der Steuerschuld technisch auf vielen verschiedenen Wegen denkbar ist, sollte der Begriff der „Steuervergünstigung" mit Hey[2075] vorsichtig verwendet und als Solche nur Vorschriften bezeichnet werden, die Steuerpflichtige gerade in Durchbrechung des die Steuerart begründenden Prinzips – insbesondere des Leistungsfähigkeitsprinzips – bevorzugen. Daher sind nicht alle steuerentlastenden Sozialzwecknormen Steuervergünstigungen, umgekehrt aber jede Steuervergünstigung gleichzeitig eine steuerentlastende Sozialzwecknorm. Nur eine Steuerbegünstigung setzt daher per Definition das Leistungsfähigkeitsprinzip außer Kraft.[2076]

2068 Vgl. Hey, in: Tipke/Lang, Steuerrecht, Rn. 3.21.

2069 So dienen z.B. die Stromsteuer und die Mineralölsteuer dem Lenkungszweck, über eine Verteuerung des Energieverbrauchs Anreize zur Energieeinsparung zu bieten und damit günstige Umwelteffekte zu erzielen, vgl. BVerfG v. 20.4.2004 – 1 BvR 905/00, BVerfGE 110, 274, Rn. 70. Die Luftverkehrssteuer bezweckt neben der Gewinnung von Staatseinnahmen den Schutz der Umwelt, insbesondere des Klimas, durch eine Begrenzung der Flugkilometer, vgl. BVerfG v. 5.11.2014 – 1 BvF 3/11, BVerfGE 137, 350, Rn. 46.

2070 Vgl. BVerfG v. 21.6.2006 – 2 BvL 2/99, BVerfGE 116, 164.

2071 Vgl. BVerfG v. 11.11.1998 – 2 BvL 10/95, BVerfGE 99, 280; v. 5.11.2014 – 1 BvF 3/11, BVerfGE 137, 350 (Ausnahme bestimmter Kategorien von Flügen von der Luftverkehrssteuer); v. 17.12.2014 – 1 BvL 21/12, BVerfGE 138, 136 (Verschonung bestimmter Vermögensarten von der Erbschaftsteuerbelastung).

2072 Vgl. Lang, in: FS Kruse, S. 313, 321; Hey, in: Tipke/Lang, Steuerrecht, Rn. 3.21.

2073 Vgl. Hey, in: Tipke/Lang, Steuerrecht, Rn. 3.22.

2074 Vgl. Hey, in: Tipke/Lang, Steuerrecht, Rn. 3.22; Tipke, Die Steuerrechtsordnung, Bd. I, S. 78.

2075 Vgl. Hey, in: Tipke/Lang, Steuerrecht, Rn. 6.50.

2076 Vgl. Diffring, (Fn. 791), S. 36 m.w.N.

Schließlich kennt das Steuerrecht als dritte Gruppe die sog. Vereinfachungszwecknormen. Sie dienen dazu, die Steuerrechtsanwendung praktikabler und ökonomischer zu gestalten und bedienen sich dazu Typisierungen, Pauschalierungen, sowie Freibeträgen und Freigrenzen.[2077] Nach dem Praktikabilitätsprinzip sollen Vereinfachungszwecknormen Überkompliziertheit und Undurchführbarkeit der Steuergesetze oder unverhältnismäßigen Verwaltungsaufwand verhindern, da Gesetze, die nicht praktikabel sind, nicht gleichmäßig durchgeführt werden können, sodass sie schließlich auch der Verwirklichung der Gleichmäßigkeit der Besteuerung zugutekommen.[2078] Da die Einzelfallgerechtigkeit allerdings nicht zu sehr in den Hintergrund gedrängt werden darf, hat der Gesetzgeber bei Typisierungen und Pauschalierungen verschiedene Vorgaben zu beachten.[2079] Da durch solche Normen die Anwendung sowohl von Fiskal- als auch von Sozialzwecknormen erleichtert werden kann, bilden Vereinfachungszwecknormen streng genommen keine selbstständige Normgruppe.[2080]

bb) Bedeutung der Einordnung für die weitere Prüfung

Ob eine Norm begünstigend oder belastend wirkt, sagt zunächst noch nicht zwangsläufig etwas über die Maßstabsbildung und Prüfungsstruktur aus, denn steuerliche Begünstigungsnormen bzw. Steuerverschonungen sind ebenso am Maßstab des allgemeinen Gleichheitssatzes in seiner besonderen Ausprägung der Besteuerungsgleichheit zu messen, wie belastende Steuernormen.[2081]

Anders verhält es sich hinsichtlich der Zuordnung zu einer bestimmten Normgruppe. Abhängig vom Charakter der Steuernorm variieren nämlich die Anforderungen an und die Maßstäbe für ihre Rechtfertigung. Für Fiskalzwecknormen gilt als oberster Vergleichsmaßstab vorwiegend das Leistungsfähigkeitsprinzip[2082], typisierenden und pauschalierenden Vereinfachungszwecknormen setzt das BVerfG ebenfalls gewisse Grenzen.[2083] Bewusst vom Leistungsfähigkeitsprinzip abweichende Sozialzwecknormen

2077 Vgl. Hey, in: Tipke/Lang, Steuerrecht, Rn. 3.23.
2078 Vgl. Hey, in: Tipke/Lang, Steuerrecht, Rn. 3.145 ff.
2079 Siehe unter § 12, II., 1., b) zu den steuerlichen Rechtfertigungsgründen.
2080 Vgl. Tipke, Die Steuerrechtsordnung, Bd. I, S. 80.
2081 Vgl. BVerfG v. 17.4.2008 – 2 BvL 4/05, BVerfGE 121, 108.
2082 Hey, in: Tipke/Lang, Steuerrecht, Rn. 3.20.
2083 Siehe zu den entsprechenden Anforderungen § 12, II. 1. b), bb).

sind ebenfalls rechtfertigungsfähig, es gelten aber andere Prinzipien.[2084] Generalprinzip ist hier das Gemeinwohlprinzip.[2085] In erster Linie muss die die Verschonung oder Belastung aus „Gründen des Gemeinwohls" erfolgen.[2086] Daneben können Steuerentlastungen auf das sog. Bedürfnisprinzip gestützt werden, das eine zusätzliche steuerliche Leistungsunfähigkeit berücksichtigt.[2087] Von so gerechtfertigten Sozialzwecknormen sind allerdings Fiskalzwecknormen zu trennen, die eine Entlastung deswegen vorsehen, weil steuerliche Leistungsfähigkeit grundsätzlich nicht vorhanden ist, wie etwa bei der Freistellung des Existenzminimums.[2088] Schließlich ist noch eine Rechtfertigung durch das sog. Verdienstprinzip möglich, das ein bestimmtes, dem Allgemeininteresse dienendes Verhalten belohnt, zu dem die Norm anreizen soll.[2089] Welches Prinzip an eine Steuervergünstigung anzulegen ist, richtet sich danach, welche Motivation ihr zugrunde liegt: Soll mittels einer Umverteilungsnorm der Wohlstand des Einzelnen gefördert werden, gilt das Bedürfnisprinzip, handelt es sich hingegen um eine wirtschaftslenkende Steuervergünstigung, die ein bestimmtes Verhalten im Wirtschaftsleben belohnen will, dann ist Rechtfertigungsmaßstab das Verdienstprinzip.[2090] Gerade an dem begünstigten Verhalten des Steuerpflichtigen muss ein Gemeinwohlinteresse bestehen.[2091]

Wird der Gesetzgeber mittels einer begünstigenden Steuernorm in lenkender Weise tätig, ergänzt das BVerfG den gleichheitsrechtlichen Prüfungsmaßstab neben dem Erfordernis der tatbestandlichen Vorzeichnung des Lenkungszwecks um einige Besonderheiten. Zunächst bleibt es dabei, dass wie bei jeder Sozialzwecknorm das Gemeinwohlprinzip beachtet bleiben muss.[2092] Will der Gesetzgeber ein bestimmtes Verhalten fördern, das ihm aus wirtschafts-, sozial, umwelt- oder gesellschaftspolitischen Gründen erwünscht ist, steht ihm zunächst große Gestaltungsfreiheit zu, sodass er

2084 Vgl. Hey, in: Tipke/Lang, Steuerrecht, Rn. 3.43.
2085 Vgl. Hey, in: Tipke/Lang, Steuerrecht, Rn. 3.133.
2086 Vgl. BVerfG v. 22.6.1995 – 2 BvL 37/91, BVerfGE 93, 121; v. 11.11.1998 – 2 BvL 10/95, BVerfGE 99, 280; BVerfG v. 17.4.2008 – 2 BvL 4/05, BVerfGE 121, 108; v. 9.12.2008 – 2 BvL 1/07, BVerfGE 122, 210; v. 15.1.2014 – 1 BvR 1656/09, BVerfGE 135, 126;
2087 Vgl. Hey, in: Tipke/Lang, Steuerrecht, Rn. 3.134.
2088 Vgl. Hey, in: Tipke/Lang, Steuerrecht, Rn. 3.134.
2089 Vgl. Hey, in: Tipke/Lang, Steuerrecht, Rn. 3.135.
2090 Vgl. Hey, in: Tipke/Lang, Steuerrecht, Rn. 19.1.
2091 Vgl. Hey, in: Tipke/Lang, Steuerrecht, Rn. 19.2.
2092 Vgl. BVerfG v. 22.6.1995 – 2 BvL 37/91, BVerfGE 93, 121; v. 11.11.1998 – 2 BvL 10/95, BVerfGE 99, 280; BVerfG v. 17.4.2008 – 2 BvL 4/05, BVerfGE 121, 108; v. 9.12.2008 – 2 BvL 1/07, BVerfGE 122, 210; v. 15.1.2014 – 1 BvR 1656/09, BVerfGE 135, 126;

weitgehend frei ist in der Entscheidung darüber, welche Personen oder Unternehmen gefördert werden sollen.[2093] Die Bindung an den Gleichheitssatz bedeutet im Begünstigungsbereich vordergründig, dass die staatlichen Leistungen nicht willkürlich verteilt[2094] werden dürfen und der Kreis der von einer Maßnahme Begünstigten sachgerecht abzugrenzen ist.[2095] Wie der Kreis der Begünstigten sachgerecht abzugrenzen ist, steht aber wiederum im weiten Beurteilungs- und Gestaltungsspielraum des Gesetzgebers[2096], er muss jedoch entsprechend dem Begünstigungszweck ausgewählt werden.[2097] Der Gesetzgeber hat außerdem sicherzustellen, dass die Begünstigungswirkung den Begünstigungsadressaten möglichst gleichmäßig zugutekommt, sie nicht von Zufälligkeiten abhängt und deshalb willkürlich eintritt, sondern sie muss sich direkt von der Entlastungsentscheidung des Gesetzgebers ableiten lassen.[2098] Zudem muss der Grund für die Vergünstigungsregelung von solcher Art und solchem Gewicht sein, dass er die Durchbrechung der einmal getroffenen Belastungsentscheidung auch im Hinblick auf die Gemeinwohlverantwortung des Gesetzgebers rechtfertigt.[2099] Erforderlich ist insofern ein Mindestmaß an zweckgerechter Ausgestaltung des Vergünstigungstatbestands.[2100] Gemeint ist damit ein Mindestmaß an gegenseitiger Abstimmung zwischen ausgleichsbedürftigen Nachteilen einerseits und begünstigenden Ausgleichswirkungen andererseits, denn fehlt diese Abstimmung, dann entfällt zugleich der nachvollziehbare Grund für eine ungleich wirkende steuerliche Vergünstigung.[2101] Dies ist auch nachvollziehbar, wenn man bedenkt, dass die Ausgestaltung einer Regelung in einer Weise, die den Gleichheitssatz verletzt, niemals

---

2093 Vgl. BVerfG v. 20.4.2004 – 1 BvR 905/00, BVerfGE 110, 274, Rn. 61; v. 7.11.2006 – 1 BvL 10/02, BVerfGE 117, 1, Rn. 99; v. 15.1.2014 – 1 BvR 1656/09, BVerfGE 135, 126; v. 17.12.2014 – 1 BvL 21/12, BVerfGE 138, 136, Rn 125.

2094 Für die Geltung dieser Grundsätze spielt es keine Rolle, ob eine staatliche Subvention direkt finanziell zugewendet oder steuerrechtlich überbracht wird, vgl. BVerfG v. 20.4.2004 – 1 BvR 905/00, BVerfGE 110, 274, Rn. 61.

2095 Vgl. BVerfG v. 20.4.2004 – 1 BvR 905/00, BVerfGE 110, 274, Rn. 61; v. 7.11.2006 – 1 BvL 10/02, BVerfGE 117, 1, Rn. 99; v. 17.12.2014 – 1 BvL 21/12, BVerfGE 138, 136, Rn 125.

2096 Vgl. BVerfG v. 21.6.2006 – 2 BvL 2/99, BVerfGE 116, 164, Rn. 74.

2097 Vgl. Hey, in: Tipke/Lang, Steuerrecht, Rn. 19.77.

2098 Vgl. BVerfG v. 7.11.2006 – 1 BvL 10/02, BVerfGE 117, 1, Rn. 100.

2099 Vgl. Mellinghoff, DStR 2003, Beih. zu Heft 20–21, 3, 10.

2100 Vgl. BVerfG v. 7.11.2006 – 1 BvL 10/02, BVerfGE 117, 1, Rn. 100; v. 9.12.2008 – 2 BvL 1/07, BVerfGE 122, 210.

2101 Vgl. BVerfG v. 6.3.2002 – 2 BvL 17/99, BVerfGE 105, 73, Rn. 163.

dem Gemeinwohl dienlich sein kann.[2102] Das BVerfG spricht in diesem Zusammen auch vom Merkmal der Zielgenauigkeit einer Regelung: Der Lenkungszweck muss zielgenau und normenklar ausgestaltet sein.[2103] Im Bereich steuerlicher Begünstigung bedeutet dies, dass Lenkungszweck und Ausgestaltung des Vergünstigungstatbestands so aufeinander abgestimmt sein müssen, dass alle typischerweise Förderungswürdigen von dem Lenkungsangebot erreicht werden und die Förderung typischerweise für alle Adressaten des fördernden Gesetzes gerechtfertigt ist.[2104] Die betonte Großzügigkeit bezieht sich allerdings zunächst nur auf die Entscheidung über den zu fördernden Personenkreis und die Definition der verfolgten Gemeinwohlziele, während die nähere Ausgestaltung der Verschonungsregelungen durchaus einer strengeren verfassungsgerichtlichen Kontrolle unterliegen kann.[2105] Wann dies der Fall ist, richtet sich nach den herausgearbeiteten Kriterien für eine engere Bindung.[2106] Tatsächlich entspricht dies der grundsätzlichen Maxime des weiten Gestaltungsspielraums bei der Auswahl des Steuergegenstands und des Steuersatzes, aber einer möglichen engeren Bindung bei der Ausgestaltung des Ausgangstatbestands.

Bei eingehenderer Betrachtung der Entscheidungen, in denen das BVerfG auf eine weitgehende oder echte Verhältnismäßigkeitsprüfung zurückgreift, zeigen sich außerdem mögliche Folgen der Einordnung für die Anwendung des Verhältnismäßigkeitsgrundsatzes. Bei den betreffenden Prüfungsgegenständen handelte es sich nämlich nahezu durchweg nicht um Fiskalzweck- sondern um Sozialzwecknormen in Gestalt von steuerlichen Lenkungsnormen.[2107] Unbestritten ist wohl, dass das Übermaßverbot nicht nur für ein Lenkungsbelastungen, sondern auch für Begünstigungen

2102 Vgl. Diffring, (Fn. 791), S. 38 m.w.N.

2103 Vgl. BVerfG v. 7.11.2006 – 1 BvL 10/02, BVerfGE 117, 1, Rn. 106; v. 17.12.2014 – 1 BvL 21/12, BVerfGE 138, 136.

2104 Vgl. Kirchhof, JöR 64 (2016), S. 553, 565; ders., StuW 2017, 3, 15

2105 Vgl. BVerfG v. 17.12.2014 – 1 BvL 21/12, BVerfGE 138, 136, Rn 126.

2106 Vgl. BVerfG v. 17.12.2014 – 1 BvL 21/12, BVerfGE 138, 136, Rn 126.

2107 Vgl. BVerfG v. 11.2.1992 – 1 BvL 29/87, BVerfGE 85, 238 (Schutz des Betriebs des Taxenverkehrs vor der Konkurrenz des weniger belasteten Mietwagenverkehrs); v. 15.1.2014 – 1 BvR 1656/09, BVerfGE 135, 126 (Belastung mit einer Zweitwohnsitzsteuer, um mit Nebenwohnsitz gemeldete Personen zur Anmeldung eines Hauptwohnsitzes zu bewegen und um das Wohnungsangebot für die einheimische Bevölkerung zu erhöhen); v. 17.12.2014 – 1 BvL 21/12, BVerfGE 138, 136 (erbschaft- und schenkungssteuerliche Verschonung von unternehmerischem Vermögen zum Schutz vor Liquiditätsproblemen und zum Erhalt der Arbeitsplätze bei der Unternehmensnachfolge).

gilt.[2108] Dass das BVerfG bei der Überprüfung solcher Normen eher geneigt scheint, eine klassische Verhältnismäßigkeitsprüfung anzuwenden, dürfte kein Zufall sein. Denn wie aufgezeigt, versagt das freiheitsrechtliche Übermaßverbot im Steuerrecht vor allem deswegen, weil eine Zweck-Mittel-Kontrolle nicht praktikabel ist, wenn die Abgabe nur zum Zweck der Einnahmenerzielung erhoben wird. Verfolgt der Gesetzgeber allerdings außerfiskalische Förder- und Lenkungszwecke, wird nicht (primär) die allgemeine Aufgabenfinanzierung beabsichtigt, sondern es soll eine Verhaltensänderung erreicht werden, mit der Folge, dass eine Zweck-Mittel-Kontrolle wieder möglich wird.[2109] In dieser Situation steht dem Zweck der Belastung oder der gewährten Begünstigung ein messbares Ziel gegenüber, sodass eine Kontrolle dahingehend möglich wird, ob das gewählte Mittel zur Zielerreichung geeignet, erforderlich und angemessen ist. Wenn ausgehend von den herausgearbeiteten Kriterien eine strenge Prüfung angezeigt ist, kann das Verhältnismäßigkeitsprinzip bei Lenkungsnormen also zumindest im Bereich deren näherer Ausgestaltung ohne weiteres angewendet werden.[2110] In ihrer Struktur kann sie dabei ebenso greifen, wie bei einer Eingriffsprüfung, wobei hinsichtlich der Kontrollperspektive kleinere Besonderheiten zu beachten sind.[2111] Zunächst verfügt der Gesetzgeber über einen großen Spielraum bei der Einschätzung, welche Ziele er für förderungswürdig hält.[2112] Die Eignung einer Differenzierung verlangt nicht die vollständige Erreichung des verfolgten Ziels, es reicht schon die bloße Möglichkeit und bei der Frage, ob das Regelungsziel auch mit einem Mittel, welches eine geringere Ungleichbehandlung bewirkt, erreicht oder gefördert werden kann, ist ein weiter Einschätzungs- und Prognosespielraum anzuerkennen.[2113] Für die Verhältnismäßigkeit im engeren Sinne gilt ein anderer Bezugspunkt als bei der Eingriffsprüfung: Das Maß der Ungleichheit muss in angemessenem Verhältnis zur Bedeutung des verfolgten Ziels und dem Ausmaß der bewirkten Zielerreichung stehen.[2114]

2108 Vgl. Hey, in: Tipke/Lang, Steuerrecht, Rn. 19.76.

2109 Vgl. Lepsius, JZ 2009, 255, 261.

2110 Vgl. Hey, StuW 2015, 3, 5. Im Bereich von Vergünstigungen wird die Übertragung der freiheitsrechtlichen Verhältnismäßigkeitsprüfung sogar für notwendig erachtet, vgl. Schön, in: FS Spindler, S. 189, 199.

2111 Vgl. Eichberger, in: FS BFH, S. 501, 516.

2112 Vgl. BVerfG v. 17.12.2014 – 1 BvL 21/12, BVerfGE 138, 136, Rn 125.

2113 Vgl. Eichberger, in: FS BFH, S. 501, 516, 517 m.w.N.

2114 Vgl. Eichberger, in: FS BFH, S. 501, 517 m.w.N.

Dennoch gilt es hinsichtlich steuerverschonender (Lenkungs-)Normen den Aspekt der verfassungsrechtlichen Kontrolldichte genauer in den Blick zu nehmen. Innerhalb des unüberschaubaren Meinungsspektrums um die Frage, in welchem Maß der Steuergesetzgeber grundsätzlich einer verfassungsgerichtlichen Kontrolle unterliegen sollte[2115], ist die Diskussion um die Kontrolldichte bei steuerlichen Lenkungsnormen, mit denen der Gesetzgeber Förder- und Lenkungsziele verfolgt, ein Feld für sich. Teilweise wird in diesem Bereich eine deutlich größere Zurückhaltung des BVerfG beobachtet.[2116] Gerade Steuervergünstigungen würden lediglich einer grobmaschigen Überprüfung unterzogen[2117] und insbesondere bei solchen Vergünstigungen, deren Erhalt der Steuerpflichtige durch sein Verhalten beeinflussen kann, verfüge der Gesetzgeber über weiteste Gestaltungsspielräume.[2118] Gleichzeitig ist diese Großzügigkeit deutlicher Kritik[2119] unter anderem[2120] aber vor allem deswegen ausgesetzt, weil auch bei Steuervergünstigungen ein strenger Verhältnismäßigkeitsmaßstab anzulegen sei und

2115 Für eine generell eher strenge Kontrolle vgl. Hey, StbJb 2007/2008, S. 19, 37; dies., DStR 2009, 2561, 2567; wohl auch dies., StuW 2015, 3, 16 ff.; Schön, StuW 2013, 289, 295; Tipke, JZ 2009, 533; hingegen für eine grundsätzliche Zurückhaltung des BVerfG, vgl. Bryde, Sondervotum zu BVerfG v. 30.7.2008 – 1 BvR 3262/07,121, 317, Rn. 175; Lepsius, JZ 2009, 255, 262 ff.; Payandeh, AöR 136 (2011), S. 578, 613 m.w.N.

2116 Vgl. Wernsmann, in: Schön/Beck, Zukunftsfragen des deutschen Steuerrechts, S. 161, 165 ff.; Hey, StbJb 2007/2008, S. 19, S. 38 ff.; Droege, JöR 64 (2016), S. 539, 548.

2117 Vgl. Hey, StbJb 2007/2008, S. 19, 39, 40.

2118 Vgl. Wernsmann, DVBl. 2015, 1085, 1090; Englisch, in: FS Lang, S. 167, 206.

2119 Vgl. Birk, DStR 2009, 877, 880; Hey, StbJb 2007/2008, S. 19, 39, 40 (hält die Zurückhaltung hinsichtlich der Festlegung der Förderziele für richtig, kritisiert aber die Zurückhaltung des BVerfG bei der Überprüfung der Ausgestaltung des Fördertatbestands und die Beschränkung auf ein Mindestmaß zweckgerichteter Ausgestaltung).

2120 Gegen die Praxis des BVerfG bei der Überprüfung von Steuervergünstigungen werden verschiedene Bedenken vorgebracht. Neben der Forderung, eine Steuersubvention aufzuheben oder nach zu justieren, wenn sie sich als wirkungslos oder weniger effektiv als erwartet zeigt oder ihr Zweck erreicht oder sonst entfallen ist (vgl. Mellinghoff, DStR 2009, Beih. zu Heft 20/21, S. 3, 10; Englisch, in: FS Lang, S. 167, 207, der von einer „Produktbeobachtungspflicht" spricht), wird vor allem auf die verfahrensrechtlichen Unterschiede zur offenen Subvention hingewiesen: Während letztere einem zweistufigen Entscheidungsprozess folgt und in jedem Haushaltsjahr zur erneuten Überprüfung steht, während eine Steuersubvention nur einmal parlamentarisch beschlossen werden muss und dann ungeprüft fortbestehen kann, sodass die Gefahr besteht, dass die Belastungswirkung zu einem gewissen Grad verschleiert wird (vgl. Kirchhof, JöR 64 (2016), S. 553, 564; Schön, in: FS Spindler, S. 189, 195; ders., StuW 2013, 289, 297).

sich nicht mit dem „Mindestmaß zweckgerichteter Ausgestaltung" begnügt werden dürfe.[2121] Auch wenn solche wirtschaftslenkenden Steuervergünstigungen regelmäßig nur verhaltensbezogen wirkten, seien sie dennoch unverhältnismäßig, wenn sie nicht geeignet oder nicht erforderlich sind, das angegebene Gemeinwohlziel zu erreichen, wobei aber die weitgehende Einschätzungsprärogative des Gesetzgebers hinsichtlich der Geeignetheit und Erforderlichkeit von Lenkungsnormen anerkannt wird.[2122] Der Forderung nach einer strengeren Kontrolle von Steuervergünstigungen dürfte mit der jüngsten Erbschaftsteuerentscheidung des BVerfG hinreichend nachgekommen worden sein, denn hier wird genau dieser Aspekt aufgegriffen und betont, dass deren Ausgestaltung durchaus einer strengeren Kontrolle unterliegen kann.[2123]

d) Ergebnisse

Für die gleichheitsrechtliche Prüfung ist das BVerfG von einer Willkürkontrolle zu einem gleitenden stufenlosen Prüfungsmaßstab übergegangen, der von einer Willkürprüfung bis zu einer echten freiheitsrechtlichen Verhältnismäßigkeitsprüfung reichen kann und bei dem die Schwierigkeit eher darin besteht, die Kontrolldichte im Einzelfall festzulegen. Eine strengere Kontrolle führt das BVerfG durch, wenn Freiheitsrechte betroffen sind, der Differenzierungsgrund einem der in Art. 3 Abs. 3 GG genannten Merkmale nahe kommt, die Differenzierungsmerkmale für Betroffene nur eingeschränkt verfügbar sind oder die Ungleichbehandlung ein großes Ausmaß oder eine große Intensität erreicht. Die echte dreistufige Verhältnismäßigkeitsprüfung lässt sich auf die Gleichheitsrechtliche Prüfung nur dann übertragen, wenn eine Steuernorm nicht primär der Einnahmenerzielung dient. Im Bereich von Lenkungsnormen wird eine solche Prüfung vom BVerfG teilweise, wenn auch bisher nur selten, tatsächlich durchgeführt.

2121 Vgl. Birk, DStR 2009, 877, 880; Hey, StbJb 2007/2008, S. 19, 39, 40 (hält die Zurückhaltung hinsichtlich der Festlegung der Förderziele für richtig, kritisiert aber die Zurückhaltung des BVerfG bei der Überprüfung der Ausgestaltung des Fördertatbestands und die Beschränkung auf ein Mindestmaß zweckgerichteter Ausgestaltung); dies., in: Tipke/Lang, Steuerrecht, Rn. 19.76; Englisch, in: FS Lang, S. 167, 207; Schön, FS Spindler, 189, 198 (eine strengere Kontrolle sei geboten, um die durch die Einstufigkeit im Verfahren bewirkte geringere demokratische Legitimation einer Steuervergünstigung zu kompensieren).

2122 Vgl. Hey, in: Tipke/Lang, Steuerrecht, Rn. 19.76.

2123 BVerfG v. 17.12.2014 – 1 BvL 21/12, BStBl. II 2015, S. 50, BVerfGE 138, 136, Rn. 126.

Rechtfertigungsgründe für Ungleichbehandlungen durch steuerliche Normen sind vor allem Missbrauchsvermeidung, Vereinfachung, sowie Förder- und Lenkungszwecke, wobei jeweils weitere Anforderungen zu beachten sind. Für begünstigende und belastende Steuernormen gilt im Ausgangspunkt derselbe gleichheitsrechtliche Maßstab. Abhängig vom Charakter der Norm variieren allerdings die Maßstäbe, nach denen sich deren Rechtfertigung richtet. Fiskalzwecknormen werden überwiegend am Leistungsfähigkeitsprinzip gemessen, Vereinfachungszwecknormen am Praktikabilitätsprinzip und für Sozialzwecknormen gelten hauptsächlich das Gemeinwohlprinzip und zusätzlich das Bedürfnis- und das Verdienstprinzip. Insbesondere für begünstigende Lenkungsnormen hat das BVerfG spezielle Anforderungen geprägt, die bei der Rechtfertigung zusätzlich zu beachten sind.

2. Anwendung auf § 3a EStG

Im nachstehenden Kapitel werden die herausgearbeiteten Maßstäbe auf § 3a EStG angewendet. Die Untersuchung beginnt mit dem Normcharakter der Vorschrift, da von ihm die Anforderungen an die Rechtfertigung der aufgezeigten Ungleichbehandlungen abhängen.[2124] Danach wird jeweils die Prüfungsdichte festgelegt und abschließend untersucht, ob die Ungleichbehandlungen gerechtfertigt sind.

a) Normcharakter von § 3a EStG

Um den genauen Inhalt der Rechtfertigungsanforderungen für § 3a festzulegen, wird die Vorschrift zunächst einer der genannten Normgruppen zugeordnet.

aa) Regelungszweck

Maßgeblich für die Zuordnung ist der aus der Gesetzesbegründung abzuleitende Regelungszweck von § 3a EStG. Dort wird Bezug genommen auf die Tatsache, dass Sanierungsgewinne seit über 80 Jahren von der Einkom-

2124 Vgl. Kobor, in: K/S/M, § 3a, Rn. A 130 (Stand: Mai 2020).

men-, Körperschaft-, und Gewerbesteuer befreit seien und durch das Urteil des großen BFH-Senats, mit dem er den Sanierungserlass für rechtswidrig erkannte, eine gesetzliche Normierung dieser Steuerbefreiung erforderlich geworden sei.[2125] Im Vordergrund steht also zunächst die Schaffung von Rechtssicherheit für Unternehmen in Sanierungsprozessen durch eine gesetzliche Regelung.[2126] Außerdem beabsichtigte der Gesetzgeber mit der Regelung, den Zielkonflikt zwischen Besteuerungs- und Insolvenzverfahren zu lösen, der darin bestehe, dass eine Besteuerung des Sanierungsgewinns nach dem Schuldenerlass erneut finanzielle Schwierigkeiten auslösen würde.[2127] Mit der Steuerfreistellung soll hingegen die Wirkung des Schuldenerlasses als Sanierungsmaßnahme aufrechterhalten und so die Sanierung von Unternehmen erleichtert und gefördert werden.[2128] Daher bilde die Vorschrift auch die wirtschaftliche Leistungsfähigkeit des Unternehmens ab.[2129] Des Weiteren diene die Befreiung der Planungssicherheit des Unternehmens im Sanierungsverfahren und berücksichtige die wirtschaftlichen Interessen der Gläubiger an dessen Fortbestand.[2130] Außerdem bemüht sich der Gesetzgeber mit der Einführung von § 3a EStG, den Vorstoß der EU-Kommission zur Schaffung eines präventiven Restrukturierungsrahmens zu begleiten.[2131] Das Regelungsanliegen des Gesetzgebers liegt also zunächst darin, auf die Unternehmenszerschlagung gerichtete Insolvenzen so weit wie möglich zu verhindern. Jedoch soll die Steuerbefreiung nicht dazu dienen, zahlungsunfähige Unternehmen künstlich am Markt zu halten, sondern eine Förderung ist nur beabsichtigt, wenn auch die Chance der wirtschaftlichen Erholung besteht. Mit der Befreiung soll es also nur denjenigen Unternehmen ermöglicht werden, ihren Geschäftsbetrieb fortzusetzen, die trotz der wirtschaftlichen Schwierigkeiten weiterhin bestandsfähig sind.[2132] Die Verhinderung des Zusammenbruchs und die Liquiditätssicherung sind eher notwendige Zwischenschritte für das Hauptziel der dauerhaften Wiederherstellung der Ertragsfähigkeit, die letztlich ebenso im Wege eines sanierenden Insolvenzplanverfahrens erreicht werden kann. Unternehmen in die dauerhafte Ertragsfähigkeit zurückzuführen, dient wiederum weiter-

2125 Vgl. BT-Drs. 18/12128, S. 30.
2126 BT-Drs. 18/12128, S. 30.
2127 Vgl. BT-Drs. 18/12128, S. 31.
2128 Vgl. BT-Drs. 18/12128, S. 31.
2129 Vgl. Böing, in: L/B/P, § 3a, Rn. 10 (Stand: Februar 2019).
2130 Vgl. BT-Drs. 18/12128, S. 31.
2131 Vgl. BT-Drs. 18/12128, S. 31.
2132 Vgl. Seer, in: Kirchhof, EStG, § 3a, Rn. 2.

gehenden Zwecken. Letztlich soll mit der Regelung die Restrukturierung notleidender Unternehmen gefördert werden, sodass § 3a EStG vordergründig wirtschafts- und arbeitsmarktpolitische Ziele zugrunde liegen.[2133] Denn ertragsfähige Unternehmen tragen zur allgemeinen Wirtschaftskraft bei und stellen regelmäßig Arbeitsplätze zur Verfügung. Auch wenn die Gesetzesbegründung diesen Aspekt nicht ausdrücklich benennt, dient die Befreiung also auch der Sicherung von Arbeitsplätzen, ebenso wie der Wirtschaftsförderung. Außerdem darf nicht außer Acht gelassen werden, dass die Zerschlagung eines Unternehmens für den Fiskus auch den Wegfall von künftigen Steuereinnahmen bedeutet. Indem die Restrukturierung gefördert wird, gewährleistet die Befreiung hingegen, dass Steuerpflichtige in zukünftigen Veranlagungszeiträumen wieder positive Einkünfte erzielen. Der Gesetzgeber sichert mit der Befreiung also auch das allgemeine künftige Steueraufkommen. Schließlich trägt § 3a EStG auch unternehmerischen Interessen Rechnung. Indem die Restrukturierung gefördert wird, gibt der Gesetzgeber ihnen nämlich die Gelegenheit weiterhin am Wettbewerb teilzunehmen. Außerdem wird mittels der Steuerbefreiung auch das Unternehmen als Einkunftsquelle erhalten, sowohl für die Arbeitnehmer als auch für den Unternehmer selbst.[2134]

Die mit § 3a EStG verfolgten Zwecke liegen damit auf einer Linie mit früheren Lösungen zur Freistellung von Sanierungsgewinnen. Auch das BMF hatte im Sanierungserlass darauf abgestellt, dass die InsO die Förderung außergerichtlicher Sanierungen und die Stärkung der Gläubigerautonomie bezwecke und die Besteuerung des Sanierungsgewinns mit dieser Zwecksetzung in Konflikt gerate.[2135] Ebenso wurde auch schon die vorherige Befreiungsvorschrift des § 3 Nr. 66 EStG a.F. mit dem Erhalt des Unternehmens als wirtschaftlicher Faktor und als Einkunftsquelle begründet.[2136]

2133 Vgl. Kanzler, NWB 2017, 2260, 2262; ders., NWB 2019, 626, 630.

2134 Vgl. BFH v. 24.4.1986 – IV R 282/84, BStBl. II 1986, S. 672 (zu § 3 Nr. 66 EStG a.F.). Der alten Befreiungsvorschrift wurde teilweise auch eine Existenzsicherungsfunktion zugeschrieben, da sie den aus § 2 EStG zu entnehmenden Grundsatz konkretisiere, dass Vermögenszuwächse verschont werden müssten, soweit sie für die Existenz des Unternehmens notwendig sind, vgl. Winnefeld, DB 1991, 2208.

2135 Vgl. BMF v. 27.3.2003 – IV A 6 – S 2140 – 8/03, Rn. 7.

2136 Vgl. Kanzler, in: H/H/R, § 3 Nr. 66 EStG a.F., Rn. 5 (Stand: Mai 1995).

bb) Steuersystematische Einordnung in der Literatur

Prinzipiell wurden Sanierungsprivilegierungen in der Vergangenheit grundsätzlich den steuerlichen Lenkungsnormen zugeordnet.[2137] Nur, wenn durch die entsprechende Regelung erst eine der Leistungsfähigkeit entsprechende Besteuerung sichergestellt wird, könnten Sanierungsbegünstigungen als Fiskalzweckbefreiungen eingeordnet werden.[2138] Auf dieser Grundlage wird § 3a EStG ein ambivalenter Charakter zugeschrieben: Einerseits wird argumentiert, die Vorschrift verwirkliche eine eigentumsschonende Besteuerung nach der wirtschaftlichen Leistungsfähigkeit und sei Teil eines am Übermaßverbot ausgerichteten Regelungssystems.[2139] Insofern könne § 3a zumindest teilweise als Fiskalzwecknorm eingeordnet werden, die den Steuertatbestand des § 2 Abs. 1 EStG teleologisch reduziert.[2140] Hauptsächlich wird der Vorschrift allerdings ausgehend von ihrer wirtschafts- und arbeitsmarktpolitischen Zwecksetzung der Charakter einer Sozialzweck- bzw. Lenkungsnorm zugeschrieben.[2141]

Der Gesetzgeber scheint ebenfalls beide Aspekte zu sehen. Ausgehend von der Gesetzesbegründung[2142] ging es ihm bei der Schaffung von § 3a EStG vordergründig um die Unterstützung notleidender Unternehmen und deren Restrukturierung. Die Notwendigkeit der Befreiung wird damit begründet, dass das Unternehmen im Fall einer Besteuerung des Sanierungsgewinns nach dem Schuldenerlass erneut in finanzielle Schwierigkeiten geraten würde und dessen Wirkungen so weitgehend verloren gingen.[2143] Daneben rekurriert die Begründung aber auch darauf, dass mit der Befreiung des Sanierungsgewinns die Leistungsfähigkeit des Unternehmens abgebildet wird. Das ließe den Rückschluss zu, dass der Gesetzge-

2137 Vgl. Diffring, (Fn. 791), S. 36.

2138 Vgl. Diffring, (Fn. 791), S. 39.

2139 Vgl. Kanzler, NWB 2019, 626, 629, 630; Bleschick, in: BeckOK EStG, § 3a, Rn. 24 (Stand: Januar 2021); Hey, FR 2017, 453, 455.

2140 Vgl. Seer, in: Kirchhof, EStG, § 3a, Rn. 2; Krumm, in; Blümich, § 3a EStG, Rn. 9 (Stand: März 2020).

2141 Vgl. Kobor, in: K/S/M, § 3a, Rn. A 131 (Stand: Mai 2020); Kanzler, NWB 2017, 2260, 2262; ders., NWB 2019, 626, 630; Bleschick, in: BeckOK EStG, § 3a, Rn. 24 (Stand: Januar 2021); Seer, in: Kirchhof, EStG, § 3a, Rn. 2; Krumm, in; Blümich, § 3a EStG, Rn. 9 (eine Bezeichnung als „Subvention" sei allerdings unpassend) (Stand: März 2020); bereits die alte Befreiungsvorschrift des § 3 Nr. 66 EStG a.F. als Sozialzwecknorm einstufend: Kanzler, in: H/H/R, § 3 Nr. 66 EStG a.F., Rn. 5 (Stand: Mai 1995).

2142 BT-Drs. 18/12128, S. 30 ff.

2143 BT-Drs. 18/12128, S. 31.

ber die Befreiung zur Verwirklichung einer leistungsfähigkeitsgerechten Besteuerung als notwendig erachtete und daher von einer Fiskalzweckbefreiung ausgeht.

cc) Vermittlung steuerlicher Leistungsfähigkeit durch Sanierungsgewinne

Auch wenn sowohl der Gesetzgeber als auch das Schrifttum beide Charakteristika anerkennen, ist entscheidend für die Einordnung von § 3a EStG, ob die Norm dem Leistungsfähigkeitsprinzip entspricht und es nur entfaltet oder eine bewusste Abweichung davon darstellt. Dafür muss untersucht werden, ob Sanierungsgewinne geeignet sind, die steuerliche Leistungsfähigkeit zu erhöhen oder nicht. Denn sollte dies nicht der Fall sein, entspräche der Gesetzgeber mit der Freistellung der Besteuerung nach der Leistungsfähigkeit, anderenfalls würde er mit § 3a EStG davon abweichen. Nur im letzteren Fall – wenn eine Abweichung vorliegt und es sich bei § 3a EStG deswegen zumindest teilweise um eine Lenkungsnorm handelt – müssten bei der Rechtfertigung der Befreiung die Gemeinwohlorientierung und ggf. eine Ausrichtung am Verdienstprinzip verlangt werden.

Die Debatte darum, ob sich durch Sanierungsgewinne die steuerliche Leistungsfähigkeit erhöht oder nicht, wird im Grunde bereits ebenso lang geführt, wie diese Gewinne von der Besteuerung ausgenommen sind. Hauptsächlich stehen sich hier zwei Auffassungen diametral gegenüber.

(1) Erste Ansicht: Keine Leistungsfähigkeitserhöhung

Auf der einen Seite steht ein Großteil des Schrifttums, der eine Steigerung der Leistungsfähigkeit verneint.[2144] Dabei werden immer wieder ähnliche

2144 Vgl. Stadler, NZI 2018, 49, 52; Kußmaul/Licht, DB 2017, 1797, 1801; Ismer/Piotrowski, DStR 2015, 1993, 1998; Lenger, NZI 2017, 290, 294; Buschendorf/Vogel, DB 2016, 676, 680 ff.; Krumm, DB 2015, 2714, 2715 (allerdings speziell auf Sanierungsgewinne abstellend; dass Verzichtsgewinne grundsätzlich steuerliche Leistungsfähigkeit vermitteln können, wird anerkannt); Töben, FR 2010, 249, 253; Geist, BB 2008, 2658, 2659; Seer, FR 2010, 306, 307; ders., FR 2014, 721, 727; ders., DB 2017, M5; Beutel/Eilers, FR 2017, 266, 267; Sistermann, DStR 2017, 689, 690 ff.; Levedag, jM 2017, 254, 257; (Heft 18); Take/Schmid-Sperber, ZInsO 2000, 374, 375; Winnefeld, DB 1991, 2208, 2210; Gondert/Büttner, DStR 2008, 1676; vgl. auch Kanzler, FR 2018, 794, 795, der die Steuerbefreiung von Sanierungsgewinnen grundsätzlich als Maßnahme bezeichnet, „die eine leistungsfähigkeitsgerechte Besteuerung gewähr-

Argumente genannt: Bei dem Sanierungsgewinn handele es sich um einen reinen Buchgewinn bzw. „Scheingewinn“[2145], in dem sich noch keine steuerliche Leistungsfähigkeit ausdrücke.[2146] Vielmehr stelle der Sanierungsgewinn die Leistungsfähigkeit erst wieder her.[2147] Leistungsfähigkeit sei in Verhältnis zu dem in Frage stehenden steuerbaren Ereignis zu setzen und durch einen Erlass werde sie grade nicht in einer Weise wiederhergestellt, die es dem Schuldner erlaubt, die Steuerlast zu begleichen.[2148] Zwar wird anerkannt, dass das Unternehmen dahingehend entlastet wird, dass durch den Wegfall der Verbindlichkeit die laufenden Finanzierungskosten reduziert werden und so erleichtert wieder Fremdkapital aufgenommen werden kann, allerdings wirke sich beides nicht auf die faktisch vorhandene monetäre Zahlungsfähigkeit aus, die aber Maßstab der Leistungsfähigkeit sein müsse.[2149] Solche unmittelbaren Effekte dürften keine Rolle spielen, da es nur auf die Leistungs- und Zahlungsfähigkeit im Zeitpunkt des Erlasses ankommen dürfe.[2150] Deshalb könne auch die geringere Schuldenlast keine Leistungsfähigkeitssteigerung vermitteln.[2151] Durch den Verzicht werde lediglich die Insolvenz des Unternehmens verhindert und so allenfalls die Grundlage für eine künftige Steigerung der Leistungsfähigkeit geschaffen.[2152] Der Große Senat des BFH setze fälschlicherweise Leistungsfähigkeit mit Liquiditätszuwachs bzw. Betriebsvermögensmehrung gleich, jedoch würden Steuerpflichtige erst durch den Verzicht wieder in die Lage versetzt, wirtschaftliche Leistungsfähigkeit verkörperndes Markteinkommen zu erzielen[2153] und nur am Markt erwirtschaftete Einkünfte dürften auch

---

leisten“); vgl. auch Kahlert, ZIP 2016, 2107, 2111; wohl auch Kroninger/Korb, BB 2008, 2656, 2658; Winnefeld, DB 1991, 2208; wohl auch schon van der Velde, StbJb 1950, S. 259, 274.

2145 Vgl. Krumm, DB 2015, 2714, 2715; Seer, FR 2010, 306, 307; ders., FR 2014, 721, 727; Kußmaul/Licht, DB 2017, 1797, 1801; Gondert/Büttner, DStR 2008, 1676; dieser Bezeichnung ausdrücklich widersprechend Uhländer, DB 2017, 923, 929.

2146 Vgl. Sistermann, DStR 2017, 689, 690; Kußmaul/Licht, DB 2017, 1797, 1801; Seer, FR 2010, 306, 307; ders., FR 2014, 721, 727; ders., DB 2017, M5 (Heft 18); Geist, BB 2008, 2658, 2659.

2147 Vgl. Winnefeld, DB 1991, 2208.

2148 Vgl. Stadler, NZI 2018, 49, 52.

2149 Vgl. Buschendorf/Vogel, DB 2016, 676, 680 ff.

2150 Vgl. Sistermann, DStR 2017, 689, 690; Buschendorf/Vogel, DB 2016, 676, 680 ff..

2151 Vgl. Buschendorf/Vogel, DB 2016, 676, 680.

2152 Vgl. Levedag, jM 2017, 254, 257; Seer, DB 2017, M5 (Heft 18); Sistermann, DStR 2017, 689, 691; Krumm, DB 2015, 2714, 2715; Take/Schmid-Sperber, ZInsO 2000, 374, 375.

2153 Vgl. Beutel/Eilers, FR 2017, 266, 267.

der Einkommensbesteuerung unterliegen.[2154] Erst die durch den Verzicht ermöglichte Fortführung der wirtschaftlichen Tätigkeit könne eine Steigerung der Zahlungsfähigkeit und damit der Leistungsfähigkeit bewirken.[2155] Vor diesem Hintergrund wird die Besteuerung eines Sanierungsgewinns als überschießende Folge einer typisierenden gesetzlichen Regelung bezeichnet.[2156]

Dieser Strömung hatte sich auch der X. Senat des BFH in seinem Vorlagebeschluss an den Großen Senat zur Rechtmäßigkeit des Sanierungserlasses angeschlossen.[2157] Auch er stellt dabei darauf ab, dass es sich um einen reinen Buchgewinn handelt, mit dem kein Liquiditätszufluss verbunden ist.[2158]

(2) Gegenansicht: Sanierungsgewinne vermitteln steuerliche Leistungsfähigkeit

Auf der einen Seite stehen diejenigen, die eine Erhöhung der Leistungsfähigkeit befürworten[2159] oder dies zumindest als folgerichtig anerkennen[2160]. Der Bezeichnung als Scheingewinn wird widersprochen.[2161] Da das Nettovermögen des Unternehmens gemehrt werde, sei der fehlende Zufluss von Liquidität unerheblich.[2162] Auch durch die endgültige Vermeidung des

---

2154 Vgl. Winnefeld, DB 1991, 2208, 2210.

2155 Vgl. Buschendorf/Vogel, DB 2016, 676, 681;

2156 Vgl. Lenger, NZI 2017, 290, 294.

2157 Vgl. BFH v. 25.3.2015 – X R 23/13, BStBl. II 2015, 696, Rn. 62.

2158 Vgl. BFH, a.a.O.

2159 Vgl. Schüppen, ZIP 2017, 752, 756 ff.; Kobor, in: K/S/M, § 3a, Rn. A 130 (Stand: Mai 2020), Skauradszun, ZIP 2018, 1901, 1903; Skauradszun/Kwauka, DStR 2020, 953, 955; Möhlenkamp, ZIP 2018, 1907, 1910; Kroschel, DStR 1999, 1383, 1385; Werth, DB 2017, 337; Strüber/v. Donat, BB 2003, 2036, 2042 ff. (die Autoren erkennen in der Steuerfreistellung eine Abweichung vom allgemeinen System, halten sie aber im Ergebnis für gerechtfertigt und dem Leistungsfähigkeitsprinzip entsprechend); wohl auch Uhländer, DB 2017, 923; vgl. auch Hey, FR 2017, 453, 455 (steht der These, Sanierungsgewinne erhöhten die steuerliche Leistungsfähigkeit nicht, zumindest kritisch gegenüber); vgl. auch Kroschel, DStR 1999, 1383 (mahnt zumindest an, dass dem aus dem Leistungsfähigkeitsprinzip abgeleiteten Grundsatz der Einmalbesteuerung von Gewinnen nur entsprochen werde, sofern es im Ergebnis zu dessen Versteuerung kommt).

2160 Vgl. Desens, ZIP 2017, 645, 648.

2161 Vgl. Uhländer, DB 2017, 923, 929; Schüppen, ZIP 2017, 752, 756; Skauradszun, ZIP 2018, 1901, 1903 (bezeichnet die Verwendung des Begriffs als „irreführend")

2162 Vgl. Werth, DB 2017, 337.

Unternehmenszusammenbruchs werde die Leistungsfähigkeit wiederhergestellt.[2163] Einer Leistungsfähigkeitssteigerung könne nicht entgegengehalten werden, dass ein Schuldner durch den Erlass einer wertlosen Forderung nicht bereichert sein könne, denn wenn ebendiese Forderung die Fortführung des Unternehmens behindert, dann sei sie aus Sicht des Schuldners offenbar gerade nicht wertlos.[2164] Denn unter dieser Prämisse müsste man auch annehmen, dass die Insolvenz auslösende Verluste den Schuldner ebenfalls nicht belasteten, da die daraus resultierenden Verbindlichkeiten ohnehin nicht beglichen werden können.[2165] Die Bereinigung der Passivseite von Verbindlichkeiten verbessere sowohl die Eigenkapitalquote als auch den Verschuldungsgrad[2166] und dass ein Unternehmen schon deswegen leistungsfähiger ist als zuvor, zeige sich darin, dass es nun leichter wieder Fremdkapital aufnehmen könne.[2167]

Dieser Strömung hat sich wiederum der Große Senat des BFH angeschlossen.[2168] Die Besteuerung eines verzichtsbedingten Sanierungsgewinns sei notwendige Folge der gesetzlich vorgegebenen Gewinnermittlungsart und mit dem Wegfall der Schuld werde das Nettovermögen erhöht, worin sich wirtschaftliche Leistungsfähigkeit ausdrücke.[2169] Zudem sei die Leistungsfähigkeit schon mit der ursprünglichen Leistung des Gläubigers gesteigert worden und der Verzicht führe dazu, dass der Schuldner diese Leistung endgültig behalten dürfe, sodass die frühere Leistungsfähigkeitssteigerung im Verzichtszeitpunkt in Form einer Gewinnerhöhung ertragsteuerlich zu berücksichtigen sei.[2170] Dieser Aspekt wird unter anderen von Skauradszun[2171] aufgegriffen. Er verweist darauf, dass ein Unternehmen, das ein Darlehen zunächst steuerneutral empfangen konnte, während der gesamten Zeit seit dessen Erhalt leistungsfähiger gewesen sei als es zunächst schien und auch leistungsfähiger als seine Wettbewerber, da das betreffende Einkommen bisher nicht besteuert wurde, wenn nun die entsprechende Verbindlichkeit zu einem späteren Zeitpunkt ausgebucht werden darf.[2172]

2163 Vgl. Werth, DB 2017, 337.
2164 Vgl. Kroschel, DStR 1999, 1383, 1385.
2165 Vgl. Kroschel, DStR 1999, 1383, 1385.
2166 Vgl. Skauradszun, ZIP 2018, 1901, 1903.
2167 Vgl. Skauradszun, ZIP 2018, 1901, 1903.
2168 Vgl. BFH v. 28.11.2016 – GrS 1/15, Rn. 114 ff.
2169 Vgl. BFH v. 28.11.2016 – GrS 1/15, Rn. 115.
2170 Vgl. BFH v. 28.11.2016 – GrS 1/15, Rn. 116.
2171 Vgl. Skauradszun, ZIP 2018, 1901, 1903.
2172 Vgl. auch Möhlenkamp, ZIP 2018, 1907, 1910.

Zudem müssten Erträge nicht mehr für den Schuldendienst verwendet werden, sondern verblieben für notwendige Investitionen.[2173] Schüppen[2174] schließt sich der Argumentation des Großen Senats vollumfänglich an und ergänzt, dass die Verbuchung von Einzahlung und Ertrag in unterschiedlichen Veranlagungszeiträumen keine Besonderheit von Sanierungsgewinnen sei, die insofern keinerlei Atypizität aufwiesen.

(3) Vermittelnde Ansichten

Vereinzelt finden sich auch differenzierende Meinungen. So soll nach Daowd und Liedke[2175] die Leistungsfähigkeit infolge der verzichtsbedingten Ausbuchung einer Verbindlichkeit nur dann erhöht werden, wenn dadurch nicht nur die Überschuldung aufgehoben, sondern auch positives Eigenkapital gebildet werden kann. Glatz[2176] differenziert danach, ob dem Sanierungsgewinn Verluste gegenüberstehen. Soweit dies der Fall ist, entstehe im Ergebnis ein ausgeglichener Saldo und die Leistungsfähigkeit sei faktisch nicht gemehrt.[2177] Darüber hinaus erhöhe er jedoch als „Wohlstandsgewinn" die steuerliche Leistungsfähigkeit.[2178] Zwar werde keine Liquidität zugeführt, gleichwohl sei zumindest für die Zukunft in Höhe des Forderungsverzichts weniger Liquidität gebunden, sodass der Schuldner eine höhere Flexibilität erreiche.[2179]

2173 Vgl. BFH v. 28.11.2016 - GrS 1/15, BStBl. II 2017, 393, Rn. 117.

2174 Vgl. Schüppen, ZIP 2017, 752, 756.

2175 Vgl. Daowd/Liedtke, DB 2017, 3013, 3018.

2176 Vgl. Glatz, IStR 2016, 447, 451.

2177 Vgl. Glatz, IStR 2016, 447, 451; andeutend auch Buschendorf/Vogel, DB 2016, 676, 681; ähnlich äußert sich auch Krumm, in: Blümich, § 3a EStG, Rn. 9 (Stand: März 2020): „bei einem idealen „Steuerverlauf" würde der Steuerpflichtige keine Steuerbefreiung benötigen, weil der BV-Mehrung durch die Entlastung der Passivseite eine entsprechende BV-Minderung vorausgegangen sein wird, die sich typischerweise in einem Verlustvortrag niederschlägt.".

2178 Vgl. Glatz, IStR 2016, 447.

2179 Vgl. Glatz, a.a.O.

(4) Eigene Ansicht und Einordnung von § 3a EStG

(a) Stellungnahme zur Vermittlung von steuerlicher Leistungsfähigkeit durch Sanierungsgewinne

Zunächst ist der ersten Ansicht, die eine Steigerung der Leistungsfähigkeit ablehnt, in wesentlichen Punkten beizupflichten. Es ist anzuerkennen, dass der Verzichtsgewinn das Krisenunternehmen regelmäßig weder in die Lage versetzen wird, die entstehende Steuerlast zu tragen, noch die tatsächliche Liquidität des Unternehmens signifikant verbessert. Oftmals wird es also tatsächlich so sein, dass dem Unternehmen infolge des Verzichtsgewinns faktisch keine neuen Handlungsspielräume eröffnet werden und eine Besteuerung dieses Gewinns die Sanierung erschweren oder verhindern würde. Mit dem Hinweis der Gegenansicht, verbliebene Mittel müssten nicht mehr zur Schuldentilgung genutzt werden, sondern verblieben für neue Investitionen, kann deshalb für sich genommen keine Leistungsfähigkeitssteigerung begründet werden. Insofern ist es zutreffend, dass der Erlass unmittelbar nur den Zusammenbruch verhindert und letztlich nur die Grundlage für eine wirtschaftliche Gesundung bildet, indem er die Fortführung der Tätigkeit ermöglicht. Zu kurz greift m.E. aber die These, dass der Sanierungsgewinn aufgrund seines Charakters als Buchgewinn ebenso wenig Leistungsfähigkeit vermitteln könne, wie die geringere Schuldenlast durch den Wegfall der Verbindlichkeit.

Wie gezeigt, obliegt die Entscheidung darüber, wie steuerliche Leistungsfähigkeit zu messen ist, dem Gesetzgeber. Ob auch Sanierungsgewinne erhöhte Leistungsfähigkeit vermitteln können, muss deshalb bei der Frage ansetzen, wie diese im Einkommensteuerrecht bemessen wird. In dieser Hinsicht hat der Gesetzgeber das Leistungsfähigkeitsprinzip in § 2 Abs. 2 und § 4 Abs. 1 S. 1 EStG konkretisiert und sich im Rahmen der Gewinneinkunftsarten dafür entschieden, Leistungsfähigkeit gerade nicht im Zufluss liquider Mittel zu sehen, sondern im Ergebnis der gesamten Geschäftstätigkeit, das sich im Ergebnis des Betriebsvermögensvergleichs ausdrückt. Unabhängig davon, wie die Erhöhung des Betriebsvermögens zustande kommt, legt er so fest, dass das Ergebnis des Betriebsvermögensvergleichs nach § 4 Abs. 1 S. 1 EStG die wirtschaftliche Leistungsfähigkeit des Steuerpflichtigen abbildet. In diesen Vergleich werden sämtliche Wertsteigerungen, sowie Wertminderungen einbezogen, was auch Verluste des Steuerpflichtigen umfasst. Die einzigen bereits auf dieser Ebene auszuklammernden Positionen sind Entnahmen und Einlagen, vgl. § 4 Abs. 1 S. 1 EStG. Nur sofern das Ergebnis positiv ausfällt, kommt es zu einer Steuerbelastung. Damit ist nach dem gesetzgeberischen Willen auch nur bei einem positiven Ergebnis die Leistungsfähigkeit erhöht. Stehen einem Ertrag hingegen ausgleichende Wertminderungen oder Verlustpositionen gegenüber, werden Steuerpflichtige einkommensteuerrechtlich nicht als leistungsfähig angesehen. Der oftmals vorgebrachte Verweis darauf, dass Sanierungsgewinne reine Buchgewinn seien, mit denen kein Zufluss an Liquidität verbunden sei, ist daher zu pauschal. Das zeigt nämlich der umkehrte Fall: Stellte man auf die Zahlungsfähigkeit im Sinne von Vorhandensein von Einnahmen ab, müsste man konsequenterweise eine Leistungsfähigkeitssteigerung bejahen, wenn beispielsweise kein Verzicht erklärt, sondern stattdessen ein Sanierungszuschuss in Form von Geld geleistet wird. Stehen dem Zufluss aber so hohe Passivpositionen gegenüber, dass das Ergebnis des Betriebsvermögensvergleichs trotzdem negativ ausfällt, wird der Steuerpflichtige nach der gesetzgeberischen Konkretisierung des Leistungsfähigkeitsprinzips in § 4 Abs. 1 S. 1 EStG trotzdem nicht als leistungsfähig angesehen. Der Zufluss der Geldmittel müsste dann gegenwärtig ebenso nicht versteuert werden.

Daraus wird deutlich, dass Leistungsfähigkeit und Zahlungsfähigkeit voneinander zu trennen sind. Die Zahlungsfähigkeit des Steuerpflichtigen ist selbstverständlich nur dann erhöht, wenn ihm tatsächlich Geldmittel verbleiben, die Leistungsfähigkeit jedoch schon dann, wenn Werterhöhungen im Betriebsvermögen jeglicher Art keine Verluste oder Wertminderungen in gleicher Höhe gegenüberstehen. Damit ist Leistungsfähigkeit eher als rechtlicher Begriff zu verstehen, während Zahlungsfähigkeit eine faktische Größe darstellt. Deswegen schließt es sich nicht aus, dass die steuerliche Leistungsfähigkeit erhöht sein kann, ohne dass sich auch die Zahlungsfähigkeit gesteigert hat. Dass das BVerfG auf die „finanzielle" Leistungsfähigkeit abstellt, widerspricht dem nicht, da damit nur gemeint ist, dass es nicht auf die Soll-Leistungsfähigkeit ankommt und Freizeitnutzen, sowie Arbeitsaufwand unberücksichtigt bleiben.[2180]

Für Sanierungsgewinne kann zunächst nichts anderes gelten. Begleitumstände, unter denen eine Betriebsvermögensmehrung zustande gekommen ist, sind für den Betriebsvermögensvergleich und damit auch die Bemessung der Leistungsfähigkeit für die Einkommensbesteuerung irrelevant. Daher kann – bei einem positiven Ergebnis – eine Leistungsfähigkeitssteigerung nicht mit dem Argument abgelehnt werden, dass der entstandene

2180 Siehe § 10, IV., 1., d), bb).

Buchgewinn in der Sanierungssituation keine Verbesserung der wirtschaftlichen Lage mit sich bringt. Dass sich die finanzielle Lage des Unternehmens und dessen Handlungsspielräume infolge des Verzichtsgewinns nicht verbessern und Steuerpflichtige trotz des Verzichtsgewinns nicht in die Lage versetzt werden, die Steuerlast zu begleichen, ist lediglich eine Frage der Zahlungsfähigkeit und kann für die Frage, ob Sanierungsgewinne systematisch gesteigerte Leistungsfähigkeit vermitteln, keine Beachtung finden.[2181] Für letztere kommt es allein darauf an, ob nach der Gegenüberstellung mit allen Wertminderungen das Ergebnis des Betriebsvermögensvergleichs positiv ausfällt. Vor diesem Hintergrund ist der vermittelnden Ansicht von Glatz zuzustimmen. Nach der gesetzgeberischen Wertung ist die einkommensteuerrechtliche Leistungsfähigkeit nur erhöht, wenn einem Ertrag keine Verlustpositionen in gleicher Höhe gegenüberstehen. Demnach können auch Sanierungsgewinne nur steuerliche Leistungsfähigkeit vermitteln, wenn sie dazu führen, dass das Ergebnis des Betriebsvermögensvergleichs positiv ausfällt. Wie bei jedem Ertrag ist das wiederum nur der Fall, soweit ihm keine Wertminderungen in gleicher Höhe gegenüberstehen. In dem Umfang, in dem er durch Verluste ausgeglichen wird, kann die steuerliche Leistungsfähigkeit mithin nicht erhöht werden. Ein die Verlustpositionen übersteigender Betrag wirkt aber anknüpfend an die Entscheidung des Gesetzgebers, die Leistungsfähigkeit nach dem Ergebnis des Betriebsvermögensvergleichs zu bestimmen, sehr wohl leistungsfähigkeitssteigernd. Auf die Zahlungsfähigkeit im Verzichtszeitpunkt kommt es deshalb nicht an.[2182] Diese ist nur in anderen Bereichen maßgeblich, wie etwa einem Erlass wegen persönlicher Unbilligkeit.[2183] Ebenso wie die Leistungsfähigkeit erhöht sein kann, während dies für die Zahlungsfähigkeit nicht gelten muss, können Steuerpflichtige aufgrund eines Gewinns im Rahmen des Betriebsvermögensvergleich als leistungsfähig eingestuft werden, während dessen Verschonung im Einzelfall im Billigkeitsweg dennoch erforderlich ist, weil sie in diesem Bereich angesichts ihrer persönlichen Verhältnisse als leistungsunfähig angesehen werden. Dies ist jedoch kein Widerspruch,

2181 Ähnlich: Vgl. Uhländer, DB 2017, 923, 929, der ebenfalls trennt zwischen der Generierung eines Gewinns durch den Wegfall einer Verbindlichkeit und der Liquidität zur Begleichung der entstehenden Steuerlast.

2182 Darauf abstellend vgl. Sistermann, DStR 2017, 689, 691 („Insoweit kommt es nämlich auf die Leistungs- und Zahlungsfähigkeit im Zeitpunkt des Schuldenerlasses und nicht auf potentielle Leistungssteigerungen in der Zukunft an").

2183 Vgl. Desens, ZIP 2017, 645, 648.

sondern lediglich Ausdruck verschiedener bereichsspezifischer Konkretisierungen des Leistungsfähigkeitsprinzips.[2184]

Sofern einem Sanierungsgewinn keine Verlustpositionen mehr gegenüberstehen, vermittelt er folglich steuerliche Leistungsfähigkeit. Damit ist jedoch nur gesagt, dass die Besteuerung (des die Verluste übersteigenden Teils) systematisch dem Leistungsfähigkeitsprinzip entspricht. Das bedeutet hingegen nicht, dass es dem Gesetzgeber verwehrt ist, sich auch unter Berücksichtigung der wirtschaftlichen Verhältnisse einzelner Steuerpflichtiger oder Gruppen von Steuerpflichtigen im Ergebnis gegen deren Besteuerung zu entscheiden. Auch wenn Sanierungsgewinne die Leistungsfähigkeit nach der Grundwertung des § 2 Abs. 2, § 4 Abs. 1 S. 1 EStG zunächst erhöhen, kann deren steuerliche Freistellung angesichts der Ausnahmesituation einer Sanierung also dennoch im Ergebnis geboten sein. Da aber eine Befreiung des die Verlustpositionen übersteigenden Teils eine Abweichung vom Leistungsfähigkeitsprinzip darstellt, ist eine reine Fiskalzweckbefreiung dafür das falsche Instrument. Eine entsprechende Regelung kann aber dennoch zulässig sein, muss jedoch als Lenkungsnorm auf andere Gründe gestützt werden. Das Leistungsfähigkeitsprinzip ist für die Frage, ob die Besteuerung des Sanierungsgewinns im Ergebnis aufrechterhalten werden könnte, nicht der geeignete Maßstab. Ob die Besteuerung „erdrosselnd" wirkt, ist eine Frage des Übermaßverbots, nicht aber eine allgemeine Frage der steuerlichen Leistungsfähigkeit.[2185]

(b) Systematische Einordnung von § 3a EStG

Zunächst handelt es sich bei der Vorschrift offensichtlich um eine begünstigende Norm, da ihre Rechtsfolge darin besteht, bestimmte Betriebsvermögensmehrungen steuerfrei zu stellen. Wie gezeigt, ergeben sich daraus allein aber noch keine weitergehenden Konsequenzen für die Rechtfertigungsprüfung. Hinsichtlich des für die weitere Prüfung gewichtigeren Normcharakters kann die ambivalente Natur des § 3a EStG ausgehend von den bisherigen Erkenntnissen nur bestätigt werden.

Soweit dem Sanierungsgewinn Verlustpositionen gegenüberstehen, ist die Leistungsfähigkeit des Steuerpflichtigen nicht erhöht und es würde auch nach allgemeinen Regeln nicht zu einer Besteuerung kommen. In diesem Umfang reiht sich § 3a EStG mit dem Verlustverrechnungskonstrukt

2184 Vgl. Desens, ZIP 2017, 645, 648.
2185 Vgl. Glatz, IStR 2016, 447, 451 ff.

des Abs. 3 S. 2 in die allgemeine Systematik ein. Denn auch wenn § 3a Abs. 1 S. 1 dies durch seinen Wortlaut suggerieren mag, sind Sanierungserträge nicht grundsätzlich und in voller Höhe steuerfrei. Vielmehr wird zwar technisch der gesamte Sanierungsertrag steuerfrei gestellt, Abs. 3 S. 2 ordnet aber die vorrangige Verrechnung mit sämtlichen Steuerminderungspotentialen der Steuerpflichtigen und Abs. 3 darüber hinaus sogar mit denen naherstehender Dritter an. Diese Minderungspotentiale können also nicht mehr genutzt werden. Sofern dem Sanierungsgewinn also Verluste gegenüberstehen kommt es im Ergebnis auch nicht zur steuerlichen Freistellung. Damit verwirklicht § 3a EStG zunächst das in § 2 Abs. 2 und § 4 Abs. 1 EStG niedergelegte gesetzgeberische Verständnis steuerlicher Leistungsfähigkeit und weist somit Fiskalzweckelemente auf. Dasselbe Ergebnis würde erzielt, wenn die Verluste erhalten blieben und die Steuerbefreiung gleichzeitig auf den die Verlustpositionen übersteigenden Teil beschränkt würde. § 3a EStG wählt jedoch zur Sicherstellung der leistungsfähigkeitsgerechten Besteuerung den komplizierteren Weg, den Sanierungsertrag zunächst in voller Höhe steuerfrei zu stellen, die Steuerfreiheit aber durch den Untergang gegenüberstehender Verluste aufzufangen. Das Ergebnis ist der ambivalente Normcharakter von § 3a EStG, denn soweit sich die Befreiungswirkung auf Beträge bezieht, denen aufgrund der Regelung in Abs. 3 untergehende steuerliche Verluste gegenüberstehen, handelt es sich um eine Fiskalzweckbefreiung.

Der Charakter einer Fiskalzweckbefreiung kann § 3a EStG auch hinsichtlich eines weiteren Gewinnanteils zugesprochen werden. Eine Betrachtung nicht nur des Sanierungsjahrs und des Vorjahres, sondern noch weiter zurückliegender Veranlagungszeiträume kann nämlich ergeben, dass bei dem zu sanierenden Unternehmen Verlustuntergangsregelungen wie § 8c KStG oder Verlustverrechnungsverbote wie die Mindestbesteuerung nach § 10d Abs. 2 EStG zur Anwendung gekommen sind. Solche Regelungen führen entgegen dem Leistungsfähigkeitsprinzip dazu, dass leistungsfähigkeitsmindernder Aufwand nicht zum Ausgleich positiver Einkünfte genutzt werden kann, im Fall von Verlustuntergangsregelungen endgültig, bei Verrechnungsbeschränkungen zumindest temporär. Die Folge ist, dass in Höhe der betroffenen Positionen nach der Systematik des Betriebsvermögensvergleichs die Leistungsfähigkeit gesteigert ist, obwohl gegenüberstehender leistungsfähigkeitsmindernder Aufwand vorhanden ist. Kommt es dann in einem späteren Veranlagungszeitraum zur Anwendung von § 3a EStG, dann ist in Höhe des Betrags, der von den Verlustuntergangstatbeständen oder Verrechnungsverboten betroffen war, nur deswegen überhaupt eine Steuerbefreiung erforderlich, weil sich aufgrund dieser Regelungen Verluste nicht leistungsfähigkeitsmindernd auswirken konnten. Ohne diese nachteiligen Vorschriften, also bei einem „idealen Steuerverlauf" wäre gar kein Gewinn entstanden, sodass es keiner Befreiung bedurft hätte.[2186] In dieser Höhe stehen daher zwar im Zeitpunkt der Anwendung von § 3a EStG keine Verluste gegenüber, in der Vergangenheit waren entsprechende Minderungspositionen aber vorhanden. Mit der Steuerbefreiung durch § 3a EStG wird bzgl. dieser Gewinnanteile die leistungsfähigkeitsmindernde Wirkung der Betriebsvermögensminderungen im Ergebnis nachgeholt. Bei einer Betrachtung der Totalperiode stand dem Anteil am Sanierungsgewinn in dessen Höhe in vergangenen Veranlagungszeiträumen Verlustuntergang- oder Beschränkungsregelungen zur Anwendung kamen, also bereits eine Betriebsvermögensminderung gegenüber, sodass insoweit bei einer Gesamtbetrachtung auch keine Leistungsfähigkeitssteigerung gegeben ist. Insoweit entspricht die Freistellung im Sanierungsjahr mithin dem Leistungsfähigkeisprinzip, sodass § 3a EStG insoweit ebenfalls einen Fiskalzweck verfolgt.

Im Übrigen liegt in Höhe des übersteigenden Betrags allerdings eine Leistungsfähigkeitssteigerung vor und eine Besteuerung wäre nach dem Leistungsfähigkeitsprinzip systemgerecht. An dieser Stelle entfaltet § 3a EStG erst seine eigentliche Wirkung, da die durch Absatz 1 S. 1 angeordnete Steuerfreiheit erst jetzt tatsächlich zum Tragen kommt. Indem § 3a EStG für den die Verlustpositionen übersteigenden Betrag die steuerliche Freistellung anordnet, schafft die Regelung eine der Besteuerung nach der wirtschaftlichen Leistungsfähigkeit widersprechende Rechtsfolge und durchbricht somit das Leistungsfähigkeitsprinzip. Mit der technischen Umsetzung der Steuerfreiheit hat auch der Gesetzgeber gezeigt, dass er von einer Leistungsfähigkeitssteigerung durch Sanierungsgewinne und einer gleichzeitigen Durchbrechung des Leistungsfähigkeitsprinzips mittels § 3a EStG ausgeht, indem er diese Gewinne grundsätzlich in die Gewinnermittlung nach § 4 Abs. 1 S. 1 EStG einbezieht.[2187] Zunächst werden Steuerpflichtige durch die verzichtsbedingte Betriebsvermögensmehrung als leistungsfähig eingestuft, § 3a gewährt aber direkt im Anschluss die „Gelegenheit" die Leistungsunfähigkeit im Einzelfall nachzuweisen.[2188] Insoweit

2186 Vgl. Krumm, in: Blümich, § 3a EStG, Rn. 9 (Stand: März 2020) mit weiteren Ausführungen zu diesem Aspekt.

2187 Vgl. Skauradszun/Kwauka, DStR 2020, 953, 955.

2188 Vgl. Skauradszun/Kwauka, DStR 2020, 953, 955.

kann ihr daher kein Fiskalzweckcharakter mehr zugeschrieben werden, sondern diese Rechtsfolge muss sich am Maßstab für Lenkungsnormen messen lassen. Da § 3a EStG seine Wirkung hauptsächlich hinsichtlich des leistungsfähigkeitssteigernden Teils des Sanierungsgewinns entfaltet, muss die Vorschrift auch vordergründig als Lenkungsnorm angesehen werden.

dd) Ergebnis

Steuerliche Leistungsfähigkeit ist streng von der faktischen Zahlungsfähigkeit des Steuerpflichtigen zu trennen. Soweit einem Sanierungsertrag keine Verlustpositionen gegenüberstehen oder in früheren Veranlagungszeiträumen gegenüberstanden, jedoch nicht nutzbar waren, ist er geeignet steuerliche Leistungsfähigkeit im Sinne des Leistungsfähigkeitsverständnisses des Einkommensteuerrechts zu vermitteln. Daher entspräche die Besteuerung diesem Umfang dem Leistungsfähigkeitsprinzip. Indem § 3a EStG diesen Ertrag allerdings steuerlich verschont, durchbricht die Vorschrift das Leistungsfähigkeitsprinzip und muss daher als Abweichung gerechtfertigt werden. Die Verschonung erfolgt aus wirtschafts- und arbeitsmarktpolitischen Gründen und beabsichtigt daher vordergründig Lenkungszwecke. Auch wenn § 3a teilweise Fiskalzweckelemente aufweist, ist sie daher hauptsächlich als Lenkungsnorm einzuordnen und muss an den Rechtfertigungsanforderungen für diese Normgruppe gemessen werden.

b) Rechtfertigung der grundsätzlichen Verschonung des Sanierungsertrags nach § 3a Abs. 1 S. 1 EStG

Nachdem die Befreiungsvorschrift des § 3a EStG als Sozialzwecknorm identifiziert wurde, mit der der Gesetzgeber vom Prinzip der wirtschaftlichen Leistungsfähigkeit abweicht, wird nun die konkrete Rechtfertigung untersucht. Dazu muss zunächst das Maß der Bindung an den allgemeinen Gleichheitssatz festgelegt und anschließend geprüft werden, ob die herausgearbeiteten Ungleichbehandlungen den Anforderungen standhalten. Der ausdifferenzierte Prüfungsstandard macht es erforderlich, für jede

Ungleichbehandlung innerhalb einer Vorschrift gesondert zu bestimmen, welches Maß an gerichtlicher Kontrolldichte geboten ist.[2189]

Im Schrifttum wird die gleichheitsrechtliche Rechtfertigungsbedürftigkeit des § 3a EStG insgesamt zwar anerkannt[2190] und auch für den Gesetzgeber scheint dies selbstverständlich zu sein.[2191] Gleichzeitig besteht aber Konsens darüber, dass die Steuerbefreiung des § 3a EStG, sowie die ergänzenden Regelungen verfassungsgemäß, insbesondere hinreichend zielgenau ausgestaltet sind.[2192] Insbesondere die Benachteiligung nicht begünstigter Sanierungsmaßnahmen wird für zulässig erachtet.[2193] Nachfolgend wird zunächst die wichtigste Rechtsfolge der steuerlichen Verschonung des Sanierungsertrags nach § 3a Abs. 1 S. EStG und anschließend die weiteren, durch die nachfolgenden Regelungen des § 3a EStG bewirkten Ungleichbehandlungen einer eingehenden Untersuchung unterzogen.

aa) Prüfungsdichte für § 3a Abs. 1 S. 1 EStG

Die bisherige Untersuchung hat zwar gezeigt, dass dem Folgerichtigkeitsgebot keine maßstabsverschärfende Funktion zukommt, das BVerfG dem Gesetzgeber aber sowohl bei der Auswahl des Steuergegenstands als auch der Bestimmung seines Umfangs nach wie vor einen weitreichenden Entscheidungsspielraum zugesteht[2194], sodass § 3a EStG nur einer eingeschränkten

---

2189 Vgl. Eichberger, in: FS BFH, S. 501, 508.

2190 Vgl. Krumm, in: Blümich, § 3a EStG, Rn. 9 (Stand: März 2020); Bodden, in: Korn, EStG, § 3a, Rn. 32 (Stand: März 2020); Kobor, in: K/S/M, § 3a, Rn. A 130 (Stand: Mai 2020).

2191 Vgl. BT-Drs. 18/12128, S. 30 (die Begründung enthält hier den Abschnitt „Rechtfertigung der Steuerbefreiung").

2192 Vgl. Krumm, in: Blümich, § 3a EStG, Rn. 9 (Stand: März 2020); Kobor, in: K/S/M, § 3a, Rn. A 131 (Stand: Mai 2020); Bodden, in: Korn, EStG, § 3a, Rn. 32 (Stand: März 2020); Bleschick, in: BeckOK EStG, § 3a, Rn. 24 (Stand: Januar 2021) (er bezeichnet § 3a EStG an dieser Stelle sogar als „Ausdruck des Grundsatzes der Verhältnismäßigkeit"); Hallerbach, in: H/H/R, § 3a EStG, Rn. 5 (Stand: August 2019); Skauradszun, ZIP 2018, 1901; Kanzler, in: K/K/B, § 3a, Rn. 11; ders., NWB 2017, S. 2260, 2262; ders., NWB 2019, S. 626, 629.

2193 Vgl. Bleschick, in: BeckOK EStG, § 3a, Rn. 24 (Stand: Januar 2021); Bodden, in: Korn, EStG, § 3a, Rn. 32 (Stand: März 2020); Kanzler, in: K/K/B, § 3a, Rn. 11; ders., NWB 2017, S. 2260, 2262; ders., NWB 2019, S. 626, 630; ders., NWB 2021, 1235, 1241.

2194 Vgl. BVerfG v. 17.12.2014 – 1 BvL 21/12, BVerfGE 138, 136; v. 29.3.2017 – 2 BvL 6/11, BVerfGE 145, 106; v. 10.4.2018 – 1 BvL 11/14, BVerfGE 148, 147; v. 10.4.2018 – 1 BvR

Kontrolle zu unterziehen wäre, wenn seine Rechtsfolge dieser Ebene zuzuordnen wäre. Da der Steuergegenstand hier das Einkommen darstellt, wäre das nur der Fall, wenn Sanierungsgewinne nach der Belastungsentscheidung des Gesetzgebers kein relevantes Einkommen darstellen bzw. nicht zum Gewinn nach § 4 Abs. 1 S. 1 EStG zählen sollen. Aus dem hier allein maßgeblichen Blickwinkel des Betriebsvermögensvergleichs fügen sich Sanierungsgewinne aber nahtlos in dessen System ein. Sie führen in gleicher Weise zu dem als besteuerungswürdig erkannten Vorteil eines positiven Ergebnisses der Geschäftstätigkeit. Auch aus der systematischen Umsetzung der steuerlichen Verschonung ergibt sich, dass der Gesetzgeber Sanierungsgewinne zunächst als Teil des Einkommens versteht. Hätte er sie aus dem Gewinn ausklammern wollen, hätte dies in § 4 EStG selbst erfolgen müssen, wie es in der Literatur teilweise sogar vorgeschlagen wurde.[2195] Stattdessen hat er mit § 3a EStG eine eigenständige Vorschrift geschaffen. Ferner lässt die sprachliche Gestaltung des § 3a erkennen, dass Sanierungsgewinne als Einkommen angesehen werden. Denn § 3a Abs. 1 S. 1 EStG definiert sie gerade als „Betriebsvermögensmehrungen oder Betriebseinnahmen [...]", und stellt sie erst anschließend steuerfrei. Hätte der Gesetzgeber Sanierungsgewinne nicht als Einkommen ansehen wollen, wäre eine deutlichere Formulierung naheliegender gewesen. Statt einer eigenständigen Vorschrift, hätte § 4 EStG um einen z.B. folgendermaßen lautenden Zusatz ergänzt werden können: „Sanierungsgewinne gelten nicht als Betriebsvermögensmehrungen oder Betriebseinnahmen." Außerdem zeigt die technische Umsetzung der Verschonung in Form einer Steuerbefreiung, dass Sanierungsgewinne vom Einkommen umfasst sein müssen, denn nur für Vermögenszuwächse der Steuerpflichtigen, die als besteuerungswürdiges Einkommen angesehen werden, entsteht überhaupt das Bedürfnis nach einer Steuerbefreiung. Ihre Verschonung ist daher keine tatbestandliche Begrenzung des Steuergegenstands und damit nicht Teil der Belastungsentscheidung. Bei § 3a EStG handelt es sich in der Terminologie des Folgerichtigkeitsgebots also um eine Ausgestaltungs- oder Folgeentscheidung auf „zweiter Stufe".

Die Kontrolldichte ist daher allein anhand der herausgearbeiteten Kriterien festzulegen. Die maßgeblichen Differenzierungskriterien, von denen eine Begünstigung nach § 3a Abs. 1 S. 1 EStG abhängt, ergeben sich aus des-

---

1236/11, BStBl. II 2018, S. 303, BVerfGE 148, 217; v. 18.7.2019 – 1 BvR 807/12, BeckRS 2019, 25317; v. 19.11.2019 – 2 BvL 22/14, BVerfGE 152, 274.

2195 Siehe § 5, IV., 2.

sen Tatbestandsmerkmalen. Entscheidend sind die zivilrechtliche Rechtsnatur des gewinnauslösenden Rechtsvorgangs und, dass dieser unter den in § 3a Abs. 2 EStG festgelegten Umständen erfolgt. Weder mit der rechtlichen Einordnung des gewinnauslösenden Vorgangs noch mit den Merkmalen des § 3a Abs. 2 EStG wird an die Merkmale Geschlecht, Abstammung, Rasse, Sprache, Heimat, Herkunft, Glauben, oder religiöse oder politischen Anschauung angeknüpft, die nach Art. 3 Abs. 3 GG Benachteiligungen verbieten. Ein Zusammenhang oder eine Nähe zu den Differenzierungskriterien des Art. 3 Abs. 3 GG besteht daher nicht. Auch Freiheitsgrundrechte der nicht begünstigten Steuerpflichtigen werden durch die Differenzierungsmerkmale des § 3a Abs. 1 S. 1 EStG nicht in gesteigertem Maß berührt.

Ein strengeres Kontrollbedürfnis könnte sich aber aus der Verfügbarkeit der Differenzierungskriterien ergeben. Dabei ist die Perspektive der von der Differenzierung Benachteiligten einzunehmen, da die Frage nach der Verfügbarkeit nicht aus der Sicht des durch die Norm Bevorzugten beurteilt werden kann.[2196] Im Begünstigungsfall kommt es auf die Perspektive der Steuerpflichtigen an, die die Befreiung nicht beanspruchen können, maßgeblich sind also die Einflussmöglichkeiten von Steuerpflichtigen, die ebenfalls Gewinneinkünfte erzielen, auf die Qualifizierung einer Betriebsvermögensmehrung als Sanierungsgewinn. Genauer gesagt kommt es darauf an, inwieweit sie auf die Einordnung des gewinnauslösenden Vorgangs als Schuldenerlass i.S.v. § 3a Abs. 1 S. 1 EStG und die Merkmale des § 3a Abs. 2 EStG Einfluss nehmen können.

Hinsichtlich der Beeinflussbarkeit der Rechtsnatur des gewinnauslösenden Vorgangs ist zunächst von Relevanz, ob die Steuerpflichtigen die Sanierungsmaßnahme allein oder unter Mitwirkung Dritter durchführen, denn abhängig davon betrifft das Differenzierungskriterium unterschiedliche Einflusssphären. Sanierungsmaßnahmen ohne Fremdunterstützung sind nur denkbar in Form von selbst geleisteten Geldzuschüssen oder der Verfügung über eigene Forderungen der Steuerpflichtigen gegenüber dem Unternehmen. Hier steht es ihnen grundsätzlich frei, sich für die eine oder die andere Form der Förderung zu entscheiden. Ein Schuldenerlass erfordert zwar stets eine zweiseitige Vereinbarung, wird die Sanierungsmaßnahme aber von den Steuerpflichtigen allein durchgeführt, erfolgt die notwendige Gläubigermitwirkung ebenfalls allein durch sie selbst. Bei eigenen Sanierungsbemühungen der Steuerpflichtigen können sie ihr Verhalten

2196 BVerfG v. 17.12.2014 – 1 BvL 21/12, BStBl. II 2015, S. 50, BVerfGE 138, 136, Rn. 132.

also auf das Differenzierungsmerkmal der Rechtsnatur ausrichten, sodass es vollständig ihrem Einflussbereich zuzuordnen ist.

Anders stellt sich die Situation in Fällen dar, in denen sich Fremdgläubiger an der Sanierung beteiligen. Mit seiner Entscheidung zum schädlichen Beteiligungserwerb nach § 8c KStG[2197] hat das BVerfG gezeigt, dass die Abhängigkeit von Dritten zur Verwirklichung der Begünstigungsvoraussetzungen oder zur Verhinderung des Besteuerungstatbestands grundsätzlich geeignet sind, die Verfügbarkeit des Differenzierungsmerkmals zu beeinflussen.[2198] Um eine Begünstigung durch § 3a Abs. 1 S. 1 EStG zu erreichen, müssen die Gläubiger zunächst grundsätzlich zu einer Mitwirkung und zusätzlich zur Umsetzung des Sanierungsbeitrags in einer bestimmten Form bewegt werden. Geht es um die Wahl der Umsetzungsform, kommt den Steuerpflichtigen zugute, dass der Kreis der begünstigten Maßnahmen sich nicht auf zivilrechtliche Erlassverträge und negative Schuldanerkenntnisse beschränkt ist und somit ein breites Verhandlungsspektrum offensteht. Da sich auch die Gläubiger an einer Sanierung regelmäßig mit dem Ziel beteiligen, das Unternehmen wieder ertragsfähig zu machen und sie daher auch ein eigenes Interesse daran haben, dass ihr Sanierungsbeitrag den Sanierungserfolg nicht gefährdet, ist sogar eher zu erwarten, dass sie sich zu einer begünstigten Umsetzungsform bewegen lassen. Vielmehr werden sie es für ihre Mitwirkung sogar zur Bedingung machen, dass die Effekte des Erlasses nicht durch eine Steuerbelastung konterkariert werden. Auf die Form, in der sich Gläubiger an der Sanierung beteiligten, können Steuerpflichtige also noch durch Verhandlungsgeschick Einfluss nehmen, sodass dieser Aspekt ihrem Einflussbereich zugeordnet werden kann. Dennoch kann die für jede Umsetzungsform erforderliche zweiseitige Vereinbarung bei Sanierungsbeiträgen von Fremdgläubigern nicht durch die Steuerpflichtigen einseitig herbeigeführt werden. Auch wenn sie durch Verhandlungsgeschick die Umsetzungsform beeinflussen können, hängt es stets vom Einverständnis der Gläubiger ab, ob es überhaupt zu einem Schuldenerlass

2197 BVerfG v. 29.3.2017 – 2 BvL 6/11, BVerfGE 145, 106.

2198 Vgl. BVerfG v. 29.3.2017 – 2 BvL 6/11, BVerfGE 145, 106. Gefragt wurde hier danach, inwiefern die nachteilig betroffene Kapitalgesellschaft auf eine schädliche Beteiligungsübertragung im relevanten Zeitraum einwirken könne und dabei berücksichtigt, dass dies zwar durch vertragliche Vereinbarungen verhindert werden könne, dafür aber die Zustimmung aller betroffenen Gesellschafter und damit Dritter erforderlich sei (vgl. BVerfG, a.a.O., Rn. 120). Da zwischen den Beteiligten unterschiedliche Interessen bestehen können sei eine solche Vereinbarung insbesondere deswegen ggf. schwer zu erreichen (vgl. BVerfG, a.a.O., Rn. 120).

kommt. Insofern besteht für die Begünstigung des § 3a Abs. 1 S. 1 EStG immer eine Abhängigkeit zu Dritten. Die Natur eines Schuldenerlasses als zweiseitige Vereinbarung führt deshalb im Fall der Beteiligung von Drittgläubigern notwendigerweise zu einer eingeschränkten Verfügbarkeit des Differenzierungskriteriums.

Daneben sind auch die Kriterien der unternehmensbezogenen Sanierung nach § 3a Abs. 2 EStG auf ihre Verfügbarkeit hin zu überprüfen. Die Sanierungsfähigkeit- und Bedürftigkeit eines Unternehmens beschreiben lediglich einen Zustand des Steuerpflichtigen und sind außerdem rein objektiv zu bestimmen. Auch ob der Erlass zur Verhinderung des Zusammenbruchs des Unternehmens und zur Wiederherstellung seiner dauerhaften Ertragsfähigkeit beitragen kann und damit zur Sanierung geeignet ist, hängt lediglich von Umständen ab, die im Unternehmen selbst begründet sind. Diese drei Merkmale betreffen somit ebenfalls die Sphäre der Steuerpflichtigen, die das Unternehmen betreiben. Zwar werden sie anhand von Indizien wie der Ertragslage oder dem Verschuldungsgrad des Unternehmens oder den zu erwartenden Auswirkungen einer Maßnahme auf die künftigen Ertragsaussichten beurteilt, jedoch handelt es sich auch dabei wiederum um Faktoren, auf die lediglich die Steuerpflichtigen Einfluss nehmen können. Auch wenn berücksichtigt werden muss, dass die wirtschaftliche Krise eines Unternehmens mehrere Ursachen hat, die teilweise auch außerhalb der Sphäre des Unternehmers liegen können, liegt es dennoch grundsätzlich in der Verantwortung von Steuerpflichtigen selbst, ob ein Unternehmen sanierungsbedürftig und sanierungsfähig ist und ob es sich in einer Lage befindet, in der es durch den Schuldenerlass vor dem Zusammenbruch bewahrt werden kann. Auch wenn der durch § 3a Abs. 2 EStG beschriebene Unternehmenszustand für andere Steuerpflichtige nicht erstrebenswert ist, da eine wirtschaftliche Krise nicht in ihrem Interesse sein dürfte, entzieht sich die Erfüllung der drei genannten Voraussetzungen dennoch nicht ihrer Verfügbarkeit.

Anders verhält es sich aber mit den Merkmalen der Sanierungsabsicht und der betrieblichen Begründung des Schuldenerlasses. Dabei handelt es sich um subjektive Kriterien, für deren Erfüllung es auf die Motive des erlassenden Gläubigers ankommt. Für die Sanierungsabsicht muss nämlich nachgewiesen werden, dass zumindest auch beabsichtigt wird, die Erholung des Unternehmens herbeizuführen. Hier hängt die Verfügbarkeit ebenso wie bei der Rechtsnatur der Sanierungsmaßnahme von der Beteiligtenkonstellation ab. Bei Sanierungsmaßnahmen, die von den Steuerpflichtigen selbst durchgeführt werden, bzw. eigene Forderungen gegen das Unternehmen betreffen, kommt es lediglich auf ihre eigenen Absichten an. Bei der Beteiligung von Fremdgläubigern sind hingegen deren Motive entscheidend, sodass sich die Steuerpflichtigen hier erneut in einer Abhängigkeit zu Dritten befinden. Die beiden Kriterien könnten aber trotzdem als vollständig für die Benachteiligten verfügbar angesehen werden, da die Nachweispflicht darüber nach § 3a Abs. 2 EStG bei den Steuerpflichtigen verbleibt. Als innere Tatsachen ist ihr Nachweis stets auf Indizien, Vermutungen und Hilfstatsachen angewiesen.[2199] Da hier keine Bindung an bestimmte Beweisregeln bestehen[2200], können Steuerpflichtige durch die Wahl der vorgebrachten Tatsachen ihr Verhalten auf die Erfüllung der beiden Merkmale einstellen. Als Anzeichen für die Sanierungsabsicht kann beispielsweise ein Verzicht durch mehrere Gläubiger angeführt werden[2201] oder die Kriterien können mit der Vorlage eines Sanierungsplans belegt werden.[2202] Dennoch ändert das nichts daran, dass die vorgebrachten Indizien und Hilfstatsachen auf eine bestimmte Absicht Dritter schließen lassen müssen, um die Begünstigung des § 3a EStG zur Anwendung zu bringen. Die Sanierungsabsicht und die betriebliche Begründung verlieren dadurch also nicht ihren Charakter als subjektive Voraussetzungen, die in der Person eines Dritten begründet sein müssen und insofern nicht in der Hand der Steuerpflichtigen liegen. In Fällen der Beteiligung von Drittgläubigern sind sie für die benachteiligten Steuerpflichtigen also nicht verfügbar. Da § 3a Abs. 2 EStG alle Voraussetzungen der unternehmensbezogenen Sanierung gleichrangig behandelt, weil eine Begünstigung schon ausgeschlossen ist, wenn nur eine davon nicht erfüllt ist, müssen sie hinsichtlich der Verfügbarkeit auch in einer Gesamtschau gesehen werden. Erst im Zusammenspiel ergeben die Merkmale nämlich die Voraussetzung der unternehmensbezogenen Sanierung nach § 3a Abs. 1 S. 1 EStG. Konsequenterweise führt deshalb schon die mangelnde Verfügbarkeit einzelner Merkmale dazu, dass die Qualifikation eines Buchgewinns als Sanierungsgewinn außerhalb des Einflussbereichs der Benachteiligten liegt. Mithin sind die Differenzierungskriterien des § 3a Abs. 2 für die Benachteiligten nur eingeschränkt verfügbar, was bereits einen strengeren Rechtfertigungsmaßstab erforderlich macht.

2199 Vgl. Kanzler, in: K/K/B, § 3a, Rn. 120.
2200 Siehe § 8, III., 2.
2201 Vgl. Kanzler, in: K/K/B, § 3a, Rn. 120 m.w.N.
2202 Siehe § 8, III., 3.

Eine strengere Gleichheitsbindung könnte zudem aus dem Umfang und dem Ausmaß der Ungleichbehandlung folgen. Das BVerfG hat dieses Kriterium in der bisherigen Rechtsprechung unter verschiedenen Gesichtspunkten in die Gleichheitsprüfung einbezogen und in unterschiedlicher Weise interpretiert.[2203] Daher erlangt es auch für die Prüfung von § 3a EStG in verschiedenen Hinsichten Bedeutung.

Bei der Prüfung einer Steuerbefreiung im Rahmen der Luftverkehrssteuer hat der I. Senat auf eine quantitative Sichtweise abgestellt.[2204] Bei der Rechtfertigung der teilweisen Steuerbefreiung wurde damit argumentiert, dass ihr Umfang kaum ins Gewicht falle, weil der Anteil der Anwendungsfälle nur einen verschwindend geringen Anteil an der Gesamtzahl der besteuerten Sachverhalte ausmache.[2205] Auch in der Erbschaftsteuerentscheidung aus 2006 wird schon der quantitative Umfang der Ungleichbehandlung als Argument bemüht.[2206] Auch wenn es jeweils nicht um die Festlegung der Prüfungsdichte ging, zeigt sich darin trotzdem, dass das Volumen der von einer Privilegierung erfassten Sachverhalte für den Umfang der Ungleichbehandlung aussagekräftig sein und als ein maßgeblicher Faktor für die Gleichheitsprüfung herangezogen werden kann. Dies wird durch die Entscheidungen zur Erbschaftsteuer aus 2014[2207] und zur Grundsteuer aus 2018[2208] bestätigt, in denen das BVerfG – hier tatsächlich im Zusammenhang mit der Festlegung der Prüfungsintensität – feststellt, dass die Ungleichbehandlungen nicht nur in einzelnen Sonderfällen oder spezifischen Fallgruppen vorkommen, sondern flächendeckend und mit zunehmendem Gewicht. Dabei lässt sich der inhaltliche Gedanke jedoch nicht eins zu eins auf § 3a EStG übertragen. Denn hier kann im Vergleich zu den genannten Entscheidungen, nicht die „Anzahl" der angefallenen Sanierungsgewinne bestimmt werden. Eine Aussage über den quantitativen

2203 Vgl. Eichberger, in: FS BFH, S. 501, 510.

2204 Vgl. BVerfG v. 5.11.2014 – 1 BvF 3/11, BVerfGE 137, 350, Rn. 56.

2205 BVerfG v. 5.11.2014 – 1 BvF 3/11, BVerfGE 137, 350, Rn. 56 (Zudem fällt das Ausmaß der Steuerbefreiung kaum ins Gewicht, denn nach den Angaben des Statistischen Bundesamts entfällt auf dieses Privileg nur 0,026 % des gesamten Passagieraufkommens in Deutschland [...].).

2206 BVerfG v. 7.11.2006 – 1 BvL 10/02, BVerfGE 117, 1, Rn. 113 („Diese auf der ersten Ebene der Ermittlung der Bemessungsgrundlage angelegten, gegen den Gleichheitssatz verstoßenden Verwerfungen betreffen eine solche Vielzahl von Fällen und sind so schwerwiegend, dass die Anwendung einheitlicher Steuersätze auf alle Erbschafts- und Schenkungserwerber verfassungswidrig ist.").

2207 Vgl. BVerfG v. 17.12.2014 – 1 BvL 21/12, BVerfGE 138, 136, Rn. 131.

2208 Vgl. BVerfG v. 10.4.2018 – 1 BvL 11/14, BVerfGE 148, 147, Rn. 128.

Umfang der Befreiungswirkung könnte höchstens anhand des Gesamtbetrags aller durch § 3a EStG befreiten Sanierungsgewinne und deren Anteil am Gesamtsteueraufkommen getroffen werden. Für die Vergangenheit liegen zu diesen Größen jedoch keine Daten vor. In Zukunft sind aufgrund der durch die Corona-Pandemie ausgelösten Umsatzeinbrüchen und Verlusten zwar gesteigert Sanierungsfälle zu erwarten,[2209] eine Prognose über den finanziellen Umfang zu erwartender Sanierungsgewinne existiert aber ebenfalls nicht. Auch die Prüfbitte des Bundesrates[2210] zur Aufnahme des § 3a EStG, sowie die Gesetzesbegründung des Bundestages[2211] enthalten keine Informationen zu den erwarteten finanziellen Auswirkungen einer Befreiung des Sanierungsgewinns. Da die Steuer auf Sanierungsgewinne vor der Normierung von § 3a EStG regelmäßig aber ohnehin im Billigkeitsweg erlassen wurden, waren durch die Einführung von § 3a EStG auch keine wesentlichen Aufkommensveränderungen gegenüber der vorherigen Rechtslage zu erwarten. Ein Ansatzpunkt für eine quantitative Aussage kann sich höchstens aus den Materialien zur Aufhebung des § 3 Nr. 66 EStG a.F.[2212] ergeben. Danach wurde das Mehraufkommen durch die künftige Besteuerung von Sanierungsgewinnen für den der Aufhebung folgenden Veranlagungszeitraum 1999 auf insgesamt etwa 42 Millionen DM, verteilt auf die Einkommen- Körperschaft- und Gewerbesteuer, sowie den Solidaritätszuschlag geschätzt.[2213] Insgesamt beliefen sich die Steuereinahmen im Jahr 1999 auf rund 453 Milliarden EUR. Selbst wenn man den Währungsunterschied außer Acht lässt, ergeben sich daraus infolge der Besteuerung von Sanierungsgewinnen Mehreinnahmen in Höhe von lediglich 0.0093%. Der Anteil der Sanierungsgewinne am Gesamtsteueraufkommen war also gering. Auch wenn nicht unterstellt werden kann, dass das Verhältnis von Gesamtumfang aller Sanierungsgewinne zum Gesamtsteueraufkommen im Zeitpunkt der Einführung von § 3a EStG dem aus dem Veranlagungszeitraum 1999 entspricht, geben die damaligen Werte zumindest einen groben Richtwert dahingehend, dass der quantitative Umfang der Befreiungswirkung allein nicht gewichtig genug ausfallen dürfte, um eine Ungleichbehandlung erheblichen Ausmaßes zu begründen.

2209 Vgl. Kubik/Münch, BB 2021, 1387.
2210 BR Drs. 18/11531.
2211 BT-Drs. 18/12128.
2212 BT-Drs. 13/7480.
2213 BT-Drs. 13/7480, S. 165.

Zweitens verleiht das BVerfG dem Merkmal des Umfangs einer Ungleichbehandlung auch eine strukturelle Dimension.[2214] Schon bevor das Kriterium in die ständige Rechtsprechung zur Maßstabsbildung aufgenommen wurde, monierte der I. Senat strukturell bedingte zufällig und willkürlich eintretende Entlastungen durch eine Lenkung auf der Bewertungsebene von Wirtschaftsgütern.[2215] Später wird dann auch zur Bestimmung der Prüfungsdichte darauf abgestellt, inwieweit die Ungleichbehandlung zufällig eintritt oder strukturell bedingt ist.[2216] Dabei wird je nachdem wie die Antwort auf diese Frage ausfällt, eine gewisse Abstufung in der Prüfungsdichte erkennbar. Während die Erkenntnis, dass eine Abweichung teils zufällig und teils strukturell bedingt ist, nur dazu führt, dass sich der Rechtfertigungsmaßstab zu einem hinreichend gewichtigen Sachgrundes verschärft,[2217] legt das BVerfG eine strenge Verhältnismäßigkeitsprüfung an, wenn die Abweichung vollumfänglich strukturell bedingt ist.[2218] Davon ausgehend kann für § 3a EStG auch aus dem strukturellen Aspekt kein strenger Maßstab abgeleitet werden. In der Erbschaftsteuerentscheidung aus 2014 konstatiert das BVerfG, dass die Verschonung der begünstigten Vermögensarten durch die Gesetzessystematik zum Regelfall wird und so zu einer faktischen Zweiteilung der Steuer führt und fordert deswegen eine strenge Verhältnismäßigkeitsprüfung.[2219] Eine solche Zweiteilung bewirkt § 3a EStG schon deswegen nicht, weil die Differenzierung nicht auf der gleichen Ebene ansetzt wie die erbschaftsteuerlichen Verschonungen. Die dortigen Verschonungen betrafen nämlich ganze Gruppen von Vermögensarten, was im Einkommensteuerrecht einer Verschonung der Einkünfte einer ganzer Einkunftsquelle entsprechen würde. Um vergleichbare strukturelle Ungleichbehandlungen hervorzurufen, müsste § 3a Abs. 1 S. 1 EStG also innerhalb der gewerblichen, freiberuflichen oder land- und forstwirtschaftlichen Einkünfte die Verschonung bestimmter Einkunftsquellen zum Regelfall gemacht würde. Das trifft auf die Befreiung des § 3a EStG aber

2214 Vgl. Eichberger, in: FS BFH, S. 501, 510.

2215 Vgl. BVerfG v. 7.11.2006 – 1 BvL 10/02, BVerfGE 117, 1, Rn. 107.

2216 Vgl. BVerfG v. 23.6.2015 – 1 BvL 13/11, BVerfGE 139, 285, Rn. 74; v. 10.4.2018 – 1 BvL 11/14, BVerfGE 148, 147, Rn. 128; v. 10.4.2018 – 1 BvR 1236/11, BStBl. II 2018, S. 303, BVerfGE 148, 217, Rn. 117.

2217 Vgl. BVerfG v. 23.6.2015 – 1 BvL 13/11, BVerfGE 139, 285, Rn. 74.

2218 Vgl. BVerfG v. 17.12.2014 – 1 BvL 21/12, BVerfGE 138, 136, Rn. 131 (hier spricht das Gericht sogar von einer „strukturellen Zweiteilung der Steuer“); v. 10.4.2018 – 1 BvL 11/14, BVerfGE 148, 147, Rn. 128.

2219 BVerfG v. 17.12.2014 – 1 BvL 21/12, BVerfGE 138, 136, Rn. 131.

nicht zu. Zwar gilt die Vorschrift nur im Bereich der Gewinneinkunftsarten und ist damit auf eine Gruppe von Einkünften beschränkt, das ergibt sich aber aus der Tatsache, dass Erlassgewinne abgesehen von wenigen Ausnahmen schon technisch nur bei diesen Einkunftsarten auftreten können. Die Einkunftsquelle, aus der ein Sanierungsgewinn stammt, ist für die Anwendung der Steuerbefreiung kein Kriterium. Der Grundsatz, dass sämtliche Einkünfte von Steuerpflichtigen aus diesen Einkunftsarten der Besteuerung unterliegen, bleibt unangetastet und mit Sanierungsgewinnen wird nur ein durch die Voraussetzungen des § 3a Abs. 1 S. 1 und Abs. 2 EStG sehr eng gefasster Kreis von Vermögensmehrungen steuerlich verschont. Die Vorschrift erhebt deshalb nicht die vollständige Verschonung der Erträge ganzer Einkunftsquellen zum Regelfall. Zudem rührte die strukturelle Natur der Ungleichbehandlung durch die erbschaftsteuerlichen Verschonungen daher, dass die Vorschriften bestimmte Begünstigungsquoten bis hin zur vollständigen Verschonung enthielten und so ein festes Verschonungsschema etablierten. Auch ein solches Quotenmodell dahingehend, dass unter den Voraussetzungen des § 3a EStG generell ein konkreter Anteil der Einkünfte steuerfrei gestellt würde, enthält die Vorschrift nicht. Vielmehr variiert regelmäßig der Anteil, den Sanierungsgewinne am Gesamteinkommen der Steuerpflichtigen ausmachen. Im Einzelfall mag es vorkommen, dass Steuerpflichtige in einem Veranlagungszeitraum ausschließlich als Sanierungsertrag qualifizierendes Einkommen erzielen, sodass es zu einer hundertprozentigen Begünstigung kommt. Allerdings ist dies nicht in der Gesetzessystematik als Regelfall angelegt, sondern zu diesem Ergebnis kommt es nur dann, wenn Steuerpflichtige keine weiteren Gewinne erzielen. Sofern in diesen Fällen das Volumen der Gewinne sehr hoch ist, erreicht die Ungleichbehandlung zwar im Einzelfall ein quantitativ hohes Ausmaß, die Erheblichkeit einer Ungleichbehandlung im Einzelfall begründet aber noch nicht deren strukturelles Ausmaß.[2220]

Die Gefahr von strukturellen Ungleichbehandlungen könnte aber infolge der Abgrenzung des Begünstigtenkreises durch die Voraussetzungen des § 3a Abs. 2 EStG, insbesondere das Merkmal der betrieblichen Begründung entstehen. Ihm kommt in erster Linie die Funktion zu, die bisherige Verwaltungsauffassung, gesellschaftsrechtlich veranlasste Gesellschafterverzichte aus dem Begünstigtenkreis herauszunehmen, gesetzlich fest-

2220 Vgl. BVerfG v. 10.4.2018 – 1 BvR 1236/11, BStBl. II 2018, S. 303, BVerfGE 148, 217, Rn. 117.

zuschreiben.[2221] Gesellschafter-Gläubiger müssen also immer durch einen Drittvergleich nachweisen, dass ihr Verhalten, dem eines fremden Dritten entspricht. Die Hauptanwendungsfälle liegen also in Schuldenerlassen von Gesellschaftern gegenüber Kapitalgesellschaften und gegenüber Personengesellschaften, sofern man in letzterem Fall die Möglichkeit einer Gewinnauswirkung anerkennt.[2222] Benachteiligungen struktureller Art könnten daraus entstehen, wenn dies dazu führen würde, dass eine Vielzahl potentiell begünstigungsfähiger Rechtsvorgänge aus dem Anwendungsbereich der Begünstigung herausfallen würde, da dann ganze Gläubigergruppen benachteiligt würden. Liegt jedoch ein sog. Gläubigerakkord vor, wird auch bei der Beteiligung von Gesellschaftern die betriebliche Begründung unterstellt.[2223] In Konstellationen von isolierten Gesellschafterverzichten, bei denen nur ein einzelner Gesellschafter-Gläubiger vorhanden ist oder ein oder mehrere Gesellschaftergläubiger ohne die Mitwirkung gleichzeitig vorhandener Drittgläubiger auf ihre Forderung verzichten, wird hingegen zunächst die gesellschaftsrechtliche Veranlassung vermutet.[2224] Damit differenziert § 3a Abs. 2 EStG zwar nicht explizit, bewirkt aber im Ergebnis strukturelle Unterschiede in der Anwendung der Begünstigung für eine bestimmte Gruppe von Schuldenerlassen. Insofern kann wenigstens von einem Potential für ein größeres Ausmaß der Ungleichbehandlung gesprochen werden. Allerdings ist auch hier die betriebliche Begründung keineswegs ausgeschlossen, sondern nur mit erhöhten Nachweisanforderungen verbunden. Da diese nach derzeitiger Rechtslage nicht unverhältnismäßig hoch sind, wird dadurch nicht die Gefahr hervorgerufen, dass zahlreiche Sachverhalte mit den entsprechenden Gläubigerkonstellationen aus dem Anwendungsbereich von § 3a Abs. 1 S. 1 EStG herausfallen. Ein strukturelles Ausmaß erreicht die Differenzierung des § 3a Abs. 1 S. 1 EStG dadurch nicht.

Schließlich berücksichtigt das BVerfG aber dennoch, welches Gewicht die Dimension der Differenzierung inhaltlich und jeweils im individuellen Einzelfall erlangt.[2225] Aus dieser Perspektive kann die durch § 3a Abs. 1

2221 Siehe § 8, II., 1.

2222 Siehe dazu § 2, II., 2., a), bb), (2) und § 8, II., 2., c), bb).

2223 Siehe § 8, II., 2., c), dd).

2224 Siehe § 8, II., 2., c), dd).

2225 Vgl. BVerfGE v. 23.6.2015 – 1 BvL 13/11, BVerfGE 139, 285. Hier spricht das Gericht von „der erheblichen Ungleichbehandlung“ (Rn. 75) und schließt auf einen umso höheren Rechtfertigungsbedarf für den gewählten Ersatzmaßstab, je weiter sich der im Einzelfall gewählte Ersatzmaßstab von den Ergebnissen des Hauptmaß-

S. 1 EStG hervorgerufene Ungleichbehandlung enorm sein. Zwar sieht die Vorschrift in Absatz 3 S. 2 die vorrangige Verrechnung des Sanierungsertrags mit Steuerminderungspotentialen vor und versucht so, die Begünstigung auf das erforderliche Mindestmaß zu begrenzen.[2226] Darüber hinaus ist die Steuerfreiheit aber nicht auf einen bestimmten Betrag begrenzt und kann damit in unbeschränkter Höhe gewährt werden. Der einzig limitierende Faktor ist dann noch die Höhe des Gewinns. Daher kann die Ungleichbehandlung schon deswegen gravierend ausfallen, weil der im Einzelfall begünstigte Sanierungsgewinn in absoluten Zahlen erhebliche Beträge erreichen kann. Auch bei einer relativen Betrachtung zwischen begünstigten und nicht begünstigten Sachverhalten einerseits, sowie zwischen mehreren begünstigten Sachverhalten andererseits kann die Ungleichbehandlung gravierend ausfallen. Zum einen profitieren Steuerpflichtige mit höheren Sanierungsgewinnen in größerem Maße von der Befreiungswirkung als Steuerpflichtige mit einem geringeren Gewinn. Dieser Effekt wird noch umso mehr verstärkt, je weniger Steuerpflichtige über Steuerminderungspotentiale zur Verrechnung verfügen. Da diese Positionen die Begünstigungswirkung abmildern, indem sie den Sanierungsgewinn schmälern, fällt die Begünstigungswirkung umso höher aus, je weniger solcher Steuerminderungspotentiale bei den Begünstigten vorhanden sind. Je weniger Steuerpflichtige also selbst zur Schmälerung des Sanierungsgewinns beitragen, umso größer fällt die Begünstigungswirkung aus. Grade im Vergleich zu Steuerpflichtigen mit viel Steuerminderungspotentialen steigt damit in gleicher Weise das Ausmaß der Ungleichbehandlung im Einzelfall. Daneben unterscheidet die Vorschrift nur zwischen einer hundertprozentigen Verschonung des Sanierungsgewinns oder der vollständigen steuerlichen Belastung. Durch dieses „alles-oder-nichts-Konzept“ kann die Differenzierung abhängig vom finanziellen Umfang der Sanierungsbeteiligung große Ausmaße erreichen, das mit zunehmendem Umfang steigt. Im System der einkommensteuerlichen Befreiungen stellt ein solches Konzept aber keine Ausnahme dar, sondern bildet eher den Regelfall ab, vgl. § 3 EStG. Dass sich daraus relativ gesehen erhebliche Ungleichbehandlungen gegenüber nicht begünstigten Steuerpflichtigen ergeben können, wenn der steuerbe-

---

stabs und damit regelmäßig auch vom eigentlichen Belastungsgrund entfernt (vgl. Rn. 73); vgl. außerdem BVerfG v. 10.4.2018 – 1 BvL 11/14, BVerfGE 148, 147, Rn. 127; v. 10.4.2018 – 1 BvR 1236/11, BStBl. II 2018, S. 303, BVerfGE 148, 217, Rn. 117; v. 18.7.2019 – 1 BvR 807/12, BeckRS 2019, 25317.

2226 Vgl. BT-Drs. 18/12128, S. 31.

freite Betrag im Einzelfall beträchtlich ausfällt, ist also keine Besonderheit von § 3a EStG.

Schließlich bleibt zu berücksichtigen, in welchem Ausmaß der Gesetzgeber mit § 3a Abs. 1 S. 1 EStG zu seiner Grundentscheidung in Widerspruch setzt und mit welcher Intensität daher vom Gebot der Folgerichtigkeit abgewichen wird. Die Befreiung bildet eine Ausnahme von dem Grundsatz, dass bei Gewinneinkunftsarten jede Wertveränderung im Betriebsvermögen, unabhängig von ihrem Ursprung, steuerlich relevantes Einkommen darstellt. Diese Wertung entspringt der gesetzgeberischen Entscheidung, den Gewinn durch Betriebsvermögensvergleich nach § 4 Abs. 1 S. 1 EStG zu ermitteln, was einen Teil der Grundentscheidung über die Bestimmung des Steuergegenstands darstellt. Dazu steht die Steuerbefreiung des § 3a Abs. 1 S. 1 EStG als Folgeentscheidung zunächst diametral im Widerspruch, was ein großes Maß der Abweichung nahelegt. Je höher im Einzelfall der Sanierungsgewinn ausfällt, desto mehr wird dieser Widerspruch noch verstärkt. Allerdings wirkt die Abweichung nur sehr punktuell, da § 3a Abs. 1 S. 1 EStG nur für eine bestimmte Gruppe von Vermögensmehrungen eine Ausnahme von § 4 Abs. 1 S. 1 EStG vorsieht. Die eingrenzenden Voraussetzungen des § 3a Abs. 1 S. 1 und Abs. 2 EStG sind dabei sehr eng gefasst, sodass die Gruppe als Sanierungsgewinne steuerbefreiter Vermögensmehrungen entsprechend überschaubar bleibt. Das System des Betriebsvermögensvergleichs wird hingegen nicht in struktureller Weise unterlaufen. Das Ausmaß, in dem § 3a Abs. 1 S. 1 EStG vom Folgerichtigkeitsgebot abweicht, ist daher zwar in Einzelfällen besonders hoher Sanierungsgewinne entsprechend gravierend, in struktureller Hinsicht jedoch eher gering.

Folglich sind die eingeschränkte Verfügbarkeit und ein großes Ausmaß der Ungleichbehandlung zumindest in individueller Hinsicht als Verschärfungskriterien für die Prüfung des § 3a Abs. 1 S. 1 EStG einschlägig, sodass die Prüfung des § 3a Abs. 1 S. 1 ESt nicht bei einer Willkürkontrolle enden darf. In der Entscheidung zu § 8c KStG erfolgen die Ausführungen zur eingeschränkten Verfügbarkeit des Differenzierungskriteriums im Kontext der Frage, ob eine „eher strenge Verhältnismäßigkeitsprüfung" erforderlich ist.[2227] Daraus folgt, dass der Senat wohl eine zumindest der echten Verhältnismäßigkeitsprüfung nahestehende Kontrolle durchgeführt hätte, wenn

2227 Vgl. BVerfG v. 29.3.2017 – 2 BvL 6/11, BVerfGE 145, 106, Rn. 120. In der Entscheidung wurde zwar offengelassen, ob tatsächlich eine strenge Verhältnismäßigkeitsprüfung zu erfolgen hat, die nur teilweise Verfügbarkeit der Differenzierungsmerkmale wurde aber als möglicher Grund angeführt.

die betreffende Regelung nicht bereits am Willkürverbot gescheitert wäre. Im Hinblick auf die Verfügbarkeit des Differenzierungskriteriums ist die durch § 3a Abs. 1 S. 1 bewirkte Ungleichbehandlung derjenigen im Sachverhalt der genannten Entscheidung vergleichbar, da die Merkmale der Steuerbefreiung für Steuerpflichtige, die nicht von der Befreiung profitieren, ebenfalls teilweise beeinflussbar sind und auch hier die Mitwirkung Dritter notwendig ist. Kumuliert mit dem zumindest im Einzelfall möglichen großen Ausmaß der Ungleichbehandlung ergibt sich daraus, dass ein zumindest an die eingriffsrechtliche Verhältnismäßigkeit angelehnter Prüfungsmaßstab geboten ist. Eine trennscharfe Bestimmung der Prüfungsdichte für § 3a Abs. 1 S. 1 EStG kann im Ergebnis aber dann unterbleiben, wenn dessen Verschonungswirkung bereits einer strengen Verhältnismäßigkeitsprüfung standhalten sollte.

bb) Verhältnismäßigkeit von § 3a Abs. 1 S. 1 EStG

Im Rahmen der anzustellenden Verhältnismäßigkeitskontrolle ist zu untersuchen, ob § 3a Abs. 1 S. 1 EStG legitime Ziele verfolgt, zu deren Erreichung geeignet und erforderlich ist und das Maß der Ungleichheit in angemessenem Verhältnis zur Bedeutung dieser Ziele steht.

(1) Legitimes Differenzierungs- bzw. Lenkungsziel

Für die Frage, welche Ziele der Gesetzgeber im Einzelnen mit der Befreiung des § 3a Abs. 1 S. 1 EStG verfolgt, kann an dieser Stelle auf die Ausführungen zum Regelungszweck verwiesen werden.[2228] Die weitere Untersuchung kann sich daher auf die Prüfung der tatbestandlichen Vorzeichnung der zugrunde liegenden Lenkungsziele sowie die Bewertung deren Legitimität beschränken.

(a) Tatbestandliche Vorzeichnung

Da es sich bei der Begünstigung des § 3a EStG um eine Lenkungsnorm handelt, ist nach der Rechtsprechung des BVerfG neben der gleichheitsge-

---

2228 Siehe § 12, II.,2., a), aa).

rechten Ausgestaltung der Norm erforderlich, dass der verfolgte Lenkungszweck bzw. das Lenkungsziel mit hinreichender Bestimmtheit tatbestandlich vorgezeichnet ist.[2229] Es muss sich jedoch nicht allein aus dem Tatbestand selbst ergeben, sondern kann auch durch die gängigen Auslegungsmethoden und damit anhand der Gesetzesmaterialien, einer Gesamtschau der Vorschriften und dem Zusammenhang mit anderen Lebensbereichen ermittelt werden.[2230]

Die Schaffung von Rechts- und Planungssicherheit, die Sicherung von Liquidität und Gläubigerinteressen, die Gewährleistung des Unternehmensfortbestands sowie die Aufrechterhaltung der Wirkungen der Sanierungsmaßnahme werden von der Gesetzesbegründung ausdrücklich angeführt.[2231] Insoweit zeigt der Gesetzgeber schon dadurch, dass er mit § 3a EStG nicht fiskalische, sondern Lenkungsabsichten verfolgt. Die vordergründigen Ziele der Liquiditätssicherung und der Verhinderung des Unternehmenszusammenbruchs ergeben sich zudem aber auch deutlich daraus, dass die Befreiung des Sanierungsgewinns weder auf einen Höchstbetrag noch auf eine feste Quote begrenzt ist. Zwar findet nach § 3a Abs. 3 S. 2 eine Verrechnung mit Steuerminderungspotentialen statt, dadurch wird aber nur eine doppelte Begünstigung verhindert.[2232] Zusätzlich wird das Ziel der Sicherung des Unternehmensfortbestands auch darin deutlich, dass die Steuerbefreiung nach der Verrechnung gemäß § 3a Abs. 3 ohne einen individuellen Nachweis erfolgt, dass diese in voller Höhe des Sanierungsgewinns notwendig ist um den Erhalt des Unternehmens sicherzustellen. Die Befreiungswirkung greift also auch dann in voller Höhe des verbleibenden Sanierungsertrags ein, wenn im Einzelfall noch genügend liquide Mittel vorhanden wären, um die verzichtsbedingte Steuerlast tragen zu können.

Das Ziel einer möglichst umfassenden Förderung des Unternehmensfortbestands und der Wirtschaftskraft ergibt sich auch aus der Wahl des Standorts des § 3a EStG in den Gewinnermittlungsvorschriften des EStG und damit dem systematischen Zusammenhang mit anderen Lebensbereichen. Denn dadurch erzeugt die Vorschrift steuerübergreifende Wirkung. Über § 8 Abs. 1 S. 1 KStG wirkt § 3a EStG zunächst auch im Körperschaft-

2229 Vgl. BVerfG v. 22.6.1995 – 2 BvL 37/91, BVerfGE 93, 121; v. 11.11.1998 – 2 BvL 10/95, BVerfGE 99, 280; vgl. auch BVerfG v. 20.4.2004 – 1 BvR 905/00, BVerfGE 110, 274; v. 7.11.2006 – 1 BvL 10/02, BVerfGE v. 7.11.2006 – 1 BvL 10/02, BVerfGE 117, 1.

2230 Vgl. § 12 II, 1., b), cc), (2); vgl. außerdem BVerfG v. 15.1.2014 – 1 BvR 1656/09, BVerfGE 135, 126, Rn. 83.

2231 Vgl. BT-Drs. 18/12128, S. 30, 31.

2232 Vgl. BT-Drs. 18/12128, S. 31.

steuerrecht, wo er durch weitere Vorschriften, etwa in § 8c Abs. 2 KStG zum Verlustuntergang oder § 15 S. 1 Nr. 1 S. 2 und Nr. 1a KStG für dessen Anwendung in Organschaftsfällen, ergänzt wird. Im Vergleich zu den bisherigen Befreiungslösungen folgt aus der Verortung innerhalb der Gewinnermittlung des EStG zudem die Wirkung des § 3a EStG auch für die Gewerbesteuer, vgl. § 7 S. 1 GewStG. Hier hat der Gesetzgeber mit § 7b GewStG sogar eine eigenständige Ergänzungsvorschrift eingefügt und zeigt so erneut seine Absicht für eine möglichst umfassende Wirkung der Sanierungsgewinnbefreiung.

Die Schaffung von Rechtssicherheit kommt bereits in der Rechtsnatur der Befreiung als formelles Gesetz zum Ausdruck. Während die frühere Lösung über einen Billigkeitserlass noch im Ermessen der Finanzbehörden stand, gilt dies für die Anwendung von § 3a EStG nicht mehr, da die Steuerfreiheit hier schon von Gesetzes wegen eintritt und kein finanzbehördlicher Entscheidungsspielraum mehr vorgesehen ist.

Nicht ausdrücklich in der Gesetzesbegründung genannt wird das Ziel der Erhaltung von Arbeitsplätzen. Auch der Wortlaut des § 3a EStG lässt dieses Ziel nicht hervortreten, da die Vorschrift die Steuerfreiheit nicht an dahingehende einschränkende Voraussetzungen[2233] knüpft. Restrukturierungen und Sanierungen können daher auch ohne Rücksicht auf den Erhalt von Arbeitsplätzen unter Inanspruchnahme der Befreiung des § 3a EStG durchgeführt werden. Das lässt jedoch nicht den Schluss zu, dass der Gesetzgeber nicht auch dieses Ziel verfolgen wollte. Unter Geltung von § 3 Nr. 66 EStG a.F. sah der BFH den Zweck der Steuerbefreiung des Sanierungsgewinns zumindest auch darin, das Unternehmen als Einkunftsquelle des Unternehmers „und seiner Arbeitnehmer“ zu erhalten.[2234] In der Gesetzesbegründung zu § 3a EStG wird ausdrücklich auf die historische Entwicklung der Sanierungsgewinnbesteuerung Bezug genommen und vor diesem Hintergrund eine gesetzliche Steuerbefreiung für erforderlich gehalten.[2235]

2233 Im Erbschaftsteuerrecht wird der Erhalt von Arbeitsplätzen bei der Verschonung unternehmerischen Vermögens durch eine sog. Lohnsummenklausel sichergestellt (vgl. BVerfG v. 15.1.2014 – 1 BvR 1656/09, BVerfGE 135, 126, Rn. 135 zur damals geltenden Fassung des § 13a ErbStG), nach der die Summe der Vergütungen in einem bestimmten Zeitraum nach dem Erwerb des begünstigten Vermögens einen gewissen Wert nicht unterschreiten darf, vgl. § 13a Abs. 3, 10 ErbStG. Wird die maßgebliche Lohnsumme unterschritten, verringert sich anteilig die gewährte Verschonung, vgl. § 13a Abs. 3 S. 5 ErbStG.

2234 BFH v. 24.04.1986 – IV R 282/84, BStBl. II 1986, 672

2235 Vgl. BT-Drs. 18/12128, S. 30.

Daraus lässt sich ableiten, dass auch die Erwägungen aus der bisherigen BFH-Rechtsprechung zur Begünstigung von Sanierungserträgen in die gesetzgeberischen Erwägungen mit einbezogen wurden. Darüber hinaus wird mit § 3a EStG die Restrukturierungsrichtlinie der EU-Kommission begleitet.[2236] Nach Erwägungsgrund 4, Satz 5 und 6 der Restrukturierungsrichtlinie soll die Einführung von präventiven Restrukturierungsverfahren zur Sanierung von Unternehmen im Vorfeld der Insolvenz unter anderem auch dazu dienen, Arbeitsplätze zu erhalten oder Arbeitsplatzverluste zu verringern. Aus dem ausdrücklichen Bezug auf die Richtlinie wird deutlich, dass der Gesetzgeber bei der Einführung des § 3a EStG auch deren Ziele berücksichtigt hat.

Insgesamt lassen damit sowohl die Gesetzesbegründung wie auch die systematische Stellung und der steuerübergreifende Zusammenhang des § 3a EStG erkennen, dass der Gesetzgeber mit der Befreiung die erklärten Lenkungsziele verfolgen will.

(b) Legitimität des Ziels

Mit diesen Zielsetzungen müsste § 3a schließlich auch legitime Zwecke verfolgen. Hier verfügt der Gesetzgeber über einen großen Spielraum bei der Einschätzung, welche Ziele er für förderungswürdig hält und ist in der Zielauswahl daher weitgehend frei.[2237] Nicht anzuerkennen sind Förderungsziele erst dann, wenn sie vom Grundgesetz missbilligt sind oder der Förderzweck sich zu anderweitigen gesetzlichen Regelungen in unauflösbaren Widerspruch setzt.[2238]

Von den dargestellten Zielen ist keines vom Grundgesetz missbilligt. Insbesondere den Erhalt von Arbeitsplätzen und den Schutz von Unternehmen vor steuerbedingten Liquiditätsproblemen sind als legitime Förderungsziele anerkannt und vom BVerfG sogar als Ziele von „erheblichem Gewicht" bezeichnet worden.[2239] Zwar begründet § 3a EStG auf den ersten Blick einen Widerspruch mit § 2 Abs. 2, § 4 Abs. 1 S. 1 EStG, wonach der entstehende Sanierungsgewinn grundsätzlich in die Summe der zu versteuernden Einkünfte einzubeziehen wäre. Dies trifft allerdings auf jede Steuerbefreiung des EStG zu und führt nur dazu, dass die entsprechende

2236 BT-Drs. 18/12128, S. 31.

2237 Vgl. BVerfG v. 17.12.2014 – 1 BvL 21/12, BVerfGE 138, 136, Rn 125, 138.

2238 Vgl. exemplarisch BVerfG v. 17.12.2014 – 1 BvL 21/12, BVerfGE 138, 136, Rn. 138.

2239 Vgl. BVerfG v. v. 17.12.2014 – 1 BvL 21/12, BVerfGE 138, 136, Rn. 138 m.w.N..

Regelung der Rechtfertigung bedarf. Der Widerspruch ist also keineswegs unauflösbar. Außerdem stellt dies nur einen Widerspruch in der Rechtsfolge dar, der aber nichts darüber aussagt, ob der Förderungszweck des § 3a EStG mit anderen gesetzlichen Zielsetzungen kollidiert. Da mit dem Ziel, sanierungsfähige Unternehmen zu fördern und so ihre Substanz und vorhandene Arbeitsplätze zu erhalten auch künftiges Steueraufkommen gesichert wird, steht der Förderzweck von § 3a nicht mit der Wertung des § 2 Abs. 2 EStG in unauflösbarem Widerspruch. Ein solcher ist auch gegenüber anderen gesetzlichen Bestimmungen nicht erkennbar. Im Gegenteil würde die Besteuerung des Sanierungsgewinns erst einen Konflikt mit dem Insolvenzrecht hervorrufen, den § 3a EStG aber gerade auszulösen beabsichtigt.

Noch gewichtiger wiegt vor allem das Ziel des Substanzschutzes vor dem Hintergrund der besonderen Sensibilität von Sanierungssachverhalten für eine eigentumsschonende Ausgestaltung der Besteuerung. Denn wie bereits gezeigt, gehen durch Forderungsverzichte ausgelöste Gewinne nicht mit einem Zufluss an Geldmitteln einher, sodass zwangsläufig andere Vermögenspositionen aufgegeben werden müssen, um die Steuerschuld zu erfüllen. Da im Fall der Sanierungsbedürftigkeit nur selten solche weiteren Mittel vorhanden sind, besteht in besonderem Maße die Gefahr, dass durch die Steuerlast die existenzsichernde Substanz der Steuerpflichtigen berührt würde. Das gesetzgeberische Anliegen, Steuerpflichtige vor einer solchen drohenden Substanzgefährdung und damit letztlich auch in Unternehmen vorhandene Arbeitsplätze vor dem Verlust zu bewahren, ist also nicht nur als legitim anzusehen, sondern stellt sich sogar als aus der Eigentumsgarantie des Art. 14 Abs. 1 GG folgende verfassungsrechtliche Pflicht dar.

Gerade vor dem Hintergrund der wirtschaftlichen Folgen der derzeitigen Corona-Pandemie sind die Ziele von § 3a Abs. 1 S. 1 EStG mithin insgesamt als förderungswürdig anzuerkennen und damit legitim.

(2) Geeignetheit

Zur Erreichung der genannten Ziele müsste § 3a Abs. 1 S. 1 EStG auch geeignet sein. Entsprechend einer Eingriffsprüfung verlangt die Geeignetheit der zu einer Differenzierung führenden Maßnahme oder Regelung nicht die vollständige Erreichung des verfolgten Ziels, sondern nur, dass sie dieses Ziel fördern kann, wobei bereits die Möglichkeit der Zweckerreichung genügt.[2240] Auch wenn die Befreiung des Sanierungsgewinns keine Garantie dafür bietet, dass sich das betroffene Unternehmen erholt, ist die Verschonung zumindest nicht für eine erfolgreiche Sanierung hinderlich, sondern erhöht die Erholungschancen beträchtlich. Die Wahrscheinlichkeit einer erfolgreichen Sanierung wird schon dadurch erhöht, dass ohnehin bereits vorhandene Liquiditätsschwierigkeiten nicht noch intensiviert werden. Dass die grundsätzliche Wirkung von § 3a Abs. 1 S. 1 EStG also zur Liquiditätssicherung beiträgt, steht außer Frage. Korrespondierend mit der Wahrscheinlichkeit einer erfolgreichen Sanierung erhöhen sich auch die Chancen für den Erhalt der Arbeitsplätze und der Wirtschaftskraft, sowie die Sicherung künftigen Steueraufkommens. Da erst die Steuerbelastung auf den Sanierungsgewinn den Zusammenbruch des Unternehmens bewirkt, ist die Erreichung der Förderziele des § 3a durch die Befreiung nicht nur möglich, sondern sogar wahrscheinlich. § 3a Abs. 1 S. 1 EStG ist folglich zur Zielerreichung geeignet.

(3) Erforderlichkeit

Die vollständige Befreiung des Sanierungsgewinns durch § 3a Abs. 1 S. 1 EStG müsste auch erforderlich sein. Ebenfalls entsprechend der Prüfung bei Eingriffskonstellationen ist eine Regelung auch im Rahmen einer gleichheitsrechtlichen Prüfung erforderlich, wenn kein anderes Mittel zur Verfügung steht mit dem der Gesetzgeber unter Bewirkung geringerer Ungleichheiten das angestrebte Ziel gleich wirksam erreichen oder fördern kann.[2241] Bei dieser Beurteilung ist wiederum ein weiter Einschätzungs- und Prognosespielraum des Gesetzgebers anzuerkennen.[2242]

(a) Zulässige Gefährdungsprognose durch den Gesetzgeber

Indem § 3a Abs. 1 S. 1 EStG Sanierungserträge (nach der Verlustverrechnung gemäß § 3a Abs. 3 S. 2 und S. 3 EStG) vollständig von der Einkommensteuer freistellt, unterstellt die Norm die Freistellung zur Erreichung der verfolgten Lenkungsziele als notwendig. Es stellt sich zunächst die

2240 Vgl. Eichberger, in: FS BFH, S. 501, 516, 517 m.w.N.; BVerfG v. 17.12.2014 – 1 BvL 21/12, BVerfGE 138, 136, Rn 139.

2241 Vgl. BVerfG v. 17.12.2014 – 1 BvL 21/12, BVerfGE 138, 136, Rn 142.

2242 Vgl. Eichberger, in: FS BFH, S. 501, 516, 517 m.w.N.

Frage, ob diese Annahme zulässig war, denn gerade nach der Verlustverrechnung nach § 3a Abs. 3 S. 2 und 3 EStG kann der verbleibende Sanierungsgewinn so gering sein, dass seine Besteuerung eine Gefährdung der Unternehmenssanierung nicht befürchten lässt.[2243] Deshalb muss vor allem hinterfragt werden, ob der Gesetzgeber ohne empirische Belege zu den Folgen einer sanierungsgewinnbedingten Steuerbelastung die Gefährdung des Unternehmensfortbestands unterstellen durfte. In Betracht käme nämlich auch nur eine teilweise Befreiung des Sanierungsgewinns in einem Umfang, der nachgewiesenermaßen notwendig ist, um die Insolvenz zu verhindern.

Nach der verfassungsgerichtlichen Rechtsprechung ist der Gesetzgeber berechtigt, einer Maßnahme eine bloße Gefährdungsprognose zugrunde zu legen, wenn eine Sachlage nicht eindeutig aufgeklärt ist und auch nicht ohne Weiteres aufgeklärt werden kann, sofern er sich dabei nicht auf eine der Lebenserfahrung geradezu widersprechende Würdigung der jeweiligen Lebenssachverhalte stützt.[2244] Es genügt daher, wenn der Gesetzgeber die ernsthafte Gefahr von Liquiditätsproblemen vertretbar und plausibel diagnostiziert.[2245]

Der Gesetzgeber leitet die Notwendigkeit einer Normierung der gesetzlichen Freistellung aus der Entscheidung des Großen Senats des BFH ab, nach diese nicht mehr auf dem Weg von Billigkeitserlassen verschont werden können[2246] und daraus, dass die Wirkungen des Erlasses durch eine Besteuerung des Sanierungsgewinns weitgehend verloren gingen.[2247] Dabei hat er sich nicht auf Daten gestützt, welche auf die Notwendigkeit einer vollständigen Verschonung der Sanierungserträge schließen lassen.[2248] Solche empirischen Beweise dafür, dass die Verschonung zumindest in der überwiegenden Mehrheit zum Erhalt der betroffenen Unternehmen notwendig ist, um den Zusammenbruch zu verhindern, liegen indes auch nicht vor. Das Fehlen von Referenzfällen rechtfertigt allerdings nicht den gegen-

2243 Vgl. BFH v. 18.11.2016 – GrS 1/15, BStBl. II 2017, 393, zur vollständigen Verschonung des Sanierungsgewinns nach dem Sanierungserlass.

2244 Vgl. BVerfG v. 17.12.2014 – 1 BvL 21/12, BVerfGE 138, 136, Rn 144. In dieser Entscheidung zu den erbschaftsteuerlichen Verschonungsregelungen in der damaligen Fassung verlangt das BVerfG daher ausdrücklich keinen empirischen Nachweis darüber, dass von der steuerlichen Belastung des Erwerbs von geerbtem oder geschenktem Vermögen nicht nur in Ausnahmefällen Schwierigkeiten für die Fortführung des Unternehmens ausgehen.

2245 Vgl. BVerfG a.a.O.

2246 Vgl. BT-Drs. 18/12128, S. 30.

2247 Vgl. BT-Drs. 18/12128, S. 31.

2248 Vgl. BT-Drs. 18/12128, S. 30 ff.

teiligen Schluss dahingehend, dass die Besteuerung nicht die Gefahr einer endgültigen Insolvenz begründet oder sich die Wahrscheinlichkeit für ihren Eintritt nicht zumindest signifikant erhöht.[2249] Trotz unterschiedlicher Umsetzung wurden Sanierungsgewinne nämlich seit der Rechtsprechung des Reichsfinanzhofs[2250] im Ergebnis bis zur Einführung von § 3a EStG durchgehend steuerlich verschont. Für den Zeitraum, in dem eine Freistellung gesetzlich durch § 11 Nr. KStG a.F. und später durch § 3 Nr. 66 EStG a.F. vorgeschrieben wurde, trat die Verschonungswirkung von Gesetzes Wegen ein, sodass es gar keine Möglichkeit gegeben hätte, die tatsächlichen Auswirkungen einer Steuerbelastung empirisch zu bewerten. Lediglich im Zeitraum ab der Streichung der letzten gesetzlichen Befreiung des § 3 Nr. 66 EStG a.F. zum Veranlagungszeitraum 1998[2251] und dem Übergang zu einer Begünstigung durch Billigkeitserlasse wäre eine Besteuerung der Sanierungsgewinne überhaupt denkbar gewesen. Denn die Verschonung war ab diesem Zeitpunkt keine zwingende Rechtsfolge mehr und bedurfte auch der Mitwirkung der Steuerpflichtigen, da diese den Erlass beantragen mussten.[2252] Allerdings dürfte die Anzahl der Fälle, in denen eine Besteuerung tatsächlich stattfand, gering sein. Denn es ist davon auszugehen, dass Steuerpflichtige, die sich in einer Sanierungssituation befinden, jede Unterstützungsmöglichkeit für die Sanierung nutzen und daher auch einen Erlass der Steuer auf Sanierungserträge beantragen werden. Da der Erlass beantragt werden musste, kam zumindest dann zu einer Besteuerung, wenn die Möglichkeit des Erlasses dem betroffenen Steuerpflichtigen nicht bekannt war. Da aber steuerliche Berater verpflichtet waren, auf die Möglichkeit eines Billigkeitserlasses nach dem Sanierungserlass hinzuweisen, um nicht selbst für die entstehende Steuerbelastung haftbar gemacht zu werden[2253], dürfte die Anzahl der Fälle, in denen ein Antrag auf Erlass aus Unkenntnis unterblieb, ebenfalls gering sein. Folglich bestand zu keinem Zeitpunkt die Möglichkeit, die Auswirkungen einer steuerlichen Belastung von Sanierungsgewinnen empirisch zu bewerten. Selbst wenn es zwischenzeitlich zu deren Besteuerung gekommen wäre, muss zudem beachtet werden, dass die Wirkungen eines Liquiditätsentzugs durch eine einzelne Steuerbelastung im

2249 Vgl. BVerfG v. 17.12.2014 – 1 BvL 21/12, BVerfGE 138, 136, Rn 145.

2250 Vgl. RFH v. 30.06.1927 – VI A 297/27, RFHE 21, 263; v. 12.12.1928 – VI A 1499/28; v. 5. 2.1929 – I A 394/27, RStBl. 29, S. 228.

2251 BT-Drs. 13/7480, S. 192.

2252 Vgl. BMF v. 27.3.2003 – IV A 6 – S 2140 – 8/03, Rn. 8 S. 2.

2253 Vgl. BGH v. 13. 3. 2014 – IX ZR 23/10, DStR 2014, 895.

Unternehmen ebenso wie die Folgen dieser Belastung für den künftigen Fortbestand des Unternehmens nur schwer messbar sind, da eine Insolvenz immer im Zusammenspiel mehrerer Ursachen entsteht.[2254]

Inwieweit die steuerliche Begünstigung von Sanierungserträgen tatsächlich im Einzelfall notwendig ist, um den Fortbestand des Unternehmens zu sichern, kann somit nicht empirisch aufgeklärt werden. Daher ist die Entscheidung für eine vollständige Verschonung schon dann zulässig, wenn es keine der Lebenserfahrung widersprechende Sachverhaltswürdigung darstellt, deren Notwendigkeit anzunehmen. Der Gesetzgeber stellt darauf ab, dass die Wirkungen des Schuldenerlasses durch eine Besteuerung des Verzichtsgewinns weitgehend verloren gingen und das sanierungsbedürftige Unternehmen so erneut in finanzielle Schwierigkeiten gebracht würde.[2255] Dass in einem sanierungsbedürftigen Unternehmen bereits Liquiditätsschwierigkeiten bestehen, liegt auf der Hand. Insofern liegt es nahe, dass jede finanzielle Mehrbelastung die wirtschaftliche Krise noch intensivieren wird. Wäre dies nämlich nicht der Fall, werden die Gläubiger schon oft gar nicht bereit sein, einem Schuldenerlass zuzustimmen. Auch wenn ein endgültiger Zusammenbruch regelmäßig mehrere Ursachen hat, ist es zumindest nicht fernliegend, dass der Belastung des Sanierungsgewinns dabei ein erhebliches Gewicht zukommt. Ohne deren Verschonung käme es nämlich abhängig von den Verhältnissen der Steuerpflichtigen zu einer einkommensteuerlichen Belastung in Höhe von bis zu 45% (vgl. § 32a EStG), im Fall der Körperschaftsteuerpflicht zu einer körperschaftsteuerlichen Belastung von 15% (vgl. § 23 Abs. 1 KStG). Hinzukommen kann noch eine gewerbesteuerliche Zusatzbelastung. Abhängig von der Höhe des Sanierungsgewinn können sich daraus erhebliche Steuerbeträge ergeben. Gerade in solchen Fällen, in denen neben dem Sanierungsgewinn keine weiteren nennenswerten positiven Einkünfte erzielt werden oder kaum Verrechnungspotential vorhanden ist, dürfte es eher dem Regelfall entsprechen, dass die verzichtsbedingte Steuerbelastung den Hauptgrund für den Zusammenbruch bilden würde. Die Annahme, dass die vollständige Begünstigung des Sanierungsgewinns zum Erhalt des Unternehmens und der Arbeitsplätze notwendig ist, da die Steuerbelastung den Unternehmensfortbestand gefährden würde, widerspricht daher keineswegs der Lebenserfahrung. Sofern dies in einzelnen Fällen nicht zutrifft, stellt dies die Plausibilität der Erwägungen angesichts des weiten Prognosespielraums des Gesetzgebers nicht infrage.

2254 Vgl. BVerfG v. 17.12.2014 – 1 BvL 21/12, BVerfGE 138, 136, Rn 144.
2255 Vgl. BT-Drs. 18/12128, S. 31.

(b) Vollständige Steuerbefreiung als mildestes Mittel

Nachdem eine plausible Gefährdungsprognose die Annahme zulässt, dass die Steuerbelastung auf Sanierungsgewinne den Fortbestand des Unternehmens zu gefährden, bleibt noch fraglich, ob die mit § 3a EStG verfolgten Ziele – Verhinderung weiterer Zahlungsschwierigkeiten, Aufrechterhaltung der Wirkungen des Schuldenerlasses, Sicherung der Liquidität und der Arbeitsplätze, Förderung der Restrukturierung – auch durch mildere Mittel als eine vollständige Steuerbefreiung erreicht werden können. Es ist also danach zu fragen, ob sie auch durch andere Maßnahmen erreicht werden können, die nicht begünstigte Steuerpflichtige in geringerem Maße belasten, die also zu weniger gravierenden Ungleichbehandlungen führen.

Mögliche Alternativen zu einer vollständigen Verschonung wurden bereits in § 6 umfassend dargelegt und auf ihre Effektivität hin untersucht. Bei der vorliegend anzustellenden Erforderlichkeitsprüfung können dabei nur staatliche Maßnahmen berücksichtigt werden, nicht hingegen steuerliche Gestaltungsmöglichkeiten durch die Steuerpflichtigen. Die Wiedereinsetzung der Vorgängervorschrift des § 3 Nr. 66 EStG a.F. und die Ausklammerung des Sanierungsgewinns aus dem Gewinnbegriff des § 4 Abs. 1 S. 1 EStG führen im Ergebnis ebenfalls zu einer vollständigen Verschonung der Sanierungserträge und stellen damit schon kein milderes Mittel dar. Im Gegenteil würden die beiden Lösungen zumindest ohne begleitende Anpassungen, die eine Gegenrechnung mit Verlustverrechnungspotentialen sicherstellen, in ihren Rechtsfolgen noch über die des § 3a EStG hinausgehen. Der Sanierungsertrag würde nicht verschont, sondern den Steuerpflichtigen würde sogar Steuerminderungspotential für die Folgejahre verbleiben. Damit würde die Belastung für nicht begünstigte Steuerpflichtige sogar noch steigen. Werden flankierende Zusätze zur Verlustverrechnung geschaffen, unterscheiden sich die Rechtsfolgen hingegen nicht von denen des § 3a EStG. Daher stellen weder die Wiedereinführung von § 3 Nr. 66 EStG noch die Ausklammerung des Sanierungsgewinns vom Gewinnbegriff des § 4 Abs. 1 EStG mildere Mittel dar.

Bei der Fortführung der unter dem Sanierungserlass geltenden Praxis, der Steuerbelastung durch Sanierungsgewinne weiterhin durch Billigkeitserlasse zu begegnen, könnten hingegen die Umstände des Einzelfalls, insbesondere das tatsächliche Bedürfnis der Verschonung für das zu sanierende Unternehmen besser berücksichtigt werden. Insofern wäre das wirtschaftliche Ergebnis zwar nicht weniger belastend, das Ausmaß der Ungleichheit würde aber abnehmen, da die Steuerfreiheit nicht mehr allein von der

Erfüllung abstrakter Tatbestandsmerkmale abhängig ist. Aus diesem Grund stellen Billigkeitserlasse allerdings kein gleich effektives Mittel dar. Denn der Einzelfallbezug führt gerade dazu, dass die Steuerfolgen von Sanierungsmaßnahmen nicht verlässlich abgeschätzt werden und Sanierungen so schwerer geplant werden können. Zudem würde das gesetzgeberische Ziel der Schaffung von Rechtssicherheit durch § 3a EStG verfehlt, denn diese kann nur durch allgemeingültige Kriterien für die Behandlung von Verzichtsgewinnen erreicht werden. Würden diese seitens der Finanzverwaltung geschaffen, stünde die entsprechende Verwaltungsanweisung aber ebenso wie der Sanierungserlass unter dem Vorbehalt, dass die Rechtsprechung die Verwaltungspraxis für unzulässig erachtet.

Mildere Mittel könnten allerdings bei der Mindestbesteuerung nach § 10d Abs. 2 EStG ansetzen. Diese abzuschaffen oder ihre Geltung für Sanierungsfälle – ggf. unter denselben Voraussetzungen wie der des § 3 EStG – außer Kraft zu setzen, würde den Steuerpflichtigen erlauben bei entsprechendem Verlustverrechnungsvolumen den Sanierungsertrag aus eigener Kraft zu neutralisieren und so eine Steuerbelastung zu verhindern. Die Steuerlast würde dann durch die Unternehmen selbst verhindert und durch eigene Mittel „finanziert" und nicht mehr durch eine staatliche Verschonung. Diese Lösung würde aber voraussetzen, dass in jedem Fall ausreichend Verlustpotential zur Neutralisierung des Sanierungsgewinns zur Verfügung steht. In solchen Fällen, in denen das nicht zutrifft, bliebe es bei der Steuerbelastung. Gerade in der Situation, dass Steuerpflichtige den Sanierungsgewinn nicht selbst neutralisieren können, sind sie aber auf die Verschonung angewiesen. In diesen Fällen würden weitere Zahlungsschwierigkeiten also keineswegs verhindert oder der Unternehmensfortbestand gesichert. Damit wäre eine Lösung über die Mindestbesteuerung zwar aus Sicht der nicht begünstigten Steuerpflichtigen milder, jedoch nicht gleich effektiv wie eine Steuerbefreiung.

Als weitere mildere Mittel kommen also nur solche in Betracht, die zwar im Sanierungsjahr Liquiditätsschwierigkeiten und den Zusammenbruch des Unternehmens verhindern, aber gleichzeitig gewährleisten, dass es schließlich zu einer Versteuerung des Sanierungsgewinns kommt, die also die Besteuerung nur zeitlich verschieben. Zu nennen sind hier eine Steuerstundung[2256], die Einstellung des Sanierungsgewinns in eine Sanierungs-

2256 Siehe dazu § 5, III., 2.

rücklage[2257], sowie die Gewährung einer staatlichen Sanierungsbeihilfe[2258]. Die genannten Lösungen bringen jedoch unterschiedliche Probleme mit sich und führen letztlich alle lediglich zu einer Verzögerung der Steuerbelastung. Die Insolvenz würde lediglich im Sanierungsjahr verhindert, der dauerhafte Fortbestand des Unternehmens jedoch nicht gesichert, denn die Sanierungsgewinnbelastung kann auch zu einem späteren Zeitpunkt noch in gleicher Weise zu Liquiditätsproblemen führen. Die beabsichtigte Wirkung eines Schuldenerlasses, nämlich die Entlastung der Passivseite, würde sogar gänzlich verfehlt. Da sich die weitere Belastung des Unternehmens mit der Zahlungsverpflichtung damit weiterhin auf die Kreditwürdigkeit auswirkt, erschwert sie für das Unternehmen die künftige Aufnahme neuer Mittel und kann so einer erfolgreichen Sanierung entgegenwirken. Zuletzt dürfen auch die Interessen der Gläubiger nicht unterbewertet werden. Da ein Schuldenerlass immer ihrer Mitwirkung bedarf, müssen sie davon überzeugt werden, dass ihr Verzicht zu einer erfolgreichen Sanierung beitragen kann. Die Steuerbelastung aber nur hinauszuschieben würde bedeuten, dass der Schuldenerlass nicht dem Unternehmen zugutekommt, sondern die Gläubiger zugunsten des Fiskus auf ihre Forderung verzichten würden. Wenn gleichzeitig nicht garantiert ist, dass die durch ihren Verzicht entstehende Steuerlast kein Faktor für einen möglichen Zusammenbruch des Unternehmens ist, werden viele Gläubiger schon oft nicht bereit sein, sich an der Sanierung zu beteiligen. Die Alternativen einer Stundung, einer Sanierungsbeihilfe oder einer Sanierungsrücklage sind damit nicht in gleicher Weise geeignet, den Unternehmensfortbestand sowie die Arbeitsplätze zu sichern und Liquiditätsschwierigkeiten zu verhindern. Außerdem werden die Gläubiger schwerer von einer Mitwirkung zu überzeugen sein, sodass Sanierungen im Gegenteil eher erschwert werden. Diese Maßnahmen erweisen sich damit zwar als mildere Mittel, sind aber deutlich weniger effektiv als eine Steuerbefreiung.

Zuletzt kommt als mögliche mildere Maßnahme aber auch noch in Betracht, die Begünstigung von einer individuellen Bedürfnisprüfung abhängig zu machen. In der gegenwärtigen Ausgestaltung des § 3a EStG ist die tatsächliche Notwendigkeit im Einzelfall nämlich kein maßgeblicher Faktor für die Begünstigung. Die Steuerpflichtigen müssten dann nachweisen, dass im Einzelfall tatsächlich nicht genügend Mittel vorhanden sind, um die durch den Sanierungsgewinn ausgelöste Steuerlast zu tragen und daher

2257 Siehe dazu § 5, IV, 3.
2258 Siehe dazu § 5, IV., 4.

infolge seiner Besteuerung das Unternehmen tatsächlich gefährdet wäre, bevor die Steuerfreiheit gewährt wird. Diese Lösung könnte auch dahingehend ausgestaltet werden, dass die Steuerfreiheit nur in dem Umfang gewährt wird, in dem die individuelle Bedürftigkeit nachgewiesen wird. Da die Befreiungswirkung bei einer solchen zusätzlichen Voraussetzung auf die Fälle beschränkt bliebe, in denen Steuerpflichtige ihre Zahlungsschwierigkeiten nachgewiesen haben, würde die Ungleichbehandlung in ihrer Breite weniger gravierend ausfallen. Denn voraussichtlich würde zumindest ein Teil der gegenwärtig von § 3a EStG erfassten Fälle aus dessen Anwendungsbereich herausfallen, sodass schlussendlich weniger Verschonungen gewährt würden. Da eine Befreiung erst nach einer individuellen Bedürfnisprüfung also weniger gravierend wirkt, würde sie ein milderes Mittel darstellen. Allerdings wäre dieser Weg mit erheblichem Verwaltungsaufwand verbunden. Auch wenn die Nachweispflicht auf die Steuerpflichtigen verlagert werden kann, wie es für die Voraussetzungen der unternehmensbezogenen Sanierung nach § 3a Abs. 2 EStG der Fall ist, müssten diese Nachweise trotzdem durch die Finanzbehörden auf ihre Richtigkeit hin überprüft werden. Dies würde erhebliche Ressourcen binden und so die Erhebung der Einkommensteuer erschweren. Zudem würde sich die Frage stellen, wie genau die Zahlungsschwierigkeiten nachzuweisen wären, insbesondere welche Vermögenspositionen bei den Steuerpflichtigen und den Unternehmen zu berücksichtigen wären. Sollten neben Barmitteln beispielsweise auch vorhandene Wirtschaftsgüter in die Beurteilung der Bedürftigkeit einfließen, wäre zudem eine Bewertung dieser Positionen erforderlich, was ebenfalls den Aufwand erhöhen würde. Abhängig davon, welche Positionen zu berücksichtigen wären, ergäbe sich zudem erhebliches Missbrauchspotential. Barmittel oder Wirtschaftsgüter könnten von Steuerpflichtigen vor der Sanierung übertragen oder in nicht zu berücksichtigende Positionen umgewandelt werden. Die begrenzende Wirkung einer individuellen Bedürfnisprüfung könnte also nur entfaltet werden, wenn sie durch Missbrauchsvermeidungsvorschriften begleitet wird. Dies wiederum würde aber nur zu einer weiteren Verkomplizierung und damit weiteren Erhebungsschwierigkeiten führen. Schon deswegen wäre eine solche Lösung nicht gleich effektiv. Zuletzt fällt auch der durch die Bedürfnisprüfung anfallende zeitliche Mehraufwand ins Gewicht. Da die Finanzbehörden die Nachweise im Einzelfall prüfen müssten und insofern mehr Zeit für eine Entscheidung benötigten, würde sich die Sanierung verzögern, was die Effektivität der Begünstigung ebenfalls in Frage stellen würde. Auch eine

Bedürfnisprüfung erweist sich damit nicht als milderes, gleich effektives Mittel.

Damit stehen keine milderen, gleich geeigneten Mittel zur Verfügung, sodass die Steuerbefreiung des § 3a Abs. 1 S. 1 EStG erforderlich ist.

(4) Angemessenheit

Zuletzt müsste § 3a Abs. 1 S. 1 EStG auch angemessen sein. Hinsichtlich der Kontrollperspektive gilt für die Verhältnismäßigkeit im engeren Sinne gegenüber der Angemessenheit bei der Eingriffsprüfung ein anderer Bezugspunkt.[2259] Eine Regelung ist im Rahmen von Art. 3 Abs. 1 GG dann verhältnismäßig im engeren Sinne, wenn das Maß der Ungleichheit in angemessenem Verhältnis zur Bedeutung des mit der Differenzierung verfolgten Ziels und dem Ausmaß und Grad der bewirkten Zielerreichung steht.[2260] Da es sich bei der Verschonungsregelung des § 3a Abs. 1 S. 1 EStG um eine begünstigende Lenkungsnorm handelt, sind die dahingehenden verfassungsrechtlichen Anforderungen in die Beurteilung der Angemessenheit einzubeziehen. Der legitime Zweck muss also gewichtig genug sein, um die Ungleichbehandlung auch im Hinblick auf die Gemeinwohlverantwortung des Gesetzgebers zu rechtfertigen. In der Entscheidung darüber, welche Personen oder Unternehmen gefördert werden sollen, ist der Gesetzgeber zwar weitgehend frei, die Förderung darf aber nicht willkürlich erfolgen, sondern der Kreis der Begünstigten der Befreiung von § 3a EStG Abs. 1 S. 1 EStG muss sachgerecht abgegrenzt und entsprechend dem Begünstigungszweck ausgewählt sein. Außerdem muss die Begünstigungswirkung den Adressaten möglichst gleichmäßig zugutekommen. Nur wenn diese Anforderungen eingehalten sind, kann von einer zielgenauen Ausgestaltung der Sanierungsgewinnbegünstigung durch § 3a EStG gesprochen werden.

(a) Argumente gegen die Angemessenheit

Gegen die Angemessenheit der vollständigen Verschonung ist anzuführen, dass die durch § 3a Abs. 1 S. 1 EStG bewirkten Ungleichbehandlungen erhebliche Ausmaße annehmen können, denn abhängig von der Größe des

2259 Vgl. Eichberger, in: FS BFH, S. 501, 517 m.w.N.

2260 Vgl. BVerfG v. 17.12.2014 – 1 BvL 21/12, BVerfGE 138, 136, Rn 142; vgl. außerdem Eichberger, in: FS BFH, S. 501, 517 m.w.N.

Unternehmens, der Höhe des Schuldenerlasses und der vorhandenen Steuerminderungspotentiale können sich die begünstigten Sanierungsgewinne auf sehr große Beträge beziffern. Die Steuerfreistellung kann deswegen schon in absoluten Zahlen beträchtliche Höhen erreichen, womit die Ungleichbehandlung abhängig von der Größe der genannten Parameter umso größer ausfällt. Im Verhältnis zu nicht begünstigten Betriebsvermögensmehrungen fällt die Ungleichbehandlung auch in relativer Betrachtung gravierend aus, da § 3a EStG eine Freistellung des Sanierungsgewinns im Umfang von 100% vorsieht, während bei nicht begünstigten Sachverhalten überhaupt keine Verschonung greift.

(b) Erhebliche (Allgemeinwohl)-Bedeutung der verfolgten Lenkungsziele

Demgegenüber verfolgt § 3a Abs. 1 S. 1 EStG das Lenkungsziel, unnötige Liquidationen zu verhindern und sanierungsbedürftige, aber sanierungsfähige Unternehmen vor der Insolvenz zu bewahren, um so den Erhalt ihrer Substanz, ihrer Wirtschaftskraft und der vorhandenen Arbeitsplätze zu sichern. Diese Ziele sind vom BVerfG bereits als gewichtige Gemeinwohlgründe anerkannt[2261] und ihre Bedeutung ist vor dem Hintergrund der wirtschaftlichen Folgen der Corona-Pandemie noch gestiegen.[2262] Zudem ist der Schutz vor einer Substanzbedrohung durch die Steuerlast ein durch Art. 14 Abs. 1 GG vorgeschriebenes verfassungsrechtliches Gebot. Auch vor diesem Hintergrund steigt daher die Bedeutung der verfolgten Lenkungsziele. Da so gleichzeitig auch Arbeitsplätze und daher mittelbar auch die Existenzgrundlage anderer Steuerpflichtiger erhalten werden, nimmt auch deren Gemeinwohlbedeutung noch einmal zu. Der Möglichkeit gravierender Ungleichbehandlungen stehen also Lenkungsziele mit großer Gemeinwohlbedeutung gegenüber. Die Befreiung wirkt zwar bei der Veranlagung der einzelnen Steuerpflichtigen und führt so letztlich bei ihnen zu einer geringeren Steuerbelastung. Der dadurch entstehende Eindruck, dass sie auch den Steuerpflichtigen selbst zugutekommen und deswegen nicht im Allgemeinwohlinteresse steht, ist allerdings unberechtigt. Die Anknüpfung an die Steuerpflichtigen ist lediglich der Tatsache geschuldet, dass nur natürliche Personen, Körperschaften, Personenvereinigungen oder sonsti-

2261 Vgl. BVerfG v. 17.12.2014 – 1 BvL 21/12, BVerfGE 138, 136, Rn 138 m.w.N. und Rn. 160.

2262 Vgl. Seer, in: Kirchhof, EStG, § 3a, Rn. 2.

ge Vermögensmassen Subjekte der Einkommen- bzw. Körperschaftsteuer sein können und nicht das Unternehmen, vgl. § 1 Abs. 1 S. 1 EStG, § 1 Abs. 1 KStG. Die Gewerbesteuer unterscheidet sich davon insoweit, als dass sie als Objektsteuer[2263] nicht einen Steuerpflichtigen als Anknüpfungspunkt wählt, sondern den im Inland betriebenen Gewerbebetrieb selbst, vgl. § 2 Abs. 1 S. 1 GewStG. Allerdings bemisst sich die Gewerbesteuerteuer nach dem sog. Gewerbeertrag, dem wiederum der nach dem EStG oder KStG ermittelte Gewinn aus Gewerbebetrieb zugrunde gelegt wird, § 7 S. 1 GewStG. Insofern knüpft die Gewerbesteuer zumindest mittelbar an die Steuerpflichtigen an. Steuerschuldner der Gewerbesteuer ist zudem nicht der Gewerbebetrieb, sondern der Unternehmer (§ 5 Abs. 1 S. 1 GewStG), sodass sich § 3a EStG letztlich auch gewerbesteuerlich beim Unternehmer selbst auswirkt.

Dadurch wird jedoch nicht infrage gestellt, dass der eigentliche Förderungsadressat von § 3a EStG das Unternehmen ist. Das zeigt bereits die begriffliche Trennung zwischen unternehmensbezogener und unternehmerbezogener Sanierung, vgl. § 3a Abs. 1 S. 1 und Abs. 5 EStG. In der Struktur von § 3a EStG ist die unternehmensbezogene Sanierung als Regelfall angelegt und nur in den Ausnahmefällen des Abs. 5 wird auch eine Sanierung des Unternehmers begünstigt. So wird deutlich, dass es dem Gesetzgeber nicht auf die Verhinderung der Zahlungsunfähigkeit der einzelnen Steuerpflichtigen ankommt, sondern der Erhalt des Unternehmens klar im Vordergrund steht. Durch das Unternehmen erzielt der Unternehmer zwar auch individuelles Einkommen, vor allem trägt er mit dem Betrieb aber zur Förderung der Wirtschaftskraft und zum allgemeinen Steueraufkommen bei. Schon deswegen erfolgt die Förderung in Form der Steuerfreistellung nicht im Interesse einzelner Unternehmer, sondern im Interesse des Gemeinwohls.

Die Gemeinwohlorientierung der Begünstigung zeigt sich weiterhin darin, dass die Förderung umfassend wirkt und nicht auf bestimmte Betriebszweige oder Branchen beschränkt bleibt. Im Gegenteil wird die Gemeinwohlorientierung mit der Öffnung des Anwendungsbereichs auch für Freiberufler und Land- und Forstwirte noch einmal unterstrichen. Sofern es sich bei dem Steuerpflichtigen nicht um einen Einzelunternehmer handelt, werden durch den Betrieb zudem Arbeitsplätze geschaffen, die mit der Befreiung erhalten werden sollen, sodass die Förderung auch im Interesse von Arbeitnehmern liegt. Mit der Höhe des nach einer Verlustver-

2263 Vgl. Hey, in: Tipke/Lang, Steuerrecht, Rn. 12.3.

rechnung verbleibenden Sanierungsgewinns steigt zwar das Ausmaß der Ungleichbehandlung an, da die Befreiung absolut betrachtet entsprechend höher ausfällt. Ein höherer Sanierungsgewinn lässt dabei aber auch einen Rückschluss auf die Höhe der vor dem Erlass vorhandenen Schulden und damit auch auf die Größenordnung des begünstigten Unternehmens zu. Betragsmäßig sehr hohe Sanierungsgewinne werden dabei typischerweise eher bei größeren Unternehmen anfallen, die auch in größerem Maße zur Wirtschaftskraft beitragen. Zudem besteht eine höhere Wahrscheinlichkeit für eine Vielzahl von Arbeitsplätzen. Je größer diese beiden Parameter ausfallen, desto mehr steht es auch im Interesse des Gemeinwohls, die entsprechenden Unternehmen zu erhalten. Typischerweise steigt damit die Bedeutung des verfolgten Förderziels mit dem Ausmaß – zumindest der sich aus der Größe des Sanierungsgewinns im Einzelfall ergebenden – Ungleichbehandlung an, sodass der höheren Intensität der Ungleichbehandlung auch ein größerer Nutzen für die Allgemeinheit gegenübersteht. Die mit § 3a Abs. 1 S. 1 EStG verfolgten Ziele des Unternehmenserhalts und der Sicherung seines Fortbestands stehen damit im Gemeinwohlinteresse.

(c) Hohes Ausmaß der Zweckerreichung

Zu berücksichtigen ist ferner, dass die verfolgten Förderziele mit dem Mittel der Steuerbefreiung in weitgehendem Umfang erreicht werden können und das Ausmaß der bewirkten Zielerreichung daher hoch ausfällt. Zwar besteht aufgrund der Vielzahl der zum Zusammenbruch führenden Ursachen keine Garantie dafür, dass eine Sanierung infolge der Steuerfreistellung des Sanierungsgewinns erfolgreich verläuft, allerdings ist die Entschuldung eines sanierungsbedürftigen Unternehmens durch Forderungsverzichte und vergleichbare Maßnahmen häufig das primäre Mittel zur Verhinderung eines Zusammenbruchs. Indem § 3a Abs. 1 S. 1 EStG für einen Großteil dieser Maßnahmen eine zusätzliche Steuerbelastung ausschließt, erhöhen sich die Chancen einer erfolgreichen Sanierung erheblich. Dies gilt umso mehr, als dass die Steuerfreistellung der Verzichtsgewinne in vielen Fällen erst eine Sanierung ermöglicht. Denn die vorhandenen Gläubiger werden ihre Beteiligung an der Sanierung davon abhängig machen, dass ihr Verzicht tatsächlich dem Erhalt des Unternehmens und nicht dem Fiskus dient.

(d) Sachgerechte Abgrenzung des Begünstigtenkreises durch das Merkmal des Schuldenerlasses

Die Befreiung des § 3a Abs. 1 S. 1 EStG müsste allerdings auch zielgenau ausgestaltet sein, um ein angemessenes Verhältnis zwischen der Schwere der eintretenden Ungleichbehandlung und den erreichten Zwecken zu wahren. Dazu muss der Begünstigtenkreis sachgerecht und entsprechend dem Förderzweck abgegrenzt sowie ein möglichst gleichmäßiger Eintritt der Begünstigungswirkung sichergestellt werden. Von einer sachgerechten Abgrenzung kann nur gesprochen werden, wenn die dadurch hervorgerufenen Benachteiligungen für nicht begünstigte Steuerpflichtige noch in angemessenem Verhältnis zu den mit § 3a Abs. 1 S. 1 EStG bezweckten Zielen stehen.

Seiner Pflicht zur Abgrenzung des Begünstigtenkreises kommt der Gesetzgeber mit der Normierung des Merkmals des Schuldenerlasses gemäß § 3a Abs. 1 S. 1 EStG und der Voraussetzungen des § 3a Abs. 2 EStG nach. Mit der Begrenzung auf erlassbedingte Vermögensmehrungen stellt er klar, dass er nur Vermögensmehrungen als förderungswürdig ansieht, die auf einem darunter subsumierbaren Vorgang beruhen. Dieses Merkmal statuiert gleichzeitig Benachteiligungen sowohl gegenüber Vermögensmehrungen durch Geldzuschüsse als auch gegenüber Sachverhalten, in denen der vermögenssteigernde Rechtsvorgang aus anderen Gründen nicht als Schuldenerlass i.S.v. § 3a Abs. 1 S. 1 EStG qualifiziert.[2264] Bei Sanierungsbeteiligungen in Form der Stundung, der Aufrechnung oder der Forderungsumwandlung zum Nennwert entsteht schon kein Buchgewinn, sodass hier kein Bedürfnis nach einer Befreiung besteht. Da insofern keine Benachteiligung entsteht, ist auch keine Rechtfertigung erforderlich. Gleiches gilt im Fall von Preisminderungen- oder Erhöhungen, sowie Vertragsänderungen. Solche Vereinbarungen haben nämlich noch keine unmittelbaren Auswirkungen auf das Betriebsvermögensergebnis, da sie nur zukünftig entstehende Forderungen betreffen. Die gegenwärtig bestehenden Forderungen und Verbindlichkeiten bleiben dadurch aber unangetastet, sodass es nicht zu einer ausbuchungsbedingten Vermögensmehrung kommen kann.

Der Grund für die Ausklammerung von Barzuschüssen und anderen mittelzuführenden Maßnahmen besteht darin, dass dem Unternehmen hier infolge der Sanierungsmaßnahme Barmittel zufließen, über welche

2264 Siehe zu den umfassten Vorgängen § 6, III., 2.

die Steuerpflichtigen verfügen können, während bei einem Schuldenerlass und vergleichbaren Rechtsvorgängen keine liquiden Mittel für die Begleichung der anfallenden Steuerlast zur Verfügung stehen.[2265] Daher wird bei Zuschüssen nicht nur die rechtliche Größe der Leistungsfähigkeit, sondern auch die faktische Zahlungsfähigkeit gesteigert. Zwar ist es möglich, dass auch ein Ertragszuschuss dem Unternehmen nur begrenzt neuen Handlungsspielraum eröffnet, da es in der Sanierungssituation wahrscheinlich ist, dass das neue Kapital zur Begleichung bereits bestehender Schulden eingesetzt werden muss. Dennoch sind die Benachteiligten weder faktisch noch rechtlich an eine bestimmte Verwendung gebunden und zudem ändert das nichts daran, dass bei dieser Form der Sanierungsbeteiligung tatsächlich Geldmittel vorhanden sind. Dadurch bleibt die Verbesserung der wirtschaftlichen Lage des Unternehmens nicht nur rein theoretisch, sondern wird auch an der Zahlungsfähigkeit ablesbar. Auch wenn anzuerkennen ist, dass das Unternehmen sich nach einem Ertragszuschuss weiterhin in finanziellen Schwierigkeiten befinden kann, ist die Lage nicht mit der Situation nach einem erfolgswirksamen Schuldenerlass vergleichbar. Da nach einem Schuldenerlass keine faktische Vermögensmehrung eingetreten ist, würde die Steuerbelastung auf den Sanierungsgewinn die bereits bestehenden Zahlungsschwierigkeiten weiter intensivieren, den Ausschlag für ein Scheitern der Sanierung geben und so den Unternehmensfortbestand unmittelbar in Frage stellen. Im Fall des Ertragszuschusses mildert die Steuerbelastung hingegen nur den Effekt der Sanierungsmaßnahme ab. Wenn von dem zugeführten Kapital ein Teil zunächst zur Begleichung der Steuerschuld eingesetzt werden muss, konterkariert das zwar ebenfalls teilweise die beabsichtigte Wirkung, kann aber die schon bestehende schlechte wirtschaftliche Lage nicht weiter verschärfen. Vor diesem Hintergrund ist eine unmittelbare Gefährdung des Unternehmensfortbestands durch die Steuerbelastung auf Barzuschüsse ausgeschlossen. Die mit Geldzuschüssen verbundenen finanziellen Probleme unterscheiden sich damit hinsichtlich der Auswirkungen auf den Unternehmensfortbestand von den Liquiditätsschwierigkeiten, wie sie durch Erlassvorgänge ausgelöst werden. Letztere sind als erheblich gefährdender einzustufen. Deshalb ist es vor dem Hintergrund des Gesamtziels von § 3a EStG sachgerecht, nur in Situationen erlassbedingter Liquiditätsprobleme die Notwendigkeit der steuerlichen Begünstigung anzunehmen.

2265 Vgl. Bleschick, in: BeckOK EStG, § 3a, Rn. 24 (Stand: Januar 2021); Kanzler, in: K/K/B, § 3a, Rn. 11.

Fraglich ist aber, ob auch die Ausgrenzung anderer Rechtsvorgänge aus dem Begünstigtenkreis sachgerecht ist. Der Gesetzgeber hat mit der Begrenzung der Befreiungswirkung auf Schuldenerlasse zum Ausdruck gebracht, dass er nur solche Sachverhalte für förderungswürdig erachtet, in denen die Sanierungsmaßnahme zu wirtschaftlichen Folgen führt, die ein solcher Erlassvorgang mit sich bringt. Vor diesem Hintergrund ist es geboten, alle Sanierungsmaßnahmen in den Begünstigtenkreis einzubeziehen, die mit einem zivilrechtlichen Erlass nach § 397 Abs. 1 BGB wirtschaftlich vergleichbar sind.[2266] Die beherrschenden Kriterien bilden hier der Wegfall der Belastung bei dem Unternehmen und die damit einhergehende Ausbuchung der Verbindlichkeit, die zu einem Ertrag führt. Daneben verlangt die wirtschaftliche Vergleichbarkeit, dass Gläubiger ihre Forderung gegen das Unternehmen verlieren oder zumindest gegenwärtig nicht durchsetzen können und keine unmittelbare Gegenleistung für ihren Sanierungsbeitrag erhalten. Unter den beiden letztgenannten Kriterien ist die Einbeziehung von Erträgen aus einem erfolgswirksamen Rangrücktritt, einem Debt-Equity-Swap, sowie konfusionsbedingten Ausbuchungsgewinnen in den Begünstigtenkreis zwar diskutabel, da sie sich aber in ihrer Wirkung auf die finanzielle Situation des Unternehmens nicht von Erlassverträgen, negativen Schuldanerkenntnissen oder Forderungsverzichten im Insolvenzplanverfahren unterscheiden, wird in allen drei Fällen eine Unternehmensgefährdung derart, wie sie der Gesetzgeber der bei der Schaffung von § 3a EStG vor Augen hatte hervorgerufen. Ihre Einbeziehung in den Kreis der begünstigten Maßnahmen folgt daher nicht nur aus der einfachrechtlichen Auslegung des Schuldenerlasses i.S.v. § 3a Abs. 1 S. 1 EStG, sondern erscheint auch verfassungsrechtlich geboten. Denn bei Geldzuschüssen liegt der Grund für die Benachteiligung darin, dass die eintretende Steuerbelastung keine Unternehmensgefährdung auslösen kann. Bei Gewinnen durch erfolgswirksame Rangrücktritte, Debt-Equity-Swaps, sowie Konfusionen besteht eine solche Gefährdung aber in gleicher Weise wie bei Gewinnen durch Erlassverträge und negative Schuldanerkenntnisse.

Zweifel an der Sachgerechtigkeit könnten sich allenfalls deswegen ergeben, weil befreiende Schuldübernahmen nach § 414 BGB nicht unter den Begriff des Schuldenerlasses zu subsumieren sind und entsprechende Erträge daher nicht von § 3a Abs. 1 S. 1 EStG begünstigt werden, obwohl sie sich in ihrer Wirkung auf das zu sanierende Unternehmen nicht von den begünstigten Rechtsvorgängen unterscheiden. Die Forderung ist hier in

2266 Siehe zur entsprechenden Auslegung des Merkmals § 6, II..

gleicher Weise auszubuchen und führt zu einem steuerpflichtigen Ertrag. Ein gewichtiger Unterschied besteht im Hinblick auf die wirtschaftliche Vergleichbarkeit aber darin, dass Gläubiger ihre Forderung bei einer befreienden Schuldübernahme weder verlieren noch temporär in der Durchsetzbarkeit gegen den neuen Schuldner gehindert werden. Bei Erlassen und negativen Schuldanerkenntnissen verlieren die Gläubiger ihre Forderung gegen das sanierungsbedürftige Unternehmen endgültig und erbringen so ein Vermögensopfer. Bei den anderen begünstigten Rechtsvorgängen erleiden die Gläubiger ebenfalls einen finanziellen Nachteil. Dieser kann darin bestehen, dass sie für einen bestimmten oder gar unbestimmten Zeitraum an der Durchsetzung ihrer Forderung gehindert werden und so das Risiko des endgültigen späteren Ausfalls übernehmen. Wird die Forderung unter Nennwert an das Unternehmen verkauft, erhalten sie zumindest keine gleichwertige Gegenleistung und auch wenn im Gegenzug für die Abtretung der Forderung an das Unternehmen Beteiligungsrechte gewährt werden, gehen sie damit dennoch das Risiko ein, dass die Sanierung nicht erfolgreich verläuft und sich das in dem Austausch der Forderung gegen Gesellschaftsrechte liegende Risiko in Form eines endgültigen Verlusts realisiert. Auf die befreiende Schuldübernahme trifft dies hingegen nicht zu. Hier wird das sanierungsbedürftige Unternehmen gegen einen neuen Schuldner ausgetauscht. Einem solchen Schuldnerwechsel werden die Gläubiger typischerweise nur zustimmen, wenn der neue Schuldner gegenüber dem zu sanierenden Schuldnerunternehmen solventer ist, wenn also gesichert ist, dass die Forderung weiterhin realisiert werden kann. Bei einer Schuldübernahme verschlechtert sich die Gläubigersituation also nicht. Im Vergleich zu Gläubigern, die begünstigte Sanierungsbeiträge erbringen, werden sie sogar wirtschaftlich bessergestellt. Hinzu kommt, dass die befreiende Schuldübernahme sogar ohne die Beteiligung des Schuldnerunternehmens vereinbart werden kann. Der Grund für deren Benachteiligung gegenüber anderen begünstigten Maßnahmen liegt also darin, dass Schuldübernahmen nicht mit einem zivilrechtlichen Erlass nach 397 Abs. 1 BGB vergleichbar sind. Der Gesetzgeber hat sich aber dahingehend positioniert, dass die Begünstigung sich nur auf Sachverhalte erstreckt, die diese Vergleichbarkeit aufweisen. Mit dieser Entscheidung hat er nicht seine Gestaltungsfreiheit überschritten, die ihm auch bei der Entscheidung darüber zusteht, welche Sachverhalte als förderungswürdig angesehen werden.

Das Merkmal des Schuldenerlasses stellt damit insgesamt ein erstes sachgerechtes Abgrenzungskriterium dar.

(e) Weitere Konkretisierung des Begünstigtenkreises durch die Merkmale der unternehmensbezogenen Sanierung gemäß § 3a Abs. 2 EStG

Mit den Voraussetzungen des § 3a Abs. 2 EStG umschreibt der Gesetzgeber die als förderungswürdig angesehene Unternehmenssituation und beabsichtigt so, die Begünstigung auf Sachverhalte zu beschränken, die dem Förderzweck des § 3a EStG entsprechen. § 3a Abs. 2 EStG soll also gewährleisten, dass die Verschonung nur auf Sachverhalte angewendet wird, bei denen die entstehende Steuerbelastung den Unternehmensfortbestand und die vorhandenen Arbeitsplätze gefährden und die Begünstigung einen Beitrag zum nachhaltigen Gelingen der Unternehmenssanierung leisten kann. Damit gehen zwangsläufig weitere Differenzierungen innerhalb der potenziell begünstigungsfähigen Rechtsvorgänge einher, da die Begünstigung schon entfällt, wenn nur eins der Merkmale nicht erfüllt ist. Die einzelnen Merkmale müssen daher ebenfalls sachgerecht im Hinblick auf eine zielgenaue Ausgestaltung der Verschonungswirkung von § 3a Abs. 1 S. 1 EStG sein.

Mit dem Kriterium der Sanierungsbedürftigkeit wird sichergestellt, dass die Befreiung nur solchen Unternehmen zugutekommt, die sich bereits in Liquiditätsschwierigkeiten befinden und bei denen deswegen zu erwarten ist, dass die Steuerbelastung auf den Sanierungsgewinn die wirtschaftliche Lage weiter verschlechtert. Bei nicht sanierungsbedürftigen Unternehmen besteht hingegen kein Bedürfnis nach einer Befreiung, da hier ausreichend Mittel vorhanden sind, um die anfallende Steuerlast zu begleichen, zumindest ohne, dass das Unternehmen dadurch von der Insolvenz bedroht wird. Der Grund für die damit verbundene Benachteiligung nicht sanierungsbedürftiger Unternehmen liegt also darin, dass bei den Begünstigten auch ohne die Verschonung bereits finanzielle Schwierigkeiten bestehen, die ohne die Verschonung von § 3a EStG weiter intensiviert würden und so ihren Fortbestand, die vorhandenen Arbeitsplätze und eine nachhaltige Sanierung gefährden würden. Mit dem Merkmal der Sanierungsbedürftigkeit wird deswegen gewährleistet, dass die Förderwirkung nur bei solchen Unternehmen entfaltet wird, bei denen nach der Wertung des § 3a EStG infolge einer Steuerlast auf den Verzichtsgewinn die Gefährdung des Unternehmensbestands und der vorhandenen Arbeitsplätze zu erwarten ist. Da zur Beurteilung der Sanierungsbedürftigkeit immer auf die Gesamtleistungsfähigkeit des Unternehmens aufgrund sämtlicher Einzelfallumstände abgestellt wird, und sie bei Einzelunternehmern oder Personengesellschaften sogar erfordert, dass auch das Privatvermögen des Unternehmers bzw.

der persönlich haftenden Gesellschafter nicht zur Begleichung der Steuerlast ausreichen würde,[2267] ist die Gefahr zufälliger oder willkürlicher Förderungswirkungen nahezu ausgeschlossen.

Die Sachgerechtigkeit der Sanierungsbedürftigkeit als Zugangshürde für die Befreiung könnte allerdings in Frage gestellt werden, wenn dadurch ausgehend vom Gesamtzweck und dem Förderziel des § 3a EStG tatsächlich förderungswürdige Sachverhalte aus dem Anwendungsbereich der Vorschrift herausfallen würden. Dies wäre etwa der Fall, wenn die Sanierungsbedürftigkeit sehr restriktiv ausgelegt würde oder ihr Nachweis für Steuerpflichtige mit unverhältnismäßigem Aufwand verbunden wäre. Beispielsweise können Fälle auftreten, in denen nicht mit an Sicherheit grenzender Wahrscheinlichkeit belegt werden kann, dass die verzichtsbedingte Steuerbelastung den Unternehmenszusammenbruch bewirken wird. Es liegt nicht außerhalb der Lebenswahrscheinlichkeit, dass sich zwei Unternehmen in einer vergleichbaren wirtschaftlichen Situation befinden können, während eine Unternehmensgefährdung durch die drohende Steuerbelastung aber bei dem einen recht sicher prognostiziert werden kann, während bei dem anderen nur eine hohe Wahrscheinlichkeit dafür besteht. In diesen Situationen würde das relative Ausmaß der Differenzierung zwischen begünstigten und nicht begünstigten Sachverhalten besonders zum Tragen kommen, wenn an die Sanierungsbedürftigkeit bzw. den Nachweis einer Unternehmensgefährdung sehr hohe Anforderungen gestellt würden. Denn dann würde der Verzichtsgewinn in der einen Konstellation vollständig verschont und in der anderen vollständig besteuert, obwohl die wirtschaftliche Situation vergleichbar ist. Solche dem Förderzweck gegenläufige Ergebnisse werden allerdings durch ein entsprechendes materiellrechtliches Verständnis von § 3a Abs. 2 EStG verhindert. Auch wenn bei Einzelunternehmern und persönlich haftenden Gesellschaftern von Personengesellschaften das Privatvermögen in die Betrachtung einbezogen wird, verlangt die Sanierungsbedürftigkeit gerade keinen sicheren Nachweis darüber, dass die Steuerbelastung zum Zusammenbruch führt, sondern eine hinreichende Prognose anhand von Indizien ist ausreichend. Aus dem Vorliegen des Insolvenzantragsgrunds der drohenden Zahlungsunfähigkeit nach § 18 InsO wird bereits auf die Sanierungsbedürftigkeit geschlossen und daneben stellt auch die Überschuldung schon ein gewichtiges Indiz dar. Die Sanierungsbedürftigkeit kann sogar schon zu einem noch weiter vorgelagerten Zeitpunkt gegeben sein. Zudem besteht unter Geltung von § 3a EStG weiterhin

---

2267 Siehe § 8, I. 1. m.w.N.

die Möglichkeit, die Voraussetzungen des § 3a Abs. 2 EStG – und damit auch die Sanierungsbedürftigkeit – durch die Vorlage eines Sanierungsplans nachzuweisen. Durch das Kriterium werden also umgekehrt nur diejenigen Sachverhalte von der Begünstigung ausgeschlossen, bei denen aufgrund der wirtschaftlichen Situation eine Gefährdung des Fortbestands durch die Steuerbelastung ausgeschlossen ist. Damit begrenzt die Sanierungsbedürftigkeit den Begünstigtenkreis entsprechend dem Förderzweck und trägt insbesondere deswegen, weil die Anforderungen daran nicht unangemessen hoch sind, zu einem gleichmäßigen Eintritt der Förderungswirkung bei.

Zudem sind die Nachteile, die bei Steuerpflichtigen eintreten, welche aufgrund dieses Merkmals von der Begünstigung ausgeschlossen werden, gering. Denn die Sanierungsbedürftigkeit schließt nur diejenigen Sachverhalte von der Begünstigung aus, die infolge des Verzichtsgewinns keine Liquiditätsprobleme zu befürchten haben und bei denen daher kein Bedürfnis nach einer Befreiung besteht. Die entsprechenden Unternehmen werden also durch die Steuerbelastung nicht in ihrer Geschäftstätigkeit beeinträchtigt. Denn infolge der hervorgerufenen Differenzierung werden den Benachteiligten Steuerpflichtigen keine zusätzlichen Steuerlasten oder andere Verpflichtungen auferlegt und die Begünstigung bei sanierungsbedürftigen Unternehmen ist auch nicht geeignet, Verhaltensanreize bei ihnen zu setzen. Denn da die von § 3a EStG beschriebene Fördersituation Situation für sie nicht erstrebenswert ist, bestehen keinerlei Anreize, das eigene Verhalten auf die Erfüllung der Begünstigungsvoraussetzungen anzupassen. Dass andere – sanierungsbedürftige – Unternehmen durch § 3a EStG von einer zunächst identischen Steuerbelastung freigehalten werden, bringt für die Benachteiligten keine zusätzlichen Einbußen mit sich. Spürbar wird die Begünstigungswirkung bei den Benachteiligten höchstens in Form von Wettbewerbsnachteilen. Dass der Gesetzgeber mit § 3a EStG die Restrukturierung von Unternehmen fördert, führt dazu, dass das Unternehmen bei erfolgreicher Sanierung weiterhin am Markt zu den nicht begünstigten Unternehmen in Konkurrenz stehen kann. Allerdings ist nicht ersichtlich, dass die Rettung eines sanierungsbedürftigen Unternehmens bei den Benachteiligten in existenzgefährdender Weise wirken könnte. Denn ein Unternehmen in der Sanierungssituation stellt im gegenwärtigen Zustand ohnehin keine bedeutende Konkurrenz dar. Ferner kann der Schutz vor Konkurrenz zwar ein legitimes gesetzgeberisches Ziel sein[2268], allerdings ist es nicht umgekehrt auch die Pflicht des Steuergesetzgebers, diese zu

2268 Vgl. BVerfG v. 11.2.1992 – 1 BvL 29/87, BVerfGE 85, 238.

verhindern oder jegliche Wettbewerbsnachteile durch gezielte Förderungen zu vermeiden. Der Schutz von Mitbewerbern ist vielmehr Gegenstand des Wettbewerbsrechts, vgl. § 1 UWG, § 1 GWB. Demgegenüber steht der Erhalt von Arbeitsplätzen und der Wirtschaftskraft von sanierungsbedürftigen Unternehmen, die zugleich sanierungsfähig sind in erheblichem Gemeinwohlinteresse, was die geringen Wettbewerbsnachteile überwiegt.

Die Verschonung von Sanierungserträgen soll aber nicht nur den Unternehmenszusammenbruch im Zeitpunkt des Schuldenerlasses verhindern, sondern die Wirtschaftskraft und die vorhandenen Arbeitsplätze sollen auch langfristig gesichert werden. Erst daraus ergeben sich die gewichtigen Gemeinwohlinteressen der Verschonung von Sanierungserträgen. Um diesen zu entsprechen, muss dieser Nachhaltigkeitsaspekt bei der Förderung im Blick behalten und auch die Zukunft der geförderten Unternehmen berücksichtigt werden. Dem trägt der Gesetzgeber mit den Voraussetzungen der Sanierungsfähigkeit und der Sanierungseignung des Schuldenerlasses Rechnung. Diese stellen nicht mehr auf die wirtschaftliche Notwendigkeit einer Förderung ab, sondern sind zukunftsorientiert und begrenzen den Begünstigtenkreis im Hinblick auf die zu erwartenden Aussichten der Begünstigung für die Erholung des Unternehmens. Nur wenn absehbar ist, dass der Schuldenerlass nicht nur den Unternehmenszusammenbruch verhindert, sondern auch die Ertragsfähigkeit auf Dauer wiederherstellen kann, sind die Voraussetzungen erfüllt.[2269] Dadurch wird also sichergestellt, dass es nicht zu einer Begünstigung von Sachverhalten kommt, bei denen der Förderzweck schon nicht mehr erreicht werden kann. Im Gegenteil wird der Begünstigtenkreis auf Sachverhalte eingegrenzt, bei denen zumindest wahrscheinlich ist, dass die Sanierung nachhaltig gelingt und der Förderzweck daher langfristig eintreten wird. Im Hinblick darauf, dass § 3a EStG nur unnötige Liquidationen verhindern soll[2270], trägt diese Einschränkung zu einer sachgerechten Abgrenzung bei und entspricht dem Förderzweck der Vorschrift.

Der Grund für die Benachteiligung der Steuerpflichtigen, die eines dieser beiden Merkmale nicht erfüllen und deswegen durch § 3a Abs. 1 S. 1 EStG gegenüber Begünstigten benachteiligt werden, liegt also darin, dass sie sich zwar in gleicher Weise wie Begünstigte in einer wirtschaftlichen Krise befinden können, bei ihnen allerdings schon nicht mehr die Möglichkeit besteht, dass sie sich davon wieder erholen. Vor dem Hintergrund, dass

2269 Siehe § 8, I. 3.
2270 Vgl. BT-Drs. 18/12128, S. 31.

ein Förderziel von § 3a EStG die Vermeidung steuerbedingter Liquiditätsprobleme ist, begründen die Sanierungsfähigkeit und die Sanierungseignung des Erlasses scheinbar einen Widerspruch zu den Zielsetzungen der Vorschrift, wodurch deren Sachgerechtigkeit in Zweifel gezogen werden könnte. Denn solche verzichtsbedingten Zahlungsschwierigkeiten können auch und sogar gerade bei nicht sanierungsfähigen Unternehmen auftreten. Allerdings sollen durch § 3a EStG nur unnötige Liquidationen verhindert und nicht Unternehmen künstlich am Markt gehalten werden, die ohnehin keinen Beitrag zur Wirtschaftskraft mehr leisten können. Der Förderzweck des § 3a EStG ist also nicht generell die Vermeidung von Insolvenzen durch Steuerbelastungen, sondern muss dahingehend enger gefasst werden, dass Unternehmen ohne hinreichende Zukunftsaussichten schon grundsätzlich nicht vom Förderzweck umfasst sind. Aus diesem Grund sind zukunftsorientierte Kriterien sogar notwendig, um eine dem Förderzweck entsprechende Abgrenzung des Begünstigtenkreises zu erreichen. Daher setzt sich der Gesetzgeber mit den Voraussetzungen der Sanierungsfähigkeit und der Sanierungseignung des Erlasses nicht in Widerspruch zum Förderzweck von § 3a EStG, sondern trägt damit im Gegenteil ebenfalls in hohem Maße dazu bei, dass die beabsichtigte Förderungswirkung zielgenau und nicht zu weitgehend eintritt.

Auf der anderen Seite ist die Begrenzung auf sanierungsfähige Unternehmen, sowie sanierungsgeeignete Erlassvorgänge aber im Gegensatz zum Merkmal der Sanierungsbedürftigkeit mit größeren Nachteilen für die Benachteiligten verbunden. Wird nicht sanierungsbedürftigen Unternehmen die Begünstigung versagt, werden sie nicht in der Fortführung ihrer Geschäftstätigkeit beeinträchtigt, da keine Liquiditätsprobleme zu erwarten sind. Ist ein Unternehmen hingegen nicht sanierungsfähig oder der Erlass nicht sanierungsgeeignet, treten die von § 3a EStG als unternehmensgefährdend eingestuften Liquiditätsprobleme durch den Schuldenerlass trotzdem ein. Werden Unternehmen dann allein oder zumindest auch wegen fehlender langfristiger Gesundungschancen von der Begünstigung ausgeschlossen, beschränkt sich die Wirkung der Benachteiligung also nicht darauf, dass die nicht Begünstigten im Vergleich zu den Begünstigten Steuern auf den Verzichtsgewinn zu entrichten haben, sondern der Ausschluss aus dem Begünstigtenkreis ist gleichbedeutend mit dem Ende der Geschäftstätigkeit des Unternehmens. Jedoch wird der endgültige Unternehmenszusammenbruch nur scheinbar durch die Benachteiligung selbst verursacht. Denn die mangelnde Sanierungsfähigkeit oder Sanierungseignung setzen zwangsläufig voraus, dass der Zusammenbruch des Unternehmens ohnehin nicht mehr vermeidbar und deswegen eine nachhaltige Sanierung nicht mehr möglich ist. Die Ursachen des Unternehmenszusammenbruchs sind also im Erlasszeitpunkt schon im Unternehmen angelegt, sodass die erlassbedingte Steuerbelastung nicht mehr ausschlaggebend ist. Eine Verschonung würde also in diesen Fällen keine Wirkungen mehr erzeugen. Dass die Geschäftstätigkeit nicht fortgeführt werden kann, ist daher keine unmittelbare Folge des Begünstigungsausschlusses, sodass dieser Aspekt die Angemessenheit der Kriterien Sanierungsfähigkeit und Sanierungseignung nicht in Frage stellen kann. Im Gegenteil würde der Verzicht auf diese Merkmale die Gemeinwohlorientierung der Begünstigung in Frage stellen, weil dann auch Sachverhalte gefördert würden, bei denen keine langfristige Erhaltung der Wirtschaftskraft und der Arbeitsplätze zu erwarten ist und die Sanierung daher nicht im Allgemeininteresse steht.

Spiegelbildlich zur Sanierungsbedürftigkeit werden unbillige Ergebnisse durch das Herausfallen von an sich förderungswürdigen Sachverhalten aus dem Begünstigungsbereich auch bei der Sanierungsfähigkeit und der Sanierungseignung verhindert, indem daran ebenfalls keine zu hohen Anforderungen gestellt werden. Es muss nicht nachgewiesen werden, dass sie Sanierung sicher gelingen wird, sondern es genügt die hinreichende Möglichkeit, dass der Schuldenerlass – ggf. in Kombination mit weiteren Maßnahmen – das Unternehmen zur dauerhaften Ertrags- und Leistungsfähigkeit zurückführen kann.[2271] Zudem können auch sie durch einen Sanierungsplan nachgewiesen werden. Mithin sind auch diese beiden Kriterien sachgerecht, um den Begünstigtenkreis entsprechend dem Förderzweck zu begrenzen und tragen zur zielgenauen Ausgestaltung der Verschonung bei.

Das Merkmal der Sanierungsabsicht dient dazu, nur solche Fälle zu begünstigen, bei denen die Gläubiger den Verzicht im Interesse des Unternehmens erklären und mit dem Sanierungsbeitrag nicht nur eigene Interessen verfolgen. Die Intention der verzichtenden Gläubiger wird damit ebenfalls zum Begünstigungskriterium erhoben. Vor dem Hintergrund des Gesamtziels von § 3a EStG, sanierungsbedürftige und sanierungsfähige Unternehmen vor steuerbedingten Liquiditätsproblemen zu bewahren und so die Wirtschaftskraft und die Arbeitsplätze des Unternehmens zu erhalten, erscheint die Sachgerechtigkeit dieser Voraussetzung zumindest zweifelhaft. Denn sie hat zur Folge, dass von zwei Steuerpflichtigen, deren Unternehmen, die in gleicher Weise sanierungsbedürftig und sanierungsfähig sind,

2271 Siehe § 8, I., 2. und 3.

der eine Fall deswegen benachteiligt wird, weil der oder die erlassende(n) Gläubiger mit ihrer Sanierungsmaßnahme eigennützige Motive verfolgen, während sie im anderen Fall zur dauerhaften Gesundung des Unternehmens beitragen wollen. Entscheidend für den Erhalt des Unternehmens ist aber nur das objektive Gelingen der Sanierung und dessen nachhaltige Erholung. Beides wird vom Gesetzgeber dadurch gefördert, dass er mittels der Befreiung des § 3a Abs. 1 S. 1 EStG die durch Sanierungsmaßnahmen drohende Steuerlast verhindert. Welche Motivation dem Schuldenerlass zugrunde gelegen hat, spielt aber für die Frage, ob die Sanierung erfolgreich verlaufen und das Unternehmen wieder dauerhaft ertragsfähig wird, zunächst keine Rolle. Objektiv können durch eigene Interessen motivierte Schuldenerlasse in gleicher Weise zum Erfolg der Sanierung beitragen.

Unmittelbar eingängig ist die Beschränkung, soweit dadurch solche Sachverhalte ausgenommen werden, in denen vom erlassenden Gläubiger nach einer erfolgreichen Sanierung keine Fortführung des Unternehmens beabsichtigt ist, da es dann am Element der nachhaltigen Zweckerreichung fehlt. In diesen Fällen könnten die verfolgten Gemeinwohlziele also ebenfalls nicht erreicht werden, da die Arbeitsplätze und die Ertragsfähigkeit trotz erfolgreicher Sanierung nicht dauerhaft erhalten blieben. Darüber hinaus erscheint es aber zunächst unsachgerecht, die Verschonung allein deswegen zu verweigern und damit den Erfolg der Sanierung zu gefährden, weil die Gläubiger mit ihrem Sanierungsbeitrag eigennützige Motive verfolgen, denn die Wirkungen auf den Sanierungserfolg unterscheiden sich durch die zugrunde liegende Motivation zunächst nicht. Da ein Sanierungsbeitrag selten ohne die Berücksichtigung zukünftiger Geschäftsverbindungen und damit eigener Interessen erfolgen wird, drohen durch die Ausgrenzung von privat (und zusätzlich durch die Voraussetzung der betrieblichen Begründung des Erlasses auch gesellschaftsrechtlich) veranlassten Schuldenerlassen sogar eher dem Förderzweck von § 3a EStG gegenläufige Ergebnisse.

Einer zu weitreichenden Wirkung wird allerdings durch mehrere Aspekte begegnet. Zunächst bestehen auch an die Sanierungsabsicht keine hohen Anforderungen. Bei der Beteiligung mehrerer Gläubiger wird die Sanierungsabsicht bereits unterstellt und muss nur bei Einzelverzichten gesondert dargelegt werden, zudem ist der Nachweis durch einen Sanierungsplan möglich. Entscheidender ist jedoch, dass die Sanierungsabsicht nicht das einzige Motiv für den Verzicht der Gläubiger gewesen sein muss, sondern dass es ausreicht, wenn sie zumindest mitentscheidend war.[2272] Dass neben der dauerhaften Gesundung des Unternehmens zusätzlich noch eigene Interessen verfolgt werden, ist also keineswegs schädlich. Damit beschränkt sich das Merkmal in seiner Wirkung darauf, nur diejenigen Fälle aus dem Kreis der begünstigten Sachverhalte auszuschließen, in denen ausschließlich Gläubigerinteressen und nicht Unternehmensinteressen verfolgt und deshalb die mit § 3a EStG verfolgten Gemeinwohlziele erkennbar nicht von den erlassenden Gläubigern mitgetragen werden. Diese Forderung des Gesetzgebers liegt aber innerhalb des Spielraums, der ihm bei der Auswahl der zu fördernden Sachverhalte zusteht. Zudem würde der Verzicht auf das Merkmal der Sanierungsabsicht bedeuten, auch Fälle zu begünstigen, in denen ggf. keine Fortführung der Geschäftstätigkeit angestrebt wird. Da dort die mit § 3a EStG verfolgten Gemeinwohlziele der nachhaltigen Erhaltung von Wirtschaftskraft und Arbeitsplätzen nicht erreicht werden können, würde im Gegenteil die Zielgenauigkeit hinsichtlich des gleichmäßigen Eintritts der Förderwirkung entsprechend dem Begünstigungszweck abnehmen.

Schließlich wird mit der Voraussetzung der betrieblichen Begründung des Schuldenerlasses ein weiteres Kriterium geschaffen, das auf die Motivation der verzichtenden Gläubiger abzielt. Damit wird die frühere Verwaltungsauffassung zu Gesellschafterverzichten fortgeschrieben und so neben rein privat motivierten auch gesellschaftsrechtlich veranlasste Erlasse aus dem Anwendungsbereich der Begünstigung herausgenommen.[2273] Die betriebliche Begründung und damit die Begünstigung eines Ertrags nach § 3a EStG setzt voraus, dass der Erlass tatsächlich oder wirtschaftlich mit dem Betrieb in Zusammenhang steht und subjektiv dem Betrieb zu dienen bestimmt ist.[2274] Da also auch sie eine Sanierungsbeteiligung im Unternehmensinteresse fordert, hängt das Merkmal eng mit der Sanierungsabsicht zusammen. Da die Adressaten der Förderungswirkung die Unternehmen und gerade nicht die Steuerpflichtigen sind, entspricht dies ebenso dem Förderzweck von § 3a EStG. Insofern scheint es nicht nur konsequent, sondern sogar geboten, allein der Sicherung von Gläubigerinteressen dienende Schuldenerlasse nicht zu begünstigen.

Die betriebliche Begründung als Begünstigungsvoraussetzung wäre jedoch dann nicht mehr als Abgrenzungskriterium sachgerecht, wenn die

2272 Siehe § 8, I., 4.
2273 Siehe § 8, II., 1. und 2., a).
2274 Siehe § 8, II., 2., a).

dadurch hervorgerufenen Benachteiligungen so weitreichend wären, dass auch wirtschaftlich sinnvolle und der nachhaltigen Sanierung zuträgliche Maßnahmen verhindert würden, denn dann würde die mittels des Merkmals getroffene Abgrenzung dem Förderzweck der Vorschrift widersprechen. Hier sind ähnliche Erwägungen anzustellen, wie schon für die Sachgerechtigkeit der Sanierungsabsicht als Abgrenzungskriterium. Das Gesamtziel der Verschonung liegt in der Erhaltung des Unternehmens und die Intention der erlassenden Gläubiger sagt zunächst nichts über den Erfolg der Sanierung aus. Es kommt nur darauf an, ob die Maßnahme objektiv betrachtet zur Wiederherstellung der Ertragskraft beitragen kann. Objektiv kann ein Schuldenerlass also dem Betrieb dienen, auch wenn diese Wirkung subjektiv nicht zwingend beabsichtigt ist. Die Begünstigung also allein aufgrund subjektiver Motive zu versagen, birgt die Gefahr, wirtschaftlich sinnvolle Sanierungen zu behindern. Diese Gefahr wird besonders bei Gesellschafterverzichten virulent. Bei ihnen steht die Erhaltung des Betriebs aufgrund der Gesellschafterstellung nahezu automatisch auch im Interesse der erlassenden Gesellschafter selbst. Daher ist ein Sanierungsbeitrag ohne die gleichzeitige Verfolgung auch gesellschaftsrechtlicher Interessen nur schwer denkbar. Trotzdem kann er ein wirtschaftlich sinnvolles, wenn nicht sogar das einzige Mittel zur Erhaltung des Unternehmens sein. Die Begünstigung hier allein aufgrund der Mitursächlichkeit einer gesellschaftsrechtlichen Veranlassung zu versagen, würde dazu führen, dass wirtschaftlich sinnvolle Maßnahmen verhindert werden und die Sanierung gefährdet wird. Sofern daneben die übrigen Voraussetzungen von § 3a Abs. 1 S. 1 EStG erfüllt sind, würde daher der Förderungszweck der Begünstigung unterlaufen. Da die Beteiligung von Gesellschaftern an der Sanierung nicht unüblich ist, würden die skizzierten Nachteile in einer Vielzahl von Fällen eintreten und so das Ausmaß der Ungleichbehandlung erheblich gesteigert.

Die Gefahr einer solchen überschießenden Wirkung und dem Zweck des § 3a EStG widersprechenden Ergebnissen kann aber durch eine entsprechende materiellrechtliche Auslegung verhindert werden. Die bisherigen Ergebnisse haben gezeigt, dass mit der betrieblichen Begründung im Sinne einer Negativabgrenzung lediglich darauf abgezielt wird, Erlassvorgänge auszuschließen, bei denen die Individualinteressen gegenüber den Unternehmensinteressen im Vordergrund stehen. Hinsichtlich der Einbeziehung von Gesellschafterverzichten wird dieses Verständnis bei der Auslegung in mehreren Hinsichten verwirklicht. Zwar sind für die Abgrenzung zwischen betrieblicher und gesellschaftsrechtlicher Veranlassung die zur verdeckten

Einlage entwickelten Kriterien maßgeblich, sodass Gesellschafter immer durch einen Drittvergleich nachweisen müssen, dass ihr Verzicht dem Handeln eines ordentlichen Kaufmanns entsprach. Eine gesellschaftsrechtliche Veranlassung liegt aber nur vor, wenn die Gesellschafter-Gläubiger einen über den Beitrag von Drittgläubigern hinausgehenden Sanierungsbeitrag erbringen. In Fällen von gemeinsamen Verzichten mehrerer Gläubiger (sog. Gläubigerakkord) wird die betriebliche Veranlassung hingegen unterstellt, sodass der erforderliche Drittvergleich kein Hindernis für wirtschaftlich sinnvolle Sanierungsmaßnahmen bildet. Dies gilt sowohl, wenn der Akkord aus Gesellschafter-Gläubigern und externen Gläubigern besteht als auch wenn mehrere Gesellschafter die alleinigen Hauptgläubiger stellen. Zudem müssen eigenbetriebliche Interessen nicht das einzige Motiv für den Verzicht sein. Dass sich bei Gesellschaftern kaum vermeiden lässt, dass neben eigenbetrieblichen gleichzeitig auch dem Gesellschaftsverhältnis entspringende Interessen bestehen, wird insofern berücksichtigt, als dass deren Mitursächlichkeit der betrieblichen Begründung nicht entgegensteht. Das Gesellschaftsverhältnis „infiziert" also nicht den gesamten Verzichtsvorgang, sodass es unschädlich ist, wenn betriebliche und gesellschaftsrechtliche Interessen nebeneinander verfolgt werden.[2275]

Sind neben dem oder den erlassenden Gesellschafter(n) weitere Drittgläubiger vorhanden, die jedoch nicht oder nicht im gleichen Umfang Sanierungsbeiträge erbringen, wird im Gegenteil die gesellschaftsrechtliche Veranlassung und damit ein Ausschluss aus dem Begünstigtenkreis vermutet. In diesem Fall ein durch das Gesellschaftsverhältnis motiviertes Handeln und korrespondierend die fehlende Begünstigungswürdigkeit zu vermuten, erscheint zunächst nachvollziehbar, da die Gesellschafter-Gläubiger einen Beitrag erbringen, der über das Engagement der Drittgläubiger hinausgeht. Zu einer unsachgemäßen Abgrenzung käme es nur, wenn an dieser Stelle kein Gegenbeweis möglich wäre, dass der Verzicht trotzdem im Interesse des Unternehmens erfolgt ist. Dass ein solcher Nachweis möglich ist, hat der BFH jedoch unter der vor der Einführung von § 3a EStG geltenden Rechtslage bestätigt, die für die Auslegung von § 3a EStG weiterhin maßgeblich ist.[2276] Folglich besteht bei isolierten Gesellschafterverzichten lediglich eine erhöhte Begründungspflicht. Gerade wenn sich die Drittgläubiger deswegen nicht in gleichem Umfang beteiligen, weil ihre Forderun-

2275 Vgl. Krumm, in; Blümich, § 3a EStG, Rn. 27 (Stand: März 2020).
2276 Siehe § 8, II., 2., c), dd); BFH v. 27.11.2020 – X B 63/20, BeckRS 2020, 43623.

gen ausreichend besichert sind, kann das eigenbetriebliche Interesse mit der Begründung nachgewiesen werden, dass ein Gesellschafterverzicht das einzige Mittel zur Rettung der Gesellschaft ist. Auch andere Gründe sind möglich, insbesondere besteht hier ebenso die Möglichkeit die betriebliche Begründung mittels eines Sanierungsplans nachzuweisen. Daher bleibt es auch bei isolierten Gesellschafterverzichten stets möglich, im Einzelfall darzulegen, dass der Erlass betrieblich veranlasst war. Es existiert lediglich kein durch die Rechtsprechung gefestigter Katalog fester Kriterien, sodass insofern keine endgültige Rechtssicherheit im Einzelfall besteht. Ob die im Einzelfall bestehenden Gründe ausreichend sind, um ein betriebliches Interesse zu begründen, kann jedoch vor dem Verzicht durch die Einholung einer verbindlichen Auskunft nach § 89 Abs. 2 S. 1 AO abgesichert werden.[2277]

Letztlich bleibt aber gewährleistet, dass nur Sachverhalte benachteiligt werden, in denen der Erlass nicht dem Unternehmensinteresse dient, während den Zielen von § 3a EStG zuträgliche Maßnahmen begünstigt bleiben. Ebenso wie mit der Sanierungsabsicht als Abgrenzungskriterium wird damit eher der zielgenaue Eintritt der Förderwirkung sichergestellt, da ohne die betriebliche Begründung auch Sachverhalte begünstigt würden, in denen der Verzicht nicht im Unternehmensinteresse bzw. dessen langfristiger Erhaltung steht.

Die mit den Voraussetzungen von § 3a Abs. 2 EStG getroffene Auswahl des Begünstigtenkreises entspricht also dem Förderzweck und führt so bereits zu einer zielgenauen Wirkung der Verschonung des § 3a Abs. 1 S. 1 EStG. Ein zufälliger oder willkürlicher Eintritt der Förderwirkung wird nahezu ausgeschlossen. Da auch die nachteiligen Wirkungen der einzelnen Merkmale nicht außer Verhältnis zum Förderziel des § 3a EStG stehen, hat der Gesetzgeber mit ihnen den Begünstigtenkreis sachgerecht abgegrenzt.

2277 Vgl. in diesem Sinne auch Hölzle, ZIP 2020, 301, 309, allerdings auf die Gefahr hinweisend, dass die Zulässigkeit einer verbindlichen Auskunft unter Verweis darauf, dass sich die Rechtsfolgen klar aus der gesetzlichen Regelung ergäben, vereinzelt von Finanzämtern abgelehnt werden kann.

(f) Weitere Zielgenauigkeit der Ausgestaltung durch den Wahlrechtsausübungszwang gemäß § 3a Abs. 1 S. 2 EStG und das Verlustverrechnungssystem nach § 3a Abs. 3 S. 2 und 3 EStG

Neben den Voraussetzungen des Schuldenerlasses und der Merkmale des § 3a Abs. 2 EStG baut der Gesetzgeber mit dem Wahlrechtszwang aus § 3a Abs. 1 S. 2 und dem Verlustverrechnungssystem des Abs. 3 S. 2, 3 EStG weitere Hürden auf, bevor es zu einer Freistellung kommt und sichert so den gleichmäßigen Eintritt der Förderwirkung zusätzlich ab.

§ 3a Abs. 1 S. 2 EStG zwingt Steuerpflichtige dazu, steuerliche Wahlrechte im Sanierungsjahr und im Folgejahr gewinnmindernd auszuüben, um Verlustpotential zu schaffen, welches mit dem Sanierungsgewinn gegengerechnet werden kann. Bevor die Befreiung gewährt wird, müssen also nicht nur bereits vorhandene Steuerminderungspotentiale genutzt werden, sondern auch Solche, die im Zeitpunkt des Schuldenerlasses erst in Form von stillen Reserven im Unternehmen angelegt sind. § 3a Abs. 3 S. 2 bezieht sich hingegen auf bereits vorhandenes Steuerminderungspotential und ordnet zwingend dessen Verrechnung an, um den Sanierungsgewinn zu schmälern. Obwohl das Unternehmen der Förderungsadressat der Begünstigung ist, bleibt diese Verrechnung nicht auf dessen Sphäre beschränkt. Die § 3a Abs. 3 S. 2 Nr. 9–Nr. 12 EStG betreffen nämlich den Verlustverrechnungskreis und damit Steuerminderungspotentiale des Steuerpflichtigen selbst. Darüber hinaus sieht § 3a Abs. 3a EStG sogar vor, dass im Fall einer Zusammenveranlagung auch die Minderungspotentiale von Ehegatten mit einzubeziehen sind. Schließlich bleibt es aber auch nicht bei einer Verrechnung beim Unternehmen und beim Steuerpflichtigen, sondern § 3a Abs. 3 S. 3 EStG sieht zusätzlich noch die Verrechnung auch mit Steuerminderungspotentialen bei nahestehenden Personen vor. Bevor es also zu einer Befreiung kommt, müssen Steuerpflichtige sämtliche eigenen Möglichkeiten nutzen, um den Umfang des Sanierungsgewinns gering zu halten. Das Ausmaß der Befreiungswirkung wird dadurch erheblich abgemildert. Der Gesetzgeber spricht selbst davon, sie dadurch auf das erforderliche Maß zu beschränken.[2278]

Durch das Zusammenwirken von § 3a Abs. 1 S. 2, Abs. 2 und Abs. 3 EStG wird damit vor allem unter zwei Hauptgesichtspunkten die zielgenaue Wirkung der Befreiung garantiert. Mit den engen Kriterien des § 3a Abs. 2 EStG beschreibt der Gesetzgeber den vom Gesetz beabsichtigten förderungswür-

2278 Vgl. BT-Drs. 18/12128, S. 31.

digen Fall sehr detailliert und garantiert so, dass die Befreiung weitgehend nur bei Unternehmen wirkt, die dem Förderungszweck entsprechen. Mit dem Wahlrechtszwang nach Abs. 1 S. 2 und dem Verlustverrechnungssystem des § 3a Abs. 3 EStG werden außerdem die Bedingungen des Einzelfalls dahingehend berücksichtigt, dass die Befreiung nur insoweit eingreift, wie die Steuerpflichtigen über keine eigenen Möglichkeiten mehr verfügen, den Sanierungsgewinn zu neutralisieren. Damit wird also erreicht, dass die Förderwirkung nicht weiter reicht als es zur Zweckerreichung notwendig ist, sie wirkt erst als „ultima ratio".[2279] Insgesamt ist die Verschonungsregelung des § 3a Abs. 1 S. 1 EStG daher hinreichend zielgenau ausgestaltet.

(g) Kompensationswirkung der Steuerbefreiung

Für die Angemessenheit von § 3a Ab. 1 S. 1 EStG streitet zudem, dass der Befreiung in gewisser Weise eine Kompensationsfunktion zukommt.[2280] Gemeint ist damit nicht, dass für die Benachteiligten entsprechende Ausgleichsmechanismen geschaffen werden, was eine Ungleichbehandlung ebenfalls kompensieren, oder ggf. sogar neutralisieren kann[2281], sondern dass § 3a EStG bei einer Betrachtung der „Totalperiode", also dem Zeitraum vom Beginn bis zum Ende der Tätigkeit[2282], nur die zuvor bei den Begünstigten durch andere Regelungen bewirkten Nachteile ausgleicht. Denn der verzichtsbedingten Betriebsvermögensmehrung ist zwangsläufig zu einem früheren Zeitpunkt eine entsprechende Betriebsvermögensminderung vorausgegangen. Diese kann sich aber oftmals aufgrund der Mindestbesteuerung gemäß § 10d Abs. 2 EStG nicht sofort auswirken und schlägt sich dann in Form von Verlustvorträgen nieder.[2283] Kommt es dann ggf. noch zur Vernichtung dieser Verlustvorträge infolge eines schädlichen Beteiligungserwerbs nach § 8c KStG, wird den Steuerpflichtigen deren Nutzungsmöglichkeit endgültig entzogen. Insofern versetzt § 3a EStG Begünstigte also nur in eine Lage zurück, in der sie die Betriebsvermögensmehrung durch

2279 Vgl. Krumm, in; Blümich, § 3a EStG, Rn. 9 (Stand: März 2020).
2280 Vgl. Krumm, in; Blümich, § 3a EStG, Rn. 9 (Stand: März 2020).
2281 Vgl. Eichberger, in: FS BFH, S. 501, 509 unter Verweis auf BVerfG v. 10.4.2018 – 1 BvR 1236/11, BStBl. II 2018, S. 303, BVerfGE 148, 217 als Beispiel.
2282 Vgl. Hey, in: Tipke/Lang, Steuerrecht, Rn. 8.126.
2283 Vgl. Krumm, in; Blümich, § 3a EStG, Rn. 9 (Stand: März 2020).

eigene Mittel hätten neutralisieren können und daher keine Befreiung benötigt hätten.[2284]

(h) Eigentumsgerechte Ausgestaltung der Besteuerung

Letztlich ist die Befreiung des § 3a Abs. 1 S. 1 EStG auch deswegen angemessen, weil sie zu einer eigentumsgerechten Ausgestaltung der Besteuerung beiträgt.[2285] Als Ausdruck der durch Art. 14 Abs. 1 GG garantierten Privatnützigkeit des Eigentums darf der Kernbestand der wirtschaftlichen Betätigung durch die Steuerbelastung nicht beeinträchtigt werden. Daraus folgt, dass eine Steuerlast nicht dazu führen darf, dass die Existenzgrundlage von Steuerpflichtigen bedroht wird, da dies eine unbillige Härte darstellen würde. Soweit Sanierungsgewinnen keine Verlustvorträge gegenüberstehen, erhöhen sie nach dem System der einkommensteuerlichen Gewinnermittlung zwar die steuerliche Leistungsfähigkeit, das bedeutet aber nicht, dass sich aus ihrer Besteuerung keine unbilligen Härten ergeben können. Denn faktisch bleibt es dabei, dass sich das Vermögen der Steuerpflichtigen nur rechnerisch gemehrt hat, die Zahlungsfähigkeit aber nicht verbessert ist. Da keine neue Liquidität vorhanden ist, ergeben sich für das Schuldnerunternehmen keine neuen finanziellen Spielräume. Insbesondere sind keine Mittel zugeflossen, aus denen die Steuerlast beglichen werden kann. Im Fall, dass es zu einem Forderungserlass kommt und die Steuer auf den Sanierungsgewinn tatsächlich anfällt, würde sie dazu führen, dass sich die ohnehin bestehenden wirtschaftlichen Schwierigkeiten so weit verdichten, dass es zum endgültigen Zusammenbruch des Unternehmens kommt. Zumindest würde der Fortbestand in einer überwiegenden Zahl der betroffenen Fälle gefährdet. Die gleiche Wirkung würde der Verzicht auf eine steuerliche Freistellung aber auch schon im Vorfeld erzeugen. Denn allein die Aussicht auf die Besteuerung des anfallenden Verzichtsgewinns würde verhindern, dass es überhaupt zu Sanierungsmaßnahmen kommt, da die Gläubiger dadurch von einem Schuldenerlass abgehalten würden. Die Folge ist, dass die Besteuerung des Sanierungsgewinns der Wiederherstellung der Ertragsfähigkeit und dem Erhalt des Unternehmens als Einkunftsquel-

---

2284 Vgl. Krumm, in; Blümich, § 3a EStG, Rn. 9 (Stand: März 2020).

2285 Vgl. ebenso: Krumm, in: Blümich, § 3a, Rn. 9 (Stand: März 2020); Bodden, in: Korn, EStG, § 3a, Rn. 32 (Stand: März 2020); Seer, in: Kirchhof, EStG, § 3a, Rn. 2; Bleschick, in: BeckOK EStG, § 3a, Rn. 24 (Stand: Januar 2021).

le sowohl der Steuerpflichtigen als auch der Arbeitnehmer entgegensteht. Durch § 3a Abs. 1 S. 1 EStG wird diese unbillige Härte verhindert, sodass der Freistellung von Sanierungsgewinnen auch eine Existenzsicherungsfunktion[2286] zukommt.

(i) Wahrung der Angemessenheit trotz fehlender Bedürfnisprüfung

Abschließend bleibt zu hinterfragen, ob die Angemessenheit gewahrt bleibt, obwohl die begünstigten Unternehmen nicht im Einzelfall nachweisen müssen, dass eine Steuerbelastung auf den Sanierungsgewinn tatsächlich den Unternehmensfortbestand gefährden würde. Vielmehr wird dies bei Vorliegen der Sanierungsvoraussetzungen des § 3a EStG unterstellt und so zumindest die Möglichkeit geschaffen, dass auch Fälle begünstigt werden, in denen ausnahmsweise die vorhandenen Mittel trotz der Sanierungssituation zur Begleichung der Steuerlast ausreichen würden. Der Große Senat des BFH hatte die Rechtmäßigkeit des Sanierungserlasses unter anderem am Fehlen einer solchen Bedürfnisprüfung scheitern lassen, da die sachliche Unbilligkeit der Sanierungsgewinnbesteuerung nicht ungeachtet seiner Höhe und einer möglichen Gefährdung unterstellt werden könne.[2287] Da § 3a EStG an den Sanierungserlass anknüpft[2288] und dessen Voraussetzungen weitgehend übernimmt, könnte die fehlende Bedürfnisprüfung auch der Angemessenheit von § 3a Abs. 1 S. 1 EStG entgegenstehen.

Allerdings unterschied sich der Sanierungserlass schon in seiner Rechtsnatur grundlegend von § 3a EStG. Während es sich bei ihm nur um eine Verwaltungsanweisung handelte, ordnet § 3a Abs. 1 S. 1 EStG die Sanierungsgewinnbefreiung nun in Form einer formell-gesetzlichen Regelung an. Damit steht nicht mehr die Typisierungsbefugnis der Finanzverwaltung in Rede, sondern die des Gesetzgebers. Im Rahmen der weiteren im Sanierungserlass enthaltenen Typisierung dahingehend, dass die Sanierungsvoraussetzungen bei Vorliegen eines Sanierungsplans unterstellt werden sollten, betonte der Große Senat ausdrücklich, dass diese Typisierung im Rahmen einer gesetzlichen Regelung zulässig und nur bei einem Billigkeitserlass aufgrund der §§ 163, 227 AO unzulässig sei.[2289] Nichts anderes

2286 Vgl. Winnefeld, DB 1991, 2208 zu § 3 Nr. 66 EStG a.F.
2287 Vgl. BFH v. 28.11.2016 – GrS 1/15, BStBl. II 2017, 393, Rn. 120 ff.
2288 Vgl. BT-Drs. 18/12128, S. 30.
2289 Vgl. BFH v. 28.11.2016 – GrS 1/15, BStBl. II 2017, 393, Rn. 122.

kann auch für die in § 3a EStG enthaltene Typisierung dahingehend gelten, dass im durch seine Voraussetzungen beschriebenen Fall die Verschonung des Sanierungsertrags erforderlich ist. Im Gegensatz zur Finanzverwaltung stehen dem Gesetzgeber nämlich weitgehende Typisierungsbefugnisse zu, auch um die Steuererhebung praktikabel zu halten.[2290] Erst wenn sich der Gesetzgeber nicht mehr am typischen Fall als Leitbild orientiert, überschreitet er diese Befugnisse. Wie bereits gezeigt, wäre eine Bedürfnisprüfung im Einzelfall mit erheblichem Prüfungsaufwand verbunden und würde so die Steuererhebung deutlich verkomplizieren.

Zudem wird die Bedürfnisprüfung selten ergeben, dass es ohne die Verschonung zu keiner Unternehmensgefährdung kommen würde. Denn mit dem Kriterium der Sanierungsbedürftigkeit hat der Gesetzgeber bereits eine Hürde geschaffen, durch die der weit überwiegende Teil tatsächlich nichtverschonungsbedürftiger Sachverhalte aus dem Anwendungsbereich der Befreiung ausgegrenzt wird. Bei Personengesellschaften und Einzelunternehmern wird sogar nicht zum Unternehmen gehörendes Vermögen in die Betrachtung einbezogen. Die Anzahl der Fälle, in denen das Unternehmen trotz der Sanierungsbedürftigkeit noch in der Lage wäre, die Steuerbelastung zu tragen, ohne dass dadurch eine dauerhafte Unternehmensgefährdung ausgelöst wird, sind daher gering. In der weit überwiegenden Mehrheit der begünstigten Fälle wird die Besteuerung des Sanierungsgewinns hingegen zum Scheitern der Sanierung führen. Die Zahl der mit der Typisierung verbundenen Ungleichbehandlungen fällt also gering aus, sodass der Gesetzgeber keinen atypischen Fall als Leitbild gewählt hat. Auf Grundlage der Argumentation des Großen Senats zum Sanierungserlass wird die Angemessenheit von § 3a Abs. 1 S. 1 EStG daher nicht in Frage gestellt.

Ein anderes Ergebnis folgt auch nicht aus der Argumentation des BVerfG in der jüngsten Erbschaftsteuerentscheidung. Die zur Prüfung stehenden Verschonungsregelungen wurden zumindest im Bereich des Übergangs von großen Unternehmen unter dem Aspekt einer fehlenden Bedürfnisprüfung mit Art. 3 Abs. 1 GG für unvereinbar erklärt, da eine solche Prüfung schon aufgrund des durch die Größe der steuerbefreiten Beträge ausgelösten Maß der Ungleichbehandlung notwendig sei.[2291] Diese Argumentation ist jedoch auf § 3a EStG nicht übertragbar. Denn es gilt weiterhin, dass die Befreiung des § 3a EStG unter der Bedingung der Sanierungsbedürftigkeit steht.

2290 Siehe § 12, II., 1., b), bb).

2291 Vgl. BVerfG v. 17.12.2014 – 1 BvL 21/12, BVerfGE 138, 136, Rn 172.

Auch wenn dadurch keine Prüfung erfolgt, ob die Steuerbelastung auf den Sanierungsgewinns den Unternehmensfortbestand tatsächlich gefährdet, wird die Befreiung unter die Voraussetzung einer Art Grundbedürftigkeit gestellt. Die Verschonungsregelungen der Erbschaftsteuer erfolgten jedoch gänzlich unabhängig von den Auswirkungen der Steuerbelastung auf den Unternehmensfortbestand. Zudem hat das BVerfG auch dort die Schaffung von handhabbaren Kriterien für die Bestimmung der Bedürftigkeit in die Hände des Gesetzgebers gelegt und ihm dabei offengelassen, wie diese Vorgabe umzusetzen ist. Das schließt also nicht aus, dass auch im Erbschaftsteuerrecht eine dem § 3a Abs. 2 EStG vergleichbare Typisierung zulässig wäre, solange das Kriterium der Bedürftigkeit in irgendeiner Weise Berücksichtigung findet. Die Verschonung von Sanierungsgewinnen nach § 3a Abs 1 S. 1 EStG bleibt damit auch ohne eine Bedürfnisprüfung im Einzelfall angemessen.

Damit erweist sich § 3a Abs. 1 S. 1 EStG schließlich auch als verhältnismäßig im engeren Sinne.

cc) Ergebnis

Die grundsätzliche Verschonung der Sanierungserträge nach § 3a Abs. 1 S. 1 EStG bewirkt eine im Einzelfall erhebliche Ungleichbehandlung und die Differenzierungskriterien sind für die Benachteiligten nur eingeschränkt verfügbar. Daraus folgt, dass ein strenger Prüfungsmaßstab geboten ist. Mit der Erhaltung der Wirtschaftskraft und der Arbeitsplätze sanierungsbedürftiger und sanierungsfähiger Unternehmen verfolgt der Gesetzgeber Ziele von gewichtigem Gemeinwohl. Zur Erreichung dieser Ziele ist die Befreiung des § 3a Abs. 1 S. 1 EStG geeignet und erforderlich, da mildere Maßnahmen, die in gleich effektiver Weise die Förderziele von § 3a EStG erreichen können, sind nicht ersichtlich. Schließlich ist die Befreiung auch angemessen. Insbesondere wird mit den Voraussetzungen des Schuldenerlasses und der unternehmensbezogenen Sanierung nach § 3a Abs. 2 EStG der Begünstigtenkreis vom Gesetzgeber sachgerecht abgegrenzt. Zusätzlich wird mit dem Wahlrechtszwang aus § 3a Abs. 1 S. 2 EStG und dem Verlustverrechnungssystem des § 3a Abs. 3 EStG die Befreiungswirkung auf das erforderliche Maß begrenzt und so zielgenau ausgestaltet. Damit hält § 3a Abs. 1 S. 1 EStG sogar einer strengen Verhältnismäßigkeitsprüfung stand. Sowohl hinsichtlich der Erforderlichkeit als auch der Angemessenheit bedarf es keiner individuellen Bedürfnisprüfung im Einzelfall dahingehend, ob der Bestand des Unternehmens ohne die Steuerbefreiung tatsächlich gefährdet wäre.

c) Einbeziehung von Zins- und EBITDA-Vorträgen durch § 3a Abs. 3 S. 2 Nr. 13 EStG

Durch § 3a Abs. 3 S. 2 Nr. 13 EStG wird die Verrechnung mit dem Sanierungsertrag auch auf Zins- und EBIDTDA-Vorträge nach § 4h EStG erstreckt. Da die Rechtsfolgen mit den übrigen Tatbeständen des § 3a Abs. 3 S. 2 EStG identisch sind, werden durch die Vorschrift diejenigen Sachverhalte, in denen Steuerpflichtige über Verlustvorträge verfügen mit solchen Sachverhalten gleichbehandelt, in denen sie über Zins- und EBIDTA-Vorträge verfügen, welche jeweils durch den Sanierungsertrag gemindert werden. Im Hinblick auf den unterschiedlichen Charakter der Steuerminderungspotentiale ist diese Gleichbehandlung vor Art. 3 Abs 1 GG rechtfertigungsbedürftig.

aa) Prüfungsdichte für § 3a Abs. 3 S. 2 Nr. 13 EStG

Auch wenn § 3a Abs. 3 S. 2 Nr. 13 EStG auf die Zulässigkeit der Gleichbehandlung möglicherweise wesentlich unterschiedlicher Sachverhalte hin geprüft wird, bemisst sich der Rechtfertigungsstandard anhand der allgemeinen Parameter.[2292] Anstatt des bei Ungleichbehandlungen maßgeblichen Differenzierungskriteriums muss bei einer Gleichbehandlung auf den Unterschied zwischen den beiden Sachverhalten abgestellt werden, der die Differenzierungspflicht auslöst. Im Fall von § 3a Abs. 3 S. 2 Nr. 13 EStG ist das die Entstehungsweise der jeweiligen Steuerminderungsposition. Die Besonderheit besteht bei § 3a Abs. 3 S. 2 Nr. 13 EStG darin, dass dem Zins- und EBITDA-Vortrag ein Betriebsausgabenabzugsverbot zugrunde liegt.

Nach den allgemeinen Kriterien bestehen für diese Vorschrift keine Anhaltspunkte für eine strenge Verhältnismäßigkeitskontrolle. Das Unterscheidungsmerkmal der unterschiedlichen Entstehung berührt weder in besonderem Maß Freiheitsgrundrechte der von § 3a Abs. 3 S. 2 Nr. 13 EStG betroffenen Steuerpflichtigen, noch besteht eine Nähe zu den Merkmalen des Art. 3 Abs. 3 GG. Auch ein besonders hohes Ausmaß oder eine beson-

2292 Vgl. v. Mangoldt/Klein/Starck, GG, Art. 3, Rn. 170 m.w.N.

ders hohe Intensität erreicht die in der Gleichbehandlung liegende Benachteiligung nicht. Ferner liegt es im Einflussbereich der Steuerpflichtigen, ob sie Zinsaufwendungen tätigen. Zwar liegt es außerhalb ihrer Verfügbarkeit, dass der entsprechende Aufwand nicht abziehbar ist, dies ist allerdings nicht der Prüfungsgegenstand. Vorliegend kommt es nur darauf an, dass die Zinsaufwendungen freiwillig getätigt werden. Folglich muss für die Gleichbehandlung lediglich ein hinreichend gewichtiger Sachgrund bestehen.

bb) Rechtfertigung

Die Gleichbehandlung von Zins- und EBITDA-Vorträgen mit Verlusten und Verlustvorträgen könnte mit der Typisierungsbefugnis des Gesetzgebers gerechtfertigt werden. Das würde allerdings voraussetzen, dass der Gesetzgeber mit dem Tatbestand des § 3a Abs. 3 S. 2 Nr. 13 EStG den typischen Fall als Leitbild abbildet. Der Zweck des Verlustverrechnungssystems des § 3a Abs. 3 EStG besteht darin, eine nicht gerechtfertigte Doppelbegünstigung auszuschließen. Dementsprechend war es bei der Schaffung der Tatbestände der § 3a Abs. 3 S. 2 Nr. 1–Nr. 13 EStG das Hauptanliegen des Gesetzgebers, alle Steuerminderungspositionen zu erfassen, die im Fall ihrer weiteren Nutzbarkeit einen solchen Doppelvorteil ausgelöst hätten. Die Einbeziehung von Zins- und EBITDA-Vorträgen in die Verlustverrechnung wird damit begründet, dass Steuerpflichtige, bei denen der Sanierungsertrag Verlustvorträge mindert, nicht schlechter gestellt werden dürften als Steuerpflichtige, bei denen Zinsaufwendungen im Fall ihrer Abzugsfähigkeit ebenfalls zu einem Verlustvortrag geführt hätten.[2293] Vor dem Hintergrund des Zwecks von § 3a Abs. 3 EStG trifft der Gesetzgeber mit dem Tatbestand des § 3a Abs. 3 S. 2 EStG zwei typisierende Annahmen. Zunächst unterstellt er dadurch, dass Zinsaufwendungen im Fall ihrer sofortigen Abzugsfähigkeit stets zu einem Verlustvortrag geführt hätten.[2294] Denn die Rechtsfolge der Verrechnung knüpft nicht daran an, dass der Zinsaufwand tatsächlich zu einem Verlustvortrag geführt hätte, sondern allein an das Bestehen von Zins- und EBITDA-Vorträgen und bewirkt so deren vollständige Gleichsetzung mit Verlustvorträgen. Folglich geht er davon

2293 BT-Drs. 18/12128, S. 32.

2294 So auch: Hallerbach in: H/H/R, § 3a EStG, Rn. 41 (Stand: August 2019); Seer, in: Kirchhof, EStG, § 3a, Rn. 51; Desens, FR 2017, 981, 988; Bleschick, in: BeckOK EStG, § 3a, Rn. 462 (Stand: Januar 2021).

aus, dass immer dann, wenn Zins- und EBITDA-Vortrag entsteht, ohne die Norm des § 4h Abs. 1 EStG stattdessen Verlustvortrag entstanden wäre. Tatsächlich sind aber noch weitere Fallkonstellationen möglich: Die erste Fallgruppe bilden die Sachverhalte, in denen Steuerpflichtige über Verlustvorträge verfügen, die durch den Sanierungsertrag gemindert werden. Dabei handelt es sich um Sachverhalte, die der Verlustverrechnung nach einem der Tatbestände der § 3a Abs. 3 S. 2 Nr. 1–12 EStG unterliegen. Die zweite Fallgruppe setzt sich aus Sachverhalten zusammen, in denen Steuerpflichtige (ggf. neben Verlustvorträgen) über Zins- und EBITDA-Vorträge i.S.v. § 4h Abs. 1 EStG verfügen und bei denen im Fall der sofortigen Abzugsfähigkeit der Zinsaufwendungen ein Verlustvortrag vorhanden gewesen wäre, der dann ebenfalls durch den Sanierungsertrag gemindert worden wäre. Daneben ist aber noch eine dritte Sachverhaltsgruppe denkbar, in der Steuerpflichtige zwar über Zins- und EBITDA-Vorträge verfügen, die Zinsaufwendungen aber im Fall ihrer sofortigen Abzugsfähigkeit nicht zu einem Verlustvortrag geführt hätten, weil der Saldo zwischen Einnahmen und Ausgaben eben insgesamt nicht negativ ausgefallen wäre. Aus der Formulierung der Gesetzesbegründung geht hervor, dass nur zwischen den ersten beiden Fallgruppen eine Gleichstellung beabsichtigt ist. Allerdings kommt die so erklärte gesetzgeberische Absicht, lediglich diejenigen Fälle gleichzustellen, in denen Zinsaufwand zu einem Verlustvortrag geführt hätte und deswegen untergegangen wäre, auch nur dort zum Ausdruck. Der gleichheitsrechtlichen Beurteilung ist aber die Gesetzesvorschrift, also § 3a Abs. 3 S. 2 Nr. 13 EStG zu unterziehen. Dessen Tatbestand erfasst tatsächlich aber alle Sachverhalte, in denen Steuerpflichtige über Zins- oder EBITDA-Vorträge verfügen, unabhängig davon, ob durch den Zinsaufwand ein Verlustvortrag entstanden wäre oder nicht. Die hinter der Einbeziehung von Zins- und EBITDA-Vortrag stehende gesetzgeberische Absicht findet sich daher im Tatbestand der Norm nicht wieder. Um die in der Gesetzesbegründung geäußerte Absicht auch im Tatbestand des § 3a Abs. 3 S. 2 Nr. 13 EStG umzusetzen, hätte beispielsweise eine Art „escape-Klausel" wie in § 4h Abs. 2 EStG oder § 8c Abs. 2 KStG eingefügt werden können, nach der Zins- und EBITDA-Vorträge erhalten bleiben, wenn Steuerpflichtige nachweisen können, dass ihr Zinsaufwand bei sofortiger Abzugsfähigkeit nicht zu einem allgemeinen Verlustvortrag nach § 10d Abs. 2 EStG geführt hätte. Stattdessen ist die Anknüpfung allein an die Existenz von Zins- und EBITDA-Vortrag unter Berücksichtigung der Begründung zu § 3a Abs. 3 S. 2 Nr. 13 EStG dahingehend zu verstehen, dass der Gesetzgeber mit § 3a

Abs. 3 S. 2 Nr. 13 EStG typisierend unterstellt, es entspreche dem Regelfall, dass Zinsaufwand bei sofortiger Abzugsfähigkeit zu einem Verlustvortrag geführt hätte.[2295] Er geht also davon aus, dass Steuerpflichtige, die der Zinsschranke unterliegen ohnehin Verluste erlitten hätten und der Zinsaufwand sowieso den Verlustvortrag gemäß § 10d Abs. 2 EStG erhöht hätte.[2296] Damit negiert der Gesetzgeber die Existenz der hier aufgezeigten Sachverhaltsgruppe, in denen Steuerpflichtige zwar über Zins- oder EBITDA-Vorträge verfügen, diese aber im Fall der sofortigen Abzugsfähigkeit nicht zu einem allgemeinen Verlustvortrag geführt hätten oder hält sie im Rahmen seiner typisierenden Betrachtung zumindest für vernachlässigungswürdig.

Im Schrifttum wird es größtenteils verneint[2297] oder zumindest bezweifelt[2298], dass der Gesetzgeber mit dieser Unterstellung in § 3a Abs. 3 S. 2 Nr. 13 EStG realitätsgerecht typisiert hat. Als Begründung wird dabei angeführt, schon die Existenz der Zinsschranke zeige, dass es sich bei der in der Gesetzesbegründung genannten Konstellation nicht um den realitätsgerechten Fall handelt, da es der Regelung des § 4h EStG nicht bedurft hätte, wenn Zinsaufwand regelmäßig zu einem Verlustvortrag führen würde.[2299] Um dieses Argument zu verifizieren, muss zunächst hinterfragt werden, was genau der Gesetzgeber mit seiner Typisierung in § 3a Ab. 3 S. 2 Nr. 13 EStG unterstellt. Die in der Gesetzesbegründung geäußerte Absicht lässt nämlich zwei verschiedene Deutungsmöglichkeiten zu. Zum einen kann sie dahingehend zu verstehen sein, dass der Gesetzgeber es als typischen Fall ansieht, dass Steuerpflichtige, die der Zinsschranke unterliegen, ohnehin, also unabhängig von den Zinsaufwendungen einen Verlust erlitten hätten und ggf. anfallender Zinsaufwand den Verlustvortrag deshalb lediglich noch erhöht hätte.[2300] Sofern dies vom Gesetzgeber als Regelfall

2295 Vgl. Hallerbach in: H/H/R, § 3a EStG, Rn. 41 (Stand: August 2019); Seer, in: Kirchhof, EStG, § 3a, Rn. 51; Desens, FR 2017, 981, 988; Bleschick, in: BeckOK EStG, § 3a, Rn. 462 (Stand: Januar 2021).

2296 Vgl.Desens, FR 2017, 981, 988.

2297 Vgl. Hallerbach in: H/H/R, § 3a EStG, Rn. 41 (Stand: August 2019); Seer, in: Kirchhof, EStG, § 3a, Rn. 51; Desens, FR 2017, 981, 988.

2298 Bleschick, in: BeckOK EStG, § 3a, Rn. 462 (Stand: Januar 2021), der die Grenze der Verfassungsmäßigkeit aber angesichts eines größtmöglichen Typisierungsspielraumsaufgrund des entlastenden Charakters von § 3a EStG nicht als überschritten ansieht.

2299 Vgl. Hallerbach in: H/H/R, § 3a EStG, Rn. 41 (Stand: August 2019); Seer, in: Kirchhof, EStG, § 3a, Rn. 51; Desens, FR 2017, 981, 988.

2300 Für ein solches Verständnis wohl Hallerbach in: H/H/R, § 3a EStG, Rn. 41 (Stand: August 2019); Bleschick, in: BeckOK EStG, § 3a, Rn. 462 (Stand: Januar 2021).

angesehen würde, wäre die Zinsschranke tatsächlich überflüssig, denn ihr Zweck besteht darin, inländisches Steuersubstrat zu sichern.[2301] Vor diesem Hintergrund kann die Zinsschranke nur ihre beabsichtigte Wirkung entfalten, wenn die betroffenen Steuerpflichtigen Gewinne erzielen, da nur dann Besteuerungssubstrat vorhanden ist. In der aufgezeigten Konstellation wäre aber bereits ohne die Berücksichtigung von Zinsaufwendungen kein positives Einkommen vorhanden, sodass auch keine Notwendigkeit bestünde den Betriebsausgabenabzug zu begrenzen. Sofern man den Gesetzgeber so versteht, dass er diese Konstellation als typischen Fall ansieht, würde die Tatsache, dass die Zinsschranke dennoch existiert zeigen, dass er sich nicht am realitätsgerechten Fall orientiert hat. Die gesetzgeberische Äußerung in der Begründung zu § 3a Abs. 3 S. 2 Nr. 13 EStG lässt sich aber auch in eine andere Richtung deuten. Als Leitbild kann nämlich auch der Fall gemeint sein, dass Steuerpflichtige, die der Zinsschranke unterliegen, ohne das Betriebsausgabenabzugsverbot des § 4h EStG positive Einkünfte erwirtschaftet hätten und nur aufgrund der Zinsaufwendungen insgesamt einen Verlust erzielen, sodass der Zinsaufwand den Verlustvortrag nicht nur erhöht, sondern ihn im Sinne einer Kausalität erst herbeiführt. Die Existenz der Zinsschranke zeigt, dass der Gesetzgeber zumindest bei ihrer Einführung davon ausgegangen ist, dass der letztgenannte Sachverhalt dem Regelfall entspricht, da nur in dieser Konstellation das Bedürfnis entsteht, überhaupt Steuersubstrat zu sichern. Indem hier nämlich der Abzug von Zinsaufwand durch § 4h EStG begrenzt wird, bleiben die bei den betroffenen Steuerpflichtigen vorhandenen positiven Einkünfte erhalten. Dafür, dass sich der Gesetzgeber bei der Schaffung von § 3a Abs. 3 S. 2 Nr. 13 EStG von diesem Leitbild abgewandt hat, bestehen keine Anhaltspunkte. Im Gegenteil spricht die Gesetzesbegründung eher dafür, dass er die hier zuletzt beschriebene Konstellation weiterhin als typischen Regelfall ansieht. Denn dort heißt es nicht etwa, dass Steuerpflichtige, bei denen der Sanierungsertrag einen Verlustvortrag mindert, nicht schlechter gestellt werden sollten als diejenigen, die im Fall der Abzugsfähigkeit von Zinsaufwand „einen Verlust erlitten hätten“, sondern gesprochen wird dort von Steuerpflichtigen, bei denen Zinsaufwendungen im Falle ihrer Abzugsfähigkeit ebenfalls zu einem Verlustvortrag „geführt hätten“.[2302] Die gesetzgeberische Äußerung lässt also nicht erkennen, dass er davon ausgeht, Steuerpflichtige,

2301 BT-Drs. 16/4841, S. 48.
2302 BT-Drs. 18/12128, S. 32.

die der Zinsschranke unterliegen, hätten unabhängig von Zinsaufwendungen ohnehin Verluste erlitten, sondern hatte den Sachverhalt als Leitbild vor Augen, in dem der Zinsaufwand für den Verlustvortrag erst ursächlich geworden ist. Dass dies nicht dem typischen Fall entspricht, kann hingegen nicht mit der Existenz der Zinsschranke belegt werden, da § 4h EStG in dieser Konstellation sehr wohl die beabsichtigte Wirkung der Sicherung von Besteuerungssubstrat entfalten kann. Da keine anderen Anhaltspunkte dafür ersichtlich sind, dass der Gesetzgeber sich mit seiner Annahme, Zinsaufwand hätte bei sofortiger Abzugsfähigkeit einen allgemeinen Verlustvortrag herbeigeführt, nicht am realitätsgerechten Fall orientiert hat, liegt diese Typisierung noch innerhalb seines Gestaltungsspielraums.[2303] Denn aufgrund des Charakters von § 3a EStG als Steuerbefreiungsvorschrift ist dem Gesetzgeber ein größtmöglicher Typisierungsspielraum einzuräumen, da ihm bei begünstigenden Normen insgesamt ein noch weiterreichender Gestaltungsspielraum zusteht als bei Belastungen.[2304] Die getroffene Typisierung ist daher noch zulässig, sodass die Erfassung auch solcher Fälle, in denen der Zinsaufwand keinen Verlustvortrag ausgelöst hätte, der Verfassungsmäßigkeit des § 3a Abs. 3 S. 2 Nr. 13 EStG nicht entgegensteht.

Ausgehend vom Zweck des § 3a Abs. 3 EStG liegt in der Einbeziehung von Zins- und EBITDA-Vorträgen in die Verlustverrechnung aber noch eine zweite typisierende Annahme. Der Gesetzeszweck besteht bekanntlich darin, eine nicht gerechtfertigte Doppelbegünstigung aus Steuerfreiheit und gleichzeitiger Verlustnutzung auszuschließen. Dementsprechend ist der Untergang von Verlustnutzungspotential nur insoweit gerechtfertigt, wie sanierungsbedürftige Unternehmen aus einer fehlenden Verrechnung mit dem Sanierungsertrag tatsächlich einen doppelten Vorteil ziehen würden. Indem der Gesetzgeber für Zins- und EBITDA-Vorträge dieselbe Rechtsfolge vorsieht wie für Verlustvorträge, unterstellt er gleichzeitig, dass das Vorhandensein dieser Steuerminderungspositionen im Fall ihrer weiteren Nutzung eine solche Doppelbegünstigung indiziert. Im Fall von Verlustvorträgen stellt die Möglichkeit, nicht durch positive Einkünfte ausgeglichene Verluste in spätere Veranlagungszeiträume vorzutragen und dort mit positiven Einkünften zu verrechnen, einen von Seiten des Fiskus nicht zwingend

2303 Vgl. auch Bleschick, in: BeckOK EStG, § 3a, Rn. 462 (Stand: Januar 2021).

2304 Vgl. BVerfG v. 24.6.1963 – 1 BvL 11/61, BVerfGE 17, 1; v. 13.7.1965 – 1 BvR 771/59, BVerfGE 19, 101; v. 6.12.1983 – 2 BvR 1275/79, BVerfGE 65, 325; v. 4.4.2001 – 2 BvL 7/98, BVerfGE 103, 310.

zu gewährenden Vorteil dar.[2305] Die Steuerfreiheit des Sanierungsgewinns begründet ebenfalls einen steuerlichen Vorteil, sodass es hinsichtlich dieser Positionen zutreffend ist, dass aus der Kombination mit ihrer Aufrechterhaltung eine Doppelbegünstigung folgen würde. Ein solcher Verlustvortrag i.S.v. § 10d Abs. 2 EStG kann entweder aus einem negativen Saldo zwischen positiven und negativen Einkünften mehrerer Einkunftsarten innerhalb eines Veranlagungszeitraums oder einem Überhang von Betriebsausgaben gegenüber den Betriebseinnahmen aus lediglich einer einzigen Einkunftsart entstehen. Auch bei Zinsaufwendungen handelt es sich zunächst um normale Betriebsausgaben i.S.v. § 4 Abs. 4 EStG, die ohne die Existenz der Zinsschranke gemäß § 4h EStG den steuerlichen Gewinn mindern würden. Ist der Zinsaufwand ggf. im Zusammenspiel mit weiteren Betriebsausgaben so hoch, dass die Summe der positiven Einkünfte überschritten wird, entstünde für den betreffenden Veranlagungszeitraum ein Verlust. Soweit dieser nicht mit Verlusten aus anderen Einkunftsarten ausgeglichen werden kann, entstünde ein Verlustvortrag i.S.v. § 10d Abs. 2 EStG, dessen spätere Nutzung in nachfolgenden Veranlagungszeiträumen wiederum Ausdruck einer staatlich gewährten Begünstigung wäre. Bei unbegrenzter Abzugsfähigkeit von Zinsaufwendungen als Betriebsausgaben könnte sich der Verlustvortrag also auch aus diesen Aufwendungen speisen. Nur so könnten auch Zinsaufwendungen eine Doppelbegünstigung auslösen, wie sie durch § 3a Abs. 3 EStG verhindert werden soll, denn sie droht unabhängig von der Zusammensetzung des Verlustvortrags, sobald der Sanierungsgewinn steuerfrei gestellt wird, während die Verluste weiterhin nutzbar bleiben. Deswegen darf die Herkunft der Verluste für die Verrechnung keine Rolle spielen, sodass eine Gleichstellung von Verlustvorträgen aus verschiedenen Quellen geboten ist. Es ist also zutreffend, dass Steuerpflichtige im Fall der sofortigen Abzugsfähigkeit von Zinsaufwand nicht deswegen bessergestellt werden dürften, weil sich ihr Verlustvortrag teilweise oder vollständig aus Zinsaufwand zusammensetzt. Im Gegenteil wäre kein sachlicher Grund ersichtlich, diese Sachverhalte anders zu behandeln als diejenigen, bei denen der Verlustvortrag andere Hintergründe hat. Denn ohne die Existenz der Zinsschranke wäre die spätere Nutzung eines durch Zinsaufwands entstandenen Verlustvortrags gleichfalls Ausdruck einer staatlichen Begünstigung.

Die aufgezeigte Konstellation bleibt jedoch hypothetischer Natur, denn die Zinsschranke des § 4h EStG steht dem unbegrenzten Abzug von Zins-

2305 Siehe dazu § 12, I., 3., a).

aufwendungen als Betriebsausgaben entgegen. § 4h Abs. 1 S. 1 EStG erlaubt den Betriebsausgabenabzug lediglich bis zur Höhe der Zinserträge, darüber hinaus nur bis zur Höhe des verrechenbaren EBITDA. Dieses wiederum definiert § 4h Abs. 1 S. 2 i.V.m. Abs. 3 S. 1 EStG als 30% des nach den Vorschriften des EStG mit Ausnahme des § 4h Abs. 1 EStG ermittelten Gewinns zuzüglich der Betriebsausgaben für geringwertige Wirtschaftsgüter nach § 6 Abs. 2 S. 1 EStG, des gewinnmindernd aufzulösenden Betrags nach § 6 Abs. 2a S. 2 EStG und der Absetzungen für Abnutzung und Substanzverringerung nach § 7 EStG und abzüglich der Zinserträge. Zinsaufwendungen sind also nur abziehbar, soweit Zinserträge vorhanden sind, oder das verrechenbare EBITDA eines Betriebs positiv ist. Daher können Zinsaufwendungen nicht in einem allgemeinen Verlustvortrag nach § 10d Abs. 2 EStG münden. Stattdessen hält der Gesetzgeber eine Gleichstellung von Verlustvortrag mit Zins- und EBITDA-Vorträgen allein aufgrund der Annahme für notwendig, dass Zinsaufwand theoretisch zu einem Verlustvortrag hätte führen können. Die Zulässigkeit dieser Gleichstellung wird bereits in der Literatur angezweifelt.[2306] Bei den Tatbeständen der §§ 3a Abs. 3 S. 2 Nr. 1–12 EStG fungiert die Verhinderung einer Doppelbegünstigung als sachlicher Grund für den Untergang der Steuerminderungspotentiale. Verlustvorträge beruhen darauf, dass Steuerpflichtige insgesamt einen Totalverlust in einem oder mehreren Veranlagungszeiträumen erwirtschaften, sodass ihre Entstehung allein in ihrer Sphäre liegt. Dass die so erzielten Verluste speicherbar und in späteren Veranlagungszeiträumen zeitlich unbegrenzt nutzbar sind, ist nicht zwingend. Wären Zinsaufwendungen unbeschränkt als Betriebsausgaben abziehbar, würden sie ggf. in den allgemeinen Verlustvortrag nach § 10d Abs. 2 EStG einfließen und ihre spätere Nutzung wäre Ausdruck eines staatlich gewährten Vorteils. Unterstellt, dass Zinsaufwand bei sofortiger Abzugsfähigkeit tatsächlich stets auch zu einem Verlustvortrag geführt hätte, ließe sich davon ausgehend nun argumentieren, dass Steuerpflichtige mit Zins- und EBITDA-Vorträgen gerade deswegen besser stehen, weil der Zinsaufwand nicht als Betriebsausgaben abziehbar ist. Statt, dass die Aufwendungen im allgemeinen Verlustvortrag untergehen, werden sie in Form von Zins- und EBITDA-Vorträgen gespeichert. Man könnte sich daher auf den Standpunkt stellen, dass ihr besonderer Charakter als wegen § 4h EStG nicht abzugsfähige Betriebsausgaben die Steuerpflichtigen davor

2306 Vgl. Desens, FR 2017, 981, 988; Bodden, in: Korn, EStG, § 3a, Rn. 32, 33 (Stand: Januar 2019; unverändert März 2020); Kanzler, NWB 2019, 626, 646; ders., in: K/K/B, § 3a, Rn. 156.

schützt, dass ihr durch Zinsaufwand geschaffenes Steuerminderungspotential im Rahmen der Verlustverrechnung der § 3a Abs. 3 S. 2 Nr. 1–12 EStG untergeht. Bei dieser Betrachtung würden die betroffenen Steuerpflichtigen ohne § 3a Abs. 3 S. 2 Nr. 13 EStG gegenüber Steuerpflichtigen, deren Steuerminderungspotential aus Verlustvorträgen besteht, scheinbar besser stehen. Selbst wenn es dem Regelfall entsprechen sollte, dass Zinsaufwand bei sofortiger Abzugsfähigkeit zu einem Verlustvortrag geführt hätte, kann die angestellte Überlegung aber nicht darüber hinwegtäuschen, dass Zins- und EBITDA-Vorträge i.S.v. § 3a Abs. 3 S. 2 Nr. 13 EStG nicht dadurch entstehen, dass Steuerpflichtige gegenüber den negativen nicht ausreichend positive Einkünfte erwirtschaften. Stattdessen entstehen Zins- und EBITDA-Vorträge nur deswegen, weil der Gesetzgeber in Konflikt mit dem Leistungsfähigkeitsprinzip[2307] von vornherein leistungsfähigkeitsmindernden Aufwand nicht zum Abzug zulässt[2308]. Ihr Ursprung liegt also erstens außerhalb des Einflussbereichs der Steuerpflichtigen und zweitens ist der Entstehung von Zins- und EBITDA-Vorträgen stets eine von staatlicher Seite auferlegte Belastung in Form des Betriebsausgabenabzugsverbots vorausgegangen. Deswegen erscheint es nur bei einer Momentaufnahme im Sanierungsjahr als Vorteil bzw. Besserstellung, wenn der Sanierungsertrag zwar mit Verlustvorträgen verrechnet wird, Zins- und EBITDA-Vorträge aber unangetastet blieben. Im Sanierungsjahr wirkt es, als würde es für die Steuerpflichtigen einen Vorteil darstellen, dass ihr Steuerminderungspotential nicht in Form eines Verlustvortrags, sondern in Form von Zins- und EBITDA-Vorträgen gespeichert ist. Bei einer Gesamtbetrachtung ist ihrer Entstehung aber immer eine staatliche Belastung in Form des Betriebsausgabenabzugsverbots vorausgegangen. Deshalb ist die spätere Nutzung der Zinsaufwendungen in Form des Zinsvortrags nach § 4h Abs. 1 S. 5 und des mit Zinsaufwand verrechenbaren EBITDA-Vortrags nach § 4h Abs. 1 S. 3 EStG kein Ausdruck einer staatlichen Begünstigung, wie bei der Nutzung des Verlustvortrags, sondern lediglich die Kompensation bzw. Neutralisierung der zuvor in Form des Betriebsausgabenabzugsverbots geschaffenen Belastung in zeitlicher Hinsicht.[2309] Deshalb kann in der weiteren Nutzung dieser Steuermin-

---

2307 Vgl. z.B. Hick, in: H/H/R, § 4h EStG, Rn. 6 (Stand: September 2016).

2308 Vgl. Hallerbach in: H/H/R, § 3a EStG, Rn. 41 (Stand: August 2019).

2309 Vgl. Feldgen, in: EStG-eKommentar, § 3a, Rn. 5 (Stand: Januar 2017); Bodden, in: Korn, EStG, § 3a, Rn. 33 (Stand: März 2020); Kanzler, in: K/K/B, § 3a, Rn. 156; ders. NWB 2019, 626, 646; ders., NWB 2021, 1311, 1320; Desens, FR 2017, 981, 988; Kobor, in: K/S/M, § 3a, Rn. D 33 (Stand: Mai 2020).

derungspotentiale bei gleichzeitiger Steuerfreiheit des Sanierungsgewinns keine durch § 3a Abs. 3 EStG zu verhindernde Doppelbegünstigung liegen. Der Untergang auch des Zins- und EBITDA-Vortrags bis zur Höhe des geminderten Sanierungsgewinns nach § 3a Abs. 3 S. 2 Nr. 13 EStG verhindert also nicht eine Doppelbegünstigung, sondern bewirkt im Gegenteil, dass die zunächst nur temporäre Belastung des Betriebsausgabenabzugsverbots der Zinsschranke intensiviert bzw. sogar dauerhaft aufrechterhalten bleibt. Der die Verlustverrechnung tragende Grund der Vermeidung einer Doppelbegünstigung greift also bei Zins- und EBITDA-Vorträgen nicht.[2310] Dies gilt unabhängig davon, ob die Zinsaufwendungen im Fall der Abzugsfähigkeit tatsächlich zu einem Verlustvortrag oder dessen Erhöhung geführt hätten. Damit entspricht es nicht dem realitätsgerechten Fall, dass das Bestehen von Zins- und EBITDA-Vorträgen die Gefahr einer Doppelbegünstigung indiziert.

Aufgewogen wird das fehlende Potential einer Doppelbegünstigung auch nicht dadurch, dass Zins- und EBITDA-Vorträge gegenüber Verlustvorträgen nur subsidiär mit dem Sanierungsertrag verrechnet werden (vgl. § 3a Abs. 3 S. 2 „nacheinander"). Denn die Verrechnungsreihenfolge zeigt nur dann Auswirkungen, wenn bei einem einzelnen Steuerpflichtigen sowohl Verluste bzw. Verlustvorträge als auch Zins- und EBITDA-Vorträge vorhanden sind. Als maßgebliche Vergleichsgruppen stehen sich hier aber Sachverhalte gegenüber, in denen Steuerpflichtige entweder über Verluste/Verlustvorträge oder Zins- und EBITDA-Vorträge verfügen. Bei einem Vergleich dieser Konstellationen führt § 3a Abs. 3 S. 2 EStG zu identischen Rechtsfolgen.

Insgesamt hat sich der Gesetzgeber mit § 3a Abs. 3 S. 2 Nr. 13 EStG also nicht am realitätsgerechten Fall orientiert und daher nicht sachgerecht typisiert. Die Gleichbehandlung zwischen Sachverhalten, in denen Steuerpflichtige über Zins- und EBITDA-Vorträgen verfügen und Sachverhalten, in denen das Steuerminderungspotential aus Verlusten oder Verlustvorträgen besteht, kann daher nicht mit dem Sachgrund der Typisierung gerechtfertigt werden. Andere Rechtfertigungsgründe sind nicht ersichtlich. Folglich ist die Gleichbehandlung vor dem Hintergrund des Gesetzeszwecks von § 3a Abs. 3 EStG und im Hinblick auf die fehlende Gefahr einer Doppelbegünstigung nicht gerechtfertigt. Die Vorschrift des § 3a Abs. 3

2310 Vgl. auch Kanzler, in: K/K/B, § 3a, Rn. 156; ders. NWB 2019, 626, 646; Desens, FR 2017, 981, 988; Sistermann/Beutel, DStR 2017, 1065, 1067.

S. 2 Nr. 13 EStG verletzt daher den allgemeinen Gleichheitssatz aus Art. 3 Abs. 1 GG.

cc) Ergebnis

Nach Ansicht des Gesetzgebers ist die Verrechnung des Sanierungsertrags mit Zins- und EBITDA-Vorträgen erforderlich, um eine Gleichbehandlung mit Fällen herzustellen, in denen ein Verlustvortrag durch den Sanierungsertrag gemindert wird. Darin liegt die typisierende Annahme, dass Zinsaufwendungen im Fall ihrer sofortigen Abzugsfähigkeit zu einem Verlustvortrag i.S.v. § 10d Abs. 2 EStG geführt hätten, nicht hingegen, dass Steuerpflichtige die der Zinsschranke unterliegen, unabhängig von dem anfallenden Zinsaufwand einen Verlust erlitten hätten. Diesen Fall als Leitbild anzusehen, liegt noch innerhalb des weiten Typisierungsspielraums des Gesetzgebers. Darüber hinaus unterstellt der Gesetzgeber mit § 3a Abs. 3 S. 2 Nr. 13 EStG ebenfalls typisierend, dass die Existenz von Steuerminderungspotential in Form von Zins- und EBITDA-Vorträgen die Gefahr einer Doppelbegünstigung indiziert. Da eine Doppelbegünstigung bei diesen Positionen aber ausgeschlossen ist, weil deren spätere Nutzung nur die Belastung des Betriebsausgabenabzugsverbots des § 4h EStG in zeitlicher Hinsicht kompensiert, hat er sich dabei nicht am realitätsgerechten Fall als Leitbild orientiert. Die Gleichbehandlung von Zins- und EBITDA-Vorträgen mit Verlusten und Verlustvorträgen kann daher nicht mit der Typisierungsbefugnis des Gesetzgebers gerechtfertigt werden. Da andere Rechtsfertigungsgründe nicht eingreifen, verstößt § 3a Abs. 3 S. 2 Nr. 13 EStG gegen den allgemeinen Gleichheitssatz aus Art. 3 Abs. 1 GG.

d) Ausweitung der Verlustverrechnung auf nahestehende Personen gemäß § 3a Abs. 3 S. 3 EStG

Da mit dem interpersonellen Verlustuntergang im Fall eines Schuldenübertrags auf das zu sanierende Unternehmen abhängig vom Übertragungszeitpunkt und der Beziehung des Überträgers weitere Benachteiligungen geschaffen werden, ist auch § 3a Abs. 3 S. 3 EStG gleichheitsrechtlich rechtfertigungsbedürftig. In der Literatur wird die verfassungsrechtliche Zulässigkeit der als Missbrauchsvorschrift konzipierten Regelung[2311] soweit ersichtlich nicht angezweifelt.

aa) Prüfungsdichte für § 3a Abs. 3 S. 3 EStG

Die Differenzierungskriterien der Nähebeziehung und des Übertragungszeitpunkts der Schulden stehen nicht im Zusammenhang mit den Differenzierungsmerkmalen des Art. 3 Abs. 3 GG und berühren nicht in gesteigertem Maß die Freiheitsgrundrechte der Benachteiligten. Die erforderliche Nähebeziehung kann familienrechtlicher, gesellschaftsrechtlicher, schuldrechtlicher oder auch rein tatsächlicher Art sein und ist weit auszulegen. Während schuldrechtliche und gesellschaftsrechtliche Bindungen nur durch rechtsgeschäftliches Handeln der Steuerpflichtigen eingegangen werden können, sind familienrechtliche und tatsächliche Bindungen auch unabhängig von ihrer Mitwirkung denkbar. Insofern entzieht sich das Differenzierungskriterium zumindest teilweise ihrer Verfügbarkeit. Auch das zweite Differenzierungskriterium des Übertragungszeitraums ist für die Benachteiligten nicht verfügbar. Zwar liegt die Übertragung von Schulden auf das zu sanierende Unternehmen als Grundvoraussetzung für die Anwendung von § 3a Abs. 3 S. 3 EStG vollständig in ihrem Einflussbereich, allerdings handelt es sich dabei nicht um die differenzierende Eigenschaft. Folglich kann auch nicht darauf abgestellt werden. Für die Benachteiligung ist nur maßgeblich, ob innerhalb von 5 Jahren nach der Übertragung bei dem übernehmenden Rechtsträger ein Sanierungsgewinn anfällt. Wann die Sanierung durchgeführt wird, kann von den übertragenden Steuerpflichtigen höchstens im Ausnahmefall bestimmt werden. Grundsätzlich haben sie auf den Sanierungszeitpunkt aber keinen Einfluss. Damit haben sie auch keinen Einfluss darauf, ob die relevante Schuldenübertragung innerhalb oder außerhalb des Fünfjahreszeitraums liegt und ob daher die Benachteiligung eintritt. Die Differenzierungskriterien des § 3a Abs. 3 S. 3 EStG sind daher nur eingeschränkt verfügbar. Demgegenüber ist das Ausmaß der bewirkten Ungleichbehandlung gering. Zum einen kommt die interpersonelle

2311 BT-Drs. 18/12128, S. 32; Krumm, in: Blümich, § 3a EStG, Rn. 50 (Stand: März 2020); Levedag, in: Schmidt, EStG, § 3a, Rn. 39; Böing, in: L/B/P, § 3a, Rn. 37 (Stand: Februar 2019); Bös, in: Bordewin/Brandt, EStG, § 3a, Rn. 287 (Stand: März 2021); Seer, in: Kirchhof, EStG, § 3a, Rn. 33; Hallerbach, in: H/H/R, § 3a EStG, Rn. 42 (Stand: August 2019).

Verlustverrechnung nur subsidiär nach vollständiger Nutzung aller bei dem zu sanierenden Unternehmen selbst vorhandenen Steuerminderungspotentiale und somit als letztes Mittel zur Anwendung.[2312] Außerdem wird das Ausmaß dadurch begrenzt, dass die erlassenen mit den übertragenen Schulden identisch sein und die betroffenen Minderungspotentiale im Zeitpunkt der Schuldenübertragung bereits beim übertragenden Rechtsträger vorhandenen gewesen sein müssen. Zudem stehen nur Steuerminderungspotentiale für die Verrechnung nach § 3a Abs. 3 S. 3 EStG zur Verfügung, die im Sanierungsjahr beim Überträger tatsächlich noch vorhanden sind.[2313]

Als Verschärfungskriterium ist also allein die eingeschränkte Verfügbarkeit der Differenzierungsmerkmale einschlägig, während das Ausmaß der Benachteiligung gering ausfällt. Daher ist weder eine Willkürprüfung ausreichend noch eine strenge Verhältnismäßigkeitskontrolle erforderlich. Zu prüfen ist, ob für die Benachteiligung ein sachlicher Grund von hinreichendem Gewicht besteht.

bb) Rechtfertigung

Der Gesetzgeber führt als rechtfertigenden Grund die Verhinderung missbräuchlicher Steuergestaltungen an,[2314] was grundsätzlich als Rechtfertigungsgrund für Ungleichbehandlungen im Sinne von Art. 3 Abs. 1 GG anerkannt ist.[2315] Dies ist ausgehend vom Zweck des § 3a Abs. 3 EStG ein nachvollziehbares Anliegen. Denn das Verlustverrechnungssystem soll insgesamt eine Doppelbegünstigung aus Steuerfreiheit des Sanierungsgewinns bei gleichzeitiger Erhaltung der Verlustverrechnungspotentiale, wie es noch unter Geltung des § 3 Nr. 66 EStG a.F. der Fall war, verhindern,[2316] was als sachgerechtes gesetzgeberisches Anliegen[2317] anzusehen ist. Dieser Zweck kann aber nur effektiv erreicht werden, wenn sichergestellt wird, dass auch sämtliches zur Verfügung stehendes Steuerminderungspotential in die Verrechnung einbezogen wird. Vor diesem Hintergrund ist es ebenfalls sachgerecht, dass der Gesetzgeber Gestaltungen verhindern will, durch

2312 Vgl. exemplarisch: Seer, in: Kirchhof, EStG, § 3a, Rn. 33; Desens, FR 2017, 981, 989.
2313 Siehe § 9, IV., 2.
2314 BT-Drs. 18/12128, S. 32.
2315 Siehe § 14, II., 1., b), aa).
2316 BT-Drs. 18/12128, S. 31 ff.
2317 Vgl. ebenso: Suchanek/Schaaf/Hannweber, WPg 2017, 909, 913.

die Steuerpflichtige mittels einer Schuldenübertragung auf einen anderen Rechtsträger Verlustpotential sichern könnten.[2318] Mit § 3a Abs. 3 S. 3 EStG bringt der Gesetzgeber typisierend[2319] zum Ausdruck, dass er in diesem Kontext Gestaltungen als missbräuchlich identifiziert und zu verhindern beabsichtigt, in denen die Schuldenübertragung innerhalb von 5 Jahren durch eine nahestehende Person vorgenommen wurde. Verfassungsrechtlich zulässig ist diese Typisierung nur, wenn mit der Anknüpfung an die Nähebeziehung und der Bestimmung des Fünfjahreszeitraums kein atypischer Fall als Leitbild gewählt wurde, sondern der Gesetzgeber sich dabei realitätsgerecht am typischen Fall orientiert hat[2320] und außerdem die Vorteile der Typisierung im rechten Verhältnis zu der mit der Typisierung notwendig verbundenen Ungleichheit der Belastung stehen.[2321]

Die Übertragung von Schulden auf einen anderen Rechtsträger ist an sich nicht als missbräuchliche Gestaltung zu werten, denn sie ist regelmäßiger Bestandteil jeder Betriebsveräußerung. Eine Betriebsveräußerung ist aber kein missbräuchlicher Rechtsvorgang, den es zu verhindern gilt. Indem der Gesetzgeber die Benachteiligung des § 3a Abs. 3 S. 3 EStG an eine Nähebeziehung knüpft, typisiert er dahingehend, dass diese Beziehung hingegen zunächst die Missbräuchlichkeit einer Schuldenübertragung indiziert. An dieser Stelle ließe sich darauf abheben, dass die Übertragung von Schulden dem übernehmenden Rechtsträger grundsätzlich keine Vorteile bringt und fremde Dritte dem Übertragungsvorgang daher regelmäßig nicht zustimmen werden. Isoliert betrachtet kann die Nähebeziehung zwischen mehreren Steuerpflichtigen eine Schuldenübertragung aber noch nicht zu einer missbräuchlichen Gestaltung machen. Denn Betriebs- und damit auch Schuldenübertragungen sind gängiger Bestandteil konzerninterner Umstrukturierungen, bei denen Nähebeziehungen zwischen übertragendem und übernehmendem Rechtsträger regelmäßig schon aufgrund der gesellschaftsrechtlichen Beteiligungsverhältnisse bestehen. Solche Übertra-

---

2318 BT-Drs. 18/12128, S. 32.

2319 Krumm, in: Blümich, § 3a EStG, Rn. 50 (Stand: März 2020); Seer, in: Kirchhof, EStG, § 3a, Rn. 33; Hallerbach, in: H/H/R, § 3a EStG, Rn. 42 (Stand: August 2019); Desens, FR 2017, 981, 989.

2320 Vgl. BVerfG v. 16.3.2005 – 2 BvL 7/00, BVerfGE 112, 268; v. 21.6.2006 – 2 BvL 2/99, BVerfGE 116, 164; v. 7.11.2006 – 1 BvL 10/02, BVerfGE 117, 1; v. 9.12.2008 – 2 BvL 1/07, BVerfGE 122, 210; v. 4.2.2009 – 1 BvL 8/05, BVerfGE 123, 1; v. 29.3.2017 – 2 BvL 6/11, BVerfGE 145, 106.

2321 Vgl. BVerfG v. 20.12.1966 – 1 BvR 320/57, BVerfGE 21, 12; v. 20.4.2004 – 1 BvR 905/00, BVerfGE 110, 274; v. 7.11.2006 – 1 BvL 10/02, BVerfGE 117, 1; v. 4.2.2009 – 1 BvL 8/05, BVerfGE 123, 1; v. 7.5.2013 – 2 BvR 909/06, BVerfGE 133, 377;

gungsvorgänge können sogar als notwendiger Teil einer Sanierung steuerlich erwünscht sein. Das entscheidende Indiz für die Missbräuchlichkeit einer solchen Schuldenübertragung liegt erst in deren zeitlicher Nähe zur Sanierung. Je kürzer der Zeitraum zwischen Übertragung und Schuldenerlass beim neuen Rechtsträger ist, desto näher liegt die Annahme, dass die Übertragung durch die Sicherung von Steuerminderungspotential motiviert war. Denn zu einem dem Schuldenerlass unmittelbar oder mit geringem Abstand vorgelagerten Zeitpunkt befand sich das zu sanierende Unternehmen mit großer Wahrscheinlichkeit entweder bereits in finanziellen Schwierigkeiten, oder deren Eintritt war zumindest absehbar. In dieser Situation sind andere Gründe als die Sicherung von Verlustpotential nur schwer denkbar. Mit der dahingehenden Typisierung, einen Missbrauch bei Übertragungen innerhalb von 5 Jahren vor dem Schuldenerlass anzunehmen, hat sich der Gesetzgeber folglich am realitätsgerechten Fall orientiert.

Die Vorteile der typisierenden Regelung müssten aber auch ein angemessenes Verhältnis zu den eintretenden Nachteilen wahren. Die typisierende Erfassung der als missbräuchlich einzustufender Gestaltungen führt dazu, dass der interpersonelle Verlustuntergang auch bei Sachverhalten eintreten kann, in denen im Einzelfall die Übertragung trotz der Nähebeziehung und dem zeitlichen Zusammenhang mit dem Schuldenerlass nicht durch die Sicherung von Minderungspotential motiviert war. Die Wahrscheinlichkeit für eine solche Benachteiligung steigt typischerweise umso weiter an, je näher die Übertragung an der Grenze von 5 Jahren vor der Sanierung liegt, da die Zahlungsschwierigkeiten des Unternehmens mit zunehmendem Abstand zum Sanierungszeitpunkt schwerer vorhersehbar werden. Dennoch steht dem Gesetzgeber kein gleich effektives aber milderes Mittel zur Verfügung, um eine Doppelbegünstigung zu verhindern. Nur durch die Einbeziehung von Dritten kann effektiv gewährleistet werden, dass sämtliches mit dem zu sanierenden Unternehmen zusammenhängende Steuerminderungspotential zur Verrechnung mit dem Sanierungsertrag einbezogen wird. Dies wird durch die Regelung des § 3a Abs. 3 S. 3 EStG sehr zielgenau erreicht. Die Alternative zu einer typisierenden Regelung wäre eine Prüfung im Einzelfall, ob vor dem Schuldenerlass entsprechende Minderungspotentiale anderweitig gesichert wurden. Dies wäre allerdings mit unverhältnismäßigem Aufwand verbunden, denn zunächst müsste ermittelt werden, ob überhaupt Übertragungen im Vorfeld der Sanierung stattgefunden haben und anschließend müsste jede Übertragung auf ihre Missbräuchlichkeit hin untersucht werden. Zu weit reichende Wirkungen der interpersonellen Verlustverrechnung vermeidet der Gesetzgeber aber schon durch die begrenzenden Merkmale des § 3a Abs. 3 S. 3 EStG. Missbräuchlich kann eine Gestaltung nur sein, soweit Steuerminderungspotential gesichert wird, das auch mit dem zu sanierenden Unternehmen im Zusammenhang steht. Denn nur soweit dieses bei gleichzeitiger Steuerfreiheit des Sanierungsgewinns weiter genutzt werden könnte, entstünde eine Doppelbegünstigung. Das wird in § 3a Abs. 3 S. 3 EStG dadurch berücksichtigt, dass bei den dritten Personen nur Steuerminderungspotential mit dem Sanierungsgewinn verrechnet wird, welches im Zeitpunkt der Schuldenübertragung bereits vorhanden war. Minderungspotentiale, die erst danach entstanden sind, weisen den erforderlichen Zusammenhang zum sanierungsbedürftigen Unternehmen nicht mehr auf. Zudem bleibt das angemessene Verhältnis dadurch gewahrt, dass die übertragenen und den erlassenen Schulden identisch sein müssen und dass der interpersonelle Verlustuntergang nur subsidiär zur Anwendung kommt, nachdem alle beim zu sanierenden Unternehmen selbst vorhandenen Steuerminderungspotentiale verrechnet wurden. Bei § 3a Abs. 3 S. 3 EStG handelt es sich daher um eine sachgerechte Typisierung.[2322]

cc) Ergebnis

Die Benachteiligungen des § 3a Abs. 3 S. 3 EStG können mit dem Ziel der Vermeidung missbräuchlicher Steuergestaltungen gerechtfertigt werden. Die damit einhergehende Typisierung ist sachgerecht, da sich der Gesetzgeber mit den Differenzierungsmerkmalen der Nähebeziehung und dem zeitlichen Zusammenhang zwischen Schuldenübertragung- und Erlass am realitätsgerechten Fall orientiert hat. Das angemessene Verhältnis zwischen den eintretenden Nachteilen und den bewirkten Vorteilen wird durch die begrenzenden Voraussetzungen der Regelung gewahrt.

2322 Vgl. auch Desens, FR 2017, 981, 989; ähnlich auch Suchanek/Schaaf/Hannweber, WPg 2017, 909, 913, die zumindest das mit der Regelung verfolge Grundanliegen der Verhinderung einer Doppelbegünstigung als sachgerecht bewerten.

e) Beschränkung der unternehmerbezogenen Sanierung gemäß § 3a Abs. 5 S. 1 EStG auf wenige Ausnahmefälle

Auch die nur beschränkte der Begünstigung unternehmerbezogener Sanierungen nach § 3a Abs. 5 EStG führt zu rechtfertigungsbedürftigen Ungleichbehandlungen. Im Schrifttum wird die Regelung nahezu einhellig als verfassungsgemäß eingestuft.[2323] Nur vereinzelt wird die Ausgrenzung von Kapitalgesellschaften und Personengesellschaften bei der Begünstigung von Schuldenerlassen in der Insolvenz für sachlich nicht gerechtfertigt erachtet[2324] und an anderer Stelle werden gleichheitsrechtliche Bedenken dahingehend geäußert, dass Restschuldbefreiungen im Rahmen von Liquidationsinsolvenzplänen i.S.v. §§ 217 ff. InsO nach dem Wortlaut von § 3a Abs. 5 EStG nicht begünstigt seien.[2325]

aa) Prüfungsdichte für § 3a Abs. 5 S. 1 EStG

Das Differenzierungskriterium der Herkunft des zur Steuerpflicht führenden Ertrags nähert sich weder den Merkmalen des Art. 3 Abs. 3 GG an, noch werden durch die Vorschrift Freiheitsgrundrechte der Benachteiligten in gesteigertem Maß berührt. Auch Anhaltspunkte für ein gravierendes Ausmaß oder eine gesteigerte Intensität der Ungleichbehandlung sind nicht ersichtlich. Zudem setzen die Erteilung einer Rechtsschuldbefreiung sowie die Einleitung eines Verbraucherinsolvenzverfahrens jeweils einen Antrag des Schuldners voraus (§§ 287, 305 InsO). Ob es zu einem entsprechenden Entschuldungsvorgang kommt, liegt also in ihrem Einflussbereich, sodass das Differenzierungskriterium zumindest insoweit verfügbar ist, wie es sich bei den benachteiligten Steuerpflichtigen um natürliche Personen handelt. Soweit die Schuldnerin eine Personengesellschaft oder Körperschaft ist, bleibt ihr der Anwendungsbereich der begünstigten Maßnahmen von vornherein verschlossen. Auch wenn die Einleitung einer Restschuldbefreiung und eines Verbraucherinsolvenzverfahrens weiterhin die Mitwirkung des Schuldners voraussetzt, können die beiden Maßnahmen in diesen Fällen trotzdem nicht in Anspruch genommen werden. Bei Gesellschaften als

2323 Sich ausdrücklich für die Verfassungsmäßigkeit aussprechend: Vgl. Bodden, in: Korn, EStG, § 3a, Rn. 32.1 (Stand: März 2020); Kanzler, in: K/K/B, § 3a, Rn. 12 (ders. bereits in: K/K/B, 4. Aufl. 2019, § 3a, Rn. 11).

2324 Vgl. de Weerth, ZinsO 2017, 924, 925.

2325 Vgl. Seer, in: Kirchhof, 20. Aufl. 2021, § 3a, Rn. 64.

Schuldner besteht also nicht die Möglichkeit, eine durch § 3a Abs. 5 EStG begünstigte Art der Schuldenbereinigung einzuleiten. Daher ist die Entstehungsart der Vermögensmehrung für diese Schuldnergruppe nur eingeschränkt verfügbar. Daraus folgt, dass gegenüber einer Willkürkontrolle ein hinreichend gewichtiger Sachgrund für die Benachteiligung bestehen muss.

bb) Rechtfertigung

Der mit § 3a §StG verfolgte Lenkungszweck muss von einer erkennbaren gesetzgeberischen Entscheidung getragen sein und in deren Umsetzung gleichheitsgerecht verfolgt werden. Die Vorschrift lässt die Entscheidung des Gesetzgebers erkennen, die Steuerbefreiung vordergründig auf unternehmensbezogene Sanierungen auszurichten, sodass in erster Linie auch nur diese Ausrichtung gleichheitsgerecht verfolgt werden muss.[2326] Die unternehmerbezogene Sanierung wird durch § 3a Abs. 5 EStG hingegen nur ausnahmsweise begünstigt, daher stehen dem Gesetzgeber weiterreichende Möglichkeiten bei der Schaffung von Ausnahmen zu.[2327] Dennoch liegt in der Begrenzung des § 3a Abs. 5 EStG auf die abschließend aufgeführten Maßnahmen eine gleichheitsrechtlich relevante Ungleichbehandlung, die der Rechtfertigung bedarf.

Soweit § 3a Abs. 5 EStG zu einer Benachteiligung von Personengesellschaften und Körperschaften führt, ist dieser Grund in den aus einer Besteuerung des erlassbedingten Ertrags folgenden Auswirkungen auf die Situation des Schuldners zu sehen. Die ausschließlich natürlichen Personen zur Verfügung stehenden Instrumente der Restschuldbefreiung nach §§ 286 ff. InsO und des Verbraucherinsolvenzverfahrens nach §§ 304 ff. InsO sind darauf zugeschnitten, die weitere Existenz des Schuldners zu berücksichtigen.[2328] Natürliche Personen müssten für die durch den Ertrag entstehende Steuerlast mit ihrem Privatvermögen aufkommen und in unbegrenzter Höhe für die Steuerschuld haften. Bei Kapitalgesellschaften ist die Haftung hingegen auf das Gesellschaftsvermögen begrenzt. Bei Personengesellschaften wird die Haftung zumindest auf alle persönlich haftenden Gesellschafter verteilt und es besteht die Möglichkeit, dass als persönlich haftende Gesellschafter ausschließlich Kapitalgesellschaften auftreten.

2326 Vgl. Kanzler, in: K/K/B, § 3a, Rn. 12.

2327 Vgl. Kanzler, in: K/K/B, § 3a, Rn. 12.

2328 Vgl. Wenzel, in: Kübler/Prütting/Bork, InsO, § 286, Rn. 1 (Stand: August 2019).

In letzterem Fall bliebe die Haftung wiederum auf deren Gesellschaftsvermögen beschränkt. Die Schuldner einer Restschuldbefreiung oder eines Verbraucherinsolvenzverfahren sind daher von einer Steuerbelastung auf den entstehenden Ertrag deutlich gravierender betroffen, denn sie werden nicht nur in ihrer wirtschaftlichen Existenz gefährdet, sondern auch ihre privaten Verhältnisse würden infolge der Steuerbelastung beeinträchtigt. Insofern sind natürliche Personen als Schuldner der Restschuldbefreiung und des Verbraucherinsolvenzverfahrens schutzwürdiger.[2329] Dass § 3a Abs. 5 diese Vorgänge deswegen begünstigt, steht auch nicht im Widerspruch dazu, dass die Steuerfreiheit des Sanierungsgewinns nach § 3a EStG grundsätzlich der Erhaltung von unternehmerischer Wirtschaftskraft und von Arbeitsplätzen und gerade nicht der Begünstigung des einzelnen Steuerpflichtigen, bzw. des Unternehmers dient. Dieser gemeinwohlorientierte Lenkungszweck gilt nämlich nur für die unternehmensbezogene Sanierung i.S.v. § 3a Abs. 2. Die Regelung des § 3a Abs. 5 EStG stellt hingegen im System der Besteuerung von Sanierungserträgen einen Ausnahmetatbestand dar.[2330] Sie ist daher von der unternehmensbezogenen Sanierung unabhängig und muss sich nicht in gleicher Weise am Gemeinwohl orientieren.

Darüber hinaus werden aber auch natürliche Personen benachteiligt, bei denen der steuerauslösende Ertrag außerhalb einer Restschuldbefreiung oder eines Schuldenbereinigungsplans entsteht. Im Vergleich mit diesen Sachverhaltskonstellationen erscheint die gezielte Begünstigung von Restschuldbefreiungen und Verbraucherinsolvenzverfahren zunächst widersprüchlich, da sich der Gesetzgeber bei Einführung des § 3a EStG ausdrücklich dazu bekannt hat, dass keine begünstigte Sanierung vorliegen soll, wenn die Schulden erlassen werden, um dem Steuerpflichtigen einen schuldenfreien Übergang ins Privatleben oder den Aufbau einer neuen Existenzgrundlage zu ermöglichen.[2331] Das Restschuldbefreiungsverfahren nach §§ 286 ff. InsO soll dem Schuldner jedoch gerade die Möglichkeit geben, Befreiung auch von solchen Verbindlichkeiten zu erlangen, die aus dem vorhandenen Schuldnervermögen nicht erfüllt werden kön-

---

2329 Im Rahmen der Rechtsprechung zur früheren Befreiung des § 3a Nr. 66 EStG a.F. stellte der BFH ebenfalls bereits darauf ab, dass eine unternehmerbezogene Sanierung begünstigt sein müsse, weil ansonsten eine Beeinträchtigung durch weiterbestehende Schulden zu befürchten sei, vgl. BFH v. 14.03.1990 – I R 64/85, BStBl. 1990 II, S. 810; v. 14.03.1990 – I R 106/85.

2330 Vgl. Seer, in: Kirchhof, EStG, § 3a, Rn. 65.

2331 Vgl. BT-Drs. 18/12128, S. 31.

nen[2332] und ihm so einen wirtschaftlichen Neuanfang ermöglichen.[2333] Das Verbraucherinsolvenzverfahren nach §§ 304 ff. InsO fungiert für natürliche Personen als notwendige Vorstufe zur Erlangung einer Restschuldbefreiung[2334] und dient ebenfalls dem Zweck einer umfassenden Schuldenbereinigung im Einvernehmen mit den Gläubigern entweder zur Abwendung eines Insolvenzverfahrens oder für den Fall des Scheiterns einer außergerichtlichen Schuldenbereinigung der Verknüpfung des Insolvenzverfahrens mit der Restschuldbefreiung.[2335] Folglich steht auch hier die Ermöglichung eines schuldenfreien Neustarts im Vordergrund. Eine erneute Steuerbelastung würde diesen Zweck konterkarieren.[2336] Indem Restschuldbefreiungen und Verbraucherinsolvenzen dennoch steuerlich begünstigt werden, zeigt der Gesetzgeber, dass er mit der Begünstigung des § 3a Abs. 5 EStG entgegen seiner Äußerung in der Gesetzesbegründung die Ermöglichung eines wirtschaftlichen Neuanfangs als Förderziel verfolgt. Vor diesem Hintergrund erscheint es widersprüchlich, dass eine unternehmerbezogene Sanierung außerhalb der in § 3a Abs. 5 EStG genannten Verfahren nicht begünstigt wird.

Allerdings bestehen zwischen Erlassen aufgrund von Restschuldbefreiungen und Schuldenbereinigungsplänen innerhalb oder im Vorfeld eines Verbraucherinsolvenzverfahrens und Erlassen außerhalb dieser Maßnahmen, erhebliche Unterschiede, da der Erlass im Rahmen von durch die InsO vorgegebenen Verfahrensabläufen und innerhalb deren Regelungen stattfindet. Das bedeutet zum einen, dass aufgrund der grundsätzlichen Zielsetzungen des Insolvenzverfahrens bei der Sanierung des Unternehmers auch Gläubigerinteressen berücksichtigt werden (vgl. § 1 S. 1 InsO). Zum anderen hängt die Möglichkeit des Schuldenerlasses sowohl bei der Restschuldbefreiung als auch bei einem Schuldenbereinigungsplan von weiteren Voraussetzungen ab, die an das Verhalten des Schuldners anknüpfen. Ein Erlass durch Restschuldbefreiung wird dem Schuldner nämlich erst nach einer Wohlverhaltensperiode von 3 Jahren erteilt, in der er alle pfändbaren Forderungen an einen Treuhänder abtritt, § 287 Abs. 2 S. 1 InsO. Für den Zeitraum dieser Abtretungsfrist werden dem Schuldner verschiedene Obliegenheiten auferlegt. So hat er etwa während dieses Zeit-

---

2332 Vgl. BT-Drs. 12/2443, 109.

2333 BGH v. 12.11.2015 – IX ZR 301/14, NJW 2016, 246, Rn. 18 m.w.N.

2334 Vgl. Sternal, in: Uhlenbruck, InsO, Vorbemerkung zu §§ 304–314, Rn. 1.

2335 Vgl. Vuia, in: MüKo InsO, § 304, Rn. 1.

2336 Vgl. Seer, in: Kirchhof, 20. Aufl. 2021, Rn. 61; Bodden, in: Korn, EStG, § 3a, Rn. 115 (Stand: März 2020); Krumm, in: Blümich, § 3a EStG, Rn. 29 (Stand: März 2020).

raums eine angemessene Erwerbstätigkeit auszuüben bzw. sich um eine Solche zu bemühen und keine zumutbare Tätigkeit abzulehnen (§§ 287b, 295 S. 1 Nr. 1 InsO) und Erbschaften und Schenkungen je zur Hälfte, Gewinne aus Spielen mit Gewinnmöglichkeit vollständig an den Treuhänder herauszugeben (§ 295 S. 1 Nr. 2 InsO). Nur wenn diese Obliegenheiten eingehalten werden, wird die Restschuldbefreiung erteilt, § 287a Abs. 1 InsO. Darüber hinaus wird dem Schuldner die Restschuldbefreiung bei Eingreifen eines Versagungsgrunds sogar zwingend verwehrt (§§ 290 Abs. 1, 296, 297 InsO). Dazu gehören z.B. die rechtskräftige Verurteilung zu einer Insolvenzstraftat innerhalb von 5 Jahren vor dem Antrag auf Eröffnung des Insolvenzverfahrens, nach der Antragstellung oder während der Wohlverhaltensperiode (§§ 290 Abs. 1 S. 1, 297 InsO), falsche Angaben über die wirtschaftlichen Verhältnisse des Schuldners (§ 290 Abs. 1 Nr. 2 InsO), eine vorsätzliche oder grob fahrlässige Beeinträchtigung der Gläubigerbefriedigung, beispielsweise durch die Begründung unangemessener Verbindlichkeiten (§ 290 Abs. 1 Nr. 4 InsO), die vorsätzliche oder grob fahrlässige Verletzung von Mitwirkungspflichten (§ 290 Abs. 1 Nr. 5 InsO) oder die Verletzung einer Obliegenheit, wenn dadurch die Befriedigung der Gläubiger beeinträchtigt wird (§§ 290 Abs. 1 Nr. 7, 296 InsO). Wird ein Versagungsgrund erst nachträglich bekannt, wird auch die Restschuldbefreiung sogar nachträglich versagt, § 297a InsO. Eine Restschuldbefreiung setzt also in verschiedenen Hinsichten ein redliches Verhalten des Schuldners über einen längeren Zeitraum voraus.

Bei einem Verbraucherinsolvenzverfahren handelt es sich zunächst um ein normales Insolvenzverfahren, das durch die §§ 304 ff. InsO aber modifiziert wird, wenn der Schuldner eine natürliche Person ist, die keine selbstständige wirtschaftliche Tätigkeit ausübt oder ausgeübt hat oder deren Vermögensverhältnisse trotz einer solchen Tätigkeit überschaubar sind, § 304 Abs. 1 InsO. Die wichtigste Besonderheit ist, dass der Einleitung eines solchen Verbraucherinsolvenzverfahrens ein außergerichtlicher Einigungsversuch über die Schuldenbereinigung mit den Gläubigern vorauszugehen hat, § 305 Abs. 1 Nr. 1 InsO. Erst nach dessen Scheitern kann das Verfahren eingeleitet werden. Zudem ist ein Schuldenbereinigungsplan aufzustellen, aufgrund dessen dem Schuldner dann der Schuldenerlass gewährt wird, vgl. § 305 Abs. 1 Nr. 4 InsO. Ein solcher Erlass bedarf dabei aber der Mitwirkung der vorhandenen Gläubiger, da sie dem Schuldenbereinigungsplan zustimmen müssen, §§ 307 Abs. 1, 308 Abs. 1 InsO. Zwar kann die erforderliche Zustimmung gemäß § 309 Abs. 1 InsO durch das Gericht ersetzt werden, allerdings nicht, wenn Einwendungen vorbringende Gläubiger nicht angemessen beteiligt wurden oder durch den Schuldenbereinigungsplan voraussichtlich wirtschaftlich schlechter gestellt würden als durch ein Insolvenzverfahren oder eine Restschuldbefreiung. Daher berücksichtigt ein Erlass aufgrund eines Schuldenbereinigungsplans i.S.v. § 305 InsO immer auch die Interessen der vorhandenen Gläubiger.

Insgesamt setzen Erlasse durch eine Restschuldbefreiung oder einen Schuldenbereinigungsplan also die Einhaltung spezifischer Verfahrensweisen und ein redliches Verhalten des Schuldners über einen längeren Zeitraum voraus. Erst danach ist er nach den Wertungen der Insolvenzordnung als „erlasswürdig" anzusehen. Schuldenerlasse außerhalb dieser Verfahren sind hingegen an keine Bedingungen geknüpft. Die Wertung, dass dem Schuldner, der seine insolvenzrechtlichen Obliegenheiten erfüllt und sich dem vorgesehenen Verfahren unterworfen hat, anschließend ein wirtschaftlicher Neuanfang ermöglicht werden soll, wird in den Fällen der Restschuldbefreiung und des Verbraucherinsolvenzverfahrens von der Insolvenzordnung vorgegeben. Mit der steuerlichen Freistellung der dabei entstehenden Erträge, stimmt der Steuergesetzgeber die Sanierungsgewinnbesteuerung also lediglich auf das Insolvenzrecht ab. Deswegen steht die Begünstigung dieser Erträge durch § 3a Abs. 5 EStG nicht im Widerspruch zu der erklärten Absicht des Steuergesetzgebers, wirtschaftliche Neuanfänge nicht generell steuerlich fördern zu wollen. Denn in den Fällen der Restschuldbefreiung und des Verbraucherinsolvenzverfahrens wird dieser Zweck von der InsO vorgegeben und insoweit nur durch den Steuergesetzgeber übernommen. Eine Besteuerung der anfallenden Erträge stünde im Gegenteil eher in Widerspruch zu den Zielen und Wertungen der InsO. Indem die unternehmensbezogene Sanierung aber auf die insolvenzrechtlichen Entschuldungsmaßnahmen beschränkt bleibt, hält der Steuergesetzgeber seine Wertung, dass Erträge nicht begünstigt werden sollen, wenn sie einem schuldenfreien Eintritt ins Privatleben oder dem Aufbau einer neuen wirtschaftlichen Existenz dienen, außerhalb dieser Vorgänge aufrecht. Da das Gemeinwohlprinzip für die unternehmensbezogene Sanierung nicht gilt, liegt diese Wertung innerhalb seines Gestaltungsspielraums. Ein sachlicher Grund besteht deswegen auch für die Benachteiligung von Sachverhalten, in denen Schuldner zwar ebenfalls natürliche Personen sind, der steuerauslösende Ertrag aber außerhalb einer Restschuldbefreiung oder eines Schuldenbereinigungsplans entsteht.

Zu berücksichtigen ist außerdem, dass § 3a Abs. 5 EStG nur insofern abschließend ist, als dass Erträge aus unternehmerbezogenen Sanierungen in anderen Fällen lediglich nach dieser Vorschrift nicht begünstigungsfähig sind. Soll ein wirtschaftlicher Neustart außerhalb des Restschuldbefreiungs- oder Verbraucherinsolvenzverfahrens oder der Übergang in ein schuldenfreies Privatleben ermöglicht werden, steht weiterhin die Möglichkeit eines Erlasses aus persönlichen Billigkeitsgründen nach §§ 163, 227 AO offen.[2337]

cc) Ergebnis

Auch die Begrenzung der unternehmerbezogenen Sanierung nach § 3a Abs. 5 EStG auf insolvenzrechtliche Schuldenbereinigungsvorgänge ist mit Art. 3 Abs. 1 GG vereinbar. Die Benachteiligung von Gesellschaften ist gerechtfertigt, da natürliche Personen durch die drohende Steuerbelastung im Gegensatz zu Gesellschaften auch in ihrer privaten Existenz bedroht werden. Auch die Benachteiligung von Erträgen, die außerhalb der insolvenzrechtlichen Maßnahmen entstehen, ist gerechtfertigt, da diese sich im Hinblick auf die Voraussetzungen und Verfahrensanforderungen der Restschuldbefreiung und des Verbraucherinsolvenz von Erlassen außerhalb dieser Vorgänge unterscheiden. Zudem stimmt der Steuergesetzgeber mit § 3a Abs. 5 EStG die Besteuerung von Sanierungserträgen auf die Zielsetzungen der Insolvenzordnung ab. Die Entscheidung, darüber hinaus nicht unternehmensbezogene Schuldenerlasse abseits der insolvenzrechtlichen Entschuldungsmaßnahmen nicht zu begünstigten, liegt in seinem Gestaltungsspielraum.

2337 Vgl. Kanzler, in: K/K/B, § 3a, Rn. 12; ders. NWB 2019, 626, 650; Kobor, in: K/S/M, § 3a, F 5 (Stand: Mai 2020); Seer, in: Kirchhof, EStG, § 3a, Rn. 61.

Zusammenfassung der Ergebnisse zu Kapitel 3

Der allgemeine Gleichheitssatz aus Art. 3 Abs. 1 GG ist der zentrale verfassungsrechtliche Maßstab für steuerrechtliche Normen. Sachbereichsspezifische Konkretisierungen hat er im Steuerrecht hauptsächlich durch das Prinzip der Besteuerung nach der wirtschaftlichen Leistungsfähigkeit und das Gebot der Folgerichtigkeit erfahren. Dem Folgerichtigkeitsgebot, nach dem zwischen gesetzgeberischen Grundentscheidungen und Folgeentscheidungen zu differenzieren ist, kommt in der heutigen Rechtsprechung neben der allgemeinen Gleichheitsdogmatik nur noch geringe Bedeutung zu. Bei der Auswahl des Steuergegenstands verfügt der Gesetzgeber weiterhin über einen großen Gestaltungsspielraum, im Übrigen besagt das Folgerichtigkeitsgebot aber nur, dass eine von der Grundentscheidung abweichende Folgeentscheidung einer gesonderten Rechtfertigung vor Art. 3 Abs. 1 GG bedarf. Inhaltlich richtet sich diese aber nach der grundsätzlichen Gleichheitsdogmatik.

Der Gesetzgeber hat die Belastungsentscheidung getroffen, das Einkommen als Steuergegenstand auszuwählen, wobei dessen Bemessung nach dem Dualismus der Einkunftsarten gemäß § 2 Abs. 2 EStG einen Teil dieser Belastungsentscheidung darstellt. Dass so ohne realen Mittelzufluss ein steuerpflichtiger Gewinn entstehen kann, ist verfassungsrechtlich zulässig. § 3a EStG selbst enthält gleichheitsrechtlich relevante Differenzierungen in mehreren Hinsichten. Rechtfertigungsbedürftig ist zunächst die grundsätzliche Begünstigung von Sanierungserträgen gegenüber anderen Betriebsvermögensmehrungen, weitere rechtfertigungsbedürftige Ungleichbehandlungen ergeben sich dann innerhalb des Begünstigtenkreises durch die Ausgestaltung des Verlustverrechnungssystems in § 3a Abs. 3, sowie aus der tatbestandlichen Beschränkung der unternehmerbezogenen Sanierung gemäß § 3a Abs. 5 auf die dort geregelten Konstellationen. In der Einbeziehung des Zins- und EBITDA-Vortrags durch § 3a Abs. 3 S. 2 Nr. 13 EStG lieg zudem eine rechtfertigungsbedürftige Gleichbehandlung wesentlich gleicher Sachverhalte.

Der Maßstab für die verfassungsrechtliche Rechtfertigung vor Art. 3 Abs. 1 GG kann von einer bloßen Willkürkontrolle bis zu einer strengen Verhältnismäßigkeitsprüfung reichen. Nach verschiedenen Zwischenstufen wendet das BVerfG heute in ständiger Rechtsprechung einen stufenlosen, an der Verhältnismäßigkeit orientierten Prüfungsmaßstab an, in dem die Willkürprüfung weiterhin eine Grundkontrolle gewährleistet, die abhängig vom Einzelfall intensiviert wird. Im Steuerrecht gelten dabei, abgesehen von den sachbereichsspezifischen Konkretisierungen des Leistungsfähigkeitsprinzips und des Folgerichtigkeitsgebots dieselben Maßstäbe wie in anderen Rechtsgebieten. Der stufenlose Prüfungsmaßstab eröffnet ein breites Spektrum an Kontrollmöglichkeiten. Wie streng der Prüfungsmaßstab im Einzelfall auszufallen hat, bestimmt sich nach mittlerweile ebenfalls ständiger Rechtsprechung anhand von vier Kriterien. Eine gesteigerte Prüfungsintensität folgt aus (1) der Betroffenheit von Freiheitsrechten durch die gesetzliche Differenzierung, (2) der Nähe des Differenzierungsgrundes zu den Merkmalen des Art. 3 Abs. 3 GG, (3) der eingeschränkten oder mangelnden Verfügbarkeit der Differenzierungsmerkmale für betroffene Personen und (4) dem Ausmaß und der Intensität der Ungleichbehandlung. Am bedeutsamsten ist im Bereich der Kontrolle von steuerrechtlichen Normen das Kriterium des Ausmaßes und der Intensität der Ungleichbehandlung. Nur ausnahmsweise wird im Fall einer hohen Kontrolldichte aber eine klassische dreistufige Verhältnismäßigkeitsprüfung durchgeführt.

Als Rechtfertigungsgründe sind im Steuerrecht vor allem die Missbrauchsvermeidung, Typisierungen und außerfiskalische Förder- und Lenkungszwecke bedeutsam. Steuerliche Normen müssen nämlich nicht zwingend der Einnahmenerzielung dienen. Bei steuerlichen Lenkungsnormen muss sich der Gesetzeszweck allerdings deutlicher erkennbar sein (sog. tatbestandliche Vorzeichnung), kann aber anhand der Gesetzesmaterialien, einer Gesamtschau der jeweils normierten Steuervorschriften dem Zusammenhang, in dem das Gesetz mit dem zu regelnden Lebensbereich steht, abgeleitet werden.

Zudem lassen sich steuerliche Normen in verschiedene Kategorien einteilen. Einen Großteil bilden Fiskalzwecknormen zur staatlichen Einnahmenerzielung. Sozial- oder Lenkungsnormen verfolgen hingegen den Zweck, bestimmte Verhaltensanreize zu setzen. Sie erfüllen also eher eine Steuerungsfunktion und können sowohl belastender als auch begünstigender Natur sein. Als dritte Gruppe fungieren sog. Vereinfachungszwecknormen, die aber auch den anderen beiden Gruppen zugeordnet werden können. Die Zuordnung hat Auswirkungen auf die Rechtfertigungsanforderungen. Fiskalzwecknormen müssen primär am Leistungsfähigkeitsprinzip orientiert werden, Lenkungsnormen als oftmals bewusste Durchbrechung des Leistungsfähigkeitsprinzips müssen hingegen am Gemeinwohlprinzip ausgerichtet werden. An begünstigende Normen sind zunächst dieselben

Maßstäbe anzulegen, wie an belastende Normen, bei begünstigenden Lenkungsnormen bestehen allerdings noch zusätzliche Anforderungen an ihre Rechtfertigung. Hier hat der Gesetzgeber sicherzustellen, dass der Begünstigtenkreis sachgerecht abgegrenzt wird und das Lenkungsziel sowie der Vergünstigungstatbestand hinreichend zielgenau ausgestaltet werden, sodass die Förderwirkung nicht willkürlich eintritt.

§ 3a EStG dient teilweise auch der staatlichen Einnahmenerzielung und enthält damit auch Fiskalzweckelemente. Allerdings durchbricht der Gesetzgeber mit der Steuerbefreiung das Prinzip der Besteuerung nach der wirtschaftlichen Leistungsfähigkeit und verfolgt mit ihr vordergründig wirtschafts- und arbeitsmarktpolitische Ziele. Daher ist § 3a EStG in erster Linie als steuerliche Lenkungsnorm einzuordnen.

Die Verschonungsregelung des § 3a Abs. 1 S. 1 EStG hält sogar einer strengen Verhältnismäßigkeitsprüfung stand. Indem gefährdeten, aber bestandsfähigen Unternehmen die Fortführung der Geschäftstätigkeit ermöglicht wird, Arbeitsplätze erhalten, sowie Rechts- und Planungssicherheit für Sanierungsprozesse geschaffen wird, verfolgt § 3a Abs. 1 S. 1 EStG legitime Ziele, zu deren Erreichung sie auch geeignet ist. Zudem ist sie auch ohne eine individuelle Bedürfnisprüfung erforderlich, da der Gesetzgeber eine Gefährdung des Unternehmensfortbestands infolge der Sanierungsgewinnbesteuerung plausibel prognostiziert hat. Die Verschonung ist zudem angemessen, da die verfolgten Ziele von erheblicher Gemeinwohlbedeutung sind und die mit den Benachteiligungen verbundenen Nachteile überwiegen. Durch die Voraussetzungen des § 3a Abs. 1 S. 1 und Abs. 2 EStG, sowie dem Verlustverrechnungssystem des Absatz 3 wird der Begünstigtenkreis sachgerecht abgegrenzt und ein zielgenauer Eintritt der Förderwirkung sichergestellt.

Die nähere Ausgestaltung der Steuerfreiheit verstößt in Teilen gegen Art. 3 Abs. 1 GG. Verfassungsrechtlich gerechtfertigt durch den Sachgrund der Missbrauchsabwehr ist zunächst die Verlustverrechnung bei den Steuerpflichtigen nahestehenden Personen durch § 3a Abs. 3 S. 3 EStG. Mit den Merkmalen der Nähebeziehung und des Fünfjahreszeitraums hat der Gesetzgeber sich bei der typisierenden Erfassung der als missbräuchlich einzustufenden Sachverhalte am realitätsgerechten Fall orientiert. Ein angemessenes Verhältnis zwischen den Vorteilen der Typisierung und den damit einhergehenden Ungleichbehandlungen wird durch die begrenzenden Voraussetzungen von § 3a Abs. 3 S. 3 EStG sichergestellt.

Jedoch verstößt die Gleichbehandlung von Zins- und EBITDA-Vorträgen mit anderen Steuerminderungspositionen durch § 3a Abs. 3 S. 2 Nr. 13 EStG gegen den allgemeinen Gleichheitssatz. Indem der Gesetzgeber diese Positionen mit Verlustvorträgen gleichbehandelt, unterstellt er typisierend, dass durch ihre spätere Nutzung bei gleichzeitiger Steuerfreiheit des Sanierungsgewinns ein Doppelvorteil entsteht, den das Verlustverrechnungssystem des § 3a Abs. 3 EStG verhindern soll. Ihre Entstehung beruht aber im Vergleich zu Verlustvorträgen auf dem Betriebsausgabenabzugsverbot des § 4h Abs. 1 EStG und damit einer staatlichen Belastung. Die spätere Nutzung ist deshalb kein Vorteil, sondern nur die Kompensation der vorangegangenen Belastung. Daher hat der Gesetzgeber bei seiner Betrachtung nicht den realitätsgerechten Fall zugrunde gelegt und insofern seine Typisierungsbefugnis überschritten.

Verfassungsrechtlich zulässig ist aber die Begrenzung der unternehmerbezogenen Sanierung durch § 3a Abs. 5 EStG auf die dort genannten Fälle. Der Grund liegt in den Besonderheiten der begünstigten insolvenzrechtlichen Verfahrensarten.

Kapitel 4: Gesamtfazit und Nachbesserungsanregungen

Forderungsverzichte sind regelmäßig ein essenzieller Teil von Sanierungskonzepten und indem die dabei anfallenden Gewinne nun wieder formell-gesetzlich von der Steuer befreit werden, hat der Gesetzgeber mit § 3a EStG als zentraler Vorschrift für die Beurteilung der steuerlichen Folgen einer Sanierung[2338] einen großen Beitrag für deren nachhaltigen Erfolg geleistet. Die Besteuerung von Sanierungsgewinnen würde regelmäßig einer erfolgreichen Sanierung im Weg stehen, sei es, weil das Unternehmen durch die entstehende Steuerbelastung erneut in unumkehrbare Zahlungsschwierigkeiten gebracht wird oder weil die Gläubiger schon von einem Sanierungsbeitrag abgehalten werden. Mit der Steuerbefreiung wird einerseits der wirtschaftlichen Situation der Unternehmen Rechnung getragen und gleichzeitig ein guter Anreiz für Gläubiger und Investoren gesetzt, sich an der Sanierung zu beteiligen. Dem gesetzgeberischen Ziel entsprechend besteht nun erheblich mehr Rechts- und Planungssicherheit für sanierungsbedürftige Unternehmen, allem voran, weil die Begünstigung von Sanierungsgewinnen nun nicht mehr durch Billigkeitserlass erfolgt, sondern wieder eine gesetzliche Grundlage mit verlässlichen Tatbestandsmerkmalen besteht und den Finanzbehörden somit kein Ermessen mehr zusteht. Außerdem wurden durch die Verankerung in den Gewinnermittlungsvorschriften des EStG die zentralen Schwachstellen des Sanierungserlasses beseitigt. Die Steuerbefreiung gilt nun zwingend auch für die Gewerbesteuer und mit § 3a Abs. 3 EStG besteht Klarheit darüber, welche Steuerminderungspositionen in welcher Reihenfolge zur Verrechnung gebracht werden. Hinsichtlich der konkreten Umsetzung der Steuerbefreiung muss positiv hervorgehoben werden, dass der Gesetzgeber den unkomplizierten Weg gewählt hat, die Merkmale des Sanierungserlasses weitegehend zu übernehmen und außerdem in der Begründung klargestellt hat, dass die bisherige Verwaltungsauffassung in weiten Teilen fortgeschrieben werden sollte. Da deswegen ein Rückgriff auf die bereits bestehende Rechtsprechung des BFH zu § 3 Nr. 66 EStG a.F. und zum Sanierungserlass möglich ist, bestand bereits vom ersten Geltungstag an zumindest über Teile des § 3a EStG ein weitgehend

2338 Vgl. Eilers/Walter-Yadegardjam, FR 2020, 481.

gesichertes Verständnis. Mit der Steuerbefreiung kommt der Gesetzgeber aber nicht nur den sanierungsbedürftigen Unternehmen selbst entgegen, sondern garantiert auch im Allgemeininteresse den Erhalt von zahlreichen Arbeitsplätzen. Zudem ist es dem Gesetzgeber mit § 3a EStG gut gelungen, das neue Instrument des präventiven Restrukturierungsrahmens zu ergänzen. Damit erweisen sich § 3a EStG und die mit der Vorschrift zusammenhängenden Regelungen auch als entscheidender steuerrechtlicher Beitrag zu einem modernen Insolvenz- und Restrukturierungsverfahren.[2339]

Auch wenn § 3a EStG insgesamt als gelungen anzusehen ist, wären an einigen Stellen noch Anpassungen wünschenswert.

Vor der Umsetzung der Restrukturierungsrichtlinie durch das SanInsFoG und das StaRUG wurde im Schrifttum zeitweise vorgebracht, dass § 3a EStG in der aktuellen Fassung nicht ausreichend sei, um den Richtlinienanforderungen zu genügen und insofern Nachbesserungsbedarf bestehe.[2340] Nach Art. 20 Abs. 1 der Restrukturierungsrichtlinie haben die Mitgliedsstaaten sicherzustellen, dass insolvente Unternehmer Zugang zu einem Verfahren haben, welches zu einer vollständigen Entschuldung gemäß der Richtlinie führt. Die Frist für die Entschuldung darf nach Art. 21 Abs. 1 der Richtlinie höchstens 3 Jahre betragen. Unternehmer im Sinne der Richtlinie ist aber auch, wer ein Unternehmen betrieben, dieses aber zwischenzeitlich eingestellt hat.[2341] Das Problem bestehe nun darin, dass die Steuerfreiheit des § 3a Abs. 1 S. 1 EStG ein sanierungsfähiges und noch operativ tätiges Unternehmen voraussetzt und die Steuerfreiheit nach § 3a Abs. 5 EStG sich nur auf die Restschuldbefreiung bezieht, die der Schuldner aber erst nach 6 Jahren erlange, sodass der Schuldner auch erst nach dieser Frist eine volle Entschuldung erwarten könne.[2342] Eine frühere Entschuldung sei nur durch einen Liquidationsinsolvenzplan möglich, durch den die Gläubiger auf ihre im Insolvenzverfahren nicht befriedigten Forderungen verzichten, allerdings seien die dadurch entstehenden Verzichtsgewinne nicht nach § 3a Abs. 1 S. 1 EStG begünstigungsfähig, wenn die Geschäftstätigkeit bereits eingestellt ist.[2343] Vor diesem Hintergrund wurde eine gesetzliche Regelung angeregt, die auch bei einer unternehmerbezogenen

---

2339 Vgl. Kanzler, NWB 2021, 1235.
2340 Vgl. Roth, NZI-Beilage 2019, 51, 52.
2341 Vgl. Roth, NZI-Beilage 2019, 51, 52.
2342 Vgl. Roth, NZI-Beilage 2019, 51, 52.
2343 Vgl. Roth, NZI-Beilage 2019, 51, 52 (die Möglichkeit einer Steuerbefreiung analog § 3a Abs. 5 EStG aber in Betracht ziehend).

Entschuldung die Beseitigung sowohl von zivilrechtlichen Verbindlichkeiten als auch der dadurch entstehenden steuerlichen Folgen ermöglicht.[2344] Vor Inkrafttreten des SanInsFoG war diese Warnung berechtigt. Da die Restschuldbefreiung gemäß §§ 286 ff. InsO erst nach 6 Jahren erteilt wurde, war eine vollständige Entschuldung innerhalb der durch Art. 21 Abs. 1 der Richtlinie vorgegebenen Frist von 3 Jahren bei unternehmerbezogenen Sanierungen nicht möglich. Im Zuge des Gesetzes zur weiteren Verkürzung des Restschuldbefreiungsverfahrens[2345] wurde § 287 Abs. 2 InsO jedoch dahingehend angepasst, dass die Frist für die Restschuldbefreiung auf 3 Jahre verkürzt wurde.[2346] Ausweislich der Gesetzesbegründung sollte damit explizit den Vorgaben der Restrukturierungsrichtlinie entsprochen werden.[2347] In dieser Hinsicht besteht also kein Nachbesserungsbedarf mehr. Es bleibt aber die Problematik, dass § 3a Abs. 1 S. 1 EStG auf Verzichtsgewinne die bei bereits erfolgter Einstellung der Geschäftstätigkeit aufgrund eines Liquidationsinsolvenzplans entstehen, nicht direkt anwendbar ist, sodass die Kritik in dieser Hinsicht berechtigt bleibt. Die Untersuchung hat zwar gezeigt, dass in diesem Fall eine analoge Anwendung des § 3a Abs. 5 EStG möglich ist.[2348] Um ein größeres Maß an Rechtsicherheit zu erreichen, wäre eine gesetzliche Klarstellung allerdings wünschenswert.

Zu empfehlen ist zudem eine Anpassung im Bereich des Betriebsausgabenabzugsverbots des § 3c Abs. 4 EStG. Aus der Begrenzung des Abzugsverbots für Aufwendungen, die nach dem Sanierungsjahr entstehen, auf die Höhe des nach einer Verlustverrechnung nach § 3a Abs. 3 EStG noch verbleibenden Sanierungsertrags gemäß § 3c Abs. 4 S. 4 EStG folgt nämlich, dass im Sanierungsjahr ein Verlust entstehen kann, wenn dort die Aufwendungen höher sind als der durch den Verzichtsgewinn entstehende

2344 Vgl. Roth, NZI-Beilage 2019, 51, 52.

2345 BT-Drs. 19/21981; vollständige Bezeichnung: Gesetz zur weiteren Verkürzung des Restschuldbefreiungsverfahrens und zur Anpassung pandemiebedingter Vorschriften im Gesellschafts-, Genossenschafts-, Vereins- und Stiftungsrecht sowie im Miet- und Pachtrecht v. 22.12.2020, BGBl. I 2020, S. 3328.

2346 Art. 2 des Gesetzes zur weiteren Verkürzung des Restschuldbefreiungsverfahrens, BGBl. I 2020, S. 3328; BT-Dr.. 19/21981, S. 7 (hier noch Art. 1).

2347 BT-Drs. 19/21981, S. 19.

2348 Siehe dazu § 8, IV.

Sanierungsertrag.[2349] Zurecht weisen Skauradszun und Kwauka[2350] darauf hin, dass das Ziel der Restrukturierungsrichtlinie, die Insolvenz abzuwenden und die Bestandsfähigkeit des Schuldners sicherzustellen (Art. 1 Abs. 1 Buchstabe a der Restrukturierungsrichtlinie) nach Art. 288 Abs. 3 AEUV für alle Mitgliedsstaaten verbindlich ist und daher weder durch das Umsetzungsgesetz noch ein bestehendes Gesetz verhindert werden darf. Nach dem als vollwertigen Bestandteil der Richtlinie anzusehenden Erwägungsgrund 70 S. 2 der Richtlinie soll die Unternehmensleitung bei Erkennen von wirtschaftlichen Schwierigkeiten geeignete Schritte zur Abwendung der Insolvenz einleiten, wobei die Inanspruchnahme professioneller Beratung zur Restrukturierung ausdrücklich genannt wird, sodass den entsprechenden Aufwendungen eine besondere Stellung zukommt.[2351] Führt das Betriebsausgabenabzugsverbot des § 3c Abs. 4 EStG allerdings dazu, dass die Beratungskosten insgesamt zu einem Verlust führen, besteht die Gefahr, dass Steuerpflichtige von der an sich erforderlichen Beratung Abstand nehmen.[2352] Da in diesem Fall sehr wahrscheinlich weder die Insolvenz verhindert noch die Ertragsfähigkeit des Unternehmens wiederhergestellt werden, entsteht ein Konflikt mit den Zielen der Restrukturierungsrichtlinie.[2353] Um diesen Konflikt auszuräumen sollte § 3c Abs. 4 dringend dahingehend angepasst werden, dass Sanierungsaufwand auch dann abziehbar ist, wenn er den Sanierungsertrag übersteigt.[2354]

Anzuregen sind außerdem Anpassungen und Ergänzungen, die bestehende Auslegungsprobleme beseitigen.

Zum einen sollte hier der sachliche Anwendungsbereich hinsichtlich der erfassten Sanierungsmaßnahmen dahingehend ausgeweitet werden, dass auch Erträge aus befreienden Schuldübernahmen durch § 3a Abs. 1 S. 1 EStG begünstigungsfähig sind, da sie für das sanierungsbedürftige Unternehmen dieselbe Wirkung entfalten, wie Forderungsverzichte.

2349 Siehe bereits § 4, II.; vgl. außerdem Skauradszun/Kwauka, DStR 2020, 953, mit einem Rechenbeispiel auf S. 955 (in dem Beispiel übersteigen die Sanierungskosten den entstehenden Ertrag bereits unabhängig von einer Verlustverrechnung, die Problematik ist aber identisch).

2350 Vgl. Skauradszun/Kwauka, DStR 2020, 953, 957.

2351 Vgl. Skauradszun/Kwauka, DStR 2020, 953, 957 m.w.N. zur Verbindlichkeit der Erwägungsgründe einer Richtlinie.

2352 Vgl. Skauradszun/Kwauka, DStR 2020, 953, 957.

2353 Vgl. Skauradszun/Kwauka, DStR 2020, 953, 957.

2354 Vgl. auch Skauradszun/Kwauka, DStR 2020, 953, 958.

Um eine umfassende Geltung von § 3a EStG in zeitlicher Hinsicht zu gewährleisten, muss die Norm auch für bereits bestandskräftige Sanierungsfälle anwendbar sein. Um an dieser Stelle die Rechtsunsicherheit über die Anwendung von § 175 Abs. 1 Satz 1 Nr. 2 AO auszuräumen, wäre für diese Fälle die Einführung einer speziellen Korrekturvorschrift in der AO, etwa eines § 172 Abs. 1 S. 1 Nr. 2 Buchstabe d) AO wünschenswert.[2355]

Zudem besteht gegenwärtig noch Unsicherheit darüber, welche Wahlrechte von § 3a Abs. 1 S. 2 EStG erfasst sind. Hier sollte die Verwaltung im Zuge eines BMF-Schreibens für Klarheit sorgen.[2356]

Im Bereich des interpersonellen Verlustuntergangs sollte sich der Gesetzgeber außerdem der Problematik annehmen, welche Rechtsfolgen § 3a Abs. 3 S. 3 EStG entfalten soll, wenn mehrere nahestehende Personen vorhanden sind und der verbleibende Sanierungsertrag nicht für eine vollständige Verrechnung bei allen in Betracht kommenden Personen ausreicht.

Zuletzt ist zu empfehlen, den Verlustuntergangstatbestand des § 3a Abs. 3 S. 2 Nr. 13 EStG zu streichen, da die Verrechnung von Zins- und EBITDA-Vortrag gegen den allgemeinen Gleichheitssatz aus Art. 3 Abs. 1 GG verstößt.

Trotzdem bleibt insgesamt zu betonen, dass sich die steuerlichen Rahmenbedingungen für Unternehmen in der Krise durch die Norm erheblich verbessert haben.[2357] Gerade im Rahmen von Sanierungen infolge der Corona-Krise wird § 3a in Zukunft maßgebliche Bedeutung zukommen[2358], sodass die Vorschrift zukünftig vor weiteren Bewährungsproben[2359] steht. Insgesamt sind Unternehmen in der Krise mit § 3a EStG aber gut gerüstet, um bei geplanten Sanierungsmaßnahmen deren steuerliche Folgen zu bewältigen.[2360]

2355 Vgl. zu dem Vorschlag Eilers/Thiemann, Ubg 2020, 190, 195.

2356 Vgl. auch Eilers/Thiemann, Ubg 2020, 190, 193.

2357 Vgl. Eilers/Thiemann, Ubg 2020, 190, 195; ebenso Eilers/Walter-Yadegardjam, FR 2020, 481, 484.

2358 Vgl. Eilers/Walter-Yadegardjam, FR 2020, 481.

2359 Vgl. Kanzler, NWB 2021, 1235.

2360 Vgl. ebenso Eilers/Walter-Yadegardjam, FR 2020, 481, 485.

Literaturverzeichnis

Albrecht, Achim (2019): Die EU-Restrukturierungsrichtlinie schafft den Rahmen für frühzeitige Unternehmenssanierungen – ein Überblick. In: *Zeitschrift für das gesamte Insolvenz- und Sanierungsrecht*, S. 1813–1826.

Badura, Peter; Di Fabio, Udo; Robbers, Gerhard (Hrsg.) (2003): Archiv des öffentlichen Rechts, Band 128, Tübingen, Mohr Siebeck. (zitiert: *Bearbeiter*, in: AöR 128 (2003), *S.*)

Badura, Peter; Lerche, Peter; Robbers, Gerhard (Hrsg.) (1999): Archiv des öffentlichen Rechts, Band 124, Tübingen, Mohr Siebeck. (zitiert: *Bearbeiter*, in: AöR 124 (1999), *S.*)

Baer, Susanne; Lepsius, Oliver; Schönberger, Christoph; Waldhoff, Christian; Walter, Christian (Hrsg.) (2016): Jahrbuch des öffentlichen Rechts der Gegenwart, Band 64, Tübingen, Mohr Siebeck. (zitiert: *Bearbeiter*, in: JöR 64 (2016), *S.*)

Bamberger, Heinz Georg; Roth, Herbert; Hau, Wolfgang; Poseck, Roman (Hrsg.) (2019): Bürgerliches Gesetzbuch. Kommentar, Band 1: §§ 1–480, 4. Auflage, München, Verlag C.H. Beck oHG. (zitiert: *Bearbeiter*, in: Bamberger/Roth/Hau/Poseck, BGB, *§*, *Rn.*)

Bareis, Peter (1995): Die notwendige Reform der Einkommensteuer 1996 – Thesen der Einkommensteuer-Kommission im Vergleich mit den Tarifvorschlägen des BMF und des Finanzministeriums NRW. In: *Deutsches Steuerrecht*, S. 157–164.

Bareis, Peter; Kaiser, Andreas (2004): Sanierung als Steuersparmodell? In: *Der Betrieb*, S. 1841–1847.

Baschnagel, Matthias (2014): Der Rangrücktritt von Forderungen und der Forderungsverzicht in der Handelsbilanz, im Überschuldungsstatus und in der Steuerbilanz. In: *Die Unternehmensbesteuerung*, S. 769–775.

Baum, Michael; Buse, Johannes W.; Brandl, Harald; Szymczak, Manfred (Hrsg.): AO – eKommentar, Onlinekommentar, Bonn, Stollfuß Medien GmbH & Co KG. (zitiert: *Bearbeiter*, in: AO eKommentar, *§*, *Rn.* (*Stand*))

Bauschatz, Peter (2008): Steuerpflicht des Sanierungsgewinns im Spannungsfeld zwischen Mindestbesteuerung und Billigkeitsmaßnahmen. In: *Die GmbH-Rundschau*, S. 1204–1209.

Becker, Bernhard; Pape, Markus; Wobbe, Christian (2010): Forderungsverzicht mit Besserungsschein – ein vermehrt genutztes Instrument zur Überwindung der Krise. In: *Deutsches Steuerrecht*, S. 506–510.

Beisel, Wilhelm; Beisel, Daniel; Klumpp, Hans-Hermann; Schindler, Darius Oliver (2016): Der Unternehmenskauf. Gesamtdarstellung der zivil- und steuerrechtlichen Vorgänge einschließlich gesellschafts-, arbeits- und kartellrechtlicher Fragen bei der Übertragung eines Unternehmens, 7. Auflage, München, Verlag C.H. Beck oHG. (zitiert: *Bearbeiter*, in: Beisel/Klumpp, Der Unternehmenskauf, *§*, *Rn.*)

Benzel, Ute; Linzbach, Meike (2009): Auswirkungen des Forderungsverzichtes – Steuerliche Belastung und Beeinflussung der Steuerquote. In: *Deutsches Steuerrecht*, S. 1599–1602.

Beutel, David; Eilers, Stephan (2017): Das Ende des Sanierungserlasses – Zeitwende für die deutsche Sanierungspraxis. In: *Finanz-Rundschau*, S. 266–270.

Binnewies, Burkhard (Hrsg.) (2018): Körperschaftsteuergesetz. Kommentar mit Nebengesetzen, 9. Auflage, München, Verlag C.H. Beck oHG. (zitiert: *Bearbeiter*, in: Streck, KStG, 9. Aufl. 2018, *§*, *Rn.*)

Birk, Dieter (1983): Das Leistungsfähigkeitsprinzip als Maßstab der Steuernormen. Ein Beitrag zu den Grundfragen des Verhältnisses Steuerrecht und Verfassungsrecht (Habil.), Köln, Deubner Verlag.

Birk, Dieter (2009): Verfassungsfragen im Steuerrecht – Eine Zwischenbilanz nach den jüngsten Entscheidungen des BFH und des BVerfG. In: *Deutsches Steuerrecht*, S. 877–882.

Blaas, Ulrich; Schwahn, Alexander (2013): Steueroptimierte Restrukturierung. Teil 1: Stundung und Kapitalisierung von Kreditforderungen, Rangrücktritt und Forderungsverzicht. In: *Der Betrieb*, S. 2350–2357.

Bode, Walter; Brandt, Jürgen (Hrsg.): Einkommensteuergesetz. Kommentar, Loseblattsammlung, Heidelberg, Verlag C.F. Müller. (zitiert: *Bearbeiter*, in: Bordewin/Brandt, EStG, *§*, *Rn.* (*Stand*))

Bogenschütz, Eugen (2010): Regresslose Schuldübernahme als Sanierungsinstrument. In: *Die Unternehmensbesteuerung*, S. 407–413.

Bolik, Andreas (2017): Großer Senat des BFH erklärt Sanierungserlass für rechtswidrig. In: *Steuer- und Wirtschaftsrecht*, S. 552–553.

Boochs, Wolfgang; Dauernheim, Jörg (2007): Steuerrecht in der Insolvenz, 3. Auflage, Neuwied, Luchterhand Verlag.

Brandau, Janina; Neckenich, Lennart; Reich, Daniel; Reimer, Ekkehart (2017): Brennpunkt Beihilfenrecht: Das deutsche Steuerrecht auf dem Prüfstand. In: *Betriebs-Berater*, S. 1175–1188.

Bratschitsch, Rudolf; Schnellinger, Wolfgang (Hrsg.) (1981): Unternehmenskrisen – Ursachen, Frühwarnung, Bewältigung. Verband der Hochschullehrer für Betriebswirtschaft e.V., Bericht über die Pfingsttagung in Innsbruck, Juni 1979, Stuttgart, Schäffer-Poeschel Verlag. (zitiert: *Bearbeiter*, in: Bratschitsch/Schnellinger, Unternehmenskrisen, *S.*)

Braun, Eckhart; Geist, Andreas (2009): Zur Steuerfreiheit von Sanierungsgewinnen – Bestandsaufnahme und Empfehlungen. In: *Betriebs-Berater*, S. 2508–2514.

Braun, Eckhart; Geist, Andreas (2013): Forderungsverzichte im „Bermudadreieck" von Sanierungsgewinn, Verlustverrechnung und Mindestbesteuerung. In: *Betriebs-Berater*, S. 351–355.

Breinersdorfer, Stefan (2009): Der Gestaltungsspielraum des Steuergesetzgebers – Einige Überlegungen anhand der Rechtsprechung des BVerfG und des EuGH. In: *Steuer und Wirtschaft*, S. 211–220.

Briese, Andre (2017): Forderungsverzicht gegen Besserungsschein sowie qualifizierter Rangrücktritt in Handels- und Steuerbilanz. In: *Deutsches Steuerrecht*, S. 799–804.

Brömmekamp, Utz (2019): Der „Präventive Restrukturierungsrahmen" im Überblick. Sanierung außerhalb der Insolvenz (Teil A). In: *Krisen- Sanierungs- und Insolvenzberatung*, S. 149–155.

Brömmekamp, Utz (2019): Der „präventive Restrukturierungsrahmen" im Überblick. Sanierung außerhalb der Insolvenz (Teil B: Vom Moratorium bis zur Planfinanzierung). In: *Krisen- Sanierungs- und Insolvenzberatung*, S. 197–205.

Brönner, Herbert; Bareis, Peter; Hahn, Klaus; Maurer, Torsten; Schramm, Uwe (Hrsg.) (2011): Die Bilanz nach Handels- und Steuerrecht. Kommentar zu Einzel- und Konzernabschluss nach HGB und IFRS, 10. Auflage, Stuttgart, Schäffer-Poeschel Verlag. (zitiert: *Bearbeiter*, in: Die Bilanz nach Handels- und Steuerrecht, *Kapitel*)

Brudermüller, Gerd; Ellenberger, Jürgen; Götz, Isabell; Grüneberg, Christian (Hrsg.) (2020): Bürgerliches Gesetzbuch. Mit Nebengesetzen: Insbesondere mit Einführungsgesetz (Auszug) einschließlich Rom I-, Rom II und Rom III-Verordnungen sowie EU-Güterrechtsverordnungen, Haager Unterhaltsprotokoll und EU-Erbrechtsverordnung, Allgemeines Gleichbehandlungsgesetz (Auszug), Wohn- und Betreuungsvertragsgesetz, Unterlassungsklagengesetz, Produkthaftungsgesetz, Erbbaurechtsgesetz, Wohnungseigentumsgesetz, Versorgungsausgleichsgesetz, Lebenspartnerschaftsgesetz, Gewaltschutzgesetz, 79. Auflage, München, Verlag C.H. Beck oHG. (zitiert: *Bearbeiter*, in: Palandt, *§, Rn.*)

Bruschke, Gerhard (2011): Die Anwendung des § 175 Abs. 1 Satz 1 Nr. 2 AO – Wann ist ein Ereignis mit steuerlicher Rückwirkung anzunehmen? In: *Steuerrecht kurzgefasst*, S. 209–212.

Burghart, Axel (Hrsg.): Grundgesetz für die Bundesrepublik Deutschland. Kommentar an Hand der Rechtsprechung des Bundesverfassungsgerichts, Loseblattsammlung, Köln, Verlag Dr. Otto Schmidt KG. (zitiert: *Bearbeiter*, in: Leibholz/Rinck, GG, *Art., Rn.* (*Stand*))

Buschendorf, Johannes; Vogel, Max (2016): Der Anspruch auf Billigkeitserlass bei Sanierungsgewinnen. In: *Der Betrieb*, S. 676–681.

Buth, Andrea; Hermanns, Michael (Hrsg.) (2014): Restrukturierung, Sanierung, Insolvenz, 4. Auflage, München, Verlag C.H. Beck oHG.

Claußen, Lisa (2015): Die Ertragsbesteuerung von Unternehmen in der Krise (Diss.), Hamburg, Verlag Dr. Kovac.

Commandeur, Anja; Brocker, Kristin (2017): Aktuelle Entwicklungen im Insolvenzrecht. BFH verwirft Sanierungserlass – Konsequenzen für aktuelle und künftige Insolvenz- und Sanierungsverfahren. In: *Neue Zeitschrift für Gesellschaftsrecht*, S. 333–335.

Crezelius, Georg (2017): Aktuelle Steuerrechtsfragen in Krise und Insolvenz. September/Oktober 2017. In: *Neue Zeitschrift für Insolvenz- und Sanierungsrecht*, S. 923–925.

Crezelius, Georg (2019): Aktuelle Steuerrechtsfragen in Krise und Insolvenz. Januar/Februar 2019, In: *Neue Zeitschrift für Insolvenz- und Sanierungsrecht*, S. 270–272.

Dahl, Michael; Linnenbrink, Frank (2019): Die Umsetzung der EU-Richtlinie durch den deutschen Gesetzgeber. Zur Richtlinie (EU) 2019/1023 des Europäischen Parlaments und des Rates v. 20.6.2019. In: *Neue Zeitschrift für Insolvenz- und Sanierungsrecht (Beilage)*, S. 45–47.

Daowd, Fatamh; Liedtke, Stefan (2017): Das Ende des Sanierungserlasses – eine Chance für das allgemeine Billigkeitsrecht. In: *Der Betrieb*, S. 3013–3019.

Depenhauer, Otto; Heintzen, Markus; Jestaedt, Matthias; Axer, Peter (Hrsg.) (2007): Staat im Wort. Festschrift für Josef Isensee, Heidelberg, Verlag C.F. Müller. (zitiert: *Bearbeiter*, in: FS Isensee, *S.*)

Desens, Marc (2016): Die Verwirklichung des Leistungsfähigkeitsprinzips als Maßstab der Steuernormen in der Rechtsprechung des BVerfG. In: *Steuer und Wirtschaft*, S. 240–255.

Desens, Marc (2017): Anspruch auf Steuerfreiheit eines Sanierungsgewinns im Einzelfall. In: *Zeitschrift für Wirtschaftsrecht*, S. 645–652.

Desens, Marc (2017): Die neue Besteuerung von Sanierungserträgen. In: *Finanz-Rundschau*, S. 981–993.

Desens, Marc (2017): Steuererlass aus Billigkeitsgründen nach dem so genannten Sanierungserlass des BMF – Anmerkung. In: *Neue Zeitschrift für Gesellschaftsrecht*, S. 360.

Deubert, Michael; Förschle, Gerhart; Störk, Ulrich (Hrsg.) (2021): Sonderbilanzen. Von der Gründungsbilanz bis zur Liquidationsbilanz, 6. Auflage, München, Verlag C.H. Beck oHG. (zitiert: *Bearbeiter*, in: Deubert/Förschle/Störk, Sonderbilanzen, *Kap., Rn.*)

Deutscher Anwaltverein durch die Ausschüsse Insolvenzrecht und Steuerrecht (2017): Stellungnahme zur Entscheidung des Großen Senats des BFH vom 28.11.2016 – BFH Aktenzeichen GrS 1/15 – Steuererlass aus Billigkeitsgründen nach dem so genannten Sanierungserlass des BMF. In: *Neue Zeitschrift für Gesellschaftsrecht*, S. 336.

Di Fabio, Udo (2007): Steuern und Gerechtigkeit. Das Freiheits- und Gleichheitsgebot im Steuerrecht. In: *JuristenZeitung*, S. 749–755.

Di Fabio, Udo; Huber, M. Peter; Robbers, Gerhard (Hrsg.) (2011): Archiv des öffentlichen Rechts, Band 136, Tübingen, Mohr Siebeck. (zitiert: *Bearbeiter*, in: AöR 136 (2011), *S.*)

Diffring, Philip (2012): Umwandlung von Forderungen zur Sanierung von Kapitalgesellschaften (Diss.), Münster, Verlag Dr. W. Hopf.

Dreier, Horst (Hrsg.) (2013): Grundgesetz. Kommentar, Band 1: Präambel, Artikel 1–19, 3. Auflage, Tübingen, Mohr Siebeck. (zitiert: *Bearbeiter*, in: Dreier, GG, *Art., Rn.*)

Drenseck, Walter; Seer, Roman (Hrsg.) (2001): Festschrift für Heinrich Wilhelm Kruse zum 70. Geburtstag, Köln, Verlag Dr. Otto Schmidt KG. (zitiert: *Bearbeiter*, in: FS Kruse, *S.*)

Drews, Ernesto; Götze, Andreas (2009): Der Gesellschafterverzicht in der Sanierung als Steuerfalle für Private Equity Investoren? In: *Deutsches Steuerrecht*, S. 945–948.

Droege, Michael (2011): Wie viel Verfassung braucht der Steuerstaat? In: *Steuer und Wirtschaft*, S. 105–112.

Droege, Michael (2016): Der Beitrag des Steuerrechts und der Fortschritt der Verfassung. In: Susanne Baer, Oliver Lepsius, Christoph Schönberger, Christian Waldhoff; Christian Walter (Hrsg.): Jahrbuch des öffentlichen Rechts der Gegenwart, Band 64, Tübingen, Mohr Siebeck, S. 539–551.

Drouven, Ralph (2009): Neue Wege: „Reverse Debt-to Equity-Swap". In: *Zeitschrift für Wirtschaftsrecht*, S. 1052–1053.

Drüen, Klaus-Dieter (2008): Die Bruttobesteuerung von Einkommen als verfassungsrechtliches Vabanquespiel. In: *Steuer und Wirtschaft*, S. 3–14.

Drüen, Klaus-Dieter (2009): Das Unternehmenssteuerrecht unter verfassungsgerichtlicher Kontrolle – Zur Gestaltungsfreiheit des Steuergesetzgebers zwischen Folgerichtigkeit und Systemwechsel. In: *Die Unternehmensbesteuerung*, S. 23–29.

Drüen, Klaus-Dieter (2010): Anmerkung zum Gebot der steuerrechtlichen Folgerichtigkeit. In: *JuristenZeitung*, S. 91–94.

Drüen, Klaus-Dieter (Hrsg.) (2018): Jahrbuch der Fachanwälte für Steuerrecht 2018/19 – Aktuelle steuerrechtliche Beiträge, Referate und Diskussionen der 69. Steuerrechtlichen Jahresarbeitstagung, Wiesbaden, vom 7. bis 9. Mai 2018, 1. Auflage, Herne, NWB Verlag. (zitiert: *Bearbeiter*, JbFStR 2018/19, *S.*)

Drüen, Klaus-Dieter (2019): Heinrich Wilhelm Kruse zum Gedenken: Über Folgerichtigkeit im Steuerrecht. In: *Steuer und Wirtschaft*, S. 205–211.

Drüen, Klaus-Dieter; Hey, Johanna; Mellinghoff, Rudolf (Hrsg.) (2018): 100 Jahre Steuerrechtsprechung in Deutschland 1918–2018. Festschrift für den Bundesfinanzhof, Band 1, Köln, Verlag Dr. Otto Schmidt KG. (zitiert: *Bearbeiter*, in: FS BFH, *S.*)

Düll, Alexander; Fuhrmann, Gerd; Eberhard, Martin (2003): Aktuelles Beratungs-Know-How mittelständische Kapitalgesellschaften. In: *Deutsches Steuerrecht*, S. 862–869.

Dziadkowski, Dieter (1997): Wider die voreilige Aufhebung der Steuerbefreiung für Sanierungsgewinne nach § 3 Nr. 66 EStG. In: *Der Betrieb*, S. 447–450.

Dziadkowski, Dieter; Treisch, Corinna (1995): Zur Steuerfreiheit des Sanierungsgewinns nach § 3 Nr. 66 EStG. In: *Finanz-Rundschau*, S. 330–334.

Eichberger, Michael (2016): Verfassungsrechtliche Rahmenbedingungen. In: Sieker, Susanne (Hrsg.): Im Auftrag der Deutschen Steuerjuristischen Gesellschaft e.V., Band 39: Steuerrecht und Wirtschaftspolitik. 40. Jahrestagung der Deutschen Steuerjuristischen Gesellschaft e.V. Halle, 14. und 15. September 2015, Köln, Verlag Dr. Otto Schmidt KG, S. 97–117.

Eichberger, Michael (2018): Der Gleichheitssatz im Steuerrecht. In: Klaus-Dieter Drüen; Johanna Hey; Rudolf Mellinghoff (Hrsg.): 100 Jahre Steuerrechtsprechung in Deutschland 1918–2018. Festschrift für den Bundesfinanzhof, Band 1, Köln, Verlag Dr. Otto Schmidt KG, S. 501–518.

Eidenmüller, Horst; Engert, Andreas (2009): Reformperspektiven einer Umwandlung von Fremd- in Eigenkapital (Debt Equity Swap) im Insolvenzplanverfahren. In: *Zeitschrift für Wirtschaftsrecht*, S. 541–554.

Eilers, Stephan; Bühring, Franziska (2009): Das Ende des Schönwetter-Steuerrechts. Die Finanzmarktkrise gebietet Änderungen im deutschen Sanierungssteuerrecht. In: *Deutsches Steuerrecht*, S. 137–141.

Eilers, Stephan; Bühring, Franziska (2011): Sanierungssteuerrecht. Beratungsschwerpunkte und Checklisten, 1. Auflage, Köln, Verlag Dr. Otto Schmidt KG. (zitiert: Eilers/Bühring, Sanierungssteuerrecht, *Rn.*)

Eilers, Stephan; Thiemann, Annika (2020): Alles geklärt bei der Steuerfreiheit von Sanierungserträgen? Warum der Gesetzgeber nachbessern muss. In: *Die Unternehmensbesteuerung*, S. 190–195.

Eilers, Stephan; Yadegardjam, Tanja (2020): Die wirtschaftlichen Folgen der COVID-19-Pandemie: Eine Bewährungsprobe für das deutsche Sanierungssteuerrecht. In: *Finanz-Rundschau*, S. 481–485.

Emmenegger, Sigrid; Wiedmann, Ariane (Hrsg.) (2011): Linien der Rechtsprechung des Bundesverfassungsgerichts – erörtert von den wissenschaftlichen Mitarbeitern, Band 2, Berlin; Boston, De Gruyter Verlag. (zitiert: *Bearbeiter*, in: Linien der Rechtsprechung des BVerfG, Bd. 2, *S.*)

Englisch, Joachim (2009): Verfassungsrechtliche Grundlagen und Grenzen des objektiven Nettoprinzips. In: *Deutsches Steuerrecht (Beihefter)*, S. 92–100.

Englisch, Joachim (2010): Folgerichtiges Steuerrecht als Verfassungsgebot. In: Tipke Klaus; Seer, Roman; Hey, Johanna; Englisch, Joachim (Hrsg.): Festschrift für Joachim Lang zum 70. Geburtstag. Gestaltung der Steuerrechtsordnung, Köln, Verlag Dr. Otto Schmidt KG, S. 167–220.

Epler, Björn; Petersen, Ferdinand (2019): Endlich Rechtssicherheit bei der Sanierung. In: *Die Steuerberatung*, S. 114–124.

Epping, Volker; Hillgruber, Christian (Hrsg.) (2021): Beck'scher Onlinekommentar Grundgesetz, München, Verlag C.H. Beck oHG. (zitiert: *Bearbeiter*, in: BeckOK GG, *Art., Rn.* (*Stand*))

Erhardt, Alexander; Zeller, Johannes (2012): Steuerneutraler Forderungsverzicht durch Gesellschafter einer (Familien-)Personengesellschaft zur Abwendung einer bilanziellen Überschuldung. In: *Deutsches Steuerrecht*, S. 1636–1640.

Falterbaum, Hermann; Bolk, Wolfgang; Reiß, Wolfram; Kirchner, Thomas (1985): Buchführung und Bilanz. Unter besonderer Berücksichtigung des Bilanzsteuerrechts und der steuerrechtlichen Gewinnermittlung, 11. Auflage, Achim, Fleischer Verlag. (zitiert: Falterbaum/Bolk/Reiß/Kirchner, Buchführung und Bilanz, *S.*)

Fleischer, Holger; Goette, Wulf (Hrsg.) (2018): Münchener Kommentar zum Gesetz betreffend die Gesellschaften mit beschränkter Haftung, Band 3: §§ 53–88, 3. Auflage, München, Verlag C.H. Beck oHG. (zitiert: *Bearbeiter*, in: MüKo GmbHG, *§, Rn.*)

Flöther, Lucas (2019): Anregungen zur Umsetzung der EU-Richtlinie über präventive Restrukturierungsrahmen. In: *Zeitschrift für das gesamte Insolvenz- und Sanierungsrecht*, S. 1582–1586.

Förster, Guido (2010): Steuerliche Aspekte der Entlastung einer Kapitalgesellschaft von Verbindlichkeiten durch ihre Gesellschafter. In: *Die Unternehmensbesteuerung*, S. 758–766.

Förster, Guido (2017): Die Entscheidung des Großen Senats des BFH zum Sanierungserlass und ihre Folgen. In: *Finanz-Rundschau*, S. 1002–1005.

Förster, Guido; Hechtner, Frank (2017): Steuerbefreiung von Sanierungsgewinnen gem. §§ 3a, 3c Abs. 4 EStG. In: *Der Betrieb*, S. 1536–1544.

Förster, Guido; Hechtner, Frank (2019): Neue gesetzliche Rahmenbedingungen im Sanierungssteuerrecht. In: *Der Betrieb*, S. 10–18.

Förster, Guido; Walla, Carmen (2015): Disquotale Einlagen bei personenbezogenen Kapitalgesellschaften. In: *Finanz-Rundschau*, S. 961–971.

Fox, Thomas; Scheidle, Andreas (2009): Steuerliche Aspekte von Gestaltungsmaßnahmen in der Krise. In: *Gesellschafts- und Wirtschaftsrecht*, S. 51–54.

Frey, Johannes; Mückl, Norbert (2010): Sanierungen – steuerliche Fallstricke und Gestaltungsmöglichkeiten in der Praxis. In: *Finanz-Rundschau*, S. 1193–1200.

Fritsche, Heinz-Günter (2000): Die Streichung von § 3 Nr. 66 EStG als Sanierungshindernis und die Sicherung des Sanierungserfolgs mittels Erlass nach §§ 163, 227 AO. In: *Deutsches Steuerrecht*, S. 2171–2176.

Fritz, Daniel Friedemann; Scholtis, Lorenz (2019): Anregungen für eine mutige und praxistaugliche Umsetzung der Restrukturierungsrichtlinie. In: *Betriebs-Berater*, S. 2051–2057.

Fromm, Andreas (2012): Der Debt-Equity-Swap als Sanierungsbeitrag im Zeitpunkt der Überschuldung. In: *Zeitschrift für das gesamte Insolvenz- und Sanierungsrecht*, S. 1253–1256.

Frystatzki, Christian (2016): Die steuerbilanzielle Behandlung von Rangrücktrittsvereinbarungen nach BGHZ 204, 231. In: *Deutsches Steuerrecht*, S. 2479–2487.

Fuhrmann, Claas; Kraeusel, Jörg; Schiffers, Joachim (Hrsg.): EStG – eKommentar, Onlinekommentar, Bonn, Stollfuß Medien GmbH & Co KG. (zitiert: *Bearbeiter*, in: F/K/S, *§*, *Rn.*, (*Stand*))

Fuisting, Bernhard (1902): Die Preußischen direkten Steuern, Berlin, Verlag Carl Heymanns.

Geerling, Tobias; Hartmann, Uwe (2017): Die Restrukturierung von Forderungen in der Unternehmenskrise – Lösungsansätze für die Praxis und Ausblick auf eine gesetzliche Neuregelung. In: *Deutsches Steuerrecht*, S. 752–757.

Gehrlein, Markus (2021): Das Gesetz über den Stabilisierungs- und Restrukturierungsrahmen für Unternehmen (StaRUG) – ein Überblick. In: *Betriebs-Berater*, 66–81.

Geist, Andreas (2008): Die Besteuerung von Sanierungsgewinnen – Zur Anwendbarkeit, Systematik und Auslegung des BMF-Schreibens vom 27.3.2003. In: *Betriebs-Berater*, S. 2658–2666.

Gersch, Eva Maria; Jäger, Markus; Rätke, Bernd; Ratschow, Eckart; Rüsken, Reinhart; Werth, Francesca (2020): Abgabenordnung. Einschließlich Steuerstrafrecht, 15. Auflage, München, Verlag C.H. Beck oHG. (zitiert: *Bearbeiter*, in: Klein, AO, *§*, *Rn.*)

Giese, Henning; Graßl, Benjamin; Holtmann, Svea; Krug, Philip (2020): Steuerliche Entlastungsmöglichkeiten für kleine und mittlere Unternehmen wegen der COVID-19-Pandemie. Kann das Steuersystem Solidarität in der Gesellschaft fördern? In: *Deutsches Steuerrecht*, S. 752–760.

Glatz, Solvejg (2016): Zur Vereinbarkeit des Sanierungserlasses mit dem unionsrechtlichen Beihilferecht. In: *Internationales Steuerrecht*, S. 447–456.

Gondert, Heinz-Günter; Büttner, Benjamin (2008): Steuerbefreiung von Sanierungsgewinnen – Anmerkung zum Urteil des Finanzgerichts München vom 12.12.2007. In: *Deutsches Steuerrecht*, S. 1676–1679.

Gosch, Dietmar (Hrsg.) (2020): Körperschaftsteuergesetz. Kommentar, 4. Auflage, München, Verlag C.H. Beck oHG. (zitiert: *Bearbeiter*, in: Gosch, KStG, *§*, *Rn.*)

Gragert, Katja (2013): Steuerliche Behandlung von Sanierungsgewinnen. Fortentwicklung der Verwaltungsauffassung bei der Gewährung von Billigkeitsmaßnahmen. In: *Steuer- und Wirtschaftsrecht*, S. 2141–2146.

Groh, Manfred (1996): Abschaffung des Sanierungsprivilegs? In: *Der Betrieb*, S. 1890–1892.

Grottel, Bernd; Schmidt, Stefan; Schubert, Wolfgang; Winkeljohann, Norbert (Hrsg.) (2018): Beck'scher Bilanzkommentar. Handelsbilanz, Steuerbilanz, 11. Auflage, München: Verlag C.H. Beck oHG. (zitiert: *Bearbeiter*, in: Beck BilKom, *§, Rn.*)

Hageböke, Jens; Hasbach, Alexander (2016): Nochmals: Zur gewerbesteuerlichen Zuständigkeit der Finanzbehörden beim Sanierungserlass. Kritische Anmerkungen zu FG Köln v. 16.6.2016 - 13 K 984/11, FR 2016, 1054. In: *Finanz-Rundschau*, S. 1018–1031.

Harder, Sebastian (2017): Sanierung ohne Sanierungserlass - Was kommt nun? In: *Neue Juristische Wochenschrift (NJW-Spezial)*, S. 277–278.

Harle, Georg; Kulemann, Grit (2004): Forderungsverzicht gegen Besserungsschein - ein Gestaltungsmodell wird eingeschränkt. In: *Die GmbH-Rundschau*, S. 733–735.

Hasbach, Alexander (2019): Steuerfreistellung von Sanierungserträgen bei „Alt-Fällen“ - Ein Anwendungsfall von § 175 Abs. 1 Satz 1 Nr. 2 AO. In: *Der Betrieb*, S. 871–875.

Hasbach, Alexander; Oesterwinter, Petra (2020): Steuerfreistellung von Sanierungserträgen im Rahmen einer ertragsteuerlichen Organschaft. In: *Der Betrieb*, S. 1249–1255.

Häuselmann, Holger (2010): Restrukturierung von Finanzverbindlichkeiten und ihre Abbildung in der Bilanz. In: *Betriebs-Berater*, S. 944–950.

Hechtner, Frank (2017): Steuerpolitisches Update aus Berlin: Vom Sanierungserlass zur Sanierungsnorm § 3a EStG. In: *Steuer- und Wirtschaftsrecht*, S. 1275–1277.

Hechtner, Frank (2018): Steuerpolitisches Update aus Berlin: Die (un)endliche Geschichte der Besteuerung von Sanierungsgewinnen. In: *Steuer- und Wirtschaftsrecht*, S. 2536–2537.

Hechtner, Frank (2018): Steuerpolitisches Update aus Berlin: Stand der Gesetzgebung. In: *Steuer- und Wirtschaftsrecht*, S. 2841–2845.

Heintzen, Markus (2016): Das Steuerrecht zwischen Autarkie und Vernetzung. In: Baer, Susanne; Lepsius, Oliver; Schönberger, Christoph; Waldhoff, Christian; Walter, Christian (Hrsg.): Jahrbuch des öffentlichen Rechts der Gegenwart, Band 64, Tübingen, Mohr Siebeck, S. 493–504.

Helios, Marcus; Kröger, Tobias (2015): Aktuelle steuerliche Rechtsfragen von Rangrücktrittsvereinbarungen. Zugleich Anmerkung zum BFH-Urteil v. 15.4.2015 - BFH Aktenzeichen I R 44/14, DStR 2015, 1551. In: *Deutsches Steuerrecht*, S. 2478–2483.

Helm, Markus; Krinninger, Markus (2005): Steuerrechtliche Folgen des Gesellschafterverzichts auf Forderungen gegenüber einer Kapitalgesellschaft. In: *Der Betrieb*, S. 1989–1994.

Hennrichs, Joachim (Hrsg.) (2013): Münchener Kommentar zum Bilanzrecht, Band 2: §§ 238 - 342e HGB, 1. Auflage, München, Verlag C.H. Beck oHG. (zitiert: *Bearbeiter*, in: MüKo BilR, *§, Rn.*)

Herbst, Christian; Stegemann, Dieter (2013): Zur Reichweite der korrespondierenden Bilanzierung bei Mitunternehmerschaften. In: *Deutsches Steuerrecht*, 176–180.

Herzig, Norbert; Liekenbrock, Bernhard (2011): Überlegungen zur Beseitigung von steuerlichen Sanierungshindernissen – Ein Beitrag zur steuerlichen Flankierung der geplanten Insolvenzrechtsreform. In: *Die Unternehmensbesteuerung*, S. 313–327.

Herzog, Roman; Herdegen, Matthias; Klein, Hans, H.; Scholz, Rupert (Hrsg.): Grundgesetz Kommentar, Loseblattsammlung, München, Verlag C.H. Beck oHG. (zitiert: *Bearbeiter*, in: Maunz/Dürig, GG, *Art.*, *Rn.* (Stand))

Heuermann, Bernd; Brandis, Peter (Hrsg.): Ertragsteuerrecht, Kommentar zum Einkommensteuergesetz, Körperschaftsteuergesetz, Gewerbesteuergesetz, Außensteuergesetz, Investmentsteuergesetz, Umwandlungssteuergesetz und Nebengesetze, Loseblattsammlung, München, Verlag Franz Vahlen. (zitiert: *Bearbeiter*, in: Blümich, EStG/KStG, *§*, *Rn.* (*Stand*))

Hey, Johanna (2008): Rechtsprechung des Bundesverfassungsgerichts zum Steuerrecht im Wandel? In: Piltz, Detlev; Günkel, Manfred; Niemann, Ursula (Hrsg.): Steuerberater-Jahrbuch 2007/2008, Köln, Verlag Dr. Otto Schmidt KG, S. 19–58.

Hey, Johanna (2009): Zur Geltung des Gebots der Folgerichtigkeit im Unternehmenssteuerrecht. Zugleich Besprechung der Entscheidung des BVerfG zum Verbot von Jubiläumsrückstellungen vom 12.5.2009. In: *Deutsches Steuerrecht*, S. 2561–2568.

Hey, Johanna (2015): Steuerrecht und Staatsrecht im Dialog: Nimmt das Steuerrecht in der Judikatur des BVerfG eine Sonderrolle ein? In: *Steuer und Wirtschaft*, S. 3–18.

Hey, Johanna (2017): Steuerbefreiung für Sanierungsgewinne und EU-Beihilferecht. In: *Finanz-Rundschau*, S. 453–457.

Hey, Johanna; Klein, Martin; Wendt, Michael (Hrsg.): EStG/KStG, Kommentar zum Einkommen- und Körperschaftsteuergesetz, Loseblattsammlung, Köln, Verlag Dr. Otto Schmidt KG. (zitiert: *Bearbeiter*, in: H/H/R, *§*, *Rn.*, (*Stand*))

Hierstetter, Felix (2010): Steuerliche Risiken der Entschuldung einer Kapitalgesellschaft in der Krise. In: *Deutsches Steuerrecht*, S. 882–887.

Hiller, Matthias; Baschnagel, Matthias (2017): Besteuerung von Sanierungsgewinnen nach dem höchstrichterlichen Stopp des Sanierungserlasses durch den Beschluss des Bundesfinanzhofs vom 28.11.2016 – GrS 1/15. In: *Deutsche Steuer-Zeitung*, S. 353–363.

Hiller, Matthias; Baschnagel, Matthias (2018): Update zur Besteuerung von Sanierungsgewinnen. In: *Deutsche Steuer-Zeitung*, S. 17–21.

Himmelsbach, Rainer; Achsnick, Jan (2006): Investments in Krisenunternehmen im Wege sanierungsprivilegierter debt-equity-swaps. In: *Neue Zeitschrift für Insolvenz- und Sanierungsrecht*, S. 561–564.

Hirte, Heribert; Vallender, Heinz (Hrsg.) (2019): Insolvenzordnung. Kommentar, Band 1, 15. Auflage, München, Verlag Franz Vahlen. (zitiert: *Bearbeiter*, in: Uhlenbruck, InsO, *§*, *Rn.*)

Hoegen, Peter; Kranz, Christopher (2019): Die Auswirkungen des präventiven Restrukturierungsrahmens auf die außergerichtliche Unternehmenssanierung – droht die Bedeutungslosigkeit? Zur Richtlinie (EU) 2019/1023 des Europäischen Parlaments und des Rates v. 20.6.2019. In: *Neue Zeitschrift für Insolvenz- und Sanierungsrecht (NZI-Beilage)*, S. 53–56.

Hoegen, Peter; Kranz, Christopher (2021): Neue Möglichkeiten der Konzernsanierung durch SanInsFoG und StaRUG. In: *Neue Zeitschrift für Insolvenz- und Sanierungsrecht*, S. 105–109.

Hoffmann, Wolf-Dieter (1998): Kritische Anmerkungen zum sog. Einlagebeschluß des Großen BFH-Senats. In: *Der Betrieb*, S. 1983–1988.

Hoffmann, Wolf-Dieter (2016): Bilanzierung des qualifizierten Rangrücktritts. In: *Unternehmensteuern und Bilanzen*, S. 285–286.

Hofmann, Matthias (2019): Der Restrukturierungsplan im künftigen deutschen Restrukturierungsverfahren – Restrukturierungs- vs. Insolvenzplan? Zur Richtlinie (EU) 2019/1023 des Europäischen Parlaments und des Rates v. 20.6.2019. In: *Neue Zeitschrift für Insolvenzrecht (NZI – Beilage)*, S. 22–26.

Hölzle, Gerrit (2020): Die Sanierung des Insolvenzsteuerrechts – oder: Die Besteuerung von Sanierungsgewinnen. In: *Zeitschrift für Wirtschaftsrecht*, S. 301–309.

Huber, Peter M.; Voßkuhle, Andreas (Hrsg.) (2018): Grundgesetz. Kommentar, Band 1: Präambel, Artikel 1 – 19, 7. Auflage, München, Verlag C.H. Beck oHG. (zitiert: *Bearbeiter*, in: v. Mangoldt/Klein/Starck, GG, *Art., Rn.*)

Hübschmann, Walter; Hepp, Ernst; Spitaler, Armin (Hrsg.): Abgabenordnung – Finanzgerichtsordnung. Kommentar, Loseblattsammlung, Köln, Verlag Dr. Otto Schmidt KG.
(zitiert: *Bearbeiter*, in: H/H/S, *§, Rn.* (*Stand*))

Institut der Wirtschaftsprüfer in Deutschland e.V. (Hrsg.) (2017): Sanierung und Insolvenz. Rechnungslegung und Beratung in der Unternehmenskrise, 1. Auflage, Düsseldorf, IDW Verlag GmbH. (zitiert: IDW, Sanierung und Insolvenz, *Kap., Rn.*)

Isensee, Josef; Kirchhof, Paul (Hrsg.) (2007): Handbuch des Staatsrechts der Bundesrepublik Deutschland, Band V: Rechtsquellen, Organisation, Finanzen, 3. Auflage, Heidelberg, Verlag C.F. Müller. (zitiert: *Bearbeiter*, in: Handbuch des Staatsrechts, Bd. V, §, *Rn.*)

Isensee, Josef; Kirchhof, Paul (Hrsg.) (2010): Handbuch des Staatsrechts der Bundesrepublik Deutschland, Band VIII: Grundrechte: Wirtschaft, Verfahren, Gleichheit, 3. Auflage, Heidelberg: Verlag C.F. Müller. (zitiert: *Bearbeiter*, in: Handbuch des Staatsrechts, Bd. VIII, §, *Rn.*)

Ismer, Roland; Piotrowski, Sophia (2015): Falsche Begründung – richtiges Ergebnis? Zur beihilferechtlichen Argumentation im Vorlagebeschluss zum Sanierungserlass. In: *Deutsches Steuerrecht*, S. 1993–1999.

Jacobi, Christoph Alexander; Bischoff, Lea (2021): Wesentliche Änderungen im Insolvenzrecht 2020/21. In: *Neue Justiz*, S. 212–215.

Jahndorf, Christian (2017): Folgerichtigkeit im Steuerrecht als Verfassungsgebot. In: *Steuer und Wirtschaft*, S. 256–263.

Jarass, Hans (1997): Folgerungen aus der neueren Rechtsprechung des BVerfG für die Prüfung von Verstößen gegen Art. 3 I GG. In: *Neue Juristische Wochenschrift*, S. 2545–2550.

Jarass, Hans D.; Kment, Martin (Hrsg.) (2020): Grundgesetz für die Bundesrepublik Deutschland. Kommentar, 16. Auflage, München, Verlag C.H. Beck oHG. (zitiert: *Bearbeiter*, in: Jarass/Pieroth, GG, *Art., Rn.*)

Jehlin, Alexander (2013): Die Zinsschranke als Instrument zur Missbrauchsvermeidung und Steigerung der Eigenkapitalausstattung. Entstehung, Konzeption und verfassungsrechtliche Prüfung (Diss.), Berlin, Duncker & Humblot Verlag.

Jungbluth, Jochen; Lohmann, Christoph (2008): Kurzkommentar zu FG München, Urt. v. 12.12.2007 – 1 K 4487/06. In: *Entscheidungen zum Wirtschaftsrecht*, S. 231–232.

Kahl, Wolfgang; Waldhoff, Christian; Walter, Christian (Hrsg.): Bonner Kommentar zum Grundgesetz, Loseblattsammlung, Heidelberg, Verlag C.F. Müller. (zitiert: *Bearbeiter*, in: Bonner Kommentar GG, *Art., Rn.* (*Stand*))

Kahlert, Günter (2009): Ein Plädoyer für eine gesetzliche Regelung der Steuerfreiheit des Sanierungsgewinns. In: *Zeitschrift für Wirtschaftsrecht*, S. 643.

Kahlert, Günter (2012): Zum Steuererlass aus Billigkeitsgründen bei Sanierungsgewinnen. In: *Deutsches Steuerrecht*, S. 943–945.

Kahlert, Günter (2015): Rangrücktritt und (sonstiges) freies Vermögen. Der (Irr-)Weg zur Steuerneutralität. In: *Steuer- und Wirtschaftsrecht*, S. 3018–3027.

Kahlert, Günter (2016): Bilanzierung des qualifizierten Rangrücktritts – Erwiderung zu W. Müller, BB 2016, 491. In: *Betriebs-Berater*, S. 878.

Kahlert, Günter (2016): Der Sanierungserlass ist keine Beihilfe. In: *Zeitschrift für Wirtschaftsrecht*, S. 2107–2114.

Kahlert, Günter; Rühland, Bernd (Hrsg.) (2007): Sanierungs- und Insolvenzsteuerrecht, 3. Auflage, Köln, RWS Verlag Kommunikationsforum GmbH & Co KG. (zitiert: Kahlert/Rühland, Sanierungs- und Insolvenzsteuerrecht, *S.*)

Kahlert, Günter; Schmidt, Arne (2017): Der sog. Sanierungserlass ist tot – Wie geht es weiter? In: *Zeitschrift für Wirtschaftsrecht*, S. 503–510.

Kahlert, Günter; Schmidt, Arne (2017): Die neue Steuerfreiheit des Sanierungsertrags – Fragen und Antworten. In: *Deutsches Steuerrecht*, S. 1897–1903.

Kämmerer, Jörn Axel; Kotzur, Markus (Hrsg.) (2021): Grundgesetz. Kommentar, Band 1: Präambel bis Art. 69, 7. Auflage, München, Verlag C.H. Beck oHG. (zitiert: *Bearbeiter*, in: v. Münch/Kunig, GG, *Art., Rn.*)

Kanzler, Hans-Joachim (2017): Steuerbefreiung von Sanierungsgewinnen. In: *Steuer- und Wirtschaftsrecht*, S. 2260–2275.

Kanzler, Hans-Joachim (2018): Die Reanimation des steuerfreien Sanierungsgewinns. In: *Finanz-Rundschau*, S. 794–797.

Kanzler, Hans-Joachim (2019): Der steuerfreie Sanierungsgewinn nach dem UStAVermG. In: *Steuer- und Wirtschaftsrecht*, 626–651.

Kanzler, Hans-Joachim (2021): Der steuerfreie Sanierungsgewinn in Zeiten der Corona-Pandemie und im Lichte des SanInsFoG (Teil 1). Eine Bewährungsprobe für das Sanierungsprivileg. In: *Steuer- und Wirtschaftsrecht*, S. 1235–1252.

Kanzler, Hans-Joachim (2021): Der steuerfreie Sanierungsgewinn in Zeiten der Corona-Pandemie und im Lichte des SanInsFoG (Teil 2). Eine Bewährungsprobe für das Sanierungsprivileg. In: *Steuer- und Wirtschaftsrecht*, S. 1311–1325.

Kanzler, Hans-Joachim; Kraft, Gerhard; Bäuml, Swen Oliver; Marx, Franz Jürgen; Hechtner, Frank (Hrsg.) (2019): Einkommensteuergesetz. Kommentar, 4. Auflage, Herne, NWB Verlag.
(zitiert: *Bearbeiter*, in: K/K/B, 4. Aufl. 2019, *§*, *Rn.*)

Kanzler, Hans-Joachim; Kraft, Gerhard; Bäuml, Swen Oliver; Marx, Franz Jürgen; Hechtner, Frank; Geserich, Stephan (Hrsg.) (2021): Einkommensteuergesetz. Kommentar, 6. Auflage, Herne, NWB Verlag. (zitiert: *Bearbeiter*, in: K/K/B, *§*, *Rn.*)

Kellersmann, Dietrich; Pannewig, Yvonne (2009): Darlehen im Konzern in Zeiten der Wirtschaftskrise aus steuerlicher Sicht. In: *Die Unternehmensbesteuerung*, S. 848–862.

Kempny, Simon (2014): Steuerrecht und Verfassungsrecht. In: *Steuer und Wirtschaft*, S. 185–199.

Kempny, Simon (2015): Die „verbotene Gleichbehandlung". Zur Verabschiedung eines Stücks überflüssiger Gleichheitsdogmatik. In: *JuristenZeitung*, S. 1086–1091.

Kempny, Simon (2016): Steuerverfassungsrechtliche Sonderdogmatik zwischen Verallgemeinerung und Rückführung. In: Baer, Susanne; Lepsius, Oliver; Schönberger, Christoph; Waldhoff, Christian; Walter, Christian (Hrsg.): Jahrbuch des öffentlichen Rechts der Gegenwart, Band 64, Tübingen, Mohr Siebeck, S. 477–492.

Kempny, Simon; Lämmle, Martina (2020): Der „allgemeine Gleichheitssatz" des Artikel 3 Absatz I GG im juristischen Gutachten. Teil 2: Ungleichbehandlung, Rechtfertigung. In: *Juristische Schulung*, S. 113–117.

Keuthen, Markus; Hübner, Rudolf (2015): Aktuelle steuerliche Fragen bei Sanierungsgewinnen. Vereinbarkeit des Sanierungserlasses mit dem Grundsatz der Gesetzmäßigkeit der Verwaltung; Anforderungen an einen Forderungsverzicht durch einen Gesellschafter. In: *Finanz-Rundschau*, S. 865–871.

Khan, Sascha; Adam, Sven (2008): Die Besteuerung von Sanierungsgewinnen aus steuerrechtlicher, insolvenzrechtlicher und europarechtlicher Sicht. In: *Zeitschrift für das gesamte Insolvenz- und Sanierungsrecht*, S. 899–908.

Kindhäuser, Urs; Neumann, Ulfrid; Paeffgen, Hans-Ullrich; Albrecht, Hans-Jörg; Altenhain, Karsten (Hrsg.) (2017): Strafgesetzbuch, 5. Auflage, Baden-Baden, Nomos Verlag. (zitiert: *Bearbeiter*, in: Kindhäuser/Neumann/Paeffgen, StGB, *§*, *Rn.*)

Kirchhof, Ferdinand (Hrsg.) (2008): Rechtsstaat und Grundrechte. Festschrift für Detlef Merten, Heidelberg, Verlag C.F. Müller. (zitiert: *Bearbeiter*, in: FS Merten, *S.*)

Kirchhof, Ferdinand (2017): Das Leistungsfähigkeitsprinzip nach dem Grundgesetz – Zustand und Zukunft. In: *Betriebs-Berater*, S. 662–667.

Kirchhof, Gregor; Kulosa, Egmont; Ratschow, Eckart (Hrsg.) (2021): Beck'scher Onlinekommentar Einkommensteuergesetz, 10. Edition, Onlinekommentar, München, Verlag C.H. Beck oHG. (zitiert: *Bearbeiter*, in: BeckOK EStG, *§*, *Rn.* (*Stand*))

Kirchhof, Paul (2000): Die Widerspruchsfreiheit im Steuerrecht als Verfassungspflicht. In: *Steuer und Wirtschaft*, S. 316–327.

Kirchhof, Paul (2003): Der Grundrechtsschutz des Steuerpflichtigen. Zur Rechtsprechung des Bundesverfassungsgerichts im vergangenen Jahrzehnt. In: Badura, Peter; Di Fabio, Udo; Robbers, Gerhard (Hrsg.): Archiv des öffentlichen Rechts, Band 128, Tübingen, Mohr Siebeck, S. 1–51.

Kirchhof, Paul (2008): Das verfassungsrechtliche Maß steuerlicher Belastung. In: Kirchhof, Ferdinand (Hrsg.): Rechtsstaat und Grundrechte. Festschrift für Detlef Merten, Heidelberg, Verlag C.F. Müller, S. 149–165.

Kirchhof, Paul (2016): Das Steuerrecht als Verfassungsproblem. In: Baer, Susanne; Lepsius, Oliver; Schönberger, Christoph; Waldhoff, Christian; Walter, Christian (Hrsg.): Jahrbuch des öffentlichen Rechts der Gegenwart, Band 64, Tübingen, Mohr Siebeck, S. 553–566.

Kirchhof, Paul (2017): Die Gleichheit vor dem Steuergesetz – Maßstab und Missverständnisse. In: *Steuer und Wirtschaft*, S. 3–16.

Kirchhof, Paul; Lehner, Moris; Raupach, Arndt; Rodi, Michael (Hrsg.) (2000): Staaten und Steuern. Festschrift für Klaus Vogel zum 70. Geburtstag, Heidelberg, Verlag C.F. Müller. (zitiert: *Bearbeiter*, in: FS Vogel, *S.*)

Kirchhof, Paul; Mellinghoff, Rudolf; Kube, Hanno (Hrsg.): Einkommensteuergesetz, Kommentar, Loseblattsammlung, Heidelberg, C.F. Müller (zitiert: *Bearbeiter*, in: K/S/M, EStG, *§*, *Rn.*, (*Stand*))

Kirchhof, Paul; Seer, Roman (Hrsg.) (2019): Einkommensteuergesetz. Kommentar, 18. Auflage, Köln, Verlag Dr. Otto Schmidt KG. (zitiert: *Bearbeiter*, in: Kirchhof, EStG, 18. Aufl. 2019, *§*, *Rn.*)

Kirchhof, Paul; Seer, Roman (Hrsg.) (2020): Einkommensteuergesetz. Kommentar, 19. Auflage, Köln, Verlag Dr. Otto Schmidt KG. (zitiert: *Bearbeiter*, in: Kirchhof, EStG, 19. Aufl. 2020, *§*, *Rn.*)

Kirchhof, Paul; Seer, Roman (Hrsg.) (2021): Einkommensteuergesetz. Kommentar, 20. Auflage, Köln, Verlag Dr. Otto Schmidt KG. (zitiert: *Bearbeiter*, in: Kirchhof, EStG, *§*, *Rn.*)

Kischel, Uwe (1999): Systembindung des Gesetzgebers und Gleichheitssatz. In: Badura, Peter; Lerche, Peter; Robbers, Gerhard (Hrsg.): Archiv des öffentlichen Rechts, Band 124, Tübingen, Mohr Siebeck, S. 174–211.

Kischel, Uwe: Gleichheitssatz und Steuerrecht – Gefahren eines dogmatischen Sonderwegs. In: Mellinghoff, Rudolf; Palm, Ulrich (Hrsg.) (2008): Gleichheit im Verfassungsstaat. Symposium aus Anlass des 65. Geburtstags von Paul Kirchhof, Heidelberg, Verlag C.F. Müller, S. 175–193.

Knebel, Andreas (2009): Der Forderungsverzicht als Sanierungsmaßnahme. In: *Der Betrieb*, S. 1094–1097.

Knief, Peter (1986): Die Voraussetzungen für den steuerfreien Sanierungsgewinn. In: *Der Betrieb*, S. 441–449.

Koenig, Ulrich (Hrsg.) (2021): Abgabenordnung. §§ 1 bis 368, Kommentar, 4. Auflage, München, Verlag C.H. Beck oHG. (zitiert: *Bearbeiter*, in: Koenig, AO, *§*, *Rn.*)

Kohlhaas, Karl-Friedrich (2009): Die GmbH in der Krise – wie werthaltig sind Gesellschafterforderungen? In: *Die GmbH-Rundschau*, S. 531–535.

Kölbl, Susanne; Neumann, Steffen (2018): Gewinne und Verluste bei der Sanierung von Unternehmen (Teil I). In: *Die Unternehmensbesteuerung*, S. 273–286.

Kölbl, Susanne; Neumann, Steffen (2018): Gewinne und Verluste bei der Sanierung von Unternehmen (Teil II). In: *Die Unternehmensbesteuerung*, S. 324–333.

Korn, Klaus (Hrsg.): Einkommensteuergesetz. Kommentar, Loseblattsammlung, Bonn, Stollfuß Medien GmbH & Co KG. (zitiert: *Bearbeiter*, in: Korn, EStG, *§, Rn.*, (*Stand*))

Kroninger, Axel; Korb, Markus (2008): Die Handhabung von Sanierungsgewinnen vor und nach dem Urteil des Finanzgerichts München vom 12.12.2007. In: *Betriebs-Berater*, S. 2656–2658.

Kroschel, Jörg (1999): Rechtskritische Anmerkung zur steuerlichen Behandlung von Sanierungsgewinnen. In: *Deutsches Steuerrecht*, S. 1383–1388.

Krumm, Marcel (2012): Zur Steuerfreiheit von Sanierungsgewinnen. In: *Entscheidungen zum Wirtschaftsrecht*, S. 335–336.

Krumm, Marcel (2014): Steuerliche Bewertung als Rechtsproblem. Eine juristische Untersuchung steuergesetzlicher Bewertungsnormen unter besonderer Berücksichtigung der Verkehrswerte (Habil.), Münster, Verlag Dr. Otto Schmidt KG.

Krumm, Marcel (2015): Sanierungsgewinne und Gewerbesteuer. In: *Der Betrieb*, S. 2714–2720.

Kruse, Heinrich Wilhelm (1990): Über die Gleichmäßigkeit der Besteuerung. In: *Steuer und Wirtschaft*, S. 322–330.

Kubik, Nikolaj; Münch, Christian (2021): Ausgewählte Sanierungsmaßnahmen zur Bilanzverbesserung für betroffene Unternehmen der COVID-19-Pandemie anhand von Beispielsfällen. In: *Betriebs-Berater*, S. 1387–1391.

Kübler, Bruno; Prütting, Hanns; Bork, Reinhard (Hrsg.): InsO. Kommentar zur Insolvenzordnung, Loseblattsammlung, Köln, RWS Verlag Kommunikationsforum GmbH & Co KG. (zitiert: *Bearbeiter*, in: Kübler/Prütting/Bork, InsO, *§, Rn.*, (*Stand*))

Kühneck, Andreas (1998): Die steuerliche Behandlung der Sanierungsgewinne gemäß § 3 Nr. 66 EStG (Diss.), Hochschulschrift, Universität der Bundeswehr, Hamburg.

Kußmaul, Heinz; Licht, Daniel (2017): Zur Notifizierung des § 3a EStG. In: *Der Betrieb*, S. 1797–1803.

Lampe, Holger; Breuer, Clarissa; Hotze, Simon (2018): Erfahrungen mit § 3a EStG im Rahmen eines Insolvenzplanverfahrens unter Einholung einer verbindlichen Auskunft. In: *Deutsches Steuerrecht*, 173–178.

Lang, Joachim (2001): Konkretisierungen und Restriktionen des Leistungsfähigkeitsprinzips. In: Drenseck, Walter; Seer, Roman (Hrsg.): Festschrift für Heinrich Wilhelm Kruse zum 70. Geburtstag, Köln, Verlag Dr. Otto Schmidt KG, S. 313–338.

Lang, Joachim (Hrsg.) (2020): Steuerrecht, 24. Auflage, Köln, Verlag Dr. Otto Schmidt KG. (zitiert: *Bearbeiter*, in: Tipke/Lang, Steuerrecht, *Rn.*)

Larenz, Karl (1991): Methodenlehre der Rechtswissenschaft, 6. Auflage, Berlin; Heidelberg; New York; London; Paris; Tokyo; Hong Kong; Barcelona; Budapest, Springer Verlag.

Lautenbach, Götz; Roll, Markus; Völkner, Burkhard (2017): Der Sanierungserlass – Bestandsaufnahme nach dem BFH-Beschluss und seine Auswirkungen auf die Restrukturierungspraxis. In: *Betriebs-Berater*, S. 643–648.

Lehner, Moris (2009): Die verfassungsrechtliche Verankerung des objektiven Nettoprinzips. Zum Vorlagebeschluss des BFH und zur Entscheidung des BVerfG über die Verfassungswidrigkeit der Entfernungspauschale. In: *Deutsches Steuerrecht*, S. 185–191.

Leisner-Egensperger, Anna (2007): Umbau des Einkommensteuerrechts – Neuorientierung bei den gemischten Erwerbsaufwendungen. Zur Novellierung und Verfassungsmäßigkeit der Entfernungspauschale durch das Steueränderungsgesetz 2007 und zum Vorlagebeschluss des FG Niedersachsen vom 27.2.2007 an das BVerfG. In: *Betriebs-Berater*, S. 639–645.

Lenger, Norman (2017): Sanierungserlass gekippt – Praxisfolgen und aktuelle Lösungsansätze für Insolvenzplanverfahren. In: *Neue Zeitschrift für Insolvenz- und Sanierungsrecht*, S. 290–294.

Lenger, Norman; Gohlke, Maik (2014): Sanierungsgewinn reloaded?! Anmerkung zu FG Sachsen, Urt v. 24.4.2013 – 1 K 759/12, NZI 2014, 47. In: *Neue Zeitschrift für Insolvenz- und Sanierungsrecht*, S. 9–13.

De Hesselle, Vera; Keß, Thomas; Kleinheisterkamp, Thomas; Köster, Thomas; Kratzsch, Alexander; Nöcker, Gregor; Roser, Frank; Sarrazin, Viktor; Schuster, Silvia; Schulze, Michael (Bearbeiter): Gewerbesteuergesetz. Kommentar, Loseblattsammlung, Köln, Verlag Dr. Otto Schmidt KG. (zitiert: *Bearbeiter*, in: Lenski/Steinberg, GewStG, *§, Rn. 29 (Stand)*)

Lepsius, Oliver (2009): Zu den Anforderungen an eine folgerichtige Abgrenzung von Erwerbsaufwendungen im Einkommensteuerrecht. In: *JuristenZeitung*, S. 255–263.

Levedag, Christian (2017): Steuererlass aus Billigkeitsgründen nach dem sog. Sanierungserlass des BMF. In: *Die GmbH-Rundschau*, R70-R72.

Levedag, Christian (2017): Steuererlass aus Billigkeitsgründen nach dem sog. Sanierungserlass des BMF. In: *juris-Die Monatszeitschrift (jM)*, S. 254–257.

Ley, Ursula (2002): Zur steuerlichen Behandlung der Gesellschafterkapitalkonten sowie der Forderungen und Verbindlichkeiten zwischen einer gewerblichen Personengesellschaft und ihren Gesellschaftern. In: *Kölner Steuerdialog*, S. 13459–13470.

Littmann, Eberhard; Bitz, Horst; Pust, Hartmut (Hrsg.): Das Einkommensteuerrecht. Kommentar zum Einkommensteuerrecht, Loseblattsammlung, Stuttgart, Schäffer-Poeschel Verlag. (zitiert: *Bearbeiter*, in: L/B/P, *§, Rn.*, (*Stand*))

Lüdicke, Jochen; Sistermann, Christian (Hrsg.) (2018): Unternehmenssteuerrecht. Gründung, Finanzierung, Umstrukturierung, Übertragung, Liquidation, 2. Auflage, München, Verlag C.H. Beck oHG. (zitiert: *Bearbeiter*, in: Lüdicke/Sistermann, Unternehmenssteuerrecht, *§, Rn.*)

Bayer, Walter; Hommelhoff, Peter; Kleindiek, Detlef (2020): GmbH-Gesetz. Kommentar, 20. Auflage, Köln, Verlag Dr. Otto Schmidt KG. (zitiert: *Bearbeiter*, in: Lutter/Hommelhoff, GmbHG, *§, Rn.*)

Maier-Reimer, Georg; Etzbach, Peter (2011): Die Patronatserklärung. In: *Neue Juristische Wochenschrift*, S. 1110–1117.

Maus, Karl Heinz (2002): Die Besteuerung des Sanierungsgewinns – ein Problem für die Sanierungspraxis, die Insolvenzgerichte und die Insolvenzverwalter. In: *Zeitschrift für Wirtschaftsrecht*, S. 589–596.

Mellinghoff, Rudolf (2003): Die Verantwortung des Gesetzgebers für ein verfassungsmäßiges Steuerrecht. In: *Deutsches Steuerrecht (Beihefter 3 (zu Heft 20–21))*, S. 3–16.

Mellinghoff, Rudolf (2005): Verfassungsgebundenheit des Steuergesetzgebers. – Unter besonderer Berücksichtigung der neueren Rechtsprechung des Bundesverfassungsgerichts. In: Siegel, Theodor; Kirchhof, Paul; Schneeloch, Dieter; Schramm, Uwe (Hrsg.): Steuertheorie, Steuerpolitik und Steuerpraxis. Festschrift für Peter Bareis zum 65. Geburtstag, Stuttgart, Schäffer-Poeschel Verlag, S. 171–195.

Mellinghoff, Rudolf (2012): Der Beitrag der Rechtsprechung zur Systematisierung des Steuerrechts am Beispiel des Gebots der Folgerichtigkeit. In: *Die Unternehmensbesteuerung*, S. 369–375.

Mellinghoff, Rudolf; Palm, Ulrich (Hrsg.) (2008): Gleichheit im Verfassungsstaat. Symposium aus Anlass des 65. Geburtstags von Paul Kirchhof, Heidelberg, Verlag C.F. Müller. (zitiert: *Bearbeiter*, in: Mellinghoff/Palm, Gleichheit im Verfassungsstaat, *S.*)

Mellinghoff, Rudolf; Schön, Wolfgang; Viskorf, Hermann-Ulrich (Hrsg.) (2011): Steuerrecht im Rechtsstaat. Festschrift für Wolfgang Spindler zum 65. Geburtstag, Köln, Verlag Dr. Otto Schmidt KG. (zitiert: *Bearbeiter*, in: FS Spindler, *S.*)

Mertzbach, Markus (2014): Die Behandlung der Sanierungskosten im Rahmen des sog. Sanierungserlasses – Ermessensgerechte Auslegung oder Ermessensfehlgebrauch der Finanzverwaltung? In: *Deutsches Steuerrecht*, S. 172–179.

Micker, Lars (2019): Antworten der Kommission gegenüber dem Europäischen Parlament können Vertrauensschutz auslösen. In: *Internationale Steuer-Rundschau*, S. 105–107.

Modrzejewski, Matthias (2019): Die Bedeutung des Gebots der Folgerichtigkeit für die gleichheitsrechtliche Maßstabsbildung im Steuerrecht. In: Modrzejewski, Matthias; Naumann, Kolja (Hrsg.): Linien der Rechtsprechung des Bundesverfassungsgerichts. Erörtert von den wissenschaftlichen Mitarbeiterinnen und Mitarbeitern, Band 5, Berlin; Boston, De Gruyter Verlag, S. 277–302.

Modrzejewski, Matthias; Naumann, Kolja (Hrsg.) (2019): Linien der Rechtsprechung des Bundesverfassungsgerichts. Erörtert von den wissenschaftlichen Mitarbeiterinnen und Mitarbeitern, Band 5, Berlin; Boston, De Gruyter Verlag. (zitiert: *Bearbeiter*, in: Linien der Rechtsprechung des BVerfG, Bd. 5, *S.*)

Möhlenbrock, Rolf; Gragert, Katja: Reform der Besteuerung von Sanierungsgewinnen/-erträgen. In: *Finanz-Rundschau* 2017, S. 994–997.

Möhlenkamp, Andreas (2018): Steuerfreie Sanierungsgewinne, EU-Beihilfenverbot und Wettbewerb. In: *Zeitschrift für Wirtschaftsrecht*, S. 1907–1915.

Mohr, Martin (2017): Die Besteuerung von Sanierungsgewinnen unter Berücksichtigung der Entscheidung des Großen Senats des BFH vom 28.11.2016 – Reaktionsmöglichkeiten. In: *Betriebs-Berater*, S. 673–679.

Möllers, Christoph (2005): Wandel der Grundrechtsjudikatur. Eine Analyse der Rechtsprechung des Ersten Senats des BVerfG. In: *Neue Juristische Wochenschrift*, S. 1973–1979.

Möllers, Thomas (2017): Juristische Methodenlehre, 1. Auflage, München, Verlag C.H. Beck oHG. (zitiert: Möllers, Juristische Methodenlehre, *§*, *Rn.*)

Mückl, Norbert (2009): Der Debt-Equity-Swap als Sanierungsinstrument im Steuerrecht. In: *Finanz-Rundschau*, S. 497–506.

Müller, Welf (2016): Bilanzierung des qualifizierten Rangrücktritts. In: *Betriebs-Berater*, S. 491–494.

Musil, Andreas (2016): Steuerrecht und Verfassungsrecht. In: Baer, Susanne; Lepsius, Oliver; Schönberger, Christoph; Waldhoff, Christian; Walter, Christian (Hrsg.): Jahrbuch des öffentlichen Rechts der Gegenwart, Band 64, Tübingen, Mohr Siebeck, S. 443–455.

Naumann, Peter (2017): Gesetzliche Alternative zum Sanierungserlass – neue Hoffnung für Unternehmenssanierungen? In: *Betriebs-Berater* (Heft 12), S. I.

Neu, Norbert (1998): Der Forderungsverzicht durch den GmbH-Gesellschafter aus steuerlicher Sicht. In: *GmbH-Steuerberater*, S. 131–138.

Oetker, Hartmut; Rixecker, Roland; Säcker, Franz Jürgen; Limperg, Bettina (Hrsg.) (2019): Münchener Kommentar zum Bürgerlichen Gesetzbuch, Band 3: Schuldrecht – Allgemeiner Teil II, 8. Auflage, München, Verlag C.H. Beck oHG. (zitiert: *Bearbeiter*, in: MüKo BGB, *§, Rn.*)

Offerhaus, Klaus (2006): BB-Forum: Abschaffung der Pendlerpauschale verfassungswidrig? In: *Betriebs-Berater*, S. 129–130.

Oser, Peter (2017): Auflösung von Verbindlichkeiten mit Rangrücktritt in Handels- und Steuerbilanz. Zugleich Anmerkungen zum BGH-Urteil v. 5.3.2015 – IX ZR 133/14. In: *Deutsches Steuerrecht*, S. 1889–1893.

Palm, Ulrich (2016): Das Steuerverfassungsrecht als dogmatisches Referenzgebiet des allgemeinen Verfassungsrechts. In: Baer, Susanne; Lepsius, Oliver; Schönberger, Christoph; Waldhoff, Christian; Walter, Christian (Hrsg.): Jahrbuch des öffentlichen Rechts der Gegenwart, Band 64, Tübingen, Mohr Siebeck, S. 457–475.

Payandeh, Mehrdad (2011): Das Gebot der Folgerichtigkeit: Rationalitätsgewinn oder Irrweg der Grundrechtsdogmatik? In: Di Fabio, Udo; Huber, M. Peter; Robbers, Gerhard (Hrsg.) (2011): Archiv des öffentlichen Rechts, Band 136, Tübingen, Mohr Siebeck, S. 578–615.

Pelka, Jürgen; Petersen, Karl (2019): Beck'sches Steuerberater-Handbuch 2019/20, 17. Auflage, Berlin; München, Verlag des wissenschaftlichen Instituts der Steuerberater GmbH; Verlag C.H. Beck oHG.

Pflüger, Hansjörg (2017): Unternehmen in der Krise: Steuerbefreiung von Sanierungsgewinnen: Konsequenzen des neuen § 3a EStG für die Praxis. In: *Gestaltende Steuerberatung*, S. 420–426.

Piltz, Detlev; Günkel, Manfred; Niemann, Ursula (Hrsg.) (2008): Steuerberater-Jahrbuch 2007/2008, Köln, Verlag Dr. Otto Schmidt KG. (zitiert: *Bearbeiter*, StbJb 2007/2008, *S.*)

Plewka, Harald (2018): Die Entwicklung des Steuerrechts im zweiten Halbjahr 2017. In: *Neue Juristische Wochenschrift*, S. 595–600.

Pohl, Herbert (1977): Krisen in Organisationen. Eine explorative Untersuchung mit Hilfe empirischer Fallstudien (Diss.), Hochschulschrift, Universität Mannheim.

Pöschke, Moritz (2017): Bilanzierung und Besteuerung von Forderungserlass und Rangrücktritt zur Sanierung von Kapitalgesellschaften. In: *Neue Zeitschrift für Gesellschaftsrecht*, S. 1408–1419.

Priester, Hans-Joachim (1980): Das gesetzliche Bezugsrecht bei der GmbH. In: *Der Betrieb*, S. 1925–1932.

Prinz, Ulrich; Kahle, Holger (Hrsg.) (2020): Beck'sches Handbuch der Personengesellschaften. Gesellschaftsrecht – Steuerrecht, 5. Auflage, München, Verlag C.H. Beck oHG. (zitiert: *Bearbeiter*, in: Handbuch der Personengesellschaften, *§*, *Rn.*)

Prokisch, Rainer (2000): Von der Sach- und Systemgerechtigkeit zum Gebot der Folgerichtigkeit. In: Kirchhof, Paul; Lehner, Moris; Raupach, Arndt; Rodi, Michael (Hrsg.): Staaten und Steuern. Festschrift für Klaus Vogel zum 70. Geburtstag, Heidelberg, Verlag C.F. Müller, S. 293–310.

Pyszka, Tillmann (1998): Forderungsverzicht des Gesellschafters gegenüber seiner Personengesellschaft. In: *Betriebs-Berater*, S. 1557–1562.

Rath, Regina (2021): SanInsFoG – Ein Plädoyer für den Sanierungsstandort Deutschland! In: *Betriebs-Berater* (Heft 2), I.

Rätke, Bernd (2017): Totgesagte leben länger – Neues zum Sanierungserlass. Reaktionen des Gesetzgebers auf BFH-Rechtsprechung und Handlungsempfehlungen. In: *Buchführung, Bilanzierung, Kostenrechnung*, S. 411–419.

Reuter, Alexander (2003): „Krisenrecht" im Vorfeld der Insolvenz – das Beispiel der börsennotierten AG. In: *Betriebs-Berater*, S. 1797–1804.

Richter, Andreas; Welling, Berthold (2017): Tagungs- und Diskussionsbericht zum 64. Berliner Steuergespräch „Die Entscheidung des Großen Senats des BFH zum Sanierungserlass und ihre Folgen". In: *Finanz-Rundschau*, S. 998–1001.

Rödder, Thomas; Hüttemann, Rainer (2018): Steuerberater-Jahrbuch 2017/2018, Köln, Verlag Dr. Otto Schmidt KG. (zitiert: *Bearbeiter*, StbJb 2017/18, *S.*)

Römermann, Volker (Hrsg.) (2018): Münchener Anwaltshandbuch GmbH-Recht, 4. Auflage, München, Verlag C.H. Beck oHG. (zitiert: *Bearbeiter*, in: Römermann, Anwaltshandbuch GmbH-Recht, *§*, *Rn.*)

Roth, Jan (2017): Der Sanierungserlass ist endgültig tot! – Der Gesetzgeber hat die Rundum-Sorglos-Lösung in der Hand. ... Und helfen in der Zwischenzeit die Finanzgerichte, vielleicht sogar mit einstweiligen Anordnungen? In: *Zeitschrift für das gesamte Insolvenz- und Sanierungsrecht*, S. 2417–2421.

Roth, Jan (2019): Notwendige steuerrechtliche Rahmenbedingungen für das vorinsolvenzliche Restrukturierungsverfahren. Zur Richtlinie (EU) 2019/1023 des Europäischen Parlaments und des Rates v. 20.6.2019. In: *Neue Zeitschrift für Insolvenz- und Sanierungsrecht* (Beilage zu Heft 1), S. 51–53.

Rüberg, Josepha (2019). Endlich: Die Steuerfreiheit von Sanierungsgewinnen ist zurück. In: *Neue Juristische Wochenschrift (NJW-Spezial)*, S. 207–208.

Sachs, Michael (Hrsg.) (2018): Grundgesetz. Kommentar, 8. Auflage, München, Verlag C.H. Beck oHG. (zitiert: *Bearbeiter*, in: Sachs, GG, *Art.*, *Rn.*)

Schäfer-Elmayer, Pascal; Müller, Dominik (2009): Besteuerung in Sanierungsfällen. In: *Der Steuerberater*, S. 190–195.

Schänzle, Thomas; Birker, Christian (2015): Rangrücktritt und Einlage. Anmerkung zum Urteil des BFH vom 15.4.2015. In: *Der Steuerberater*, S. 431–435.

Schelo, Sven (2021): Das Gesetz über den Stabilisierungs- und Restrukturierungsrahmen für Unternehmen (StaRUG) – ein Überblick. In: *Zeitschrift für Wirtschafts- und Bankrecht*, 513–519.

Scheunemann, Marc; Hoffmann, Guido (2009): Debt-Equity-Swap. Steuerliche Strukturierung und zivilrechtliche Rahmenbedingungen. In: *Der Betrieb*, S. 983–986.

Schmidt, Frank; Mielke, Axel (2009): Steuerfolgen von Sanierungsmaßnahmen. In: *Die Unternehmensbesteuerung*, S. 395–405.

Schmidt, Karsten (2015): Rangrücktritt insolvenzrechtlich / Rangrücktritt steuerrechtlich – Aktueller Hinweis auf eine „Bringschuld" von Gesetzgebung und Rechtsprechung. In: *Der Betrieb*, S. 600–603.

Schmidt, Karsten (Hrsg.) (2016): Insolvenzordnung. InsO mit EUInsVO, 19. Auflage, München, Verlag C.H. Beck oHG. (zitiert: *Bearbeiter*, in: Schmidt, InsO, *§*, *Rn.*)

Schmidt, Karsten; Ebke, Werner (Hrsg.) (2020): Münchener Kommentar zum Handelsgesetzbuch, Band 4: Drittes Buch: Handelsbücher, §§ 238–342e HGB, 4. Auflage, München, Verlag C.H. Beck oHG; Verlag Franz Vahlen. (zitiert: *Bearbeiter*, in: MüKo HGB, *§*, *Rn.*)

Schmidt, Karsten; Uhlenbruck, Wilhelm (2016): Die GmbH in der Krise, Sanierung und Insolvenz. Gesellschaftsrecht, Insolvenzrecht, Steuerrecht, Arbeitsrecht, Bankrecht und Organisation bei Krisenvermeidung, Krisenbewältigung und Abwicklung, 5. Auflage, Köln, Verlag Dr. Otto Schmidt KG. (zitiert: *Bearbeiter*, in: Schmidt/Uhlenbruck, Die GmbH in Krise, Sanierung und Insolvenz, *Rn.*)

Schmidt, Lutz; Hageböke, Jens (2002): Schuldübernahmen als Sanierungsinstrument zur Nutzung von steuerlichen Verlustvorträgen im Konzern Gestaltungsmöglichkeiten nach dem BFH-Beschluss vom 20.12.2001, BFH 20.12.2001 Aktenzeichen I B 74/01. In: *Deutsches Steuerrecht*, S. 2150–2155.

Schmittmann, Jens (2019): Sanierung, Restrukturierung und Steuern: Ende gut, alles gut? In: *Betriebs-Berater* (Heft 26), S. I.

Schön, Wolfgang (2008): Steuerpolitik 2008 – Das Ende der Illusionen? In: *Deutsches Steuerrecht (Beihefter zu Heft 17)*, S. 10–20.

Schön, Wolfgang (2011): Besteuerungsgleichheit und Subventionsgleichheit. In: Mellinghoff, Rudolf; Schön, Wolfgang; Viskorf, Hermann-Ulrich (Hrsg.): Steuerrecht im Rechtsstaat. Festschrift für Wolfgang Spindler zum 65. Geburtstag, Köln, Verlag Dr. Otto Schmidt KG, S. 189–202.

Schön, Wolfgang (2013): Leitideen des Steuerrechts. Oder: Nichtwissen als staatswissenschaftliches Problem. In: *Steuer und Wirtschaft*, S. 289–297.

Schön, Wolfgang; Beck, Karin E.M. (Hrsg.) (2009): Zukunftsfragen des deutschen Steuerrechts, Berlin; Heidelberg, Springer Verlag. (zitiert: *Bearbeiter*, in: Schön/Beck, Zukunftsfragen des deutschen Steuerrechts, *S.*)

Schülke, Thilo (2021): Überwindung der Krise: Die Restrukturierung mit dem neuen StaRUG – Ein Überblick. In: *Deutsches Steuerrecht*, S. 621–626.

Schulze, Reiner (Hrsg) (2019): Bürgerliches Gesetzbuch. Handkommentar, 10. Auflage, Baden-Baden, Nomos Verlag. (zitiert: *Bearbeiter*, in: Handkommentar BGB, 10. Aufl. 2019, *§, Rn.*)

Schulze-Osterloh, Joachim (2017): Forderungsverzicht des Gesellschafters einer Kapitalgesellschaft in der Krise. Ausweis in der Handelsbilanz und der Steuerbilanz. In: *Neue Zeitschrift für Gesellschaftsrecht*, S. 641–645.

Schulze-Osterloh, Joachim (2017): Rangrücktritt in der Handelsbilanz zwischen BGH und BFH. In: *Betriebs-Berater*, S. 427–429.

Schüppen, Matthias (2017): Der Große Senat des BFH zum Sanierungserlass – Steuerrechtliche Systematik trifft auf erfolgreiche Interessenvertretung. In: *Zeitschrift für Wirtschaftsrecht*, S. 752–761.

Schüppen, Matthias (2018): Sanierungsgewinn nach altem Recht. In: Drüen, Klaus-Dieter (Hrsg.): Jahrbuch der Fachanwälte für Steuerrecht, 2018/19 – Aktuelle steuerrechtliche Beiträge, Referate und Diskussionen der 69. Steuerrechtlichen Jahresarbeitstagung, Wiesbaden, vom 7. bis 9. Mai 2018, 1. Auflage, Herne, NWB Verlag, S. 303–312.

Schüppen, Matthias; Schaub, Bernhard (Hrsg.) (2018): Münchener Anwaltshandbuch Aktienrecht, 3. Auflage, München, Verlag C.H. Beck oHG. (zitiert: *Bearbeiter*, in: Schüppen/Schaub, Anwaltshandbuch Aktienrecht, *§, Rn.*)

Schwahn, Alexander (2015): Behandlung von Sanierungskosten unter dem Sanierungserlass. In: *Deutsches Steuerrecht*, S. 453–456.

Schwarz, Kyrill-Alexander (2007): „Folgerichtigkeit" im Steuerrecht. Zugleich eine Analyse der Rechtsprechung des Bundesverfassungsgerichts zu Art. 3 Abs. 1 GG. In: Depenhauer, Otto; Heintzen, Markus; Jestaedt, Matthias; Axer, Peter (Hrsg.): Staat im Wort. Festschrift für Josef Isensee, Heidelberg, Verlag C.F. Müller, S. 949–964.

Schwenker, Jörg; Fischer, Carola (2010): Restrukturierungsmaßnahmen in der Krise der GmbH. In: *Deutsches Steuerrecht*, S. 1117–1121.

Sedlitz, Jochen (2017): Das Ping Pong um den Sanierungserlass. In: *Deutsches Steuerrecht*, S. 2785–2787.

Seeger, Siegbert; Kanzler, Hans-Joachim (1983): Die Sanierungsrücklage nach § 6d EStG 1983 (I). In: *Der Betrieb*, S. 517–521.

Seer, Roman (2010): Der sog. Sanierungserlass vom 27.03.2003 als Rechtsgrundlage für Maßnahmen aus sachlichen Billigkeitsgründen. In: *Finanz-Rundschau*, S. 306–311.

Seer, Roman (2014): Insolvenz, Sanierung und Ertragsteuern – verfassungs- und europarechtliche Überlegungen. In: *Finanz-Rundschau*, S. 721–731.

Seer, Roman (2017): Gesetzliche Verankerung der ertragsteuerlichen Freistellung von sog. Sanierungsgewinnen. In: *Der Betrieb* (Heft 18), S. M5.

Seer, Roman; Brandis, Peter; Drüen, Klaus-Dieter; Loose, Matthias; Krumm, Marcel (Hrsg.): Abgabenordnung, Finanzgerichtsordnung. Kommentar, Loseblattsammlung, Köln, Verlag Dr. Otto Schmidt KG. (zitiert: *Bearbeiter*, in: Tipke/Kruse, AO/FGO, §, Rn., (*Stand*))

Siebenhüter, Anton (2017): Sanierungserlass ist gesetzeswidrig. In: *Ertrag-Steuerberater*, S. 91–92.

Siegel, Theodor; Kirchhof, Paul; Schneeloch, Dieter; Schramm, Uwe (Hrsg.) (2005): Steuertheorie, Steuerpolitik und Steuerpraxis. Festschrift für Peter Bareis zum 65. Geburtstag, Stuttgart, Schäffer-Poeschel Verlag. (zitiert: *Bearbeiter*, in: FS Bareis, *S.*)

Sieker, Susanne (Hrsg.) (2016): Im Auftrag der Deutschen Steuerjuristischen Gesellschaft e.V. (Band 39): Steuerrecht und Wirtschaftspolitik. 40. Jahrestagung der Deutschen Steuerjuristischen Gesellschaft e.V. Halle, 14. und 15. September 2015, Köln, Verlag Dr. Otto Schmidt KG. (zitiert: *Bearbeiter*, DStJG 39 (2016), *S.*)

Sistermann, Christian (2017): Unternehmenssanierung nach dem Beschluss des Großen Senats des BFH v. 28.11.2016. In: *Deutsches Steuerrecht*, S. 689–695.

Sistermann, Christian (2018): Die gesetzliche Neuregelung des Sanierungserlasses. In: Rödder, Thomas; Hüttemann, Rainer: Steuerberater-Jahrbuch 2017/2018, Köln, Verlag Dr. Otto Schmidt KG, S. 281–299.

Sistermann, Christian; Beutel, David (2017): Unternehmenssanierungen nach der Grundsatzentscheidung des Großen Senats des BFH. In: *Deutsches Steuerrecht*, S. 1065–1072.

Skauradszun, Dominik (2018): Die praktische Konkordanz bei der Steuerfreiheit von Sanierungserträgen anhand §§ 3a, 3c EStG, § 7b GewStG n.F. In: *Zeitschrift für Wirtschaftsrecht*, S. 1901–1907.

Skauradszun, Dominik; Kwauka, Alexander (2020): Anpassungsbedarf beim Abzugsverbot des § 3c Abs. 4 EStG aufgrund der EU-Restrukturierungsrichtlinie. In: *Deutsches Steuerrecht*, S. 953–958.

Skulesch, Stefan (2018): BFH stürzt Sanierer in die Krise. Sanierungserlass nicht auf Altfälle anwendbar. In: *Der Steuerberater* (Heft 1/2), S. I.

Sonnleitner, Wolfgang (Hrsg.) (2017): Insolvenzsteuerrecht. Unter besonderer Berücksichtigung des Insolvenzplanverfahrens, 1. Auflage, München, Verlag C.H. Beck oHG. (zitiert: *Bearbeiter*, in: Sonnleitner, Insolvenzsteuerrecht, *Kap., Rn.*)

Sonnleitner, Wolfgang (2017); Strotkemper, Noemi: Steuerfreiheit von Sanierungsgewinnen: quid novi? In: *Betriebs-Berater*, S. 668–673.

Spitaler, Armin (Hrsg. Im Auftrag des Fachinstituts der Steuerberater) (1959): Steuerberater-Jahrbuch 1950. Bericht über dem II. Fachkonkreß der Steuerberater der Bundesrepublik Deutschland Köln, 21. bis 23. September 1950, Köln, Verlag Dr. Otto Schmidt KG (zitiert: *Bearbeiter*, in: StbJb 1950, *S.*)

Stadler, Markus (2018): Übergangsregelungen und Gestaltungsmöglichkeiten für Insolvenzplanverfahren nach den Entscheidungen des BFH zum Sanierungserlass. In: *Neue Zeitschrift für Insolvenz- und Sanierungsrecht*, S. 49–54.

Stahlschmidt, Michael (2021): Gewaltenteilung im Rechtsstaat am Beispiel der Besteuerung des Sanierungsgewinns. In: *Betriebs-Berater*, S. 1367–1370.

Stern, Klaus; Sachs, Michael; Dietlein, Johannes (Hrsg.) (2011): Das Staatsrecht der Bundesrepublik Deutschland, Band IV/2: Die einzelnen Grundrechte Freiheit der politischen Betätigung – Kultur – Schule und Bildung – Kunst und Wissenschaft – Religion, Kirchen, Religions- und Weltanschauungsgemeinschaften – Gleichheitssätze – Rechtsschutz und Staatshaftung, München, Verlag C.H. Beck oHG. (zitiert: *Bearbeiter*, in: Stern, Staatsrecht, Bd. IV/2, *S.*)

Streinz, Rudolf (Hrsg.) (2018): EUV/AEUV. Vertrag über die Europäische Union, Vertrag über die Arbeitsweise der Europäischen Union, Charta der Grundrechte der Europäischen Union, 3. Auflage. München, Verlag C.H. Beck oHG. (zitiert: *Bearbeiter*, in: Streinz, EUV/AEUV, *Art., Rn.*)

Ströfer, Joachim (1982): Unternehmenssanierung und Steuerrecht. In: *Steuer und Wirtschaft*, S. 231–252.

Strüber, Malte; von Donat, Christoph (2003): Die ertragsteuerliche Freistellung von Sanierungsgewinnen durch das BMF Schreiben vom 27.3.2003. Zu absehbaren steuer- und beihilferechtlichen Problemen bei der Anwendung. In: *Betriebs-Berater*, S. 2036–2043.

Stürner, Rolf (Hrsg.) (2021): Bürgerliches Gesetzbuch. Mit Rom-I-, Rom-II-VO, Rom-III-VO, EuUnthVO/HUntProt und EuErbVO, Kommentar, 18. Auflage, München, Verlag C.H. Beck oHG. (zitiert: Bearbeiter, in: Jauernig, BGB, *§, Rn.*)

Stürner, Rolf; Eidenmüller, Horst; Schoppmeyer, Heinrich (Hrsg.) (2020): Münchener Kommentar zur Insolvenzordnung, Band 3: §§ 217–359 InsO (mit Art. 103a-110 EGInsO), Insolvenzsteuerrecht, 4. Auflage, München, Verlag C.H. Beck oHG. (zitiert: *Bearbeiter*, in: MüKo InsO, *§, Rn.*)

Suchanek, Markus; Schaaf, Axel; Hannweber, Paul (2017): Interpersoneller Verlustuntergang gemäß der Neuregelung der Sanierungsgewinnbesteuerung. In: *Die Wirtschaftsprüfung*, S. 909–917.

Take, Michael; Schmid-Sperber, Reinhold (2000): Steuerliche Behandlung der Sanierungsgewinne im Insolvenzverfahren. In: *Zeitschrift für das gesamte Insolvenz- und Sanierungsrecht*, S. 374–376.

Tappe, Henning (2016): Festlegende Gleichheit – folgerichtige Gesetzgebung als Verfassungsgebot? In: *JuristenZeitung*, S. 27–33.

Taras, Raul; Suchan, Florian (2021): SanInsFoG – Ein Überblick. In: *Neue Juristische Wochenschrift (NJW-Spezial)*, S. 21–22.

Thesen der Einkommensteuer-Kommission zur Steuerfreistellung des Existenzminimums ab 1996 und zur Reform der Einkommensteuer (1994), In: *Betriebs-Berater*, S. 1–20.

Thiemann, Christian (2011): Das Folgerichtigkeitsgebot als verfassungsrechtliche Leitlinie der Besteuerung. In: Emmenegger, Sigrid; Wiedmann, Ariane (Hrsg.): Linien der Rechtsprechung des Bundesverfassungsgerichts – erörtert von den wissenschaftlichen Mitarbeitern, Band 2, Berlin; Boston, De Gruyter Verlag, S. 179–212.

Thole, Christoph (2019): Lehren aus der ESUG-Evaluation für die Umsetzung der Restrukturierungsrichtlinie. Zur Richtlinie (EU) 2019/1023 des Europäischen Parlaments und des Rates v. 20.6.2019. In: *Neue Zeitschrift für Insolvenz- und Sanierungsrecht (NZI-Beilage)*, S. 61–65.

Thole, Christoph (2020): Der Entwurf des Unternehmensstabilisierungs- und restrukturierungsgesetzes (StaRUG-RefE). In: *Zeitschrift für Wirtschaftsrecht*, S. 1985–2000.

Tipke, Klaus (2000): Die Steuerrechtsordnung. Band I: Wissenschaftsorganisatorische, systematische und grundrechtlich-rechtsstaatliche Grundlagen, 2. Auflage, Köln, Verlag Dr. Otto Schmidt KG. (zitiert: Tipke, Die Steuerrechtsordnung, Bd. I, *S.*)

Tipke, Klaus (2003): Die Steuerrechtsordnung. Band 2: Steuerrechtfertigungstheorie, Anwendung auf alle Steuerarten, sachgerechtes Steuersystem, 2. Auflage, Köln, Verlag Dr. Otto Schmidt KG. (zitiert: Tipke, Die Steuerrechtsordnung, Bd. II, *S.*)

Tipke, Klaus (2007): Das Nettoprinzip – Angriff und Abwehr, dargestellt am Beispiel des Werkstorprinzips. In: *Betriebs-Berater*, S. 1525–1533.

Tipke, Klaus (2007): Steuergerechtigkeit. Unter besonderer Berücksichtigung des Folgerichtigkeitsgebots. In: *Steuer und Wirtschaft*, S. 201–220.

Tipke, Klaus (2009): Mehr oder weniger Entscheidungsspielraum für den Steuergesetzgeber? In: *JuristenZeitung*, S. 533–540.

Tipke, Klaus (2010): Steuerrecht als Wissenschaft. In: Tipke, Klaus; Seer, Roman; Hey, Johanna, Englisch, Joachim (Hrsg.): Festschrift für Joachim Lang zum 70. Geburtstag. Gestaltung der Steuerrechtsordnung, Köln, Verlag Dr. Otto Schmidt KG, S. 21–56.

Tipke, Klaus; Seer, Roman; Hey, Johanna, Englisch, Joachim (Hrsg.) (2010): Festschrift für Joachim Lang zum 70. Geburtstag. Gestaltung der Steuerrechtsordnung, Köln, Verlag Dr. Otto Schmidt KG. (zitiert: *Bearbeiter*, in: FS Lang, *S.*)

Töben, Thomas (2010): Eilvorlage: Praktikables Krisensteuerrecht dringender denn je – Ein Appell an Gesetzgeber und Verwaltung. In: *Finanz-Rundschau*, S. 249–258.

Trompeter, Frank (2000): Die Sanierungsbeihilfe als Alternative zur steuerlichen Sonderbehandlung von Sanierungsgewinnen. In: *Betriebs-Berater*, S. 433–438.

Uhländer, Christoph (2017): Die Krise des Insolvenzsteuerrechts – Aktuelle Baustellen im Verfahrens- und Ertragssteuerrecht. In: *Der Betrieb*, S. 923–934.

Vogel, Klaus (1977): Die Abschichtung von Rechtsfolgen im Steuerrecht. Lastenausteilungs-, Lenkungs-, und Vereinfachungsnormen und die ihnen zuzurechnenden Steuerfolgen: Ein Beitrag zur Methodenlehre des Steuerrechts. In: *Steuer und Wirtschaft*, S. 97–121.

Völkel, Tobias (2018): EU-Kommission billigt Steuerbefreiung für Sanierungsgewinne – Dennoch Gesetzesänderung erforderlich. In: *Der Betrieb*, S. 2080–2081.

van der Velde, Kurt: Sanierung und Steuer. In: Spitaler, Armin (Hrsg. Im Auftrag des Fachinstituts der Steuerberater): Steuerberater-Jahrbuch 1950. Bericht über dem II. Fachkonkreß der Steuerberater der Bundesrepublik Deutschland Köln, 21. bis 23. September 1950, Köln, Verlag Dr. Otto Schmidt KG, S. 259–305.

Wacker, Roland (2017): Zu den steuerbilanziellen Folgen eines Rangrücktritts nach der jüngeren Rechtsprechung des I. BFH-Senats. In: *Der Betrieb*, S. 26–31.

Weber-Grellet, Heinrich (Hrsg.) (2020): Einkommensteuergesetz, 39. Auflage, München, Verlag C.H. Beck oHG. (zitiert: *Bearbeiter*, in: Schmidt, EStG, *§*, *Rn.*)

De Weerth, Jan (2017): Das „Sanierungserlass-Reparaturgesetz". In: *Zeitschrift für das gesamte Insolvenz- und Sanierungsrecht*, S. 924–925.

Wehning, Thomas: Der Rangrücktritt – ein geeignetes Sanierungsmittel? In: *Deutsches Steuerrecht*, S. 615–620.

Weitzmann, Jörn (2017): BFH sorgt für Rechtsklarheit! Jetzt muss der Gesetzgeber endlich für Rechtssicherheit sorgen! Rechtsgrundlage für die Steuerfreiheit von Sanierungsgewinnen fehlt. In: *Der Betrieb* (Heft 47), S. M4-M5.

Wernsmann, Rainer (2000): Verfassungsrechtliche Anforderungen an die Einführung und Ausgestaltung von Steuervergünstigungen. In: *Neue Juristische Wochenschrift*, S. 2078–2080.

Wernsmann, Rainer (2008): Die Einschränkungen des Werbungskosten- und Betriebsausgabenabzugs im Zusammenhang mit Pendlerpauschale, Arbeitszimmer, Alterseinkünften und Abgeltungssteuer. In: *Deutsches Steuerrecht (Beihefter zu Heft 17)*, S. 37–48.

Wernsmann, Rainer (2009): Einkommensteuer und objektives Nettoprinzip. In: *Deutsches Steuerrecht (Beihefter zu Heft 34)*, S. 101–106.

Wernsmann, Rainer (2009): Zunehmende Europäisierung und Konstitutionalisierung als Herausforderungen für den Steuergesetzgeber. In: Schön, Wolfgang; Beck, Karin E.M. (Hrsg.): Zukunftsfragen des deutschen Steuerrechts, Berlin; Heidelberg, Springer Verlag, S. 161–184.

Wernsmann, Rainer (2015): Konstitutionalisierung des Steuerrechts und Gegenbewegungen. In: *Deutsches Verwaltungsblatt*, S. 1085–1090.

Werth, Francesca (2017): Der Sanierungserlass des BMF ist rechtswidrig. In: *Der Betrieb*, S. 337–338.

Westpfahl, Lars; Janjuah, Riaz K. (2008): Zur Modernisierung des deutschen Sanierungsrechts. Ein Beitrag zur aktuellen Diskussion über die Reformbedürftigkeit des deutschen Insolvenzrechts. In: *Zeitschrift für Wirtschaftsrecht*, S001-S027.

Willemsen, Reinhard (2017): Anmerkung zu BFH, Beschluss vom 28.11.2016 - GrS 1/15. In: *Neue Zeitschrift für Insolvenzrecht*, S. 163–173.

Willenbrink, Karl (1934): Der Sanierungsgewinn des Kaufmanns und der Körperschaft. In: *Steuer und Wirtschaft*, S. 1014–1030.

Winnefeld, Robert (1991): Die Ausweitung des steuerfreien Sanierungsgewinns gem. § 3 Nr. 66 EStG Eine gesetzgeberische und gerichtliche Aufgabe. In: *Der Betrieb*, S. 2208–2212.

Winnefeld, Robert (2015): Bilanzhandbuch. Handels- und Steuerbilanz, rechtsformspezifisches Bilanzrecht, bilanzielle Sonderfragen, Sonderbilanzen, IAS/IFRS-Rechnungslegung, 5. Auflage, München, Verlag C.H. Beck oHG. (zitiert: Winnefeld, Bilanzhandbuch, *Kap, Rn.*)

Witte, Eberhard (1981): Die Unternehmenskrise – Anfang vom Ende oder Neubeginn? In: Bratschitsch, Rudolf; Schnellinger, Wolfgang (Hrsg.): Unternehmenskrisen – Ursachen, Frühwarnung, Bewältigung. Verband der Hochschullehrer für Betriebswirtschaft e.V., Bericht über die Pfingsttagung in Innsbruck, Juni 1979, Stuttgart, Schäffer-Poeschel Verlag, S. 7–24.

Wolff, Heinrich Amadeus (Hrsg.) (2018): Grundgesetz für die Bundesrepublik Deutschland. Handkommentar, 12. Auflage, Baden-Baden, Nomos Verlag. (zitiert: *Bearbeiter*, in: Hömig/Wolf, GG, *Art., Rn.*)

Ziegenhagen, Andreas; Thieme, Hauke (2010): Besteuerung in Krise und Insolvenz, 1. Auflage. Wiesbaden: Gabler Verlag.

Zwirner, Christian; Boecker, Corinna (2018): Forderungsverzichte durch Gesellschafter. Varianten der Bilanzierung nach HGB und IFRS. In: *Zeitschrift für internationale Rechnungslegung*, S. 417–419.

Papier | Fördert gute Waldnutzung
FSC® C083411

Kolibri 360 GmbH
Ferdinand-Jühlke-Straße 7
99095 Erfurt, Deutschland
produktsicherheit@kolibri360.de